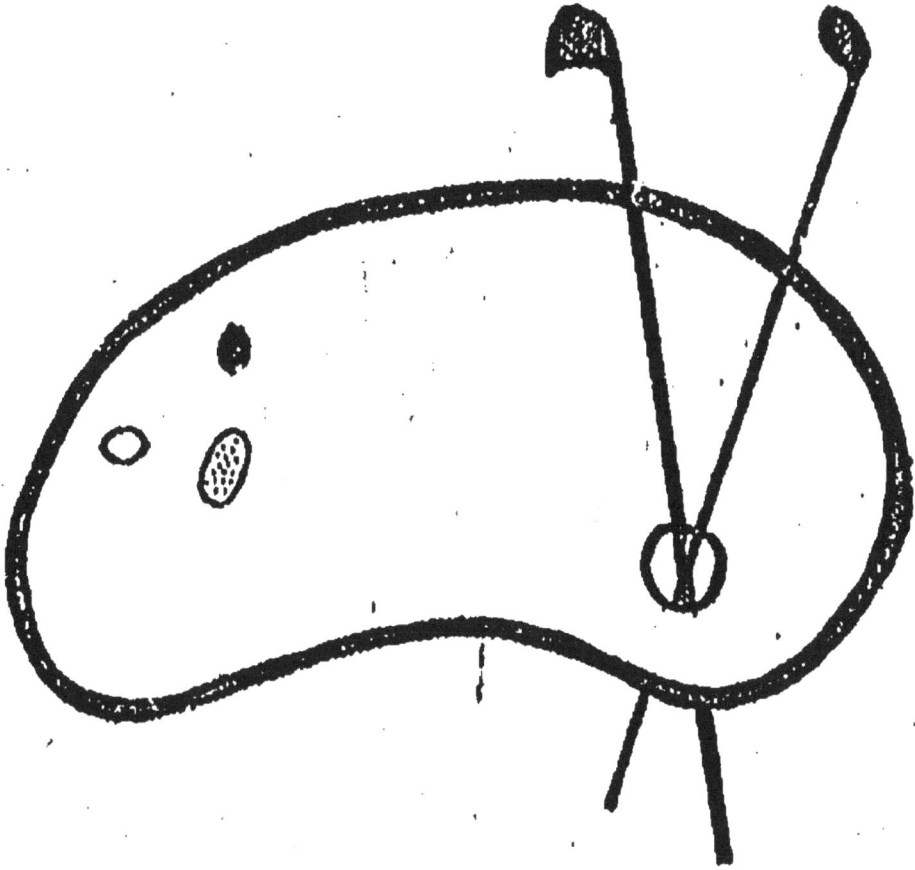

DEBUT D'UNE SERIE DE DOCUMENTS
EN COULEUR

COURS

ÉLÉMENTAIRE

D'HISTOIRE DU DROIT FRANÇAIS

A L'USAGE

DES ÉTUDIANTS DE PREMIÈRE ANNÉE

PAR

A. ESMEIN

PROFESSEUR A LA FACULTÉ DE DROIT DE PARIS
DIRECTEUR-ADJOINT A L'ÉCOLE PRATIQUE DES HAUTES-ÉTUDES

2ᵉ Fascicule

PARIS

LIBRAIRIE

DU RECUEIL GÉNÉRAL DES LOIS ET DES ARRÊTS

ET DU JOURNAL DU PALAIS

L. LAROSE & FORCEL, ÉDITEURS

22, RUE SOUFFLOT, 22

1902

NOUVELLE
REVUE HISTORIQUE
DE DROIT FRANÇAIS ET ÉTRANGER
PUBLIÉE SOUS LA DIRECTION DE MM.

Eugène de ROZIÈRE
Sénateur, Membre de l'Institut,
Inspecteur général honoraire des Archives.

Rodolphe DARESTE
Membre de l'Institut,
Conseiller à la Cour de Cassation.

Adhémar ESMEIN
Professeur à la Faculté de droit de Paris.
Directeur-adjoint
à l'École pratique des Hautes-Études.

Marcel FOURNIER
Agrégé à la Faculté de droit de Caen.
Archiviste paléographe.

Joseph TARDIF
Docteur en droit, Archiviste-Paléographe.

Georges APPERT
Docteur en droit

Secrétaires de la Rédaction.

Cette revue paraît tous les deux mois par livraisons de **10** feuilles environ et forme chaque année un beau volume in-8° de mille pages.
Les seize premiers volumes parus (1877 à 1892) . . . . **160** fr.
Chaque volume se vend séparément : 15 fr., sauf les 3 derniers qui coûtent chacun : 18 fr.

PRIX DE L'ABONNEMENT ANNUEL
Pour la France, **18** fr. — Pour l'Étranger, **19** fr.

Précis de droit civil, contenant : *dans une première partie*, l'exposé des principes, et, *dans une deuxième*, les questions de détail et les controverses, suivi d'une table des textes expliqués et d'une table alphabétique très développée, par G. BAUDRY-LACANTINERIE, doyen de la Faculté de droit de Bordeaux, professeur de Code civil. 4e *édition*, 1891-1893, 3 vol. grand in-8°. . . . . 37 fr. 50
Chaque volume séparément. . . . . 12 fr. 50

Éléments de droit romain, à l'usage des étudiants des Facultés de droit, par GASTON MAY, professeur à la Faculté de droit de Nancy. 2e *édition*, 1892, 1 vol. in-8° . . . . 10 fr. »

Cours élémentaire de droit romain, contenant l'explication méthodique des Institutes de Justinien et des principaux textes classiques, par DIDIER-PAILHÉ, professeur à la Faculté de droit de Grenoble. 3e *édition*, revue et corrigée par CHARLES TARTARI, professeur à la même Faculté, 1887, 2 vol. in-8°. 14 fr. »
Le tome II se vend séparément . . . . 7 fr. »

Principes de droit romain, à l'usage des étudiants des Facultés de droit, par G. BRY, professeur à la Faculté de droit d'Aix. 1892, 1 vol. in-18. 6 fr. »

Textes de droit romain, à l'usage des Facultés de droit, par E. GARSONNET, professeur de droit romain à la Faculté de droit de Paris. 1888, 1 vol. in-18. 6 fr. »

Histoire élémentaire du droit français, depuis ses origines gauloises jusqu'à la rédaction de nos codes modernes, par J.-EDOUARD GUÉTAT, professeur à la Faculté de droit de Grenoble. 1884, 1 vol. in-8°. . . 8 fr. »

Droit privé. Histoire du droit civil français, accompagné de notions de droit canonique et d'indications bibliographiques, par PAUL VIOLLET, membre de l'Institut. 2e *édition* du *Précis de l'histoire du droit français*, corrigée et augmentée, 1893, 1 vol. in-8° . . . . 12 fr. »

Histoire des institutions politiques et administratives de la France « Droit public », par PAUL VIOLLET. 1890, tome Ier, in-8° (Période gauloise. — Période gallo-romaine. — Période franque). . . . . 8 fr. »

Principes d'économie politique, par CHARLES GIDE, professeur d'économie politique à la Faculté de droit de Montpellier. 3e *édition*, complètement refondue, 1891, 1 vol. in-18 . . . . 6 fr. »

Éléments d'économie politique, par PAUL BEAUREGARD, professeur d'économie politique à la Faculté de droit de Paris. 1 vol. in-18. . . 5 fr. »

ANGERS, IMP. BURDIN ET Cie, 4, RUE GARNIER

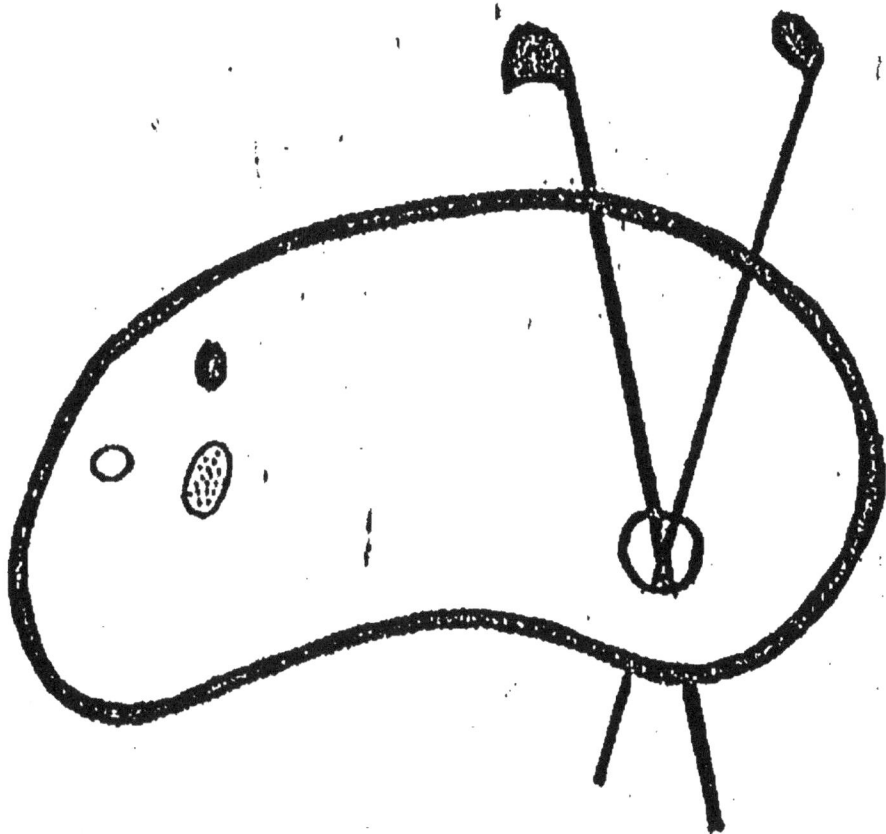

FIN D'UNE SERIE DE DOCUMENTS
EN COULEUR

TITRE PREMIER

L'unité nationale et l'État progressivement reconstitués sous les rois de la troisième race

CHAPITRE PREMIER

La reconstitution de l'unité nationale

La féodalité avait brisé en France l'unité nationale et profondément altéré la notion de l'État : l'une et l'autre devaient être progressivement reconstituées sous les rois de la troisième race, et cette restauration organique va être, dans cette troisième partie, l'objet même de notre étude. Mais, avant de l'étudier dans le détail, en suivant une à une les principales institutions publiques, je voudrais ici l'envisager dans ses traits généraux et signaler les moyens juridiques par lesquels elle s'est accomplie.

§ 1er. — L'ANNEXION DES GRANDS FIEFS

La France féodale était divisée entre un grand nombre de seigneuries supérieures ou grands fiefs, dont les titulaires exerçaient dans leur plénitude les droits régaliens. A la fin de la dynastie carolingienne, le roi de France n'exerçait plus ces droits que sur une partie très restreinte du territoire où ne s'était constituée aucune de ces seigneuries supérieures, et que l'on appellera dans la suite son domaine propre, ou do-

maine de la couronne [1]. La plupart de ces grands fiefs relevaient, il est vrai, de la couronne de France ; leurs titulaires
étaient les vassaux du roi ; mais celui-ci n'avait sur eux que
l'autorité d'un seigneur sur son vassal. Souvent cette vassalité n'était qu'une simple apparence ou même une fiction,
et il arrivait que le vassal était plus puissant que le seigneur.
Un certain nombre des grandes seigneuries comprises dans
les limites naturelle de la France ne relevaient pas de la couronne de France : celles-là étaient principalement situées à
l'est ; par suite des partages opérés au IX⁰ siècle entre les descendants de Charlemagne et des transformations politiques
qui s'opérèrent ultérieurement dans cette région, elles furent
comprises successivement dans le royaume de Lorraine, puis
dans ce qu'on appela les royaumes de Bourgogne et d'Arles,
et féodalement elles relevaient de l'Empire germanique, d'une
façon plus ou moins effective selon les lieux et les époques [2].
D'autres seigneuries, comprises dans la monarchie carolingienne, mais très éloignées, contiguës à l'Espagne, étaient
devenues complètement indépendantes : ce fut le cas du Béarn
et de la Navarre [3].

Pour reconstituer l'unité nationale, il fallait que le roi se
substituât successivement aux titulaires de toutes ces seigneuries, qu'il englobât celles-ci dans son domaine, de telle sorte
que le domaine de la couronne et le territoire français se
recouvrissent exactement. Cette œuvre, qui fut accomplie
sous les rois de la troisième race, est ce qu'on appelle ordinairement la réunion ou l'annexion des grands fiefs à la couronne
de France. Elle commença dès l'avènement de la dynastie
capétienne. Le domaine des derniers Carolingiens était, en réalité, réduit à quelques villes ; par l'accession de Hugues Capet
au trône cette situation se modifia sensiblement. Le nouveau
roi avait, en effet, une double qualité : il succédait aux prérogatives et au domaine du dernier Carolingien, mais il était en
même temps le chef d'une puissante famille féodale et possé-

1. A. Longnon, *Atlas historique de la France*, texte, p. 216 s.

2. Longnon, *op. cit.*, p. 215, 223 s. ; Paul Fournier, *Le royaume d'Arles et
de Vienne.*

3. Longnon, *op. cit.*, p. 227 ; Léon Cadier, *Les États de Béarn*, Irᵉ partie,
ch. v.

dait en propre d'importantes seigneuries. Son domaine particulier, celui du duc de France, fut un apport considérable au domaine royal et en commença la reconstitution. On peut le considérer comme la première annexion, quoique, dans la réalité des faits, ce fut plutôt la couronne qui fut alors annexée au duché de France. Dès lors, les rois de la troisième race travaillèrent à accroître le premier fond par l'annexion de seigneuries nouvelles : c'est une œuvre qui fut poursuivie avec une persévérance et un esprit de suite admirables, et qui se continuera jusqu'au xviii° siècle, jusqu'à la fin de l'ancien régime [1]. Ce fut, avant tout, une œuvre politique, dont la diplomatie et la guerre furent les principaux moyens; mais ce fut aussi une œuvre juridique, en ce sens que les principes juridiques y jouèrent un rôle important, facilitant son accomplissement, fournissant des raisons à la diplomatie et des prétextes à la guerre et empêchant qu'elle ne se défît, une fois accomplie.

I

Pour l'annexion des grands fiefs, la royauté française tourna contre la féodalité les principes mêmes du droit féodal, dans deux séries d'applications distinctes.

Pour les grands fiefs qui relevaient de la couronne de France, les principes féodaux fournissaient par eux-mêmes des causes directes de réunion : c'étaient tous les cas dans lesquels le fief concédé devait régulièrement faire retour au seigneur, et deux surtout furent utilisés par la politique royale. L'un était la réversion, c'est-à-dire le cas où le vassal mourait sans héritiers, et sans avoir valablement disposé du fief; un certain nombre de seigneuries, dès les premiers temps, échurent ainsi aux Capétiens. L'autre cas était la commise, et c'est par droit de commise que furent adjugées à Philippe-Auguste, en 1203, les possessions de Jean sans Terre. La théorie de la confiscation fut plus profitable encore; toutes les fois qu'un vassal du roi commettait un crime capital entraînant confiscation de

---

1. Sur l'histoire de ces annexions, consulter : Longnon, *op. cit.*, p. 225 s. ; Vivien de Saint-Martin, *Dictionnaire de géographie universelle*, art. *France ;* Brunet, *Abrégé chronologique des grands fiefs de la couronne de France*, Paris, 1769.

tous ses biens, alors même que l'on ne pouvait y voir un cas de commise, les fiefs du condamné relevant de la couronne étaient nécessairement confisqués au profit du roi [1].

La patrimonialité des fiefs pleinement établie fournit une autre ressource pour l'annexion des grands fiefs. Par elle, ils étaient entrés dans le commerce, et, à ce point de vue, toutes les seigneuries étaient de même condition, les plus grandes comme les plus petites ; ce fut seulement pour de véritables royaumes, représentant une réelle unité nationale, que l'inaliénabilité du domaine princier s'introduisit, mais fondée sur de tout autres principes que ceux du droit féodal. Les rois de France purent donc acquérir des seigneuries importantes par tous les modes de droit privé, achat, donation, legs, succession. Les contrats de mariage des héritiers présomptifs de la couronne purent, en particulier, fournir une cause d'acquisition, lorsque la future reine de France, représentant quelque grande maison féodale, apportait en dot une seigneurie considérable.

Les acquisitions de cette espèce se réalisaient sans difficulté et produisaient pleinement l'effet désiré, lorsqu'elles s'appliquaient à des fiefs relevant de la couronne de France. Il en était de même lorsqu'il s'agissait de principautés, qui, après avoir été vassales, avaient secoué tout lien de suzeraineté et étaient devenues souveraines et indépendantes. Mais on sait qu'à l'est une série de seigneuries importantes, appartenant naturellement au territoire français, avaient été placées dans la mouvance féodale de l'Empire germanique. Pour celles-là, l'annexion par voie d'achat ou de donation semblait devoir être impossible ou incomplète : d'un côté, en Allemagne, le vassal n'avait point acquis le droit d'aliéner son fief sans le consentement du seigneur ; d'autre part, l'acquisition fût-elle autorisée ou tolérée au profit du roi de France, celui-ci n'allait-il pas se trouver le vassal de l'Empire ? L'œuvre d'annexion exigeait ici, que, d'une façon ou d'une autre, les seigneuries dont il s'agit fussent détachées de l'Empire, féodalement émancipées de sa souveraineté. C'est à cela que travaillèrent de ce côté pendant plusieurs siècles les rois de France ; pour beaucoup de ces pays, d'ailleurs, la suzeraineté

1. Chopin, *De domanio regni Franciæ*, l. 1, tit. VII.

de l'Empire avait été le plus souvent simplement nominale; elle ne se réveillait qu'à de certains moments, parfois sous l'influence de la papauté[1]. La royauté française devait réussir à écarter ces obstacles, et c'est ainsi que, par des modes et des procédés divers, furent réunis au domaine, la ville de Lyon, le Dauphiné, la Franche-Comté et le duché de Provence[2].

Les principes féodaux furent aussi un obstacle pour la pleine consolidation des conquêtes postérieures effectuées à la fin du XVIe siècle et au cours du XVIIe siècle, dans les Trois-Évêchés et en Alsace. Là, en effet, étaient des seigneuries qui avaient relevé immédiatement de l'Empire, avec des droits effectifs de quasi-souveraineté, et qui prétendirent parfois à une situation semblable sous la domination française. Mais ces prétentions, appuyées sur les principes de la féodalité politique, ne pouvaient triompher dans un État, comme notre monarchie absolue, où la féodalité n'était plus guère qu'une forme très particulière de la propriété foncière; et, sauf le respect de certains usages locaux, la souveraineté du roi s'établit dans toute son étendue[3].

1. C'est ainsi qu'au cours de son conflit avec Philippe le Bel, Boniface VIII, par une bulle du 31 mai 1303, rattacha expressément à l'Empire d'Allemagne tous les pays du sud-est qui en avaient jadis relevé et sur lesquels s'étendait l'influence française. Voyez *Notices et extraits des manuscrits de la Bibliothèque impériale*, t. XX, 1re part., p. 147, no XVII: « (Omnes) per Tarentisiensis, Bisuntinensis, Ebredunensis, Aquensis, Arelatensis, Viennensis et Lugdunensis civitatum et dioeceses et provincias et per totam Burgundiam, Lotharingiam, comitatum Barrensem, terram Delphini et comitatum Provincie et Forcalquerii et principatum Auraisie et totum regnum Arelatense constitutos ».

2. Voyez Paul Fournier, *Le royaume d'Arles et de Vienne*, *passim*, et spécialement, p. 267, 301 s.; 333-336; 436 s. Il est intéressant de voir comment Philippe le Bel faisait exposer les droits fondamentaux de la France sur la ville de Lyon, dans son conflit avec la papauté: *Scriptum contra Bonifacium*, no 15 s.; dans *Acta inter Bonifacium VIII, Benedict. XI, Clement. V et Philippum Pulchrum*, Paris, 1614, p. 140.

3. Boulainvilliers, *État de la France, Extrait des Mémoires dressés par les Intendans du royaume, par ordre du roi Louis XIV, à la sollicitation de M. le duc de Bourgogne*, éd. de Londres, 1737, III, p. 424 s. — On faisait, d'ailleurs, en faveur de la France des raisonnements d'un autre genre. Lebret, *De la souveraineté du roi*, l. III, ch. 11: « Je me suis autrefois servi de semblables raisons, pour justifier les droits que le roi a sur les villes de Metz, Toul et Verdun, qui sont de l'ancien domaine de la couronne, après avoir été reconquises sur ceux qui les avaient usurpées sur la France. Ce que l'on peut dire aussi de toutes prétentions que nos rois ont sur le royaume de Navarre, de Naples,

II

Les principes juridiques avaient rendu possible, parfois même directement opéré l'annexion des grands fiefs; il fallait qu'ils consolidassent aussi l'œuvre accomplie, en écartant les causes possibles d'affaiblissement et démembrement. Dans ce but s'établirent deux séries de règles : celles sur la transmission de la couronne, et celles sur l'inaliénabilité du domaine.

Sous les Mérovingiens et tout d'abord sous les Carolingiens la monarchie avait été véritablement héréditaire, et même patrimoniale; seul, ce dernier caractère explique les partages du royaume entre les fils du roi mérovingien et les *divisiones imperii* du ix° siècle, sous Charlemagne et ses successeurs. Sous les derniers Carolingiens, la monarchie était en réalité devenue élective ; l'installation solennelle par les grands du royaume, qui n'était plus auparavant qu'une simple forme, avait pris, avec l'affaiblissement du pouvoir royal, la valeur d'une élection véritable. Le roi était élu par un collège comprenant les principaux vassaux et prélats, ceux qui avaient pu se réunir à cette occasion. C'est ainsi qu'avant l'avènement de Hugues Capet, deux membres de sa famille avaient été élus déjà et étaient montés sur le trône; Eudes en 888, et Robert en 922; c'est ainsi que Hugues fut élu roi de France en 987.

La monarchie capétienne allait-elle rester élective? De là dépendait son avenir et peut être celui de notre pays. Pour lutter contre la féodalité, pour accomplir en particulier l'annexion progressive des grands fiefs, il fallait qu'elle devînt héréditaire, accumulant de génération en génération les profits réalisés. Elle le devint par l'effet de la coutume, le bonheur et l'habileté des premiers Capétiens [1]. Ceux-ci eurent le rare bonheur de laisser tous après eux un ou plusieurs fils, désignés naturellement pour leur succéder, et ils surent leur assurer la succession par une pratique très habile. Cette pratique consista en ce que le roi, de son vivant, associa au royaume et

de Portugal, sur la Flandre, sur le Milanais et sur une partie de la Savoie et du Piémont qui aians esté autrefois acquis à la couronne de France, n'ont pu estre aliénez, ni prescrits par aucun tems ».

[1]. Luchaire, *Histoire des institutions monarchiques sous les premiers Capétiens*, t. 1, ch. 11.

fit couronner par avance le fils qui devait lui succéder, son fils aîné, considéré comme *rex designatus*. Cette association n'était pas chose absolument nouvelle; il y avait en ce sens des précédents de l'époque carolingienne; mais, en la pratiquant par un système suivi, les premiers Capétiens lui donnèrent une tout autre portée. L'habileté de cette pratique consistait en ce qu'elle respectait dans la forme le principe électif, qu'elle tournait en réalité. Dans la cérémonie du sacre, il y avait une partie, toute laïque et politique, dans laquelle le roi prêtait divers serments, et où figuraient aussi les prélats et les grands vassaux, qui, comme toute l'assistance, donnaient leur approbation à l'avènement du nouveau roi : l'onction et le couronnement n'étaient donc pas tout. Il y avait là, dans la forme, un simulacre d'élection par acclamation [1], et le sens primitif de cet acte se conservera très tard dans la tradition [2]. Mais cette élection était dans la main du roi qui y faisait procéder en faveur de son fils : en choisissant avec soin le lieu et l'heure de ce sacre anticipé, il pouvait faire en sorte que seuls des hommes de confiance, vassaux et prélats, y assistassent. Il faut ajouter, d'ailleurs, que, malgré ce sacre du roi désigné, il fallait encore que celui-ci, après la mort de son père, se fît sacrer et couronner de nouveau : mais la première cérémo-

---

1. Couronnement de Philippe Ier (*Historiens de Gaule et de France*, XI, 32): « Post milites et populi tam majores quam minores uno ore consentientes laudaverunt, ter proclamantes : laudamus, volumus, fiat ». — Le procès-verbal du sacre de Philippe-Auguste, pièce d'ailleurs d'une authenticité douteuse, porte : « Audientes autem prælati et principes voluntatem regis, omnes unanimiter clamaverunt, dicentes : Fiat, Fiat ».

2. Piganiol de la Force, *Nouvelle description de la France*, I, p. 58 (.' s'agit du sacre de Louis XIV) : « (L'archevêque de Reims) demanda ensuite aux seigneurs assistans et au peuple s'ils l'acceptoient pour leur roi, et ceux-ci ayant fait connoître par leurs acclamations qu'ils le souhaitoient, ce prélat prit de Sa Majesté le serment du royaume ». — Lebret, *Traité de la souveraineté du roi*, éd. Paris, 1689, p. 8 : « Et je dirai en passant que ceux-là sont ridicules qui ont escrit que ce roiaume semble être électif pour ce que, au sacre des rois, les évêques de Laon et de Beauvais ont accoutumé de les élever de leurs chaires et de demander au peuple s'il les accepte pour leurs rois et qu'après avoir reçu le consentement de l'assistance, l'évêque de Rheims reçoit d'eux le serment accoutumé. Car on observe cette cérémonie non pas pour faire élection du prince, mais pour présenter au peuple celui que Dieu lui donne pour son roi, afin qu'il lui fasse l'honneur et l'hommage qu'il est obligé de lui rendre et pour remarquer aussi la différence qu'il y a entre un roi légitime et un tiran ».

nie, l'élection préparatoire avait créé un préjugé puissant en sa faveur. Furent ainsi prématurément sacrés ou associés à la couronne les six premiers successeurs de Hugues Capet : Robert, Henri Ier, Philippe Ier, Louis VI et Philippe-Auguste. A partir de Philippe-Auguste, cette pratique disparut. Le principe héréditaire, la transmission du père au fils, avait alors deux siècles de possession, et cette longue série de précédents avait fondé la coutume [1] quant à ce point capital de l'ancien droit public. La monarchie capétienne était devenue héréditaire. En même temps, elle était devenue héréditairement indivisible. Dans la longue série des précédents, les rois ne s'étaient jamais associé qu'un seul de leur fils, et, après quelques hésitations, au début, cela avait toujours été l'aîné : l'indivisibilité et le droit d'aînesse caractérisèrent cette succession.

Par là, le domaine de la couronne était soustrait aux partages successoraux. Mais une question restait ouverte : si le roi ne laissait pas d'héritier mâle, s'il n'avait pas de fils, mais seulement des filles, une femme pouvait-elle succéder à la couronne et monter sur le trône? L'accession des femmes au trône de France eût été une cause de faiblesse pour la monarchie capétienne : une reine eût mal tenu son rôle dans une société rude et violente; elle eût pu par un mariage faire passer la royauté française dans une famille étrangère [2]. Cependant, si la question se fût posée de bonne heure, peut-être eût-elle été tranchée en faveur des femmes. Celles-ci, à défaut de mâles, avaient été admises, en France, à la succession des fiefs, même les plus grands, comme les duchés et les comtés; n'était-

---

1. Voici comment Yves de Chartres expose ce droit encore en formation, à propos de l'avènement de Louis le Gros, dont il avait hâté le sacre ; *Ep. CLXXXIX :* « Si enim rationem consulimus, jure in regem est consecratus, cui jure hæreditario regnum competebat, et quem communis consensus episcoporum et procerum jampridem elegerat ». Par ces derniers mots, Yves rappelle le premier sacre qui avait été opéré au profit de Louis, du vivant de son père.

2. Claude de Seyssel, *La grant monarchie de France*, Paris, 1519, f° 7 : « Car tombant en ligne féminine elle aurait pu venir au pouvoir d'homme d'estrange nation qui est chose dangereuse et pernicieuse ». Du Tillet, *Recueil*, p. 214 : « Elles sont perpétuellement exclues par la coustume et loy particulière de la maison de France, fondée sur la magnanimité des François ne pouvant souffrir estre dominés par femmes (ne) de par elles; aussi qu'elles eussent peu transférer la couronne aux étrangers ».

il pas naturel et logique d'appliquer la même règle pour la
dévolution de la couronne [1]? Heureusement, pendant trois
siècles, la difficulté ne surgit pas, et les rois capétiens jusqu'en
1315 eurent tous le bonheur de laisser après eux un ou plusieurs
fils. Mais à la mort de Louis X le Hutin le problème fut posé [2].
Il laissait au jour de son décès une fille, Jeanne, née d'un premier lit, et deux frères, fils comme lui de Philippe le Bel. Le roi
d'ailleurs laissait sa seconde femme enceinte, et une assemblée
de barons donna, dans ces conditions, le gouvernement du
royaume à Philippe, premier frère du roi défunt, avec cette
disposition que si la reine veuve accouchait d'un fils, Philippe
garderait le pouvoir à titre de régent, que dans le cas contraire
il serait reconnu comme roi [3]. La reine accoucha bien d'un
fils, mais celui-ci mourut au bout de sept jours et, comme dit
Loyseau, « n'a pas été porté au catalogue des rois de France ».
Philippe se fit sacrer roi de France, mais non sans opposition
de la part du duc de Bourgogne, qui tenait pour la fille de
Louis X, et de la part de son propre frère. Pour plus de sécu-
curité, le roi Philippe, un mois après son sacre (6 janvier, 2 février) réunit à Paris une assemblée de barons, de prélats et
de bourgeois de Paris, et là il fut solennellement déclaré que
« femme ne succède pas à la couronne de France ». On n'a
d'ailleurs que fort peu de renseignements sur cette assemblée ;
mais une tradition constante et qui s'imposa rattache à l'invo-
cation de la loi salique la décision qui fut prise [4]. On a souvent
fait remarquer que la loi salique était oubliée depuis bien des

1. Loisel, *Instit.*, IV, 3, 86 : « Le royaume ne tombe point en quenouille,
ores que les femmes soient capables de tous autres fiefs. »

2. Voyez Henri Hervieu, *Recherches sur les premiers États généraux*,
p. 117 s.

3. La question de droit paraissait extrêmement douteuse; ce qui le prouve,
c'est le traité intervenu entre Philippe et Eudes de Bourgogne, après la mort
du roi, le 17 juillet 1316 (Dupuy, *Traité de la majorité des rois*, éd. 1722, t. I,
p. 204 s.). Le traité assure à Jeanne et à sa sœur Marguerite le royaume de
Navarre et les comtés de Champagne et de Brie, à condition que « elles feront
quittance par mitant de tout le remanant du royaume de France et de la des-
cendue du père, si bonne comme l'on pourra ». Cela, bien entendu, pour le
cas où la reine-mère n'accoucherait pas d'un fils.

4. Cependant, on peut remarquer que dans le *Songe du Verger*, où la question est longuement discutée, c'est seulement à la *coutume*, non à la loi salique
que la règle est rapportée. Texte français, 1. I, ch. CXLII : « Puisque selon la
coustume femme ne puisse succéder ».

siècles, et que, d'autre part, elle ne contenait aucune disposition
sur la transmission du pouvoir royal[1]. Cependant c'était bien
par une application de la loi salique ou ripuaire que, dans la
monarchie franque, le royaume, considéré comme la terre du
roi défunt, était partagé entre ses fils à l'exclusion des filles[2].
Il ne paraît point invraisemblable qu'on se soit référé à cette
tradition en 1316, car on devait être à court d'arguments juridiques pour exclure la fille de Louis le Hutin, et plusieurs
témoignages montrent que le souvenir, sinon la connaissance
de la loi salique, persistait dans les esprits au cours du moyen
âge[3].

Ce premier précédent écarta les femmes de la succession au
trône et fonda la coutume ; une seconde question, voisine mais
distincte de la première, se posa bientôt : les mâles, parents
du roi par les femmes, pouvaient-ils succéder au trône ? En
1328[4] mourut le roi Charles le Bel ; il n'avait point de fils,
mais laissait sa femme enceinte ; comme en 1315, un conseil
de barons se réunit pour statuer sur le gouvernement provisoire et la régence éventuelle. Deux hommes se présentaient

---

1. Du Tillet, *Recueil*, p. 223 : « De la couronne de France les femelles ont
toujours esté excluses, non par l'auctorité de la loi salique, laquelle dispose
généralement que s'il y a enfants masles, les femelles n'héritent qu'ès meubles
et acquests, non en l'ancien patrimoine, qu'il appelle terre salique... Par ladite
loy salique, escr.... pour les seuls subjects, quand il n'y avoit fils les filles héri-
toient en l'ancien patrimoine ». C'est le même raisonnement qui est longuement exposé par Shakespeare, *Henry V*, act I, sc. II; spécialement, ces deux
vers :

> There doth it well appear the salique law
> Was not devised for the realm of France.

2. Lebret, *De la souveraineté*, p. 10 : « Et combien que plusieurs révoquent en
doute cet article de la loi salique, pour ce qu'il est extrait du titre *De allodiis*,
où il n'est point parlé ni de rotaume ni de fief, néanmoins c'est une objection
captieuse, et personne n'ignore qu'anciennement l'on faisoit toujours un
même jugement de la succession du royaume et des terres allodiales qui ne
relevoient que de Dieu et de l'épée ».

3. Un passage des *Libri feudorum*, l. II, tit. XXIX, parle de la loi salique,
mais avec un sens singulier : elle est également citée par la glose du décret
de Gratien, sur c. 10, C. XII, q. 2. En France, il semble qu'on appelait loi
salique, au XIIᵉ siècle, les principes essentiels du droit public ou féodal; Suger,
Vie de saint Louis, éd. Lecoy de la Marche, p. 48 : « Virum nobilem Humbal-
dum aut ad exequendum justitiam cogere, aut pro injuria castrum *lege salica*
amittere ».

4. Hervieu, *Recherches sur les premiers États généraux*, p. 179 s.

comme candidats, en tant qu'héritiers présomptifs de la couronne, Philippe de Valois, et Édouard III d'Angleterre. Le premier était le cousin-germain du défunt, mais par son père, Charles de Valois, frère de Philippe le Bel ; le second invoquait le rang de neveu, par sa mère Isabelle, fille de Philippe le Bel. Edouard semblait donc le plus proche, mais il était parent par les femmes. L'assemblée, pour cette raison principale, préféra Philippe de Valois, lui conférant le gouvernement provisoire, et, au cas où la reine accoucherait d'un fils, la régence et la tutelle. Si la reine mettait au monde une fille, une nouvelle assemblée devait définitivement désigner l'héritier du trône ; mais la première décision faisait pour cette hypothèse préjuger en faveur de Philippe de Valois. Ce fut lui, en effet, qui qui fut choisi, lorsque la seconde éventualité prévue se fut réalisée ; et cette décision, bien que tout d'abord acceptée par Édouard III, devait fournir le premier prétexte à la guerre de Cent ans. Ainsi s'établit une seconde règle : pas plus que les femmes, les mâles, parents par les femmes, ne succédaient à la couronne. La raison qui paraît avoir été décisive, c'est que, la mère d'Édouard III n'ayant eu aucun droit à la couronne, n'avait pu en transmettre aucun à son fils[1] ; mais il faut reconnaître que naturellement, sinon nécessairement, la seconde règle était en germe dans la première. Tous les systèmes législatifs ou coutumiers qui excluent les femmes de la succession tendent à en exclure également les parents par les femmes. C'est ce qu'admettaient pour la succession aux fiefs les *Libri feudorum*[2] et la coutume de Normandie[3]. La succession

---

1. La question est longuement discutée dans le *Songe du Verger*, l. I, ch. CXLI s. Le texte français du *Songe* est probablement de 1378.

2. *Libri feud.*, I, 8, § 2 : « Filia vero non succedit in feudo ». — II, 11 : « Proles enim feminei sexus vel ex feminео sexu descendens ad hujusmodi successionem adspirare non potest ».

3. *Grand coutumier de Normandie*, c. XXV, p. 70 : « Procreati autem ex feminarum linea vel femine successionem non retinent dum aliquis remanserit de genere masculorum ». Cf. *Coutume de Normandie*, art. 248, et Basnage sur ce texte : « Ces paroles ont terminé cette question, *an sub appellatione liberorum vel descendentium masculorum comprehendatur masculus descendens ex femina?* Du Moulin avoit fort bien remarqué que quand il s'agit de l'explication de lois, de coutumes et de contrats, sous ce terme de *femelle* sont compris les mâles descendants des femelles, qui sont également exclus, *quia illud statutum videtur esse agnationis conservandæ causa* »

à la couronne de France était ainsi devenue absolument agna-
tique[1].

D'autre part se dégageait, d'abord obscurément, puis nettement et dogmatiquement, l'idée que cette succession était d'une
nature particulière, très différente des successions du droit
privé. La monarchie n'était pas à proprement parler héréditaire, en ce qu'elle n'entrait pas dans le patrimoine du roi qui
accédait au trône : celui-ci ne la tenait pas de son prédécesseur, mais seulement de la coutume, représentant la loi nationale, qui y appelait, dans un certain ordre, les descendants
de Hugues Capet[2]. De ce principe découlaient des conséquences très remarquables.

1° Le roi, de son vivant, ne pouvait disposer de la couronne
et désigner son successeur par acte entre-vifs ou par testament[3]. Il ne pouvait déshériter, écarter le successeur qui était
désigné par la coutume nationale[4], c'est la règle qu'invoqua Charles VII contre le traité de Troyes[5]. 2° Bien que

1. Il faut ajouter que, dans cette succession, la représentation avait lieu à
l'infini en collatérale comme en directe, ce qui avait été aussi admis pour la
succession aux baronies relevant directement de la couronne. Loisel, *Instit.*,
II, 5, 10. Toutes ces règles se résumaient dans la formule suivante : « La couronne de France se transmettait de mâle en mâle dans la lignée de Hugues
Capet, avec exclusion des femmes et des parents par les femmes, et droit de
représentation à l'infini ».

2. Loyseau, *Des seigneuries*, ch. II, n° 92 : « Le royaume de France est la
monarchie la mieux établie qui soit estant... successive non élective, non héréditaire purement ni communiquée aux femmes mais déférée au plus proche
masle par la loi fondamentale de l'État ». Cf. *Des offices*, l. II, ch. II, n° 34. —
De L'Hommeau, *Maximes générales du droit français*, sur max. 6 : « Les rois
de France ne sont héritiers de la couronne et la succession du royaume de
France n'est pas héréditaire ni paternelle, mais légale et statutaire, de sorte
que les rois de France sont simplement successeurs à la couronne par vertu
de la loy et coustume générale de France ».

3. Loyseau, *Des offices*, l. II, ch. II, n. 34 : « Ainsi en usons-nous en France
où il est vray de dire que la couronne n'est pas purement héréditaire ni
même *ab intestat* ».

4. Car. Degrassallus, *Regalium Franciæ libri duo*, Paris, 1545, l. I, jus 11 :
« Reges Franciæ non possunt privare filios masculos vel propinquiores de
genere habendo respectum ad lineam masculam ». Pocquet de Livonnière,
Règles du droit français, I, 1, 10.

5. Du Tillot, *Recueil des traitez d'entre les roys de France et d'Angleterre*, éd.
1602, p. 197 : « Au dommage et totale éversion de la couronne dont il
(Charles VI) n'estoit qu'administrateur, non seigneur ou propriétaire, et,
quand il eust eu le plus clair et sain entendement du monde, il n'en eust peu
priver ledit sieur Dauphin son fils, auquel il devoit escheoir sans titre d'hoirie,

l'ancien droit privé admît les renonciations à succession
future, l'héritier présomptif de la couronne ne pouvait y
renoncer par avance; l'acte de renonciation eût été de nul
effet [1]. 3° Si la descendance de Hugues Capet était venue à
s'éteindre, le dernier roi n'ayant pu disposer du trône, celui-ci
se serait trouvé nécessairement vacant, et la nation eût repris
le droit de disposer de ses destinées [2]. C'était reconnaître
que le roi n'était que le représentant de l'État [3].

III

En établissant que le royaume ne comportait pas la division
héréditaire, la coutume avait beaucoup fait pour cimenter l'u-
nité nationale ; mais cette règle ne devait pas produire tous
ses effets naturels. L'usage s'établit, en effet, que le roi, de son
vivant, donnait une compensation à ses fils puînés et même aux
filles de France ; ou, s'il ne l'avait pas fait, son fils aîné, en
accédant au trône, pourvoyait ses frères et sœurs. Cette compensation consistait en apanages, c'est-à-dire, en seigneuries
importantes, duchés ou comtés d'ordinaire, prises sur le domaine de la couronne et concédées aux puînés. Cette pratique

---

par quoi exhirédilation, conflscation ou indignité ny pouvoient avoir lieu
pour crime ou cas que ce feust. Car, en France, le roy ne peut oster à son fils
ou plus prochain ladite couronne, s'il ne luy oste la vie : encore, luy mort,
elle viendra à ses descendans masles s'il en a ».

1. Cette règle fut invoquée sous Louis XIV dans les négociations du traité
d'Utrecht; Giraud, *Le Traité d'Utrecht,* p. 92 (dépêche de Torcy) : « Suivant
ces lois (fondamentales) le prince le plus proche de la couronne est *héritier
nécessaire.* Il n'est redevable de la couronne ni au testament de son prédécesseur, ni à aucun édit, ni à aucun décret, ni à la libéralité de personne, mais
à la loi. Cette loi est regardée comme l'œuvre de celui qui a établi toutes les
monarchies et nous sommes persuadés en France que Dieu seul la peut abolir.
Nulle renonciation ne peut la détruire ».

2. Nos anciens auteurs ajoutaient encore cette conséquence, c'est que le
roi n'était pas tenu des dettes personnelles de son prédécesseur, dont il n'é-
tait pas l'héritier. Loyseau, *Des offices,* l. II, ch. II, n° 34 ; De L'Hommeau,
loc. cit.

3. Loyseau, *Des offices,* l. II, ch. II, n° 42 : « La raison de toutes ces parti-
cularités est que, comme les offices ne doivent pas estre conférés aux hommes
à cause d'eux, mais au contraire les hommes doivent estre donnez aux offices à cause du public ; aussi la vérité est que les principautez souveraines
n'ont pas esté establies en faveur des princes, mais en considération du
peuple, qui a besoin d'un chef pour estre gouverné ».

des apanages ne paraît pas avoir été spéciale à la royauté ;
dans les grandes seigneuries indivisibles, on la constate aussi[1]. Obtenir un apanage n'était pas, d'autre part, un droit ferme
pour les fils du roi, mais seulement une prétention reconnue
équitable[2] ; pourtant cette institution eut pendant longtemps
pour résultat de compromettre la reconstitution de l'unité nationale. Sans doute, par là, le royaume n'était pas divisé, car les
puinés tenaient leurs apanages non à titre de royaumes, mais en
qualité de fiefs relevant de la couronne : le domaine de la couronne n'en était pas moins démembré. Les duchés ou comtés
que la politique habile ou la chance favorable y avaient réunis, en étaient distraits à nouveau au profit des puinés. La
réunion des grands fiefs rappelait trop souvent l'œuvre de
Pénélope, et c'est par là qu'on peut comprendre comment, pour
certains d'entre eux, il fallut trois ou quatre réunions successives avant d'arriver à la définitive. D'autre part, les apanages
donnèrent naissance à une féodalité supérieure de seconde
formation, qui ne fut pas beaucoup moins redoutable pour la
monarchie que ne l'avait été la première : c'est contre cette
féodalité apanagiste que Louis XI aura principalement à lutter.

L'ancien droit public de la France n'arriva jamais à éliminer l'institution des apanages ; mais il réussit à les rendre
moins dangereux et plus fragiles. Les apanages tout d'abord
furent constitués dans les conditions ordinaires des concessions féodales. Ils représentaient des fiefs et devinrent avec
ces derniers pleinement patrimoniaux, héréditaires et aliéna-
bles[3]. C'étaient, d'autre part, des duchés, des comtés, des baronies, et, par suite, ils conféraient au titulaire, sauf l'hommage,
la souveraineté féodale dans sa plénitude. Des deux côtés, leur

---

1. Chopin, *De domanio*, 1. II, tit. IV.

2. Du Tillet, *Recueil des rois de France*, éd. 1602, p. 208 « La loy et coustume particulière de la maison de France, récitée en l'arrêt donné au profit du roi
Philippe tiers pour le comté de Poitou et terre d'Auvergne, contre Charles Ier,
roy de Sicile, frère de saint Louys au parlement de Toussaincts 1283, reiglant
lesdits puisnez ne pouvoir quereller ou demander certaine légitime part ou
quotte leur estre deue en la succession du roy leur père, mais seulement
provision pour leur vivre et entretien à la volonté et arbitrage dudit roy
père ».

3. Chopin, *De domanio*, 1. II, tit. III, n° 8. — Lefebvre de la Planche, *Mémoires sur les matières domaniales ou Traité du domaine*, Paris, 1765, t. I
p. 422 s.

portée fut restreinte dans la suite. Cela se fit par une triple influence : les clauses apposées par les rois dans les concessions d'apanages, la coutume et la jurisprudence, enfin la législation des ordonnances. La transformation paraît avoir commencé dans le premier tiers du xiii° siècle, sous le règne de Louis VIII ; elle était terminée à la fin du xvi° siècle[1]. Voici en quoi elle consista.

La réversibilité de l'apanage au domaine de la couronne fut établie toutes les fois que défaillaient des héritiers mâles de l'apanagiste dans la ligne directe. Cela s'établit progressivement. Dès le xiii° siècle, on inséra dans les constitutions d'apanages la clause de retour à la couronne *faute d'hoirs* ; elle pouvait recevoir plusieurs interprétations. Il aurait pu sembler naturel d'y comprendre tous les héritiers, quels qu'ils fussent[2]. Mais on la restreignit d'abord aux héritiers en ligne directe de l'apanagiste, ceux qui étaient les « hoirs de son corps[3]. » On exclut ensuite les filles et autres descendants du sexe féminin ; cela résulta des clauses et de la loi[4] ; mais les auteurs trouvèrent après coup un raisonnement ingénieux pour justifier ce résultat. Ils admettaient, comme je vais le dire, que l'apanage n'avait jamais réellement cessé de faire partie du domaine royal ; or, de par la loi salique, celui-ci ne pouvait être dévolu à une femme[5]. La jurisprudence, en effet, se fixa en ce

1. Voyez les détails dans Chopin, *De domanio*, l. II, tit. III ; Du Tillet, *Recueil des rois de France*, p. 206 s. — Lefebvre de la Planche, *op. cit.*, l. XII, ch. iii ; Dupin, *Traité des apanages*, Paris, 1835.

2. Chopin, *De domanio*, l. II, tit. III, n° 8 : « Prius enim tradebatur panagium Mevlo ac heredibus nulla sexus discretione, qualitate vel heredum profluita. In hanc speciem Atrebaticus ager Roberto datus mense Junio an. 1226 ».

3. Du Tillet, *Recueil*, p. 208 : « Le comté de Clermont en Beauvoisis, baillé en appennage à Monsieur Philippes de France, comte de Bologne, fils puisné du roi Philippe-Auguste avoit esté l'an 1248 adjugé audict roy saint Loys contre ses frères Alphonse de Poitiers et Charles d'Anjou ». Cf. Lefebvre de la Planche, *op. cit.*, t. III, p. 425. — Cette interprétation dut s'introduire assez facilement, car c'était elle qui avait donné lieu à nos coutumes dites *souchères*, ci-dessus p. 202, note 5.

4. Du Tillet, *Recueil*, p. 211 : « Depuis Monsieur Louis de France, duc d'Orléans, frère du roy Charles V, en tous les appennages des puisnez de France le retour à la couronne a toujours esté exprimé au default des hoirs masles descendans de loial mariage, pour oster toutes controverses ». — Édit de Moulins, févr. 1566, art. 1er (Isambert, t. XVI, p. 286).

5. Du Tillet, *Recueil*, p. 209 : « Puis que les femelles par ladite loy estoient exclues de l'appennage fait des biens estans du domaine de la couronne, le-

sens que la propriété même des terres composant l'apanage
n'avait pas été aliénée ; d'où la conséquence que l'apanagiste
et ses héritiers ne pouvaient les aliéner ou obliger [1]. Les droits
de l'apanagiste furent également restreints au point de vue seigneurial. L'habitude s'introduisit, au moins dès la fin du
XIVᵉ siècle, que le roi se réservait sur l'apanage la souveraineté, les cas royaux et un certain nombre de droits considérés
comme essentiellement régaliens [2]. Cependant, c'était au nom
de l'apanagiste que la justice était rendue sur ses terres, et il
avait la nomination des officiers publics [3].

Pour les filles de France, la coutume s'introduisit qu'elles
devaient être apanagées seulement en deniers, non en terres.
C'était déjà le règlement fait en 1374 [4] par Charles V ; cela
ressort clairement de l'ordonnance de 1566 [5]. Cependant cette
règle, étant donnée la pénurie du trésor, ne put pas toujours
être observée ; on constituait alors l'apanage des filles en terres
et seigneuries, mais celles-ci étaient toujours rachetables au
profit du domaine pour la somme de deniers à laquelle l'apanage avait dû être d'abord arrêté [6].

dit mot hors simplement escrit ou prononcé estoit entendu des seuls masles
en chose non transmissible à autres ». — Lefebvre de la Planche, op. cit.,
p. 426 : « Cette clause, apposée dans le testament de Philippe le Bel, était
d'autant plus juste qu'il étoit contre toute règle, que le domaine de nos rois,
qui est incommunicable aux filles, perdit cette prérogative entre les mains
des appannagers ».

1. Du Tillet, Recueil, p. 209 : « Par la susdite loy ou coustume, la propriété
de ladite provision des puisnez est demeurée par devers ladite couronne, est
le vray domaine d'icelle, car les fils qui en ont l'usufruict ou jouissance sont
estimez partie du roy propriétaire et n'en peuvent aliéner ne obliger ladite
propriété ».

2. Du Tillet, Recueil, p.213 : « Vray est que les droicts royaux qui sont adhé-
rens à la couronne, inséparables d'icelle sont reservez et ont toujours esté et
souloit au duché ou comté qui estoit baillé estre retenue par le roi quelque
ville où il erigeoit un bailliage royal pour la connoissance desdits cas royaux ».
— Chopin, De domanio, l. II, tit. V-VII.

3. Lefebvre de la Planche, III, p. 433 s.

4. Isambert, V, p. 439 s.

5. Art. 1ᵉʳ, « Le domaine de nostre couronne ne peut estre aliéné que...
pour apanage des puisnez masles de la maison de France ».

6. Guy Coquille, Institution, p. 41 : « L'appanage est de deux sortes... aux
filles des rois pour estre racheptable en deniers à toujours sans aucune prescription. Car la dot ou apanage d'une fille de France est originairement en
deniers ».

IV

Dans la monarchie franque, nous l'avons vu, la notion de l'État s'était profondément altérée en ce que le royaume et la puissance royale étaient considérés comme le patrimoine du roi, qui pouvait en disposer à son gré; ainsi s'explique la facilité avec laquelle il consentait à l'abandon des droits régaliens. La conception féodale, faisant résulter la puissance publique d'un vaste système de contrats particuliers et de prescriptions accomplies, aggravait encore la confusion. Mais lorsque la royauté fut en voie de reconstituer l'État à son profit, une autre idée naturellement se fit jour; elle se traduisit dans l'inaliénabilité du domaine de la couronne. On entendit d'ailleurs par domaine de la couronne, tout ce qui constituait, à un titre quelconque, la dotation, les droits, les privilèges de la royauté, droits de souveraineté, droits régaliens, droits féodaux, domaines au sens propre du mot, dont le roi avait la pleine propriété, tout cela fut englobé sous cette dénomination et déclaré inaliénable[1].

Ce ne fut point un phénomène particulier à la France : il fut, au contraire, général et se produisit dans les diverses principautés européennes, si bien que dès la fin du XIIIᵉ siècle une légende se forma, racontant que le principe d'inaliénabilité avait été introduit dans un congrès des princes de l'Europe tenu à Montpellier en 1279[2]. Il s'introduisit incontestablement sous l'influence du droit romain qui fit prévaloir une notion de la souveraineté incompatible avec toute

---

1. On peut en donner comme formule ancienne une énumération contenue dans plusieurs articles du traité de Brétigny, art. 11 : « Tous les honneurs, obédiences, hommages, ligeances, vassaux, fiez, service, recognoissance, sermens, droitures, mere et mixte impere, et toutes manières de juridictions, hautes et basses, sauvegardes, seigneuries et souverainetés qui appartenoient et appartiennent, ou pourroient en aucune manière appartenir au roi ou à la couronne de France ». Cf. art. 7. Le traité de Brétigny distingue d'ailleurs, dans les pays cédés à l'Angleterre, ce que les rois tiennent en « demoine » et ce qu'il tiennent en «fiez et service » (art. 8).

2. Voyez le *Fleta*, traité de droit composé sous le règne d'Édouard Iᵉʳ, l. III, ch. VI, nº 3 : « Res quidem coronæ sunt, antiqua manoria, regis homagia, libertates et hujusmodi, quæ, cum alienantur, tenetur rex ea revocare secundum provisionem omnium regum christianorum apud Montem pessoloniam anno regni regis Edwardi, filii regis H., quarto habitam ».

aliénation. Mais, d'autre part, le pouvoir royal devenant de plus en plus absolu, la règle de l'inaliénabilité gênait peu le monarque, sauf que son successeur pouvait l'invoquer pour révoquer l'aliénation. Aussi la première sanction qu'on songea à lui donner, fut-elle de faire jurer au roi, lors de son avènement, qu'il n'aliénerait point le domaine et les droits de sa couronne. En 1220, Honorius III, consulté sur la valeur d'un pareil serment prêté par le roi de Hongrie, le déclara absolument obligatoire et déclara nul tout serment postérieur et contraire[1]. Puis la règle fut sanctionnée par la coutume ou la loi des différents États.

En France, c'est à partir du xiv° siècle qu'on voit apparaître ce principe ; encore les premières ordonnances (ou actes royaux), qui en font l'application, révoquant les aliénations du domaine accomplies sous les règnes antérieurs, ne le proclament-elles point comme une règle ferme et absolue ; elles relèvent soigneusement ce trait que les aliénations révoquées ont été excessives ou captées[2]. C'est au début du xv° siècle que les ordonnances deviennent précises et d'une portée générale[3]. La coutume introduisit aussi en France le serment prêté par le roi à son sacre de ne point aliéner le domaine[4]. Charles VI, dans un article de l'ordonnance cabochienne, vise ce serment, qu'il a prêté, dit-il, comme ses prédécesseurs[5]. Il n'est cependant point du tout certain qu'il eût été déjà introduit à l'avènement de Philippe de Valois[6].

---

1. C. 33, X, *De jurej.*, II, 24.

2. Ord., juin 1318 (Isambert, III, 179), avril 1321 (Isambert, III, 294), octobre 1349 (Ord., II, p. 315), juill. 1364 (Isambert, V, 217).

3. Ord., 1er mars 1388, art.   (Isambert, VI, 659) : « que nous ne ferons aucune aliénation de notre domaine ». — Février 1401 (Isambert, VII, 9); janvier 1407, art. 32 (Isambert, VII, 166).

4. La formule était (Isambert, V, p. 240) : *Et superioritatem, jura et nobilitates coronæ Franciæ inviolabiliter custodiam et illa nec transportabo nec alienabo.*

5. Art. 89 (Coville, *L'ordonnance cabochienne*, p. 36); déjà il l'avait constaté dans l'ordonnance de 1401.

6. Cela résulte des pièces qui nous ont été conservées sur la célèbre dispute de Vincennes, qui eut lieu sous ce règne. Pierre de Cugnières, pour exclure certaines prétentions de l'Église, invoque bien le serment que le roi aurait prêté à son sacre de ne pas aliéner les droits : « Quare cum rex in sua coronatione juravisset jura regni non alienare, et alienata ad se revocare, si per Ecclesiam aut quemcumque alium erant aliqua usurpata, rex teneretur

Ce sont les ordonnances du xvi° siècle qui donnèrent à l'inaliénabilité du domaine son expression définitive; elle se trouve dans l'ordonnance déjà citée de 1566. Deux exceptions seulement étaient admises à la règle : la constitution des apanages pour les fils de France et « l'aliénation à deniers comptants pour la nécessité de la guerre après lettres patentes pour ce décernées en nos parlements, auquel cas il y a faculté de rachat perpétuel. » Cette dernière aliénation portait le nom d'engagement, et l'on tenait qu'elle ne transférait en réalité ni la propriété, ni même la possession civile des biens engagés[1]. En même temps que l'inaliénabilité, s'était introduite l'imprescriptibilité du domaine[2].

Telles s'étaient dégagées ces règles, sages et protectrices, mais non toujours respectées. Elles ne s'appliquaient proprement qu'aux aliénations que le roi aurait voulu consentir au ｐᴏfit de quelqu'un de ses sujets ou vassaux. Le démembrement du royaume, faisant perdre au roi la souveraineté d'une province ou d'une ville pour les faire passer sous une souveraineté étrangère, était également interdit par l'ancien droit public, mais en vertu de principes différents, qui dérivaient en partie de la conception féodale[3] et rappellent aussi par avance certaines idées soutenues au xix° siècle. De bonne heure on soutint qu'une cité ne pouvait point être cédée à un souverain étranger sans le consentement des habitants[4]. Par une thèse de droit public un peu différente, on soutint plus tard que le royaume ne pourrait être démembré sans l'assentiment des États généraux[5]. Ici encore c'étaient des règles que la poli-

per juramentum ad se illa revocare ». Mais l'archevêque élu de Sens, qui lui répond, conteste l'exactitude de cette affirmation. S'adressant au roi, il lui rappelle qu'il a prêté seulement à son sacre cinq serments, qu'il énumère, et au nombre desquels n'est point compris celui-là : « *Ista jurasti et non plura; salva reverentia domini Petri qui vos unum aliud jurasse dicebat.* » Voyez *Libellus domini Bertrandi adversus Petrum de Cugneriis*, dans Durand de Maillane, *Preuves des libertés de l'Église gallicane*, t. III, p. 456 et 477.

1. Poulain du Parc, *Principes du droit français*, t. II, p. 8.

2. *Ibidem*, p. 2.

3. Ci-dessus, p. 209. Lefebvre de la Planche, *op. cit.*, t. III, p. 393 s.

4. Degrassalius, *Regalium Franciæ*, l. 1, p. 27 : « Rex Franciæ non potest alienare unam de civitatibus regni sui, invitis civibus, secundum Baldum, Hostiensem et Johannem Andreæ in novella, quos sequitur Jason. »

5. Loyseau, *Des offices*, l. II, ch. II, n° 39 : « La royauté ou souveraineté est encore moins aliénable et plus inhérente à la personne que le simple office.

tique de la monarchie absolue devait violer plus d'une fois. Cependant elles contribuèrent, dans une certaine mesure, à conserver à la France le duché de Bourgogne que le traité de Madrid avait cédé à l'empereur[1].

V

A vrai dire, tout le domaine royal ne fut pas déclaré inaliénable. Tout ce que le roi acquérait était bien considéré comme formant la dotation de la dignité royale, et l'on n'admettait pas qu'il eût un patrimoine en qualité de particulier[2]. Mais toutes les acquisitions opérées au profit du roi, qui n'avaient pas été réunies au domaine de la couronne expressément ou tacitement, constituaient le domaine privé, qui restait dans le commerce et dont le roi pouvait valablement disposer[3]. Il y avait là une règle contraire au bien public lorsque les acquisitions consistaient en seigneuries destinées naturellement à rentrer dans l'unité nationale. Des correctifs furent introduits, afin d'amener la réunion de ces acquêts au domaine de la couronne : deux sont à signaler. L'ordonnance de 1566 (art. 2) décida que cette union résulterait nécessairement du fait que pendant dix ans ils auraient été tenus et administrés par les receveurs et officiers publics, comme les autres biens de la couronne. La seconde règle est très célèbre, c'est celle d'après laquelle tous les biens que possédait le roi de France, au jour de son avènement, étaient de plein droit et nécessairement incorporés au domaine de la couronne. On justifiait cela en disant que le roi, par son avènement, contractait une union

Car bien que l'office soit résignable en certains cas, la souveraineté ne l'est jamais estant très certain que quelque monarque que ce soit, ne peut sans consentement des Estats de son pays, valablement et pour toujours céder son Estat à famille estrangère. Car c'est une obligation réciproque, comme au sujet d'obéir à son prince, aussi au prince de maintenir son sujet et, comme le sujet ne peut se distraire de l'obéissance du prince, aussi un prince ne peut aliéner ses sujets. »

1. Lefebvre de la Planche, *op. cit.*, III, p. 305 : « On peut citer le traité de Madrid de 1526, à l'occasion duquel François II déclara qu'il n'avait pu abandonner ses sujets du duché de Bourgogne sans leur consentement ».

2. Lebret, *De la souveraineté du roi*, l. III, ch. I; Lefebvre de la Planche, *op. cit.*, t. I, p. 3, 16.

3. Poullain du Parc, *Principes*, t. III, p. 2.

perpétuelle et indissoluble, pour lui et pour les siens, avec la couronne, et que la réunion de ses biens personnels au domaine était la dot de ce mariage [1]. Cependant cette règle de droit, comme maxime impérative, ne s'établit que relativement tard [2]. On en fit bien d'assez bonne heure une application à l'apanage qu'avait reçu un fils de France, qui succédait sur le trône à son frère mort sans enfants [3]; mais, pour le surplus, elle ne passa en loi que sous le règne d'Henri IV. Louis XII en écarta expressément l'application, quant au comté de Blois qui lui appartenait avant son accession : il établit même une chambre des comptes spéciale à Blois pour bien marquer la séparation [4]. Henri IV voulut en faire autant, pour tout son domaine ancien, « même pour les duchés, comtés, viscontés, terres et seigneuries enclavées au royaume de France [5] ». Mais il se heurta à la résistance du parlement de Paris, qui refusa d'enregistrer les lettres patentes contenant cette distraction; il céda et confirma la doctrine du parlement par un édit de juillet 1607. Il faut observer que cette réunion de plein droit ne s'appliquait qu'aux seigneuries qui relevaient

1. Édit de 1607 (Isambert, t. XV, p. 528) : « La cause la plus juste de laquelle réunion a pour la plus art consisté en ce que nos dits prédécesseurs se sont dédiés et consacrés a. public, duquel ne voulans rien avoir de distinct et de séparé, ils ont contracté avec leur couronne une espèce de mariage communément appelé saint et politique, par lequel ils l'ont dottée de toutes les seigneuries qui à titre particulier leur pouvoient appartenir, mouvantes directement d'elle. »

2. Lefebvre de la Planche, op. cit., t. I, p. 86 s.

3. Du Tillet, Recueil, p. 211 : « Ledit Valois (Philippe de) avait frère..., fut douté si les terres de l'appennage tenues par lesdits roys avant que la couronne leur eschout retournoient à icelle ou estoient à leurs puiznez, ... attendu que le retour pour les appennâges n'estoit qu'à défaut de masles qui duroient. Mais fut observée la réunion et retour des dites terres à la couronne, parce que par l'adoption d'icelle lesdits roys ne les avoient perdues, et estoient rentrées en elle et rejointes au lieu dont elles estoient parties, la jouissance consolidée avec la propriété. »

4. Dans son testament de 1505 (Dupuy, Traité de la majorité des rois, t. I, p. 428) Louis XII lègue à sa fille Claude de France « nos dits duchez de Milan et de Gennes, comtez de Pavie et d'Ast et autres terres et seigneuries que nous avons delà les monts en Lombardie, et semblablement nos comtez de Blois, seigneuries de Chaulny, Coucy, Pierrefonds, vicomté de Soissons et autres nos terres et seigneuries quelconques étans en nostre royaume de France, et autres biens quelconques à nous appartenans, et desquels nous pouvons traiter et disposer et qui ne sont venus de l'appanage de France ».

5. Lefebvre de la Planche, op. cit., p. 90 s.

de la couronne de France; celles qui n'en relevaient point et qui étaient ainsi situées en dehors du royaume, en restaient distinctes, réunies seulement à lui par une union personnelle, jusqu'à ce qu'un acte du souverain établît l'union réelle [1].

1. Lefebvre de la Planche, *op. cit.*, t. I, p. 101.

CHAPITRE II

La souveraineté reconstituée au profit de la royauté

Pour reconstituer l'État en France il ne suffisait pas que, par l'annexion des grands fiefs au domaine de la couronne, le roi se substituât aux grands feudataires et éliminât ainsi la féodalité supérieure. En effet, par suite de la structure féodale, telle qu'elle a été plus haut décrite, le haut feudataire sur son grand fief, le roi sur son domaine, voyaient une légion de seigneurs inférieurs s'interposer entre eux et la population. Ceux-ci, dont le type était le haut justicier, absorbaient et exerçaient à leur profit les attributs les plus effectifs de la souveraineté : le droit de guerre, la justice et l'impôt. Les habitants n'étaient les sujets que de leur seigneur direct. Pour que le roi redevînt souverain et que tous les Français devinssent ses sujets, il fallait que le pouvoir royal éliminât cette féodalité inférieure, ou que tout au moins il la rendît inoffensive, et, passant par dessus elle, pût directement commander à tous. Cette restauration, comme l'annexion des grands fiefs, fut le résultat d'un travail persévérant et continu : ce fut encore principalement une œuvre de sage politique, mais ici, comme pour la réunion des fiefs et plus encore, les principes juridiques jouèrent un rôle important, et c'est ce que je voudrais exposer dans ce second chapitre. D'ailleurs, pour faire saisir la portée de ce travail bien des fois séculaire, il faut ajouter deux observations. D'un côté, cette reconstitution de la souveraineté ne se poursuivit pas seulement à l'encontre des pouvoirs féodaux : elle s'opéra aussi, par les même moyens ou par des moyens analogues, contre l'Église et contre les villes affranchies, dans la mesure où elles avaient empiété sur les attributs nécessaires de l'État. D'autre part, c'est seulement, comme je l'ai dit, la féodalité inférieure dont le pouvoir royal rogna ainsi les at-

tributs : ce qu'elle gagna sur la souveraineté des grandes seigneuries tardivement réunies à la couronne, comme la Bourgogne et la Bretagne, fut en réalité fort peu de chose ; mais ces
provinces ne restèrent pas pour cela en dehors de ce mouvement. Comme la royauté agissait sur son domaine, ainsi, sous
l'empire des mêmes causes, les ducs et les comtes agissaient
dans leurs grands fiefs, refoulant et disciplinant à leur profit
la féodalité inférieure, et, lors de l'annexion, le roi, succédant
au duc ou au comte, n'eut qu'à recueillir les fruits de ce travail
particulier. Parfois même la reconstitution de la souveraineté
fut plus prompte et plus énergique dans tel grand fief que sur
le domaine de la couronne et put servir de modèle au pouvoir
royal : c'est en particulier ce qui arriva dans le duché de
Normandie.

I

Trois ordres de principes juridiques jouèrent un rôle dans
cette restauration ; mais l'influence la plus ancienne et la plus
profonde fut celle du droit romain. Chacun sait, c'est une
phrase toute faite, que les légistes ont été les auxiliaires les
plus actifs du pouvoir royal : or, dans la langue du moyen âge,
le mot légistes, *legistæ*, désigne précisément ceux qui se sont
livrés à l'étude des *lois*, c'est-à-dire du droit romain.

Comme nous le verrons en étudiant le développement du droit
privé, le droit romain, au cours du moyen âge, n'était jamais
tombé en Occident dans un complet oubli. Il s'était maintenu
dans la pratique judiciaire de certaines régions. L'étude même
et peut-être l'enseignement n'en avait jamais complètement
cessé, même aux ixe, x^e et xie siècles ; mais cette étude était
bien rudimentaire. Elle eut, dans la seconde moitié du xie siècle,
une renaissance vigoureuse, qui paraît s'être d'abord développée parallèlement en France et en Italie, mais qui eut sa pleine
floraison dans l'école que fonda à Bologne le célèbre Irnerius,
à la fin du xie siècle. Ce qui caractérisa l'école bolonaise, ce
qui fit son originalité et sa puissance, c'est que ses maîtres se
mirent à étudier directement, minutieusement et intégralement
la compilation de Justinien. Ce fut la découverte d'un nouveau
monde, immense et fécond en trésors, et le succès de cet en-

seignement ainsi conduit fut prodigieux. Dès le xii° siècle, les étudiants, venus de tous les points de la chrétienté, affluèrent à l'école de Bologne; puis des maîtres se détachèrent pour aller porter dans d'autres contrées le nouvel évangile; des écoles se fondèrent en Italie et en France pour enseigner le droit romain. Cette rénovation devint un des facteurs les plus importants de la civilisation européenne; elle n'eut pas seulement une grande influence, comme on le verra plus loin, sur le développement du droit privé; elle en exerça une non moins profonde sur le droit public, et sur la pensée des nations occidentales. C'est là un fait de premier ordre, au point de vue scientifique et politique à la fois.

Le moyen âge jusque-là n'avait point été dénué de culture intellectuelle ; mais ce qui représentait la haute spéculation, celle qui fournissait à la société les principes dirigeants, c'était une science purement religieuse et ecclésiastique, la théologie. Elle régnait en maîtresse sur le monde des idées, et toutes les autres branches des connaissances humaines rampaient à ses pieds et dans son ombre. Avec la renaissance des études de droit romain, cette royauté fut fortement entamée[1]. Une science nouvelle naquit, indépendante et laïque, la science de la société civile, telle que l'avaient dégagée les Romains, et qui pouvait passer pour le chef-d'œuvre de la sagesse humaine. L'autorité des lois romaines remises en lumière s'imposa à l'occident naturellement et sans lutte. Le grand renom de l'Empire romain n'était jamais sorti de la mémoire des hommes, et l'on sait quelle force avaient sur les esprits du moyen âge les textes anciens : un texte, une *auctoritas*, valaient mieux que toutes les raisons. Il en résulta qu'à côté du théologien se plaça le légiste qui avait, comme lui, ses principes et ses textes et qui lui disputa la direction des esprits avides de savoir. L'influence de la nouvelle science laïque se fit même sentir sur les sciences ecclésiastiques: le droit canonique fut pénétré profondément par le droit romain restauré. L'Église sentit bien cette concurrence redoutable qui lui était faite ; elle essaya, mais vainement, de défendre la théologie, de lui

1. Esmein, *Nouvelle Revue historique de droit*, 1886, p. 430-431. — Marcel Fournier, l'*Église et le droit romain au xiii° siècle, ibid.*, 1890, p. 80 s.

conserver la suprématie. En 1180, Alexandre III interdit l'étude du droit romain à tous les moines [1]. En 1219, Honorius III étendit la prohibition aux prêtres et à tous les clercs jusqu'aux archidiacres [2]. Enfin le même pape défendit absolument d'enseigner le droit romain à l'Université de Paris et dans les lieux voisins [3] : l'Université de Paris, c'était le foyer même de la théologie ; la papauté en bannissait la science rivale.

Par cette influence scientifique, le droit romain devenait, comme je l'ai dit, un facteur social important, car toute nouvelle orientation scientifique, quand elle prévaut, amène fatalement une modification dans la constitution même de la société. Mais il eut une action politique plus directe et immédiate. Les légistes, en effet, ne considérèrent pas seulement les lois romaines comme la science et le droit du passé ; ils s'employèrent, avec une foi profonde, à leur rendre la vie, à les faire passer dans la pratique, soit pour le droit privé, soit pour le droit public. Les uns, comme les maîtres de l'école de Bologne, n'hésitaient pas à demander qu'on les appliquât telles quelles ; d'autres, comme nos romanistes de la première moitié du xive siècle, comme Bartole et son école, les adaptaient au milieu, les infusaient, comme un sang nouveau, dans les institutions anciennes. Mais, au fond, la tendance était la même, et l'œuvre s'accomplissait rapidement dans une large mesure ; car, en France surtout, le personnel gouvernemental et administratif se recruta bientôt principalement parmi les légistes. Or voici la conséquence quant au droit public.

Dans la compilation de Justinien, ils trouvaient l'image d'une monarchie absolue et administrative, d'où la liberté était absente, mais d'où étaient également absentes les violences et la grossièreté de la société féodale, où régnaient l'ordre et la justice et où la notion de l'Etat était pleinement développée avec toutes ses conséquences. Ils y trouvaient la pleine souveraineté dans la personne de l'empereur, qui seul faisait la loi et par elle commandait à tous, levant seul les impôts et les levant sur tous les sujets de l'Empire, exerçant seul le droit de

---

1. C. 5, X, *Ne clerici*, etc., III, 50.

2. C. 10, X, *Ne clerici*, etc., III, 50.

3. C. 28, X, *De privilegiis et exces.*, V, 33. Sur ce texte diversement interprété, voyez Esmein, *Nouvelle revue historique*, 1886, p. 430.

rendre la justice par lui-même ou par des magistrats, dominant enfin jusqu'à l'Église, malgré les grands privilèges que celle-ci avait déjà obtenus. Les légistes français s'efforcèrent de faire passer cet idéal dans la vie réelle, et de reconstituer la puissance de l'empereur romain au profit du roi. Incessamment ils invoquaient à son profit les textes du Digeste et du Code, comme nous le verrons en parlant du pouvoir législatif, de l'impôt, de la justice[1], et alors il n'était pas de plus haute autorité. Cependant, en ce qui concerne le roi de France, ce travail de placage rencontra une objection subtile et d'ordre juridique. Les glossateurs de Bologne, qui, les premiers, avaient imaginé ce procédé d'adaptation et de restauration, par une interprétation littérale, avaient appliqué les textes de lois qui visaient l'empereur romain à l'empereur d'Allemagne, au chef du Saint-Empire romain. Il y en avait pour eux une double raison : en tant qu'Italiens, ils dépendaient de l'Empire, et l'empereur allemand était, à leurs yeux, le continuateur légitime de l'Empire romain. Si ces textes de lois visaient naturellement et uniquement l'empereur, comme le pensaient les Bolonais, comment pouvait-on les appliquer au roi de France, qui n'était pas empereur[2] ? Ce fut, semble-t-il, un Italien, Balde, qui trouva la réponse à cette objection, dont on ne s'était point d'ailleurs beaucoup préoccupé en dehors de l'école. Elle consistait à dire que le roi de France était empereur dans son royaume, car il ne reconnaissait pas de supérieur[3]. La difficulté se rattachait à une autre question, qui, heureusement, ne fut pas sérieusement agitée en dehors de l'école, c'était de savoir si le roi de France était un souverain complètement indépendant, s'il ne dépendait pas de l'Empire.

1. Voyez encore toute la série des applications dans Degrassalius, *Regalium Franciæ*, lib. I, p. 102 s.

2. L'objection est encore prévue par Degrassalius, *op. cit.*, p. 316 : « Ad id quod dicit (Petrus Jacobi) quod in rege non cadit crimen majestatis quia non dicit se imperatorem, quamvis vellet esse, respondetur quod illud falsum, quia rex Franciæ est imperator in suo regno. »

3. Balde, sur la loi 7, C. *de probat.*, IV, 18. — Bouteiller, *Somme rurale*, II, tit. I ; p. 646 : « Puisque dict et montré ay des droicts et constitutions impériaux… dire et monstrer veux des droicts royaux. Si sçachez que le roi de France, qui est empereur en son royaume, peut faire ordonnances qui tiennent et vaillent loy… et généralement faire tout et autant que à droict impérial appartient. »

Tout un parti de légistes et de canonistes soutenaient que l'empereur était maître du monde et que par suite nécessairement le roi de France lui était soumis. Dans ce sens étaient spécialement la glose du *Corpus juris civilis*, la glose du décret de Gratien et celle des décrétales de Grégoire IX [1]; Bartole était un des tenants les plus fermes de cette opinion. Ils invoquaient des textes du Digeste, du Décret ou même de l'Evangile. Mais le roi de France avait aussi ses partisans parmi les docteurs. Le texte capital invoqué en sa faveur était une décrétale d'Innocent III, déclarant expressément « rex Franciæ superiorem in temporalibus minime recognoscit [2] » . Sans doute, c'était là une pure dispute scolastique, mais telle est la force de la tradition que Loyseau sous Henri IV [3], Lebret sous Louis XIII [4], croient encore devoir affirmer, avec preuves à l'appui, que le roi de France est indépendant de l'empereur.

L'appui du droit romain eut ainsi une efficacité merveilleuse pour le développement du pouvoir royal; mais en même temps il contribua puissamment à reformer celui-ci sur le type du pouvoir absolu. L'Empire romain avait été la monarchie la plus absolue qui fût jamais, et l'on s'efforçait de faire la monarchie française à son image [5].

II

Les jurisconsultes qui construisaient peu à peu le nouveau droit public à l'encontre des principes féodaux n'invoquaient pas seulement les lois romaines; ils faisaient appel à un prin-

1. L. 9, D. *de leg. Rhodia*, XIV, 2 ; « Respondit Antoninus : ego quidem mundi dominus. » — Glose sur l. 3, C. VII, 37, v° *Omnia:* « Omnia principis, etiam quoad proprietatem ut dicit M(artinus) principi apud Roncagliam timore vel amore. » — C. 22, D. LXIII, glose, v° *Per singulas.* — Voyez dans Degrassalius, *op. cit.*, lib. I, p. 53 s., la liste des docteurs dans l'un et l'autre sens.

2. C. 13, X, *Qui filii*, IV, 17; il est vrai que la glose ajoute (v° *Minime*) : « De facto, de jure tamen subest Romano imperio. »

3. *Des seigneuries*, c. II, n°s 68 s. : « C'est une fausse opinion de notre vulgaire de penser que tous les rois chrestiens doivent reconnoistre l'Empire, quoique la plupart des docteurs estrangers l'aient escrit, notamment Bartole ».

4. *De la souveraineté du roi*, l. I, ch. II : *De l'erreur de ceux qui disent que la France doit dépendre de l'Empire.*

5. Cf. Luchaire, *Manuel des institutions françaises*, période des Capétiens directs, p. 463.

cipe supérieur, compris aisément de tous, accessible aux igno-
rants comme aux savants, l'idée de l'intérêt public, auquel ils
donnaient le roi comme représentant. Beaumanoir, dans sa
théorie du pouvoir législatif de la royauté, ne s'inspirait pas
seulement du droit impérial, il invoquait surtout le « commun
profit du royaume. » A la même époque, Durantis fondait sur
le même principe une thèse importante qui devait restreindre
beaucoup les guerres privées. Si au nom du droit romain il
condamnait la guerre qu'un seigneur ferait à son roi [1], au nom
de l'intérêt public il déclarait que tous les hommes de fief devaient se rendre à l'appel du roi qui les convoquait pour la
défense de la patrie, quand même leur seigneur direct les eût
requis en même temps pour une guerre privée [2]. Dans la première moitié du XIII° siècle, l'auteur du *Grand Coutumier de
Normandie* dégageait déjà l'une des applications les plus fécondes de ce principe. Il considérait le souverain (dans l'espèce,
le duc de Normandie) comme le représentant et le gardien de
la paix publique, et il en tirait cette conséquence, que toute
violence troublant la paix publique était une attaque contre
le souverain et relevait de sa justice [3].

III

Enfin ce sont les propres principes du droit féodal que les
juristes exploitèrent au profit du roi en les tournant contre la
féodalité. Cela se fit de plusieurs manières. Parfois les juristes
ne firent que dégager les conséquences logiques des principes

1. *Speculum*, tit. *De feudis*, n° 29, p. 309 : « Quid igitur si aliquis baro regis
Franciæ facit guerram ipsi regi, baro ipse præcepit ex debito sacramenti
fidelitatis hominibus suis quod ipsum juvent; numquid tenentur eum contra
regem juvare ... Dicendum est contra. Nam baro insurgens contra dominum
videtur incidere in legem Juliam majestatis. »

2. *Speculum*, tit. *De feudis*, n° 30 : « Nam rex qui habet administrationem
regni vocat eos *pro communi bono*, scilicet pro defensione patriæ et coronæ;
unde sibi jure gentium obedire tenentur. Nam pro defensione patriæ licitum
est patrem interficere, *et publica utilitas includens in se privatam præferenda
est privatæ*. Si tamen rex vocaret eos pro aliquo negotio non tangente *publi-
cam utilitatem*, potius tenentur obedire baroni domino suo. »

3. *Grand Coutumier*, ch. LII, p. 132 : « Vis est injuria alicui violenter irrogata,
lædens pacem patriæ et principis dignitatem. Cum enim ad principem perti-
neat sub pacis tranquillitate populum sibi regere subrogatum, ad ipsum pertinet pacis fractores corrigere violentos. »

féodaux, que le démembrement féodal avait arrêtées en chemin, au profit de seigneurs inférieurs au roi, mais véritablement souverains. Ainsi s'établirent les diverses prérogatives acquises au roi en tant que souverain fieffeux du royaume : le droit de francs-fiefs et nouveaux acquêts[1], le droit d'amortissement[2], le droit d'affranchissement[3] : on peut rattacher encore à la même source le droit d'autoriser les affranchissements des villes[4], et celui d'accorder la naturalisation aux aubains tant que le droit d'aubaine fut considéré comme un droit seigneurial.

D'autres fois, l'effort consista à dénaturer les relations féodales, de manière à permettre au roi de passer par-dessus les seigneurs pour atteindre leurs sujets. L'exemple le plus frappant se trouve dans l'histoire de l'impôt royal. D'après la théorie féodale, le roi avait droit dans certains cas à exiger de ses vassaux, comme tout seigneur, l'aide féodale ; mais il n'avait point le droit de lever des impôts sur les sujets de ces vassaux. Seulement, dans ces cas, la coutume permettait aux vassaux, enus de contribuer en faveur du roi, de lever à leur profit une taille ou impôt compensatoire sur leurs propres sujets[5]. La royauté en prit prétexte pour lever directement l'impôt sur ces derniers lorsqu'on se trouvait dans un cas d'aide féodale. Il semblait qu'au fond rien n'était changé, il y avait dans la procédure simplement un circuit de moins : en réalité, le roi, comme autorité, s'était substitué au seigneur.

Enfin, dans d'autres cas, on superposa le droit royal au droit seigneurial, celui-ci paraissant encore en première ligne et le droit du roi sur les sujets des seigneurs n'apparaissant que comme un complément, et ne se manifestant qu'extraordinairement. Ainsi Durantis, tout en déclarant que les hommes des barons ne sont pas les hommes du roi, ajoute que celui-ci a cependant sur eux un certain droit général de juridiction et de puissance[6]. Ce ne fut pas là seulement une idée féconde

1. Ci-dessus, p. 224.
2. Ci-dessus, p. 266.
3. Ci-dessus, p. 237.
4. Ci-dessus, p. 283.
5. *Grand Coutumier de Normandie*, c. XLIV.
6. *Speculum*, tit. *De feudis*, n° 28, p. 309 : « Tamen homines ipsorum baronum non sunt homines ipsius regis. Bene tamen omnes homines qui snut iu-

pour l'avenir; on y rattacha de bonne heure des prérogatives importantes. Tel est le droit d'arrière-ban, c'est-à-dire le droit pour le roi, lorsque le service militaire qui lui était dû par ses vassaux propres se trouvait insuffisant, de requérir directement les hommes de ses vassaux et d'une façon générale tous les habitants du royaume en cas de péril national[1]. Mentionnons encore le droit de garde général que Beaumanoir reconnaît déjà au roi sur toutes les églises du royaume et qui devait s'exercer à côté ou à la place du droit de garde des seigneurs[2]. Ce droit supérieur du roi, planant au-dessus des pouvoirs féodaux et, d'abord bien vague, on le présentera d'une façon avantageuse en disant que les droits des seigneurs n'ont été que des concessions de la volonté royale, et que celle-ci a retenu tout ce qu'elle n'avait pas concédé expressément. Cette idée, qui sera familière aux jurisconsultes à partir du xvie siècle, apparaît dès le xiiie[3].

Dès la fin du xve siècle, la reconstitution de l'autorité royale à l'encontre de la féodalité inférieure était un fait accompli sur tous les points principaux. Les recueils de maximes juridiques, qui seront faits au commencement du xviie siècle, enregistreront toute une série de dictons, contenant l'expression de ce triomphe, et vieux sûrement de plus d'un siècle[4]. Mais la consolidation du pouvoir royal n'en continuera pas moins dans les trois siècles suivants, et si l'on envisage cette œuvre

regno Franciæ, sunt sub potestate et principatu regis Franciæ *et in eos habet imperium generalis jurisdictionis et potestatis.* »

1. *Grand coutumier de Normandie*, ch. xxv, p. 67 : « Feoda autem loricæ in comitatibus vel baroniis, quæ ad servitium ducatus non fuerunt instituta non debent servitium exercitus nisi dominis quibus supponuntur. Excepto tamen retrobannio principis, ad quod omnes qui ad arma sunt convenientes sine excusatione aliqua tenentur proficisci. »

2. Beaumanoir, XLVI, 1.

3. *Grand coutumier de Normandie*, c. lii, p. 134 : « Habet (dux Normanniæ etiam principaliter curiam de omnibus injuriis... exceptis tamen illis, quibus principes Normanniæ de hujusmodi habendis placitis curiam concesserunt prout per instrumenta vel per prescriptionem diuturnam est apparens. »

4. « Si veut le roy, si veut la loy. Tous les hommes de son royaume lui sont sujets. Au roy seul appartient de prendre tribut sur les personnes. Toute justice émane du roi. Toutes guerres sont défendues au royaume de France, il n'y a que le roi qui puisse en ordonner. Le roi est protecteur et gardien des églises de son royaume. Le roi seul peut frapper monnaie d'or et d'argent. » Loisel, *Inst. coutumières*, I, 1, règles 1, 4, 5; VI, 1, règle 30. — L'Hommeau, *Maximes générales du droit français*, I, 3, 5, 9, 11, 12, 13.

de reconstitution dans ses résultats derniers, on doit reconnaître qu'elle fut à la fois incomplète et exagérée. Elle fut incomplète en ce que la royauté sut asservir la féodalité et lui enlever toute indépendance et valeur politique, mais elle ne parvint pas à l'éliminer. Les petits seigneurs féodaux subsistèrent et continuèrent même à exercer à leur profit, sous le contrôle du pouvoir royal, certains attributs de la puissance publique : le droit de justice et le droit de fisc ; les tenures féodales restèrent la forme commune de la propriété foncière. La féodalité, ainsi survivante, fut un mal social des plus gênants dans l'ancien régime ; c'était un organisme qui n'avait plus de fonction utile, qui ne rendait plus de services, qui au contraire gênait ou entravait le fonctionnement normal et qui cependant devait encore être alimenté aux dépens du corps social. L'Église, quoique soumise à l'autorité effective du roi, conservait encore d'immenses privilèges à l'encontre de l'État. D'autre part, la royauté, en développant ses attributs avait dépassé la mesure ; elle avait atteint l'absolutisme le plus complet ; l'État, en définitive, s'était trouvé reconstitué à son profit, plus qu'à celui de la nation.

Dans la longue histoire de la dynastie capétienne, on peut distinguer trois formes successives de monarchie, et il sera fait souvent allusion à cette distinction dans l'histoire qui va suivre des principales institutions publiques, bien que j'étudie successivement chacune d'elles dans tout le cours de son développement. La première forme, c'est la *monarchie féodale* : elle va du règne de Hugues Capet à celui de Philippe le Bel. Sans doute, à la fin de cette longue période, la monarchie capétienne, vieille déjà de trois siècles, avait accompli d'immenses progrès surtout dans l'ordre judiciaire ; mais ses moyens d'action étaient encore enserrés et limités par les cadres féodaux ; c'était le jeu des institutions féodales qui lui fournissait presque exclusivement ses ressources : il n'y avait encore ni impôts généraux, ni armée propre de la royauté ; les États généraux n'étaient pas nés ; la législation générale commençait à peine ; le conseil du roi n'existait pas encore et le parlement lui-même était en voie de formation.

La *monarchie tempérée* représente la seconde forme historique : elle va du règne de Philippe le Bel à celui d'Henri IV.

En la qualifiant de tempérée, je ne veux point dire qu'elle reposât sur les principes qui font les libertés modernes, la souveraineté nationale et la liberté individuelle : mais il existait dans la nation, à côté du pouvoir royal pleinement développé, des forces plus ou moins indépendantes qui lui faisaient contrepoids. C'étaient les restes de la féodalité transformée, ou des corps constitués, créés par le pouvoir royal lui-même, mais qui avaient acquis des privilèges et exerçaient une action politique De là une certaine somme de libertés générales ou locales, qui n'étaient point coordonnées et agissaient parfois à contre-sens, mais qui n'en limitaient pas moins l'autorité royale : telles étaient les tenues d'États généraux, l'institution des états provinciaux, les franchises municipales, les privilèges et assemblées du clergé, les droits politiques des parlements et cours souveraines. La troisième et dernière forme, c'est la *monarchie absolue* [1] *et administrative* des xviiᵉ et xviiiᵉ siècles. La transformation qui la produisit s'accentue à partir du règne d'Henri IV [2]. Elle se caractérise par deux traits. D'un côté, les forces sociales, dont j'ai indiqué l'indépendance relative dans la période précédente, perdent leur pouvoir de résistance. Les organes qui les représentaient ne disparaissent point cependant pour la plupart. Si les États généraux ne sont plus réunis après 1614 et tombent en désuétude [3]; si, au xviiiᵉ siècle, la plupart des municipalités cessent de représenter toute liberté locale; les états provinciaux, les assemblées du clergé, les droits politiques des parlements subsistent au contraire et continuent à fonctionner. Mais, sauf les parlements, brisés eux-mêmes en 1771, les autres corps ont renoncé à une lutte im-

1. On faisait à la France un titre de gloire de cet absolutisme. Piganiol de la Force, *Nouvelle description de la France*, 1718, t. I, p. 41 : « Le roi de France est le premier potentat et le monarque le plus puissant et le plus absolu qu'il y ait en Europe. »

2. Dans l'ouvrage cité à la note précédente (t. I, p. 214), Piganiol de la Force, qui décrit cette forme de gouvernement, prend le règne d'Henri IV pour point de départ : « Le gouvernement de la France ne fut pas d'abord porté au point de perfection où nous le voyons aujourd'hui... je me contenteral de le prendre à Henri IV. »

3. Piganiol de la Force, dans son exposé, en parle comme d'une institution du passé (t. I, p. 204) : « Ils ont eu, dit-il, tant de part au gouvernement de l'État jusqu'à Henri IV, que j'ai jugé à propos de faire un peu connoître ces anciennes et puissantes assemblées. »

possible et n'agissent plus qu'avec l'agrément de la royauté.
D'autre part, l'organisation administrative se complète et se
régularise par la forte constitution des conseils du roi et l'institution des intendants des provinces. Cette monarchie absolue
a d'ailleurs ses théoriciens qui lui donnent le caractère très net
d'une monarchie de droit divin, dont la conception se dégage
progressivement. Si Charles Loyseau, sous Henri IV, voit encore dans le roi l'officier du peuple en même temps que le
lieutenant de Dieu, il constate en revanche que les rois ont
acquis par une longue possession la propriété même de la souveraineté et que la monarchie française est vraiment absolue[1].
D'autres, à la même époque, parlaient plus clairement encore[2].
Lebret, sous Louis XIII, n'hésite pas sur la doctrine[3]. Enfin

---

1. *Des offices*, l. II, ch. II, n⁰ˢ 21, 22: «Mais je dis qu'il (le roi) est officier
et feudataire tout ensemble et à l'égard de Dieu et à l'égard du peuple. Premièrement il est officier de Dieu en tant qu'il est son lieutenant, qui le représente en tout ce qui est de la puissance temporelle... et semblablement à
l'égard du peuple, il est vrai que les roys sont officiers et seigneurs, je dis
souverains officiers... et souverains seigneurs... Il est bien vray que du commencement ils n'estoient que simples princes, c'est-à-dire simples officiers,
n'ayans que l'exercice et non pas la propriété de la souveraineté, mais le
peuple qui les élisoit et préposoit sur soy demeuroit en sa liberté naturelle
toute entière... il y a desja longtemps que tous les roys de la terre, qui par
concession volontaire des peuples, qui, par usurpation ancienne (laquelle fait
loy en matière de souverainetez qui n'en peuvent recevoir d'ailleurs) ont
prescrit la propriété de la puissance souveraine et l'ont jointe avec l'exercice
d'icelle. » — *Des seigneuries*, ch. II, n⁰ 92: « Le royaume de France est la monarchie la mieux établie qui soit et qui ait jamais été au monde, estant en premier lieu une monarchie royale et non pas seigneuriale, une *souveraineté* parfaite, à laquelle les Estats n'ont aucune part. »

2. L'Hommeau, *Maximes générales du droit français*, sur la max. 5 : « Il
arriva à un advocat du parlement de Paris, de dire en plaidant que le peuple
de France avoit donné la puissance aux rois, alléguant ce qui est dit en la loy
première en ces termes : « lege regia, quæ de ejus imperio lata est, populus ei
« et in eum suam potestatem contulit. » Lors messieurs les gens du roy se levèrent et demandèrent en pleine audience que ces mots fussent rayez du plai-
doyé de l'advocat, remonstrant que jamais les rois de France n'ont pris leur
puissance du peuple : sur quoi la cour fit deffense à l'advocat d'user plus de
tels propos et discours, et de regret l'advocat ne plaida oncques cause. »

3. *De la souveraineté*, ch. II, p. 4 : « D'où l'on peut inférer que nos rois ne tenant leur sceptre que de Dieu seul, n'estant obligez de rendre aucune soubmis-
sion à pas une puissance de la terre et jouissant de tous les droits que l'on
attribue à la souveraineté parfaite et absolue, qu'ils sont pleinement souverains dans leur rotaume. » — Ch. IX, p. 10 : « Mais l'on demande si le roi peut
faire publier tous ces changemens de loix et d'ordonnances, de sa seule autorité, sans l'avis de son conseil ni de ses cours souveraines. A quoi l'on répond

la monarchie catholique de droit divin trouve dans Bossuet son théoricien définitif[1], et, dans une occasion solennelle, Louis XV viendra lui-même, en plein parlement, en prononcer la formule[2].

que cela ne reçoit point de doute, parce que le roi est seul souverain dans son roiaume. »

1. *Politique tirée des propres paroles de l'Écriture sainte, à monseigneur le Dauphin.*

2. Édit de décembre 1770 (Isambert, *Anc. lois*, XXII, 506) : « Nous ne tenons notre couronne que de Dieu. Le droit de faire des lois, par lesquelles nos sujets doivent être conduits et gouvernés, nous appartient à nous seul sans dépendance et sans partage. »

TITRE II

Histoire des principales institutions publiques (XI⁰-XVIII⁰ siècles)

CHAPITRE PREMIER

La justice

Je commence l'étude historique du droit public de l'ancien régime par l'exposé de l'organisation judiciaire, telle qu'elle se développa sous l'action du pouvoir royal. Il y a deux raisons principales de suivre ce plan. C'est d'abord par la justice que le pouvoir royal se maintint et s'accrut dans la société féodale. D'autre part, les autorités judiciaires ont été à diverses époques associées à l'administration proprement dite ou à la législation; il est donc bon d'exposer leur histoire avant d'aborder ces derniers sujets. Ce chapitre sera divisé en trois parties : dans la première, je suivrai depuis le XI⁰ siècle jusqu'à la Révolution le développement organique des juridictions royales; dans la seconde, j'exposerai la contre-partie, c'est-à-dire l'abaissement parallèle des justices seigneuriales; dans la troisième, j'étudierai l'intervention directe et personnelle du pouvoir royal dans l'administration de la justice, c'est-à-dire la justice retenue et ses diverses manifestations.

SECTION PREMIÈRE

DÉVELOPPEMENT ORGANIQUE DES JURIDICTIONS ROYALES

Dès le xi⁰ siècle, on voit que la justice royale a deux sortes d'organes, des juridictions locales et une juridiction centrale, et dans le dernier état on retrouve encore, visibles malgré d'immenses transformations, ces antiques fondements. Je vais donc décrire l'évolution entière de ces deux éléments; j'indiquerai ensuite les juridictions d'exception qui avaient, au cours du temps, été créées à côté des tribunaux ordinaires.

§ 1ᵉʳ. — JURIDICTIONS LOCALES, PRÉVOTÉS, BAILLIAGES ET SÉNÉCHAUSSÉES [1]

A l'avènement des Capétiens, la royauté n'exerçait plus la justice territoriale que sur son domaine et là où la juridiction n'avait point été absorbée par les justices féodales et seigneuriales [2], là où le roi avait conservé la justice directe sur les habitants. Dans ces lieux, au moins à partir du règne de Robert II [3], la justice fut rendue par un officier royal nommé prévôt (*præpositus*). Les prévôts furent certainement une création des premiers Capétiens, les anciens juges carolingiens, comtes et vicomtes, ayant inféodé à leur profit les justices qu'ils tenaient et une nouvelle inféodation étant à craindre si l'on en créait de nouveaux : probablement, pour la création de ces nouveaux officiers, la royauté prit-elle exemple sur l'Église, dans les seigneuries de laquelle se trouvaient depuis longtemps des sortes d'intendants appelés *præpositi*. Quoi qu'il en soit, les prévôts, placés chacun à la tête d'une circonscription, furent d'abord et pendant longtemps les seuls juges locaux de la monarchie capétienne. Leur compétence, par là même, se trouvait illimitée quant aux personnes qui étaient leurs justiciables. Mais de

---

1. Sur ce qui suit, consulter Pardessus, *Essai sur l'organisation judiciaire* (*Ord.*, t. XXI.)
2. Ci-dessus, p. 248 et suiv.
3. Luchaire, *Manuel des institutions*, p. 540.

bonne heure certains habitants de leur circonscription y échappèrent, je veux dire les bourgeois des villes qui obtinrent le droit de justice. Je crois même que de tout temps les vassaux du roi, petits ou grands, épars dans le domaine, furent soustraits à la juridiction du prévôt et qu'au début ils pouvaient demander à être jugés par la *curia regis*. Des textes du XIII° siècle semblent encore constater ce droit[1], et la règle, qui s'établira plus tard et durera jusqu'au bout, d'après laquelle les nobles défendeurs n'étaient jamais justiciables des prévôts, me semble être la continuation en même temps que la transformation de ce droit ancien.

Mais les prévôts n'étaient pas seulement des juges. Conformément à une ancienne tradition et à la loi naturelle des gouvernements peu développés, ils concentraient entre leurs mains tous les pouvoirs : ils avaient des attributions administratives, militaires et financières. Représentants du roi dans leur circonscription, ils étaient chargés de transmettre ses ordres et d'en assurer, s'il était possible, l'exécution. C'étaient eux qui transmettaient les semonces aux hommes qui devaient le service militaire à l'ost du roi, et ils conduisaient les contingents ainsi réunis. Enfin, ils étaient chargés de faire rentrer, d'encaisser et de verser au trésor royal tous les revenus du roi, c'est-à-dire les revenus du domaine, dans leur prévôté[2]. Ces dernières attributions étaient même considérées comme les plus importantes de toutes et elles expliquent la manière dont anciennement étaient choisis les prévôts. Tout d'abord la charge tendit, semble-t-il, à s'inféoder; mais, pour résister à cette tendance, les rois ne la conférèrent que pour un temps peu long et à un titre tout spécial. Elles étaient données à ferme, vendues (à temps), comme disent les vieux textes. On adjugeait à une personne pour un temps déterminé et pour une certaine somme le droit de percevoir tous les revenus royaux de la prévôté; et l'adjudicataire, pour le temps du bail, était nommé prévôt. Au fond, c'était là une opération qu'on retrouve en des

---

1. *Établissements de saint Louis*, I, ch. LXI et LXXVI. — *Livre de Justice et de Plet*, I, 17, § 4 : « Duc, comte, barons ne devent pas estre tret en plet devant prévot dou fet de lor cors ne de lor demoine; quar chascune tele persone ne doit estre jugiez que par le roi, qui li doit foi, ou par ses pers. »

2. Brussel, *Traité de l'usage des fiefs*, ch. XXXII; Vultry, *Études sur le régime financier de la France avant la Révolution*, t. I, p. 470 et suiv.

temps et en des lieux fort divers; c'était une application de la
ferme de l'impôt; mais, en même temps, cela prouve que le rôle
financier des prévôts était considéré comme leur fonction essentielle. A partir du xiii° siècle, les ordonnances s'appliquent
à réglementer cette adjudication des prévôtés, prenant des
précautions pour que le système n'aboutisse pas à de trop
mauvais choix et n'entraîne pas des abus trop criants[1]. Mais
en lui-même il était vicieux, le prévôt fermier cherchant à
faire produire à la prévôté le plus possible, afin de réaliser un
profit[2]. Le seul moyen de purifier l'administration des prévôts
était de donner les prévôtés non pas à ferme, mais en régie, de
les donner *en garde*, comme on disait anciennement. Les rois
prenaient parfois cette mesure : Joinville a raconté comment,
sous saint Louis, la prévôté de Paris cessa d'être donnée à
ferme, pour être confiée en garde à Étienne Boileau et quels
merveilleux effets eut cette transformation[3]. Mais ce régime de
progrès ne se répandit que bien lentement : à la fin du xv° siècle
encore il y avait des prévôtés en ferme[4]. Dans toute l'étendue
du domaine royal, il y avait des officiers, tels que ceux qui
viennent d'être décrits, mais ils ne portaient pas toujours le
nom de prévôts ; dans certaines régions, ils s'appelaient châ-
telains, ailleurs viguiers (*vicarii*).

Pendant longtemps, ai-je dit plus haut, les prévôts furent
les seuls juges locaux de la royauté. Ils étaient sous la surveillance du grand sénéchal, qui faisait des tournées d'inspection annuelles pour les contrôler[5]. D'ailleurs, les habitudes
ambulatoires des premiers Capétiens et l'étendue restreinte du
domaine rendaient faciles leurs rapports directs avec la cour
du roi. Mais, dans la suite du temps, on sentit les inconvénients

1. Voyez, en particulier, l'importante ordonnance de saint Louis, de 1254,
Ord., I, 65.

2. Une ordonnance célèbre de Philippe le Bel, de 1302, enlève au prévôt fermier le droit de fixer les amendes, le plus souvent arbitraires; il y avait là
pour lui une trop forte tentation; *Ord.* I, p. 300, art. 19 : « Inhibentes de
cœtero ne præpositi ad firmam præposituras tenentes *taxare vel judicare præ-
sumant emendas*, sed tantummodo senescalli et baillivi, homines aut scabini
dumtaxat. » Mais, pour le reste, leur pouvoir judiciaire subsistait.

3. *Vie de saint Louis*, édit. de Wailly, ch. cxii, § 715-719.

4. L'ordonnance de Blois, de mars 1498, art. 60, 61 (*Ord.* XXI, 188) suppose
encore qu'à côté des prévôtés en garde il y avait des prévôtés en ferme.

5. Brussel, *op. cit.*, p. 508, 510.

de ce système, et, dans le cours du xii° siècle, apparaissent les *baillis* et *sénéchaux royaux*, qui sont les supérieurs et les surveillants locaux des prévôts : les deux termes sont, en droit, synonymes ; la qualification de sénéchal était usitée principalement dans le midi et l'ouest de la France, celle de bailli dans le reste du pays. On ne peut dire au juste à quelle date furent créés les baillis. Ils apparaissent pour la première fois d'une manière certaine dans l'acte de 1190, appelé testament de Philippe-Auguste [1] : mais là c'est déjà une institution générale et dont le fonctionnement est régulier. Il est probable que, comme la plupart des institutions anciennes, celle-ci ne fut pas le résultat d'un plan d'ensemble et d'un système préconçu, mais qu'elle eut pour point de départ des faits particuliers et accidentels, puis se généralisa peu à peu. Voici l'hypothèse qui me paraît la plus vraisemblable [2]. Les seigneurs importants, ceux dont le fief représentait un petit État, avaient ordinairement un officier supérieur appelé sénéchal ou bailli, qui surveillait les officiers inférieurs, comme le roi avait le grand sénéchal surveillant les prévôts [3]. Or il arriva que plusieurs des seigneuries ainsi constituées furent réunies à la couronne, et assez naturellement le pouvoir royal fut conduit à leur laisser après l'annexion l'organisation qu'elles avaient auparavant. C'est sûrement ce qui se produisit sous Louis VII lorsque, en 1137, il fut, par son mariage avec Éléonore de Guyenne, devenu maître du Poitou, de la Saintonge et du Bordelais. Le sénéchal de Poitou fut maintenu comme officier royal, au-dessus des prévôts [4]. Dans la suite du temps, on

1. C'est l'ordonnance par laquelle Philippe-Auguste, partant pour la Croisade, réglait le gouvernement du royaume pendant son absence, *Ord.*, 1, 18. Les dispositions qui concernent les baillis sont les articles 1, 2, 4, 5, 6, 7, 16, 17. — Il faut remarquer d'ailleurs que M. Léopold Delisle, dans son *Catalogue des actes de Philippe-Auguste*, mentionne plusieurs actes antérieurs à 1190 et où des baillis sont déjà visés : n° 202, adressé aux prévôts et baillis du roi (1187) ; n° 224, aux prévôts et baillis de Jauville, Dourdan et Poissy (1188); cf. n° 203, au connétable du Vexin et à tous ses prévôts et baillis.

2. Voyez d'autres hypothèses dans Luchaire, *Manuel des institutions*, p. 544 s.; cf. p. 266.

3. En Angleterre aussi, au xii° siècle, le sénéchal était le principal officier du baron, *Le dialogue de l'échiquier* (Stubbs, *Select charters*, 3° édit., p. 240) parle du « generalis œconomi quem vulgo seneschallum dicunt ». — On sait que, du temps de saint Louis, Joinville était sénéchal du comte de Champagne.

4. Luchaire, *Histoire des inst. monarch.*, 1, 218. — Les sénéchaux de pro-

dut sentir l'avantage d'une semblable organisation et la création des baillis sous Philippe-Auguste en fut la conséquence.
Quoiqu'il en soit, c'était là une création féconde ; les baillis et
sénéchaux aux xiiie, xive et xve siècles devaient être la force
principale de la royauté à l'encontre de la féodalité du domaine,
les instruments au moyen desquels s'accomplirent ses progrès.

Les baillis étaient, avant tout, les surveillants des prévôts,
mais ils avaient aussi des fonctions propres à remplir. Comme
les prévôts, ils réunissaient entre leurs mains l'ensemble des
pouvoirs. Préposés à une vaste circonscription comprenant un
certain nombre de prévôtés, ils y représentaient à tous égards
le pouvoir royal. C'étaient eux dorénavant qui convoquaient
les contingents dûs par les vassaux du roi et par les villes.
C'étaient eux qui concentraient les recettes effectuées par les
prévôts, et, devenus comptables pour tout leur bailliage, devaient verser au trésor royal les sommes par eux recueillies à
des dates déterminées [1]. Enfin les baillis avaient aussi des attributions judiciaires, mais celles-ci, très claires un peu plus tard,
sont difficiles à déterminer au début. En effet, plus tard leur
juridiction sera abondamment alimentée par les causes qui,
sous le nom de cas royaux, seront enlevées à la connaissance
des prévôts aussi bien qu'à celle des seigneurs ; et surtout ils
seront juges d'appel par rapport aux prévôts et aux justices
seigneuriales de leur bailliage [2]. Mais, dans le dernier tiers du
xiie siècle, la théorie des cas royaux n'était pas née et le système de l'appel dans la plupart des régions n'était pas encore
développé. Il semble donc qu'au début il n'y avait point place
pour leur juridiction à côté de celle du prévôt. Cependant on
peut trouver, dès le début, deux objets très importants à leur
activité judiciaire. Premièrement, le bailli, étant le supérieur
et surveillant du prévôt, non seulement recevait les plaintes
élevées contre celui-ci, mais encore pouvait et devait accueillir les plaideurs qui prétendaient que le prévôt leur déniait
justice ; peut-être même pouvait-il sans condition accueillir
toutes les causes que ceux de sa baillie voulaient porter de-

---

mière formation, conservés par la royauté après une annexion, gardèrent
d'abord le caractère marqué d'officiers féodaux. Luchaire, *Manuel*, p. 549-541.

1. Vuitry, *op. cit.*, I, p. 487 et suiv.

2. Ci-après section II.

vant lui[1]. En second lieu, lorsque la circonscription du bailliage contenait quelque seigneurie, jadis non comprise dans le domaine royal, et où, avant l'annexion, les hommes du seigneur se réunissaient en cour féodale pour procéder au jugement par les pairs, le bailli réunissait ces hommes, devenus les vassaux directs du roi, pour leur administrer la justice selon les anciens principes[2]. Cette pratique contribua sans doute à faire recevoir la règle d'après laquelle les nobles étaient les justiciables des baillis.

Les baillis, pour remplir leurs multiples fonctions et principalement celle de surveillants, n'étaient point anciennement sédentaires au chef-lieu du bailliage. Ils étaient, au contraire, des juges ambulants, parcourant leur circonscription et tenant périodiquement aux principaux lieux des assises solennelles[3], où ils rendaient la justice et où étaient convoqués les prévôts

1. Ordonnance de 1190, art. 3 : « In baillivis suis singulis mensibus ponent unum diem, qui dicitur assisia, in quo omnes illi qui clamorem faciant, recipient jus suum per eos et justitiam sine dilatione, et nos nostra jura et nostram justitiam. » — Cf. Bouteiller, *Somme rurale*, I, ch. III, p. 90 : « En assise doivent estre tous procez décidez si faire se peut bonnement..., sy doit chascun estre ouy en sa complainte, soit sur nobles, non nobles, sur officiers, sergens ou autres... Et est entendue assise aussi comme purge de tous faits advenus au pays. » Voyez aussi la description que donne de l'ancien sénéchal ducal le *Grand Coutumier de Normandie*, ch. X, p. 33 : « Solebat autem antiquitus quidam justiciarius prædictis superior per Normanniam discurrere qui seneschallus principis vocabatur. Ille vero corrigebat quod alii inferiores reliquerant, terram principis custodiebat, leges et jura Normanniæ custodiri faciebat et quod minus justo fiebat per baillivos corrigebat. »

2. Ordonnance du 7 janvier 1278 (édit. Guilhiermoz, *Enquêtes et procès*, p. 640), art. 30 : « Chascune baillis en cui court l'on juge par hommes contraingne les hommes au plustost qu'il pourra à jugier les causes amenées par devant eus. » — *Coutumier d'Artois*, tit. LIII, n° 12 : « Et ce enten je quant aucuns baillus conjure les hommes dou prince, que il dient droit d'aucune querele a le requeste des parties. » — Bouteiller, *Somme rurale*, II, tit. LXXXIII, p. 485 : « Par monseigneur le baillif de Tournesis et par les hommes du roy jugeans au conjurement dudit baillif, qui est son seigneur, lesquels hommes sont pers audit d'Ailly seigneur de Rume. »

3. *Grand Coutumier de Normandie*, p. 34 : « Singulas partes Normanniæ et baillivas visitabat. » — Bouteiller, *Somme rurale*, p. 9 : « Assise est une assemblée de sages juges et officiers du pays, que fait tenir ou tient le souverain baillif de la province. Et y doivent estre tous les juges, baillifs, lieutenants, sergens et autres officiers de justice et prévosté royal sur peine de l'amende, si ils n'ont loyal exoine. Et doit estre l'assise publiée par toutes les villes ressortissans à ladite assise, par sergent et commission du souverain baillif, le lieu et le jour des présentations. »

et tous les officiers royaux. C'est encore la pratique suivie au cours du xv° siècle[1].

Pour en finir avec ces baillis de l'ancien type, disons que la royauté choisissait avec soin ces fonctionnaires importants et faisait en sorte de les avoir toujours dans sa main. Elle ne donna jamais à ferme les bailliages comme elle donnait les prévôtés[2], et ne nommait point les baillis à titre viager ou pour un temps déterminé; elle les laissait même d'ordinaire assez peu longtemps en fonctions dans le même bailliage[3].

Tels étaient les baillis primitifs; mais, tout en subsistant, ils devaient subir au cours du temps de profondes transformations. Elles consistèrent surtout en ce que la confusion des pouvoirs, signalée plus haut[4], cessa peu à peu; chaque fonction distincte reçut un fonctionnaire spécial et les baillis et sénéchaux gardèrent la moindre part des attributions qu'ils avaient jadis cumulées.

Ce qu'ils perdirent d'abord, ce furent leurs attributions financières; cela se fit localement, progressivement, avant d'aboutir à une mesure générale[5]. Lorsque saint Louis avait mis en garde la prévôté de Paris, il y avait institué un receveur royal pour percevoir, à la place du prévôt, les revenus du domaine; mais ce receveur resta longtemps seul de son espèce. Ailleurs, les baillis continuaient à les percevoir, mais d'ordinaire, pour se décharger d'une partie de leur tâche, ils avaient un commis

---

1. De Rozière, *L'assise du bailliage de Senlis en 1340 et 1341*, dans *Nouvelle Revue historique de droit*, 1891, p. 722, 738. — Même à la fin du xv° siècle le prévôt de Paris (qui, en réalité, était un bailli) tenait encore des assises à Corbeil. — Fagniez, *Extrait des registres du Châtelet de Paris*, dans *Mémoires de la Société de l'histoire de Paris*, t. XVII, n° 83 : « Sur le diférant qui est entre les lieutenans civil et criminel de la prévosté de Paris, touchant les assises d'icelle prévosté de Paris qui estoient assignées mesmement au lieu de Corbeil à lundi prochain... (22 juin 1496, Parlement, Conseil). »

2. Certains textes pourraient faire penser le contraire; Ordonnance de 1254, art. 24 : « Eos sane qui bailllivias nostras tenuerint aliis easdem *revendere* prohibemus. » Mais il s'agit là des prévôtés, parfois appelées baillies; d'autres articles de la même ordonnance le prouvent. Art. 7 : « (Jurabunt senescalli) quod in venditionibus bailliarum... partem non habebunt. » Cf. art. 17 : « Inferiores baillivi ». Cf. ci-dessus, p. 345, note 1; p. 347, note 1.

3. Luchaire, *Manuel des institutions*, p. 548.

4. Ci-dessus, p. 346.

5. Vuitry, *Études sur le régime financier de la France avant la Révolution*, nouvelle série, p. 294 et suiv.

pour opérer ces recettes ; celui-ci devait naturellement se transformer en un officier royal, en receveur nommé par le roi et seulement surveillé par le bailli. Philippe le Bel créa ainsi un certain nombre de receveurs royaux dans divers bailliages ; mais c'est seulement en 1320 que la mesure devint générale. Nous trouvons cette année-là deux ordonnances, dont l'une défend aux sénéchaux et baillis de faire aucune recette, laissant ce soin aux receveurs [1], et l'autre détermine les fonctions de ces derniers [2]. Dès lors, la séparation est opérée ; malgré quelques vicissitudes [3] les receveurs subsisteront.

Les baillis perdirent semblablement leurs attributions judiciaires. Lorsque leur compétence s'élargit, l'administration de la justice devint, pour eux, un pesant fardeau. Pour s'en soulager, ils se faisaient remplacer par des lieutenants, qui jugeaient à leur place : c'était déjà une pratique commune dans la seconde moitié du XIIIᵉ siècle [4]. En cela, ils ne faisaient qu'user d'un droit général reconnu au *judex ordinarius* par les légistes et les canonistes sur le fondement des lois romaines : il pouvait déléguer à un particulier sa *jurisdictio*, le droit de rendre la justice à sa place [5]. Ces lieutenants n'étaient que de simples commis, des mandataires du bailli [6] : c'était lui qui les constituait, et il pouvait également à volonté les destituer, révoquer leurs pouvoirs. Mais lorsque cette pratique se fut enracinée et que communément justice fut rendue non par le bailli, mais par des lieutenants permanents, ceux-ci virent peu à peu leur situation se consolider et défini-

1. Janvier 1320, art. 14, *Ord.*, I, p. 705.
2. Mai 1320, *sur les fonctions des receveurs des droits royaux*, *Ord.*, I, p. 712.
3. Vuitry, *op. cit.*, I, p. 297.
4. Ordonnance de 1254, art. 10 : « Vicarios autem, quos senescalli quandoque pro se substituunt, nolumus ab ipsis institui, nisi prius sub forma prædicta præstiterint juramentum. »
5. *Livre de Justice et de Plet*, I, 10, § 8 : « Li baillis pot bailler sa juridiction à autre ou mander ; mès li autres ne la peut baller à autre ne envoier. » — Voyez l. 6, § 1, D. 1, 16, et Dig., I, 21, *De officio ejus cui mandata est jurisdictio*.
6. Johannes Faber les classe parmi les mandataires en examinant la question de savoir dans quelle mesure le mandataire oblige le mandant, *Ad instituta*, IV, 7, 11, nᵒ 13 : « Quod si instituit aliquem vicarium vel locumtenentem, videtur quod talis eum obliget ». — Ordonnance de février 1388, art. 2 (Isambert, *Anciennes lois*, VI, p. 645).

tivement devinrent des officiers royaux en titre. Les ordonnances commencèrent par leur assigner des gages payés par les receveurs royaux [1] et pris sur les gages des baillis [2]. Puis ils furent directement nommés par le pouvoir royal et le bailli perdit le droit de les destituer [3]. Enfin les baillis furent complètement dépossédés de leurs attributions judiciaires au profit de leurs lieutenants : il leur fut interdit de tenir le tribunal du bailliage et de participer aux jugements. Ils n'eurent plus que le droit et le devoir de faire exécuter les sentences rendues en leur nom [4].

Ce que les baillis gardèrent jusqu'au bout, ce furent leurs attributions militaires; mais celles-ci ne se rapportaient qu'au service féodal, qui était devenu dans le cours du temps un service dû au roi seul par les possesseurs de fiefs sous le nom

---

1. Ordonnance de Montil-les-Tours, 1453, art. 89, 90 (Isambert, *Anciennes lois*, IX, 239.

2. Ordonnance de Blois de 1498, art. 49 (Isambert, *Anciennes lois*, XI, p. 347). La même ordonnance (art. 48) veut que les lieutenants généraux ne puissent être « élus ou commis sinon qu'ils soient docteurs ou licenciés *in altero jurium* en université fameuse ».

3. Chassanœus, *Catalogus gloriæ mundi*, part. VII, cons. 24 : « De locumtenentibus generalibus qui resident et præsunt in loco principaliori sedis baillivatus seu seneschalliæ cum habeant officium a rege... quoniam tales habent eamdem potestatem quam ordinarius ex codicillis, hoc est, litteris officii et per statuta seu ordinationes regias. » — Degrassalius, *Regalium Franciæ*, lib. I, p. 110 : « Imo (rex) et locumtenentes ipsorum magistratuum creat et instituit. Hodie extat ordinatio per quam omnes locumtenentes sunt officia formata a principe conferenda quæ multos turbavit. »— Guy Coquille, *Histoire de Nivernais* (Œuvres, Paris, 1666, I, p. 396) : « Avant cent ans les baillifs establissoient lesdits lieutenants, et en ce temps-là ils se disoient lieutenants des baillifs, mais depuis les roys ont commencé à y pourvoir et ils se nomment conseillers et lieutenants pour le roy ès bailliages et sénéchaussées ». — Ordonnance de 1498, art. 47.

4. Chassanœus n'admettait pas encore cette règle. *Catalogus*, part. VII, cons. 24 : « Sed an tales ballivi seu seneschalli habentes locumtenentes possint exercere jurisdictionem in absentia suorum locumtenentium aut commissorum vel etiam in præsentia dic quod sic, quando ambo sunt a lege. » Mais Guy Coquille la constate, *Histoire de Nivernois, loc. cit.*, p. 396 : « Et de présent les baillifs et seneschaux des provinces continuent à estre de robe courte, mais ne peuvent s'entremettre à juger en jurisdiction contentieuse avec connoissance de cause. Ainsi fut dit contre du Vandel, baillif de Saint-Pierre-le-Moustier en robe courte, ès grands jours de Moulins, le 20 octobre de l'an 1550, ains la connoissance appartient à leurs lieutenans qui doivent estre de robe longue et gradués en droit ».

d'arrière-ban. C'étaient les baillis qui convoquaient et conduisaient l'arrière-ban[1].

Pendant que cette évolution s'accomplissait, la juridiction du bailliage avait augmenté d'importance et en partie changé de caractère. Elle était devenue sédentaire, dans la principale ville de la circonscription, le système des assises ambulatoires disparut au cours du xvi° siècle[2]. D'autre part, son personnel judiciaire avait augmenté : au lieu du bailli, désormais écarté, il y avait plusieurs lieutenants. C'étaient d'abord le lieutenant général et le lieutenant particulier, le second destiné à suppléer ou décharger le premier. Ils devaient leur nom et leur origine aux anciennes habitudes des baillis : l'un était le délégué qu'il choisissait pour exercer tous ses pouvoirs judiciaires, tenir ordinairement sa place; l'autre représentait les délégués extraordinaires que choisissait le bailli pour telle affaire déterminée. A ces deux s'ajouta le lieutenant criminel, auquel on donna dans la suite un assesseur. Les lieutenants criminels furent créés dans tous les bailliages par François I°° en 1522[3]; mais, comme l'indique l'ordonnance créatrice, il en existait auparavant dans quelques sièges, à Paris en particulier : ils réduisirent les lieutenants général et particulier à la juridiction en matière civile.

Pendant longtemps au tribunal du bailliage siégea un officier unique, d'abord le bailli, puis un de ses lieutenants. Cependant ce magistrat ne jugeait pas seul. Nous savons que dans certains lieux et dans certains cas le bailli ne faisait que convoquer et présider la cour féodale, et alors, d'après les principes exposés plus haut[4], c'étaient les hommes qui arrêtaient le jugement. Mais là même ou l'on ne jugeait pas « par hommes », et toujours conformément aux anciennes traditions, le bailli devait s'entourer d'un conseil, dont il prenait les membres parmi les notables qui assistaient à l'assise, spécialement parmi les pra-

1. Guy Coquille, loc. cit. : « Tellement qu'aujourdhuy les baillifs et seneschaux ne sont employez que pour tenir main forte à l'exécution des jugemens de justice et pour la conduite de l'arriere-ban de leurs provinces, comme capitaines nais. »

2. Elles ne se conservèrent que localement en vertu de la coutume. Guyot, Répertoire, v° Assises.

3. Isambert, Anc. lois, XII, 197.

4. Ci-dessus, p. 25.

ticiens estimés, avocats ou procureurs[1]. Il devait en être de
ces conseillers temporaires et improvisés comme des lieutenants primitifs; ils devaient se transformer en magistrats permanents. Cette création de magistrats conseillers eut lieu sous
François Ier[2]. De l'ancienne organisation il ne resta plus que
cette règle, encore en vigueur aujourd'hui, d'après laquelle,
en cas d'absence d'un magistrat, les avocats étaient appelés,
par ordre d'ancienneté, à compléter le tribunal[3]. C'était au fond
une grande transformation; au lieu d'un juge unique, qui
n'était pas lié par l'avis de son conseil[4], on avait un tribunal
composé d'un certain nombre de magistrats et statuant à la
pluralité des voix.

Sous le règne d'Henri II, en 1551, un certain nombre de
bailliages et sénéchaussées reçurent une qualité et une importance nouvelles, sous le nom de sièges présidiaux[5]. Ils
obtinrent le droit de juger sans appel, en dernier ressort, les
causes civiles dont le taux était peu élevé[6], et, dans cette mesure, chaque siège présidial reçut les appels d'un certain nombre de simples bailliages de la région[7]. Cette organisation
nouvelle avait pour but de remédier à certains vices que présentait le système d'appel développé dans l'ancienne France,
et dont il sera question plus loin. Les sièges présidiaux recevront aussi compétence particulière pour certaines causes cri-

---

1. *L'Assise de Senlis en 1340 et 1341* (*Nouvelle Revue historique de droit*, 1891,
p. 762) donne la liste de conseillers d'une assise sous ce titre « présenz aux
jugemenz, conseillers ». — De Rozière, *ibid.*, p. 720. — Esmein, *Histoire
de la procédure criminelle en France*, p. 36.

2. Chassanœus, *Catalogus*, part. VII, cons. 26 : « Debent (locumtenentes) præ-
cedere assessores et alios consiliarios noviter creatos... » 27 : « Aliquos habemus
in Gallia ordinarios in plerisque curiis regiis qui habent tantummodo consu-
lere in præsentia judicis ordinarii et majoris. Et in aliquibus locis vocamus
assessores, ut in senescallia Pictaviensi ubi est assessor et etiam consiliarii
noviter a paucis annis a rege nostro Francisco creati, sine quibus assessore
et consiliariis non potest judicare locumtenens senescalli, imo nec assessor
in absentia locumtenentis sine consilio dictorum consiliariorum judicare non
potest. »

3. Esmein, dans le *Recueil des lois et arrêts de Sirey*, 1886, I, p. 267.

4. Esmein, *Histoire de la procédure crim.*, p. 56.

5. Édit de janvier 1551, Isambert, *Anc. lois*, XIII, 248.

6. Jusqu'à « 250 livres tournois pour une fois, ou 10 livres tournois de rente ».
Édit de 1551, art. 1er.

7. Édit de 1551, art. 2.

minelles; bien des retouches seront apportées à cette institution dans le cours du temps, mais elle subsistera jusqu'au
bout, et sur les bases qu'avait établies l'édit d'Henri II.

Les prévôtés, dont je n'ai montré que la physionomie première, s'étaient transformées, comme les bailliages. Le prévôt,
comme le bailli, avait perdu le caractère d'officier à tout faire,
aux fonctions multiples. Mais, à la différence du bailli, les
seules attributions qu'il retint furent les judiciaires. La prévôté restera jusqu'au bout à l'étage inférieur des juridictions
royales, et le prévôt y siégera, selon les anciens principes,
c'est-à-dire comme juge unique. Il sera seulement créé des
assesseurs aux prévôts en 1578[1]. Mais il ne sera pas créé là
de conseillers en titre d'office, sauf dans certaines grandes prévôtés, qui, comme le châtelet de Paris, étaient en droit de véritables bailliages.

Telles furent les juridictions locales de droit commun qu'eut
la royauté dans les provinces : la liste cependant n'en est
point complète, il y manque les plus importantes, les parlements provinciaux. Mais ceux-ci résultèrent d'une multiplication et décentralisation de la juridiction centrale d'abord
unique; c'est donc l'histoire de celle-ci qu'il faut d'abord présenter.

§ 2. — LE PARLEMENT DE PARIS ET LES PARLEMENTS DE PROVINCE[2]

I

Dès les premiers temps de la dynastie capétienne, on voit le
roi rendre à certains jours la justice en personne, assisté des
officiers de la couronne, de vassaux et de prélats. Ces assises

[1]. Édit d'avril 1578. Isambert, *Anc. lois*, XIV, 343.
[2]. La Roche-Flavin, *Treize livres des parlements de France* (1617). — Estienne
Pasquier, *Recherches de la France* (1560). — Le Paige, *Lettres historiques sur
les fonctions essentielles du parlement*, etc. (1753). — Langlois, *Textes relatifs
à l'histoire du parlement depuis les origines jusqu'en* 1314. — Le même, *Les
origines du parlement*. — Beugnot, *Préfaces des Olim*. — Boutaric, *Actes du
parlement de Paris* (Introduction). — Luchaire, *Histoire des institutions monarchiques*, t. I, ch. II, III. — Le même, *Manuel des institutions*, p. 558 et suiv. —
Aubert, *Le Parlement de Paris de Philippe le Bel à Charles VII*. — Guilhiermoz,
Enquêtes et procès.

s'appellent la *curia regis* et c'est à la fois la suite des traditions carolingiennes et la conséquence logique des principes
féodaux.

On a vu précédemment[1] comment dans la monarchie
franque le roi rendait lui-même la justice; cela se maintint
sous les derniers Carolingiens et continua sous les premiers
Capétiens. La forme du tribunal resta la même, sauf que ceux
qui y siégeaient principalement, les ducs et les comtes, n'é-
taient plus des fonctionnaires; mais ce qui changea grandement, ce fut sa compétence. Rigoureusement toutes les causes
que revendiquaient les justices seigneuriales et féodales ne
pouvaient plus être portées devant lui, et il ne pouvait pas
non plus fonctionner comme tribunal d'appel, puisque l'appel
n'existait pas dans la procédure féodale[2] : tout au plus pouvait-
on songer à remonter jusqu'à lui, par l'appel de faux jugement
ou l'appel de défaute de droit, lorsque la sentence attaquée ou
le déni de justice émanaient d'un vassal direct du roi; et encore
n'en trouve-t-on des exemples qu'assez tard[3]. Cependant la
curia regis garda quelque chose de son ancienne compétence générale. La royauté avait conservé une autorité un peu
vague, plutôt morale qu'impérative : elle en profita pour
attirer devant elle des litiges, qui féodalement n'en auraient
peut-être pas relevé. Elle revendiqua les causes qui mettaient en jeu les intérêts temporels des églises et des couvents,
que le roi prenait sous sa garde; lorsque les villes auront été
émancipées, elle se fera juge des procès où leurs droits seront
en cause. D'une façon générale, par cette action judiciaire, le
roi cherchait à se poser comme médiateur entre les forces
féodales[4]. Mais, pendant plusieurs siècles, bien souvent, en
réalité, il ne pourra agir que par voie d'arbitrage, lorsque les
deux parties consentiront à accepter son jugement[5].

1. Ci-dessus, p. 69.
2. Ci-dessus, p. 254.
3. Langlois, Textes, n° 7; cf. p. 35, 38, 39. — Luchaire, *Histoire des instit.*,
1, p. 292; Esmein, dans *Nouvelle Revue hist. de droit*, 1884, p. 679.
4. Luchaire, *Manuel*, p. 557.
5. Voyez, par exemple, Langlois, Textes, p. 24 (a. 1158) : « Priusquam ingre-
derentur causam Guillermum fidem dare fecimus quod nihil in posterum
clamaret... supra quam adjudicaret ei curia nostra. » — P. 27 (a. 1165-1166) :
« Rex autem rogabat comitem ut compositioni acquiesceret secundum consi-

En vertu des purs principes féodaux la cour du roi avait une compétence plus exactement déterminée. C'était une règle, nous le savons, que tout vassal devait trouver près de son seigneur, pour le juger, un tribunal composé de ses co-vassaux. Or le roi avait beaucoup de vassaux, les uns, grands feudataires relevant de la couronne, les autres, seigneurs moins importants, dont les seigneuries étaient comprises dans le domaine royal ou relevaient des possessions anciennes de la famille capétienne. Tous devaient être jugés par leurs pairs sous la présidence du roi [1]. Il résultait de là que, juridiquement, la juridiction du roi comprenait deux éléments distincts : une cour royale proprement dite, un tribunal du palais, comme dans la monarchie franque, et une cour, ou plutôt plusieurs cours féodales. Mais il ne paraît pas qu'anciennement cela ait abouti à des assises distinctes ; c'était au contraire devant la même *curia* que comparaissaient tous les plaideurs, quelle que fût leur qualité ; lorsque le jugement devait se faire conformément aux principes féodaux, on avait soin sans doute d'avoir présents plusieurs véritables pairs du défendeur, et ainsi, la règle était respectée [2].

Le personnel de ces assises n'était point fourni d'ailleurs par un corps constitué et permanent. C'étaient simplement les personnes que le roi réunissait à certaines époques pour tenir un conseil politique, et délibérer sur les affaires du royaume, c'est-à-dire des prélats et des vassaux, auxquels s'adjoignaient les officiers de la couronne. Cette réunion était proprement ce qu'on appelait la *curia regis*, et, comme la plupart des institutions de cette époque, elle servait à plusieurs fins, fournissant à la fois le conseil délibérant et la cour de justice. La *curia* était convoquée à intervalles irréguliers, sans périodicité fixe, mais d'ordinaire à l'occasion des grandes fêtes de l'année, tantôt dans

---

lium comitis Henrici. » — P. 33 (a. 1216) : « Hoc autem judicium prædictum concesserunt prædicti Erardus et Philippa ».

1. Voyez les textes réunis par Le Paige, *Lettres historiques*, t. II, p. 47 et suiv.

2. *Établissements de saint Louis*, I, 76 : « Se li bers est appelez en la cort le roi d'aucune chose qui apartaigne à héritage, et il dic : « Je ne vueil pas estre juglez fors par mes pers de ceste chose », adonc si doit l'en les barons semondre à tout le moins jusques à III ; et puis doit la joustise feire droit o ces et o autres chevaliers. »

un lieu, tantôt dans un autre. Il résultait de là que la cour du roi, juridiction centrale, avait un personnel variable, changeant selon les sessions et parfois selon les causes. Mais, en droit, peu importait : en réalité (sauf quand on devait appliquer le principe du jugement par les pairs), cette juridiction résidait tout entière en la personne même du roi ; les prélats et les barons, comme les officiers royaux, ne formaient qu'un conseil, dont le monarque s'appropriait l'avis pour prononcer la sentence : c'était lui qui statuait en vertu de son autorité propre.

Telle fut, dans ses traits généraux, la cour du roi primitive; mais elle devait se transformer et donner naissance au parlement de Paris, et cette transformation, préparée sous la monarchie féodale, devait aboutir au xive siècle, sous la monarchie tempérée. Le parlement de Paris devait d'ailleurs jusqu'au bout contenir accouplés les deux éléments que j'ai montrés plus haut dans l'ancienne *curia* : une cour féodale et une cour royale de justice. Le premier élément est représenté par les pairs de France, le second par les magistrats du parlement.

II

D'après la langue et les principes du droit féodal, pouvaient se qualifier pairs de France tous ceux qui étaient vassaux de la couronne de France, c'est-à-dire relevaient directement du roi, auquel, pris en cette qualité, ils devaient hommage. Sans doute le terme dut être d'abord employé dans ce sens. Mais, dans le premier tiers du xiiie siècle, il prend une autre acception. Il désigne alors un collège fermé, arrêté à un nombre déterminé de membres et qui présente deux traits distinctifs. Il est composé de douze pairs de France, et, sur ce nombre, six sont des prélats et six des grands feudataires laïques. Ce sont l'archevêque de Reims, les évêques de Laon et de Langres, portant par leur seigneuries ecclésiastiques le titre de duc, et les évêques de Beauvais, de Noyon et de Châlons, portant le titre de comte, — les ducs de Bourgogne, de Normandie et de Guyenne, et les comtes de Flandre, de Champagne et de Toulouse. Le collège des pairs est donc constitué mi-partie, comme la cour du roi, par les représentants de l'Église et par ceux de la féodalité laïque : aussi les pairs sont-ils le noyau même de cette cour et, comme on le verra, pour eux se maintiendra le principe du jugement par les pairs.

Quand et comment se constitua ce collège des douze pairs : c'est un problème historique qui n'est point encore résolu. Voici seulement ce qu'on peut constater comme données certaines. Le collège des douze pairs de France n'était pas encore formé lors du sacre et couronnement de Philippe Ier en 1059, car les pairs n'y apparaissent pas et l'une de leurs fonctions essentielles sera de jouer un rôle à part dans la cérémonie du sacre[1]. En 1171, un texte donne à l'archevêque de Reims, qui sera le premier pair ecclésiastique, le titre de *par Franciæ*[2]. En 1216, cinq pairs ecclésiastiques et le duc de Bourgogne tiennent à la cour du roi une place distincte à côté des autres prélats et barons[3]. Enfin, dans la seconde moitié du XIIIe siècle au plus tard, le collège est énuméré au complet[4]. D'après cela il est probable que le collège se constitua progressivement, par l'action combinée de la coutume et de la volonté royale, à partir du règne de Louis VII[5].

1. Du Tillet, *Recueil des rois*, p. 189; p. 253 : « Les pairs de France (j'entends les douze anciens susdits) n'estoient encore constituez, joinct le sacre du roy Philippe premier faict en l'Église du dit Reims l'an 1059, auquel ne se trouvèrent l'évèque de Beauvais, les ducs de Normandie, comtes de Champagne et de Toulouse; et les autres qui y furent ne tinrent rang et ne firent office que de prélats et de barons ».

2. *Historiens de Gaule et de France*, t. XVI, p. 473.

3. Langlois, *Textes*, no XIX.

4. Luchaire, *Manuel*, p. 561.

5. Du Tillet croyait que les douze pairs avaient été institués par Louis VII, *Recueil des rois*, p. 254 : « Le roy Louis le jeune audit an 1179 donnant à l'église de Reims la prérogative de sacrer et couronner les roys, auparavant débatue, créa lesdits douze pairs pour les dits sacre et couronnement et pour juger avec le roy les grandes causes audit parlement ». Mais cela est difficilement admissible; il n'est pas prouvé qu'ils figurent au sacre de Philippe-Auguste, Luchaire, *Histoire des institutions*, t. II, p. 294. A l'inverse, M. Molinier *Histoire du Languedoc*, VII, p. 315 et suiv., croit que le collège ne fut complet par l'adjonction du comté de Toulouse que sous le règne de saint Louis. On a souvent admis que le collège des pairs avait participé au jugement de Jean sans Terre. C'était déjà ce que rapportait, au XIIIe siècle, Mathieu de Paris. Un document de l'an 1224, émané de Louis VIII, paraît être dans le même sens; Du Tillet, *Recueil des traictez entre les roys de France et d'Angleterre*, p. 31 : « Certification du roy Louis VIII, fils dudit roy Philippe, que régnant son dit père, le dit roy Jean avoit par jugement de la cour des pairs de France, donné avecques conformité d'opinions, confisqué tout ce

Nous ne pouvons distinguer un à un les faits particuliers qui firent entrer chacun des pairs dans la liste, mais les causes générales de cette évolution ne sont peut-être pas impossibles à saisir. En premier lieu, la formation près d'une haute cour féodale d'un collège limité de pairs n'est point un phénomène unique ; il s'est produit ailleurs qu'à la cour de France. Ainsi, en Béarn, en 1220, est instituée une cour féodale supérieure, ou « court majour » composée de douze barons ou jurats héréditaires [1]. Dans la Navarre espagnole, on trouve aussi une *cort mayor* composée de douze *ricoshombres* [2]. De même, dans certaines seigneuries de France : il y avait sept pairs du comté de Champagne [3] et six pairs du comté de Vermandois [4]. Il semble donc qu'il y ait là une sorte de sélection et de régularisation naturelle aux institutions féodales. Quant au nombre douze, auquel on s'arrêta, il me paraît s'expliquer, outre la force de suggestion propre à ce chiffre [5], par l'influence que dût exercer la légende des douze pairs de Charlemagne, pleinement populaire aux XIe et XIIe siècles, comme l'atteste la *Chanson de Roland* [6].

Les douze pairies étaient une représentation exacte de la haute féodalité. Attachées à d'importantes seigneuries laïques ou ecclésiastiques, elles se transmettaient avec celles-ci et suivant les mêmes règles. Il en résultait, pour les pairies

qu'il avoit deçà la mer... datée en may m.ii.c. 24. — Au Trésor, registre 33, lettre LI. »

1. Léon Cadier, *Les États de Béarn*, p. 52 et suiv.

2. Léon Cadier, *op. cit.*, p. 27 et 54.

3. Du Tillet, *Recueil des rois*, p. 256 : « En l'arrest des royne Blanche et conte de Joigny donné le penultième aoust mil trois cens cinquante quatre est narré que le conte de Champagne estoit décoré de sept contes, pairs et principaux membres de Champagne, assis avec ledit conte en son palais pour le conseiller et décorer. » — Pierre Pithou, *Le premier livre des mémoires des comtes héréditaires de Champagne et de Brie*, à la suite des coutumes de Troyes, 1609, p. 566 et suiv.

4. Du Tillet, *Recueil des rois*, p. 251 : « Par l'arrest de la coutume de Ham donné le dernier avril 1351... est narré que le sieur dudit Ham estoit l'un des six pairs du comté de Vermandois. »

5. Le chiffre douze ou ses multiples revenant souvent dans les systèmes de compositions, — les douze membres du jury anglais.

6. *Chanson de Roland*, v. 262, 547, 2187. — Guy Coquille, *Traité des pairs de France* (Œuvres, I, p. 324) : « L'opinion commune, qui ordinairement n'est pas plus vraie, est que les pairs ont leur origine de Charlemagne. »

laïques, que, les fiefs qui les supportaient, étant transmissibles aux femmes, il pouvait arriver que la pairie résidât aussi sur la tête d'une femme. La logique féodale n'avait point répudié cette conséquence; elle admettait qu'une femme, héritière de l'un des six duchés ou comtés, pouvait avoir la qualité de pair de France et même en faire les fonctions en siégeant au parlement : il y en eut un certain nombre d'exemples [1].

Mais la pairie, tout en subsistant, devait changer de nature. Le collège des douze était nécessairement destiné à se modifier. Les pairies ecclésiastiques devaient rester immuables, les siéges épiscopaux qui les emportaient n'étant point supprimés, mais les six pairies laïques devaient disparaître successivement par la réunion à la couronne des grands fiefs auxquels elles étaient attachées. A la fin du xiiiᵉ siècle, il y avait déjà des vides importants; le duché de Normandie, les comtés de Toulouse et de Champagne étant réunis à la couronne, le corps des pairs laïques était réduit de moitié. Philippe le Bel voulut le rétablir au complet et, en 1297, il érigea en pairies l'Anjou, la Bretagne et l'Artois [2]. Cette fois, c'était manifestement la volonté royale et non la coutume qui avait fait des pairs. C'était une création nouvelle, distincte de l'ancienne formation ; dès lors il n'y avait pas de raison pour que le roi s'arrêtât à l'ancien chiffre de douze et, en effet, il fut bientôt dépassé [3]. Au procès de Robert d'Artois, en 1336, « encores qu'il n'y eust en la main du roy que trois anciennes pairies, y en avoit huict nouvellement créées qui faisaient le nombre de unze payries laïques [4] ». Mais, jusqu'au xviᵉ siècle, il ne fut érigé de pairies qu'en faveur des enfants de France et des princes du sang. La première personne d'une qualité différente qui fut faite pair de France fut Claude de Lorraine, pour qui le duché de Guise fut érigé en pairie en 1527 [5]. Il en fut ainsi créé un assez grand

1. Du Tillet, *Recueil des rois*, p. 258; cf. c. iv, X, *De arbitris*, I, 13.
2. Isambert, *Anc. lois*, II, 710 : « Considerantes etiam quod duodecim parium qui in prædicto regno nostro antiquitus esse solebant est adeo numerus deminutus quod antiquus ejusdem regni status ex deminutione ejusmodi deformatus multipliciter videbatur. »
3. Du Tillet, *Recueil des rois*, p. 257 : « Des lays le nombre a souvent esté accreu, au commencement pour honorer les princes du sang, puis autres : n'ont les roys les mains liées qu'ils n'en puissent créer tant qu'il leur plaist. »
4. Du Tillet, *Recueil des rois*, p. 257. Le même, *Recueil des grands*, p. 44.
5. Cependant, selon Du Tillet, *Recueil des rois*, p. 267, il y aurait eu,

nombre de pairies au xvɪ° siècle[1] ; et il ne restait plus alors
aucune des six anciennes pairies laïques[2]. Au xvɪɪ° siècle, le
nombre augmenta sensiblement; ce fut l'ambition de tous
les ducs d'obtenir la pairie et l'on connaît les controverses sur
ce sujet auxquelles fut mêlé Saint-Simon. A la veille de la
Révolution, il y avait trent-huit pairs laïques[3]. Toutes ces pairies de seconde formation, dont on peut faire remonter l'origine première en 1297, étaient, au fond, bien différentes des
anciennes : elles représentaient non plus la haute féodalité,
mais la haute noblesse. C'était, en réalité, une distinction
personnelle conférée par le pouvoir royal, bien que la pairie
fût toujours rattachée à une seigneurie déterminée. Aussi le
roi, dans les lettres patentes d'érection, déterminait-il librement les conditions dans lesquelles la pairie ainsi créée se
transmettait héréditairement : il pouvait la rendre purement
viagère et personnelle[4].

Les pairs de France étaient et restèrent unis au parlement par
le lien le plus étroit, et cela dans un double sens. En premier
lieu, ils étaient membres de droit du parlement de Paris; ils
pouvaient toujours y siéger et opiner comme les conseillers en
titre[5]. Pour cela, ils prêtaient, comme ces derniers, un véritable
serment professionnel[6]. D'autre part, ils avaient et gardèrent
en partie le privilège du jugement par les pairs : l'un d'eux ne

en 1505, érection d'une pairie au profit d'Engilbert de Clèves, qui était bien
cousin-germain de Louis XII, mais par les femmes. En réalité, les lettres de
1505, confirment seulement le titre de pairie au comté de Nevers en faveur
d'Engilbert (Ord., XXI, p. 328). Voyez Guy Coquille, *Histoire de Nivernois*, I,
p. 456.

1. Sur ces pairies, Du Tillet, *Recueil des rois*, p. 267 et suiv. Guy Coquille, *Traité
des pairs*, OEuvres, I, p. 534 et suiv.

2. Du Tillet, p. 237 : « Les cinq anciennes pairies laies sont retournées à
la couronne, la sixième (Flandre) ne la recognoit plus. »

3. Boiteau, *État de la France en* 1789, 1ʳᵉ édit., p. 156.

4. Du Tillet, *Recueil des rois*, p. 257 : « Ont les roys honoré des pairies aucuns princes, tant de leur sang que autres, ou grands sieurs ayant beaucoup
mérité de la chose publique pour les prérogatives et prééminences qui sont
es dites pairies. Les unes sont créées à vie seulement et sont personnelles;
les autres pour les seuls masles descendans; les autres pour tous. »

5. Loyseau, *Des offices*, l. II, ch. ɪɪ, n° 44 : « C'est le parlement qui s'appelle
aujourd'huy cour des pairs; donc partant les pairs de France sont les plus
anciens conseillers. Mais pour estre tels il faut qu'ils en fassent le serment,
sans lequel nul ne peut estre officier ».

6. Voyez la formule dans le *Recueil des rois* de du Tillet, p. 259.

devant alors être jugé que dans un tribunal où siégeraient les
autres. Au xiii° siècle, les pairs de France avaient même tenté
de dégager complètement la cour des pairs ainsi entendue de
la cour ordinaire du roi : leur prétention était que les pairs ne
devaient être jugés que par les pairs. C'est ainsi qu'ils voulurent exclure du jugement de ces causes les grands officiers de
la couronne[1] et dénier complètement la compétence de la
cour du roi[2]. Mais ces entreprises n'aboutirent pas. La cour
des pairs se confondit dans le parlement, s'unit avec lui ; et
la règle fut seulement reconnue que, dans certains cas, pour
les procès où un pair était partie, au parlement devaient se
joindre les autres pairs de France, ou du moins ceux-ci devaient
être régulièrement convoqués. Après des incertitudes et des discussions assez longues, le droit se fixa en ce sens[3] qu'en matière
civile cette règle s'appliquait seulement lorsqu'il s'agissait
de procès qui concernaient la pairie, qui avaient avec elle un
liaison nécessaire : dans les autres cas, au contraire, les pairs
étaient justiciables des tribunaux ordinaires. Quand un pair était
poursuivi criminellement, il pouvait toujours revendiquer la
juridiction du parlement, les autres pairs convoqués. Bien que
la portée exacte de cette règle ait été débattue jusqu'à la fin
de l'ancien droit[4], elle avait reçu, dans des circonstances
solennelles, une expression des plus précises[5].

Voilà ce que devint la cour féodale du monarque capétien ;
voyons ce que devint la cour royale qui était aussi contenue
dans l'ancienne *curia regis* et qui forma le parlement de Paris.

III

Nous avons vu plus haut ce qu'étaient les assises de la *curia
regis* : le roi jugeait assisté d'un conseil que fournissait un
personnel changeant de prélats et de vassaux, et où les officiers
de la couronne constituaient seuls un noyau presque fixe. Mais

1. Langlois, Textes, n° XXI.
2. Langlois, Textes, n°⁸ XXXII, XXXII *bis*, CXIII.
3. Guyot, *Traité des droits, fonctions*, etc., II, p. 15 et suiv.
4. Du Tillet, *Recueil des rois*, p. 260 et suiv. ; Guyot, *Traité des droits, fonctions*, II, p. 162 et suiv.
5. Remontrances du parlement de Paris de 1724.

bientôt apparut un autre élément, germe véritable du futur parlement. Les monarques capétiens eurent de bonne heure, attachés à leur personne et vivant au palais, des conseillers privés et intimes, qu'ils choisissaient de préférence parmi les clercs instruits et, lorsque l'étude des lois fut remise en honneur, parmi les légistes[1]. Ces *consiliarii* n'étaient point des officiers et des fonctionnaires, ils ne rentraient pas dans le cadre de la vieille constitution ; c'étaient, en réalité, des serviteurs domestiques. Mais leur influence souvent était prépondérante[2] ; les rois les admirent dans le personnel de la *curia regis* et les firent participer aux assises judiciaires qui s'y tenaient, avec les prélats et les vassaux. Aucun principe ne s'opposait à cela ; car (sauf le cas où il s'agissait d'un pair) c'était du roi seul qu'en droit émanait la sentence, les prélats et les nobles ne formant qu'un conseil. Le rôle de ces conseillers dans le jugement des affaires devint très important de Louis VII à Philippe-Auguste[3]. Ce sont eux vraiment qui commencent à avoir l'action directrice, et cela se conçoit aisément car, dans le cours du xii⁰ siècle, le droit romain et canonique commence à pénétrer la procédure de la cour, qui se fait plus savante, plus difficile à comprendre à ceux qui ne sont point des hommes de métier[4]. Mais le fait qui devait donner véritablement une direction nouvelle à l'institution, ce fut l'institution des baillis, avec les conséquences qu'elle entraîna. Comme on le verra plus loin, les baillis devinrent juges d'appel par rapport aux prévôts et aux justices seigneuriales, et la cour du roi devint juge d'appel par rapport aux baillis. La cour du roi, qui jusque-là n'avait été qu'un tribunal sans compétence bien déterminée, jugeant en première et dernière instance un petit nombre de procès[5], devint par là même une cour d'appel souveraine, ayant un ressort très étendu, largement alimentée par les appels intentés contre les baillis. Pour accomplir la tâche, tâche lourde et toujours renaissante, qu'elle avait désor-

---

1. Luchaire, *Manuel*, p. 534, 558.

2. Par exemple : Rigord, *Histoire de Philippe-Auguste*, ad. an. 1183 : « Idem rex ad preces multorum et maxime ad suggestionem cujusdam servientis qui eo tempore fidelissimus in negotiis regiis pertractandis esse videbatur. »

3. Luchaire, *Manuel*, p. 558 et suiv.

4. Luchaire, *Histoire des institutions*, I', ch. iii, p. 310 et suiv.

5. Esmein, dans *Nouvelle Revue historique*, 1884, p. 679.

mais à remplir, elle dut prendre une activité régulière, tenir des sessions périodiquement fixes, puis bientôt devenir permanente; il lui fallut un personnel assuré, qui lui aussi tendit naturellement à la permanence. En même temps, il était naturel qu'elle devînt sédentaire, et il était inévitable qu'elle acquît une autorité propre déléguée une fois pour toutes par le roi, au lieu de représenter le simple conseil du souverain, qui ne pouvait plus intervenir ordinairement en personne dans l'administration d'une justice aussi développée. Cette transformation, largement préparée sous Louis IX et Philippe III, se compléta sous les rois du xiv° siècle. C'est aussi au xiii° siècle, sous le règne de saint Louis, que la cour du roi change de nom et prend celui de parlement[1]. Mais c'est là un trait extérieur qui ne paraît avoir aucun rapport avec les modifications fondamentales dont je parle. Le terme *parlamentum, parlement,* était employé dans la langue du moyen âge pour désigner toute assemblée délibérante, toute réunion où l'on parlait en public[1]. Disons d'abord les changements qui s'accomplirent dans le personnel et la périodicité du parlement aux xiii° et xiv° siècles.

Sous le règne de saint Louis, il semble que la composition des divers parlements tenus périodiquement soit la même que par le passé : on y voit toujours siéger des évêques, des chevaliers et des conseillers du roi. Mais, en y regardant de près, on remarque un fait très important; c'est que, dans les listes relatant en divers cas la composition de la cour, les mêmes noms reviennent souvent[3]. Il en résulte que, pour chaque par-

---

1. Il apparaît pour la première fois dans un compte de 1239. Langlois, Textes, n° XXII.

2. C. 2 (Alex. IV), VI, *De imm. Eccles.*, III, 23 : « Cessent in locis illis universitatum et societatum quarumlibet concilia, conciones et publica parlamenta. » — Joinville, *Vie de saint Louis*, § 74 : « A ce parlement que li baron firent à Corbeil... establirent li baron qui la furent que li bons chevaliers li cuens Pierres de Bretaigne se reveleroit contre le roi. » Cf. § 607, 726.

3. Voyez, à cet égard, les listes publiées par M. Langlois dans son recueil de textes, et les documents condensés par M. Aubert (*op. cit.*, II, p. 297 et suiv.). La table des noms de personnes du premier volume des *Olim* (éd. Beugnot) fournit à cet égard des renseignements précieux, depuis l'année 1254 jusqu'à la fin du règne de saint Louis : il suffit de chercher par exemple aux noms Petrus de Fontanis, Gervasius de Sezannis, Stephanus Tastesaveur, Simon de Pogneils, archiepiscopus Senonensis, Radulphus de Trapis, Johannes de Ulliaco, etc.

lement, le roi s'assurait d'avance d'un certain nombre de personnes de choix, qui devaient y siéger et y expédier les affaires[1]; ceux qui venaient en outre, et qui avaient la qualité nécessaire pour siéger, formaient un personnel complémentaire. On doit remarquer aussi que, dès cette époque, les baillis étaient tenus de comparaître aux sessions du parlement, car ils répondaient en personne aux appels intentés contre leurs jugements; et, lorsqu'il n'étaient pas ainsi mis en cause, ils faisaient naturellement partie du conseil, qui arrêtait les sentences[2]; ils figuraient tantôt comme parties et tantôt comme conseillers.

Sous le règne suivant l'ordonnance célèbre de 1278, qui pour la première fois règle législativement le fonctionnement du parlement, montre encore les choses dans le même état. Le personnel qui arrête chaque sentence est encore appelé le conseil, et il comprend des chevaliers et des clercs[3]. Mais il y a déjà une personne qui fait l'office de président suprême[4], et à la même époque le personnel désigné pour faire le service de la session prend un caractère professionnel, en ce que des gages lui sont alloués pour ce service[5]. Avec Philippe le Bel, le système va se préciser, et le parlement sera débarrassé des assistants inutiles, gardant seulement les membres choisis pour la session. Cependant, tout d'abord, on ne voit point de changement[6]. Même l'ordonnance de 1291 apporte une seule retouche : elle décide que les baillis ne resteront pas à la délibération des arrêts, à moins d'être en outre conseillers en titre du roi ; et, dans ce dernier cas, s'ils sont personnellement mis en cause dans une affaire, ils devront se

1. Le Paige, *Lettres historiques*, II, p. 185 et suiv., soutient même, avec une certaine vraisemblance, qu'il y avait déjà à cette époque des présidents.

2. Voyez, par exemple, Langlois, Textes, p. 30, 44, 62, 224. — *Ollim.*, I, p. 783 : « Dominus Julianus de Perona baillivus ipsius loci, scire volens quid super hoc esset facturus, alios consiliarios domini regis super hoc consuluit. » — Le Paige, *Lettres historiques*, II, p. 200, 248, 269 et suiv. Certains d'entre eux avaient d'ailleurs la qualité de conseiller du roi proprement dite.

3. Le texte dans Guilhiermoz, *Enquêtes et procès*, p. 604 et suiv., art. 13 : « Cil du conseil qui la seront metent à cuer et à oevre d'estude de retenir ce que devant eus sera proposé. » — Cf. art. 19. — Art. 27 : « Li chevalier et li clerc qui sont du conseil soient ententif à depescher les besoignes du parlement. »

4. Art. 12, et la note de M. Guilhiermoz, p. 608.

5. Langlois, Textes, n° LXXXIX, compte de 1285.

6. Langlois, Textes, n° CIV, liste des jugeurs dans un arrêt de 1290.

retirer[1]. Mais, dans un règlement célèbre, postérieur à l'année
1296[2], le système nouveau se dégage nettement. Il est nommé
(art. 7) un certain nombre de présidents ou souverains
qui sont pris parmi les hauts barons et les prélats, et dont
deux, un baron et un prélat seront tenus d'être « continue-
ment » au parlement. De même, sont désignés limitativement
et nominativement dix-huit chevaliers ou personnes laïques
(art. 8) et seize clercs qui devront aussi résider « continue-
ment au parlement, espéciaument en la chambre des Plez ».
Sont exclues de la session et de la délibération des arrêts,
toutes autres personnes, sauf quelques exceptions (art. 11):
pourront encore entrer, et auront alors voix délibérative les
barons et prélats, qui font partie du conseil du roi[3], quelques
autres de ses conseillers, cinq ecclésiastiques et deux prévôts.
Voilà donc le parlement avec une composition bien arrêtée[4].
Cependant ce personnel n'était pas encore fixe. Chaque année,
le roi déterminait la composition du parlement prochain, et si
un certain nombre de membres, se perpétuaient de session en
session, il y avait aussi chaque fois beaucoup de changements[5]. Cependant, peu à peu, la fonction de conseiller ou de
président au parlement, tendait à devenir permanente, à constituer un office et une magistrature. Sans doute, en 1342, on
arrête encore, à la fin de chaque parlement, la composition
du parlement suivant; mais, en réalité, on continue de session
en session, presque toujours les mêmes conseillers[6], certains

1. Art. 16, Langlois, Textes, p. 158.
2. Langlois, Textes, n° CXV. La date précise n'est pas déterminée; voyez la
note, p. 161.
3. Ici le mot *conseil* désigne évidemment le grand conseil ou conseil étroit,
dont il sera parlé plus loin.
4. Les baillis ne devaient assister aux arrêts que s'ils étaient spécialement
mandés par les présidents (art. 12).
5. Voyez les listes suivantes : liste postérieure à 1307 (Langlois, Textes,
n° CXXIV) comparée à celle contenue dans le règlement précédemment cité
(*ibid.*, n° CXV); liste de 1310 (*Olim*, III, p. 610); listes de 1314, 1315, 1316, 1317,
dans du Tillet, *Recueil des grands*, p. 38 et suiv.
6. Ordonnance du 8 avril 1342 (*Ord.*, II, 173), art. 7:« Quand nostre dit parlement sera finy nous manderons nostre dit chancelier, les trois maistres présidents de nostre dit parlement et dix personnes tant clercs comme lays de
nostre conseil... lesquels ordonneront selon nostre volonté de nostre dit parlement, pour le parlement advenir. Et jurront par leurs sermens qu'ils nous
nommeront des plus suffisans ».

même recevaient déjà leurs gages à vie[1]. Ce fut seulement en 1344 que légalement la position de conseiller au parlement de Paris devint un état et un office[2]. Le roi nommait un nombre déterminé de personnes « pour exercer et continuer les dits états aux charges accoustumées ». Cela coïncidait avec une réduction sensible du nombre des membres du parlement, et l'ordonnance décidait que ceux des conseillers antérieurement en fonctions, qui ne faisaient pas partie des nouveaux élus pourraient bien assister encore aux séances et opiner, mais sans gages, jusqu'à ce qu'ils fussent nommés à une office de conseiller en titre devenu vacant[3]. Les conseillers dorénavant étaient des magistrats permanents, mais non point encore inamovibles ; ils ne conquerront l'inamovibilité, qu'au cours du xvi° siècle, comme on le verra plus loin. Cependant, encore au milieu du xv° siècle et au commencement du xvi° siècle, nos anciens auteurs avaient conservé le souvenir qu'en principe ces magistratures étaient annuelles, et ils se demandaient si, en droit, les conseillers du parlement étaient véritablement permanents. Ces transformations avaient éliminé peu à peu du parlement la haute noblesse et les prélats, sauf les pairs[4] ; il conserva cependant toujours un trait, qui rappelait sa composition première. Il était composé mi-partie de laïcs et d'ecclésiastiques. Un certain nombre de sièges, ceux des *conseillers clercs*, étaient nécessairement attribués à des ecclésiastiques, tandis que les autres, ceux des *conseillers lais*, ne pouvaient être occupés que par des laïcs.

En même temps que s'accomplissaient ces transformations successives dans le personnel de la cour, les sessions du parlement prenaient une périodicité de plus en plus régulière. Sous saint Louis, il se tenait plusieurs parlements par an, généralement quatre ; puis, sous Philippe le Hardi, le nombre fut habituellement de trois et tendit à se réduire à deux.

---

1. Voyez les listes de 1340 et de 1341 données par M. Aubert, *op. cit.*, p. 368 et suiv.

2. Cela résulte de l'art. 1er de l'ordonnance du 16 mars 1344.

3. Ordonnance du 16 mars 1344, art. 1, 4, 5 (*Ord.*, II, p. 220).

4. Guy Pape (xv° siècle), *Decisiones*, q. 195. Boerius, *Decisiones*, déc. 140, n° 11 : « Officiarii qui sunt in aliquo officio etiam ad bene placitum ipsius principis, prout in omnibus officiis solet apponi « quamdiu nobis placuerit » censentur perpetui ».

Presque toujours ils se tenaient à Paris. Cet état de choses
purement coutumier fut rendu légal sous Philippe le Bel par
les ordonnances qui suivirent les années 1296 et 1302 : en
temps de paix il dut y avoir deux parlements par an, à Paris,
l'un à l'octave de la Toussaint, l'autre trois semaines après
Pâques ; en temps de guerre, le premier se tenait seulement [1].
C'est là ce qu'on appelait autrefois le parlement rendu sédentaire à Paris par Philippe le Bel. Ce règlement, d'ailleurs, fut
assez mal observé et, à partir de l'année 1308, on ne trouve
plus qu'un seul parlement par an, mais dont la session durait
une grande partie de l'année [2], commençant à la Saint-André,
à la Saint-Martin d'hiver ou à l'octave de la Toussaint. Dans
le cours du xiv° siècle, la règle s'établit que le parlement siège
sans interruption depuis la Saint-Martin d'hiver jusqu'à la fin
de mai, puis jusqu'à la mi-août [3]. En réalité, c'était devenu une
juridiction permanente et non plus des assises : le temps pendant lequel le parlement ne siégeait pas, mais était représenté par une chambre des vacations, constituait simplement
des vacances judiciaires [4]. De bonne heure, un ordre régulier
avait été fixé pour l'expédition des affaires, à partir de l'ouverture du parlement [5]. Il avait été trouvé tout naturellement.
Le parlement étant éminemment la cour d'appel par rapport
aux baillis, on appelait successivement toutes les causes d'un
même bailliage ; et les divers bailliages se succédaient dans un
ordre déterminé. Chaque bailliage avait ses jours, arrange-

1. Voyez Langlois, Textes, p. 220, tableaux des parlements tenus de 1258
à 1314.
2. Langlois, Textes, n° CXV, art. 1, 2, 4, n° CXXIV ; ord. du 23 mars 1303,
art. 62, ibid., p. 174.
3. Le Paige, Lettres hist., p. 285 et suiv., 306 et suiv.
4. Aubert, op. cit., t. I, ch. vii ; Schwalbach, Der civil Process des Pariser
Parlaments, § 2 ; Boyer, Le stile de la cour de parlement, édit. 1610, p. 94.
5. Néanmoins le parlement conserva jusqu'au bout certains traits qui rappelaient l'ancien système de sessions ; Le Paige, op. cit., II, 207 : « Nous
avons encore un reste de cette économie pour la chambre des vacations. Car
il n'y a que le nombre limité par les lettres patentes, qui ait des gages. Les
autres conseillers n'en ont point, quoi qu'ils puissent siéger s'ils le veulent ».
— Boyer, Le stile de la cour de parlement, p. 94 : « Le parlement se renou-
velle tous les ans le lendemain de la Saint-Martin d'hyver, 12 novembre,
auquel jour tous les officiers de la cour font serment de garder et observer
les ordonnances ».

ment qui est déjà supposé dans l'ordonnance de 1278 [1]. Nous avons cet ordre pour l'année 1308 [2], et le système subsista jusqu'au bout pour les rôles ordinaires du parlement de Paris; la liste resta même ce qu'elle était en 1308, sauf les changements qu'y fit introduire la création des parlements de province et la formation successive du territoire national [3].

La cour du roi, nous l'avons vu, n'avait point anciennement d'autorité propre : c'était le roi jugeant, assisté d'un conseil. Cependant parfois le roi déléguait la présidence de la cour au sénéchal, au chancelier ou à quelque autre personne de son entourage. A partir du règne de Louis VII, ces délégations deviennent plus fréquentes, mais la règle reste que le roi siège à sa cour [4]. Sous le règne de saint Louis, c'est la cour elle-même qui a, tacitement et par mesure générale, le pouvoir de juger, comme si le roi était présent toutes les fois qu'il n'est pas en cour. Ce pouvoir nouveau, qui constitue le parlement en juridiction indépendante de la personne royale, apparaît dans toute sa netteté en 1284, lorsqu'il est appelé à juger un procès célèbre portant sur l'attribution du comté de Poitiers, et où les parties en cause sont le roi de Sicile et le roi de France lui-même [5]. Mais malgré cela pendant tout le xiii° et même le xiv° siècle l'action du roi sur la cour se fait toujours sentir, quoique de plus en plus relâchée. Sous saint Louis, les anciens registres du parlement, les *Olim* (1254-1318), nous montrent très fréquemment le roi tenant son parlement ou en dirigeant l'action [6]. Dans les affaires importantes, la cour ne donne encore qu'un conseil et réserve la décision au roi [7]. Au xiv° siècle, la présence du roi au parlement, pour le jugement

1. Art. 20 ; cf. ord. de 1291, art. 7

2. Langlois, Textes, n° CXXV.

3. Voyez la liste donnée par Boyer, *Le stile du parlement* (1610), p. 92 v°. Lange, *La nouvelle pratique civile, criminelle et bénéficiale*, 1710, I, p. 74. Guyot, *Répertoire* (1785), v° *Rôles*.

4. Luchaire, *Histoire des institut.*, I, ch. III, p. 300 et suiv.

5. Langlois, Textes, n° LXXXVI; Boutaric, *Actes du parlement*, I, 389 et suiv. La cour juge le roi lui-même et prononce son absolution : *Ipsum dominum Philippum regem absolvit curia ab impetitione Caroli regis prænotati.*

6. Le Paige, *Lettres historiques*, II, 183.

7. Langlois, Textes, n° XXXIX (1261) : « Expedita fuit in hoc parlamento quantum ad consilium et non quantum ad regem cum quo erat super hoc loquendum »; *ibid.*, n° XLIII, 1263.

des procès, devient plus rare, mais son intervention se fait
encore sentir[1]. Dans le cours du xv° siècle, ces pratiques disparaissent; de l'ancienne juridiction personnelle du roi il ne
restera que les manifestations que nous décrirons plus loin en
parlant de la *justice retenue* et du *lit de justice*[2]. Aussi, quoique
le parlement rendît ses sentences au nom du roi, source de
toute justice, dans les arrêts qu'il prononçait, c'était la cour
qu'on faisait parler (*la cour ordonne, condamne*), tandis que,
dans les arrêts du conseil du roi, le roi parlait toujours en
personne (*par le roi en son conseil*)[3].

IV

Le parlement n'était point un corps simple; c'était au contraire un organisme complexe, comprenant plusieurs sections
ou *chambres*, qui remplissaient des fonctions diverses, quoique
l'ensemble fût ramené à une certaine unité. Ces sections étaient
au nombre de quatre, successivement formées. La *grand'-
chambre*, autrefois appelée *chambre aux plaids*, représentait
le parlement primitif; c'était le noyau central auquel les
autres chambres s'étaient rattachées, comme des organes auxiliaires et subordonnés. Sa fonction principale consistait à être
le moteur et le régulateur du parlement; elle était aussi restée
par excellence la chambre des plaidoiries; pendant longtemps
on ne plaida que devant elle; enfin, c'était là que s'instruisaient certaines causes privilégiées[1]. La *chambre des enquêtes*

1. Aubert, *op. cit.*, I, p. 191.
2. Loyseau, *Des offices*, l. I, ch. IX, n° 22 : « En France, le roy est le vray
chef du parlement; c'est pourquoy on laisse toujours en la grand'chambre
d'iceluy la première place vuide, comme estant la place du roy, appelée le
lict de justice où Sa Majesté sied, quand il luy plaist. »
3. Degrassallius, *Regalium Franciæ*, lib. I, p. 117 : « Est notandum quod in
pronuntiatione arrestorum, præsidentes nomine curiæ loquuntur, dicendo :
curia condemnat vel absolvit. In quo differunt a magno concilio regis, in quo
præses, dignissimus scilicet chancellarius, pronuntiat sub nomine regis dicendo : *le roy ordonne* ». — Noël Valois, *Inventaire*, p. cxxvi; de Boislisle,
Mémoires de Saint-Simon, IV, p. 422.
4. Benedicti (fin du xv°) *Repetitio capituli Raynutius, de Tes amentis* (édit.
Lyon, 1643, 1re part., p. 98) : « In prima quam Franci cameram vocant præsidentes quatuor et consiliarii triginta causas et lites audiunt, dilationes et quæ
ad juris cognitionem attinent constituunt, leviora quædam et temporanea
finientes. »

E. 24

avait une origine très ancienne[1]. Lorsque dans la procédure, qui d'abord avait été purement orale, les pièces écrites prirent une place très importante, au cours du xiiie siècle, cela compliqua singulièrement la tâche du parlement. Dans beaucoup de procès, il fallait dépouiller avec soin les volumineuses enquêtes qui avaient été faites par ordre du parlement ou par ordre des premiers juges : un personnel spécial et compétent devenait nécessaire pour cela. On le trouva dans la combinaison suivante : on adjoignit au parlement un certain nombre de clercs, comme *visores et reportatores inquestarum;* ils étaient chargés de dépouiller les enquêtes et d'en présenter la substance dans un rapport, puis, joints à un certain nombre de membres ou maîtres du parlement, jugeaient l'affaire, sauf le contrôle possible de la grand'chambre[2]. En 1307, cela se transforma en une véritable section du parlement fonctionnant avec l'assistance des clercs rapporteurs. A partir de 1316, ces derniers sont agrégés à la chambre des enquêtes, dont ils font partie, mais avec un rang inférieur à celui des jugeurs; enfin, vers 1336, tous sont mis sur le même pied, remplissant tour à tour les fonctions de rapporteurs et de juges[3]. La chambre des enquêtes était définitivement constituée, composée, comme la grand'chambre, de conseillers clercs et de conseillers lais; mais, si elle jugeait les procès dont elle était saisie, ce n'était point elle qui prononçait l'arrêt : il était prononcé par la grand'chambre qui pouvait réviser le procès[4]. La chambre des enquêtes connaissait de tous les procès qui devaient être jugés sur une enquête ordonnée par le parlement ou qui avaient fait devant les premiers juges l'objet d'une instruction par écrit et qui devaient être jugés sur ces pièces. Mais c'était de la grand'chambre qu'elle recevait les procès; c'était la grand'chambre qui les accueillait et les mettait en état, et dé-

---

1. M. Guilhiermoz a le premier nettement dégagé l'histoire de la chambre des enquêtes dans son beau livre, *Enquêtes et procès,* p. vii et suiv., 158 et suiv.

2. Voyez les diverses combinaisons successivement essayées pour le fonctionnement de ce système dans les ordonnances de 1278, 1291, 1296. Guilhiermoz, *op. cit.,* p. 158-160.

3. *Ibid.,* p. 160.

4. Guilhiermoz, *op. cit.,* p. 163-164; Benedicti, *loc. cit.* : « Inquestarum, id est inquisitionum consiliarii dicuntur... sententias dictant, quas statuta dicunt alter praesidentium in prima curia palam enuntiat. »

clarait les appels recevables. Aussi, pendant longtemps toutes les plaidoiries qui étaient nécessaires, soit pour introduire les procès, soit pour trancher les incidents auxquels ils donnaient lieu, se produisaient devant la grand'chambre[1]. Mais, dans le cours du xvi° siècle, on commença à plaider devant les enquêtes sur les procès qui leur étaient renvoyés[2], et elles prononcèrent elles-mêmes leurs arrêts. Les enquêtes étaient vraiment la partie du parlement qui faisait le plus de travail utile ; aussi, au lieu d'une chambre des enquêtes, en trouve-t-on deux au xv° siècle ; puis une troisième, une quatrième et une cinquième au xvi° siècle[3] ; leur nombre était réduit à trois à la veille de la Révolution[4]. Malgré tout, la grand'chambre conservait encore sur elles une supériorité de rang, et les conseillers des enquêtes y passaient par ordre d'ancienneté[5].

La *chambre des requêtes* avait une autre origine. Le monarque capétien dans les temps anciens ne rendait pas seulement la justice dans la *curia regis* ; il la rendait aussi d'une façon moins solennelle et plus patriarcale ; il accueillait fréquemment les requêtes, dans lesquelles on lui demandait justice, et, faisant comparaître les parties devant lui, il expédiait en personne leur cause ou la faisait expédier par quelques-uns de ses conseillers. En droit, cela ne faisait aucune difficulté, puisque, même quand la *curia regis* était assemblée, la sentence ne procédait que de l'autorité du roi. Cette juridiction s'appelait sous saint Louis « les plaids de la porte » (parce que c'était à la porte du palais que les requêtes étaient reçues), et un peu plus tard « les requêtes[6] » : son fonctionnement a été très exactement décrit par Joinville, et, lorsqu'il nous montre saint Louis rendant la justice dans le bois de Vincennes, assis au pied d'un chêne, cela en est simplement une application particulière[7]. C'étaient alors en général les familiers du roi, ses con-

---

1. Guilhiermoz, p. VII, 168.
2. *Répertoire de Guyot*, v° *Enquête*.
3. La Roche-Flavin, *Treize livres des parlements*, l. I, ch. XIX.
4. *Répertoire de Guyot*, v° *Enquête*.
5. La Roche-Flavin, *op. cit.*, l. I, ch. XVI. — Lange, *op. cit.*, I, p. 72.
6. Joinville, *Vie de saint Louis*, § 57 : « Il (saint Louis) avoit sa besoigne atirie en tel manière que messires de Neele et li bons cuens de Soissons, et nous autres qui estions entour li... aliens oïr les plaiz de la porte que on appelle maintenant les requestes. »
7. *Vie de saint Louis*, § 57-59.

seillers ordinaires qui l'assistaient pour les jugements[1]. Mais il y eut aussi dès le xiii⁰ siècle des fonctionnaires appelés maîtres de l'hôtel du roi et vivant au palais, qui étaient chargés de recevoir les requêtes présentées par les particuliers et de les expédier ou d'en référer au roi. Ils avaient déjà une juridiction établie à cette époque[2]. Ces maîtres des requêtes qu'on appelait aussi *poursuivans*, parce qu'ils devaient suivre la personne du roi, étaient d'abord deux, puis cinq, et enfin six. Ils restèrent longtemps à ce chiffre qu'ils avaient atteint dans la première moitié du xiv⁰ siècle. Mais, à partir de François I⁰ʳ, leur nombre alla rapidement croissant, au commencement du xvii⁰ siècle, il y en avait cent-vingt[3]; il fut quelque peu réduit dans la suite. Outre leurs autres fonctions, dont il sera parlé plus loin[4], les maîtres des requêtes tinrent jusqu'au bout une juridiction importante, qui s'appelait les *Requêtes de l'hôtel du roi*[5]. Ils étaient de plus reçus de droit au parlement, comme conseillers, mais ils n'y pouvaient siéger que quatre à la fois[6].

Mais, dès la fin du xiii⁰ siècle, on constate aussi une manière différente de traiter les requêtes dont il vient d'être parlé. Lorsqu'elles se présentaient pendant la session du parlement, on profitait de l'occasion pour les faire examiner et expédier par le personnel réuni à cette occasion, sans d'ailleurs les comprendre dans le rôle ordinaire. L'ordonnance de 1278 a déjà une disposition à cet égard[7]. Dans l'ordonnance de 1296,

---

1. Dans les séances du bois de Vincennes, rapportées par Joinville (§ 68), ce sont Pierre de Fontaines et Geffroy de Villette que désigne le roi pour faire droit aux parties.

2. *Livre de Justice et de Plet*, I, 20, § 1 : « Li mestre de l'ostel le roi ont plenier poïr par dessuz toz autres. Et aucunes foiz avient qu'il doivent porter les granz causes pardevant le roi, comme de cels qui convient jugler par pers. On octroie len que l'en puisse de cels appeler. »

3. Sur ces origines et ce développement, La Roche-Flavin, *op. cit.*, I, ch. XXIII.

4. Ch. II, à propos du Conseil du roi.

5. La Roche-Flavin, *op. cit.*, p. 31 (édit Bordeaux, 1707). — Lange, *op. cit.*, I, p. 46 et suiv.

6. Lange, *op. cit.*, p. 47.

7. Art. 16 : « Les requestes seront oïez en la sale par aucun des mestres, et seront portées au roi celles qui contandront grâce; et des autres lan comandera au baillif ce que lan devra comander. » — Cf. ordon. 16 novembre 1318, art. 4.

on députe à cet emploi deux clercs et deux laïcs[1]. Dans le règlement de 1307, il est constitué, à côté de la grand'chambre et des enquêtes, une section particulière des requêtes, qui comprend cinq membres pour les requêtes de la langue d'oc et six pour celles de la langue française[2]. Dès lors, la chambre des requêtes était créée ; sous Philippe de Valois, elle sera comme les autres constituée avec son personnel de conseillers en titre d'office. Elle fait partie intégrante du parlement sous le nom de *Requêtes du palais;* et, dans la suite, au lieu d'une chambre il y en aura deux[3]. Mais, dans le cours du temps, les requêtes du palais, comme celles de l'hôtel, avaient grandement changé de destination. Elles étaient devenues des juridictions privilégiées, où certaines personnes, en vertu de leur charge ou par une concession du pouvoir royal, pouvaient attirer les causes qui les concernaient[4]. Aussi et très naturellement la chambre des requêtes ne statuait pas en dernier ressort et l'on pouvait, de ses sentences, appeler au parlement proprement dit[5].

La *Chambre de la Tournelle,* ou chambre criminelle, n'était pas une section du parlement au même titre que les précédentes ; elle n'avait pas, en effet, de personnel distinct. Elle était composée d'un certain nombre de membres de la grand'-chambre et d'un certain nombre de conseillers des enquêtes, qui y servaient à tour de rôle, par un roulement établi[6]; mais

1. Art. 28 : « A oïr les requestes seront deux clercs et deux lais... et ce qu'il ne pourront délivrer, ils le rapporteront à ceux de la chambre. »

2. Langlois, Textes, p. 179.

3. La Roche-Flavin, *op. cit.,* I, ch. XXIV.

4. Chassaneus, *Catalogus gloriæ mundi,* part. VII, consid. 9 : « Quarta curia est eorum quos requestarum, id est supplicationum, palatii magistros vocant, apud quos causa eorum tantum agitur qui regis obsequiis deputati vel privilegio donati sunt. Et ab his quidem judicibus, provocare ad parlamentum licet. » — Lange, *op. cit.,* I, p. 46-51.

5. Voyez la note précédente. — La Roche-Flavin, *op. cit.,* p. 35 : « Estant tous les présidens et conseillers des requestes de France... nommés et attitrés conseillers lays esdits parlements avec pareils honneurs, séances et privilèges, gages, prérogatives et préeminences que les autres conseillers lays de la court n'y ayant d'autre différence que sur leur juridiction particulière en leurs chambres... pour raison de laquelle juridiction ordinaire et en première instance il y a appel de tous leurs jugements, en la grand chambre et aux enquestes.»

6. Lange, *op. cit.,* p. 72.

seuls les conseillers lais prenaient part à ce service, les conseillers clercs, en tant qu'ecclésiastiques, ne devant pas participer à des jugements où l'on prononcerait des peines entraînant l'effusion du sang[1]. La Tournelle[2], ainsi entendue, existait comme mesure d'ordre intérieur, pour faciliter le travail, dès la fin du xive siècle[3], mais elle ne fut légalement érigée en chambre distincte qu'au xvie siècle[4].

Pour compléter cette histoire de l'organisation du parlement, disons qu'à une certaine époque il y eut aussi une section distincte appelée *auditoire du droit écrit*, pour les procès des pays de droit écrit. Il fonctionna dans la seconde moitié du xiiie siècle et au commencement du xive et même « fut rétabli plusieurs fois, mais toujours d'une façon éphémère au milieu de ce dernier siècle[5] ».

L'unité du parlement reparaissait d'ailleurs dans certaines séances où il siégeait « toutes chambres assemblées », soit pour juger certaines causes, soit pour exercer d'autres attributions[6].

V

Le parlement originairement fut unique. Il ne pouvait en être autrement lorsque la juridiction centrale était dans la *curia regis;* il en fut encore ainsi lorsque le parlement de Paris s'en fut dégagé. Mais lorsqu'il se fut séparé complètement de la personne du roi pour devenir une cour de justice constituée, il n'y avait plus de principe qui empêchât la création de juridictions semblables dans diverses parties du royaume. Cette création fut réclamée par des besoins impérieux et les parlements de province furent successivement établis du xve au xviiie siècle. Cela devint nécessaire, en effet, avec l'agrandis-

---

1. La Roche-Flavin, *op. cit.*, p. 72.
2. Elle tirait son nom, suivant les uns, de ce qu'elle siégeait dans une tour du palais; suivant les autres, de ce que les conseillers y servaient par tour.
3. Elle est mentionnée dans le Registre criminel du Châtelet de Paris qui est de cette époque, Esmein, *Histoire de la procédure criminelle*, p. 37.
4. En 1515, selon La Roche-Flavin, *op. cit.*, l. I, ch. xvii.
5. Guilhiermoz, *Enquêtes et procès*, p. 157, et appendices II et III.
6. La Roche-Flavin, *op. cit.*, l. ch. xvi, n° 10. — Boyer, *Stile du parlement*, p. 3.

sement progressif du royaume, pour la bonne administration
de la justice. Il devint impossible de concentrer le jugement
en dernière instance de toutes les causes qui allaient jusque
là sur un seul point. Le parlement de Paris eût été absolument
surchargé de travail et cela eût obligé bien souvent les parties
à des voyages, qui anciennement étaient longs, difficiles,
coûteux et dangereux. Mais cette raison, si juste et puissante
qu'elle fût, n'amena pas seule la création des parlements provinciaux : celle-ci fut préparée et commandée par des précédents historiques. Ils furent moins une création proprement dite
qu'une transformation. Ils furent établis dans des grands fiefs
ou principautés réunis à la couronne, et dans lesquels avait
existé, avant l'annexion, une juridiction seigneuriale supérieure
et centrale, dont le parlement provincial fut la continuation à
un titre nouveau. Lorsque ces seigneuries ou principautés
étaient avant l'annexion complètement indépendantes, ne relevant pas féodalement de la couronne de France, leur juridiction
centrale était alors parfaitement souveraine ; il était naturel que
la royauté laissât aux habitants annexés le même avantage
en leur accordant un parlement. Lorsqu'au contraire le pays
réuni au domaine était précédemment un grand fief relevant
de la couronne, tant que la réunion n'avait pas été opérée,
l'effort de la royauté avait été de soumettre la juridiction féodale supérieure au ressort du parlement de Paris, à l'appel
ouvert devant ce parlement ; et, dans une certaine mesure, elle
y avait réussi pour la Bretagne, pour les possessions anglaises en Guyenne avant le traité de Bretigny, pour le duché
de Bourgogne [1]. Mais, une fois l'annexion accomplie, il n'y
avait plus de raison politique pour maintenir ce ressort et ces
appels ; on pouvait doter la région d'un parlement souverain,
puisque ce seraient dorénavant les juges du roi qui y siège-
raient. Parfois, cependant, il s'écoula un temps assez long
entre l'annexion de la seigneurie et la création du parlement

---

1. Voyez, pour la Bretagne, traité de 1231, entre le roi de France et le duc
de Bretagne, dans Isambert, *Anciennes lois*, I, p. 238, et le texte latin dans
Terrault, *De juribus et privilegiis regni Franciæ, sive liliorum*, priv. 11 ; — Lau-
glois, Textes, p. 168, 171 ; — pour la Guyenne, Langlois, Textes, p. 121, 130, 135,
187 ; — pour la Bourgogne, Langlois, Textes, p. 101 ; *Ancienne coutume de
Bourgogne*, édit. Giraud, nos 90 et suiv.

provincial; dans l'intervalle, fonctionna un système mixte. Pour remplacer l'ancienne juridiction supérieure du duc ou du comte, des membres du parlement étaient envoyés sur les lieux en qualité de commissaires pour y tenir des assises et recevoir les appels; cependant la règle était qu'on pouvait appeler de la sentence de ces commissaires au parlement de Paris. C'est ainsi que se tenaient, au XIIIᵉ siècle, l'Échiquier de Normandie, les assises de Toulouse et les grands jours de Troyes [1]; ces derniers, d'ailleurs, ne donnèrent pas naissance à un parlement de province.

Les parlements de province successivement créés furent les suivants [2], chacun d'eux souverain dans son ressort, comme le parlement de Paris l'était dans le sien.

1º Le *parlement de Toulouse* est le premier qui apparaisse. Le Languedoc avait eu un parlement particulier et seigneurial sous le gouvernement d'Alphonse de Poitiers; puis, sous Philippe le Bel, des délégués du parlement de Paris vinrent périodiquement tenir, comme on l'a dit, des assises à Toulouse jusqu'en 1291 [3]. Enfin, la grande ordonnance de 1303 promit que tous les ans il se tiendrait à Toulouse un parlement, si les habitants consentaient à ne point appeler des sentences qu'il rendrait au parlement de Paris [4]. Selon les uns, l'offre n'aurait pas été acceptée ou n'aurait pas eu effet [5]; selon d'autres, l'institution aurait fonctionné, mais d'une façon éphémère jusqu'en 1312 [6]. C'est seulement au XVᵉ siècle qu'un parlement proprement dit fut établi pour le Languedoc, et encore ne fut-il rendu sédentaire à Toulouse qu'en 1443, et subit-il diverses vicissitudes jusqu'à la fin du XVᵉ siècle.

2º Le *parlement de Grenoble* succéda au conseil delphinal créé au XIVᵉ siècle par le dauphin Humbert II; il fut érigé sous Charles VII en parlement royal, à la demande du dauphin de France, le futur Louis XI (actes de 1451 et 1453).

1. Langlois, *Textes*, p. 102, 108, 155, 150, 174.
2. Sur les parlements de province, voyez La Roche-Flavin, *Treize livres des parlements*, I, ch. VII-XIII; *Répertoire* de Guyot, vº *Parlement*.
3. Langlois, *Textes*, nº CXII.
4. Art. 62. Langlois, *Textes*, p. 174.
5. Le Paige, *Lettres historiques*, II, p. 281 et suiv.; Langlois, *Textes*, p. 174, note.
6. *Répertoire* de Guyot, vº *Parlement* (de Toulouse).

3° Le *parlement de Bordeaux* fut destiné à remplacer le juge souverain que le pays bordelais avait eu sous la domination anglaise, depuis le traité de Bretigny, dans la personne du sénéchal de Guyenne. Promis dans la capitulation que Bordeaux consentit en se rendant au lieutenant-général de Charles VII, le parlement royal fut créé en 1462. Il disparut lorsqu'en 1468 la Guyenne fut constituée en apanage par Louis XI au profit de son frère Charles ; il fut rétabli lorsque, à la mort de Charles, la Guyenne fut définitivement réunie à la couronne.

4° Le *parlement de Dijon* succéda à la cour supérieure des ducs de Bourgogne, qui consistait en assises périodiques et solennelles, les grands jours de Beaune et de Saint-Laurent, auxquels on donnait aussi le nom de parlement [1]. Après la mort de Charles le Téméraire, lors de la réunion du duché de Bourgogne au domaine de la couronne, les États de Bourgogne demandèrent au roi, pour leur pays, la création « d'une cour souveraine de parlement garnie de président et conseillers. » Louis XI, en effet, en mars 1476 (ancien style) créa ce parlement, qui siégea d'abord à Beaune, puis fut bientôt transféré à Dijon.

5° Le *parlement de Rouen* succéda à la juridiction supérieure des anciens ducs de Normandie appelée l'Échiquier, laquelle, sous des formes diverses, leur survécut pendant des siècles. Nous avons vu que sous Philippe le Bel, deux fois par an, les assises de l'Échiquier étaient tenues par des délégués du parlement de Paris ; mais l'appel de leurs sentences pouvait encore être interjeté devant le parlement de Paris [2]. Ce furent seulement les chartes aux Normands de 1314 et 1315 qui donnèrent à l'Échiquier la juridiction en dernier ressort [3]. C'est sur ces bases que, dans le cours des XIVe et XVe siècles, il continua à fonctionner tantôt sous l'autorité royale, tantôt sous celle des ducs, selon que la Normandie se trouvait réunie au domaine de la couronne ou qu'elle en était distraite pour

---

1. *Ancienne coutume de Bourgogne*, édit. Giraud, n° 97 : « Par monseigneur le duc, l'an MCCCIIIXX, en son parlement. »

2. Le Paige, *Lettres hist.*, II, 233 et suiv.

3. Ord. de 1314, art. 13 ; Ord. de juillet 1315, art. 17 (Isambert, *Anc. lois*, III, p. 80, 110).

constituer un apanage. Ce n'était pas d'ailleurs une juridiction permanente, mais des assises périodiques tenues par des commissaires, que nommait le roi ou le duc : en outre, un grand nombre de dignitaires ecclésiastiques et de seigneurs y avaient séance et étaient tenus d'y assister; mais les seuls juges étaient les commissaires[1]. Après la réunion définitive, l'Échiquier fut rendu permanent et sédentaire à Rouen[2]; en 1515, il reçut de François Ier le nom de parlement.

6° Le *parlement d'Aix* fut le parlement de Provence. Celle-ci, principauté devenue indépendante, avait, avant l'annexion, une cour souveraine qui, dans son dernier état, avait été organisée au commencement du xve siècle par Louis III, comte de Provence. Lorsque le roi de France eut acquis, en 1481, le comté de Provence, Forcalquier et terres adjacentes, la situation changea. La « grand sénéchaussée et conseil », qui rendait la justice au nom du roi, n'était pas une juridiction souveraine, pas plus que les autres sénéchaussées. En 1501, Louis XII la transforma en une cour de parlement pour la Provence[3].

7° La *Bretagne* avait eu, sous l'autorité de ses ducs, une juridiction supérieure, mais qui ne s'était point maintenue comme souveraine. C'étaient les *grands jours de Bretagne*, des assises périodiques et assez courtes, dont on pouvait, dans certains cas, appeler au parlement de Paris[4]. Cet état de choses dura après la réunion à la couronne, sauf que les grands jours étaient tenus par des conseillers délégués du parlement de Paris. Henri II, en 1553, les transforma en un parlement, qui présentait deux traits particuliers : il devait être composé mi-partie de Bretons et de Français; il tenait deux sessions, l'une à Rennes et l'autre à Nantes[5]. Mais, dans le cours même du xvie siècle, après une lutte prolongée entre les deux villes, le *parlement de Bretagne* fut fixé sédentaire à Rennes.

1. Houard, *Dictionnaire de droit normand*, v° Échiquier.
2. Édit de Louis XII, avril 1499 (Isambert, *Anc. lois*, XI, 389).
3. Isambert, *Anc. lois*, XI, 422. On peut noter, que d'après ce texte, « le grand sénéchal du pays présent et futur demeure à toujours le chef et principal dudit parlement ».
4. Préambule de l'édit de 1553 (Isambert, *Anc. lois*, XIII, p. 362).
5. Édit de mars 1553, art. 1 et 2.

8° Le Béarn indépendant avait un conseil souverain, qui était la transformation d'une ancienne cour féodale [1] et qui résidait à Pau. Louis XIII, lorsqu'il opéra, en 1620, l'union réelle de la Navarre et du Béarn, érigea le conseil en parlement, siégeant à Pau pour ces pays [2].

9° Le *parlement de Metz* fut érigé pour les Trois-Évêchés, qui, lorsqu'ils dépendaient de l'Empire, ressortissaient à la chambre impériale de Spire comme juridiction souveraine. Après l'occupation de Metz, sous Henri II, et jusqu'à l'établissement du parlement, la juridiction supérieure exercée au nom du roi paraît avoir eu une organisation rudimentaire, et c'est pour faire cesser cet état de choses que Louis XIII, en 1633, établit à Metz un parlement, création déjà projetée par Henri IV [3].

10° La *Franche-Comté*, ou comté de Bourgogne, avait eu, sous ses comtes, un parlement souverain qui avait été d'abord ambulatoire, puis sédentaire à Dôle depuis le règne de Philippe le Bon. Lors de la première annexion à la France, il fut confirmé comme juridiction souveraine par Louis XI. A la fin du xvᵉ siècle, la Franche-Comté passa à la maison d'Autriche, mais le parlement de Dôle fut maintenu et plusieurs fois confirmé par les princes de cette maison. Il le fut à plusieurs reprises par Louis XIV, selon les vicissitudes des guerres et des traités, qui lui donnaient ou enlevaient cette province, et enfin, le 22 août 1676, après la réunion définitive, il fut transféré à Besançon où il resta.

11° Le *parlement de Douai* ne fut établi dans cette ville qu'au xviiiᵉ siècle, en 1713; mais il succédait à une série de juridictions souveraines. Lors de la réunion de Tournay à la France, il fut créé, en 1668, un conseil souverain comme ceux dont il sera bientôt parlé, lequel reçut la qualité de parlement, en 1686. Après la perte de Tournay, ce parlement fut transféré à Cambrai en 1709, puis de là à Douai.

---

1. Cadior, *Les États de Béarn*, p. 16, 203.

2. Joly et Girard, *Traité des offices*, 1, 894.

3. Cela donna lieu à des plaintes de la part de l'empereur, mais qui n'eurent point d'effet, la souveraineté sur les trois évêchés ayant été reconnue à la France par le traité de Munster. Boulainvilliers, *État de la France*, Londres, 1737, t. II, p. 394, 412.

12° Le *parlement de Nancy* fut le résultat de la dernière annexion importante qu'opéra l'ancien régime : il succéda à la cour souveraine de Lorraine et de Barrois, mais non sans difficulté. En effet, pendant que le duché de Lorraine était occupé par nos armes, sous Louis XIII et Louis XIV, le ressort en avait été attribué au parlement de Metz : lorsque, à la mort du roi Stanislas, le duché fut définitivement réuni à la France, le parlement de Metz réclama le ressort sur la Lorraine et le Barrois. En 1771, pour trancher la difficulté, il fut réuni et fondu avec la cour souveraine de Lorraine et établi à Nancy. Mais, en 1775, cette union fut dissoute, le parlement de Metz rétabli dans sa ville et dans son ancien ressort et, en même temps, la cour souveraine de Lorraine fut érigée en parlement et fixée à Nancy.

Ces divers parlements avaient été en général créés sur le type réduit du parlement de Paris. Cela est vrai exactement de tous ceux qui furent établis jusqu'à la fin du xvi° siècle : ils avaient tous une grand'chambre, une ou plusieurs chambres des enquêtes, une chambre des requêtes, et une tournelle criminelle[1]. Pour ceux créés aux xvii° et xviii° siècles, il y eut souvent des organisations spéciales. Mais les parlements de province différaient de celui de Paris en ce qu'ils n'étaient pas en même temps cour des pairs, n'ayant point un collège féodal joint au corps de conseillers. Cependant, au xviii° siècle, à l'époque où se dégageait une doctrine, dont il sera parlé plus loin, d'après laquelle tous les parlements ne formaient qu'un seul corps, divisé en plusieurs classes, certains parlements de province prétendirent qu'ils pouvaient connaître des délits accomplis par un pair dans leur ressort, les autres pairs étant présents ou dûment convoqués[2].

Outre les parlements, il fut créé dans diverses provinces au xvii° siècle des cours de justice qualifiées *Conseils souverains*. C'étaient des juridictions souveraines et qui, sous

---

1. La Roche-Flavin, *Treize livres*, l. I, ch. xv, n° 7 : « Au parlement de Tholose, nous n'avons que six presidens en la cour, la grand'chambre, la tournelle, deux chambres d'enquestes, premiere et seconde, une chambre des requestes et aux autres parlemens de même. »

2. Guyot, *Traité des droits, fonctions*, etc., II, p. 176 et suiv. ; arrêtés des parlements de Rouen et de Toulouse, 1764.

un autre nom, remplissaient les mêmes fonctions que les parlements. Ce furent le *Conseil souverain de Roussillon*, continuant une cour établie avant l'annexion par les rois d'Espagne, et siégeant à Perpignan ; et le *Conseil souverain d'Alsace*, érigé en 1679, et siégeant à Colmar. Il y avait aussi le *conseil provincial d'Artois*, créé originairement par Charles-Quint, mais il n'avait qu'en partie la juridiction en dernier ressort[1].

§ 3. — LES TRIBUNAUX D'EXCEPTION ; LE MINISTÈRE PUBLIC

I

Les juridictions royales, dont il a été parlé jusqu'ici, étaient des juridictions de droit commun, en ce sens qu'elles possédaient la compétence dans sa plénitude, pouvant juger tous les litiges dont la connaissance ne leur avait pas été enlevée par la loi. Mais il y avait à côté d'elles des juridictions d'exception nombreuses et importantes. Je veux désigner ainsi, non point des tribunaux d'occasion ou des justices privilégiées, mais des juridictions permanentes et régulières ; seulement, c'étaient des tribunaux d'exception en ce sens qu'ils avaient été créés pour juger seulement une certaine classe de procès : leur compétence était réduite et limitée en vertu même de leur institution.

Les plus importantes de ces juridictions avaient été établies pour connaître de matières administratives. Il y avait parmi elles des cours souveraines, soit isolées, soit ayant sous elles une hiérarchie de cours inférieures dont elles recevaient les appels. Elles avaient en même temps une compétence criminelle accessoire, pour punir les délits qui se commettaient en violation des règles administratives dont elles avaient la garde. Au premier rang de ces tribunaux étaient les cours des comptes et les cours des aides. La *cour des comptes* de Paris était aussi ancienne, certains disaient plus ancienne, que le parlement de Paris et elle avait la même origine[2]. Les rois

---

1. *Répertoire* de Guyot, vᵒ *Conseil provincial d'Artois.*
2. Sur les origines de la cour des comptes, voyez Le Paige, *Lettres hist.*, II, p. 217 et suiv. ; de Boislisle, *Premiers présidents de la Cour des comptes,*

capétiens, lorsque leur domaine eut grandi, furent amenés à faire vérifier périodiquement par des délégués spéciaux les comptes de leurs agents financiers. Cela eut lieu tout naturellement lors d'une réunion de la *curia regis*. Les délégués aux comptes étaient pris dans le personnel de la *curia regis* et ils étaient chargés non seulement de vérifier les comptes mais de trancher, sous l'autorité du roi, tous les incidents que soulevait cette vérification, tous les litiges qui y étaient connexes. Ces délégués, les *gens des comptes*, comme on les appela, siégeaient anciennement au Temple, où se trouvait le trésor royal. Mais ce n'étaient point des fonctionnaires spéciaux et permanents. A la fin du xiii° siècle et au commencement du xiv°, le système est le même. Ce sont quelques-uns des maîtres du parlement qui sont délégués pour entendre et juger les comptes. Dans les listes se rapportant au début du xiv° siècle, qui nous sont parvenues, des membres sont choisis pour les comptes comme d'autres sont désignés pour la grand'chambre et les enquêtes [1]. Mais, dans l'ordonnance de Philippe le Long de 1319, la chambre des comptes apparaît comme un corps permanent composé de membres en titre, de dignité diverse [2]. La *cour des aides* était une cour souveraine établie pour statuer sur le contentieux en matière d'impositions. Elle avait sous elle diverses séries de tribunaux, dont elle recevait les appels : élections, greniers à sel, maîtres des ports et bureaux des traites. Nous étudierons leurs origines en exposant l'histoire des impôts. Comme le parlement, la cour des comptes et la *cour des aides* de Paris étaient d'abord uniques de leur espèce. Mais, comme le parlement, et pour les mêmes raisons, elles se multiplièrent. A la veille de la Révolution, il y avait douze chambres des comptes [3]. Il fut aussi créé successivement un assez grand nombre de cours des aides ; mais le nombre en fut peu à peu restreint. En 1770, il n'y en avait plus que cinq ; en 1789,

1. Liste postérieure à 1307, dans Langlois, *Textes*, p. 180 ; liste de 1316, dans du Tillet, *Recueil des grands*, p. 41.

2. *Ord.*, I, p. 703. — On disait couramment jadis et souvent on dit encore que le parlement, le conseil du roi et la cour des comptes résultèrent de démembrements successifs de la *curia regis*. Il est plus exact de dire que ces trois corps se sont formés successivement pour remplir trois ordres de fonctions auxquelles suffisait d'abord le personnel de la *curia*.

3. P. Boiteau, *État de la France en 1789*, p. 320.

restaient seulement celles de Paris et de Montpellier[1]. Très souvent la cour des aides avait été réunie à la cour des comptes ou au parlement.

A côté des juridictions d'exception en matière administrative, dont je n'ai indiqué que les plus célèbres[2], il y en avait d'autres dont la compétence principale empiétait sur la justice en matière civile, commerciale ou criminelle. De celles-là était d'abord le *Grand conseil*, dont l'origine sera indiquée plus loin[3]. C'était aussi le cas des *amirautés* de France. Les amirautés étaient des tribunaux où la justice était rendue au nom du grand amiral de France et par ses lieutenants; elles comprenaient des sièges généraux ou supérieurs, en petit nombre, et des sièges particuliers ou inférieurs, ressortissant aux premiers, dans tous les ports de quelque importance. Leur compétence avait été fixée en définitive, par l'édit de 1669, qui avait rétabli la charge de grand amiral, et par l'ordonnance sur la marine de 1681: elle comprenait, comme droit public, tout ce qui concernait la police et l'administration de la marine, et, comme droit privé, tout ce qui concernait le commerce maritime[4]. Les *juges consuls*, ou tribunaux consulaires, jugeaient aussi en matière commerciale, mais pour le commerce de terre. Ce fut en 1563 seulement que l'institution proprement dite des juges consuls fut établie pour la ville de Paris[5]; puis, par des décisions particulières, des juridictions semblables furent successivement créées dans les principales villes commerçantes[6]. Mais, en réalité, les origines

1. En 1770, Paris, Montpellier, Bordeaux, Clermont-Ferrand, Montauban (*Almanach royal de* 1771.) Pour 1787 voir Boiteau, *op. cit.*, p. 327.

2. Je signale seulement la juridiction des eaux et forêts, la connétablie et maréchaussée de France au siège de la table de marbre, la cour des Monnaies, voyez Lange, *Pratique*, Ire partie.

3. Ci-après, ch. II, à propos des attributions judiciaires du Conseil du roi. — Sur la compétence du grand conseil, Lange, *op. cit.*, I, p. 77.

4. Sur les amirautés, voir Piganiol de la Force, *op. cit.*, I, p. 438, et Lange, *op. cit.*, I, p. 62 et suiv.

5. Édit de novembre 1563 (Isambert, *Anc. lois*, XIV, 153).

6. Voyez le tableau de ces villes avec les dates des érections, Boiteau, *op. cit.*, p. 324. On peut voir qu'il y eut deux générations pour ainsi dire de tribunaux consulaires créés les uns dans la seconde moitié du XVIe siècle à partir de 1563, les autres de 1704 à 1720.

de ces juridictions, propres aux marchands d'une ville, sont beaucoup plus anciennes. Elles remontent à d'anciennes juridictions municipales, et le nom de consuls, répandu dans toute l'Europe latine, avec cette acception, en est une marque extérieure[1]. Les juges consuls de Paris, qui furent institués les premiers, avaient pour précédent le Parloir aux Bourgeois, dont il a été dit un mot précédemment[2]. Lyon avait eu aussi antérieurement sa juridiction des foires[3]. De cette origine municipale, les tribunaux consulaires prirent aussi probablement, un de leurs traits distinctifs, l'élection des consuls par les notables commerçants.

Les tribunaux des *prévôts des maréchaux de France* étaient des juridictions d'exception très importantes en matière criminelle; elles sont restées célèbres sous le nom de *justice prévôtale*. Les maréchaux de France avaient, de haute ancienneté, une juridiction importante sur les hommes composant l'armée, qu'ils faisaient exercer par un prévôt: mais cette juridiction, qui subsista[4], ne fut point l'origine des tribunaux criminels dont je m'occupe ici. Les maréchaux eurent, en outre, sous leurs ordres, dans le cours du XIVe siècle, des troupes d'archers conduites par des capitaines, lieutenants ou prévôts, chargés de maintenir l'ordre dans les pays où séjournaient les troupes, et spécialement de saisir les pillards et maraudeurs qui suivaient l'armée[5]. Les ordonnances du

1. Jean Toubeau, *Institutes du droit consulaire*, Paris, 1682, l. II, tit. II.
2. Ci-dessus, p. 292. Ce qui montre bien le précédent, c'est que la juridiction du prévôt des marchands et des échevins de Paris, qui subsista, continua à connaître « des causes des marchands pour fait de marchandise arrivé par eau sur les ports de la ville de Paris... des délits commis par les marchands. » Lange, *Pratique*, I, p. 71.
3. Édit de juillet 1669, portant règlement sur la juridiction des foires de Lyon (Isambert, *Anc. lois*, XVII, 212), préambule : « La juridiction de la conservation desdits privilèges est une des plus anciennes et considérables justices du royaume sur le fait des foires et du commerce; *elle a servi d'exemple pour la création des juridictions consulaires de notre bonne ville de Paris et des autres de notre dit royaume.* » En 1655 cette juridiction avait d'ailleurs été unie et incorporée au corps consulaire de Lyon créé en 1595.
4. Bouteiller, *Somme rurale*, I, tit. XVII, p. 75. Benedicti, *Repetitio*, part. I, p. 101 : « Qui etiam in exercitu (marescalli) praepositum habent, qui praepositus marescallorum vulgari eloquio nuncupatur crimina belligerum coercens. » Lange, *Pratique*, p. 60.
5. Benedicti, *Repetitio*, part. I, p. 101 : « Habent etiam marescalli capita-

xiv° siècle et de la première moitié du xv° siècle nous montrent ces prévôts et capitaines faisant acte de juridiction, non seulement à l'égard de ces maraudeurs, mais encore à l'égard des habitants, qu'ils cherchent souvent à distraire de leurs juges naturels; il y a là des abus contre lesquels proteste le pouvoir royal, mais en même temps une juridiction qui s'établit[1]. Cependant, à la fin du xiv° siècle, cette juridiction était encore extraordinaire et passagère, car les prévôts des maréchaux n'avaient point été établis à poste fixe, avec des circonscriptions déterminées[2]. Cette transformation s'accomplit dans la seconde moitié du xv° siècle; elle résulta de la création d'une armée permanente, représentée par les compagnies d'ordonnance. Les prévôts des maréchaux devinrent des fonctionnaires répartis dans les provinces où logaient les troupes, et chargés avec leurs hommes, les archers de la maréchaussée, de maintenir l'ordre et la paix publique[3]. Ils devinrent, en même temps, juges criminels, non point avec compétence générale, mais pour certains crimes et délits, dont quelques-uns rappelaient leurs fonctions originaires, dont beaucoup n'avaient aucun rapport avec les choses de la guerre. Dès lors, ce fut une partie importante du droit criminel que la détermination des *cas prévôtaux,* c'est-à-dire des infractions, que pouvaient juger les prévôts des maréchaux. On les divisa en deux classes[4]. Les uns étaient cas prévôtaux par la *qualité du délit,* quelle que fût la personne qui l'eût commis ; c'étaient les graves attentats contre la sûreté publique, dont le type principal se trouvait dans les excès commis sur les grands

neos sub se seu armigerum duces. Quorum quidam vocantur tribuni, quorum quilibet præest mille hominibus, alii sunt centuriones... alii dicuntur quinquagenarii... alii decani. »

1. Lettres de 18 août 1351 (*Ord.,* IV, 95); ordonnance de 1356, lettres du 5 mai 1357 (*Ord,* III, p. 112, 164); Règlement du 22 juin 1373 (*Ord.,* V. p. 616).

2. Papon, *Recueil d'arrêts notables,* l. IV, tit. XI, n° 2 : « Les prévosts des mareschaux... n'ont ressort ny territoire et ainsi fut jugé par arrest de Paris en l'an 1358 ». — Le règlement de 1373 (*Ord,* V, p. 617) veut que « nos subgez ne soient adjournez pardevant nos dits mareschaux, leurs lieutenans, prevos ou officiers forques en notre dicte ville de Paris, et non ailleurs, adfin que mieux leur bon droit leur soit gardé et deffendu. »

3. Règlement du 20 janvier 1514, spécialement art. 16 et 34 (Isambert, *Anc. lois,* XII, p. 2 et suiv.).

4. Esmein, *Histoire de la procédure criminelle,* p. 42, 218 et suiv., 385.

chemins, à main armée. Dans les ordonnances du xvie siècle, figurent toujours aussi le pillage et la maraude, commis par des soldats ou rôdeurs, « les gens d'armes tenans les champs et mangeans la poule du bonhomme, et vivant sur le peuple ». Les autres cas prévôtaux l'étaient par la qualité des accusés : c'étaient les crimes et délits, quels qu'ils fussent, commis par les vagabonds et gens sans aveu, et par les repris de justice. Cette justice prévôtale avait dans l'ancienne France un renom terrible. Elle le devait en partie à la sévérité naturelle du juge, qui était soldat en même temps que magistrat, et qui avait le plus souvent comme justiciables la lie de la population, ce qu'on appelait le « gibier des prévôts des maréchaux »; mais elle le devait aussi à certaines règles juridiques qui lui étaient propres. La procédure, en principe, devait y être la même que devant les tribunaux criminels de droit commun[1] ; mais elle présentait ce caractère particulier, qu'elle jugeait sans appel. Cette exclusion de l'appel s'expliquait historiquement par des considérations dans lesquelles je ne puis entrer ici[2] ; mais elle ne présentait pas moins un contraste frappant avec la procédure des autres tribunaux criminels, où l'appel était toujours de droit et même était devenu nécessaire, obligatoire, lorsque la peine prononcée était grave. Cependant, certaines garanties restaient aux accusés contre les abus de cette justice. D'abord, les prévôts des maréchaux n'étaient pas juges de leur propre compétence; ils devaient la faire juger et reconnaître, dans chaque affaire, par le siège présidial le plus voisin. De plus, ils ne jugeaient pas seuls : ils devaient s'adjoindre un certain nombre de magistrats royaux, pris dans un bailliage, ou, à leur défaut, de gradués en droit. Enfin, les cas prévôtaux pouvaient aussi être portés devant les présidiaux, qui avaient à cet égard une compétence concurrente à celle des prévôts, et,

1. Mais il fut bien difficile en fait d'amener les prévôts des maréchaux à respecter les règles qui leur étaient dictées; voyez les arrêts contenus dans le recueil de Papon, l. IV, tît. XI; Imbert, *Pratique*, édit. Guénois, Paris, 1616, p. 827 : « Jaçoit que par arrest de la cour donné le 9e jour de février 1524 il soit enjoint auxdits prévosts d'exercer par eux-mêmes leurs offices et de non y commettre lieutenants; néanmoins ils font tous les jours le contraire. »

2. Esmein, dans la *Revue critique de législation et de jurisprudence*, mai 1884, p. 363-364.

pour cette raison, on les appelait également *cas présidiaux*.

L'organisation des justices royales, telle que j'en ai montré le développement complet, resta en vigueur jusqu'à la fin de l'ancien régime. Deux retouches partielles d'une assez grande importance furent seulement tentées, l'une en 1771, lors du coup d'État du chancelier Maupeou, l'autre en 1788, à la veille de la Révolution. Mais la première fut éphémère, les institutions qui en avaient été le résultat disparurent à l'avènement de Louis XVI; la tentative de 1788 resta sur le papier et n'aboutit point à une application effective. L'une et l'autre sont des incidents qui se rapportent à l'activité politique des parlements et aux conflits qu'elle entraîna : j'en réserve l'étude pour le chapitre ou j'exposerai cette question. Mais il est un organe auxiliaire qui, de bonne heure, vint compléter l'organisation judiciaire que j'ai décrite et dont il faut parler ici. Ce sont les procureurs et avocats du roi qui ont donné naissance à l'institution du ministère public.

II [1]

Le mot procureur, *procurator*, désigne en droit la personne qui en représente une autre en justice. Mais, dans la procédure des cours féodales, qui, comme l'ancienne procédure romaine des *legis actiones*, exigeait en principe la comparution personnelle des parties, le droit de se faire représenter en justice constituait un privilège. En principe, il appartenait aux seigneurs laïques ou ecclésiastiques, mais à eux seulement [2]; quant aux autres, ils ne l'obtenaient que par une grâce, une concession particulière de l'autorité souveraine [3]. Les seigneurs importants usaient de cette prérogative et se faisaient représenter par un procureur lorsqu'il s'agissait de faire valoir leurs droits devant des tribunaux autres que les leurs [4], parfois

1. Aubert, *Le parlement de Paris*, t. I, ch. ix, *Les gens du roi*.
2. Même devant la cour du roi de France cela n'allait pas sans difficultés pour les plus grands seigneurs; voyez, pour le duc de Guyenne, l anglois, *Textes*, p. 107.
3. Au xive siècle, les lettres de grâce étaient encore nécessaires. Aubert, *op. cit.*, I, p. 250.
4. Voyez les procureurs du duc de Guyenne à la cour de France, Langlois, *Textes*, p. 66, 92, 113, 133, 146. — Le Paige, *Lettres hist.*, II, p. 194 et suiv.

même devant leurs propres justices : cependant, en ce dernier
cas, anciennement, c'était d'ordinaire le juge lui-même qui
faisait valoir le droit de son seigneur devant son conseil. Les
procureurs ainsi choisis étaient tantôt *spéciaux*, tantôt *généraux*[1], suivant qu'ils avaient reçu pouvoir de représenter le
seigneur dans une seule affaire ou dans toutes celles qu'il
pourrait avoir devant une juridiction déterminée ; mais tous
étaient simplement des mandataires et des hommes d'affaires.
Pendant longtemps on ne voit point le roi de France employer
de tels procureurs : il ne plaidait que devant sa cour ou devant
les justices seigneuriales de son domaine ; et, dans un cas
comme dans l'autre, il était représenté par ses officiers de
justice, baillis ou prévôts[2]. Mais, vers la fin du XIIIᵉ siècle, on
voit aussi apparaître des procureurs du roi proprement dits,
spéciaux[3] ou généraux. A cette époque et au commencement
du XIVᵉ siècle, les procureurs généraux eux-mêmes ne sont
pas encore des fonctionnaires publics ; ils sont de la même
condition que les procureurs des seigneurs ou des particuliers[4]. Mais, dans le premier tiers du XIVᵉ siècle, cela devint
une fonction, un organisme régulièrement constitué ; il y eut
des procureurs du roi dans tous les bailliages ou sénéchaussées. L'institution cependant ne s'était point établie sans
opposition ; même en 1318 les procureurs du roi furent supprimés par une ordonnance, sauf dans les pays de droit écrit[5].
Mais ce ne fut qu'une réaction éphémère, et l'institution prit
racine définitivement. En même temps, le terme de *procureur
général* prit une acception nouvelle et qu'il a gardée. Tous les
procureurs du roi en titre étaient devenus des *procureurs géné-*

1. *Privilegia curiæ Remensis*, dans Varin, *Archives législatives de la ville de Reims*, coutumes, I, p. 0.

2. Le Paige, *Lettres hist.*, II, 195.

3. Aubert, *op. cit.*, I, p. [201 et suiv. — Tanon, *Histoires des justices des anciennes églises de Paris*, p. 387 ; p. 360 : « L'an de grâce MCCIIIIxx et IX, le samedi après la Nativité Nostre-Dame feusmes admonestez par Renaut de la Monnole, *procureur especial nostre seigneur le roi*, de fere enteriner le commandement nostre seigneur le roi de la monnole. »

4. Le Paige, *Lettres hist.*, II, 196, 197. Ils devaient, comme les particuliers, prêter dans la cause qu'ils intentaient, le serment de la calomnie. Ordonnance du 23 mars 1302, art. 20 (*Ord.*, I, p. 360).

5. Esmein, *Histoire de la procédure criminelle*, p. 101 et suiv. Aubert, *op. cit.*, I, p. 202.

raux au sens ancien du mot, puisque, dans leur circonscription, ils étaient chargés de faire valoir tous les intérêts du roi, mais on réserva ce titre au procureur du roi près d'un parlement, ou autre cour souveraine[1]. Les procureurs du roi, originairement, n'avaient point de subordonnés et n'avaient point de supérieurs, mais une hiérarchie s'établit qui comportait l'un et l'autre. Trop chargés de besogne, ils se choisirent des suppléants qu'ils substituaient en leur lieu et place[2]; ces substituts, d'abord simples délégués, agréés par le tribunal devant lequel ils devaient requérir[3], devinrent plus tard des officiers en titre sous l'autorité du procureur du roi. D'autre part, les procureurs du roi étaient d'abord complètement indépendants du procureur général près la cour souveraine dont dépendaient les tribunaux auxquels ils étaient attachés[4]; mais, dans la suite, ils

1. Selon Le Paige (II, p. 99), le terme « procureur général » avec ce sens technique ne paraît qu'en 1344; mais le *Stylus curiæ parlamenti* de Guillaume du Breuil (ch. IV, § 14, édit. Du Moulin), à propos d'une revendication dirigée contre de roi, distingue très bien le « procurator regius generalis per regem constitutus in parlamento » et le « procurator regius patriæ in qua res sita est », en se rapportant à un arrêt de 1328. — Cf. Aubert, *op. cit.*, I, p. 206.

2. Cette faculté de se substituer quelqu'un paraît avoir toujours appartenu au procureur du roi, car elle dérivait de la théorie du mandat et elle apparaît dans l'ordonnance du 23 mars 1302, art. 20 (*Ord.*, I, p. 360) : « Etsi contingat ipsos (procuratores nostros) facere substitutos ipsis substitutis satisfaciant. » Dans ce sens, M. Aubert (*op. cit.*, I, p. 206) a donc raison de dire : « les substituts ont été, très probablement, institués en même temps que les procureurs. » Mais cela serait faux, s'il entend par là les substituts en titre d'office. Les substituts du procureur général ne furent créées en titre d'office qu'en 1586, et ceux des procureur du roi en 1616 (Isambert, *Anc. lois*, XIV, 601, XX, 266).

3. Fagniez, *Fragments d'un répertoire de jurisprudence parisienne* (dans *Mémoires de la Société de l'histoire de Paris*, XVII), nos 15, 131, a. 1425 et 1366.

4. Dans un acte du parlement de 1306 (Fagniez, *loc. cit.*, no 131), le procureur du roi au Châtelet se choisit justement pour substitut le procureur général au parlement : « Guillaume Cerveau, procureur du roi nostre sire en son Chastellet de Paris, occupé de plusieurs grosses causes et besognes touchant ledit seigneur, et à ce que, quant il sera absent de nostre auditoire les droiz et causes touchans le roy soient mieux et plus seulement gouvernées et poursuivies, *a substitué au lieu de lui Jehan Morsin, procureur général en la court de céans*, auquel il a donné le droit de plaider et de requérir le droit dudit seigneur, soy adjoindre en toutes causes qu'il pourra, saura et verra où le roy pourra avoir droit et profit généralement. » — Le Paige, *Lettres hist.*, II, 198 : « Il subsiste encore actuellement un monument de cette ancienne fraternité entre le procureur général et les autres procureurs du roi dans le cérémonial des lettres qu'il leur écrit; il les termine par ces mots : Je suis, monsieur le procureur, votre frère et ami. »

furent mis sous l'autorité et la surveillance du procureur général. Peu à peu, il y eut des procureurs du roi non seulement devant les juridictions royales de droit commun, mais aussi devant les juridictions d'exception et des procureurs généraux près de toutes les cours souveraines. Le roi eut aussi des procureurs près des juridictions ecclésiastiques ou officialités, où ils étaient chargés de veiller à ce que les droits royaux ne fussent pas entamés[1]. Il n'y eut pas cependant de procureur du roi devant les juridictions seigneuriales : les seigneurs avaient des *procureurs fiscaux* qui y remplissaient un rôle analogue, et qui étaient contrôlés par les officiers royaux.

En même temps qu'apparaissent les procureurs du roi on voit aussi apparaître des avocats du roi. En 1302, le célèbre Pierre Dubois était avocat royal au bailliage de Coutances[2]. Pendant longtemps, ce ne furent point des fonctionnaires, mais simplement des avocats ordinaires, auxquels le roi donnait sa clientèle. La grande ordonnance de 1498 leur défendit seulement de consulter au profit d'autres personnes contre les intérêts royaux[3]. Cependant, dès le commencement du xvie siècle, le pouvoir royal tendait à interdire aux avocats du roi de consulter pour le public[4]; cela devint une règle ferme pour les avocats royaux des cours souveraines par l'ordonnance de Blois de 1579 ; mais les avocats du roi près des cours inférieures purent encore postuler et consulter pour les particuliers dans les causes où le roi n'était pas intéressé[5]. Néanmoins, les uns et les autres devinrent des fonctionnaires royaux.

Les procureurs du roi avaient pour fonctions générales d'intenter les actions au nom du roi lorsqu'il y avait lieu, et de défendre à celles qui étaient dirigées contre lui ; en outre, d'in-

1. Jacques Du Hamel, *De la police royale sur les personnes et les biens ecclésiastiques*, dans les *Traitez des droits et libertés de l'Église gallicane*, édit. 1731, t. I, p. 321 et suiv.
2. *De recuperatione Terræ sanctæ*, de Pierre Dubois, édit. Langlois, p. v, vii.
3. Isambert, *Anc. lois*, XI, 344.
4. On a une lettre de 1526, de François Ier au célèbre avocat Pierre Lizet, qui faisait les fonctions d'avocat général. Le roi lui avait, à ce titre, promis une pension annuelle de 500 livres, outre ses gages ordinaires « à ce qu'il n'allât aux consultations des parties. » Mais la pension ne pouvant être payée vu la pénurie du trésor, le roi lui rendit le droit de consulter pour les particuliers (Isambert, *Anc. lois*, XII, 273).
5. Art. 115.

tervenir et de requérir dans toutes les causes où le roi était
intéressé. Cela faisait que tantôt ils figuraient comme partie
principale, tantôt comme partie jointe, lorsqu'ils appuyaient
un plaideur, partie principale[1]. L'intérêt royal qu'ils étaient
chargés de faire valoir fut d'ailleurs successivement entendu
de diverses manières. Tout d'abord, on ne prit en considération
que les droits pécuniaires de la royauté ; puis, le roi étant considéré comme le représentant de l'intérêt public, c'est l'intérêt
public même que ses procureurs et avocats furent appelés à
défendre devant les tribunaux.

§ 4. — LA VÉNALITÉ ET L'HÉRÉDITÉ DES OFFICES[2]

On n'aurait pas une notion complète de l'ancienne organisation judiciaire, si l'on ne savait comment étaient conférées
cette multitude de charges qui avaient été successivement
créées dans les justices royales. Elles étaient devenues vénales
et héréditaires ; c'est là un fait d'une importance capitale, dont
il faut rechercher les origines et la portée.

La vénalité précéda l'hérédité, qui compléta le système. Elle
se présenta d'ailleurs successivement sous des formes diverses.
Ce qui apparut d'abord, ce fut l'usage par les officiers royaux
de céder leur charge moyennant un prix : cette pratique, oc-
culte en ce sens que le prix payé restait dans l'ombre, la cession
paraissant gratuite, n'était qu'un abus, non une institution
publique; elle était simplement tolérée par le pouvoir royal.
Puis, la vénalité apparut au grand jour et devint officielle : elle
fut pratiquée par le pouvoir royal lui-même, qui prit finance
de ceux auxquels il conférait des charges vacantes ; il permit aussi, moyennant un droit à son profit, la cession à titre
onéreux de la part des officiers en place.

I

La cession des offices de judicature par les officiers qui les

1. Voyez la formule donnée ci-dessus, p. 389, note 4.
2. Loyseau, *Traité des offices*, l. I, ch. x ; l. II, ch. i ; l. VII, ch. vii. — Pasquier, *Recherches de la France*, l. II, ch. vi; l. IV, ch. xvii. — La Roche-Flavin,
Treize livres des parlements, l. II, ch. vi et vii; l. VI.

occupaient paraît avoir commencé par le haut de la hiérarchie, c'est-à-dire par les conseillers au parlement. Cela vint surtout de ce que les charges de ces derniers furent les premières consolidées et rendues perpétuelles, au milieu du xive siècle. Les prévôtés étaient, nous l'avons vu, soumises à cette époque à un régime spécial de fermes à temps ; les baillis étaient des hommes de confiance, qui restaient d'ordinaire peu longtemps dans la même circonscription. Deux causes amenèrent ou favorisèrent cette pratique. Ce fut, en premier, lieu l'exemple de ce qui se passait pour les bénéfices ecclésiastiques. Le droit canonique avait admis la faculté pour le titulaire d'un bénéfice ecclésiastique de s'en démettre en faveur d'une personne déterminée, capable de le tenir : cette *resignatio in favorem alicujus* était valable pourvu qu'elle fût approuvée par le pape, afin d'écarter tout soupçon de simonie [1]. Rien ne parut plus naturel que de traiter l'office de judicature comme le bénéfice ecclésiastique et de permettre ici aussi la *resignatio in favorem ?* Il y avait bien une différence importante, en ce que la *resignatio* du bénéfice devait être essentiellement gratuite ; mais cette différence n'apparaissait pas au dehors ; car, comme on le verra plus loin, le magistrat, pendant longtemps, dut jurer, lors de son installation, qu'il n'avait rien donné ni payé pour être pourvu de son office. Ce qui montre clairement l'influence de la théorie bénéficiale sur la cession des offices, c'est que celle-ci fut aussi désignée par le terme de *resignatio,* et l'on transporta purement et simplement à cette dernière résignation certaines règles que la chancellerie apostolique avait édictées pour la *resignatio in favorem* des bénéfices. — La seconde cause agissante résulta d'une mesure libérale du pouvoir royal, dont le but était tout autre. Pour pourvoir aux charges vacantes du parlement, les ordonnances de la seconde moitié du xive siècle demandèrent à ce corps lui-même des présentations, et même, dans les dix-huit premières années du xve siècle, cela devint une élection proprement dite ; le parlement élisait ses membres [2]. Ce système d'élection, étant donnée la force de l'esprit de corps, fa-

1. Friedberg, *Lehrbuch des Kirchenrechts*, 3e édit., p. 318.

2. Pasquier, *Recherches de la France*, l. IV, ch. xvii, p. 389. — La Roche-Flavin, *Treize livres*, l. X, ch. xxx, p. 610. — Hémar, *Les élections au parlement* (discours de rentrée du 3 nov. 1874). — Aubert, *op. cit.*, t. I, ch. iii.

vorisa grandement la vénalité, et même l'hérédité; à la place du conseiller démissionnaire, la cour élisait celui au profit duquel il avait résigné; à la place du conseiller défunt, elle élisait son héritier[1].

Lorsque Charles VII, vainqueur des Anglais, ramena à Paris son parlement qui, pendant la lutte, avait siégé à Poitiers, il rétablit la nomination directe des conseillers par le roi; mais la pratique des résignations n'en subsista pas moins, elle était répandue sous son règne et parfaitement établie sous le règne suivant[2]. Elle s'était étendue aux offices des baillis (et de leurs lieutenants) et des prévôts, lorsqu'ils furent devenus perpétuels. Il fallait, pour cela, que le pouvoir royal les admît: mais, cédant au courant et à l'opinion, il les admettait en effet. On trouve dans les textes officiels la constatation de cet abus aussi bien sous Charles VII[3], qu'au début du règne de François I[er][4]. Mais, jusque-là, c'était simplement une tolérance, et le trafic même était dissimulé. François Ier transforma cela en un système légal, s'étalant au grand jour, et où la royauté elle-même donnait l'exemple. La cause du régime qu'il insti-

1. Aubert, *op. cit.*, t. I, p. 63 et suiv.

2. Commines, *Mémoires*, l. I, ch. xxvii: «Offices et estats sont plus désirés en ceste cité qu'en nulle autre du monde; car ceux qui les ont les font valoir ce qu'ils peuvent et non pas ce qu'ils doivent. Et y a offices sans gages qui se vendent bien huit cents escus, et d'autres où il y a gages bien petits qui se vendent plus que les gages ne sauroient valoir en quinze ans. Peu souvent advient que nul ne se desapointe et soutient la cour de parlement cet article.»

3. Arrêt du conseil du roi, du 16 mai 1455 (dans Noël Valois, *Le Conseil d'État*, p. 288): «Sur la requeste faicte par M. Anthoine Malbosc, notaire royal... qu'il plust au roy recevoir la résignation que Me Pierre Foult, procureur de l'inquisicion des hereges à Carcassone veut faire dudit office au proufit dudit Malbosc: combien que l'on pourroit dire que, en ceste partie les ordonnances se devroient garder, et que selon icelles, on devroit escripre aus officiers, toutes voyes, pour ce que ce n'est pas office de grant pris... a semblé que ces choses considérées, la dite résignation peut bien estre receue pour ceste foiz.» — Ordonnance de Montil-lez-Tours, 1453, art. 84: «Pour ce que nous avons entendu que plusieurs pour avoir et obtenir de nous aucuns offices de judicature au temps passé durant les guerres et divisions ont offert et payé plusieurs sommes de deniers à plusieurs de nos officiers et conseillers et par ce moyen ont obtenu les dicts offices.»

4. Parmi les pouvoirs que François Ier confère, en 1515, à sa mère pendant son absence (Dupuy, *De la majorité des rois*, I, p. 437) figure celui «de recevoir et admettre les résignations de ceux qui tiendront aucuns offices» Cf. les pouvoirs de la régente en 1523 (Isambert, *Anc. lois*, XII, p. 211).

tua, et des développements ultérieurs qu'il devait recevoir,
fut des plus simples : le désir de satisfaire aux besoins du
trésor, sans créer de nouveaux impôts. Mais cette organisation
monstrueuse n'aurait pas pu s'établir sans les précédents qui
ont été signalés. François Ier commença ouvertement à vendre,
c'est-à-dire à conférer, moyennant finance, les offices royaux
nouvellement créés ou devenus vacants, et établit, dans ce but,
en 1522, une administration particulière, sous le nom de
Bureau des parties casuelles [1]. Au début, ce ne furent cependant
que les offices se rapportant aux finances qui furent ainsi
conférés ; mais, bientôt, il en fut de même pour les offices de
judicature. Pour ces derniers pourtant, on prit un détour : on
présenta comme un emprunt forcé la finance que le roi exigeait des pourvus [2]. En même temps, un édit de 1529 enlevait
au parlement, pour l'attribuer au grand conseil, la connaissance des procès concernant les offices [3], afin d'avoir un instrument plus docile aux volontés du roi.

La pratique des résignations continuait ; mais, elle ne
fut pas reconnue comme légale dans la première moitié du
xvie siècle ; elle contrariait les intérêts du trésor, en diminuant
le nombre des cas où le roi pouvait librement disposer des
offices. Mais, le pli était pris, et, comme dit Loyseau, « le
roi ayant vendu un office, ne pouvait pas, par puissance ordinaire, et, selon justice, en refuser après la résignation faite à
temps opportun, et à personne capable [4] ». Aussi, Charles IX se

1. Loyseau, *Offices*, l. III, ch. i, n° 91. — «Le roi François, successeur de
Louis XII, pratiqua tout ouvertement et sans restriction la vénalité publique
des offices... érigeant le bureau des parties casuelles en l'an 1522 pour servir
de boutique à cette marchandise.»
2. Loyseau, *Offices*, l. III, ch. i, n° 93 : « Enfin toutefoys sous luy (François Ier) ou ses successeurs, la vénalité s'est glissée même à l'égard des offices
de judicature, qui ont été mis en taxes aux parties casuelles, non pas du commencement comme ceux des finances, mais par forme de prest seulement ;
mais c'estoit un prest à jamais rendre et plustost une vente déguisée de ce
nom ; aussi à la fin et de nostre temps seulement, on a confondu es parties
casuelles la vente des offices de finance avec ceux de judicature. »
3. Édit du 25 octobre 1529 (Isambert, *Anc. lois*, XII, 332).
4. Loyseau, *Offices*, l. III, ch. iii, n° 12. Il ajoute: «Aussi ceste faculté de
résigner a toujours esté permise depuis que la vénalité des offices a esté in-
troduicte, mesme estoit autrefoys pratiquée... gratuitement et sans payer
finance. »

décida-t-il à la permettre ouvertement et légalement, moyennant le paiement d'un droit très fort au trésor royal[1].

Dès lors, le système de la vénalité était complet ; mais il ne s'était point établi sans protestations. Dès 1356, on trouve des plaintes formulées à cet égard par les États généraux[2]. Mais c'est surtout aux États si remarquables de 1484, que les critiques furent vives et précises, et le parlement, d'ailleurs, s'y associa[3]. Aussi, les grandes ordonnances de 1493 et de 1498, qui furent rendues sur les cahiers de ces États, prohibèrent absolument la vénalité et rétablirent, pour le choix des magistrats, un système d'élection ou plutôt de présentation par les corps où la vacance s'était produite[4]. Aux États généraux de la seconde moitié du XVIe siècle, les protestations reparurent plus ardentes, puisque la vénalité avait grandi et s'était affirmée[5]. Les ordonnances d'Orléans et de Moulins, sous Charles IX, et de Blois sous Henri III, condamnèrent formellement la vénalité, et établirent soit l'élection, soit la présentation des magistrats par les corps judiciaires[6]. Mais, comme dit Étienne Pasquier, « tous ces derniers esdicts ont été esdicts de parade, sans effect. Car jamais la vénalité des estats ne fut en si grand desbord, comme sous le règne d'Henri III[7] ». Cependant, pendant tout le cours du XVIe siècle, le magistrat dut prêter le serment qu'il n'avait acheté sa charge ni directement, ni indirectement, ce qui l'obligeait à commencer sa carrière par un parjure. « Mais le parlement, ayant reconnu qu'il ne falloit plus en ce siècle espérer de réformation à cet esgard, a justement aboli ce serment en l'an 1597, peu après l'assemblée tenue à Rouen pour la réformation de la justice[8] ».

1. Voyez ordonnance du 12 novembre 1567, déclaration du 22 janvier 1568 et édit de juin 1568 (*Ordonnances* de Fontanon, II, p. 561, 563, 564). Loyseau observe, *Offices, loc. cit.* : « De sorte que comme les guerres d'Italie ont été cause de la vente des offices, aussi les guerres civiles ont causé la vente des résignations. »

2. Picot, *Histoire des États généraux*, I², p. 114.

3. Picot, *op. cit.*, II², 29 et suiv.

4. Ordonnance de 1493, art. 70, 73. Ordonnance de 1498, art. 31, 32, 40, 47, 60 (Isambert, *Anc. lois*, XII, p. 238, 343 et suiv.).

5. Picot, *op. cit.*, II², 266 et suiv.; III², 181 et suiv.

6. Ordonnance d'Orléans, art. 34, 39, 40. Ord. de Moulins, art. 9, 10, 11, 12. Ord. de Blois, 1579, art. 100, 101, 102, 133, 134.

7. *Recherches de la France*, p. 390.

8. Loyseau, *Des offices*, l. III, ch. I, n° 94.

II

Les charges étaient ainsi devenues complètement vénales, tantôt vendues par les officiers en fonctions, tantôt par le pouvoir royal, mais elles n'étaient point encore héréditaires. Elles vaquaient, par la mort du titulaire, au profit du roi qui pouvait alors en disposer librement. Une mort subite empêchait l'homme en place de vendre son office au moyen d'une résignation, et même celui qui voyait venir la mort ne pouvait pas résigner utilement pendant sa dernière maladie. On avait, en effet, étendu aux résignations des offices une règle que la chancellerie pontificale avait édictée pour la résignation des bénéfices ecclésiastiques, la règle des quarante jours[1] : elle rendait la résignation nulle et de nul effet, si le résignant mourait dans les quarante jours qui suivaient[2]. Mais les charges, par la vénalité, étant devenues patrimoniales, en vertu d'une loi naturelle elles tendaient forcément à devenir héréditaires. Cela se fit d'abord par des décisions et des grâces individuelles : le roi accordait à tel officier la survivance de son office au profit de telle personne déterminée qui devait en être pourvue après sa mort, ou même concédait aux héritiers le droit de résigner la charge du défunt, qui survivait à celui-ci. C'était une pratique commune sous le règne de François I[er][3], qui pourtant, en 1521, révoqua toutes les survivances accordées[4]. Mais cette pratique persista dans tout le cours du xvie siècle, troublée seulement par des révocations périodiques des survivances accordées, dans le seul but sans doute d'obtenir de

1. Dans les règles de la chancellerie apostolique, elle portait la rubrique *de infirmis resignantibus*.

2. Loyseau, *Des offices*, l. I, ch. xii, n° 2 : « Condition selon le style de la grande chancellerie de France est apportée ès provisions des offices faictes sur résignation : pourvu que le résignant vive quarante jours après la date des présentes. De sorte que le roi n'admet la résignation que sous ceste condition, comme de vérité sans icelle les offices deviendroient presque héréditaires. »

3. Parmi les pouvoirs que François Ier accorde à la reine-mère en 1523, en lui confiant l'administration du royaume pendant son absence, figure celui « d'accorder (les offices) en survivance du consentement desdits résignants. » (Isambert, *Anc. lois*, XII, p. 213).

4. Édit de juillet 1521 (Isambert, *Anc. lois*, XII, 489).

nouveaux droits pour le trésor royal[1]. Au commencement du xvii° siècle, en 1604, l'hérédité fut introduite par mesure générale et permanente. Cela fut établi non point par une ordonnance en forme, mais simplement par un arrêt du conseil, qui fut rédigé conformément au plan proposé par un secrétaire du roi nommé Charles Paulet et le système reçut du public le nom de *Paulette*, bien qu'il portât officiellement le nom de droit annuel[2]. Voici en quoi il consistait : en payant chaque année au trésor un droit équivalent au soixantième du prix de l'office, le titulaire obtenait deux avantages : s'il résignait pendant sa vie, le droit de résignation était diminué de moitié; s'il mourait en fonctions, le droit de résigner restait dans sa succession, et les héritiers pouvaient l'exercer[3]. Cela fut naturellement une mesure profondément favorable aux magistrats et aux officiers de finances[4]; mais, en même temps, ce n'était pas un régime assuré; il eût suffi de la volonté du roi, sans loi proprement dite, pour suspendre la perception du droit annuel et par là l'hérédité des offices qui en était la conséquence. De fait, la royauté plusieurs fois en fit la menace.

---

1. On trouve de ces révocations en 1541, 1559, 1577, enfin en 1579 dans l'ordonnance de Blois, art. 111; Loyseau, *Des offices*, l. II, ch. x, n° 13.

2. Loyseau, *Des offices*, l. II, ch. x, n°s 15, 16 : « Cette invention fut premièrement auctorisée par arrêt du privé conseil du 7 décembre 1604, sur lequel le 12 du mesme mois fut faicte une déclaration du roy en forme d'édict, qui fut seulement publiée en la grande chancellerie et non au parlement... l'édict de Paulet, *ab inventore*, pour ce que M. Charles Paulet, secrétaire de la Chambre du roy en a donné l'advis ou au moins en a présenté les mémoires. »

3. Loyseau, *Des offices*, l. II, ch. x, n° 14.

4. Voyez l'amusante et pittoresque boutade de Loyseau, *Des offices*, l. II, ch. x, n° 1 : « Au commencement du mois de janvier dernier 1608, pendant les gelées, je m'advisay, estant à Paris, d'aller un soir chez le partisan du droict annuel des offices, pour conférer avec luy des questions de ce chapitre. Il estoit lors trop empesché; j'avois mal choisy le temps. Je trouvay la dedans une grande troupe d'officiers se pressans et poussans, à qui le premier luy baillerait son argent; aucuns d'eux estoient encore bottez venans du dehors, qui ne s'estoient donné le loisir de se débotter. Je remarquay qu'à mesure qu'ils étoient expediez, ils s'en alloient tout droict chez un notaire assez proche, passer leur procuration pour résigner, et me sembloit qu'ils feignoient de marcher sur la glace, crainte de faire un faux pas, tant ils avaient peur de mourir en chemin. Puis, quand la nuit fut close, le partisan ayant fermé son registre, j'entendis un grand murmure de ceux qui restoient à depescher, faisans instance qu'on receust leur argent, ne scachans, disoient-ils, s'ils ne mourroient point ceste mesme nuict. » Le *partisan*, c'est le fermier de cet impôt.

Mais, en réalité, il eût été impossible de remonter le courant[1].

III

Il ne faut pas exagérer la portée de la vénalité et de l'héré-dité des offices de finances et de judicature. Ce qui était dans le commerce, c'était seulement la valeur pécuniaire du droit de résignation. Mais l'officier, le magistrat, était toujours nommé par des lettres du roi, qui seules pouvaient en faire un fonctionnaire public; la *provision* de l'office ne pouvait émaner que de la volonté royale. Il est vrai que, dans la me-sure où le droit de résignation s'exerçait, le roi avait par là même renoncé à choisir les fonctionnaires; il devait pourvoir le résignataire s'il présentait la capacité voulue par la loi. Pour que cette capacité fût certaine, on avait même cherché des garanties, les sentant plus nécessaires dans le régime de la vé-nalité[2]. Pour être pourvu d'un office de judicature, il fallait avoir au moins l'âge de vingt-cinq ans, être licencié ou doc-teur en droit : il fallait, en outre, être examiné et reçu par le parlement, au ressort duquel on allait appartenir, au point de vue de l'honorabilité et de la capacité[3]. Pour ce qui concerne cette dernière, le candidat passait un examen devant le parle-ment, portant sur la théorie, c'est-à-dire sur le droit ro-main, puis sur la pratique et les ordonnances, les officiers de

1. Mentionnons un autre droit que le roi percevait à propos des offices, c'était le *marc d'or;* Piganiol de la Force, *op. cit.,* I, p. 320 : « Henri III, ayant institué l'ordre du Saint-Esprit assigna les appointements des chevaliers sur un droit qui seroit payé par tous les officiers qui obtiendroient de provisions de Sa Majesté; ce droit est très considérable, et appelé marc d'or, qui est 100 écus d'or. »

2. La Roche-Flavin, *Treize livres,* l. VI, ch. xxviii, n° 8 : « Depuis les eslec-tions abolies et l'introduction de la vénalité des offices, et les parties ca-suelles estant establies, pour éviter que les parlemens ne se remplissent de gens ignorans et meschans, par edict ou lettres patentes données à Moulins au mois d'aoust en l'an 1546... fust establi une forme assez rigoureuse et un règlement aux examens ordonnant que aucun ne feust receu président ou conseiller aux parlemens, sans avoir atteint l'âge de trente ans et sans préalable information de ses vie et mœurs; et qu'il seroit procédé à leur examen toutes les chambres de la Cour assemblées... à la fortuite ouverture des livres sur chacun des livres du droict et après sur la practique. »

3. Sur les réception et examen des magistrats, voyez Loyseau, *Des offices,* l. I, ch. iv; La Roche-Flavin, *Treize livres,* l. IV, en entier; l. XIII, ch. lv.

finance n'étant examinés que sur ces dernières. Mais ces précautions, en réalité, étaient inefficaces. Les dispenses d'âge s'obtenaient aisément[1] et les examens subis devant le parlement,
très difficiles en apparence, étaient peu sérieux en réalité,
surtout quand il s'agissait des fils de magistrats[2].

IV

La vénalité et l'hérédité des offices de judicature eurent
des conséquences très importantes, les unes de droit, les autres de fait, parfois heureuses et parfois déplorables.

La vénalité produisit un résultat excellent, en ce qu'elle
engendra l'inamovibilité des magistrats, qui, par là, s'introduisit dans notre pays et qui constitue la meilleure garantie
pour le justiciable. Quand les juges royaux étaient devenus
permanents, ils n'étaient pas pour cela devenus inamovibles; ils étaient nommés pour exercer leurs fonctions
tant qu'il plaîrait au roi[3]. Il est vrai qu'une ordonnance
célèbre de Louis XI, inspirée d'ailleurs par l'intérêt des
officiers et non par celui des justiciables, avait promis que
désormais le roi ne donnerait aucun de ses offices « s'il n'était
vacant par mort ou par résignation faite de bon gré et consentement du résignant, ou par forfaiture préalablement jugée
et déclarée judiciairement[4]. » Traditionnellement, on rattache
à cet acte l'introduction de l'inamovibilité. Mais, il n'y a là
qu'une louable velléité : Louis XI lui-même viola largement
sa promesse, malgré les termes énergiques dans lesquels elle
était conçue, et les États de 1484 n'osèrent le blâmer sur ce
point[5]; la manière dont ils s'exprimèrent à cet égard montre

1. *Répertoire* de Guyot, vº *Juge* : « On ne pouvait autrefois est reçu juge
avant vingt-cinq ans; mais depuis que les charges sont devenues dans les
familles de robe une espèce de patrimoine, on accorde facilement des dispenses d'âge, qui, à la vérité, ne donnent pas pour cela voix délibérative. »
2. La Roche-Flavin, *op. cit.*, l. VI, ch. xxviii, nᵒˢ 8, 27, ch. xlvi, nᵒ 3.
3. Ci-dessus, p. 366, note 4.
4. Lettres du 21 octobre 1467 (Isambert, *Anc. lois.*, X, 541).
5. Masselin, *Journal des États généraux de France tenus à Tours en 1484*,
publié par A. Bernier, Paris, 1835, p. 82 : « Quantum ad restitutionem officia-
riorum... non placuit etiam multos articulos codici communi inserere, præ-
sertim quod eorum forma et verbis fere omnia officia regni litigiosa fierent,
quodque regis et principum nimium videretur arctari et ligari potestas,

que l'inamovibilité n'avait point encore la valeur d'un principe. Mais, lorsque la vénalité se fut officiellement établie, les choses changèrent de face. Le roi, lorsqu'il avait pris finance, aux parties casuelles, de celui auquel il conférait un office ne pouvait équitablement révoquer à volonté cet officier, sans lui rendre son argent; et l'équité commandait la même solution lorsque le pouvoir royal avait investi un officier en vertu d'une résignation que celui-ci avait obtenue à prix d'argent. L'inamovibilité s'introduisit comme une conséquence juridique de la vénalité; elle résulta de l'idée de garantie que la vente entraîne naturellement avec elle [1]. Ce qui le montre bien, c'est qu'elle fut pas édictée seulement au profit des juges, pour lesquels elle se justifie rationnellement. Elle profita à bien d'autres, aux officiers de finances, par exemple, pour lesquels elle se concevait moins bien : elle s'attacha à toutes les charges devenues vénales. D'autre part, malgré certaines discussions, les juges des seigneurs, comme le verra plus loin, ne furent reconnus inamovibles que lorsqu'ils avaient acheté leurs charges.

Ce mal, la vénalité, avait donc produit un bien, l'inamovibilité des magistrats; mais, auparavant, il engendrait un vice criant de l'ancienne organisation judiciaire : le système des *épices*. Celui-ci se dégagea de certains germes, qui, probablement, sans la vénalité, ne se seraient point développés. Les anciennes mœurs judiciaires admettaient non seulement que le plaideur allât solliciter ses juges, mais encore qu'il leur fît de menus cadeaux de simple politesse, qu'il leur offrît des

cum officia, *sicut beneficia*, immutabilia censerent. » Qu'on remarque le rapprochement fait ici entre les *offices* et les *bénéfices* ecclésiastiques. Cf. ci-dessus, p. 392.

1. La Roche-Flavin, *Treize livres*, l. II, ch. VI, n° 22 : « Lors des dictes eslections, dons et provisions gratuites des estats de judicature, la clause estoit insérée en toutes provisions et lettres : Pour jouir des estats, tant qu'il nous plaira, et se continue encore mais sans effect. Car, depuis que du règne du roy François Ier la vénalité des offices fut permise tant du costé du roy qui prenoit le quart de la fluance que des particuliers (n'estant raisonnable de priver un officier de son estat financé sans le rembourser), il fust trouvé juste par le roy, les sieurs de son conseil et par tous les parlemens que le roy ne pourroit déposer ni priver ses subjects des offices qu'en trois cas, scavoir par mort, forfaicture ou incompatibilité d'offices. Et a présent ne se peut faire à cause de l'edict de la Paulette qu'au seul cas de forfaicture, quand par crime ou delict un officier est privable ou privé de son estat. »

épices[1]. On appelait ainsi encore, au xvi⋅ siècle, des espèces de
bonbons épicés, dont nos aïeux aimaient à manger pour s'exci-
ter à boire. C'était là une offrande purement volontaire et de
valeur insignifiante. Mais, dès le commencement du xv⋅ siècle,
il n'en était plus ainsi. La prestation des épices était devenue
obligatoire pour les plaideurs et portée en taxe, et elle s'était
transformée en argent[2]. Ces taxes perçues par les juges devaient croître dans le cours du temps, et la cause en fut très
simple. Les offices étant achetés très cher, pour un prix hors
de proportion avec les gages qui y étaient attachés, il était
naturel que les titulaires cherchassent à leur faire rapporter
davantage, pour y trouver à la fois l'intérêt de leur argent et
la rémunération de leur travail. Voilà comment, un vice en
produisant un autre, la gratuité de la justice disparut dans l'ancien régime : le plaideur devait payer non seulement son procureur et son avocat, mais encore ses juges.

Quant aux conséquences qu'entraîna le système dans le domaine des faits, elles furent aussi très importantes et très diverses. Il assura à la magistrature une pleine indépendance ;
et, sans lui, les résistances politiques des parlements aux xvii⋅
et xviii⋅ siècles ne se comprendraient pas. Il créa ainsi une
classe de personnes, ayant en main l'exercice de l'autorité publique, dévouées par tradition au pouvoir royal, mais en réalité non choisies par lui et qu'il ne pouvait destituer. Telle
était la valeur politique du système ; quant à sa valeur judiciaire, elle variait fort selon les divers tribunaux dont il fournissait le personnel. La transmission des charges de judicature pouvant être facilement assurée du père au fils, il se forma
près des juridictions supérieures des familles de parlementaires, qui, de génération en génération, fournissaient des magistrats, et chez qui s'entretenaient des traditions de haute

1. Au xiv⋅ siècle, Petrus Jacobi, dans sa *Practica*, rub. 32, disait même :
« Sed audivi quod secundum jus canonicum et secundum statuta regia
Franciæ permittitur esculenta et poculenta quodammodo et quasi indis-
tincte recipere per judices ordinarios et delegatos, si eis offerantur a partibus,
et male. »

2. Pasquier, *Recherches de la France*, l. II, ch. vi, p. 60 : « D'une honnesteté
on fit une nécessité. Pour laquelle cause le dix-septième jour de may 1402
fust ordonné que les espices qui se donneroient pour avoir visité les procès
viendroient en taxe... Depuis les espices furent changées en argent, aimans
mieux les juges toucher deniers que des dragées ».

intégrité et même de science[1]. Mais, dans les tribunaux inférieurs, la vénalité fournissait un lit tranquille à l'incapacité et à l'ignorance.

Somme toute, les vices que le système produisit lui étaient propres ; les heureux résultats qu'il donna sur certains points étaient accidentels ; aucun esprit sensé ne pouvait manquer de le condamner. Ce ne sont pas seulement les penseurs, comme Montaigne et La Bruyère, qui l'ont flétri : les jurisconsultes et les magistrats, vraiment dignes de ce nom, n'étaient pas moins sévères. Loyseau, dans son *Traité des offices*, Lebret, dans son *Traité de la souveraineté*[2] *du roi*, en signalent tous les inconvénients. Les commissaires qui fournirent à Louis XIV des mémoires sur la réformation de la justice proposaient d'abolir les *épices*, de restreindre la portée de la vénalité et de l'hérédité[3]. Mais tout cela était entré dans les moelles de l'ancien régime. Non seulement le trésor royal tirait de là des ressources importantes ; mais, par une réforme, toute une classe de la société se serait sentie attaquée dans ce qu'elle considérait comme ses prérogatives et jusque dans ses fortunes privées. En effet, la valeur pécuniaire des offices, la finance qu'ils représentaient, formait une portion importante des patrimoines. Aussi la théorie des offices comprenait une autre partie, dans laquelle l'office était considéré au point de vue du droit privé, quant à la succession, au régime des biens entre époux, aux hypothèques[4]. Pour abolir un semblable régime, il fallait la Révolution.

1. La Roche-Flavin, *Treize livres*, l. VIII, ch. xxxvi.
2. L. II, ch. viii, p. 56.
3. *Bibliothèque Nationale, Manuscrits, Mélanges Clérambault*, n° 613, p. 418 : « Si Votre Majesté... pouvoit faire un fonds certain pour augmenter les gages de ces officiers et par ce moyen retrancher toutes les espices et profflets manuels, ce seroit la plus belle et la plus glorieuse action qui eust jamais esté faicte... estant asseuré que si tost que Votre Majesté ostera les proffits que les juges tirent des procès, il n'y aura plus de procès. » P. 428 : « Il seroit à propos que Votre Majesté exceptast du droit annuel tous les officiers principaux des compagnies souveraines et subalternes, comme présidens, lieutenans généraux, tant civils que criminels et ses procureurs. » P. 625 : « Le meilleur des expédients seroit d'oster entièrement la vénalité aux offices et et que le roy en disposast absolument vacation en arrivant en faveur de ceux qui auroient les qualités requises. »
4. Loyseau, *Des offices*, l. IV, ch. viii. *Répertoire* de Guyot, v[s] *Office* et *Propre.*

SECTION II

ABAISSEMENT PROGRESSIF DES JURIDICTIONS SEIGNEURIALES

———

Le développement des juridictions royales eut pour contre-partie l'abaissement et l'asservissement des justices seigneu-riales, ecclésiastiques et municipales. Pour les justices sei-gneuriales, les seules dont il sera question dans ce chapitre, la question doit être examinée à deux points de vue. Il faut montrer d'abord comment le principe sur lequel elles repo-saient changea en partie et comment leur organisation fut profondément transformée; il faudra étudier ensuite comment la royauté leur enleva en partie leurs justiciables et comment elle les soumit totalement au contrôle de ses propres juridic-tions.

§ 1er. — LES JUSTICES SEIGNEURIALES PERDANT LA FORME FÉODALE

Dans la société féodale, la justice, nous l'avons vu[1], était dominée par les principes propres de la féodalité, soit quant à la compétence, soit quant à la composition des cours judi-ciaires : sous l'action du pouvoir royal, plus encore sous celle du droit romain, ces principes devaient être écartés et par suite la compétence et l'organisation des juridictions seigneuriales devaient se modifier profondément.

I

Il y avait dans la société féodale deux sortes de justice, la *féodale* et la *seigneuriale*. La première, tout seigneur de fief l'avait sur ses vassaux et sur ses tenanciers, lorsqu'il s'agis-sait des litiges relatifs à la tenure[2]; elle dérivait, à l'origine, d'une convention. La seconde était un démembrement de la puissance publique devenue, comme fief, la propriété de cer-

1. Ci-dessus, p. 248 et suiv.
2. Ci-dessus, p. 249.

taines personnes; elle n'appartenait qu'au seigneur justicier sur les habitants de son territoire.

La justice simplement *féodale* était destinée à disparaître, et elle disparut sauf quelques vestiges. En effet, lorsque le droit romain eut reconstitué la notion véritable du droit de justice, attribut de l'État, la juridiction ne put être considérée que comme l'exercice même ou une concession de l'autorité publique : on ne put admettre qu'elle dérivât des conventions entre les particuliers[1]. La *justice féodale* fut restreinte dès le xiiie siècle en ce que le vassal ne fut plus d'une façon générale justiciable de son seigneur de fief pris en cette qualité : on ne maintenait cette compétence que dans le cas, devenu exceptionnel, d'un hommage lige[2]. Mais, en dehors de cette hypothèse, le seigneur foncier, pour le fief comme pour la censive, ne conserva juridiction et compétence que quant aux procès concernant la tenure. Dans cette mesure, la *justice féodale* se maintint assez longtemps sous le nom de *justice foncière*. A la fin du xive siècle, Bouteiller la présentait encore comme le droit commun[3], et, même au commencement du xvie siècle, le principe est encore proclamé[4]. Cependant, dès le xve siècle, il semble bien que dans le droit commun représenté par la coutume de Paris, la justice foncière s'était affaiblie ; elle n'entraînait plus aucun droit de juridiction, mais seulement le droit, pour le seigneur foncier, d'avoir un sergent pour faire exécuter, contre le vassal ou censitaire négligent, la saisie féodale ou censuelle, et de faire opérer ces saisies sur son ordre seul et sans autorité de justice[5]. C'est là le droit que constate

1. Bacquet, *Traité des droits de justice*, ch. iii, n° 14 : « De dire que concesso feudo censetur concessa jurisdictio, et que le droict de cens contient en soy subjection, recognoissance de supériorité et territoire, et que le territoire emporte jurisdiction : ce sont disputes et subtillitez de droit, qui ne sont receues au royaume de France, auquel tous droits de justice dependent du roy. »

2. Voyez le passage de Durantis, cité ci-dessus, p. 249, note 7.

3. *Somme rurale*, l. II, tit. XCI, p. 514 : « Si tost qu'un seigneur vient nouvellement à terre où il a justice haute, ou moyenne ou fonssière »; et les passages cités ci-dessus, pp. 250, 251.

4. Boerius, *Decisiones*, qu. 227 : *An vendito reditu certo cum jurisdictione censeatur territorium sibi venditum*, n° 12 : « Nec tale jus directi dominii importat aliquam jurisdictionem et si fuerit concessus census et reditus regulari debet solum ad cognoscendum inter præbentes census et reditus, ratione illorum et non contractuum aut excessuum. »

5. *Grand coutumier de France* (fin du xive), l. IV, ch. xi, p. 648 : « Justice

Du Moulin, et encore ajoute-t-il que le seigneur foncier fera mieux de s'adresser à là justice[1]. Dans le *Traité des droits de justice* de Bacquet, ce dernier attribut de la justice foncière est écarté[2], et désormais celle-ci peut être considérée comme une institution morte : elle subsistera localement dans quelques coutumes, mais ces applications isolées n'auront plus la valeur que de simples survivances. Sauf ces anomalies, il n'y a plus en France, dès la fin du XVI° siècle, que des justices royales et des justices seigneuriales, et ces dernières sont considérées comme une concession du pouvoir royal. La justice, en théorie, est ramenée à l'unité[3].

II

On a vu précédemment[4] comment les principes féodaux avaient dicté la composition des cours où se rendait la justice. La forme normale et ordinaire, c'était le seigneur siégeant en personne, et faisant rendre la justice sous sa présidence par ses vassaux, parfois par des tenanciers de condition roturière. Le seigneur pouvait déléguer à sa place son bailli ou son prévôt; mais celui-ci n'était alors que son représentant

foncière... peut avoir sergent pour exécuter sur son fons et siège d'une forme ou d'une table pour recevoir ses cens et peult avoir droit de chantellage ou rouage (*ce sont des droits sur la vente du vin*). Toutefois justice foncière de soy ne l'emporte pas. » P. 647 « : ... Il ne peut pas faire crier la maison pour cause de son cens non paié, mais requerir au haut justicier. »

1. Sur l'art. 42 de l'ancienne coutume de Paris, glose 1, nos 77, 78 : « Ulterius quæro utrum dominus possit sua propria authoritate hoc impedimentum facere vel jubere? Videtur quod sic... Hanc vocabant veteres Galli et usque hodie justitiam fondiariàm, gallice *justice foncière et exploit domanier*, ut pragmaticorum verbis utar... Dico dominum directum mero quidem jure consuetudinario et dominicali posse sola privata authoritate procedere, sed brevius, tutius et consultius est authoritate et mandato sui judicis, etiam fundiarii, vel alterius competentis, et per publicum executorem. »

2. Ch. III, nos 16 et 17.

3. Bacquet, *Traité des droits de justice*, ch. IV, nos 1 et 2 : « On tient en France pour maxime certaine, que le roy seul est fondé de droict commun, en toute justice, haute, moyenne et basse par tout son royaume... Partant plusieurs sont d'advis que aucun seigneur ne peut prétendre droict de justice, soit haute, moyenne ou basse en aucun fief, terre ou seigneurie située en France, sans titre particulier, concession ou permission du roy ou de ses prédécesseurs. »

4. Ci-dessus, p. 251.

Parfois, quand il n'y avait pas lieu au jugement par les pairs, le seigneur ou le bailli siégeait seul; mais c'était anciennement une forme exceptionnelle. Tout cela était destiné à disparaître, et les justices seigneuriales, en subsistant, devaient être organisées tout différemment et sur d'autres principes.

Ce qui disparut en premier lieu, ce fut le *jugement par les hommes*. Cette grande transformation qui s'accomplit progressivement du xiii° au xv° siècle, ne fut point l'œuvre de la législation, mais celle de la coutume. Aucune contrainte ne fut employée pour chasser les vassaux jugeurs des cours de justice; ils les désertèrent volontairement, spontanément, laissant la place aux juristes de profession. C'était un résultat fatal amené par une autre transformation.

L'ancienne procédure des cours féodales était tout orale, formaliste et brutale. Avec ses formules arrêtées d'avance pour chaque demande et pour chaque défense; avec ses modes de preuves par les *judicia Dei* et le duel judiciaire, elle n'exigeait, pour être appliquée, aucune science proprement dite. Elle était cependant étonnamment subtile et savante à sa manière; les *Assises de Jérusalem* montrent en particulier que les barons du moyen âge étaient aussi procéduriers que les patriciens de la Rome antique. Mais, l'étude qui était nécessaire pour posséder à fond ce système ne se faisait point dans les livres. C'était une science toute populaire, qui se transmettait oralement; les causeries des anciens et la pratique des audiences remplaçaient, pour cet enseignement, les universités. Les hommes de fief et les coutumiers, qui fournissaient les jugeurs, étaient naturellement et suffisamment instruits des règles qu'ils devaient appliquer dans leurs sentences. Mais, avec la renaissance des études de droit romain, et la régularisation scientifique qui en fut la conséquence, cette vieille procédure tendit peu à peu à s'altérer. Les hommes qui se livraient à l'étude du droit dans les universités en rapportaient la connaissance de la procédure romaine et canonique, savante et raisonnable. Comme c'étaient eux qui, dorénavant, figuraient au palais comme conseillers du prince, dans les tribunaux comme avocats ou baillis, fatalement ils devaient amener la substitution de la procédure savante à la procédure grossière. Cela se fit progressivement dans le cours des xiiie et xive siècles, en partie par l'action de la coutume, en partie par celle de la législation. Cette dernière contribua surtout à éliminer les modes de preuve anciens. Les *judicia Dei* par le feu et par l'eau furent interdits en 1215, au quatrième concile de Latran, par l'Église, qui, jusque-là, les admettait dans ses propres juridictions, et cette prohibition se fit recevoir devant les juridictions séculières [1]. Saint Louis, par une ordonnance célèbre, défendit le duel judiciaire devant les justices royales [2]. Sans doute, l'ordonnance de saint Louis ne s'appliquait pas aux juridictions des barons [3], et même le duel judiciaire sera réintroduit dans les procès criminels par Philippe le Bel, comme *ultimum subsidium*, et, dans cette mesure restreinte, il subsistera au cours des xive et xve siècles. Mais ce mode de preuve, âme de la procédure féodale, n'en avait pas moins reçu le coup mortel dès la seconde moitié du xiiie siècle. Ce qui remplaçait ces moyens réprouvés, c'était la preuve testimoniale par l'enquête, dans laquelle les témoins étaient interrogés en secret par un juge ou un commissaire et les témoignages soigneusement recueillis par écrit. Dans cette nouvelle procédure, les pièces écrites abondaient d'ailleurs. En même temps, la coutume s'imprégnait de droit romain. Pour appliquer ce droit et cette procédure, il fallait avoir étudié dans les livres et aux écoles. Les hommes de fief et les hommes coutumiers étaient incapables de faire fonctionner ce système. Voilà pourquoi ils disparurent des cours, où la justice ne fut plus rendue que par des jurisconsultes de profession, par l'officier du roi ou du seigneur, choisi dans cette classe, et appelant à son conseil les praticiens du siège, qui, eux aussi, étaient des juristes [4]. Déjà, au xiiie siècle, Beaumanoir distingue les cours en deux classes : celles où l'on juge

1. C. 3, X, *De purg. vulg.*, V, 35; *Grand coutumier de Normandie*, c. 76, p. 183. — Esmein, *Histoire de la procédure criminelle*, p. 46 et suiv., 324; Bigelow, *History of procedure in England*, p. 323 et suiv.

2. Sur la date de cet acte, voyez J. Tardif, dans la *Nouvelle Revue historique de droit*, XI (1887), p. 163 et suiv., et, quant au système qu'il introduit, Guilhiermoz, même *Revue*, XIII, p. 23 et suiv.

3. Beaumanoir, LXI, 15 : « Quant li rois Loïs les osta (les gages de bataille) de sa court, il ne les osta pas des cours à ses barons. »

4. Ci-dessus, p. 351.

par hommes et celles où l'on juge par bailli [1]. La transformation est donc commencée déjà; mais elle fut lente à s'accomplir. Au xiv⁰ siècle, bien des justices seigneuriales fonctionnent
encore d'après l'ancien type et les hommes de fief y sont en
pleine activité judiciaire [2]. A la fin de ce siècle, Bouteiller
constate, comme Beaumanoir cent ans plus tôt, l'existence
des deux classes de juridictions [3]. C'est seulement dans le
cours du xv⁰ siècle que le mouvement s'accentue. Au xvi⁰,
l'ancien type est une anomalie, et l'on dira justement que dorénavant le roi seul a des pairs [4].

Arrivée là, la justice seigneuriale subit une autre modification. Le seigneur, anciennement, pouvait tenir lui-même sa
cour, ou la faire tenir par un officier, bailli ou lieutenant, et
cela sans distinguer s'il jugeait par hommes ou sans hommes [5].
La jurisprudence du xvi⁰ siècle lui enleva ce droit. Il fut
obligé de nommer un juge pour rendre la justice en son nom,
et il lui fut interdit de prendre part aux actes de sa propre
justice [6]. Cela s'expliquait par la conception nouvelle des justices seigneuriales, qu'amena avec lui le développement du
pouvoir royal : elles étaient considérée comme une délégation
particulière de la justice royale. Le roi laissait aux seigneurs
la juridiction à titre patrimonial, avec les profits qu'elle entraînait, mais il pouvait et devait assurer, qu'entre leurs mains,

---

1. Beaumanoir, ch. ı, n° 3 : « Il y a aucuns liex là u lon fet les jugemens
par le bailli et autre lieu là u il homme qui sont homme de fief font les jugemens. » Cf. n° 14.

2. Johannes Faber, *Ad instituta, de nullit. testam.*, p. 99 : « Milites nostri
temporis... non continue stant in castris, sicu antiquitus, imo vadunt ad assisias
et litigia... maxime in Normania et Pictavia ubi sunt ut plurimum advocati. »

3. *Somme rurale*, 1, tit. III, p. 13.

4. Carondas, sur Bouteiller, p. 488 : « L'auteur recite deux conditions aus-
quelles le vassal est suject. La première d'assister aux plaids que son seigneur faict tenir, qu'on appelle en plusieurs coustumes estre des hommes
jugeans, pairs et hommes féodaux ou de fief, ce que les seigneurs faisoient
anciennement bien observer et sur amende ; mais à présent n'est en usage
si fréquent, sinon qu'en assises si le seigneur feod' : a le droit de les tenir. »
— Danty, *Traité de la preuve par témoins*, édit. Lyon, 1708, I, p. 345 : « N'y
ayant plus de seigneurs de fief en France qui aient des pairs, si ce n'est le roi. »

5. Cela est pleinement admis par Bouteiller, *Somme rurale*, ı, tit. III, p. 13.

6. Guy Coquille, *Histoire de Nivernois*, I, p. 325 : « D'ancienneté, les seigneurs
ayans droit de justice exerçoient eux-mesmes la justice... mais depuis a esté
ordonné et est ainsi observé que les seigneurs justiciers doivent establir des
juges sans eux-mesmes exercer : imo, il leur est défendu d'assister à l'expédition des causes. » — Loyseau, *Traité des offices*, l. V, ch. ı, n° 43.

la justice serait bien administrée. Pour cela. il en défendait
l'exercice aux seigneurs eux-mêmes, chez qui probablement
n'existait point le savoir nécessaire au juge, et leur ordonnait
d'instituer un juge de profession. Ce qui montre que telle fut
bien l'idée, c'est que l'ordonnance d'Orléans prescrivit aux
seigneurs de donner à leurs juges des gages suffisants ; elle
décidait, en même temps, que ceux-ci, avant d'entrer en fonctions, devaient subir un examen devant les juges royaux du
plus prochain bailliage[1]. Cette sage prescription était parfaitement logique[2]. Elle fut souvent renouvelée dans les temps
postérieurs ; mais elle ne paraît pas avoir été sérieusement
appliquée[3]. Les justices seigneuriales, surtout les moins importantes, étaient le plus souvent pourvues d'officiers incapables, les seigneurs faisant pour elles le moins de dépenses
qu'il était possible[4]. Ce fut de bonne heure une question agitée, que de savoir si les seigneurs pouvaient à volonté révoquer les juges qu'ils avaient nommés. L'opinion qui triompha,
et qui avait été consacrée par l'ordonnance de Roussillon, c'est
qu'ils avaient ce droit, à moins qu'ils n'eussent pris une finance
du juge pour l'instituer, ou que cette nomination ne fût le
prix de services antérieurs[5] ; c'est, comme je l'ai dit, une
preuve que l'inamovibilité des juges procédait seulement de la
vénalité des charges. Lorsque le juge avait acheté sa charge
au seigneur, il pouvait la résigner à prix d'argent ; mais
jamais ces offices ne devinrent héréditaires ; la Paulette ne
s'appliquait qu'aux offices royaux. Les seigneurs avaient aussi
des procureurs fiscaux dans leurs justices ; ils remplissaient

1. Art. 55.
2. Loyseau aurait même voulu que les juges, des seigneurs fussent bien
nommés, c'est-à-dire choisis par ceux-ci, mais investis par le roi. *Traité des
offices*, l. V, nos 30-35.
3. Lange, *Pratique*, 1, p. 24 : « Mais cette ordonnance n'est point exécutée ;
au contraire quand les officiers royaux ont voulu assujettir les seigneurs à
faire examiner et recevoir leurs officiers pardevant eux, leurs entreprises ont
toujours été réprimées. » — Brodeau, sur Louet, lettre O, no 4.
4. Loyseau, *Traité des justices de village*. Déjà, au xive siècle, Petrus Jacobi,
dans sa *Practica*, rub. 32, s'exprimait ainsi : « Baro vel alter cujus sunt
emolumenta curiæ, non curat de amore justitiæ, sed quærit quantum valent
emolumenta deductis impensis. »
5. Boerius, *Decisiones*, qu. 227 ; Loyseau, *Traité des offices*, l. V, ch. iv ;
Lange, 1, *Pratique*, p. 19 ; Laplace, *Introduction aux droits seigneuriaux*, 1749,
p. 247 et suiv. ; ordonnance de Roussillon, art. 27.

les mêmes fonctions que les procureurs du roi près des justices royales, quand il s'agissait de requérir dans l'intérêt public, et plaidaient au nom du seigneur, quand l'intérêt particulier de celui-ci était en jeu[1].

§ 2. — LUTTE DES JURIDICTIONS ROYALES CONTRE LES JUSTICES SEIGNEURIALES

La royauté s'attaqua de bonne heure, dès le xiiie siècle, aux juridictions seigneuriales éparses dans le domaine de la couronne. Son effort porta sur deux points : en partie, elle s'efforça de ramener devant ses propres juridictions les causes dont connaissaient les justices seigneuriales; dans tous les cas elle voulut soumettre les secondes au contrôle des premières. Au commencement du xvie siècle, elle avait obtenu un plein succès. Les instruments dont elle s'était servie dans cette lutte étaient ses officiers judiciaires, prévôts, baillis, procureurs du roi : les moyens employés avaient été des armes purement juridiques, des théories de droit ingénieuses tirées du droit romain par les légistes, ou construites par eux en s'inspirant de son esprit. Je vais indiquer les principales.

1

La théorie des *cas royaux*[1] fut la plus hardie. On entendit en effet par cas royal une cause civile ou criminelle dont seule pouvait connaître la juridiction royale, alors même que le défendeur, d'après son domicile et selon les principes généraux de la compétence, était le justiciable d'un seigneur. Le droit romain ne fournissait ici aucun point d'attache[2]; les jurisconsultes royaux invoquèrent successivement deux idées, très dif-

1. Loyseau, *Des seigneuries*, ch. x, nos 71-73.
2. Esmein, *Histoire de la procédure criminelle*, p. 22 et suiv. — *Stylus curiæ parlamenti*, ch. xxix. — Bouteiller, *Somme rurale*, I, tit. LI, p. 350; II, I p. 647 et suiv. — *Grand Coutumier de France*, I, ch. iii, p. 90 et suiv. — Loyseau, *Des seigneuries*, ch. xiv.
3. Aussi certains légistes contestaient-ils, au nom du droit romain, la théorie des cas royaux, par exemple Petrus Jacobi, *Practica*, rub. 96, *De cond. ex lege*. Voyez d'ailleurs le curieux et pittoresque tableau qu'il fait, dans ce passage, des entreprises des officiers royaux sur la juridiction des seigneurs.

férentes. Ils s'attachèrent d'abord au droit royal strictement entendu, c'est-à-dire au droit personnel du roi, et ils classèrent parmi les cas royaux les actes qui s'attaquaient à la personne même du roi, comme le crime de lèse-majesté, ou ceux qui portaient atteinte à ses droits pécuniaires et domaniaux, comme le crime de fausse monnaie. Il y rangèrent aussi les attentats commis sur les grandes routes, parce que celles-ci étaient royales, et les délits que la législation royale avait réprimés pour la première fois et par mesure générale[1]. Mais une seconde idée, plus élevée et plus féconde, se fit jour de bonne heure : on fit du roi le représentant et le gardien de la paix publique et par suite on réserva à ses juridictions la connaissance de tous les faits qui portaient gravement atteinte à cette paix. Dès le XIIIᵉ siècle, on réservait pour cette raison aux justices royales la connaissance des actions possessoires, données à raison des troubles ou dépossessions violentes[2] ; et cette idée aboutit dans la suite, mais seulement dans le cours du XVIᵉ siècle, à faire considérer comme cas royaux tous les crimes et délits ayant une véritable gravité[3]. D'ailleurs, les officiers royaux se gardaient bien, dans les temps anciens, de donner une définition précise des cas royaux, ou même de dégager les idées directrices qui permettaient de les distinguer. Ils parlaient vaguement de tout ce qui rentrait « dans le droit royal »[4]. La royauté elle-même, lorsqu'elle était sollicitée par les seigneurs de donner des explications sur ce point, restait dans le même vague[5]. Cela permettait aux baillis indéfiniment de

1. Guy Coquille, *Histoire de Nivernois*, I, p. 509 : « Par subtilités de raisons ils ont fait plusieurs cas royaux, qui de soy sont de jurisdiction ordinaire, comme de délits commis en assemblée d'hommes en armes, par prétexte qu'au roy seul appartient de permettre de s'assembler en armes (Cf. *Stylus parlamenti*, ch. XXIX, § 1); délicts commis sur les grands chemins, par prétexte qu'on les appelle chemins royaux ; des usures et sermens vilains qu'on appelle blasphèmes par prétexte que les roys par leurs ordonnances en ont fait les deffenses et estably les peines. »

2 Pierre de Fontaines, *Conseil*, XXXII, 1 ; « Contre droit vuelent tollir et tollent baillif et prevost as nobles hommes de nostre païs le plet de dessaisine et de force fete en possessions de lors frans homes. »

3. Voyez la liste donnée par Muyart de Vouglans, *Institutes au droit criminel*, Iʳᵉ part., ch. IV.

4. *Grand Coutumier de France*, p. 92 : « Tous cas dont la cognoissance appartient au roy nostre sire, soit à cause de souveraineté, ressort, ou droit royal. »

5. Lettres de Louis X aux nobles de Champagne (*Ord.*, I, 600) : « Nous

nouvelles entreprises; en cas de résistance, on allait devant le parlement, et le plus souvent la résistance était inutile[1]. Lorsque le pouvoir législatif du roi fut pleinement développé, les ordonnances maintes fois statuèrent sur les cas royaux : mais jamais elles n'en donnèrent une énumération limitative; la liste se terminait toujours par cette clause « et tous autres cas appartenant au droit royal ». Cette clause était tellement traditionnelle qu'on l'inséra encore dans l'ordonnance criminelle de 1670, bien qu'alors elle fût devenue pleinement inutile[2].

Les cas royaux comprenaient des causes civiles et des causes criminelles, surtout des dernières. La connaissance en fut enlevée non seulement aux justices seigneuriales, mais encore aux prévôts royaux : elles devaient venir en première instance devant les baillis et sénéchaux.

II

Une autre théorie non moins profitable aux justices royales fut celle de la prévention. Elle se rattachait au fondement du droit de justice. Partant de cette idée, que toute justice émanait du roi, qui en était la source unique, les légistes en tirèrent la conséquence suivante : ils admirent que la compétence appartenait dans sa plénitude aux juridictions royales. Elles pouvaient, en principe, connaître de toutes causes à l'égard de toutes personnes; seulement, dans la mesure où le roi avait concédé aux seigneurs la justice à titre patrimonial, et pour ne pas faire concurrence à celle-ci, la juridiction des juges royaux sommeillait et n'existait que virtuellement. Mais si les seigneurs étaient négligents dans l'administration de la justice,

---

eussent requis que les cas nous leur voulsissions éclaircir ; nous les avons éclairci en cette manière, c'est assavoir : que la royale majesté est entendue ès cas qui de droit, ou de ancienne coustume, puent et doient appartenir à souverain prince et à nul autre. »

1. Petrus Jacobi, *Practica*, rub. 35, n° 5 : « In multis aliis detrahitur jurisdictioni aliorum per regales seu curiales, et si quis teneret palam in manu, ut ita loquar, non posset se defendere ab eis ; nec ralus est ibi inquirendus neque portica; quia etiam si justet licite de jure posset eis resisti..., non consulo eis resisti, quia statim sunt indignati, et arrestant, capiunt, multant, et ad manum suam totam jurisdictionem ponunt. »

2. Esmein, *Histoire de la procédure criminelle*, p. 212.

la compétence des juges royaux se réveillait en quelque sorte, et rentrait en activité; ils redevenaient compétents pour juger les justiciables des seigneurs[1]. Pratiquement, cela conduisit à à déclarer, que si, *par prévention*, le juge royal était saisi de l'affaire avant la justice seigneuriale compétente, cela faisait présumer la négligence chez celle-ci, et par suite il restait saisi et jugeait valablement[2]. Cependant, la théorie ne se fit pas recevoir sans restriction; elle eût abouti à la dépossession pure et simple des juridictions seigneuriales. On admit en principe que, devant le juge royal saisi par prévention, le renvoi de l'affaire à la justice seigneuriale pourrait être demandé soit par le défendeur, soit par le seigneur justicier, et qu'il devrait alors être accordé[3]. Mais, dans certains cas, la prévention était absolue, le renvoi n'était pas admis; par cela seul que la juriridiction royale avait été saisie la première, elle restait saisie. Il s'agissait alors de certaines causes analogues aux cas royaux, pour lesquels la royauté réclamait, non la compétence exclusive, mais la juridiction en concurrence avec la justice seigneuriale[4]. Dans certaines coutumes[5] cette prévention absolue fut même reconnue aux juges royaux en toutes

---

1. Johannes Faber, *Ad insitula de alil. tut.*, p. 42 : « Dic, cum seneschallus sit judex superior in terra baronis in casibus vice ressortii tantum et sic *non potest exercere jurisdictionis actum nisi in defectu ipsius*, ad instar archiepiscopi qui est superior episcopi, et tamen non potest exercere jurisdictionem in diœcesi episcopi, nisi in casibus. »

2. Loyseau, *Des seigneuries*, ch. xiii, nos 5 et suiv.

3. Loyseau, *Des seigneuries*, ch. xiii, no 34 : « Les juges royaux ont si bien maintenu leur possession de cette prévention imparfaite, qu'elle est tournée en droict commun et usage ordinaire presque par toute la France; de sorte qu'on tient encore maintenant, plustost par routine que par raison, que le juge royal supérieur est compétent, jusqu'à ce que le renvoy soit demandé; lequel renvoy est lors octroyé sans despens, mesme on tient qu'il doit estre demandé par le seigneur et non par son justiciable, si ce n'est en païs de droict escrit. »

4. *Ancien Coutumier d'Artois*, tit. IX, § 1er : « Li roi a la connoissance de douaires, d'aumones et vivres (legs) toutes les fois que on s'en trait à lui et en plaide ou en ses prévotés... et en tous ces cas ne puet li baron ravoir sa court. » — Boutciller, *Somme rurale*, I, 51, p. 350. — Il semble d'après le premier texte et d'autres semblables, que dans certains lieux les actions possessoires, constituaient un cas de prévention absolue et non un cas royal; mais cf. *Stylus parlamenti*, ch. xxix, § 4.

5. Loyseau, *Des seigneuries*, ch. xiii, no 30 : « L'une absolue et sans renvoy qui n'est passée qu'en trois ou quatre coustumes du costé de Picardie, au plus. »

matières ; mais ce fut la prévention relative, à charge de renvoi, qui forma le droit commun.

Par la théorie des cas royaux, et celle de la prévention, les
juridictions royales enlevèrent aux seigneurs bon nombre de
leurs justiciables : elles obtinrent le même résultat, par d'autres
moyens dont je ne ferai qu'indiquer les plus notables, parce
que les théories auxquelles ils se rattachaient, n'entrèrent pas
définitivement dans l'ancien droit français : ce furent des armes
que la royauté abandonna après la lutte finie et le triomphe
remporté. Ainsi, il était reçu, au xive siècle, que les justices du
roi connaissaient de tous les contrats constatés par des titres
revêtus du sceau royal[1], et même en certains lieux on avait
admis qu'elles connaissaient de toutes les lettres obligatoires
scellées dans le royaume[2]. Mais cela s'atténua peu à peu : on
exigea pour justifier la compétence des justices royales, que
le contractant se fût expressément soumis à leur coercition[3],
puis il fut admis que par lui-même le sceau apposé à un titre
n'était pas attributif de juridiction[4]. On trouve aussi anciennement
des citoyens qui acquéraient, à titre personnel, la
qualité de *bourgeois du roi*, et, qui, par là même, devenaient
ses justiciables[5]. Enfin les lettres royaux, dont je parlerai
bientôt, et qui jouaient un rôle si important dans l'administration
de la justice, étaient toujours adressées aux justices
royales, qui seules pouvaient les enregistrer ; parfois elles
attribuaient, par elles-mêmes, compétence à ces justices par
rapport à l'affaire pour laquelle elles étaient délivrées ; elles
leur fournissaient toujours un prétexte commode pour se saisir
du fond[6]. Mais, laissant de côté ces moyens, qui n'eurent

1. Bouteiller, *Somme rurale*, II, tit. I, p. 642 : « Item le roy a la cognoissance des lettres scellées du scel royal, circonstances et dépendances sans en faire renvoi aucun. »

2. *Li droit et lis coustumes de Champaignes et de Brie*, ch. lxv, p. 465.

3. *Le Grand Coutumier de France*, l. I, ch. iii, p. 93.

4. Loyseau, *Des seigneuries*, ch. xiv, nos 13-15.

5. Sur les bourgeoisies royales, voyez les ordonnances de 1287 et 1355 ; la coutume de Troyes, art. 2, et Pithou, sur cet article ; Brussel, *Usage des fiefs*, II, p. 920 et suiv.

6. Guy Coquille, *Histoire de Nivernois*, I, p. 508 : « Il est accoustumé de prendre lettres en chancellerie, qui sont adressées à juges royaux et jaçoit que par ce prétexte ils ne deussent connaître que du simple entérinement des lettres... néantmoins avec leurs longues mains, ils prennent la connoissance de tout ce qui s'ensuit. »

qu'une importance transitoire, j'arrive à une voie de droit, qui contribua plus que tout le reste à asservir les justices seigneuriales, je veux dire l'appel.

III

L'appel n'enleva pas aux justices seigneuriales leurs justiciables, mais il leur fit perdre un attribut plus important, la qualité de juridictions souveraines. La procédure des cours féodales, nous l'avons vu, ne connaissait pas l'appel proprement dit; elle ne comprenait, sous ce nom, que des voies de droit fort différentes[1]. Dans le cours du xII° siècle, il tendit à s'introduire dans les juridictions séculières de la France, sous l'influence grandissante du droit romain et du droit canonique. Le droit romain de l'Empire, celui que les légistes trouvaient dans la compilation de Justinien, contenait l'institution de l'appel, et le droit canonique, procédant du droit romain sur ce point, l'avait conservée dans les juridictions ecclésiastiques, et l'avait même développée, après la renaissance des études juridiques au xII° siècle. Cependant, l'appel de l'ancien droit français n'emprunta pas toutes ses règles au droit romain et au droit canonique : comme il était naturel, il se rattacha d'abord aux voies de recours de la procédure féodale, sur lesquelles il se greffa et qu'il transforma, mais auxquelles il prit aussi quelques-uns de leurs traits.

Bien que cette histoire soit encore obscure sur bien des points, on peut admettre que l'appel s'introduisit d'abord seulement, entre des justices du même ordre, dépendant d'un même souverain, et tenues par des baillis et non par des hommes : là, en effet se trouvait une hiérarchie de fonctionnaires, ce qui est une condition naturelle, pour le fonctionnement de l'appel, qui suit alors cette hiérarchie. C'est ainsi, que de bonne heure, dans le Midi, on trouve dans une même grande seigneurie, ou dans une même ville, des appels interjetés du juge inférieur au juge supérieur, du sous-viguier au viguier,

1. Sur l'introduction de l'appel dans les justices séculières, voir Marcel Fournier, *Essai sur l'histoire du droit d'appel*, p. 172 et suiv.; Esmein, *Histoire de la procédure criminelle*, p. 24 et suiv.

et de celui-ci au sénéchal[1]. De même, dans le domaine de la couronne, l'appel s'établit dans l'ordre des juridictions royales, du prévôt au bailli, et du bailli au parlement[2]. Mais il y eut certainement plus de difficulté pour introduire l'appel d'une juridiction seigneuriale à une juridiction royale. Il y avait déjà un précédent dans l'appel de défaute de droit, qui pouvait remonter au roi, lorsque le déni de justice émanait d'un seigneur qui était son vassal direct. En cas de mauvais jugement d'un seigneur, on introduisit l'appel par deux procédés. En premier lieu, quand il s'agissait de jugements rendus dans une justice relevant directement du roi, quant à la hiérarchie féodale, on maintint l'appel de faux jugement, mais on en changea la procédure : il fut porté comme précédemment devant le roi (c'est-à-dire devant sa cour) par une accusation de fausseté dirigée contre le juge; mais, au lieu de la vider par le duel judiciaire, on discutait en appel la question de savoir si le jugement avait été bien ou mal rendu[3]. Une autre idée paraît s'être introduite en même temps, à savoir qu'on pouvait déférer au roi, en dehors des règles du faussement de jugement, toute sentence d'une justice seigneuriale, qui violait une coutume; il s'agissait alors d'une voie imitée du droit romain impérial, sous le nom de supplication[4]. Mais, ce système, qui portait toujours devant la cour du roi l'appel intenté contre une justice seigneuriale, se modifia en deux sens.

1° L'appel, à quelque titre qu'il fût intenté, suivit toujours

1. Fournier, op. cit., p. 189 et suiv. Dans les *Petri exceptiones legum Romanarum*, on le trouve déjà. Édit. Savigny, l. IV, ch. i, p. 402.

2. Beaumanoir, LXI, 65 : « Il convient apeler de degré en degré .. si comme du prevost au bailli, du bailli au roi es cors la ù prevost et bailli jugent. »

3. Pierre de Fontaines rapporte les premiers exemples qu'il en vit, *Conseil*, XXII, 23, 24... Cependant Beaumanoir qui écrit après lui, ne paraît admettre cette forme de procéder que lorsque le jugement a été rendu par bailli et non pas par hommes; *Coutumes de Beauvoisis*, I, 14, 25.

4. Pierre de Fontaines, XXII, 33 : « Quant aucuns dit que l'en li a fait jugement contre la coustume du païs commune, bien afiert au roi qui les coustumes a a garder, qu'il oïe le recort du jugement, bien afiert a lui qu'il les face rencerlier et amender ce qui est fez encontre; mes, s'il ne trueve la costume brisiée, encore apèle le jugemenz mauvois par autre reison, ne s'en dolt li rois meller, puisqu'il ne fut faussez là li devolt ou tous convenable. » *Livre de Jostice et de Plet*, XX, 10, § 2; *Établissements de saint Louis*, II, 15.

l'ordre de la hiérarchie féodale. Ce fut ici l'appel de défaute de
droit et de faux jugement qui fournit les règles du ressort [1].
On ne put plus appeler directement au roi de toute justice seigneuriale, les seigneurs intermédiaires, quand il y en avait,
ayant revendiqué et obtenu le droit de recevoir l'appel des
seigneurs inférieurs [2]. On appela d'un seigneur justicier au
seigneur de qui sa justice était tenue en fief, de celui-ci à un
autre, s'il y avait lieu, et ainsi de suite jusqu'à ce que la hiérarchie féodale fût épuisée et qu'on se trouvât en face du roi :
c'est alors seulement que l'appel put être porté à la juridiction
royale [3]. Le principe, qui resta, c'est que l'appel monta de degré en degré et ne put être interjeté *omisso medio*.

2° Lorsque l'appel fut interjeté d'une justice seigneuriale à
la juridiction royale, il ne fut plus porté directement à la cour
du roi, mais devant le bailli ou sénéchal; et c'est seulement
de la sentence rendue par ce dernier que l'on put interjeter
appel au parlement. Cette règle apparaît déjà, mais non absolue, au xiiie siècle [4]. Elle est complètement établie au xive [5].
Certaines juridictions seigneuriales, à raison de leur dignité,
continuèrent cependant à relever directement du parlement :
les principales sont celles des pairs de France.

L'appel avait emprunté les règles du ressort aux voies de
recours féodales; il leur prit bien d'autres traits, qu'il garda
plus ou moins longtemps. Ainsi, tandis que, d'après le droit
canonique, tout acte du juge faisant grief à l'une des parties,
pouvait donner lieu à un appel, dans certaines régions l'appel ne fut d'abord admis que pour faux jugement et défaute de
droit [6]. Comme dans l'ancien appel de faux jugement, le résul-

---

1. Beaumanoir, LXI, 65.

2. Voyez, par exemple, les réclamations du duc d'Aquitaine. Langlois, *Textes*,
p. 190. — Pour le duc de Bretagne, *Stylus parlamenti*, ch. xxiii, § 1.

3. Beaumanoir, II, 30 : « Et aussi en la cort laie sont li apel de degré en degré, du souget as segneurs, et de segneurs en segneur dusques au roi en cas
qui ne sont demené par gages de bataille. » Voyez les textes que j'ai cités,
dans mon *Histoire de la procédure criminelle*, p. 30.

4. *Livre de Jostice et de Plet*, I, 19, § 3. « L'on puet apeler de duc, de conte
au bailif, s'il fet tort, au petiz afères. »

5. Voyez le passage de Johannes Faber, cité plus haut, p. 413, note 1.

6. C'est la prétention formulée au nom du duc de Guyenne, au xiiie siècle,
quant aux appels relevés de ses juridictions au parlement; Langlois, *Textes*,
p. 148 et 188. Voici la réponse faite au nom du roi de France en 1310 : « En

tat de l'appel intenté fut seulement de maintenir ou d'infirmer le jugement attaqué. Le juge d'appel déclarait simplement « bien jugé, mal appelé », ou au contraire « mal jugé, bien appelé », mais, dans ce dernier cas, il ne connaissait pas en principe du fond de l'affaire pour substituer une nouvelle sentence à l'ancienne : il renvoyait à un juge de même ordre que celui dont la sentence était infirmée pour qu'il fût statué à nouveau [1] Ce n'est que progressivement que s'introduisit la règle par laquelle le juge d'appel gardait la connaissance du fond [2]. L'appel, comme les anciens recours féodaux, était dirigé contre le juge et non contre la partie; celle-ci était seulement ajournée accessoirement, intimée de comparaître [3]. C'était encore le droit en vigueur au xvi° siècle [4]; et ce n'est qu'au xvii° siècle, que le juge dont la sentence était frappée d'appel, fut mis hors de cause [5].

Le système d'appel qui s'était ainsi établi en France, en combinant des éléments hétérogènes, présentait un vice des plus graves. Les degrés d'appel étaient multipliés à l'excès, différant d'ailleurs en nombre, selon le tribunal qui avait statué en première instance. Si l'affaire avait commencé dans une justice seigneuriale, il pouvait se faire qu'on trouvât encore au-dessus d'elle un ou deux seigneurs devant lesquels on pouvait successivement interjeter appel : du dernier, on pouvait appeler au bailli, de là, au parlement. Rien ne limitait cette faculté d'appel : il n'y avait pas en principe de taux, auquel la possibilité de l'appel fut subordonnée et l'on n'avait pas non plus reçu en France une règle restrictive du droit

la tere qui se governe par costume, l'en n'apelera que de défaute de droit et de faus jugement *ou de tel grief excès qui soit hors de tote justice.* » Pour les appels des grands jours de Bretagne, voyez les textes cités ci-dessus, p. 375, note 1.

1. Imbert, *Pratique*, l. II, ch. vii, n° 4, p. 542.

2. Pothier, *Traité de la procédure civile*, n° 374.

3. Bouteiller, *Somme rurale*, I, tit. III, p. 14 : « De juge royal ne faut autre ajourner que luy qui a donné la sentence... et intimer partie appelée, si c'est en païs coustumier; et si c'est en païs de droict escrit, il conviendroit ajourner la partie appelée et intimer le juge. »

4. Lizet, *Pratique judiciaire*, l. II, tit. VII : « Fera intimer la partie qui a obtenu jugement à son proflt et adjourner le prevost ou chatelain royal ou le seigneur subalterne qui doit respondre du fait de son juge par devant le juge de la cour d'appel. »

5. Pothier, *Traité de la procédure civile*, n°· 352, 353.

canonique, d'après laquelle on ne pouvait pas interjeter plus
de deux appels dans une seule et même cause[1]. Par là, les procès pouvaient être prolongés presque indéfiniment par une partie obstinée : ils s'éternisaient, entraînant des frais énormes
pour des intérêts parfois peu considérables[2]. Le mal fut senti
et la création des parlements de province vint y apporter
un certain remède. La véritable réforme eût consisté à enlever tout droit de ressort aux juridictions seigneuriales, à porter tout appel directement devant le juge royal[3]. Mais on n'osa
pas aller jusque-là. Les seigneurs perdirent le droit de recevoir
les appels en matière criminelle[4], mais ils le conservèrent en
matière civile : quelques mesures furent prises seulement pour
empêcher la formation de plusieurs degrés d'appel dans une
même seigneurie[5].

Par l'institution de l'appel, les justices seigneuriales étaient
devenues les subalternes des justices royales; elles avaient,
d'autre part, perdu, par les autres moyens indiqués plus haut,
nombre de leurs justiciables, si bien que Guy Coquille, au
xvie siècle, les appelait des « corps sans âme et sans sang ».
Elles étaient mal tenues et encombrantes. Avec le développement du pouvoir royal, il eût été logique et utile de les supprimer toutes. Que cette suppression fût possible en droit,

1. Voyez l'exemple cité par Imbert, l. II, ch. III, nos 1, 8, il ajoute : « Dont
s'ensuit qu'on peut appeler quatre fois en une cause, combien que de droict
commun (droit romain) il ne fust loisible qu'appeler par devant deux juges
et de la sentence du tiers juge on ne peut appeler, qu'on garde encore en
cour d'Église, comme tout le parsus du droict canonique. »

2. Imbert, *Pratique*, l. II, ch. III, no 9. — Édit portant création du parlement de Provence (Isambert, *Anc. lois*, XI, 422) : « Obvier aux grands longueurs, subterfuges et délais de parties plaidoyans, lesquels pourroient appeler des sentences qui sont données par les juges inférieurs jusque à quatre,
cinq ou six fois, devant que de venir à la diffinitive, tellement que les procez estoient et sont comme immortels. »

3. Imbert, *Pratique*, p. 883. « Pour ce le roy et monseigneur le chancelier
devroient pourvoir et supprimer et oster si grand nombre de degrez de juris-
dictions. Et quand il y auroit deux degrez de subalternes et inférieures il
suffiroit : savoir un juge en chacune chatellenie, duquel on appelleroit droic-
tement et sans moyen devant le juge présidial, duquel les appellations res-
sortissent nuement en cour de parlement.

4. Esmein, *Histoire de la procédure criminelle*, p. 163.

5. Loyseau, *Des seigneuries*, ch. IV, nos 55 et suiv.; ch. VIII, nos 75 et suiv.
Ordonnance de Roussillon, art. 21.

personne n'en doutait, à partir du xvii° siècle [1], et beaucoup
la proposaient, non des esprits aventureux, mais des praticiens et des jurisconsultes [2]. C'était, en particulier, le conseil
que donnaient à Louis XIV les commissaires qui préparaient l'ordonnance de 1667 [3]. Mais la royauté n'osa pas réaliser cette réforme profonde; ici encore, pour déraciner ces
vieilles institutions, il fallait la Révolution. Tout ce qu'on fit,
ce fut de supprimer par voie de rachat les juridictions des seigneuries ecclésiastiques dans quelques grandes villes. Pour
Paris, ce rachat, décidé en 1539, fut réalisé en 1674 [4]. Le principe se fit aussi recevoir de bonne heure, que le seigneur
justicier pouvait, par sentence de la juridiction royale, être déclaré déchu et privé de son droit de justice, lorsqu'il ne faisait pas rendre droit à ses sujets ou qu'il les maltraitait [5].

SECTION III

LA JUSTICE RETENUE

D'après la théorie qu'avaient élaborée les légistes, la royauté
était la source de toute justice; le pouvoir judiciaire résidait
tout entier dans le roi. Mais le roi, nous l'avons vu, avait
cessé de bonne heure de rendre la justice en personne, il avait,
à cet égard, délégué son droit et son pouvoir à des magistrats;
c'est même pour cela que Montesquieu appelait la monarchie

---

1. Loyseau, *Des seigneuries*, ch. viii, n° 80 : « Le roy peut par droicte justice
et puissance réglée, abolir toutes ces justices érigées sans sa permission, de
quelque laps de temps que ce soit. »

2. Imbert, *Pratique*, p. 503 : « Supprimer tous les juges et juridictions des
autres seigneurs non estans seigneurs chastelains. Car la chose publique en
est grandement intéressée et les pauvres subjects grandement vexez... Et ne
faut avoir esgard à la diminution des émolumens, juridictions des seigneurs
inférieurs par dessous le roy, car l'exercice leur en couste presque autant que
l'émolument. Et aussi ne faut préférer le bien privé au publique.

3. Esmein, *Histoire de la procédure criminelle*, p. 184, 214.

4. Tanon, *Histoire des justices des anciennes églises de Paris*, p. 121 et suiv.

5. Guy Pape, *Decis.*, 62; Boerius, *Decis.*, 304, n°s 4, 5; Bacquet, *Des droits
de justice*, ch. xviii, n° 2 et suiv.

française, une monarchie tempérée[1]. Mais cette délégation était loin d'être parfaite; sans changer par une loi l'organisation judiciaire ni les règles de fond, le roi intervenait souvent, par des actes individuels, dans l'administration de la justice, soit pour troubler ou intervertir l'ordre des juridictions, soit pour arrêter ou pour régler le cours de la justice, substituant sa volonté dans un cas donné aux effets de la loi ou à l'action des tribunaux. Ces pratiques aboutissaient cependant à certaines catégories d'actes, ayant leur forme ou leurs règles propres, et par là l'arbitraire se limitait dans une certaine mesure. On justifiait, d'ailleurs, en théorie ces interventions. On disait que le roi, en déléguant l'exercice de la justice, n'en avait point aliéné la propriété; il l'avait retenue, au contraire, et pouvait l'exercer lui-même, quand bon lui semblait, en écartant ses délégués ordinaires : c'est ce qu'on appelait la *justice retenue*. Voyons les principaux actes par lesquels elle se manifestait.

I

Celui qui était le plus simple, c'était l'*évocation* devant le conseil du roi[2]. Au lieu de laisser trancher un litige par la juridiction compétente, le roi l'évoquait devant lui pour la faire trancher par son conseil, dont il sera parlé plus loin. L'évocation pouvait avoir lieu même alors que la cour de justice compétente avait été déjà saisie. Cette pratique apparaît dès le xive siècle; malgré les protestations des parlements[3], elle se maintint jusqu'à la fin de l'ancien régime.

Les *jugements par commissaires* constituaient un acte plus arbitraire encore, quoique respectant mieux en apparence les formes de la justice. En effet, le roi, par une commission extraordinaire, donnait à une ou plusieurs personnes le droit de trancher souverainement une affaire déterminée. Les commis-

---

1. *Esprit des lois*, l. XI, ch. vi : « Dans la plupart des royaumes de l'Europe le gouvernement est modéré, parce que le prince qui a les deux premiers pouvoirs (législatif et exécutif) laisse à ses sujets l'exercice du troisième (judiciaire).

2. Voyez les formules de lettres d'évocation dans le *Nouveau stile de la chancellerie de France*, 1622, 1re partie, p. 76.

3. Noël Valois, *Inventaire*, p. xxvii et suiv.

saires n'avaient que les pouvoirs que leur conféraient les lettres
du roi et ces pouvoirs étaient épuisés et cessaient lorsqu'ils
avaient rendu leur sentence[1]. C'était, en réalité, un tribunal
d'occasion, constitué en vue d'une affaire spéciale et dessaisis-
sant de la connaissance de cette affaire les tribunaux ordinaires.
De vives réclamations s'élevèrent contre cette pratique, surtout
de la part des États généraux, et, en 1579, par l'ordonnance de
Blois, art. 98, le roi révoqua toutes les lettres de commissions
extraordinaires qu'il avait accordées et promit de ne plus en
accorder à l'avenir. Mais on entendit cette promesse en ce sens
qu'elle ne concernait que les affaires d'intérêt privé et non les
causes où l'intérêt public était engagé[2]. Presque tous les procès politiques dans l'ancienne France, du xvi⁰ au xviii⁰ siècle,
ont été jugés par commissaires.

Les lettres de *committimus*[3] contenaient une interversion,
plus régularisée, de l'ordre des juridictions. C'était une grâce
par laquelle le roi accordait à certaines personnes, à titre permanent, le droit d'attirer tous les procès qui les concernaient
devant certaines juridictions, qui constituaient par là même
des juridictions privilégiées et qui étaient les Requêtes du
palais et les Requêtes de l'hôtel[4].

Une autre application de la justice retenue, tout aussi arbitraire dans son principe, aboutit à une institution utile et qui
devait, en se transformant, passer dans le droit moderne. Les
arrêts rendus en dernier ressort par des cours souveraines
étaient, de leur nature, inattaquables, tous les degrés de juridiction étant alors épuisés. Mais le roi, en qui résidait toute justice, pouvait cependant les casser; il pouvait écarter, supprimer

---

1. Lebret, *De la souveraineté*, l. II, ch. 1, p. 410 : « C'est un droit de la souveraineté qui prend sa source de celui qui donne le pouvoir aux rois d'instituer
tels officiers que bon leur semble... Il est nécessaire qu'elles (les commissions)
contiennent tout le pouvoir que le roi donne aux commissaires... Celle-là
(qui n'est que pour un temps et pour l'expédition de certaines affaires) donne
aux commissaires un rang plus élevé que n'avoient les officiers dont ils exercent
les charges durant leur interdiction... toutefois, sitôt qu'ils ont accompli leur
commission ils deviennent personnes privées comme ils étaient auparavant. »

2. Lebret, *op. cit.*, p. 40.

3. Le nom venait des mots par lesquels elles commençaient.

4. La matière fut réglée en dernier lieu par l'ordonnance de 1669 sur les
évocations et *committimus*. Voyez les formules des lettres, *Nouveau stile de la
chancellerie*, I⁰ partie, p. 51 et suiv.

l'œuvre des juges, comme il aurait pu écarter de cette cause les juges eux-mêmes. Cela se fit dans l'ancien droit par deux procédures. L'une, la plus ancienne, fut la *proposition d'erreur*. Elle supposait dans la sentence une erreur de fait, et le plaideur à qui elle faisait grief adressait au conseil privé du roi une requête, avec les moyens et causes d'erreur. Le chancelier les faisait examiner par les maîtres des Requêtes de l'hôtel du roi qui déclaraient par un avis si les erreurs étaient ou non recevables. Si l'avis était favorable, l'affaire venait au conseil du roi, qui, après un rapport fait par un conseiller ou un maître des requêtes, rendait un arrêt. L'arrêt ayant admis les erreurs, il était délivré des lettres patentes adressées au parlement même qui avait rendu la sentence, lui mandant de la reviser[1]. La proposition d'erreur, comme je l'ai dit, ne pouvait être intentée que pour erreur de fait; mais il paraît bien qu'au xvi⁰ siècle elle s'intentait aussi irrégulièrement pour erreur de droit[2]. Au xvii⁰ siècle, cette voie de recours, considérée comme abusive, fut supprimée par l'ordonnance sur la procédure de 1667[3]. Mais entre temps s'était formé un recours analogue, un pourvoi en cassation des arrêts souverains intenté devant le conseil du roi pour violation des ordonnances ou coutumes[4]; et il persista, après l'abrogation des propositions d'erreur[5]. Le jugement de ces pourvois était même la fonction principale du conseil privé ou conseil des parties. Cela devint une voie de droit régulière, et non point une grâce proprement dite accordée par le roi. Cependant, bien que, dans le dernier état, le pourvoi pût être porté directement au conseil par une requête, il fallait tout d'abord qu'il fût déclaré admissible, avant d'être examiné au fond : c'étaient un certain nombre de commis-

---

1. Boyer, *Le stile du parlement*, p. 209 et suiv.; Imbert, *Pratique*, l. II, ch. xvi, n⁰ˢ 1-12; *Le Nouveau stile de la chancellerie de France*, Paris, 1622, l. I, p. 29 et suiv., 79 et suiv.

2. Imbert, *Pratique*, loc. cit., n. 6 : « N'est permis d'alléguer en proposition d'erreur autres erreurs que de faict et non de droict, combien que souvent on en allègue qui sont de droict. »

3. Tit. XXXV, art. 42. Lange, *Pratique*, I, p. 463.

4. Chénon, *Les origines du pourvoi en cassation*.

5. Lange, *Pratique*, I, p. 453 : « S'il y avoit contravention, visible, évidente et manifeste à la disposition de l'ordonnance ou d'une coutume on pourroit se pourvoir en cassation au conseil privé; et il y a exemple de quantité d'arrêts du conseil qui en ce cas ont cassé les arrêts des cours souveraines. »

saires choisis parmi les conseillers d'État qui faisaient cet examen préalable, ouvrant ou fermant au pourvoi la porte du
conseil [1].

Enfin les *règlements de juges*, c'est-à-dire les conflits qui
s'élevaient entre deux ou plusieurs juridictions, étaient aussi,
par application de la justice retenue, tranchés par le conseil
du roi, lorsqu'ils ne rentraient pas dans la compétence d'une
juridiction souveraine qui avait été elle-même détachée du
conseil du roi et qui s'appelait le *grand conseil* [2].

II

Les *lettres de grâce* et de *justice* se rattachaient à la justice
retenue : mais elles avaient des origines spéciales. Elles procédaient en partie du droit romain ; et elles faisaient alors
jouer au roi un rôle analogue à celui qu'avait rempli dans
certains cas l'empereur, et avant lui le préteur [3]. Elles procédaient aussi en partie du droit canonique, et par elles le roi
exerçait ce pouvoir très particulier que le droit canonique
reconnaissait au souverain, et qui s'appelait le droit de *dispen-
satio* [4] : c'était un acte du pouvoir législatif, par lequel une
personne déterminée était soustraite, dans un cas donné, à
l'application de la loi, sans que celle-ci fût abrogée et perdît
sa force générale [5].

Les lettres de grâce s'appliquaient en matière pénale. Elles

1. De Boislisle, *Mémoires de Saint-Simon*, IV, p 419 : Règlement de 1738, tit., IV,
art. 21 (Isambert, *Anc. lois*, XXII, 48).

2. Noël Valois, *Inventaire*, p. xlviii; règlement de 1738, tit. VI; Lange,
Pratique, I, 78.

3. Lebret, *De la souveraineté*, l. IV, ch. i, p. 129 : « On s'en sert (du sceau)
pour sceller les actes de justice, et principalement les restitutions et toutes
les affaires que le préteur romain expédioit *jure sui officii*. » *Le trésor du style
de la chancellerie* (1614, p. 1) appelle celle-ci, d'après Budée « l'oracle d'équité,
promptuaire des grâces de justice, mais aussi de la libéralité royale et du
droit prétorien; pour ce qu'en icelle sont octroyés les relèvemens que le préteur souloit anciennement donner. »

4. Lebret, *De la souveraineté*, l. II, ch. iii, p. 44 : « Il (le roi) peut faire grâce
et *dispenser des loix* et de leurs peines, ceux que bon lui semble. » — Loyseau,
Des seigneuries, ch. iii, n° 16 : « Sous ce droit de faire des loix, je comprends
à plus forte raison, les privilèges qui sont loix privées et particulières... j'y
comprends les dispenses de toutes sortes, soit en civil ou en criminel, pour ce
qu'il faut du moins autant de puissance pour délier que pour lier. »

5. Esmein, *Le mariage en droit canonique*, II, p. 316 et suiv.

venaient du droit romain; le droit de grâce avait appartenu à l'empereur, et, en suivant les textes qui le reconnaissaient, les juristes l'avaient transporté au roi[1]. Ils en avaient fait justement un droit régalien, appartenant au roi seul, déniant aux seigneurs le droit d'accorder grâce[2]. Mais ces lettres de grâce avaient une portée très grande : elles, répondaient à plusieurs institutions distinctes dans le droit moderne, ou maintenant disparues. Aujourd'hui, nous distinguons très nettement la grâce et l'amnistie. La première est un acte du pouvoir exécutif, qui fait remise en tout ou en partie d'une peine régulièrement prononcée : elle n'efface que la peine, laissant subsister la condamnation, et aussi, en principe, toutes les incapacités que celle-ci avait entraînées; c'est une mesure individuelle. L'amnistie, au contraire, efface rétroactivement jusqu'au délit lui-même : elle arrête les poursuites, comme elle fait tomber les procédures commencées et les condamnations prononcées : c'est une mesure qui n'est pas prise en faveur d'un individu déterminé, mais qui, dans un intérêt d'apaisement général, comprend toute une catégorie de délits accomplis dans des conditions identiques ou semblables ; chez nous, elle ne peut être accordée que par une loi. Mais ces idées très justes ont mis beaucoup de temps à se dégager, et, dans l'ancienne France, le roi, par les lettres de grâce, exerçait à la fois au profit des individus, le droit de grâce et le droit d'amnistie. Elles se divisaient en plusieurs classes[3]. Les lettres d'*abolition* et de *pardon* accordaient des amnisties individuelles, les premières pour les crimes qui entraînaient peine de mort, les secondes pour les crimes et délits moins graves[4]. Les *lettres de rémission* avaient une fonction toute spéciale : elles étaient accordées aux auteurs des homicides involontaires, ou accomplis en état de légitime défense. Cela venait de ce que l'ancien droit avait retenu une règle qu'on trouve dans beaucoup de vieux systèmes juridiques, et d'après laquelle

---

1. Johannes Faber, *Ad instituta*, XII, 1, p. 35 : « Ego credo quod hodie possint reges (restituere) quia non habent superiores sed alii non. »
2. Loyseau, *Des seigneuries*, ch. v, nº 42.
3. Esmein, *Histoire de la procédure criminelle*, p. 254 et suiv.
4. Les formules dans le *Nouveau stile de la chancellerie*, l. I, p. 94 et suiv.,

l'homicide est envisagé comme punissable à raison de sa maté-
rialité et sans tenir compte de l'intention de l'agent : les lettres
de rémission corrigeaient la rigueur inique de cette règle[1]. Les
lettres de *commutation de peine*, de *rappel de ban*, de *rappel
de galères*[2], contenaient des grâces partielles, ou la remise du
bannissement ; enfin, les *lettres de réhabilitation*, ou *pour ester
a droit*, effaçaient les incapacités produites par la peine principale[3]. Toutes ces lettres contenaient des grâces véritables,
que le roi pouvait toujours refuser, sauf celles de rémission,
qui étaient de style[4]. Mais elles étaient largement accordées
quand il s'agissait de personnes nobles ou puissantes, et, par
là, le roi arrêtait bien souvent le cours de la justice criminelle.
L'abus était connu de tous, et souvent les États généraux
l'avaient signalé dans leurs doléances. La royauté le reconnaissait elle-même, et, plus d'une fois, elle renonça dans des
ordonnances au droit de grâce pour les crimes les plus graves.
Mais ces textes restaient lettre morte. Cependant, les cours
n'étaient pas absolument dessaisies par les *lettres de grâce*.
Celles-ci devaient êtres enregistrées, entérinées par les juges
royaux, et ce n'était pas là une simple formalité extérieure.
Les cours devaient vérifier si les lettres répondaient bien aux
crimes commis ; si le fait visé dans les lettres n'était pas iden-
tiquement celui qui avait été accompli, les juges pouvaient
passer outre : la volonté du roi était inefficace, car elle ne s'appliquait pas au délit poursuivi.

Les *lettres de justice* s'appliquaient en matière civile, et
répondaient à une idée toute différente : elles servaient non
pas à arrêter, mais à diriger le cours de la justice.

Dans bien des cas, pour intenter une voie de recours contre

1. Bouteiller, *Somme rurale*, II, t. XL, p. 870 : « Coustumiers dient que crime
n'a point d'adventure, qu'il ne chée en peine de mort ou rémission de prince. »
Cf. Brunner, *Ueber absichtslose Missethat im altdeutschen Strafrechte*, p. 5 et suiv.

2. Les formules dans le *Nouveau stile de la chancellerie*, l. I, p. 101, 105,
et suiv.

3. Les formules dans le *Nouveau stile de la chancellerie*, l. V, p. 45, 116 et
suiv.

4. Loyseau, *Des seigneuries*, ch. xix, n° 51 : « J'appelle les lettres de grâce
celles qui dépendent de la pure grâce, libéralité ou bonté du prince et lesquelles il peut refuser sans violer le droict commun, comme les grâces
remissions. »

un jugement, pour attaquer un contrat entaché de quelque
vice, pour invoquer ce qu'on appelle en droit un *bénéfice*, c'est-
à-dire un tempérament apporté à quelque règle trop rigoureuse, il ne suffisait pas d'établir en justice qu'on se trouvait
dans les conditions voulues par la loi, il fallait préalablement
obtenir des lettres du roi, qui permettaient de le faire. Ainsi,
par exemple, cela était nécessaire pour intenter la voie de recours appelée la requête civile, pour attaquer un contrat entaché de dol ou contenant une lésion, pour accepter une succession sous bénéfice d'inventaire en pays coutumier ; c'était
aussi par des *lettres de répit* que le débiteur malheureux pouvait obtenir un délai ou terme de grâce [1]. Tous ces moyens subsistent dans le droit moderne, mais ils peuvent être portés directement devant les juges ; dans l'ancien droit, pour les
introduire, il fallait des *lettres de justice*. Cela s'explique historiquement. A l'origine, ces moyens, le plus souvent tirés du
droit romain, n'étaient pas entrés dans la coutume : le roi, en
permettant au plaideur de les invoquer, en ordonnant aux
juges d'en tenir compte, faisait acte de souveraineté et accordait une véritable grâce individuelle qu'il aurait pu refuser.
Cela se voit bien dans les textes du xiiie et du xive siècle [2].
Mais peu à peu le système se régularisa et se consolida. Ces
recours et ces bénéfices furent pleinement admis par la coutume, si bien que le roi ne pouvait pas refuser les lettres de
justice qui y correspondaient [3] ; et, d'autre part, ces lettres délivrées sans examen n'obligeaient pas les juges, qui devaient
examiner au fond si la partie était dans les conditions voulues
pour s'en prévaloir [4]. Elles ne furent plus délivrées par la

1. Dans le *Nouveau stile de la chancellerie* (l. I), voyez les formules : des
lettres de requête civile, p. 27, — de rescision, p. 63, — de bénéfice d'inventaire, p. 33, — de répit, p. 44, 85 et suiv.

2. Beaumanoir, XXXV, 29, *in fine :* « Li rois a de son droit que par renun-
ciation que nus ait mis ès lettres... il ne laisse pas por ce, s'il va en l'ost ou
contre l'ennemi de la foi, qu'il ne puisse fere les detes aterminer, selon qu'il
voit le besoin de cex qu'il mainne aveques li. » — Cf. *Ancien coutumier
d'Artois*, tit. II, § 8, p. 16. Il s'agit des lettres nécessaires, au xive siècle, pour
se faire représenter en justice comme demandeur ; elles sont désignées comme
« une grâce du roi. »

3. Loyseau, *Des seigneuries*, ch. xiv, no 51.

4. Voyez un jugement du châtelet de Paris du 27 juin 1396, qui écarte

grande chancellerie de France, mais par de petites chancelleries établies près des parlements. En réalité, elles n'étaient plus qu'une gêne, et, dès la fin du xvi° siècle, on se demandait pourquoi on ne supprimait pas cette formalité[1]. Elles avaient servi, il est vrai, à attirer devant les juges royaux les affaires à l'occasion desquelles elles étaient délivrées, et à dessaisir les juges seigneuriaux[2]; mais, aux xvii° et xviii° siècles, cela n'avait plus d'importance. Leur seule utilité pratique était qu'il fallait payer un droit pour les obtenir : elles n'avaient plus que la valeur d'une mesure fiscale[3].

Toutes les *lettres royaux* dont il a été question jusqu'ici étaient des *lettres patentes :* cela se rapportait à leur forme. Elles étaient publiques et *ouvertes,* munies, quand elles émanaient de la grande chancellerie, du sceau de l'État. Quand elles ne constituaient pas une simple formalité, elles étaient délivrées après une instruction et par l'intervention du chancelier : cela était une garantie, qui, dans une certaine mesure, suppléait aux formes de la justice. Mais il était d'autres lettres du roi, qui constituaient des actes plus arbitraires et plus dangereux, l'application extrême de la justice retenue; c'étaient les *lettres de cachet*[4]. Elles appartenaient par la forme à la classe des *lettres closes,* c'est-à-dire qu'elles constituaient des ordres secrets du pouvoir royal, remis sous pli fermé à celui qui devait en assurer l'exécution. Elles ne passaient point par la chancellerie, n'étant pas munies du sceau de l'État, et, par suite, n'étaient pas soumises au contrôle du chancelier. Elles étaient seulement revêtues du cachet particulier du roi (de là

des lettres de répit, Fagniez, *Fragments d'un répertoire de jurisprudence parisienne,* n° 133.

1. Guy Coquille, *Histoire de Nivernois,* I, 508 : « Par une pratique inventée sans grande raison que pour toutes rescisions de contracts, ores que la nullité y soit, que pour estre héritier par bénéfice d'inventaire et plusieurs autres cas il est accoustumé de prendre lettres en chancellerie qui sont adressées à juges royaux, et jaçoit que par le prétexte ils ne deussent connoitre que du simple entérinement des lettres... néanmoins avec leurs longues mains ils prennent la connaissance de tout ce qui s'en suit. »

2. Loyseau, *Des seigneuries,* ch. xiv, n° 53 : « A présent, c'est une formalité de pratique qui ne sert plus que pour l'entretien des officiers de la chancellerie; enfin ce n'est plus qu'un impost que le roy prend sur les procès d'autant que si la cause de l'impétrant n'est bonne selon le droict commun, ses lettres ne luy servent de rien. »

3. Esmein, *Histoire de la procédure criminelle,* p. 257.

leur nom) et signées par un secrétaire d'État. Elles pouvaient
contenir toutes sortes d'ordres, mais, en fait, elles n'en contenaient guère que deux[1] : un ordre d'emprisonnement, sans
forme de procès, dans une prison d'État, ou un ordre d'exil
ou d'éloignement de la cour. Elles avaient deux fonctions principales. D'un côté, elles servaient à frapper des hommes poli-
tiquement gênants ou dangereux, sans la publicité d'un procès : d'autre part, les familles puissantes obtenaient des lettres
de cachet pour faire emprisonner sans aucun scandale leurs
membres compromettants. Cette pratique s'était introduite
grâce à l'idée répandue par les légistes que la volonté du roi,
même contraire au droit et à la justice, était souveraine et devait être obéie[2]. Cependant, cet abus fut signalé par les États
généraux[3]; plus tard, les cours souveraines protestèrent
maintes fois contre lui dans leurs remontrances. Mais ce fut
toujours en vain.

1. Elles contenaient aussi parfois l'ordre de donner une fille en mariage à
une personne déterminée; Esmein, *Le mariage en droit canonique*, II, p. 257.
2. Petrus Jacobi, *Practica*, rub. 35, n° 15 : « Nisi ex mandato expresso
principis seu regis hoc floret; quia tunc esset acquiescendum, licet esset
contra jus, ut Cod. *de jure fisci*, l. prohibitum, lib. X. »
3. Picot, *Histoire des États généraux*, 2° édit., II, 404; IV, 479.

CHAPITRE II

Les ministres et les conseils.

Tout gouvernement quelque peu développé possède au centre deux sortes d'organes : des ministres, au sens large du mot, c'est-à-dire des officiers supérieurs dont chacun est préposé à un grand service public, et qui ont reçu du souverain le droit de donner directement des ordres au nom de la puissance publique, — et des conseils, c'est-à-dire des corps délibérants, où l'on prépare et discute les principales mesures. Les premiers sont représentés dans l'ancienne France par les grands officiers de la couronne, les secrétaires d'État et les employés supérieurs des finances, les seconds par le conseil du roi. Les grands officiers de la couronne sont propres à la monarchie féodale ; les secrétaires d'État et les employés supérieurs des finances sont, au contraire, une création de la monarchie tempérée, que conserve et renforce la monarchie absolue. Logiquement, les premiers auraient dû disparaître lorsque les seconds se furent définitivement implantés. Mais, ce phénomène ne se produisit que partiellement. La monarchie, même absolue, conserva, parfois au premier rang, quelques-uns des grands officiers de la couronne, quoique le pouvoir dirigeant ne fût plus en eux. C'est là un trait qui revient fréquemment dans les institutions de l'ancien régime ; elles sont encombrées des débris survivants des organismes antérieurs.

§ 1er. — LES MINISTRES

I. — *Grands officiers de la couronne* [1]

La monarchie capétienne, continuant sans interruption la

---

1. Sur les grands officiers de la couronne, voyez Du Tillet, *Recueil des rois de France*, p. 268 et suiv. — Loyseau, *Traité des offices*, l. IV, ch. ii et iii. —

monarchie carolingienne, le monarque capétien eut autour de lui, comme organes de son gouvernement, les mêmes officiers qui avaient entouré et assisté les derniers Carolingiens, et s'il créa des offices nouveaux, ils furent façonnés sur le modèle des anciens. Ces officiers présentaient, on l'a vu[1], ce caractère notable qu'ils étaient à la fois chargés d'un service domestique dans le palais du roi, et d'un service public dans le gouvernement; ce sont les principaux d'entre eux qui recevront le titre de grands officiers de la couronne. Les plus importants dans la monarchie féodale, étaient au nombre de cinq: le sénéchal, le connétable, le bouteiller, le grand chambrier et le chancelier.

Le sénéchal (*senescallus, dapifer*) était, au début, le plus puissant de tous. Outre ses fonctions domestiques, qui faisaient de lui l'intendant de la maison et le chef du service de table, il dirigeait la guerre et la justice. Son autorité même était telle que, lorsque la royauté sentit ses forces, elle se débarrassa de ce serviteur trop puissant. En 1191, le poste étant devenu vacant par la mort du titulaire, Philippe-Auguste résolut de ne plus le remplir, et cette décision fut maintenue sous ses successeurs : à partir de cette époque, le sénéchal disparut et ses attributions passèrent en partie au connétable et en partie au chancelier.

Le connétable, comme l'indique son nom latin, *comes stabuli*, avait pour service domestique la direction de l'écurie royale. Il hérita des attributions militaires du sénéchal et acquit, peu à peu, comme prérogative, le commandement de l'armée royale[2]. Mais ce commandement en chef ne lui appartenait

De Lucay, *Les secrétaires d'État depuis leur institution jusqu'à la mort de Louis XV;* et, pour la période féodale, Luchaire, *Manuel des institutions françaises*, p. 518 et suiv.

1. Ci-dessus, p. 67.

2. Du Tillet, *Recueil des rois*, p. 272 : « En la chambre des comptes y a un registre bien ancien auquel est contenu que le connestable de France est au-dessus de tous autres qui sont en l'ost (excepté le roi, s'il y est) soient ducs, barons, comtes, chevaliers, escuyers, sodoyers tant de cheval que de pied de quelque estat qu'ils soient et tous luy doivent obéir. » — Loyseau, *Des offices*, l. IV, ch. II, n° 18 : « L'autre prérogative est que dans les armées il a le commandement sur toutes personnes, mesme sur les princes du sang, comme il est contenu en ses lettres. »

qu'en guerre, non en temps de paix. Cette restriction, qui résultait de la nature des choses, lorsque l'armée royale n'était composée que des contingents temporaires, fournis par le service féodal, devint au contraire fort importante lorsque l'armée royale permanente eut été créée [1].

Le chancelier n'était pas, au début, un bien grand personnage; sous les premiers Capétiens, la fonction était même partagée entre deux personnes. Il y avait un chancelier en titre, l'archevêque de Reims d'ordinaire, dont la situation n'était guère qu'honorifique; mais le directeur réel de la chancellerie était le chef des notaires chargés de dresser les diplômes contenant l'expression des volontés royales [2]. Son importance grandit sous Philippe-Auguste et Louis VIII; il succéda aux attributions judiciaires exercées jadis par le grand sénéchal [3]. A partir du xive siècle, il dirige l'action juridique et politique du pouvoir royal; il passe, sous la monarchie tempérée, au premier rang des grands officiers de la couronne. Arrivée à son complet développement, la dignité de chancelier emportait trois prérogatives principales.

1° Le chancelier avait la garde et la disposition du sceau de France. Il en résultait que tous les actes de la volonté royale, qui, pour avoir force obligatoire, devaient être revêtus du sceau de France, passaient nécessairement par ses mains et étaient ainsi soumis à son contrôle [4]. Ce contrôle, sous la mo-

---

1. Loyseau, *Des offices*, l. IV, ch. ii n° 19 : « Son commandement n'est principalement, qu'en la campagne c'est-à-dire ès armées et non sur les places, ni mesme sur les gouverneurs des provinces. »

2. Luchaire, *Manuel des institutions*, p. 522.

3. Le chancelier anciennement était toujours un clerc, qui servait en même temps à la chapelle du roi, et c'était là son service domestique. Ce n'est qu'à partir du xive siècle que la charge fut donnée à des laïcs; Luchaire, *op. cit.*

4. Loyseau, *Des offices*, l. IV, ch. ii, n° 281,82 : « Pour le regard de la première (prérogative) c'est celle qui dépend du sceau, en conséquence de laquelle il dresse ou du moins il donne la forme aux édits et toutes autres lettres patentes du roy, lorsqu'il y a apposé le sceau de France... Le chancelier a cela de plus que le connestable et surintendant des finances, à sçavoir que le connestable n'a pouvoir qu'en ce qui concerne la guerre, ni le surintendant qu'en ce qui concerne les finances, au lieu que le chancelier a à voir et sur celles de la guerre et sur celles de finance en ce qu'il faut qu'elles passent par le conseil ou par le sceau, de sorte qu'il est vray qu'il est comme le controlleur et correcteur de toutes les affaires de France. »

narchie tempérée, n'était point de pure forme, mais souvent
effectif; on voyait parfois le chancelier refuser d'apposer le
sceau à un acte signé du roi et préparé par un secrétaire d'É-
tat, parce qu'il le considérait comme contraire aux principes[1].
Pour certains actes, le chancelier en avait la pleine disposition, les dressant lui-même et les scellant au nom du roi[2].

2° Le chancelier avait, comme disait Loyseau, la surintendance de la justice, était le chef de la magistrature. Cela se
voyait à deux traits : il expédiait les lettres de provision à tous
les officiers royaux et statuait sur leur délivrance ou leur refus[3], et, toutes les fois qu'il venait au parlement ou autre
cour souveraine, il en prenait la présidence[4].

3° Le chancelier était l'inspirateur de la législation royale.
C'était lui qui proposait le plus souvent et qui faisait rédiger
les ordonnances. Cette tradition constante fut, il est vrai, interrompue sous Louis XIV; le grand mouvement législatif, qui
se produisit alors, fut dirigé par Colbert, contrôleur des
finances, non par le chancelier Séguier; mais, sous Louis XV,
le chancelier Daguesseau reprit glorieusement la tradition ancienne.

1. La Roche-Flavin, *Treize livres*, l. XIII, ch. xvii, n° 18 : « Le chancelier de
Philippe II, duc de Bourgogne, quitta les sceaux plustost que de passer des
lettres iniques. Le duc voyant sa constance révoqua son commandement. »
— Le Bret, *De la souveraineté*, l. III, ch. ii, p. 93 : « Les propriétaires des
terres érigées en titre de duché, de marquisat, et de comté .. venans à décéder
sans hoirs mâles procréés de leur corps, elles sont unies au domaine, sans pouvoir puis après en être séparées... et bien que cela ait été ci-devant négligé,
toutesfois monsieur le garde des Sceaux fit observer ce règlement, quand il
fut question d'ériger en duché le marquisat de Villars, dont il ne voulut sceller
les lettres que cette condition n'y fût insérée. »
2. Loyseau, *Des offices*, l. IV, ch. ii, n° 30 : « Mesmement, il y a plusieurs
expéditions d'importance que le chancelier peut faire de son autorité sous le
nom du roy, sans lui en parler. » — Degrassalius *Regalium Franciæ*, lib. I,
p. 143 : « Est aliud sigillum ad rescripta cujus custos et judex est magnus
cancellarius Franciæ... qui solus expedit et sigillat litteras nomine regis,
quamvis illas rex non videat. »
3. Loyseau, *Des offices*, l. IV, ch. ii, n° 22 : « C'est luy qui baille le titre,
c'est-à-dire les lettres de provision à tous les officiers, lesquelles il peut refuser ou différer, comme il luy plaist »
4. Loyseau, *Des offices*, l. IV, ch. ii, n°s 32, 90 : « C'est pourquoy il a droit de
présider au parlement quand il y va, soit pour la vérification des édits, ou
pour l'élection des officiers d'iceluy lorsqu'icelle luy estoit laissée ». « Il est le
chef de toutes les justices et il préside en toutes les cours souveraines quand
il luy plaist s'y trouver. »

Enfin, et cela marquait bien la situation de premier ministre qu'il occupait en droit, le chancelier présidait, à la place du monarque [1], plusieurs sections du conseil du roi; c'est un point sur lequel nous reviendrons plus loin.

Les destinées du grand chambrier et du bouteiller furent à peu près les mêmes. Très influents au début, quoique sans attributions gouvernementales bien déterminées, à raison de leur charge domestique qui les mettait en relation constante avec le roi, ils perdirent leur importance politique lorsque le gouvernement fut vraiment organisé. Alors l'un redevint un simple officier domestique de la maison du roi, l'autre céda la place à des officiers du même genre qui s'étaient substitués à lui dans l'accomplissement effectif de son service intime. En effet, le grand chambrier, dès le XIII° siècle, n'a plus qu'un titre honorifique et lucratif, et le service de la chambre est fait par les chambellans [2], dont l'un deviendra grand chambellan. Aussi, l'office de grand chambrier fut supprimé en 1545 [3]. Quant au bouteiller, il devint le grand échanson; et grand chambellan et grand échanson ne furent plus que des officiers domestiques, placés sous l'autorité du chef de la maison du roi, le grand maître de France [4], qui avait sous lui tous les services intérieurs du palais et qui reçut le titre de

1. Loyseau, *Des offices*, l. IV, ch. II, n° 3 : « Il est notoire que c'est le chancelier qui préside au conseil du roy, et qui d'ordinaire y tient le premier rang, comme représentant Sa Majesté en son absence. Mesme en sa présence et des princes du sang, c'est luy qui en prononce les arrests et resultats et qui a soin de les faire dresser et recevoir. »

2. Du Tillet, *Recueil des rois*, p. 289 : « Le chambrier demeura pour tiltre, honneurs, droits et profits, son service departy à d'autres, scavoir est auxdits chambellans, premier gentilhomme de la chambre et maistre de la garde-robe. »

3. Du Tillet, *Recueil des rois*, p. 290.

4. Du Tillet, *Recueil des rois*, p. 284 : « Cet office (grand queux de France) estoit et les *grand bouteiller et panetier* de France sont encore soubz le grand maître de France. » — Loyseau, *Des offices*, l. IV, ch. II, n° 73 : « Pource que la charge de ces trois officiers de grand panetier, grand échanson et grand queux dépendent naturellement de l'office de grand maistre de France, il y a apparence que les grands maistres les ont fait supprimer du moins quant au titre et aussi quant à la qualité d'offices de la couronne, dont toutesfois je ne trouve rien dans les livres; mais j'ay veu l'estat de la maison du roy d'à présent auquel ces trois offices ne sont point, mais s'y trouvent seulement employez le premier panetier, le premier eschanson, le premier tranchant. »

grand officier de la couronne, mais sans devenir jamais un ministre de la chose publique[1].

Si l'on a vu disparaître de bonne heure certains grands officiers de la couronne, la monarchie féodale et même tempérée en créa de nouveaux[2]. Les plus anciens sont les maréchaux de France, qui apparaissent dès le xi° siècle, et qui, par leurs fonctions, semblent avoir été d'abord les lieutenants du connétable[3]. Le développement de la marine amena la création du grand amiral qui fut officier de la couronne, au moins à partir du règne de Charles V[4]. Le grand maître des arbalétriers avait aussi cette qualité; et, quand il eut disparu, elle passa au grand maître de l'artillerie[5]. Enfin il fut créé deux autres grands officiers, le colonel général de l'infanterie[6] et le colonel général de la cavalerie[7].

Les grands officiers de la couronne avaient traditionnellement, comme émoluments, certains revenus du domaine royal. Mais ils possédaient une autre prérogative plus précieuse; ils disposaient, plus ou moins complètement, des charges inférieures ou menus offices dépendant de leur département, et ce fut pour eux une source large de profits, lorsque ces charges devinrent vénales[8]. Mais ce qui caracté-

1. Loyseau, *Des offices*, l. IV, ch. II, n° 11.

2. Loyseau, *Des offices*, l. IV, ch. II, n° 54 : « D'autant que ce titre a esté trouvé magnifique et avantageux par dessus tous les autres, cela a esté cause que plusieurs des grands officiers tant de la guerre que de la cour et maison du roy y ont voulu avoir part; mesme il y en aucuns d'érigez encore de nostre temps. »

3. Du Tillet, *Recueil des rois*, p. 273 : « Les mareschaux de France sont dessouz luy et ont leur office distinct de recevoir les gens d'armes, ducs, comtes, barons, chevaliers, escuyers et leurs compagnons, — ne peuvent ne ne doivent chevaucher ne ordonner bataille, se ce n'est par le connestable, ne faire bans ou proclamations en l'ost sans l'assentiment du roy ou dudit connestable. »

4. Du Tillet, *Recueil des rois*, p. 280 et 281.

5. Loyseau, *Des offices*, l. IV, ch. II, n° 61.

6. Loyseau, *Des offices*, l. IV, ch. II, n° 60 : « Le colonel de l'infanterie française que le feu roi Henry III en l'an 1584 érigea en office de la couronne en faveur de monsieur le duc d'Espernon. »

7. Lebret, *De la souveraineté*, l. II, ch. v, p. 48.

8. Loyseau, *Des offices*, l. IV, ch. II, n°s 85, 114 : « J'estime que le plus beau droit qu'ayent à présent les officiers de la couronne, c'est la disposition des menus offices de leur charge, depuis qu'ils se sont licenciez de les vendre. »

risait surtout la position de ces ministres ou officiers supérieurs, c'est le titre auquel ils possédaient leurs offices. Sous la monarchie féodale, ils avaient naturellement tendu à les inféoder, ce qui aurait conduit, en cas de succès, à les rendre héréditaires comme les fiefs [1]. Ils faisaient hommage au roi en cette qualité [2], et, en fait durant cette période, plusieurs de ces offices se transmirent assez longtemps dans une même famille. Le pouvoir royal de son côté résista à cette entreprise. Il saisit les occasions favorables pour interrompre cette possession, soit en laissant un office vacant à la mort du titulaire, soit même en cassant un grand officier, comme cela se vit plus d'une fois au xvᵉ siècle ; il prétendait traiter ces offices comme charges amovibles. En définitive il se dégagea un moyen terme entre ces prétentions contraires. Les grands offices de la couronne ne furent point héréditaires, mais ils devinrent viagers [3], donnant ainsi l'inamovibilité à leurs titulaires [4]. C'était là un trait fort remarquable, l'un de ceux qui distinguaient la monarchie tempérée. Mais ce droit reconnu, généralement respecté, devait être fort gênant pour la royauté, dans son application aux officiers qui représentaient de véritables ministres. Un chancelier inamovible, c'était, en réalité, un premier ministre que le roi ne pouvait pas renvoyer. On remédia à cet inconvénient, en respectant les principes, tout en donnant satisfaction à la volonté royale. Le roi ne pouvait pas destituer le chancelier, mais on admit qu'il pouvait lui enlever sa prérogative la plus importante, celle qui faisait sa force, c'est-à-dire la garde et la disposition du sceau de France. Alors le roi tenait lui-même le sceau, ou, ce qui était plus ordinaire, il

1. Sur ce point, voyez Luchaire, *Manuel*, p. 519, — Du Tillet, *op. cit.*, p. 272 et suiv.

2. Du Tillet, *Recueil des rois*, p. 272, 276, 278, 280, 285.

3. Guy Coquille, *Institution*, p. 4 : « Les conseillers faits (du roi) sont les officiers généraux de la couronne. Ces dignités sont à vie et non pas héréditaires. » — Loyseau, *Des offices*, l. IV, ch. ii, nº 4 : « Les officiers de la couronne prirent cette dénomination du temps que les autres officiers du roy estoient destituables à volonté et ceux de la maison du roi estoient au moins muables à toute mutation de roy; et la prirent afin qu'estans tenus, non pour simples officiers du roy, mais pour membres et instrumens de la couronne, qui est immuable et immortelle, ils ne fussent sujets à aucune destitution ny mutation. »

4. Luchaire, *Manuel*, p. 523.

nommait un garde des sceaux spécial. Dès le xive siècle, on voit de ces gardes des sceaux, fonctionnaires amovibles[1]. Mais à cette époque les gardes des sceaux n'apparaissent qu'au lieu du chancelier, lorsque la place de celui-ci est vacante. A partir du xvie siècle, on en voit créer, alors qu'il existe un chancelier, et afin d'opérer, dans la mesure du possible, la retraite de celui-ci[2]. Pour le connétable et les autres officiers de l'armée qui jouissaient de la même inamovibilité quant à leur fonction, on pratiqua un détour semblable ; le roi nomma un lieutenant général qui prenait l'autorité sur toutes les troupes[3], ou même, plus tard, il déléguait temporairement à un personnage de marque la conduite d'une camnpage[4].

Malgré ces tempéraments, la monarchie absolue se montra naturellement hostile à l'institution des grands officiers de la couronne. Elle en supprima plusieurs par voie d'extinction ou de rachat. En 1627, disparut le connétable ; en 1662, le colonel général de l'infanterie. Le grand amiral fut aussi supprimé sous Louis XIII, mais il fut rétabli en 1669, il est vrai, avec des prérogatives beaucoup moindres que celles dont il avait joui anciennement[5]. En définitive, sous la monarchie absolue, un

1. Ces grands offices ne furent point atteints par la vénalité qui s'étendit à tant d'autres. A la mort du titulaire, le roi choisissait effectivement le successeur. Cependant indirectement, ils étaient parfois acquis à prix d'argent. — Loyseau, *Des offices*, l. IV, ch. ii, n° 116 : « Ils ne sont point résignables, s'il ne plaist au roy, puisque Sa Majesté ne les vend point, mais c'est la vérité que la résignation que font les seigneurs de telle qualité n'est guère refusée, ce qui est cause que ces offices se vendent et trafiquent communément entre eux. »

2. Lebret, *De la souveraineté*, l. IV, ch. ii, p. 130 : « Il a ce privilège (le chancelier) qu'on ne peut le priver de sa charge qu'avec la tête et sans lui faire premièrement son procez, comme on le pratiqua à l'endroit du chancelier Poiet, du temps de François Ier. Car, bien que le roi puisse de son autorité absolue lui ôter les sceaux, quand il le juge être à propos pour son service, néanmoins le caractère de la dignité lui demeure jusques à sa mort. » — Piganiol de la Force, *op. cit.*, p. 343, 344.

3. Loyseau, *Des offices*, l. IV, ch. ii, n° 19.

4. Lebret, *De la souveraineté*, l. II, ch. iv, p. 48 : « Bien que nous ayons à présent en France plusieurs charges militaires érigées en titre d'office perpétuel, comme de connestable et de mareschaux de France, de colonels de cavalerie et d'infanterie ; néanmoins il est certain que le roi, selon les occurrences qui se présentent, peut commettre à qui bon lui semble le commandement de ses armées, de quoi nous avons un exemple tout récent en la personne de monsieur le cardinal de Richelieu. »

5. Piganiol de La Force, *op. cit.*, I, p. 437. Voici les officiers de la couronne

seul d'entre eux conserva la qualité de ministre : ce fut le chancelier. Les ministres effectifs pour les autres services furent alors les fonctionnaires dont il reste à parler.

II. — *Secrétaires d'État et officiers supérieurs des finances*

Les secrétaires d'État[1], les véritables ancêtres des ministres modernes, ont eu de très modestes origines. Ils sont sortis, en effet, du corps des notaires secrétaires du roi[2]. Ceux-ci, très anciens, composaient le personnel inférieur de la chancellerie : c'étaient des notaires attachés à la personne du roi pour donner l'authenticité aux actes qui contenaient l'expression de la volonté royale. Au xive siècle, quelques-uns de ces secrétaires se détachent des autres sous le nom de *clercs du secré* (secret) : c'est l'époque où se constitue le conseil du roi, et ces clercs sont probablement ceux qui sont chargés de tenir note de ses délibérations[3]. A la même époque, on voit que quelques-uns des notaires (de leur nombre, sont sans doute les précédents) obtiennent le privilège exclusif de signer les lettres de finances, c'est-à-dire celles qui contenaient le don ou l'attribution par le roi d'une somme d'argent. Ces hommes, choisis par le roi et tout dévoués, sous le nom de *secrétaires des finances*, prennent une importance qui va croissant dans le cours du xive et du xve siècle. Les règlements et édits du xve siècle déterminent leur nombre, qui va toujours en diminuant, et déterminent leurs principales fonctions qui sont toujours d'assister aux

qu'énumère Piganiol de La Force, *op. cit.*, t. 1, p. 181 : « Le chancelier de France, le garde des sceaux lorsqu'il y en a un, le colonel général de la cavalerie française, les maréchaux de France, le grand maître de l'artillerie, le grand amiral. » — Cf. p. 395, 396.

1. Sur les secrétaires d'État, voyez l'ouvrage plus haut cité de M. de Lucay.

2. Un trait resta jusqu'au bout attestant cette origine. La règle se conserva que, pour être secrétaire d'État, il fallait nécessairement être pourvu d'une charge de notaire secrétaire du roi. Loyseau, *Des offices*, l. IV, ch. II, no 77, parle de « l'office ordinaire de secrétaire du roy, maison et couronne de France, dont il est nécessaire qu'ils soient pourveus en titre pour estre capables d'avoir commission de secrétaire d'Estat. » — Piganiol de La Force, *op. cit.*, p. 219, 220.

3. Du Tillet, *Recueil des rois*, p. 299 : « En février 1320 (Philippe le Long) ordonna pour avoir pleine connoissance des choses qui se feroient par devers son dit conseil, qu'un livre appelé journal fut fait auquel on escriroit continuellement ce qui auroit esté fait audit conseil... et à faire garder ledit livre deputa maistre Pierre Barrière, son clerc et secrétaire. »

conseils comme secrétaires et d'expédier les lettres de finance[1].
Dans la seconde moitié du xvᵉ siècle, et au début du xviᵉ, sous
les règnes de Charles VIII, Louis XII, et François Iᵉʳ, l'un
d'eux, Florimond Robertet, devint en fait le confident de la
volonté royale et le directeur du gouvernement. Par ses talents,
ses longs services, il éleva au premier rang la charge de secrétaire des finances; car il n'eut pas seulement un succès personnel et passager; il établit une tradition et forma des élèves,
dont plusieurs membres de sa famille[2]. Au milieu du xviᵉ siècle,
en 1547, les secrétaires des finances furent réduits à quatre
(ce sera le nombre normal des secrétaires d'État) et on voit que
dès lors ils joignent à leur ancien titre un nouveau nom qui
montre bien l'importance accrue de leurs fonctions, lesquelles
s'étendent maintenant au gouvernement tout entier; ils sont
appelés *secrétaires des commandements du roi*[3]. Ce terme, indiquait que c'étaient eux qui recevaient et transmettaient
(et sans doute suggéraient souvent) les ordres directs de la
volonté royale; instruments plus souples, ils s'interposaient
entre le roi et les grands officiers de la couronne. Bientôt après,
les secrétaires des commandements prirent la qualification de
secrétaires d'État, qui exprimait leur véritable rôle et qui est
restée aux ministres modernes. On dit ordinairement[4] que ce
titre nouveau date de la signature du traité de Cateau-Cam-
brésis (1559) et fut dû à l'initiative de Claude de l'Aubespine.
Ayant vu les ministres du roi d'Espagne prendre la qualité de
secrétaires d'État, lui, également plénipotentiaire, aurait pris

1. De Lucay, *op. cit.*, p. 7 et suiv.
2. Robertet, *Les Robertet au* xviᵉ *siècle, Registre de Florimond Robertet*,
Paris, 1888. Par son testament de 1505, en faveur de la reine Anne, Louis XII
nomme comme un des membres du conseil de régence « Maître Florimond
Robertet, notre notaire et secrétaire et trésorier de France. » Dupuy, *Traité
de la majorité des rois*, t. I, p. 420. — Chassanœus, *Catalogus gloriæ mundi*
(édit Colon., 1692), part. VII, consid. 16, p. 285 : « Est apud nos hodie et a
multis annis scilicet a tempore Caroli VIII usque nunc dominus Roberte qui
prœest et semper prœfuit in talibus omnibus secretariis regni, et merito,
cum non fuerit repertus excellentior eo in talibus. »
3. De Lucay, *op. cit.*, p. 14. Règlement de 1547 : « Le roi veut et entend
que maîtres Guillaume Bochetel, Cosme Clausse, Claude de l'Aubespine et
Jean du Thiers, *ses conseillers et secrétaires de ses commandements et finances*
ayent les charges des expéditions en ses affaires d'Estat. »
4. C'est ce qu'enseigne M. de Lucay (*op. cit.*, p. 17) d'après Pasquier, *Recherches de la France*, l. VIII, ch. xiii, p. 705.

au traité la même qualification, qui aurait passé à ses collègues et à leurs successeurs. Mais c'est là une légende; car, dans le procès-verbal, publié en partie par Du Tillet, d'une assemblée de notables tenue à Paris en 1557, Claude de l'Aubespine, Clausse et Jean du Thiers sont déjà qualifiés *secrétaires d'Estat et des finances du roy*[1]. Le titre répondait trop naturellement à la fonction pour qu'il soit besoin de lui chercher une explication épisodique[2].

Quelque haute que fût devenue leur position, jusque-là les secrétaires d'État n'avaient aucune autorité propre. Ils transmettaient les ordres du roi et rien de plus. Dans la seconde moitié du XVIe siècle ils commencèrent « à signer pour le roi toutes sortes d'expéditions », c'est-à-dire qu'ils donnèrent de leur propre chef des directions et des ordres aux divers officiers et fonctionnaires, lesquels ordres avaient la même autorité que s'ils eussent émané du roi, et ils conservèrent ce droit essentiel, malgré quelques réactions en sens contraire[3]. Ils étaient devenus de véritables ministres, plus puissants que les grands officiers de la couronne, mais ils ne possédaient point leurs charges au même titre que ces derniers; elles n'étaient pas érigées en titre d'office, mais constituaient de simples commissions toujours révocables[4]. A ce point de vue encore, ils étaient

---

1. Du Tillet, *Recueil des rangs des grands de France*, 1601, p. 107.

2. En Angleterre, la fonction des secrétaires d'État a eu un développement tout à fait semblable à celui que nous constatons en France; sir William Anson, *The law and custom of the constitution*, part. II, p. 152 et suiv.

3. De Lucay, *op. cit.*, p. 19, 27, 28.

4. Loyseau, *Des offices*, l. IV, ch. II, n° 77 : « Quant aux secrétaires des commandemens, on ne les tient pas pour officiers de la couronne, pource qu'encore que leur employ et leur pouvoir soit plus grand que de certains officiers de la couronne neantmoins comme toutes les charges du conseil d'Estat ne sont que commissions et comme les secretaires de finances n'ont esté depuis quelque temps que par commission, aussi sont ces secretaires... et certes il ne seroit pas raisonnable que les secretaires d'Estat fussent officiers perpétuels et nécessaires (ainsi qu'ils seroient s'ils estoient officiers de la couronne) et que le roy fust forcé de s'en servir ès plus secrettes et importantes affaires de son estat, attendu qu'un particulier ne voudroit pas perdre cette liberté de changer son clerc quand il luy plaist. » Parfois cependant, il semble qu'on les ait comptés parmi les grands officiers. Loyseau, *Des offices*, l. IV, ch. II, n° 77 : « Toutefoys j'ay sceu que ceux d'à présent en ont depuis peu obtenu provision en office. » — Pigaiol de La Force, *op. cit.*, t. I, p. 181, met les secretaires d'État, dans son énumération, au milieu des grands officiers de la couronne.

un instrument plus souple, mieux approprié aux tendances de
la monarchie que les grands officiers de la couronne. D'ailleurs,
en fait, ils gardaient le plus souvent leur emploi pendant toute
leur vie, et même le roi en accordait facilement la survivance,
leur désignant un successeur de leur vivant, leur fils par
exemple[1].

Pendant longtemps cependant, les secrétaires d'État n'eurent
pas de départements ministériels déterminés : il n'y avait point
entre eux une répartition rationnelle et permanente des affaires
publiques. On trouve seulement au début du règne d'Henri II,
en 1547, un département géographique entre les quatre secrétaires indiquant les pays auxquels chacun d'eux est chargé
d'expédier les dépêches ; les pays étrangers sont d'ailleurs en-
tremêlés avec les provinces de France. Cependant, la formation des départements était inévitable[2], mais leur délimitation
ne devait jamais être complète ni fixe et même, dans la mesure
où elle intervint, le pouvoir royal subit plutôt qu'il ne pro-
voqua cette délimitation[3]. Elle commença toutefois dès le
XVIe siècle. En 1570, un règlement mit dans le département
de l'un des secrétaires tout ce qui concernait la maison du roi
(garde royale) et la gendarmerie (grosse cavalerie)[4] : c'était la
première ébauche d'un ministre de la guerre. En 1589, un nouveau règlement fit un pas de plus ; non seulement il maintint et
compléta le département de la guerre, mais il créa un ministère
des affaires étrangères, en mettant dans le département d'un
autre secrétaire toute la correspondance avec l'étranger[5]. Le
règlement de 1589 avait aussi créé des bureaux ministériels,

---

1. De Lucay, *op. cit.*, p. 14.

2. Piganiol de la Force, *op. cit.*, p. 217, indiquant la composition du conseil
des dépêches, dont il sera parlé plus loin, énumère parmi les membres qui le
composent, « les quatre secrétaires d'État, et ceux qui sont reçus en survivance de leurs charges. »

3. Voir ce règlement dans Guyot, *Traité des droits, fonctions, franchises,
exemptions, prérogatives et privilèges annexés en France à chaque dignité, à
chaque office et à chaque état*, t. II, p. 216 : « Charge lesdits secrétaires de faire
ce qui est de leur devoir... chacun au département qui leur sera baillé par
Sa Majesté ; lequel elle entend leur changer d'an en an, ou leur continuer,
selon ce qu'elle jugera le plus à propos pour le bien de son service. »

4. De Lucay, *op. cit.*, p. 18.

5. De Lucay, *op. cit.*, p. 31.

d'ailleurs des plus modestes [1]. Tels furent les secrétaires d'État sous la monarchie tempérée : juridiquement, l'institution était arrivée dès lors à son complet développement, mais elle ne devait recevoir toute son importance politique que sous la monarchie absolue.

Cependant, sous celle-ci, l'importance de l'emploi fut tout d'abord voilée par la situation prépondérante que prenait l'un des secrétaires, Richelieu [2] ou Mazarin, en qualité de premier ministre tout puissant. Avec le gouvernement personnel de Louis XIV, elle apparut dans tout son jour, rien ne s'interposant plus entre chacun des secrétaires et le roi. Ils devinrent alors ces ministres que Saint-Simon a si énergiquement qualifiés, « le monstre qui avait dévoré la noblesse, les tout-puissants ennemis des seigneurs, qu'ils avaient mis en poudre sous leurs pieds ». Choisis parmi les hommes désignés par leur capacité professionnelle, mais sortis ordinairement de la roture ou de la petite noblesse, ils étaient les instruments naturels du pouvoir absolu, et leur avènement coïncidait avec l'abaissement politique de la haute noblesse. Aussi une réaction violente se déchaîna contre eux à la mort de Louis XIV. Le régent, poussé par Saint-Simon [3], voulut rendre aux représentants de la haute noblesse la direction des affaires. Une déclaration royale du 15 septembre 1715 créa six conseils, portés bientôt à sept, composés des plus grands seigneurs, entre lesquels devaient être réparties toutes les affaires générales du royaume, pour être délibérées et rapportées ensuite au conseil de régence [4]. Les secrétaires d'État n'étaient point supprimés, mais ils n'avaient plus aucun pouvoir de décision propre : ils n'étaient que rapporteurs et secrétaires auprès des conseils. Mais cette tentative fut vaine. Elle échoua pour deux causes principales : d'un côté, les nobles composant ces conseils

---

1. Guyot, op. cit., II, p. 219 : « Auront un commis et dix clercs et non davantage pour leur aider aux expéditions desdites charges. »

2. Piganiol de La Force, op. cit., I, p. 219.

3. Voyez tout le récit de cette tentative dans les Mémoires de Saint-Simon, édit. Chéruel, t. XIII.

4. Isambert, Anciennes lois, t. XXI, p. 36 : Déclaration portant établissement de plusieurs conseils pour la direction des affaires du royaume. — Voyez aussi dans le même volume, p. 49-78, une série d'ordonnances contenant la composition et le règlement des divers conseils.

se montrèrent peu capables et s'épuisèrent en rivalités et conflits d'attributions entre les divers conseils; d'autre part, les secrétaires d'État, qui seuls avaient l'expérience et la tradition, ne fournirent aucun secours à ceux qui les dépossédaient. En 1718, l'essai fut considéré comme inutile, et un arrêt du conseil de régence supprima cette organisation[1]: on revint à la forme de gouvernement antérieure, qui dura jusqu'à la Révolution, c'est-à-dire que les secrétaires d'État reprirent leur ancienne position et toute leur puissance.

Au cours des xvii° et xviii° siècles la détermination des départements ministériels entre les secrétaires tendit à se compléter ; mais elle resta fort variable[2] et présenta jusqu'au bout une lacune importante. Il n'y eut, en réalité, que deux départements fixes : la guerre et les affaires étrangères; quant à la marine, aux colonies, au commerce, aux affaires du clergé et de la religion réformée, tantôt on les mit dans un département, tantôt dans un autre, joignant parfois au ministère de la guerre quelques-uns de ces services[3]. Quant à l'administration intérieure, elle resta divisée entre les quatre secrétaires. Conformément à la tradition ancienne, chacun avait un certain nombre de provinces qui lui étaient assignées et avec lesquelles il correspondait. Enfin, toujours en vertu de la tradition, chacun d'eux expédiait exclusivement pendant trois mois les lettres de dons, bienfaits et bénéfices accordés par le roi[4].

Sous la monarchie féodale et tempérée, la haute administration financière s'était constituée, comme les finances elles-mêmes, progressivement et fragmentairement, et, affectée d'une dualité originelle, elle ne put arriver pendant longtemps à un système harmonique. D'un côté, il y avait les produits du domaine, au début, les seuls revenus de la monarchie[5] : ils

---

1. De Lucay, op. cit., p. 225.

2. Guyot, op. cit., II, p. 220 : « Ils ont chacun leur département. Louis XIII les avait fixés par un règlement du 11 mars 1626; mais il y a été fait depuis bien des changements. »

3. Comparez les deux tableaux des départements donnés l'un en 1718 par Piganiol de la Force (op. cit., I, p. 220, 221), l'autre en 1787 par Guyot (op. cit., II, p. 220, 221).

4. Piganiol de la Force, op. cit., I, p. 220, 221.

5. Voir plus loin, ch. IV.

étaient administrés et perçus sous la haute direction des trésoriers de France, et le produit versé entre les mains d'un
caissier central appelé le changeur du trésor. Les impositions,
créées sous la monarchie tempérée, étaient administrées sous
la haute direction des généraux des finances, et leur produit
concentré dans les caisses des receveurs généraux[1]. Les trésoriers de France, au nombre de quatre, et les généraux des
finances, également quatre en nombre, quoique préposés chacun à une vaste circonscription régionale, appelée généralité,
composaient, en outre, au xv° siècle et au commencement
du xvi°, une sorte d'administration collective et centrale qui
réglait le budget du royaume, dans la mesure où il existait
un budget régulier[2]. Cette organisation, faite d'éléments hétérogènes soudés ensemble tant bien que mal, était manifestement peu satisfaisante : elle ne comprenait rien de semblable à
un ministre des finances.

Sous François Ier et Henri II, elle subit de profondes modifications. François Ier chercha à établir l'unité dans la trésore-
rie. Il institua un receveur de l'épargne, entre les mains duquel viendrait se concentrer le produit net des revenus du
domaine et des impôts[3] et il créa seize receveurs généraux
dans les provinces, au lieu de quatre qui existaient jusque-là
dans les quatre généralités, en décidant aussi qu'ils recevraient
également les revenus du domaine et le produit des impôts.
Ces receveurs généraux étaient toujours sous l'autorité des
trésoriers de France et des généraux des finances, mais ceux-
ci étant restés, les uns et les autres, au nombre de quatre,
l'ancien équilibre se trouvait faussé[4]. Henri II, en 1551, réta-

---

1. G. Jacqueton, *Documents relatifs à l'administration financière en France,
de Charles VII à François Ier*, p. ix et suiv.

2. Jacqueton, *op. cit.*, p. xiv et suiv., et p. 100. Dans les longs débats
auxquels donne lieu la fixation des dépenses de l'État aux États généraux
de 1484, on ne voit figurer, comme représentant le pouvoir royal, que les
généraux des finances ; mais cela vient sans doute de ce que c'est surtout
l'impôt qui est en jeu.

3. Édit du 28 décembre 1523, Isambert, *Anciennes lois*, t. XII, p. 222. —
Loyseau, *Des offices*, l. IV, ch. ii, n° 37.

4. Préambule de l'édit de 1551, Isambert, *Anciennes lois*, t. XIII, p. 238 :
« Lesdits trésoriers de France et généraux de nos dites finances, d'autant
qu'ils ne résident ès sièges desdites receptes générales et ne peuvent voir
et vérifier… parce qu'ils ne peuvent résider ne assister qu'en l'une d'icelles…

blit l'harmonie, en simplifiant le système. Il créa près des recettes générales, portées à dix-sept, des officiers désormais
sédentaires dans leur généralités et cumulant les fonctions
des anciens trésoriers et des anciens généraux [1]. Cela était
parfaitement logique ; mais il semble que par là le gouvernement royal perdait l'administration supérieure des finances
qu'elle trouvait auparavant dans la réunion centrale des trésoriers de France et des généraux : en réalité, celle-ci était devenue inutile, car il était né de nouveaux fonctionnaires qui
formaient une administration centrale des finances, plus homogène que l'ancienne. Voici comment Loyseau raconte leur
naissance : « Les trésoriers de France étant maintenant dis-
persés et leur charge divisée par les provinces, il a fallu par
nécessité qu'il y eust un bureau souverain et général des
finances, où se dressast l'estat entier d'icelles, et s'en fist le
departement à chacun de ces bureaux particuliers des provinces, bref où tout se rapportast enfin : c'est pourquoi du
temps de nos pères, les rois ont institué les intendants des
finances, et, pour ce qu'en toutes compagnies faut un chef,
ils ont mis au-dessus d'eux un surintendant des finances...
et encore, d'autant que les finances sont chatouilleuses, ils
luy ont baillé un controlleur général [2] ». L'institution de ce
personnel complet ne se fit point cependant d'un seul coup et
d'après un plan préconçu, comme semble l'indiquer Loyseau.
Ce sont les intendants des finances qui furent créés tout d'a-
bord [3]. Le contrôleur général fut établi ensuite, mais pour
contrôler le trésorier de l'épargne et non le surintendant des
finances, qui n'existait pas encore [4]. En effet, bien qu'on ait

a cause qu'iceux thrésoriers et généraux ont les uns cinq, les autres quatre
et trois receptes générales sous leurs charges. »

1. Édit de janvier 1551, Isambert, *Anciennes lois*, t. XIII, p. 239, art. 1. Le
texte montre que le système avait d'abord été essayé, dans certaines provinces,
annexées après le règne de Charles VII, auxquelles l'ancienne organisation,
qui avait été arrêtée sous ce règne, ne s'appliquait pas.

2. *Des offices*, l. IV, ch. II, n° 49.

3. Lebret, *De la souveraineté*, l. II, ch. VI, p. 53 : « Le conseil des finances
où l'on donne les principales fermes du roïaume... ce qui se fait en la présence du surintendant qui tient la première place après le chancelier ou le
garde des sceaux et où assistent aussi les intendants que le roi François Ier
créa par son édit de l'année 1523, qui déclare par le même toutes leurs fonctions. »

4. C'est lui, en effet, qui me paraît être désigné dans la déclaration de 1547,

voulu souvent faire remonter assez haut cette charge, il résulte des recherches récentes qu'elle ne fut établie que dans la seconde moitié du xvi° siècle [1]. Le terme de surintendant ou superintendant des finances était ancien; mais il désignait, d'une façon générique, les fonctionnaires supérieurs de ce service [2]. A partir de François Ier seulement, un véritable ministre des finances tend à se dégager. A cette tendance répond la surintendance de fait qui fut confiée à Semblançay, puis ce fut le trésorier de l'épargne qui parut prendre cette situation prépondérante. Mais la fonction de surintendant devait échoir à un président des intendants des finances; et le premier qui l'exerça, comme une charge distincte et régulière, fut Artus de Cossé, baron de Gonnor, à partir tout au moins de l'année 1564 [3]. A partir de ce moment, la surintendance des finances était créée en droit; mais, au xvi° siècle, elle eut parfois des intermittences, pendant lesquelles les intendants, privés de leur chef, agissaient seulement sous la direction du conseil des finances, ou parfois la surintendance était exercée par un personnage qui n'en portait pas le titre [4]. Dans la première moitié du xvii° siècle, le surintendant est bien effectivement le ministre des finances de la monarchie, ayant sous lui le corps des intendants et à ses côtés le contrôleur général [5].

art. 3 (Isambert, *Anciennes lois*, t. XIII, p. 5) : « Seront par nous establis deux bons personnages expérimentés pour contrerooller la recette et dépense des deniers que recevra ledit trésorier de notre espargne... *et l'autre sera et résidera ordinairement à la suite de nostre cour*, lequel fera aussi registre de tous deniers de recepte et despense qui se fera lez nous par ledit trésorier de nostre espargne. »

1. A de Boislisle, *Semblançay et la surintendance des finances*, dans *Annuaire-bulletin de la Société de l'histoire de France*, année 1881, p. 225 et suiv. — Noël Valois, *Inventaire des arrêts du conseil d'État*, Introduction, p. lxii et suiv.

2. Voyez, par exemple, *Olim*, II, p. 505, n° 5 (1309) : « Philippus... nostris superintendibus financiarum negotiis in senescallia Petragoricensi. »

3. A de Boislisle, *op. et loc. cit.*, p. 257-258. — Dans le contrat conclu, en 1561, à Poissy, entre le pouvoir royal et le clergé de France, Gonnor figure seulement en titre « de conseiller au privé conseil », tandis qu'il y est question des intendants des finances, *Recueil des remonstrances, édits, contracts et autres choses concernant le clergé de France*, Paris, 1615, II° part., p. 4 et 5 v°. — Dans le procès-verbal de l'Assemblée des notables de 1557 publié par du Tillet, *loc. cit.*, p. 110, il est qualifié : « Le seigneur de Gonnor, *intendant des finances*, conseiller au privé conseil. »

4. Noël Valois, *op. cit.*, p. lxv et suiv.

5. Lebret, *De la souveraineté*, l. II, ch. vi, p. 53 : « La charge de surin-

Mais, toutes ces charges, comme celles des secrétaires d'État, n'étaient conférées que par des commissions toujours révocables [1].

La disgrâce et la condamnation de Fouquet amenèrent une simplification dans cet organisme. Il fut le dernier des surintendants des finances; après lui, la charge fut supprimée. Louis XIV voulut même d'abord se passer d'un ministre des finances et opérer exclusivement la haute direction de celles-ci, au moyen d'un conseil dont il sera parlé plus loin. Mais, le contrôleur général, jadis le second du surintendant, n'avait pas été supprimé : peu à peu, il passa au premier rang et devint un véritable ministre, le plus puissant de tous, car, par les finances qu'il dirigeait, il touchait à tous les services [2].

Dans la dernière forme de la monarchie absolue, le gouvernement, sous l'autorité du roi, était ainsi remis à un ministère qui comprenait : le chancelier, les quatre secrétaires d'État et le contrôleur général des finances. Mais ce ministère qui n'avait point de chef, manquait complètement d'unité : c'était un pur assemblage de fonctionnaires supérieurs, divers par leur origine, et le plus souvent indépendants les uns des autres. Cependant, une certaine unité de direction était rétablie par le fonctionnement des conseils du roi, qui constituaient le régulateur véritable de ce gouvernement.

§ 2. — LES CONSEILS

La monarchie capétienne a toujours eu, pour son gouver-

tendant est maintenant une des plus importante du roïaume, c'est elle qui a la direction de l'économie publique et de qui dépendent ceux qui se mêlent des finances. » Voyez la commission du surintendant Fouquet, Boislisle, *op. cit.*, p. 259. — Dans le contrat passé avec le clergé de France en 1586 figurent côte à côte « Pompone de Belliévre... conseiller du roy en son conseil d'Estat et privé et surintendant de ses finances et Robert Miron... aussi conseiller dudit seigneur en son dit conseil d'Estat et privé et intendant et controoleur général de ses dites finances. » *Recueil* cité, 1re part., p. 48 v°.

1. Loyseau, *Des offices*, l. IV, ch. II, n° 49 : « Mais toutes ces charges ne sont déférées que par commission, pource que les trésoriers de France en occupent le vray et ancien titre, et aussi qu'il est bien à propos que les charges des finances soient toujours révocables à la volonté du roy, et partant tous ces estats de surintendant, controlleur des finances et trésorier de l'espargne, ne peuvent plus estre offices de la couronne. »

2. De Lucay, *op. cit.*, p. 53 et suiv.

nement, des conseillers et des conseils; mais le choix des
uns et la composition des autres ont grandement varié, suivant les temps.

I

Au début, la monarchie féodale n'avait point d'autres
conseillers permanents que les grands officiers de la couronne.
Mais la *curia regis* lui fournissait, par intervalles, avec une
périodicité irrégulière, un grand conseil de gouvernement,
comme elle lui fournissait le personnel des assises judiciaires.
Elle fonctionnait en cette qualité, à la fois d'après la tradition de la monarchie franque et d'après les principes féodaux.
La monarchie Carolingienne réunissait, on l'a vu, dans de
grandes assemblées délibérantes, ou *placita*, les ducs, les
comtes, les évêques et les abbés, qui étaient tenus de venir
conseiller le monarque en leur qualité de fonctionnaires[1].
Dans la monarchie féodale, ils s'étaient émancipés les uns et
les autres, mais en même temps ils étaient devenus les vassaux du roi ; ils lui avaient fait hommage et juré fidélité, et,
par suite, ils lui devaient encore leurs conseils[2]. La *curia regis*,
comme conseil de gouvernement et assemblée délibérante,
fonctionne effectivement aux xie et xiie siècles. Le roi la convoquait à l'avance, par des citations adressées aux principaux
vassaux et prélats, d'ordinaire pour une des grandes fêtes de
l'année[3]; et les personnages cités étaient tenus de se rendre à
la convocation[4]. L'assemblée délibérait sur les affaires qui lui
étaient soumises et prenait des décisions : celles-ci, en droit,
ne s'imposaient pas au pouvoir royal, mais la résistance du
roi aurait pu délier les vassaux de leur hommage[5]. Au xiii[e]

1. Ci-dessus, p. 74.
2. Ci-dessus, p. 189, note 3.
3. Yves de Chartres, *Ep. XXII, XXVIII, LXII, CLVIII, CCIX.*
4. Yves de Chartres, *Ep. XXII* : « Regali curiæ ad præsens nec secure
possum interesse nec honeste. Supplico itaque Majestati Vestræ ut regia inte-
rim me mansuetudine supportetis. »
5. Yves de Chartres, *Ep. CCIX* : « Notum volo facere celsitudini tuæ (Hugues,
comte de Troyes) quia discussio illa quæ ventilanda est in octavis Pentecostes
de conjugio regis et consobrinæ tuæ... ideo inutilis quia fœdus illud... consilio
episcoporum et optimatum omnium cassabitur... Jam enim insonuit murmur
ducum et marchionum qui jam deliberant se a rege dividere. » — *Ep. CXC :*

siècle encore, la *curia regis* resta le seul conseil de gouvernement, qui rentrât dans la constitution, dans les cadres réguliers des institutions publiques. Mais, de bonne heure, bien avant cette époque, les rois capétiens avaient attaché à leur personne des conseillers d'une autre espèce; c'étaient des hommes de confiance, choisis pour leur sagesse et leur science, auxquels le roi donnait des gages, et qui vivaient dans le palais avec les *domestici*[1]; le plus souvent c'étaient des clercs ou des légistes, lorsque ceux-ci apparurent. Ces personnages sont appelés les conseillers du roi, et, au XIII° siècle, on parle déjà d'eux comme composant le conseil du roi[2]. Mais ce conseil n'est point encore un corps de l'État, c'est plutôt un service privé et domestique du monarque[3]. Celui-ci utilisait ses conseillers gagés pour des besognes multiples et diverses; on les a vus figurer de bonne heure au milieu des vassaux et des prélats, dans les assises de la *curia regis*[4]; c'étaient eux, sans doute, que le roi chargeait d'expédier les requêtes et les plaids de la porte, dont il a été parlé plus haut; mais leur principal emploi était de donner des avis. Sous le règne de Philippe le Hardi, ils suffisent pour régler l'expédition des affaires courantes; la *curia regis*, qui a déjà changé de caractère, n'est plus réunie que pour des questions d'une importance exceptionnelle[5].

« Concessit (rex) ut eum ad curiam suam, quæ Aurelianis in natali Domini congreganda erat, secure adduceremus, et ibi cum eo et cum principibus regni de hoc negotio, quantum fieri posset salva regni integritate tractaremus. »

1. Luchaire, *Manuel des institutions*, p. 534 et suiv.

2. Ordonnance de 1254, art. 6 (*Ord.*, I, p. 56) : « Addetur etiam juramento ipsorum (baillivorum) quod nihil dabunt vel mittent alicui *de nostro concilio*. » — Joinville, *Vie de saint Louis*, ch. CXLV, § 750 (édit. de Wailly) : « L'on raconte du roi Phelippe, mon aïeul, que une foiz li dit un de ses conseillers que moult de tors et de forfaiz li fesoient cil de sainte Église. »

3. Il existait alors dans la même qualité que le Conseil que l'on voit encore aux XVII° et XVIII° siècles, près des princes et grands seigneurs. Ceux-ci avaient un certain nombre d'avocats, pensionnés par eux et qui étaient *de leur conseil*, pour délibérer sur leurs intérêts, toutes les fois que l'occasion se présentait.

4. Ci-dessus, p. 362.

5. Langlois, *Le règne de Philippe III le Hardi*, p. 289 : « La *curia* palatine s'occupait de régler au nom du roi les affaires courantes; mais, dès qu'il s'agissait d'une décision importante relative soit à la guerre, soit à la croisade, soit au droit public du royaume, les barons et les prélats venaient s'acquitter auprès du roi de leur devoir de conseil. »

II

C'est au xiv° siècle, sous la monarchie tempérée, que se dégage et s'organise le conseil du roi, proprement dit, c'est-à-
dire un corps constitué, organe reconnu de l'administration
royale, composé d'une nombre limité de conseillers que le
roi choisissait tous librement, et qui ne lui étaient point imposés par la hiérarchie féodale[1]. Philippe le Bel eut certainement un conseil ainsi organisé et dont l'intervention est attes-
tée assez souvent dans les pièces officielles[2]. Mais c'est en
1316, sous Philippe le Long, que cette institution apparaît
avec une complète précision[3] ; elle a alors un caractère nettement aristocratique, qu'expliquent les circonstances au milieu desquelles elle fut créée[4]. Deux ans plus tard, sous le même
règne, on trouve une ordonnance qui établit des séances men-
suelles du conseil du roi ou grand conseil[5], confirmant ainsi
l'institution de cette assemblée, dont la composition d'ailleurs
se modifiait peu à peu. En outre, jusqu'en 1320, Philippe le
Long, à côté de ce conseil politique, composé de personnages
importants, paraît avoir gardé ses conseillers intimes, son conseil propre, composé d'hommes purement professionnels, tel
que l'avaient eu ses prédécesseurs[6]. Mais, à la fin du règne,
les deux éléments sont fondus dans un seul corps, qui forme
le conseil du roi, tel qu'il fonctionnera au cours des xiv° et
xv° siècles : en dehors de ce conseil, le roi n'aura plus de con-

1. Sur le conseil du roi, voyez Aucoc, *Le Conseil d'État avant 1789*; Noël
Valois, *Inventaire des arrêts du Conseil d'État sous le règne d'Henri IV*, introduction; le même, *Le Conseil du roi aux xiv°, xv° et xvi° siècles*; A. de Boislisle,
Les conseils sous Louis XIV, appendice au t. IV de son édition des *Mémoires
de Saint-Simon*, p. 377 et suiv.
2. Par exemple, *Ord.*, I, p. 316, notes : « Demum dominus rex anno Domini
1293 circa Ascensionem Domini apud Pontisaram, *cum majori et saniore parte
sui consilii* voluit et præcepit quod dicta ordinatio de burgesiis per totum regnum suum observaretur. » — Lettres de l'année 1300 (dans Dupuy, *Traité
de la majorité de nos rois*, édit. Amsterdam, 1722, t. I, p. 201) : « A pourvu,
ordonné et établi par délibération de son conseil. »
3. Noël Valois, *Inventaire*, p. xvii. Quelque chose de semblable avait déjà
figuré dans une ordonnance de Philippe le Hardi, réglant la régence après sa
mort. — Dupuy, *Traité de la majorité des rois*, p. 191, 194.
4. Philippe le Long n'était encore que régent; on était dans l'attente d'un
fils posthume de Louis X; voyez ci-dessus, p. 315.
5. *Ord.*, I, p. 657.
6. Noël Valois, *Inventaire*, p. xx, xxi.

seillers intimes, dans l'ancien sens du mot, que les maîtres
des requêtes dont il sera bientôt parlé et qui paraissent avoir
joué ce rôle pendant assez longtemps. Ce conseil du roi porte
d'ailleurs, dans cette période, divers noms : *grand conseil, conseil étroit, conseil privé*, sans qu'il soit aisé de distinguer le
plus souvent si ces termes désignent le même corps ou des conseils différents[1]. Le nombre des membres varie grandement
selon les temps, et, dans les crises politiques qui marquent
la seconde moitié du xive et la première moitié du xve siècle,
le personnel est souvent changé. Cependant, des traditions
s'établissent ; il était d'usage de mettre dans le conseil les
grands officiers de la couronne, les princes du sang, les
principaux seigneurs ; mais, en temps paisible, les légistes et
financiers, les hommes de robe longue y dominaient[2]. Tous
ceux qui étaient nommés, *retenus*, au conseil du roi, comme
on disait, paraissent en avoir été membres au même titre,
ayant les mêmes devoirs et les mêmes privilèges ; le chiffre
des gages ou pensions variait seulement suivant les personnes. Cependant on peut constater, au moins pour le règne
de Charles VII, que certains semblent être mis au conseil seulement pour l'honneur, assistant rarement aux séances, tandis que d'autres sont assidus, au contraire, comme des gens
qui exercent une profession, et ceux-ci sont surtout des clercs
et des légistes[3]. Dès le commencement du xvie siècle, cet état
de choses s'est régularisé et précisé. Sous François Ier, le conseil du roi comprend un nombre fixe de conseillers ordinaires[4]
et permanents, suivant la personne du roi, qui cependant,
comme on le verra plus loin, n'étaient pas tous admis à toutes
les délibérations. Ce personnel devait rester le noyau fixe du
conseil, auquel s'adjoindront parfois d'autres conseillers ayant

1. Noël Valois, *Inventaire*, p. xvii et suiv. Ce qu'on peut dire, c'est qu'à toute
époque, il y a eu un petit groupe de conseillers, qui seuls étaient appelés à
discuter les affaires de haute importance et confidentielles.

2. Noël Valois, *Inventaire*, p. cvii.

3. Noël Valois, *Le conseil du roi aux* xive, xve, xvie *siècles*, p. 144 et suiv.,
150.

4. Degrassalius, *Regalium Franciæ*, lib. I, p. 115 : « Sicut olim erat impera-
toris determinatus consiliariorum numerus, scilicet triginta, ita etiam consiliarii christianissimi regis in suo, magno consistorio sunt XXX, scilicet octo
magistri requestarum et XXII consiliarii, comprehensis magno cancellario,
referendario, et procuratore regio. »

plutôt un rôle honorifique qu'une réelle influence[1]. Voici, en
effet, comment à la fin du xvi° siècle et dans le premier tiers
du xvii°, était composé le conseil du roi.

1° Il comprenait d'abord les conseillers en titre, les conseillers ordinaires, dits à cette époque conseillers du roi dans son
conseil privé. Ils étaient toujours à la suite du roi, et recevaient des gages importants. Ils n'étaient nommés que par
simple commission toujours révocable[2].

2° Il comptait ensuite des membres de droit, qui peuvent
se diviser en deux groupes. Les uns représentaient la haute
noblesse ; c'étaient les pairs de France[3] et les princes de sang[4].
Les autres étaient les conseillers par excellence du roi ; c'est-
à-dire les grands officiers de la couronne[5] et les secrétaires
d'État[6], les surintendant et contrôleur général des finances[7].

1. Claude de Seyssel, dans sa *Grant monarchie de France* (édit. 1519, p. 18
et suiv.), distingue trois conseils distincts que doit avoir le roi : l'un qu'il
appelle le conseil général ou grand conseil, comprenant « tous ceux qui sont
qualifiés à raison de leur estat, degré ou office » ; le second appelé ordinaire, ne comprenant que « X ou XII membres ou bien un peu plus », pour
le choix desquels on ne doit « avoir regard à haultesse de sang, n office ne
n digneté, mais tant seulement à la vertu, expérience et preudhomie » ; le
troisième, dit conseil secret, ne doit comprendre que « trois ou quatre des conseillers ordinaires. » C'est, ramenée à des termes simples, l'organisation qui
existe à la fin du xvi° siècle et au commencement du xvii°.

2. Du Tillet *Recueil des roys*, p. 300 : « Ledit conseil ayant (la charge) des
affaires publiques, qui s'appellent de l'estat universel du royaume, pour y
conseiller le roy, ceux qui y sont choisis et esleus le sont par commission
non eu titre d'office. Aussi il seroit estrange asservir ledit roy à continuer les
personnes audit conseil plus qu'il ne luy plairoit, et qu'il ne se fieroit à elles,
attendue l'importance des grands affaires qui y sont traitez. »

3. Guyot, *op. cit.*, t. II, p. 146 : « Autrefois la pairie donnait à ceux qui en
étaient revêtus le droit de séance au conseil du roi. Ils jouissaient même
encore de cette prérogative pendant la minorité de Louis XIV. » Voyez cependant Du Tillet, *Recueil*, p. 256.

4. Loyseau, *Des ordres*, n° 80 : « Ils (les princes du sang) sont conseillers
nais du conseil du roy, et mesme de son parlement, qui estoit anciennement
le conseil d'Estat. »

5. Loyseau, *Des offices*, l. IV, ch. II, n° 114 : « Et pour le regard des privilèges des officiers de la couronne j'estime qu'outre qu'ils sont anoblis de parfaite noblesse, ils sont conseillers nais du conseil d'Estat. »

6. Les secrétaires n'acquirent ce droit que lorsqu'ils furent devenus de véritables ministres ; Guyot, *op. cit.*, t. II, p. 221 : « Le règlement du 3 janvier 1673
ordonne que les secrétaires d'État auront entrée, séance et voix délibérative
dans tous les conseils. Aussi le roi les qualifie-t-il ordinairement *de nos conseillers en tous nos conseils.* »

7. A. de Boislisle, *Mémoires de Saint-Simon*, t. IV, p. 385, 386.

3° Un troisième élément, très fourni par le nombre, était constitué par ceux qu'on appelait les *conseillers à brevet*. C'étaient des personnes qui avaient reçu le titre, le *brevet* de conseiller du roi, leur conférant le droit de prendre au conseil séance et voix délibérative, mais qui, en réalité, ne siégeaient pas le plus souvent. Ils n'étaient point tenus de suivre la cour, parfois même ne le pouvaient pas[1], et le plus souvent ne touchaient point de gages comme conseillers du roi[2]. Le *brevet* ainsi entendu était facilement accordé; les prélats l'obtenaient traditionnellement ainsi que les principaux seigneurs: l'ordonnance de 1629 (dite code Michau) en contient la preuve formelle[3]. Cette pratique, jointe aux prérogatives des nobles qui étaient membres de droit, donnait au conseil, à la fin de la monarchie tempérée, un caractère tout particulier[4]. C'était encore la représentation de la noblesse et du clergé, et, par là, il avait gardé comme un reflet de l'antique *curia regis*.

4° Enfin, le conseil avait un personnel auxiliaire très important dans les maîtres des requêtes. Ceux-ci avaient pour ancêtres, comme on l'a vu, ces clercs qui, attachés à la personne du roi, aidaient celui-ci à expédier les requêtes qu'il recevait directement, et à vider, sans forme de procès, un cer-

1. Noël Valois, *Inventaire*, p. cx.
2. Ainsi s'explique le fait constaté par M. Noël Valois, *Inventaire*, p. cxii, note 9 : « Il semble même que certains conseillers fussent retenus sans gages. » Cf. A. de Boislisle, *Mémoires de Saint-Simon*, t. IV, p. 392, note 1.
3. Art. 38 : « Voulons aussi et entendons appeler en nos conseils aucuns des principaux de nostre clergé pour y avoir entrée, séance et voix. Outre lesquels les autres prélats qui ont prêté le serment pourront y entrer et seoir selon et en la manière qu'il est porté aux règlemens de nos dits conseils des années 1624 et 1628. » → Art. 202 : « Voulons aussi et entendons appeler en nos conseils aucuns de nostre noblesse pour y avoir entrée, séance et voix, ainsi que les autres conseillers ; outre lesquels les princes, seigneurs et officiers, de notre couronne, qui ont prêté le serment, pourront y entrer et seoir quand bon leur semblera ainsi qu'il est accoustumé.
4. Loyseau, *Des ordres*, n° 104 : « Pareillement comme les princes du sang sont conseillers naits du conseil d'Estat, aussi les autres princes ont gagné cet avantage d'y avoir entrée, séance et voix sans avoir besoin de brevet du roy à cette fin comme les autres conseillers d'iceluy. » ← *Mémoires de Sully*, édit. 1743, t. III, p. 278 : « Le roi en était le chef (du conseil) et y assistait assez assidûment. Les princes, les ducs et pairs, les officiers de la couronne, les chevaliers des ordres du roi et ceux qui avoient un brevet de Sa Majesté y avoient entrée et voix délibérative. »

tain nombre de causes. Lorsque cette justice patriarcale disparut, ces utiles serviteurs furent maintenus, sous le nom d'abord, de clercs poursuivants [1], puis de maîtres des requêtes. Leur nombre s'augmenta dans le cours du temps et ils furent affectés à un triple service : les requêtes du palais (chambre des requêtes du parlement), les requêtes de l'hôtel (juridiction également privilégiée) et le service du conseil du roi [2]. Les maîtres des requêtes occupaient aux xiv°, xv° et encore au commencement du xvi° siècle une position très importante. L'indétermination de leurs fonctions y contribuait certainement et ils étaient souvent les conseillers intimes du roi. Ils furent au conseil les rapporteurs naturels des affaires, surtout lorsque celui-ci exerça des attributions judiciaires [3]. Mais leur situation baissa à la fin du xvi° siècle, et ils ne gardèrent au conseil que le dernier rôle qui a été signalé [4].

Le conseil du roi, tel qu'il s'était développé du xiv° au xv° siècle, était en réalité un corps destiné à remplir des fonctions fort diverses. Il devait servir de conseil de gouvernement proprement dit ; c'était en second lieu un conseil d'administration pour tout le royaume et en même temps une juridiction contentieuse administrative où se jugeaient toutes les plaintes et réclamations que soulevait l'administration ; enfin il arriva bientôt à exercer des attributions judiciaires proprement dites, représentant une sorte de cour de justice concurrente, ou supérieure aux tribunaux judiciaires. Il était presque impossible que le conseil participât tout entier indifféremment à ces diverses attributions ; une division du travail devait s'introduire et certaines affaires devaient être réservées aux hommes spécialement compétents, ou aux conseillers qui possédaient particulièrement la confiance royale. Cependant, sous la monarchie tempérée, le sectionnement ne fut pas poussé très loin et le conseil conserva en apparence son unité. Voici ce qu'on peut relever à cet égard.

1. Du Tillet, *Recueil des roys*, p. 299.
2. Loyseau, *Des offices*. l. I, ch. xiv, n° 51 : « (Ils) demeurèrent pour assister au parlement et au conseil privé du roy, en qualité de référendaires ou maistres des requestes ainsi qu'ils sont à présent, c'est-à-dire ayant la charge de rapporter et représenter au roy les requestes et plaintes. »
3. Noël Valois, *Inventaire*, p. cxvii.
4. *Ibid*, p. cxviii.

1. De tout temps, il arriva par la force des choses, que les questions politiques les plus délicates et les plus graves ne furent point délibérées en plein conseil. Toutes les fois que le roi était maître de ses actions et n'était point dominé par un conseil choisi et imposé par une faction politique, il tendit naturellement à discuter ces affaires dans un cercle restreint de conseillers choisis, au moins par une délibération préparatoire. Ce conseil politique et secret n'apparaît pas le plus souvent comme un corps distinct aux xiv° et xv° siècles ; mais parfois on en saisit la trace bien nette[1]. Au xvi° siècle, il se dégage. Claude de Seyssel, dans sa *Grant monarchie de France*, l'indique comme indispensable[2] et sous François Ier, il s'établit sous les noms de *conseil des affaires, conseil étroit, conseil secret* ; il persiste sous les règnes suivants et prend sous Charles IX le nom de *conseil des affaires du matin*[3]. Il deviendra le conseil d'État au commencement du xvii° siècle.

2° Les questions de finances étaient des plus importantes parmi celles qui venaient au conseil ; cependant, jusqu'à la seconde moitié du xvi° siècle, on ne trouve point de section spéciale pour les traiter. Cela s'explique par ce fait qu'elles étaient préparées et délibérées en premier lieu par la réunion des trésoriers généraux et des généraux des finances[4] et plus tard par le corps des intendants des finances[5] sous la direction de ses chefs. Mais, à partir de 1563, est institué un conseil spécial des finances, qui, quoique subissant jusqu'au règne de Henri IV des vicissitudes nombreuses, se maintiendra néanmoins[6].

3° On a vu précédemment[7] comment et par quels moyens le conseil du roi fut amené à entreprendre sur la justice, et

---

1. Noël Valois, *Inventaire*, p. xxxviii et suiv. Dans les pouvoirs qui sont à différentes époques donnés par les rois à une régente ou à un lieutenant du royaume, figure le droit de choisir ainsi certains membres du conseil « appelés de ceux de nostre grand conseil tels et en tel nombre comme bon lui sembleroit. » Voyez les exemples dans Dupuy, *Traité de la majorité des rois*, t. I, p. 340, 350, 468, 478.

2. Ci-dessus, p. 453, note 1.

3. Noël Valois, *Inventaire*, p. xl et suiv.

4. Ci-dessus, p. 445.

5. Ci-dessus, p. 446.

6. Noël Valois, *Inventaire*, p. lxiii et suiv.

7. Ci-dessus, p. 422.

comment ces divers moyens, évocations, règlements de juges, proposition d'erreur, cassation, se rattachaient au principe de la justice retenue. En droit, il pouvait accueillir toute cause qui se présentait à lui ; et, en fait, il en accueillait beaucoup. Ces empiètements du conseil sur la justice ordinaire allèrent toujours en s'étendant aux xiv° et xv° siècles, malgré les résistances du parlement, les protestations des États généraux[1] et même les efforts des rois pour les restreindre. La conséquence toute naturelle fut qu'il se forma dans son sein une section distincte, composée d'hommes plus particulièrement compétents, pour exercer ces attributions judiciaires. Probablement, elle existait sous le nom de *conseil de justice*, lorsque Charles VII essaya de débarrasser le conseil de la connaissance des procès[2] ; sous Louis XI, elle reparaît, parfaitement distincte, fonctionnant comme une cour de justice[3], sous le nom de *grand conseil* Lorsque Charles VIII, en 1497, constitua ce grand conseil en cour de justice proprement dite, composée de magistrats ordinaires, il ne fit que régulariser un état de choses déjà très ancien[4]. Cependant, cette réforme, confirmée par Louis XII, avait un autre but ; c'était d'amputer définitivement les excroissances qui avaient germé sur le conseil du roi, c'est-à-dire ses attributions judiciaires ; le grand conseil devait connaître des causes qui avaient été légitimement enlevées aux cours ordinaires pour être portées au conseil, et, quant à celles qui venaient abusivement devant ce dernier, il ne devait plus en être question. La tentative était louable, mais elle fut vaine. Au xvi° siècle, les évocations au conseil du roi et les autres abus du même genre reprennent de plus belle ; c'est l'époque où se développe aussi le pourvoi en cassation. Le conseil reprenant ses attributions judiciaires, tout naturellement il s'y forma aussi une section pour les exercer. A la fin du xvi° siècle, elle s'appelle le *conseil privé*, terme qui, plus anciennement avait été usité pour désigner le conseil étroit ou secret, ou

---

1. Noël Valois, *Inventaire*, p. xxv et suiv. — Georges Picot, *Histoire des États généraux*, 2° édit., p. 43 et suiv.

2. Noël Valois, *Inventaire*, p. xxvii, xxviii.

3. Noël Valois, *Inventaire*, p. xxviii et suiv.

4. *Ord.*, xxi, 4 ; Lettres confirmatives de Louis XII, 13 juillet 1498 (*Ord.* XXI, 644).

encore le conseil des parties. Le grand conseil subsista néanmoins comme cour souveraine, mais peu utile et peu respecté.

Ainsi il s'était formé trois sections, qui représentaient en réalité trois conseils distincts; c'est ce qu'explique Charles Loyseau : « Déjà, dit-il, il (le conseil du roi) est divisé en trois chambres ou séances ; l'une pour les affaires d'Estat qui s'appelle particulièrement le conseil d'Estat; l'autre pour les finances du roy, qui est nommée le conseil des finances; et la troisième pour les procès, qu'on appelle le conseil des parties[1]. » Le conseil des finances était celui qui était encore le moins stable; parfois la décision suprême, en cette matière, revenait partie au conseil d'État, partie au conseil privé. C'est ce que semble constater Lebret, sous Louis XIII : « Le conseil d'État, dit-il, est divisé comme en deux chambres, dont la première est celle que l'on appelle conseil privé, et qui est establie pour recevoir les plaintes des oppressions et des tirannies que l'on exerce sur le peuple dans les provinces, à quoi ni les juges ordinaires, ni les parlements ne peuvent ou négligent de donner ordre, pour juger les différends qui arrivent entre les cours souveraines, pour conserver les droits et l'autorité de la couronne, pour connoître des évocations en d'autres parlemens, pour ordonner sur les règlemens des juges, pour connoître de la direction des finances, pour avoir lieu sur les baux à ferme des revenus du roïaume, et pour d'autres semblables matières dont elle a la connoissance. La seconde est celle que l'on appelle proprement le conseil étroit, qui ne se tient que dans le cabinet et en la présence du roi, où n'entrent que les principaux ministres de l'État... Et c'est dans ce conseil que l'on traite les plus grandes affaires du roïaume, comme de la paix et de la guerre: c'est là où le roi donne audience aux ambassadeurs, où l'on délibère sur les réponses qu'on leur doit faire, où l'on arrête l'état général de toutes les finances du

---

1. *Des ordres*, ch. II, n° 27; il ajoute : « Et il a divers greffiers ou secretaires en chacune séance pour recevoir les arrests et résultats d'icelles; mesme il y a trois sortes de secretaires pour signer les expéditions de chacun conseil, à sçavoir les secretaires des commandemens pour les expéditions concernantes l'Estat, les secretaires des finances pour celles des finances, et les simples secrétaires pour les expéditions et affaires des parties. »

roïaume ; où l'on délibère sur les déclarations que l'on doit faire contre ceux qui brassent des menées secrètes contre sa personne et contre l'État ; où l'on reçoit les avis de tout ce qui se passe, soit dans les païs étrangers, soit dans les provinces du roïaume, où l'on lit les dépêches des ambassadeurs et où on leur donne l'adresse comme ils doivent se conduire en leurs ambassades ; où l'on donne conseil aux rois d'établir de bonnes et saintes ordonnances et de révoquer les mauvaises[1]. »

De cette organisation, il résultait qu'un grand nombre de ceux qui avaient le droit de siéger au conseil du roi n'avaient plus entrée qu'au conseil privé, où ils devaient prendre peu d'intérêt et ne servaient à rien[2]. C'est aussi à ce conseil qu'étaient attachés les maîtres des requêtes.

III

Sous le règne de Louis XIV le conseil du roi prit sa forme définitive, qui répondait bien au génie de la monarchie absolue et administrative. La transformation consista en deux choses : on élimina du conseil les éléments encombrants, c'est-à-dire les membres qui n'étaient admis que par honneur, comme représentant la noblesse ou le clergé, et l'on ne conserva que les hommes ayant une aptitude professionnelle. — Le conseil perdit définitivement son unité ; il se divisa en plusieurs conseils distincts, et ceux-ci furent plus nombreux que les sections précédemment existantes.

Les conseillers à brevet, qui encombraient inutilement le conseil, furent supprimés en principe par le règlement de 1673 ; on ne conserva le titre purement honorifique qu'à un certain nombre de hauts fonctionnaires et de prélats[3]. Quant aux pairs de France et aux princes du sang, conseillers de droit, ils ne furent point à proprement parler exclus[4] ; mais ils laissèrent

1. *De la souveraineté*, l. II, ch. III, p. 42.
2. Dès le règne de François Ier, ce fait est constaté, Noël Valois, *Inventaire*, p. XLIX.
3. A. de Boislisle, *Mémoires de Saint-Simon*, t. IV, p. 391 et suiv.
4. Cependant, voyez Guyot, *op. cit.*, II, p. 146 : « Mais en 1667 il fut fait un règlement pour diminuer le nombre des conseillers d'État, et les pairs en furent retranchés. »

tomber leur droit en désuétude. Saint-Simon blâme fort les
ducs et pairs de cette désertion, mais elle se comprend fort
bien, le seul conseil auquel fussent admis les conseillers de
droit étant le conseil des parties[1]. Le conseil du roi ne comptait donc plus que des conseillers ordinaires, et il cessait par
là même de représenter, dans une certaine mesure, le clergé
et la noblesse ; cependant il resta un dernier vestige, une survivance de cette représentation traditionnelle. Un petit nombre de places de conseillers ordinaires étaient réservées, les
unes à des ecclésiastiques, les autres à des seigneurs voués à
l'état militaire, choisis et nommés d'ailleurs par le roi comme
les autres conseillers ; c'était ce qu'on appelait les *conseillers
d'État d'Église* et les *conseillers d'épée*[2].

Le conseil, d'autre part, était divisé en un certain nombre
de conseils véritablement distincts. Leur nombre varia d'ailleurs dans le cours des XVII° et XVIIIe siècles ; mais il en est
quatre principaux, qu'on trouve à l'état permanent depuis
leur fondation (sauf l'interruption produite par les conseils
aristocratiques de 1715).

I. — *Le conseil d'en haut, conseil d'État ou conseil des affaires étrangères*[3]

C'était le conseil où s'agitait la haute politique et principalement « la paix, la guerre, les négociations avec les puissances. » Il était composé d'un petit nombre de personnes
choisies par le roi. Personne, aucun ministre n'en était membre de droit, sauf le secrétaire d'État aux affaires étrangères,
qui, par la nature même des choses, y faisait les fonctions de
rapporteur. Ceux qui étaient appelés au conseil d'en haut prenaient le titre et la qualité de *ministres d'État*[4] ; ils gardaient
ce titre alors même qu'ils avaient cessé d'en faire les fonctions,
c'est-à-dire d'appartenir au conseil d'en haut.

Bien que ce fût essentiellement un conseil de gouverne-

---

1. A. de Boislisle, *Mémoires de Saint-Simon*, IV, p. 385.
2. De Boislisle, *op. cit.*, IV, p. 392.
3. Piganiol de la Force, *op. cit.* (1715), t. I, p. 215. — Guyot, *op. cit.* (1787),
t. II, p. 193. — De Boislisle, *Mémoires de Saint-Simon*, t. V, p. 437-464.
4. Guyot, *op. cit.*, II, p. 213 et suiv.

ment, il rendait parfois des arrêts[1], soit des arrêts de règlement pour la police intérieure, soit de véritables sentences,
quand il plaisait au roi d'y évoquer un litige.

II. — *Le conseil des dépêches* [2]

C'était le conseil pour l'administration intérieure du royaume.
Son nom venait de ce qué, comme dit un règlement de 1630,
au dit conseil « seront lues toutes les dépêches du dedans du
royaume et délibéré des réponses de ce qui sera à faire à l'occasion d'icelles ». Il comprenait tous les membres du conseil
d'en haut, plus le chancelier et les ministres et conseillers que le
roi voulait y appeler. Les quatre secrétaires d'État, entre lesquels était partagée l'administration des provinces, y figuraient
nécessairement en qualité de rapporteurs, et c'était justement
l'action régulatrice de ce conseil qui ramenait à une certaine
unité le ministère fragmenté de l'intérieur.

Le conseil des dépêches rendait de nombreux arrêts. Souvent, c'étaient de véritables litiges judiciaires qui étaient
portés devant lui sur évocation[3]. Mais plus nombreux encore
et importants étaient les arrêts qu'il rendait en matière administrative proprement dite. C'étaient d'abord des arrêts de
règlement, et par cette voie se faisaient, pour la France entière,
les règlements les plus importants; mais c'étaient aussi des
arrêts en matière contentieuse, les débats soulevés par les particuliers contre l'administration pouvant parfois être directement portés devant lui, et l'appel y étant toujours possible
contre les décisions des intendants des provinces.

III. — *Le conseil des finances* [4]

Créé par un règlement du 15 septembre 1661, à la suite
de la chute de Fouquet, il était destiné à remplacer la surintendance des finances que le roi supprimait à tout jamais. Le

---

1. Guyot, *op. cit.*, II, p. 194. — De Boislisle, V, p. 461.
2. Piganiol de la Force, 1, 217. — Guyot, II, 194. — De Boislisle, V, 464-
482.
3. De Boislisle, V, 472.
4. Piganiol de la Force, I, 215; Guyot, II, 194.

roi dorénavant voulait faire lui-même la fonction de surintendant, assisté de ce conseil qu'il composait d'un chef et de trois
conseillers, dont l'un devait être intendant des finances ; il y
appellerait le chancelier, lorsque cela serait à propos. L'institution subsista, mais avec des modifications profondes, qui résultèrent surtout de l'élévation du contrôleur général à la position de ministre des finances. Le roi disparut du conseil au
XVIII° siècle ; le chancelier y prit séance fixe, ainsi que le contrôleur général, à moins qu'il ne se fît remplacer par un intendant des finances. On y traitait tout ce qui concernait l'administration des finances et les revenus de l'État; on y portait
aussi le contentieux de tout ce qui concernait le domaine et les
impôts, dans la mesure où celui-ci n'était pas de la compétence
des parlements ou des cours des aides ; encore le pourvoi en
cassation contre les arrêts des cours des aides était-il porté au
conseil des finances.

Le conseil avait en quelque sorte des appendices. C'étaient
des corps où figuraient quelques-uns de ses membres, et qui
se composaient pour la plus grande partie des intendants des
finances, de conseillers d'État et de maîtres des requêtes ; à
savoir la *grande* et la *petite direction des finances* et le *conseil
des intendants des finances*. Là se préparait en partie la besogne du conseil, avec l'assistance des bureaux, qui étaient à la
suite du conseil ; là aussi se jugeaient un certain nombre d'affaires contentieuses qui rentraient dans sa compétence naturelle [1]. On voit que dans l'ancienne France les attributions contentieuses de notre conseil d'État étaient réparties entre le
conseil des dépêches, le conseil des finances et les directions
et commissions à la suite du conseil.

IV. — *Le conseil des parties ou conseil privé* [2]

C'était celui qui, à certains égards, représentait le mieux l'ancien conseil du roi. Il était présidé par le chancelier et tous
les ministres y avaient entrée de droit, ainsi que les intendants

1. Piganiol de la Force, I, p. 214. — Guyot, II, 107. — De Boislisle, IV, 422-430.

2. Piganiol de la Force, I, 222. — Guyot, II, 106. — De Boislisle, IV, 379 422.

des finances depuis l'année 1657. En réalité, dans l'organisation de l'ancienne France, il jouait un double rôle.

1° C'était la cour de cassation de l'ancien régime, et là résidait sa fonction propre : de là, son nom de conseil des parties.

2° Il avait un personnel choisi, relativement nombreux, où le gouvernement prenait des sujets pour renforcer les autres conseils, pour composer les commissions à la suite du conseil, et enfin pour diriger l'administration des provinces. Ce personnel comprenait deux éléments.

D'abord les *conseillers d'État*. En 1673, leur nombre fut fixé d'une façon définitive : c'étaient trois conseillers d'Église, trois conseillers d'épée, douze conseillers de robe longue ordinaires, c'est-à-dire servant toute l'année et douze semestres, c'est-à-dire ne servant que pendant six mois. En 1787, la composition était la même sauf que depuis longtemps les conseillers semestres servaient toute l'année[1]. La charge de conseiller d'État était restée une commission et n'était pas devenue un office, ce qui l'avait soustraite à l'envahissement de la vénalité; le roi choisissait effectivement ces conseillers. Mais, malgré leur qualité de commissaires, contre laquelle protestait déjà Lebret[2], ils devinrent inamovibles[3].

Les maîtres des requêtes[4] étaient également attachés au conseil des parties. Leur nombre s'était beaucoup augmenté et fut fixé à quatre-vingts, dont le quart faisait à tour de rôle, pendant un trimestre, le service du conseil, où ils préparaient et rapportaient les affaires; ils n'avaient voix délibérative que dans les affaires dont ils avaient fait le rapport[5]. Mais, d'autre part, c'est parmi eux que l'on prit l'habitude de choisir les principaux sujets pour l'administration; ils étaient,

1. Guyot, II, 224.
2. *De la souveraineté*, l. II, ch. III, p. 42 : « On peut conjecturer aussi de ce discours combien est relevée la dignité de conseiller d'État et combien ceux-là se sont montrez ridicules, qui ont osé mettre en avant que ce n'étoit qu'une simple commission. Car il est certain que les conseillers d'État ont toutes les marques des plus grands officiers... la seule différence que l'on peut remarquer entre eux et les autres officiers est que ceux-ci peuvent vendre et résigner leurs charges, et non pas les conseillers d'État. »
3. De Boislisle, IV, p. 393 : « Le caractère de conseiller d'État est indélébile et ne peut se perdre. »
4. Guyot, II, 238 et suiv.; De Boislisle, IV, 407-414.
5. Piganiol de la Force, I, 223.

selon un mot de d'Argenson, « la vraie pépinière des administrateurs ». En effet, c'était leur corps qui, sauf de rares
exceptions, fournissait les intendants des provinces[1] et les
intendants des finances[2]. Cependant, les charges des maîtres
des requêtes étaient devenues de véritables offices, vénales et
héréditaires, comme ceux-ci[3]. Mais le gouvernement n'avait
point à redouter de leur part des velléités d'indépendance ;
c'étaient en règle des hommes jeunes qui désiraient arriver à
de plus grands emplois, et la position de maître des requêtes
était pour eux un marchepied afin de s'élever plus haut[4].

Les quatre conseils fondamentaux, dont il vient d'être parlé, ne sont pas les seuls qui aient existé d'une façon plus ou
moins permanente. Un conseil du commerce[5], établi en 1700
par Louis XIV, se retrouve encore sous Louis XVI, après
avoir subi, il est vrai, des modifications assez importantes.

1. Piganiol de la Force, I, 358 : « Les intendants sont presque toujours pris
du corps des maîtres des Requestes ; je dis presque toujours, on a des exemples de quelques-uns qui n'estoient pas revestus de cette dignité. » — De
Boislisle, IV, p. 408.
2. De Boislisle, IV, 388.
3. De Boislisle, IV, 409.
4. De Boislisle, IV, 409, 412.
5. Guyot, II, p. 295 et suiv.

CHAPITRE III

Le pouvoir législatif. Les États généraux. Les droits politiques des parlements et cours souveraines

---

§ 1er. — LE POUVOIR LÉGISLATIF

Le pouvoir législatif avait été pleinement exercé par les rois mérovingiens et carolingiens. Mais, dans la décadence carolingienne, cette législation, comme une source tarie, avait pris fin presque subitement. Sous Charles le Chauve, les capitulaires sont encore nombreux et importants ; les derniers capitulaires carolingiens qui aient la valeur d'une loi générale sont de Carloman II et de l'année 884 [1]. Avec l'établissement du système féodal, le pouvoir législatif s'était démembré et dénaturé. Il résultait logiquement des principes féodaux que le droit de légiférer, attribut de la souveraineté, appartenait à tous ceux qui avaient conquis la souveraineté politique et dans la mesure où ils l'avaient acquise. Il appartenait par conséquent à chacun des barons de France dans sa seigneurie, et au roi seulement dans l'étendue du domaine de la couronne ; le roi avait perdu le droit de faire des lois obligatoires dans tout le royaume. Ce n'est pas tout : même dans ces limites, le roi cessa de promulguer des lois véritables, statuant à l'égard de tous et à toujours. Ce qu'on présente comme les lois des premiers Capétiens dans les recueils des anciennes lois françaises, ce sont seulement des actes ayant pour but de conférer certains droits ou avantages exceptionnels à des particuliers, à des établissements, à des corporations ou à des villes [2]. La législation se bornait alors au *privilège*, comme dit la langue du moyen âge. Elle pouvait cependant avoir un autre objet : faire

---

1. *Caroli Calvi et successorum... capitula*, édit. Sirmond, p. 460.
2. Luchaire, *Manuel des institutions*, p. 489.

des règlements sur l'exercice de la juridiction. Mais, dans cette dernière application, le pouvoir législatif appartenait à toute personne ayant le droit de justice [1]. En réalité, pendant deux siècles, le x° et le xi°, il n'est plus fait en France de lois proprement dites ni par le roi ni par les grands feudataires ; l'Église seule continue de légiférer pour son propre compte. A cette époque, le droit séculier public et privé, n'est plus régi que par la coutume : les anciennes lois tombent en désuétude, et il n'en est pas promulgué de nouvelles.

La royauté devait reprendre la tradition interrompue de la législation et reformer à son profit le pouvoir législatif. Dès, la seconde moitié du xii° siècle, elle essaie de faire quelques lois générales. Mais si elle pouvait ainsi légiférer pour le domaine de la couronne, elle ne le pouvait pas pour les terres des barons. Un seul moyen existait d'étendre la loi à ces seigneuries, c'était d'obtenir l'assentiment de leurs seigneurs, qui, par là, se l'appropriaient en quelque sorte. Ce procédé paraît avoir été employé pour la première fois sous le règne de Louis VII. C'est ainsi qu'en 1155, à l'assemblée de Soissons, Louis VII, proclamant la paix de Dieu pour dix ans, la fit jurer aussi par les grands vassaux qui étaient présents [2]. Sous Philippe-Auguste, par l'un ou l'autre procédé, il fut fait un certain nombre d'ordonnances, qui portaient alors le nom d'*établissements*, *stabilimenta*. Sous les deux règnes suivants, on voit le pouvoir royal s'enhardir. Non seulement la législation pour le domaine de la couronne devient plus abondante ; mais aussi le roi, tout en cherchant à faire accepter par les barons les établissements auxquels il veut donner une portée générale, s'efforce de les imposer aux seigneurs qui ne les accep-

1. Ferrault, *De juribus et privilegiis regni Franciæ*, privileg. 12 : « Rex solus facit constitutiones seu leges in regno Franciæ... Intelligendo prædicta complexive, secus distributive, quia per ejus distributionem seu feudorum concessionem possunt duces, barones et alii domini castellani, non excedendo metas jurisdictionis concessæ, facere edicta. » — On s'était même demandé, au moyen âge, si tout *castrum*, tout château-fort, ne pouvait pas être le centre d'une législation particulière. Boerius, *Decisiones*, qu. 320, n° 5 : « Sed castrum non potest condere statuta ut notat Bartolus in l. *Omnes populi*. »

2. Isambert, *Anc. lois*, I, p. 153 : « In pacem istam juraverunt dux Burgundiæ, comes Flandriæ, comes Nivernensis et comes Suessoniensis et reliqua baronia quæ aderat. »

tent point. [1] L'adhésion d'un certain nombre de ceux-ci n'est plus nécessaire que pour attester l'utilité de l'ordonnance : leur intervention se réduira bientôt à une simple consultation En même temps, les grands feudataires font aussi pour leurs grands fiefs des établissements de même nature et dans les mêmes conditions [2]. La législation séculière est rentrée en activité.

Ce mouvement fut puissamment aidé par la diffusion des études de droit romain. Les légistes voyaient dans la compilation de Justinien le pouvoir législatif exercé pleinement et sans partage par le prince. Ils y lisaient cette maxime : *Quod principi placuit legis habet vigorem* [3], et ils s'efforçaient de la faire prévaloir au profit du roi. Ils sentaient clairement que l'intérêt public était en ce sens ; et, à côté de la loi romaine, l'autorité suprême, ils invoquaient la commune utilité comme source et comme limite à la fois du pouvoir législatif reconnu au roi. Dès le dernier tiers du xɪɪɪᵉ siècle, Beaumanoir reproduit en français, comme un adage reçu, la maxime romaine [4], à laquelle le langage populaire donnera bientôt cette forme pittoresque : « Si veut le roi, si veut la loi [5] ». Beaumanoir est

1. Ordonnance de Louis VIII de 1223, touchant les juifs (*Ord.*, I, 47) : « Fecimus stabilimentum super judæos, quod juraverunt tenendum illi quorum nomina subscribuntur... Art. 3... Nullus nostrum alterius judæos recipere potest vel retinere, et hoc intelligendum est tam de iis qui stabilimentum juraverunt, quam de iis qui non juraverunt. » — Ordonnance de Louis IX, de 1230, touchant les juifs et l'usure (*Ord.*, 1 83), art. 6 : « Et si aliqui barones noluerint hoc servare, ipsos ad hoc compellemus, ad quod alii barones nostri, cum posse suo, bona fide nos adjuvare tenebuntur. »

2. Voyez l'assise de Geffroy, comte de Bretagne, de 1185, dans la *Nouvelle Revue historique de droit*, XI, p. 120 : « Ego Gaufridus... dux Britanniæ... utilitati terræ providere desiderans petitioni episcoporum et baronum omnium Britanniæ satisfaciens, *communi assensu eorum* assisiam feci. » — *Grand Coutumier de Normandie, prologus*, p. 5 : « Leges et Instituta quæ Normannorum principes, non sine magna provisionis industria, prælatorum comitum et baronum nec non et cæterorum virorum prudentium *consilio et assensu* ad salutem humani fœderis statuerunt. » — Sur les comtes de Bretagne, de Hainault, de Toulouse, voyez Flammermont, *De concessu legis et auxilii*, p. 7, 8, 10.

3. *Institutes* de Justinien, I, 2, 6.

4. Beaumanoir, XXXV, 20 : « Ce qui il plest a fere doit estre tenu por a loi. » XXXIV, 41 : « Voirs est que li rois est sovrains par desor tous, et a, de son droit le général garde de son roiame, par quoi il pot fere tex establissement comme il li plest por le commun porfit et ce qu'il establit doit estre tenu. »

5. Loisel, *Inst. coutumières*, I, 1, 1.

d'ailleurs le premier qui ait tenté une théorie du pouvoir législatif de la royauté ; la voici résumée en quelques mots.

Pour Beaumanoir, le droit est fondé avant tout sur l'ancienne coutume, et toute altération, par voie d'autorité, de l'état
de choses ancien est un *nouvel établissement*. Le droit de faire
de nouveaux établissements est assez restreint et doit être
envisagé séparément par rapport à la guerre et dans le temps
de paix. En vue de la guerre, ou en face d'une grande calamité
comme une famine, le roi peut faire tous les nouveaux
établissements qui sont nécessaires pour le salut public, et le
même pouvoir appartient, dans leurs seigneuries, aux barons et
aux seigneurs justiciers, pourvu qu'ils n'aillent pas contre les
établissements faits par le roi. En temps de paix, le droit de
faire de nouveaux établissements n'appartient qu'au roi seul,
et il ne peut l'exercer qu'à trois conditions : il faut qu'il
s'agisse de l'intérêt général, que les établissements soient
faits à grand conseil et qu'ils ne soient point contraires à la
religion chrétienne [1]. De ces conditions, une seule a besoin
d'explication : en disant que les établissements doivent être
faits à grand conseil [2], le vieux jurisconsulte entend que le
roi doit appeler à délibérer sur le projet un grand nombre de
prélats et de barons, outre ses conseillers ordinaires. Il n'est
pas tenu d'avoir leur assentiment, mais il doit les consulter.
Beaumanoir distingue d'ailleurs deux sortes d'établissements,
ceux que le roi fait pour le royaume tout entier et ceux qu'il
promulgue seulement sur son domaine. Les premiers sont
obligatoires sur les terres des barons comme sur celles du
roi, et le roi peut au besoin les y ramener à exécution en pro-
nonçant lui-même les amendes qu'il a édictées contre les
récalcitrants ; mais on sent bien que les seconds sont les plus
fréquents [3].

Avec le règne de Philippe le Bel, la législation royale prend
une véritable importance et devient très fournie. Le pouvoir
législatif s'exerce, en un point, dans les conditions décrites
par Beaumanoir, en ce que les ordonnances portent comme

---

1. Beaumanoir, ch. XLIX, en entier.
2. Beaumanoir, XLVIII, 4 : « Et nos devons savoir que tel establissement
sont fet par tres grant consell et por le commun profit. » — XLIX, 6.
3. Beaumanoir, XLVIII, 4 ; XLIX, 4. Cf. LXI, 15.

préambule qu'elles sont été prises avec grande délibération et grand conseil[1]; mais, sous ce règne et les suivants, cela se fait de deux façons distinctes. Tantôt il est constaté qu'un grand nombre de prélats et de barons ont été présents ; tantôt il est dit seulement que le roi a statué dans son grand conseil[2]. Tel restera le droit public de l'ancienne France. De plus en plus, ce sera seulement le conseil du roi qui participera à la préparation et à la discussion des lois[3]. Cependant, au xvi° siècle encore, on admettra dans certaines occasions des notables au conseil dans de semblables occasions. Enfin, cette pratique disparaîtra elle même. Les ordonnances constateront seulement que le roi a consulté son conseil et plusieurs membres de sa famille, princes du sang ou autres[4]. D'ailleurs, dès la fin du xiv° siècle, Bouteiller reconnaît au roi le pouvoir législatif sans conditions ni limites[5].

Le pouvoir de législation générale reconnu au roi avait pour conséquence logique et dernière la disparition du pouvoir de législation particulière, reconnu aux barons. C'était ce qu'admettait déjà Beaumanoir. Mais ce dernier résultat devait se produire tardivement. Pour les grands fiefs, duchés ou comtés, qui ne furent réunis au domaine de la couronne qu'aux xv° et xvi° siècles, les ducs et les comtes conservèrent jusqu'au bout le pouvoir législatif: c'est ainsi que les coutumes de Bourgogne furent officiellement rédigées en 1459, non par l'autorité du roi, mais par celle du duc Philippe le Bon; il en fut de même pour les coutumes de Bourbonnais, d'Auvergne

1. Par exemple, ord. de 1311 sur l'usure (Ord., I, 484) : « O grand conseil et o grant deliberation, deffendons, etc. »

2. Ordonnance sur les juifs de Louis X, 1315 (Ord., I, 595) : « Eue plenière délibération encore sus ceu avecq nos prélats et barons et notre grant conseil. » Mais on entrevoit souvent que les barons et prélats sont ceux qui figurent ordinairement au conseil du roi; ordonnance de 1330 (Ord., II, 63) : « Habito super hoc consilio cum prælatis, baronibus et aliis de consilio nostro. »

3. Ordonnance de 1318 sur le gouvernement général (Ord., I, 660) : « Pour ce eue délibération eu nostro grant conseil. »

4. Voyez, par exemple, l'ordonnance de 1563, citée plus haut, qui crée les juges consuls (Isambert, Anc. lois, XIV, 153) : « Par l'avis de nostre très honorée dame et mère, des princes de nostre sang, seigneurs et gens de nostre conseil. »

5. Somme rurale, II, tit. I, p. 646 : « Si sçachez que le roy de France, qui est empereur en son royaume, peut faire ordonnances qui tiennent et vaillent loy, ordonner et constituer toutes constitutions. »

et de la Marche, qui, en 1493, 1510 et 1521, furent rédigées et décrétées par l'autorité des ducs ou comtes de ces pays. La législation émanée des ducs de Bretagne a une importance particulière.

Les rois de France, nous venons de le voir, avaient de bonne heure conquis (sur leur domaine au moins) le pouvoir législalatif sans limite et sans partage. Cependant, dans une certaine mesure, deux autorités furent associées à l'exercice de ce pouvoir. Ce sont les États généraux et les parlements et autres cours souveraines.

§ 2. — ÉTATS GÉNÉRAUX ET ASSEMBLÉES DE NOTABLES [1]

I

Les États généraux n'ont pas été une création voulue et réfléchie du pouvoir royal; ils s'imposèrent naturellement à lui. Leur institution fut la conséquence de deux faits. D'un côté, le pouvoir royal grandi avait besoin, pour accomplir son œuvre nationale, d'une assistance politique et pécuniaire plus étendue que celle qu'il pouvait exiger, d'après les anciens principes, des pouvoirs féodaux : il était donc obligé de venir à composition avec eux. D'autre part, l'émancipation des villes avait donné à celles-ci la valeur d'un élément distinct dans la société féodale; elles étaient devenues comme une classe particulière de seigneuries. Elles devaient donc être partie dans ces transactions entre la royauté et les pouvoirs féodaux, qui constituent les premières tenues d'États généraux. Les États généraux furent réunis au XIVe siècle dans un double but : le roi leur demandait ou des subsides ou des conseils. Il est facile de voir comment on en vint là, et comment ce double but dicta la composition des premiers États généraux.

D'après les principes féodaux, le roi n'avait pas, même sur son domaine, le droit de lever des impôts généraux : le droit

1. Trois histoires des États généraux ont été écrites de nos jours : Rathery, Histoire des États généraux de France, Paris, 1845; Arthur Desjardins, Les États généraux de 1355 à 1614; leur influence sur le gouvernement et la législation du pays; Picot, Histoire des États généraux, 2e édit., 5 vol., 1888. — Il faut y ajouter H. Hervieu, Recherches sur les premiers États généraux.

d'imposer était devenu un droit seigneurial qui accompagnait d'ordinaire la haute justice, et le roi ne pouvait l'exercer que là où il avait conservé celle-ci sur les habitants [1]. La monarchie capétienne, pendant longtemps, avait pu vivre sur les seules ressources du domaine, mais, au xiv° siècle, elles devenaient manifestement insuffisantes. Toutes les fois qu'il s'agissait de conduire une grande entreprise, il lui fallait des ressources extraordinaires, et, lorsque l'entreprise était nationale, il était naturel qu'elles fussent fournies par la nation, au moyen d'un impôt général, levé, au moins, dans toute l'étendue du domaine de la couronne. Cet impôt, le roi ne pouvant le lever d'autorité sur les terres des seigneurs, il fallait qu'il obtînt le consentement des seigneurs laïques ou ecclésiastiques; il fallait qu'il obtînt aussi le consentement des villes émancipées, de celles au moins qui avaient acquis le droit de fixer elles-mêmes leurs impôts. Cela conduisait naturellement à réunir une assemblée où figureraient les seigneurs ecclésiastiques et laïques, et les représentants des villes privilégiées. Or, telle fut, primitivement, la composition des États généraux.

En tant qu'ils étaient convoqués pour donner conseil à la royauté, et c'est dans ce but qu'ils furent pour la première fois réunis par Philippe le Bel, en 1302 [2], les États généraux se rattachaient à des précédents très anciens, qui, en se modifiant peu à peu, conduisirent naturellement à cette institution. Les monarques capétiens avaient toujours eu des assemblées consultatives dans les tenues de la *curia regis* [3]; elle comprenait, nous le savons, des prélats et des seigneurs vassaux du roi, et avec eux les grands officiers et les conseillers particuliers du prince [3]. Mais ces assemblées, qui étaient aussi des assises judiciaires, ne constituaient qu'un conseil féodal et ne pouvaient passer pour une consultation nationale. A la fin du xiii° siècle, il en était déjà autrement. L'ancienne *curia regis* n'existait déjà plus, ses attributions judiciaires avaient totale-

1. Voyez ci-dessus, p. 258, 260 et ci-après, ch. iv.
2. Lettre du clergé de France au pape Boniface VIII (Isambert, *Anc. lois*, II, p. 754 et suiv.) : « Nos universos et singulos tam prælatos quam barones et alios requisivit (rex) instantius, præcepit ut dominus et rogavit ac precibus instilit ut amicus ut... *prout ex debito fidelitatis astringimur, curaremus adesse consiliis et auxiliis opportunis.* »
3. Ci-dessus, p. 449.

ment passé au parlement ; ses attributions consultatives avaient
avaient déjà passé en grande partie au conseil privé du roi.
Mais, dans des circonstances délicates ou critiques, le roi réunissait une assemblée de barons et de prélats pour lui demander conseil. Ces assemblées, qui n'avaient point d'autre fonction, étaient plus nombreuses[1] que l'ancienne *curia*. C'étaient
véritablement la noblesse et le clergé qui étaient consultés en
corps ; ce qui le montre, c'est que nous voyons les barons et
les prélats délibérer séparément[2]. Plusieurs assemblées de ce
genre se tinrent sous le règne de Philippe le Hardi et l'une
décida de la paix ou de la guerre[3]. Ce sont déjà les États généraux, moins les représentants des villes. La présence de ces
derniers s'imposait si l'on voulait avoir l'appui de toutes les
forces nationales, car les villes émancipées étaient des forces
politiques indépendantes que l'on ne pouvait négliger. Déjà,
la royauté dans certains cas avait réuni les représentants des
villes[4], mais elle les avait assemblés à part, sans convoquer les
autres ordres. En les joignant, en 1302, aux seigneurs ecclésiastiques et laïques, Philippe le Bel réunissait dans une
consultation solennelle tout ce qui représentait en France une
autorité indépendante du pouvoir royal, et par là même il avait
créé les États généraux. Mais il est bon de remarquer deux
choses. En premier lieu, les membres de ces États, en tant
qu'ils avaient à fournir des conseils, agissaient non en vertu
d'un droit, mais pour accomplir un devoir, le devoir de fidélité
qu'ils devaient au roi[5]. Secondement, le roi, au lieu de convoquer les États généraux proprement dits, pouvait très bien ne
convoquer qu'un ou plusieurs des ordres qui les composaient,

---

1. Langlois, *Le règne de Philippe le Hardi*, p. 146 ; il rapporte ce passage
des *Annales de Saint-Martial* : « Philippus rex de baronibus et prælatis apud
Bituricum... *tenet concilium generale* cohtra P. Aragoniæ. »

2. Langlois, *op. cit.*, p. 150 : « Le roi requit ensuite les barons et les prélats de le conseiller fidèlement... Le 21, en effet, de très grand matin, les deux
ordres s'installèrent dans deux salles séparées du palais du roi. Les avis
furent d'abord partagés, mais dans chaque section une majorité se forma
presque en même temps... Au nom du clergé, l'archevêque de Bourges déclara... Après quoi, le sire de Necle, pour les barons, dit qu'il était du même
avis. »

3. Langlois, *op. cit.*, p. 146, 150, 289.

4. Voyez ordonnance sur les monnaies, de 1202 (*Ord.*, I, p. 93).

5. Voyez le texte cité ci-dessus, p. 471, note 2.

lorsque cela lui paraissait suffisant pour atteindre le but qu'il poursuivait[1]. Par là, l'institution, considérée comme source des libertés publiques, recélait un vice originel dont elle ne sut pas se guérir.

L'hypothèse que j'ai produite sur l'origine des Etats généraux[2] est confirmée par d'autres faits. La formation d'assemblées nationales analogues à nos États généraux est un phénomène qui se produit dans l'Europe du moyen âge, chez toutes les nations qui sont parvenues à une certaine unité, malgré la forme féodale; et partout elles se constituent sur les mêmes bases, c'est-à-dire par l'adjonction des députés des villes aux principaux seigneurs laïques et ecclésiastiques[3]. Cela se produisit tout d'abord en Espagne; en 1188 et 1189, les députés des communes furent associés aux barons et aux prélats dans les cortès de Léon et de Castille[4]. Dans l'empire d'Allemagne, les villes eurent des députés à la diète à partir de l'année 1232; mais ils ne forment un ordre à part qu'au commencement du xive siècle. En Angleterre surtout, les origines du parlement correspondent exactement à l'origine de nos États généraux. C'est en 1297, sous Édouard Ier, qu'apparaît le « Model Parliament », par l'adjonction définitive de députés élus aux prélats et aux principaux vassaux qui composaient le *magnum concilium* du roi. C'est aussi une représentation de la nation divisée en trois ordres, quoique la représentation ne repose pas exactement sur les mêmes bases qu'en France[5]. Cette coïncidence n'est point fortuite. Si, dans l'espace d'un siècle et demi, des assemblées nationales présentant un caractère d'analogie indéniable se forment dans les principaux États de l'Europe occidentale, c'est qu'elles sont un produit naturel de l'évolution historique.

1. Hervieu, *op. cit.*, p. 3, 24. — Voyez les prélats et barons seuls réunis, *Ord.*, I, 347, 412; les bourgeois seuls réunis, *Ord.*, I, 512, 848. — Il faut ajouter que pendant longtemps on distingua et on réunit séparément les États généraux de la langue d'oïl et les États de la langue d'oc. Hervieu, *op. cit.*, p. 2.

2. Luchaire, *Manuel des institutions*, p. 508 et suiv.

3. Stubbs, *Constitutional history of England*, II, p. 169 et suiv.

4. Marina, *Théorie des cortès ou Histoire des grandes assemblées nationales des royaumes de Castille et de Léon*, trad. Fleury, I, p. LXIII et 137.

5. Anson, *The law and custom of the constitution*, I[1], p. 43 et suiv.

II

Les États généraux, lorsque l'institution fut arrivée à son plein développement, présentaient, quant à leur composition, deux caractères distinctifs. C'était une assemblée totalement élective et c'était une assemblée représentative de la nation entière. Cette représentation nationale, il est vrai, manquait d'unité, la nation étant, à cet effet, divisée en trois ordres, dont les deux premiers — clergé et noblesse, — formaient des classes privilégiées, et dont le troisième — tiers état, — comprenait le reste de la population. Néanmoins tous les Français se trouvaient représentés aux États généraux par des députés à l'élection desquels ils avaient participé. Mais les États généraux du xiv° siècle étaient bien différents ; l'élection ne jouait qu'un rôle secondaire dans leur composition, et ils ne contenaient point la représentation de toutes les classes de la nation.

Pour la représentation de la noblesse, l'élection n'intervenait point. Ceux qui siégaient aux États dans cet ordre étaient personnellement, directement convoqués par le pouvoir royal. La raison en est facile à saisir ; ils n'étaient pas convoqués en réalité, en qualité de nobles, mais en qualité de seigneurs ; chacun d'eux ne représentait que sa seigneurie, c'est-à-dire lui-même, et par conséquent siégeait en vertu d'un droit ou d'un devoir personnel[1]. La représentation du clergé était de la même nature : c'étaient encore ici les seigneuries — seigneuries ecclésiastiques[2], — qui devaient être représentées, mais le procédé employé était moins simple, parce que beaucoup de ces seigneuries avaient pour titulaire, non pas un individu, mais une corporation ecclésiastique, c'est-à-dire une personne morale. Voici comment on procédait. Le roi convoquait personnellement les principaux dignitaires ecclésiastiques, évêques, abbés, prieurs, doyens et prévôts des églises cathédrales et collégiales, quelques autres encore, et, en plus, les chapitres et cou-

---

1. Hervieu, *op. cit.*, p. 8 et suiv. Les femmes possédant des fiefs étaient également convoquées et se faisaient représenter, *ibid.*, p. 9.

2. Ce qui le montre bien, c'est que les abbayes de femmes étaient convoquées. Hervieu, *op. cit.*, p. 30.

vents élisaient des procureurs pour représenter la corporation. L'élection intervenait donc ici, mais accessoirement. Quant aux villes, qui étaient aussi convoquées comme corporations, elles comparaissaient par des procureurs élus; seules, elles avaient une représentation totalement élective[1].

Les États du XIV° siècle ne comprenaient point les représentants de la nation tout entière. Si l'on peut dire que le clergé et même la noblesse (ou plutôt la classe des seigneurs) y étaient représentés, le tiers état n'y figurait qu'en partie. Il n'y figurait que par ce qu'on appelait les *bonnes villes*, c'est-à-dire les villes privilégiées : les roturiers des campagnes et des bourgs, le *plat pays*, n'y envoyaient point de députés. Cependant la théorie juridique du XIV° siècle admettait qu'ils y étaient représentés par leurs seigneurs. Elle tenait en effet que, lorsqu'il y avait à faire valoir un droit contre toute une population, contre un ensemble d'habitants, il n'était point nécessaire de citer et de faire comparaître chacun d'eux: il suffisait de citer leurs seigneurs. Il n'était nécessaire d'avoir des représentants propres des habitants, que lorsque ceux-ci formaient une personne publique et collective, comme les villes privilégiées[2]. Tout cela était logique, mais, sur ces deux

---

1. Ce système est exposé très clairement à l'occasion de la première convocation des États généraux, dans la lettre adressée par le clergé au pape (Isambert, *Anc. lois*, II, p. 755) : « Dominus rex barones cæteros tunc absentes, — ac nos videlicet archiepiscopos ac episcopos, abbates priores conventuales, decanos præpositos (*voilà les dignitaires*), capitula, conventus, atque collegia ecclesiarum tam cathedralium quam collegiatarum regularium ac secularium (*voilà les corps ecclésiastiques*), — nec non universitates et communitates villarum regni (*ce sont les villes privilégiées, personnes publiques*), ad suam mandavit præsentiam evocari, ut prælati, barones, decani, præpositi ac duo de perillioribus cujuscumque cathedralis vel collegiatæ ecclesiæ *personaliter* — cæteri vero per œconomos, syndicos et procuratores idoneos, cum plenis et sufficientibus mandatis — comparere statuto loco ac termino curaremus. » — Cf. Hervieu, *op. cit.*, p. 4 et suiv.; sur les règles diverses des élections dans les villes, p. 34 et suiv.

2. Johannes Faber, *Ad instituta, de pœna temere litig.*, p. 399 : « Quid ergo fiet si res tangat multos. Verbi gratia, dux, comes, vel episcopus vendicant sibi aliquod jus super aliqua terra vel aliquo ordine, forte Cisterlensi, nunquid singuli debent vocari? Videtur quod sic, quia omnes tangit. Satis videretur contrarium, quod sufficeret vocari prælatos et administratores. Potest dici quod si habent corpus vel universitatem sufficiat vocari consules seu administratores universitatis; si non habeant, sufficiat vocari prælatos in personis ecclesiasticis vel barones seu habentes jurisdictionem terrarum et villarum, quia illi habent administrationem reipublicæ. »

points, le système des États généraux devait se modifier dans
la suite, et ce fut également une conséquence logique de l'affaiblissement du régime féodal. Il n'est pas facile d'ailleurs de
préciser quand et comment cette transformation s'accomplit[1].

Les nobles et les ecclésiastiques cessèrent d'être convoqués
personnellement et tenus de comparaître aux États; les nobles
et les ecclésiastiques d'un même bailliage furent seulement
convoqués pour élire un ou plusieurs députés : en d'autres
termes, la représentation de la noblesse et du clergé devint
élective. Cela paraît s'être fait plus par la volonté des inter-
ressés que par l'initiative du pouvoir royal. Les dignitaires
ecclésiastiques et les nobles convoqués avaient eu de tout
temps (sauf peut-être en 1302) le droit de se faire représenter
aux États par des procureurs qu'ils choisissaient: c'était purement une application de la théorie du mandat, telle que l'admettait le droit civil[2]. Mais si cela évitait aux intéressés la charge
de comparaître en personne, cela ne les dispensait point de
faire à cette occasion des dépenses parfois importantes, car ils
devaient défrayer leur mandataire. Pour diminuer sans doute
ces frais, on vit parfois, de bonne heure, les nobles d'une région
choisir un petit nombre de procureurs pour les représenter
tous[3]. Il est certain que la comparution aux États était considérée comme une obligation pénible plutôt que comme un
droit utile. La royauté se fit l'interprète de ces sentiments
lorsqu'elle invita les nobles et les ecclésiastiques d'une circonscription à élire quelques-uns d'entre eux comme représentants
de tous[4]. Cela dut paraître d'autant plus naturel que, la féo-

1. Ce problème est bien posé et discuté dans un mémoire qui paraît avoir
été présenté à l'assemblée des notables de 1787. *Mémoire sur les États généraux*, Lausanne, 1788, p. 54, 61, 66, 126 et suiv.
2. Tout le système des élections aux États généraux, tel qu'il se développa,
ne fut lui-même au fond qu'une application du contrat de mandat.
3. Les nobles Toulousains en 1317. Hervieu, *op. cit.*, p. 32; cf. *Mémoire sur
les États généraux*, p. 46.
4 *Mémoire*, p. 56. Il y avait eu de tout temps une certaine représentation
dans l'ordre de la noblesse. Tous les seigneurs, en effet, n'étaient pas convoqués aux États généraux, mais seulement ceux de quelque importance
(Hervieu, *op. cit.*, p. 8 et suiv.), et cependant ceux-là par leurs décisions
engageaient tous les autres; voyez le préambule de l'ordonnance donnée à
Château-Thierry, le samedi après la Saint-Remy, 1303, dans du Tillet, *Recueil
des grands*, p. 36; cf. *Ord.*, 1, p. 383.

dalité politique s'affaiblissant, on ne comprenait plus le droit propre des seigneurs de figurer aux États généraux. Cette réforme n'était pas accomplie en 1428, car on convoqua encore à cette époque les gens d'Église et nobles « accoutumés d'être mandés[1] »; elle était réalisée en 1484 ; car, aux grands États généraux tenus à cette date, le clergé et la noblesse ne sont représentés que par des députés. Les évêques réclamèrent alors le droit d'être tous et personnellement convoqués ; et, sans nier leur droit, on leur fit une réponse qui montrait bien qu'il n'était plus de mode[2]. Les États généraux tenus sous Louis XI, en 1468, paraissent présenter une forme intermédiaire et servir de transition. En effet, d'un côté nous y voyons une quantité de prélats et de seigneurs qui comparaissent en personne ou par procureur, selon les anciens principes[3]. Mais, en même temps, nous constatons que les villes, visées par les lettres de convocation, ont élu chacune trois députés qui figurent sans doute les représentants élus des trois ordres, car nous savons que l'un d'eux était nécessairement un ecclésiastique ; les deux autres devaient être un noble et un membre du tiers état[4].

1. *Mémoire*, p. 53.

2. *Mémoire*, p. 66; cf. p. 21. Voilà, en effet, ce qui fut répondu par les États à l'assemblée des prélats : « Non recusabimus tamen eos habere praesentes dum modo suis impensis adsint. » *Journal de Masselin*, p. 407. Ce fait atteste une fois de plus quelle importance eut cette question des frais dans la transformation de la représentation du clergé et de la noblesse.

3. *L'ordre observé en l'assemblée des États généraux de France à Tours*, l'an 1467, par Jean le Prevost, secrétaire du roi et greffier esdits estats (dans le grand recueil intitulé, *Des États généraux et autres assemblées nationales*, 18 vol., 1789, t. IX, p. 207), liste d'évêques se terminant par ces mots « et autres qui comparurent par procureurs »; p. 209, liste de seigneurs « et autres en grand nombre qui comparurent par procureurs. » — Je désignerai dorénavant, selon l'usage, le grand recueil que je viens de citer par le nom de son principal compilateur, Mayer.

4. Mayer, t. IX, p. 209, 210 : « Étoient assises plusieurs notables personnes, tant gens d'Église, bourgeois, nobles, qu'autres qui la étoient venus garnis de pouvoir suffisant, faisant et représentant la plus grande et saine partie des bonnes villes et cités en ce royaume, desquelles villes les noms s'ensuivent. » « ... Et de chacune ville il y avoit un homme d'Église et deux laïcs. » Cf. *Mémoire*, p. 124 et suiv. — Il ne faut pas trop s'étonner de voir la représentation du clergé et de la noblesse élue par les cités; car, même plus tard, on appelait à l'assemblée du tiers état dans les villes, en qualité de bourgeois, ces nobles et ecclésiastiques qui y étaient domiciliés, *Mémoire*, p. 13. Cependant, c'est seulement pour le clergé et le tiers que l'on peut constater sûrement l'élection faite en commun dans les villes. Viollet, *Les élections aux*

Les deux formes, l'ancienne et la nouvelle, la comparution personnelle et la représentation élective, coexistent ici ; un peu plus tard, la seconde subsiste seule.

En même temps, le privilège des villes de députer seules aux États généraux disparaissait, et les habitants des campagnes étaient appelés à prendre part à l'élection des députés du tiers état. Cela se produisit dans la seconde moitié du xv⁰ siècle ; aux États généraux de 1468, les villes seules sont représentées ; en 1484, tous les habitants du bailliage prennent part à l'élection[1]. Mais il est plus difficile encore que précédemment de dire au juste comment la transformation s'accomplit. La cause générale fut certainement l'affaiblissement des libertés municipales : du moment que les villes ne constituaient plus des forces politiques indépendantes, il n'y avait pas de raison pour les faire représenter comme un ordre distinct aux États. On voit, d'autre part, au xvi⁰ siècle, les habitants des campagnes revendiquer parfois les mêmes privilèges que les bourgeois de la ville voisine[2]. Enfin, l'admission des campagnes se fit d'autant plus facilement que la liste des villes envoyant des députés aux États, n'avait pas été arrêtée d'une façon permanente, et que parfois la royauté avait adressé des lettres de convocation à des bourgades et presque à des villages[3].

Lorsque ces changements s'accomplirent, le mode d'élection qui s'introduisit paraît avoir été des plus simples. Chaque bailliage était invité par le roi à choisir, en leur donnant des pouvoirs suffisants, un ou plusieurs députés de chaque ordre. Ces députés étaient directement élus dans une assemblée qui se tenait au chef-lieu du bailliage, dont étaient membres tous les habitants qui voulaient s'y rendre[4] : il semble même que

---

États généraux réunis à Tours en 1468 *et en* 1484 *dans la Bibliothèque de l'École des Chartes,* 1866, p. 24-26 ; cf. pour la noblesse, p. 30.

1. Voyez cependant Viollet, *op. cit.,* p. 56 et suiv.

2. Boerius, decisio CCLXXII : « Habitantes extra villam et civitatem, sive nobiles, sive burgenses, *vel rustici,* si sint de jurisdictione illius civitatis, an possint esse consules illius. »

3. Hervieu, *op. cit.,* p. 10 et suiv.

4. Masselin, *Journal des États généraux tenus à Tours en* 1484, p. 406 : « Ad eligendum hujusmodi legatos, mandato regio, ecclesiastici, nobiles et tertius status suis in bailliviis et senescalliis vocatur et veniunt omnes qui adesse volunt. » — Cf. Mayer, t. VII, p. 363. — Viollet, *op. cit.,* p. 31 et suiv.

les trois ordres y étaient confondus et procédaient en commun
à l'élection des députés pour le clergé, la noblesse et le tiers-
état[1]. Mais ce système, qui nous paraît avoir été d'abord pratiqué, ne dura pas : il fut remplacé par un autre beaucoup plus
complexe, mais plus conforme aux principes fondamentaux
sur lesquels reposait cette institution. C'est dans la seconde
moitié du xvi° siècle qu'elle arriva à son état définitif : nous
allons l'étudier maintenant dans ce dernier état, et nous demander comment les députés étaient élus et comment ils fonctionnaient.

III

Lorsqu'en 1788, après une interruption de plus d'un siècle
et demi, le pouvoir royal se décida à remettre en activité l'institution des États généraux, il se trouva fort empêché pour
déterminer les règles des élections : il fit cette déclaration « qu'on
ne constate d'une façon positive la forme des élections, non
plus que le nombre et la qualité des électeurs et des élus[2]. » A
la vérité il n'y avait jamais eu de loi électorale, le système suivi
avait varié selon les temps et selon les lieux, n'ayant pour régulateur que les lettres de convocation du roi et les précédents.
Cependant, il n'en reposait pas moins sur certains principes
fixes et présentait une véritable logique[3].

1. C'est la règle qui paraît avoir été encore édictée pour les élections aux
États d'Orléans de l'an 1560. Voyez les lettres de convocation, *Mémoire*,
p. 133-134 : « Nous mandons... que incontinent après la présente reçue vous ayez
à son de trompe ou autrement à faire assembler en la ville principale de
votre ressort... tous ceux des trois estats d'icelui... pour conférer ensemble
tant des remontrances, plaintes et doléances qu'ils auront à proposer et nous
faire entendre en l'assemblée générale de nosdits estats, ou nous entendons
qu'ils envoient et fassent trouver audit jour certains bons personnages d'entre eux et pour le moins un de chaque Estat qu'ils choisiront à cette fin. » —
Cependant les élections eurent certainement lieu à part dans chaque ordre.
2. Arrêt du conseil du 5 juillet 1788 (Isambert, *Anc. lois*, XXVIII, 601).
3. Ce sont surtout les recherches faites en vue des élections de 1789 qui
fournissent sur cette matière des renseignements utiles. Voyez les deux arrêts
du conseil du 5 juillet et du 5 octobre 1788 ; le grand recueil de Mayer, com-
pilé à cette occasion, le *Mémoire* plusieurs fois cité précédemment, et un autre
Mémoire sur les États généraux et leurs droits et la manière de les convoquer,
par le comte d'Antraigues, 1789. — L'étude qui depuis lors a fourni le plus
de renseignements sur la question est un mémoire de M. Picot, lu en 1874 à
l'Académie des Sciences morales et politiques, *Les élections aux États géné-*

La circonscription d'après laquelle se faisait la députation aux États généraux était le bailliage ou la sénéchaussée[1]. On peut même dire que c'était plus qu'une circonscription électorale, c'était vraiment l'unité, la personne publique en qui résidait le droit de députation. De même que dans le système ancien, c'étaient non pas des individus, mais des seigneuries ecclésiastiques, laïques ou municipales qui étaient représentées aux États, de même, dans le dernier système, c'était le bailliage qui s'y faisait représenter par les députés de ses trois ordres[2]. Chaque bailliage avait un droit égal et le nombre des députés n'était point proportionnel à la population[3]. D'autre part, il n'y avait que les bailliages royaux qui fussent représentés aux États, et par là même ceux-ci ne comprirent jamais que la représentation des pays composant le domaine de la couronne. Aux États généraux du xɪvᵉ siècle, ne figuraient pas, pour cette raison, la Bourgogne, la Provence et la Bretagne[4]; la Bretagne manque encore aux États de 1484. Dans la suite, lorsqu'un bailliage royal était distrait du domaine pour être constitué en apanage, il perdait sa représentation[5]; lorsque par le démembrement d'un ancien bailliage, un nouveau était créé, il acquérait par là même le droit d'avoir ses députés distincts.

Le mode d'élection n'était pas le même pour les trois ordres, qui dorénavant élisent toujours séparément leurs députés res-

raux dans les provinces de 1302 à 1614 et Histoire des États généraux, Vᵃ, p. 242-267.

1. Il y eut quelquefois des représentations par gouvernements; mais ce fut tout à fait exceptionnel; et dans ce cas c'était encore des bailliages, par un suffrage indirect, que procédait l'élection.

2. C'est ainsi qu'en Angleterre le droit de députation à la chambre des communes réside traditionnellement dans les comtés, dans les villes et bourgs et dans les Universités. Anson, op. cit., I¹, p. 112 et suiv. Mais tandis qu'en Angleterre, les villes et bourgs ont obtenu et gardé une représentation distincte, en France, l'ancienne représentation propre aux villes s'est fondue dans la représentation du tiers état pour tout le bailliage. On peut cependant trouver quelques traces de ces deux représentations coexistantes. Mayer, t. VII, p. 310, 425.

3. Il semble même que souvent le nombre des députés n'était pas limitativement fixé par les lettres de convocation; mais cela n'avait pas grande importance étant donné le mode de votation, d'après lequel chaque bailliage n'avait qu'une voix. Mémoire, p. 70, 99 et suiv.

4. Cf. Hervieu, op. cit., p. 10.

5. Mémoire, p. 73 et suiv.

pectifs. On avait renoncé au système très simple suivi en 1484 ; il avait, semble-t-il, soulevé les résistances des ordres privilégiés[1], et comme je le dirai plus loin, il était loin de servir pleinement les intérêts du tiers état. Le suffrage était direct pour la représentation du clergé et de la noblesse ; il était au contraire indirect, à deux ou plusieurs degrés, pour la représentation du tiers état[2].

Pour le *clergé*, le corps électoral était composé de tous les ecclésiastiques ayant un bénéfice dans la circonscription, et des représentants des corps ecclésiastiques. Cela donnait une liste plus ample que celle qui avait jadis servi à la convocation directe ; cela comprenait en particulier tous les curés des paroisses[3]. L'assemblée du clergé ainsi composée procédait directement à l'élection des députés qui devaient représenter le clergé du bailliage aux États généraux. Les élections de la *noblesse* étaient aussi simples. Pour être électeur, il fallait, semble-t-il, remplir deux conditions : être noble et posséder un fief dans la circonscription[4]. La seconde condition était, comme un souvenir du système premier, d'après lequel c'étaient les seigneuries qui étaient convoquées. Il en résultait que, pour le noble possesseur de fief, prendre part à l'élection était un droit personnel, indépendant de l'âge ou du sexe : les mineurs et les femmes qui se trouvaient dans ces conditions pouvaient prendre part au vote par procureur[5]. D'ailleurs dans les deux premiers ordres, malgré des divergences, le principe fut généralement admis qu'on pouvait voter par procuration[6].

Pour les élections du tiers état, le système était plus compliqué. La complexité résultait de la difficulté de combiner, pour

---

1. Viollet, *op. cit.*, p. 47.

2. On appelle suffrage direct celui dans lequel l'électeur désigne par son vote le député lui-même ; suffrage indirect celui dans lequel l'électeur choisit seulement un nouvel électeur, ou électeur du second degré. D'ailleurs il est possible que l'électeur du second degré n'ait lui-même que le droit de choisir un nouvel électeur : on a ainsi un suffrage à deux, trois degrés, etc.

3. Picot, *Les élections*, p. 24 ; *Mémoire*, p. 78 et suiv. — Pour les élections de 1789, voyez le règlement du 24 janvier de cette année (Isambert, *Anc. lois*, XXVIII, 638) art. 9-17.

4. Picot, *Les élections*, p. 25 ; règlement du 24 janvier 1787, art. 9.

5. Picot, *Les élections*, p. 25 ; règlement du 24 janvier 1789, art. 20.

6. *Mémoire*, p. 82, 84.

F.   31

un résultat d'ensemble, le vote des villes et celui des campagnes [1]. Le procédé adopté en 1484 était en somme peu satisfaisant : dans cette assemblée commune des trois ordres où se
rendaient s'ils le voulaient tous les habitants du bailliage, il
y avait peu de chances pour que les paysans osassent se présenter. Pour avoir, au chef-lieu du bailliage, une assemblée
du tiers état composée d'éléments semblables et où tous les
habitants seraient représentés, on avait organisé le suffrage
indirect. L'unité choisie comme assemblée primaire, comme
unité électorale, fut la paroisse. Cette circonscription s'imposait ; elle était commune aux villes et aux campagnes, et, pour
ces dernières, c'était véritablement l'unité administrative ; on
élisait donc des électeurs du second degré, à la fois, dans les
paroisses des villes et dans celles des campagnes [2]. Mais, dans
les villes, c'étaient le plus souvent des notables qui composaient
l'assemblée électorale, et beaucoup de corporations désignaient
pour leur propre compte des électeurs, à côté de ceux des paroisses. Dans les paroisses des campagnes, l'assemblée électorale était l'assemblée générale des habitants, comprenant tous
ceux qui étaient imposés à la taille ; c'était donc un suffrage
presque universel. Mais les électeurs nommés par les paroisses
rurales n'étaient pas toujours destinés à figurer à l'assemblée
du bailliage. Souvent ils se joignaient à ceux qui avaient été
élus par une petite ville voisine, comprise dans le bailliage
mais inférieure au chef-lieu, et là, en commun avec ceux-ci,
ils désignaient de nouveaux électeurs qui, au nom des uns et
des autres, devaient prendre part à l'élection des députés [3]. Il
semble qu'il en était régulièrement ainsi lorsque les habitants
des paroisses n'étaient pas les justiciables directs du tribunal
de bailliage, mais d'un autre siège inférieur. Il paraît bien
aussi que c'était parfois spontanément que les électeurs ruraux
s'associaient ainsi aux électeurs de la petite ville voisine, sans

1. D'après l'arrêt du conseil du 5 octobre 1789 (Isambert, *Anc. lois*, XXVIII,
613) : « Les habitants des campagnes, excepté dans un petit nombre de dis-
tricts ne paraissent pas avoir été appelés à concourir par leurs suffrages à
l'élection des députés aux États généraux. » Mais c'était là une erreur ou exa-
gération manifeste. On songeait sans doute surtout aux élections de la vicomté
de Paris, auxquelles les communes rurales paraissent en effet n'avoir jamais
participé.
2. *Mémoire*, p. 9 et suiv.
3. Picot, *Élections*, p. 18-22.

doute par esprit d'économie, afin de ne pas avoir à payer les frais de délégués spéciaux au chef-lieu du bailliage [1]. Le suffrage pour les élections du tiers était donc toujours indirect, en partie au second degré et en partie au troisième. L'assemblée qui élisait les députés se composait de tous ces électeurs, choisis les uns par les paroisses ou les corporations, les autres par les électeurs des paroisses rurales et des petites villes. Pour achever le tableau de ce système électoral, il faut encore indiquer deux règles.

Les élections directes ou successives n'avaient pas seulement pour but de désigner les députés : elles dégageaient aussi les doléances qu'ils devaient présenter au roi et les pouvoirs que les mandants leur conféraient. A cet effet, à la suite de chaque élection, il était dressé un cahier de doléances, généralement par des commissaires pris dans l'assemblée, et les délégués ou députés l'emportaient avec eux. Le cahier du clergé et celui de la noblesse du bailliage était obtenu en une seule opération, comme l'élection des députés eux-mêmes. Mais, pour le tiers état, à chaque nouveau degré d'élection, il était dressé un nouveau cahier, dans lequel on fondait les divers cahiers apportés par les délégués qui prenaient part au vote ; on obtenait ainsi, en définitive, un cahier commun pour le tiers état de tout le bailliage.

Les députés aux États généraux étaient, quant à leurs pouvoirs, soumis au régime qu'on appelle le *mandat impératif*. Ils étaient obligés de présenter les doléances et réclamations dont les avaient chargés leurs commettants, et ils ne pouvaient accorder à la royauté que les demandes rentrant dans les pouvoirs que ceux-ci leur avaient conférés. Le fait est incontestable. Il suffit de rappeler que les lettres de convocation du roi recommandaient spécialement aux trois ordres de donner à leurs députés des pouvoirs suffisants pour l'expédition des affaires en vue desquelles ils étaient convoqués. Plus d'une

---

1. Voyez les curieux procès-verbaux de Châtillon-sur-Seine, de Chinon et paroisses du ressort, de Loches et paroisses du ressort en 1614, *Mémoire*, p. 171, 484 et suiv.; Mayer, t. VII, p. 374 et suiv. — Cette façon de procéder avait pu s'établir sans loi proprement dite, en vertu de la théorie du mandat civil qu'on appliquait ici; en effet le mandataire pouvait en principe se substituer un tiers dans l'exécution du mandat, L. 8, § 3, D. XVII, 1.

fois, les députés répondirent aux demandes royales que celles-ci excédaient leurs pouvoirs et il fallut les renvoyer devant leurs électeurs pour en recevoir de nouveaux[1]. On était arrivé là, tout naturellement, en appliquant la théorie du mandat civil : le mandataire n'a que les pouvoirs qui lui ont été donnés par le mandant. Le système représentatif des temps modernes repose sur d'autres principes ; il ne confond plus avec le mandat du droit privé les relations entre les électeurs et leurs députés ; et ceux qui veulent revenir au mandat impératif reprennent en réalité une conception ancienne et étroite, fournie par le droit privé des Romains, à une époque où on lui demandait la solution de tous les problèmes juridiques ; toujours, par application de cette théorie du mandat, la règle était que le député devait être indemnisé de ses frais et qu'il devait l'être par le mandant. Les députés recevaient donc une indemnité[2] payée par les bailliages qui les avaient choisis : le paiement de cette indemnité fit souvent naître des difficultés et paraissait une lourde charge, qui rendait peu désirée la convocation des États généraux[3].

A l'époque où les États généraux devinrent une assemblée totalement élective, un certain nombre de provinces avaient eurs États particuliers, qui se réunissaient périodiquement, image en raccourci ou prototype des États généraux. Dans un système où le droit de se faire représenter à ceux-ci appartenait non pas aux citoyens pris en cette qualité, mais à des circonscriptions figurant des sortes de personnes publiques, n'était-il pas naturel d'utiliser cette représentation provinciale pour les États généraux, et de faire représenter aux États généraux, non les bailliages de ces provinces, mais les États provinciaux eux-mêmes au moyen de délégués qu'ils choisiraient ? Cela paraissait logique, une véritable unité politique, supérieure aux bailliages, s'étant dégagée dans ces pays ; c'était elle qui devait être représentée. Mais si les pays d'États demandèrent, en effet, et obtinrent parfois que leur représentation aux États généraux se fît de cette manière, la royauté fut plutôt contraire ; elle arriva à introduire souvent dans les pays

1. Mayer, t. VII, p. 388 et suiv., t. XI, p. 169 et suiv. — Mémoire du comte d'Antraigues, 128.
2. Mayer, t. VII, p. 390 et suiv.
3. Viollet, *Élections*, p. 31 et suiv.

d'États l'élection par bailliages et sénéchaussées : parfois il y eut un moyen terme. Le pays députait aux États généraux selon la méthode ordinaire, mais les États provinciaux y envoyaient, en outre, un délégué[1]. Ce particularisme était contraire à l'esprit public, lorsqu'il s'agit de convoquer les États généraux de 1789[2].

IV

Les lettres de convocation avaient fixé le lieu où se réuniraient les États et l'époque de leur réunion. Ils s'assemblaient dans l'une des villes près desquelles séjournait habituellement la Cour. C'est là que se réunissaient les députés, et tout d'abord chaque ordre procédait à la vérification des pouvoirs de ses membres : il tranchait les litiges qui s'élevaient à cet égard. Il nommait aussi son président et ses orateurs en vue des séances royales. La première de ces séances était l'ouverture même des États : le roi en personne ou par l'organe de son chancelier exposait aux députés des trois ordres le but de leur convocation et les demandes de la royauté. C'était ce qu'on appelait l'os apertum, parce que c'était cette invitation du roi qui donnait aux États le droit de délibérer : n'ayant aucune initiative propre, ils ne pouvaient délibérer que sur les questions posées par le pouvoir royal. Alors apparaissait un problème d'une importance capitale : comment les États prendraient-ils leurs délibérations ; les trois ordres voteraient-ils séparément ou en commun ? Le système qui prévalut fut le vote par ordre : il fut pratiqué dès le xive siècle, et il était en effet dans la logique de l'institution en même temps qu'il fut pour elle une cause irrémédiable de faiblesse. Le phénomène accidentel et très heureux fut, au contraire, celui qui se produisit en Angleterre où, grâce aux circonstances, la représentation analogue des trois ordres de la nation se réduisit à deux chambres. En

---

1. Piganiol de la Force, *op. cit.*, I, 210 : « En Bretagne, en Dauphiné, en Provence les députés pour les États généraux sont nommés dans des assemblées générales de toute la province ; mais dans le reste du royaume ce sont les bailliages ou les sénéchaussées, ou les villes qui les nomment. » Picot, *Élections*, p. 33 et suiv. ; Mayor, t. VII, p. 425 et suiv.

2. *Mémoire*, p. 88 et suiv.

France, une autre solution apparut momentanément ; ce fut la délibération en commun des trois ordres, ramenant ainsi les États généraux à l'unité. Deux fois elle fut adoptée dans des occasions où les États, sentant leur force et ayant le sentiment de leur mission possible, firent vraiment acte de puissance. Aux États de 1484, les députés des trois ordres, qui d'ailleurs avaient été désignés par une élection commune, délibérèrent en commun [1]. En 1356, les États convoqués après la captivité du roi Jean et qui exercèrent effectivement le gouvernement pendant une courte période, adoptèrent un procédé semblable : les trois ordres délibérèrent à part, mais ils formèrent une grande commission, composée de leurs délégués respectifs, à laquelle ils donnèrent de pleins pouvoirs, et celle-ci agissait en corps, comme une assemblée homogène [2]. Mais ce furent là seulement des accidents ; en somme, l'institution resta fidèle à sa logique originelle ; le vote par ordre prévalut et se maintint. Il rendait très difficile une décision émanant des États, car, en même temps, s'établissait le principe qu'il fallait pour cela un vote conforme des trois ordres, deux ordres ne pouvant, en formant la majorité (deux contre un), engager le troisième. Ce principe fut surtout réclamé et soutenu par le tiers état, et cela pour une raison très simple et légitime. Sans lui, les deux ordres privilégiés, étant largement exemptés des impôts, auraient pu par leur vote concordant accorder des taxes dont, seul, le tiers état, malgré son refus, aurait supporté tout le poids. Aussi est-ce à ce point de vue que la règle fut législativement sanctionnée [3]. Il faut ajouter que jamais, dans les États généraux anciens, on ne vota pas *par têtes*. L'assemblée de chaque ordre, lorsqu'on votait séparément, ou l'assemblée des trois ordres, lorsqu'on vota en commun en 1484, n'était point considérée comme un corps simple, dont tous les membres auraient eu le même droit de vote, de telle façon que, pour dégager la majorité, il suffît de recueillir les

1. Picot, *Histoire des États généraux*, I[2], p. 357 et suiv.
2. Picot, *Histoire des États généraux*, I[2], p. 46, 47.
3. Ordonnance d'Orléans (1561), art. 135 : « En toutes assemblées d'États généraux ou particuliers des provinces où se fera octroy de deniers les trois Estats s'accorderont de la part et portion que chacun desdits Estats portera. Et ne le pourront le clergé et la noblesse seuls, comme faisans la plus grande partie. »

voix et de les compter. La règle était que l'on votait par bailliages : chaque bailliage avait une voix et c'était la majorité
de ses députés qui décidait dans quel sens elle se porterait ;
s'ils étaient en nombre égal de part et d'autre, la voix du
bailliage était perdue. Assez souvent, on vota par gouvernements, chaque gouvernement ayant une voix [1]. Mais c'étaient
encore les voix des bailliages compris dans le gouvernement
qui décidaient du vote de celui-ci.

Au cours de la session, il y avait ordinairement des séances
royales, où les trois ordres se réunissaient comme lors de
l'ouverture, en présence du roi, et, par l'organe de leurs orateurs élus, lui communiquaient, dans des harangues solennelles, leurs sentiments et le résultat de leurs délibérations.
Enfin la session se terminait, dans le même style, par une
séance de clôture où s'opérait la remise des cahiers de doléances que les États avaient préparés, comme il sera dit plus
loin [2].

V

Il est très difficile de définir d'une façon précise les pouvoirs
des États généraux. En fait, ils n'ont pas toujours été les
mêmes, ayant varié selon les circonstances : en droit, ils ont
toujours été vagues et mal déterminés.

Les États généraux ont exercé parfois des *pouvoirs extraordinaires*. Sous le règne du roi Jean le Bon, de 1355 à 1358, ils
jouèrent un rôle semblable à celui d'un parlement moderne,
fréquemment réunis, plusieurs fois au cours d'une même
année, de telle manière qu'au cours d'une session la session
suivante et très proche était annoncée. Dès 1355, non seulement
ils votaient l'impôt nécessaire pour la guerre, mais ils en
avaient, par leurs délégués, l'administration et le contentieux :
réparti par leurs délégués, levé par leurs agents, l'argent

---

1. *Mémoire*, p. 97-110 ; Mayer, t. VII, p. 481 et suiv.
2. Sur toute la procédure suivie aux États, voyez Mayer, t. VII, p. 445 et
suiv. ; Piganiol de la Force, *op. cit.*, I, p. 207 et suiv. — Mais pour sentir la
vie même de ces assemblées il faut lire en entier quelqu'un des procès-verbaux qui ont été conservés, spécialement le *Journal d'Olivier Masselin* pour
les États de 1484.

était payé aux armées par leurs propres receveurs, et ils revenaient vérifier les comptes au bout d'un an[1]. En 1357, ils obtinrent encore davantage. S'il n'est pas certain qu'ils instituèrent un conseil de gouvernement électif, figuré par une
commission de trente-six députés pris parmi eux, ils épurè-
rent tout au moins le conseil du roi, chassant un certain nombre de ses membres et les remplaçant par leurs hommes[2].
C'étaient là de bien remarquables conquêtes; mais elles étaient
prématurées et furent éphémères. En 1420, les États généraux furent appelés à exercer un pouvoir plus considérable
encore. On soumit à leur ratification le traité de Troyes, qui
faisait passer la couronne de France sur la tête du roi d'Angleterre Henri V, après la mort de Charles VI[3]. C'était l'application d'un principe de droit public indiqué plus haut[4], d'après
lequel les États devaient intervenir lorsqu'il s'agissait de la
cession totale ou partielle du territoire national, et le traité
avait stipulé expressément leur ratification[5]. Les États réunis
à Paris, le 6 décembre 1420, approuvèrent le traité de Troyes.
En dernier lieu, à la fin du XVIe siècle, les États généraux furent
assemblés pour procéder à l'élection d'un roi de France. Il est
vrai qu'ils étaient convoqués par un pouvoir révolutionnaire,
c'étaient les États de la Ligue de 1593[6]; mais cela montre au
moins que, dans certaines circonstances, on les croyait investis
de ce pouvoir[7]: et en effet si le roi mourait sans laisser de

1. Ordonnance du 28 décembre 1355, art. 1, 7 (*Ord.*, III, 19 et suiv.).

2. Voyez le procès-verbal des États du mois d'octobre 1356 (Isambert, *Anc. lois*, IV, 771), et, pour la discussion de la question, Noël Valois, *Le conseil du roi aux* XIVe, XVe *et* XVIe *siècles*, p. 28 et suiv., où les principaux travaux sur ce point sont rappelés.

3. Art. 24 et 30; Cosneau, *Les grands traités de la guerre de Cent ans*, p. 111, 113.

4. Ci-dessus, p. 323.

5. Traité de Troyes, art. 24 : « Il est accordé que nostre dit filz labourera par effect de son pouvoir que *de l'adviz et consentement des trois estaz desdis royaumes*, ostez les obstacles en ceste partie, etc. » — Cependant le traité de Brétigny, qui cédait aux Anglais une grande partie du royaume, n'avait pas été soumis à cette ratification.

6. Aug. Bernard, *Procès-verbaux des États de* 1593, Paris, 1842.

7. *Satyre Ménippée*, discours du sire de Rieu : « Au demourant s'il faut élire un roi, je vous prie de vous souvenir de moy et de mes mérites. » — Dans les négociations du traité d'Utrecht, M. de Torcy affirme pourtant : « Les États en France ne se mêlent point de ce qui regarde la succession à la couronne. » Giraud, *Le traité d'Utrecht*, p. 101.

parent capable de succéder au trône, on ne voit pas que dans le droit public de l'ancienne monarchie une autre solution fût possible.

Mais si l'on veut dégager les *pouvoirs ordinaires* des États généraux, on voit qu'ils se réduisent à deux, toujours reconnus, quoique dans un sens différent, selon les temps. Ils avaient été convoqués dès Philippe le Bel, pour donner au roi *aide et conseil*[1], et, jusqu'au bout, on leur reconnut le droit de consentir des impôts (*aides* en vieux français) et de présenter des avis ou doléances.

Si les États ont toujours été appelés à consentir l'impôt, leur intervention à cet égard n'a pas toujours eu le même caractère. Dans la première moitié du xiv° siècle, ils avaient véritablement le vote de l'impôt; il fallait leur octroi pour établir un impôt général. Le roi n'avait pas encore le droit de lever d'autorité des impositions là où il n'avait pas la haute justice ; sans doute il avait d'autres moyens d'obtenir le consentement des seigneurs et des villes à un subside, comme on le verra plus loin; mais, seul, le consentement des États généraux pouvait par un seul acte créer un impôt général. Dès la fin du xiv° siècle, la situation n'était plus la même ; un certain nombre d'impôts permanents existaient au profit du roi, qui, pour les lever, n'était plus obligé de s'adresser aux États. Cependant, ceux-ci, au xv° siècle, rentrèrent dans leurs anciens droits. Charles VII, en engageant la lutte contre les Anglais, renonça, volontairement ou par force, aux impôts permanents; il tira ses ressources des subsides qu'il demanda aux États généraux des pays qui lui restaient fidèles. Ceux-ci montrèrent le plus grand patriotisme. De 1421 à 1433, les États généraux de la Langue d'oc et surtout ceux de la Langue d'oil furent réunis presque tous les ans, parfois plusieurs fois dans la même année et, sans accéder à toutes les demandes de la royauté, ils votèrent des subsides incessants[2]. Il semblait que, cette fois, les États généraux avaient définitivement conquis le droit essentiel des assemblées politiques, celui de voter périodique-

1. Voyez ci-dessus, p. 471, note 2. C'est aussi pour donner aide et conseil que les parlements anglais furent réunis. Anson, *op. cit.*, I¹, p. 16 et suiv.

2. Picot, *Histoire des États généraux*, I¹, p. 292 et suiv.

ment l'impôt[1]. Il n'en fut rien et d'eux-mêmes ils y renon-
cèrent en admettant l'impôt permanent, en 1435, à Tours, sous
la forme des aides[2], et, en 1439, à Orléans, sous la forme de la
taille[3]. La cause de cette capitulation, c'est qu'après l'immense
effort qu'il venait de faire, le pays était épuisé; il ne demandait que la paix et le repos et se remettait volontiers aux mains
du roi qui venait de le conduire à une grande victoire nationale.
Il y eut pourtant une protestation: elle vint de la noblesse, qui,
comme on le verra plus loin, était directement atteinte par
les mesures de précaution dont le roi avait entouré l'établissement de la taille royale. Elle adressa au roi, en 1441, un cahier
de doléances, dans lequel elle revendiquait pour les États le
vote périodique de l'impôt[4]; mais Charles VII, fort de l'opinion
publique, y répondit que les assemblées d'États n'étaient qu'une
cause de dépenses pour les populations qui, outre la taille,
avaient à payer alors les frais des députés[5]. L'idée, contenue
dans cette réponse, quelque grossière qu'elle paraisse, était
certainement celle des contemporains; ce qui le montre bien,
c'est qu'elle fut reproduite par les députés eux-mêmes, sous
Louis XI, aux États généraux de Tours, en 1468[6]. Cependant

1. Picot, *Histoire des États généraux*, I[2], p. 308 et suiv.
2. Ordonnance du 28 février 1435 (Isambert, *Anc. lois*, VIII, p. 834): « Instructions et ordonnances... sur la manière de lever et gouverner le fait des
aides, qui souloient avoir cours pour la guerre, lesquels le roy nostre dit
seigneur depuis son partement de Paris abatit, et du consentement des trois
estatz de son obéissance a remis sus le xxviii° jour de février, l'an mille
IIII° XXXV. »
3. Ordonnance d'Orléans, 2 nov. 1439, art. 41-44 et préambule. Picot, *États
généraux*, I[1], p. 320 et suiv.
4. Le texte a été conservée par Monstrelet; il est reproduit dans Isambert,
Anc. lois, IX, p. 108: « Ont remontré au roi comment telles tailles et impôts
se doivent mettre sus et imposer, et appeler les seigneurs et les Estats du
royaume. »
5. Isambert, *Anc. lois*, IX, p. 108: « N'est ja nul besoin d'assembler les
trois estats pour mettre sus lesdites tailles; car ce n'est que charge et dépense
pour le pauvre peuple, qui a à payer les frais de ceux qui y viennent; et ont
requis plusieurs notables seigneurs dudit pays qu'on cessât de telle convocation faire et pour ceste cause sont contens qu'on envoie la commission aux
esleuz, selon le bon plaisir du roi. »
6. Procès-verbal de Le Prevost (Mayer, t. IX, p. 222): « Et dès maintenant
pour lors... toutes les fois que lesdits cas escherroient, iceux des États ont
accordé et consenti, accordent et consentent que le roi, sans attendre autre
assemblée ni congrégation des États, pour ce que aisément ils ne se peuvent
pas assembler, y puisse procéder à faire tout ce que ordre de droit et de jus-

le sens de la liberté parut se réveiller à la mort de Louis XI, aux États généraux convoqués à Tours, en 1484. L'occasion était favorable pour regagner le terrain perdu, car il s'agissait de sortir des embarras d'une régence. Les trois ordres agirent avec une entente et un esprit politique remarquables. Ils protestèrent contre l'impôt permanent et réclamèrent le droit de le consentir seulement pour une courte période, en invoquant, non l'ancien principe féodal, c'est-à-dire le caractère seigneurial de l'impôt, mais le principe moderne, à savoir que l'impôt doit être consenti par le peuple qui le paie[1]. Ils mirent en pratique leur théorie, réduisirent l'impôt au chiffre qu'il avait atteint sous le règne de Charles VII, et ne le votèrent que pour deux ans[2] : encore n'accordèrent-ils cela qu'à la condition que le roi ferait droit aux plaintes contenues dans leurs cahiers, et qu'au bout de deux ans ils seraient convoqués à nouveau[3]. Cette fois, il semblait bien que la liberté politique allait prendre racine. Mais il n'en fut rien. Quand le pouvoir royal fut sorti d'embarras, il reprit ses anciens errements et oublia ses promesses. Cependant, lorsqu'il fut certain qu'on ne voulait pas les tenir, le duc d'Orléans, qui devait être un jour Louis XII et qui était alors l'adversaire déclaré d'Anne de Beaujeu, vint protester au parlement de Paris, accompagné du comte de Dunois et du sire de Richebourg. Il déclara que

tice et les statuts et ordonnances du royaume le portent promettant et accordant tous iceux États servir et aider le roi touchant ces matières. » Cf. p. 219.

1. *Journal de Masselin*, p. 416 : « Jam intentio et conatus regia ex parte ferri videtur ut tallia, reliquorum instar tributorum, et velut res principi debita semper perseveret, et tandem immortalis fiat. Si hoc est admittendum, vestras, inquiunt (legati) conscientias testamur, *nos procuratores populi* qui de parva culpa teneremur, *res ejus sine pœna pendi concedere*, et id forsan non pro brevi temporis cursu, sed plane in œternas generationes. »

2. *Journal de Masselin*, p. 428 : « Conclusimus nequaquam concedere nisi duodecies centum millia nec ultra quidem biennium... » P. 448 » : Eam ipsam concedunt summam quæ tempore licet Caroli septimi levari consueverat, et hoc sub forma et nomine doni ac liberalis concessionis, et non alias et ut de cætero tallia non vocetur, sed donum et mera liberaque gratuitas atque concessio. »

3. *Journal de Masselin*, p. 450 : « Instant dicti legati ut hinc ad duos annos status iterum congregentur et ut regi placeat nunc locum assignare et definire tempus decreto firmo et irrevocabili; non enim intelligunt dicti legati quod aliqui denarii de cætero imponantur nisi vocentur et expresse consentiant. »

la dépense de l'État pour l'année écoulée (1484) dépassait de beaucoup la somme votée par les États « bien que l'on ne peust ne deust asseoir sur le peuple autres ne plus grandes sommes que celles qui avoient esté octroyées ». Il demandait, ainsi que le comte de Dunois, la convocation des États généraux, se plaignant de ce que le roi était circonvenu par la dame de Beaujeu. Le premier président du parlement, Jean de la Vacquerie, lui répondit en l'exhortant à l'union avec les autres membres de la maison de France, et déclina toute compétence en cette matière, disant que « quant à la cour, elle est instituée par le roi pour administrer justice et n'ont point ceux de la cour d'administration de guerre, de finances ne du fait et gouvernement du roi ne des grands princes ». Cette réponse était assez extraordinaire, étant donné les droits tout politiques et très étendus que s'attribuaient alors les parlements, comme on le verra plus loin. Le duc, vainement, flatta ces prétentions en disant qu'il était « venu à la cour comme à la justice souveraine et qui doit avoir l'œil et le regard aux grands affaires du royaume ». Le parlement fit la sourde oreille et se contenta de transmettre au roi le procès-verbal de ce qui s'était passé[1]. C'est qu'il s'agissait des États généraux, c'est-à-dire d'un pouvoir politique, en partie rival, dont les parlements contrarièrent incontestablement le développement et auquel ils cherchèrent à se substituer.

Ce fut là la dernière chance sérieuse qui s'offrit à la nation de conquérir le vote libre et périodique de l'impôt. Ce n'est pas que les États généraux de la seconde moitié du XVIe siècle n'aient énergiquement réclamé ce droit : ils firent même plus, ils refusèrent plus d'une fois de consentir les impositions qu'on leur demandait[2]. Car on leur en demandait encore ; c'était même le principal objet de leur convocation. Mais ces réclamations et cette résistance furent inefficaces. La prérogative du pouvoir royal s'était consolidée dans l'intervalle. Pour l'établissement des nouveaux impôts, on ne demandait plus le

---

1. Voyez le procès-verbal et la décision de la cour dans Dupuy, *Traité de la majorité des rois*, I, p. 416-426.

2. États généraux d'Orléans, 1560, de Blois 1576 et 1588 ; voyez Picot, *Histoire des États généraux*, II², 198 et suiv. ; III, 51 et suiv., 72 et suiv., 93-95 ; 395-342 ; IV, 48.

consentement des États qu'afin de faire mieux accueillir ces charges par la population : leur consentement, utile en fait, n'était plus nécessaire en droit, et la royauté pouvait s'en passer [1].

Quant à leur seconde attribution normale et ordinaire, c'est-à-dire *le conseil*, ce fut pour eux d'abord un devoir et non un droit. Ils ne donnaient leur avis que sur le point qui leur était soumis par le roi [2]. Aucune initiative n'existait de leur part, même en forme de conseil. Mais, d'autre part, nous voyons, dès le règne de Philippe le Long, que les convocations d'États sont souvent motivées par les plaintes ou suppliques qui ont été adressées au roi au nom des trois ordres touchant certains objets ; et les ordonnances qui interviennent alors après l'avis des États portent parfois sur des objets très variés et très divers, à propos desquels une réforme est édictée [3]. On peut en conclure que les membres des États profitaient de la réunion pour soumettre au roi en corps et par ordre les griefs dont ils demandaient le redressement. A partir des États du roi Jean, le système se précise. Les États qui sont convoqués en 1355 et 1356 pour donner conseil et surtout aide rédigent une liste précise de griefs qu'ils présentent au roi en lui demandant d'y faire droit ; et, comme le roi de son côté ne peut se passer des subsides qu'il leur demande, il intervient comme un marché entre les deux parties. Les États accordent les subsides et le roi fait droit aux réclamations des États [4].

1. Loyseau, *Des seigneuries*, ch. III, n° 46 : « A mon advis il ne faut plus douter qu'en France (qui est possible aujourd'huy la plus pure et parfaite monarchie du monde) nostre roy, n'ayant d'ailleurs presque plus d'autre fonds de finances, ne puisse faire des levées de deniers sans le consentement des Estats, qui, comme j'ay prouvé au chapitre précédent, n'ont aucune part à la souveraineté. »

2. Voyez encore le préambule très net de l'ordonnance du 13 février 1318 (*Ord.*, 1, 679) : « Nous eussions fait appeler devant nous... les prélats, barons, chapitres et bonnes villes de nostre royaume... auquel jour nous feimes dire et exposer nostre intencion en nostre présence, sur laquelle eue délibération par aucuns jours, ils nous ont fait réponse bonne et gracieuse. »

3. Voyez par exemple, les ordonnances de février 1318, de mars 1332 (*Ord.*, I, 679, II, 84), Cf. Lettres de 1321 (*Ord.*, I, 814), Ordonnance de 1338 (*Ord.*, II, 120).

4. Voyez les ordonnances du 18 décembre 1355 et du 1er mars 1356. Elles sont divisées en deux parties, répondant exactement à cette transaction. L'ordonnance de 1355, en tête de la seconde partie, porte même expressément la rubrique : *Réponse aux griefs des Estats*.

Ceux-ci avaient donc acquis en cela une véritable initiative : il était dès lors admis qu'ils pouvaient présenter des doléances à la royauté, bien que les chances d'obtenir satisfaction dépendissent uniquement des circonstances. Aux États généraux du xvᵉ siècle, sous Charles VI en 1413[1], et sous Charles VII[2], on voit reparaître les griefs et remontrances. Mais, jusque-là, dans la forme du moins, elles apparaissent comme émanant directement des États. C'est en 1468 qu'on voit nettement pour la première fois des cahiers de doléances émanant des électeurs et apportés par les députés, qui, d'ailleurs, se contentent de les déposer et d'en demander l'examen par le pouvoir royal[3]. A partir des États de 1484, le système prend sa forme définitive : les députés de chaque bailliage apportent un cahier de doléances, et toutes les demandes qu'ils contiennent sont, après délibération, fondues en un cahier unique présenté au roi[4]. C'est ce qui se fit toujours dans la suite, sauf que les élections comme les délibérations se prenant à part pour les trois ordres, il en résulta à chaque tenue, un cahier général du clergé, un cahier général de la noblesse et un cahier général du tiers état. Ils étaient présentés au roi à la fin de la session, en lui demandant de donner réponse aux derniers articles, ce qui ne se faisait pas toujours avant le départ des députés. D'ailleurs, en droit, le roi était libre absolument de repousser, les demandes ou d'y accéder, c'était une supplique qui lui était adressée ; et, même approuvé par le roi, l'article du cahier ne devenait loi proprement dite et obligatoire que lorsqu'il avait passé dans une ordonnance et sous la forme que lui avait donnée le législateur royal. Les États de Blois, en 1576, demandèrent bien que la disposition adoptée unanimement par les trois ordres eût nécessairement force de loi[5], mais ils ne purent l'obtenir. Les députés se plaignirent souvent aussi de ce qu'en les faisant passer dans une ordonnance, le pouvoir royal

---

1. Les remontrances véhémentes présentées par l'Université de Paris au nom du tiers état furent le point de départ d'un remarquable essai de réforme ; Picot, Histoire, p. 254 et suiv. ; Alfred Coville, L'ordonnance cabochienne, p. I-III.

2. Picot, Histoire des États généraux, Iᵉ, p. 293 et suiv.

3. Picot, Histoire des États généraux, Iᵉ, p. 344.

4. Picot, Histoire des États généraux, Iᵉ, 358 et suiv.; 380 et suiv.

5. Picot, Histoire des États généraux, IIIᵉ, p. 96-97.

dénaturait les articles des cahiers. Ils demandaient enfin que les ordonnances tirées des cahiers fussent définitives et obligatoires, sans avoir besoin d'être enregistrées par les parlements ou du moins sans que ceux-ci pussent les modifier lors de l'enregistrement[1]. Mais rien de tout cela ne fut accordé et en droit les États n'avaient point part au pouvoir législatif. Mais, en fait, les cahiers des États, de 1484 à 1614, furent la source d'une législation active et intelligente, quoique malheureusement mal observée : les grandes ordonnances réformatrices de cette époque, dont nous aurons à parler plus loin, contiennent la substance des doléances apportées par les États généraux[2].

En définitive, l'institution des États généraux avait avorté. Ils n'avaient aucune périodicité régulière, apparaissant comme un expédient suprême du pouvoir royal, en temps de crise. Quant à leurs pouvoirs, le roi leur demandait de voter des impôts qu'il pouvait établir sans eux et de donner des conseils qu'il était libre de ne pas suivre. Ces attributions purement consultatives faisaient même que des esprits très favorables à l'autorité royale, comme Lebret, approuvaient cette institution[3]. Mais la monarchie absolue, par un instinct assez sûr, se défiait des États généraux même ainsi amoindris : elle savait qu'il y avait en eux des forces cachées, que les événements favorables pouvaient déchaîner. Aussi, sans abolir l'institution, elle s'abstint soigneusement de les convoquer[4].

---

1. Picot, *Histoire des États généraux*, III[2], p. 99-100.

2. Dans l'histoire des États généraux de M. Picot, on trouvera les détails précis et complets sur les cahiers des États généraux de 1484 à 1614 et sur les ordonnances qui ont été rendues d'après ces cahiers.

3. *De la souveraineté*, l. IV, ch. XII, p. 164-165 : « Plusieurs soutiennent que la réunion des États généraux... est incompatible avec la souveraineté des rois... mais j'oserai dire que cette opinion ne doit être reçue ni considérée que dans les États tiranniques et seigneuriaux... dans un État roial comme est celui de la France, tant s'en faut que l'assemblée des États affaiblisse ou diminue la puissance des rois qu'au contraire elle l'autorise, elle la fortifie et la relève au plus haut point... car les rois ne sont point obligés de suivre leurs avis, si la raison naturelle, si la justice civile et le bien et l'utilité de leur roiaume ne les y convient... L'on ne tient les États que par la permission et le commandement de Sa Majesté, l'on n'y délibère et l'on n'y resoud que par la forme de requêtes et de très humbles supplications. »

4. Giraud, *Le traité d'Utrecht*, p. 101 (dépêche de Torcy) : « Les exemples des siècles précédents ont fait voir que ces sortes d'assemblées ont presque

Toute leur activité se place sous la monarchie tempérée, de 1302 à 1614. La convocation de 1614 fut la dernière avant la Révolution. Une autre avait été annoncée pour la majorité de Louis XIV, puis reportée de 1649 à 1651 ; effectivement, les électeurs furent convoqués et quelques bailliages élirent leurs députés[1], mais les États ne se réunirent point. Nous savons aussi que dans les plans que Saint-Simon avait soumis au Régent, pour le moment où il prendrait le gouvernement à la mort de Louis XIV, figurait la convocation d'États généraux ; mais cela non plus n'eut pas de suites.

VI

Les États généraux n'étaient pas les seules assemblées où la France entière fût représentée divisée en ses trois ordres : il en était d'autres également générales, qu'on appelait *assemblées de notables*. Elles ne différaient pas des États généraux par l'étendue de leurs pouvoirs ; car ceux-ci, on vient de le voir, n'avaient en réalité que voix consultative. Les assemblées de notables ne pouvaient avoir moins, et parfois elles exercèrent des *pouvoirs extraordinaires*, aussi étendus que ceux acquis dans certaines occasions par les États généraux. Elles différaient de ceux-ci par leur composition, en ce que ce n'étaient jamais des assemblées électives : les notables qui y siégeaient étaient choisis et convoqués par le pouvoir royal[2]. Mais, comme celui-ci, pour représenter le tiers état, choisissait les officiers municipaux des principales villes, la composition des assemblées de notables ressemblait fort aux États généraux du xive siècle, alors que les représentants du clergé et de la noblesse étaient directement convoqués par le roi et que les bonnes villes, figurant seules le tiers état, étaient souvent re-

toujours produit des troubles dans le royaume, et les derniers États tenus en 1614 finirent par la guerre civile... Les États, n'ayant point été convoqués depuis plus de cent ans, sont en quelque manière abolis dans le royaume. »

1. Mayer, VII, p. 349 ; XVIII, p. 313-372. — Picot, *Histoire des États généraux*, V2, p. 274-284.

2. Procès-verbal de l'assemblée de 1558 dans du Tillet, *Recueil des grands*, p. 106 : « Les prevost et eschevins de la ville de Paris et autres marchans et gens du tiers état *mandez*... Les sieurs de Ruffey, etc... et grand nombre de gentilshommes *mandez*.

présentées par leurs officiers municipaux. Il en résulte que, pour ces temps anciens, il est assez difficile parfois à l'historien de discerner s'il a devant lui une tenue d'États généraux ou une assemblée de notables. La distinction ne se fit bien nette qu'à partir du moment où les États généraux devinrent une assemblée totalement élective. Il faut ajouter que, en dehors de la noblesse, du clergé et des officiers municipaux, les assemblées de notables comprirent toujours comme un élément important des représentants des corps judiciaires, parlements et cours souveraines. Parfois, comme en 1558, ils formèrent un État distinct, qui avait rang entre la noblesse et le tiers état[1]; parfois, ils composaient à eux seuls la représentation du troisième ordre, comme en 1617 et 1626, sauf que dans cette dernière réunion figurait le prévôt des marchands de Paris[2]; tantôt enfin ils composaient avec les officiers municipaux la représentation de ce troisième ordre, comme en 1596[3]. Dans les assemblées d'États, on votait généralement par ordre comme aux États généraux; cependant, parfois aussi, on délibérait en commun[4]. Les notables présentaient quelquefois des cahiers de doléances au roi; mais, bien entendu, c'était leur œuvre propre, non celle de leurs commettants, puisqu'ils n'étaient pas élus[5].

Les assemblées de notables prirent une importance véritable sous le règne de François Ier et d'Henri II. Ces rois ne voulaient point réunir les États généraux, et cependant ils se trouvèrent dans des circonstances telles qu'il leur fallait invoquer l'opinion et l'appui de la nation. C'est à des assemblées de notables tenues à Cognac en 1526[6], et à Paris en 1527[7], que François Ier demanda de déclarer nulle la clause du traité de Madrid qui cédait la Bourgogne à l'Espagne. En

1. Picot, *Histoire des États généraux*, IIe, p. 153.

2. Picot, *op. cit.*, IVe, 256, 275. A l'assemblée de 1527 figure aussi, à côté des magistrats, la ville de Paris. Isambert, *Anc. lois*, XII, p. 295.

3. Picot, *op. cit.*, IVe, p. 114.

4. Picot, *op. cit.*, IVe, p. 116, 258, 282 et suiv.; cf. Du Tillot, *Recueil des grands*, p. 107; Isambert, *Anc. lois*, XII, p. 295.

5. Picot, *op. cit.*, IIe, p. 155-156; IVe, 294. Cependant, voyez pour les notables de 1596, IVe, p. 117 et suiv.

6. Rathery, *Histoire des États généraux*, p. 187 et suiv.

7. Isambert, *Anc. lois*, XII, p. 285-504.

1558, Henri II tint une assemblée de notables pour éviter de
réunir les États généraux, dont la convocation était réclamée
par l'opinion publique. En 1596, une autre assemblée, très
importante, se tint à Rouen [2] : il s'agissait de rétablir l'ordre
dans les finances du royaume et de réparer les maux causés
par la guerre civile. Henri IV donna aux notables les pouvoirs
les plus étendus : « Je ne vous ai point appelés, leur dit-il,
comme faisaient mes prédécesseurs pour vous faire approuver
leurs volontés ; je vous ai assemblés pour recevoir vos conseils,
pour les croire, pour les suivre, bref, pour me mettre en
tutelle entre vos mains : envie qui ne prend guères aux rois
aux barbes grises, aux victorieux [2]. » D'ailleurs, cette assemblée
différait des notables ordinairement réunis en ce qu'elle était
en partie élective : les corps judiciaires avaient élu leurs
délégués, ainsi que les villes [3], et des cahiers avaient été rédigés dans les villes. Les notables sentirent leur force ; ils
demandèrent le libre vote de l'impôt et ne le consentirent que
pour trois ans. Ils firent plus et réclamèrent en partie l'administration et la disposition des impôts. Les revenus de l'État
seraient divisés en deux parts égales. De l'une, destinée
aux besoins de la politique courante, le roi aurait l'entière
disposition ; quant à l'autre, affectée aux dépenses permanentes résultant des lois, elle serait perçue et employée sous
l'autorité d'une commission élue par les notables, et appelée
conseil de raison [4]. Le roi, quoique avec répugnance, accorda
même cette demande sur l'avis prévoyant de Sully. Le conseil
de raison fut non pas élu par les notables, mais nommé par le
roi et pris parmi eux. Mais ceux qui le composaient ne tardèrent pas à sentir les difficultés de la tâche qu'ils avaient
assumée : il leur manquait l'expérience et les connaissances
techniques. Ils vinrent d'eux-mêmes remettre leurs pouvoirs
au roi et demander à être déchargés de leur tâche. — Les
États généraux de 1614 furent suivis d'assemblées de notables
tenues l'une à Rouen en 1616, puis à Paris en 1618, l'autre à

1. Mayer, t. XVI, p. 1-46 ; Picot, *op. cit.*, IV², p. 109-169.
2. Mayer, t. XVI, p. 13.
3. Picot, *op. cit.*, IV², p. 113.
4. Le mot *raison* est ici pris dans le sens de *comptes*, comme dans l'expression *livre de raison*.

Paris en 1626[1]. Enfin, ce fut par les assemblées de notables que le gouvernement de Louis XVI préluda à la convocation des États généraux. Les notables furent convoqués sous le ministère de Calonne, le 29 décembre 1786, et se réuniront à Versailles, le 12 février 1787[2]. L'assemblée, selon le type traditionnel, comprenait des membres du clergé, de la noblesse, des cours souveraines, et des officiers municipaux ; on y voyait aussi des députés des pays d'États[3]. Un grand nombre de propositions importantes leur furent soumises, spécialement sur la réforme des impôts, le commerce intérieur, la création des assemblées provinciales. Au cours de leurs travaux, le ministre Calonne fut destitué et remplacé par Loménie de Brienne, archevêque de Toulouse, l'un des notables[4]. La dernière séance eut lieu le 25 mai 1787 et l'assemblée se sépara sans avoir donné des résultats bien considérables. Les mêmes notables furent convoqués à nouveau le 5 octobre 1788[5]. Mais dans l'intervalle, de grands événements s'étaient accomplis. Les États généraux avaient été convoqués, et l'on rappelait les notables non pour tenir lieu de ceux-ci, mais pour les consulter sur les formes obscures des élections aux États généraux. Ils se réuniront à cet effet, à Versailles, le 6 novembre 1788, et se retirèrent le 12 décembre de la même année.

§ 2 — LES DROITS POLITIQUES DES PARLEMENTS ET AUTRES COURS SOUVERAINES

Pendant les trois derniers siècles de l'ancien régime, les parlements revendiquèrent et exercèrent souvent de véritables droits politiques. Ils se déclaraient les gardiens des *lois fondamentales* ou *principes fondamentaux* de la monarchie[6]; ils prétendaient avoir part à la police et à la réformation de l'État,

1. Picot, *op. cit.*, IV[2], p. 253-260; 272-292.
2. *Procès-verbal de l'assemblée de notables tenue à Versailles en l'année* MDCCLXXXVII, Paris, Imprimerie royale, 1788.
3. La liste des membres est au procès-verbal, p. 3-22; et la division en bureaux, p. 69.
4. *Procès-verbal*, p. 239.
5. Arrêt du conseil du 5 octobre 1788 (Isambert, *Anc. lois*, XXVIII, 613).
6. Édit de décembre 1770 (Isambert, *Anc. lois*, XXII, 506) : « Ce qu'ils appellent les principes fondamentaux de la monarchie. »

par un privilège aussi ancien que le parlement lui-même [1].
Sans doute, ces droits prétendus étaient vagues. Il était difficile
en particulier de fixer exactement ce qu'on entendait par *lois
fondamentales*, dans une monarchie qui n'avait point de constitution au sens moderne du mot: par là, les uns entendaient
seulement la loi salique et les autres règles de la succession à
la couronne [2]; les autres, inspirés d'une idée plus féconde, y
voyaient les principes qui déterminaient la nature de la monarchie française et la distinguaient d'un pur despotisme à la
turque [3]. Mais le vague de leurs prétentions était une force de
plus pour les parlements, leur permettant de s'immiscer dans
toute question politique, lorsque les circonstances leur étaient
favorables.

Comment des corps judiciaires avaient-ils pu se transformer
ainsi en corps politiques? La principale cause se trouvait dans
la confusion des pouvoirs, qui est un des traits distinctifs de
l'ancien régime, et dans ce fait que la coutume était la source
principale du droit public, transformant souvent en règle ce
qui originairement avait été un abus. Ici, d'ailleurs, les rois
eux-mêmes avaient anciennement favorisé cette confusion
entre le gouvernement et la justice. Ils avaient pris souvent le
parlement comme conseil de gouvernement aux xiii° et
xiv° siècles, venant lui soumettre des projets et demander des
avis: alors même qu'il y eut un conseil particulier de gouvernement dans le *grand conseil* ou *conseil étroit*, souvent encore
les rois, aux xiv° et xv° siècles, réunissaient en un seul corps

---

1. *Histoire du temps* ou véritable récit de ce qui s'est passé dans le parlement de Paris, depuis le mois d'août 1647 jusqu'au mois de novembre 1648,
Paris, 1649, « la police et la réformation de l'Estat, qui est de droict public un
privilège et une attribution qui a esté donnée au parlement, aussi ancienne
que le parlement mesme. » Claude de Seyssel, *La grant monarchie de France*,
p. 5 : « Le second frein est la justice, laquelle sans point de difficulté est plus
autorisée en France que en nul aultre païs du monde que l'on scache, mesmement à cause des parlemens qui ont esté instituez principalement pour
ceste cause et ceste fin de refrener la puissance absolue dont vouldroyent
user les roys. »

2. Lebret, *De la souveraineté*, l. I, ch. iv, p. 7, 8.

3. Loyseau, *Des seigneuries*, ch. ii, n° 9, parlant des lois qui bornent la
puissance du souverain, énumère les lois de Dieu, celles de la justice « et
finalement les loix fondamentales de l'Estat pour ce que le prince doit user
de la souveraineté selon sa propre nature et en la forme et condition qu'elle
est establie. »

le parlement et ce conseil, ou tout au moins des membres pris dans l'un et dans l'autre, pour délibérer sur quelque sujet important[1], et pendant longtemps la parenté proche des deux corps s'attesta par un certain nombre de traits. Dans la crise que suscita le grand schisme d'Occident, à la fin du XIV⁰ et au commencement du XV⁰ siècle, la royauté associa le parlement d'une façon presque constante aux actes politiques que les circonstances exigeaient. Il y avait là un entraînement héréditaire du parlement de Paris vers la politique. Enfin, ce qui permit aux parlements de devenir une véritable force politique pouvant entrer en lutte avec la royauté, ce fut la vénalité et l'hérédité des charges, qui assura aux parlementaires la plus complète indépendance.

Parmi les droits vagues et compréhensifs que réclamaient les parlements, il s'en détachait deux véritablement nets, le *droit d'enregistrement et de remontrances*, et le droit de faire des *arrêts de règlement*.

I

C'était un principe acquis et certain que les lois émanées de la volonté royale, édits, ordonnances, déclarations, lettres patentes, ne devenaient parfaites et obligatoires que lorsqu'elles avaient été enregistrées au parlement[2]. Cet enregistrement n'était point une simple formalité; la loi était préalablement *vérifiée*, c'est-à-dire discutée, et le parlement pouvait refuser l'enregistrement ou ne l'accorder qu'en partie, réservant ou modifiant certains articles[3]. Lorsqu'il refusait ainsi

1. Noël Valois, *Inventaire*, introduction, ch. 1.
2. La Roche-Flavin, *Treize livres*, l. XIII, ch. XVII, n° 3 : « Telle est la loy du royaume que nuls édits, nulles ordonnances n'ont effect, on n'obéit à iceux ou plutost on ne les tient pour édicts et ordonnances s'ils ne sont vérifiés aux cours souveraines et par la libre délibération d'icelles. » — Guy Coquille, *Institution*, p. 7; Pasquier, *Recherches*, p. 60, 567.
3. La Roche-Flavin, *loc. cit.* : « Après en avoir délibéré, quelquefois est ordonné que la publication s'en fera, quelquefois sont faictes remontrances à Sa Majesté; et si elle (la cour) commande la publication estre faicte, souvent elle contient quelques modifications qui sont de pareil effect que les édicts mesmes et dépendances d'iceux. » D'après le même auteur (*ibid.*, n° 25), il pouvait y avoir des particuliers opposants à la publication des édits.

d'enregistrer, il en donnait les raisons dans des *remon-trances*, qu'il adressait au roi par écrit ou qu'il lui faisait présenter oralement par des députés. Chaque parlement avait indépendamment pour son ressort le droit d'enregistrement, et tous étaient égaux en ce point[1] : il pouvait en résulter que telle loi fût obligatoire dans le ressort de certains parlements et ne le fût pas dans certains autres[2]. Ce n'étaient pas seulement les lois, mais aussi les traités conclus par le roi avec les puissances qui, pour devenir obligatoires, devaient être enregistrées en parlement. Mais ici, il semble que, dans l'opinion commune, il suffisait de l'enregistrement par le parlement de Paris pour la France entière[3]. Enfin, par rapport aux lois, le droit d'enregistrement n'appartenait pas seulement aux parlements, mais aussi aux autres cours souveraines, cours des comptes, cours des aides, grand conseil, mais, forcément, avec une moindre étendue : les seuls édits, en effet, qu'on leur adressait à fin d'enregistrement, étaient ceux qui statuaient sur des matières rentrant dans leur compétence, les seuls qu'elles eussent à appliquer[4]. Tel était ce droit d'enregistrement, qui, rigoureusement appliqué, aurait eu pour effet, comme le dira Louis XV, de réduire le pouvoir royal à la proposition des lois[5]. Il faut voir comment on explique son introduction et comment s'en accommodait la royauté.

1. La Roche-Flavin, *op. cit.*, l. XIII, ch. viii, n° 1 : « Les parlemens de France sont tous esgaux en authorité et jurisdiction... j'ay veu souvent refuser (au parlement de Toulouse) plusieurs édicts, en nombre de plus de quatre-vingts receus au parlement de Paris, bien qu'il y eust jusques à six, voire sept jussions. »

2. La Roche-Flavin, *loc. cit.* : « Ayant le parlement de Paris ordonné par arrest que les Jésuites videroient la France... nous prohibasmes l'exécution dudit arrest, ce qui maintint les Jésuites dans toute nostre province de Languedoc et partie de la Guyenne de nostre ressort. »

3. Dupuy, *Du parlement*, à la suite du *Traité de la majorité des rois*, II, p. 422 : « Les princes étrangers traitans avec nos rois n'ont jamais manqué... de stipuler particulièrement et expressément que les traictez seront vérifiés et publiés dans le parlement de Paris seulement, et quelquefois dans tous les parlemens du royaume. » Voyez les exemples qu'il cite.

4. La Roche-Flavin, *op. cit.*, l. XIII, ch. xvii, n° 3; Guy Coquille, *Institution*, p. 5 : « Les lois et ordonnances des roys doivent estre publiées et vérifiées en parlement ou en autre cour souveraine selon le subject de l'affaire, autrement les sujets n'en sont liez, et quand la cour adjouste à l'acte de publication que ça esté de l'exprès mandement du roi, c'est une marque que la cour n'a pas trouvé l'édit raisonnable. »

5. Édit de 1770 (Isambert, *Anc. lois*, XXII, 506) : « Ils élèvent leur autorité

Les jurisconsultes et parlementaires français, du XVIe au XVIIIe siècle, avaient une thèse très simple, pour expliquer et justifier le droit d'enregistrement. Elle était historique et consistait à remonter du parlement de Paris aux parlements féodaux et à la *curia regis*. Il avait été un temps[1] où le roi ne pouvait faire une loi obligatoire dans tout le royaume sans obtenir l'assentiment des prélats et barons réunis à cet effet dans la *curia* ou parlement : ce droit, le parlement de Paris l'avait conservé, en se transformant et devenant sédentaire ; il l'avait transmis aux parlements de province créés à son image. On remontait même plus haut encore, pour donner à ce droit une antiquité plus vénérable : on soutenait que le parlement féodal en discutant et consentant les lois avait succédé aux attributions des *placita* mérovingiens et carolingiens[2], dont on exagérait le pouvoir, en en faisant de véritables assemblées législatives au lieu de simples corps consultatifs. C'était là une théorie ingénieuse, mais insoutenable : dans la chaîne qu'on établissait, il y avait des solutions de continuité multiples et évidentes. Les parlements féodaux étaient autre chose que les *placita* carolingiens, et surtout le parlement composé de magistrats nommés par le roi était tout autre chose que la réunion des barons et des prélats dans la *curia regis*. En réalité, ce droit s'était formé par la coutume et par voie d'empiètement, avec la tolérance du pouvoir royal. La lecture publique de l'ordonnance par le parlement et la transcription du texte sur ses registres étaient des formalités qui, en soi, se concevaient fort bien : c'était le moyen par lequel se faisait anciennement la promulgation de la loi, et c'était le plus simple qu'on pût employer à une époque où l'imprimerie n'était pas connue. La même transcription était opérée, dans leurs circonscriptions respectives, par les baillis et sénéchaux ; et les cours

à côté et même au-dessus de la nôtre, puisqu'ils réduisent par là notre pouvoir législatif à la simple faculté de leur proposer nos volontés, en se réservant d'en empêcher l'exécution ».

1. Ci-dessus, p. 466.

2. Voyez, sur cette théorie, Pasquier, *Recherches de la France*, l. II, ch. II et suiv., p. 44 et suiv. ; la Roche-Flavin, *op. cit.*, l. XIII, ch. XVIII, n° 1. L'ouvrage souvent cité de Lepaige, *Lettres historiques sur les parlements*, a été spécialement composé pour établir cette thèse ; voyez surtout I, p. 86-87, 170, 265-274 ; II, 4 et suiv.

gardaient sur leurs registres le texte qu'elles devaient appliquer. Mais comment cette simple formalité se changea-t-elle en une discussion de la loi et en un contrôle exercé sur le pouvoir royal? Ce fut certainement par un empiètement des magistrats, mais le pouvoir royal dut s'en accuser en partie. En effet, se défiant justement des entraînement et des sollicitations qui pourraient le porter à abuser de la justice retenue, dès le commencement du xiv° siècle, il recommanda aux baillis et à tous les gens de justice de ne pas mettre ses ordres à exécution lorsqu'il se trouverait qu'ils contenaient quelque disposition contraire au devoir de leur charge[1]. A partir du xvi°, visant spécialement les *lettres de grâce* et les ordres royaux qui enjoignaient de surseoir aux arrêts, les ordonnances prescrivent aux parlements de n'en tenir aucun compte lorsqu'ils sont contraires à la justice ou au droit[2]. Sans doute, dans ces textes, il ne s'agissait pas des lois proprement dites, mais bien des ordres spéciaux ou des lettres accordées par le roi au profit des particuliers : on conçoit néanmoins, combien facilement les parlements ont pu en prendre prétexte pour exercer, par rapport aux lois elles-mêmes, une vérification semblable. Au xviii° siècle, ces textes sont constamment invoqués par eux pour justifier leur pouvoir de vérification. Dès la fin du xiv° siècle, ce pouvoir s'exerça, d'abord sur de véritables privilèges, puis sur des lois proprement dites au commencement du xv° siècle[3]. Au cours du xv°, on voit bien parfois le roi annulant les réserves faites par le parlement lors de la vérification[4], mais le droit n'en prend pas moins racine. Il est par-

1. Ordonnance de mars 1302, art. 21 (*Ord.*, I, 354) : « Precipimus quod omnes senescalli, baillivi, prepositi et quicumque alii justiciarii in regno nostro constituti mandata regia cum debita reverentia suscipiant et diligenter exeeutioni debito demandent, nisi aliqua vera et justa causa et ligitima obsistat, quominus juxta juramentum suum ea facere aut exequi minime teneantur. »

2. Ordonnance de novembre 1318, art. 25, 26 (*Ord.*, I, 665); Ordonnance de février 1319, art. 8 (*Ord.*, I, 610) ; Ordonnance de décembre 1344, art. 10 (*Ord.*, II, 280). Cette disposition fut souvent répétée dans la suite; les principaux textes ont été réunis au xviii° siècle dans un petit volume intitulé : *Monumens précieux de la sagesse de nos rois*, 1783.

3. Lettres de jussion de 1390 (Isambert, *Anc. lois*, VI, 703; cf. VIII, 614). — Pasquier, *Recherches*, l. II, ch. iv, p. 61 et p. 418. — La Roche-Flavin, *op. cit.*, l. XIII, ch. xviii, n° 14.

4. Lettres du roi de 1453 (*Ord.*, XIV, 361).

faitement établi dans la seconde moitié de ce siècle, il suffit d'en citer une preuve célèbre : Louis XI ne put obtenir du parlement de Paris que celui-ci enregistrât l'abrogation de la Pragmatique sanction et le Concordat conclu avec Sixte IV, et ce Concordat ne put recevoir son exécution.

Ce droit du parlement tempérait singulièrement le pouvoir royal : aussi ce dernier ne le reconnaissait point comme contenant une véritable participation au pouvoir législatif; c'étaient de simples conseils que le roi avait permis aux parlements de lui présenter à l'occasion des lois qu'il leur adressait [1]. Cependant comme, somme toute, le refus d'enregistrement était exercé et même très fréquemment dans les temps difficiles [2], le pouvoir royal avait dû chercher un moyen pour résoudre à son avantage les conflits qui pouvaient en résulter.

Lorsqu'un semblable refus était opposé et que le roi ne cédait pas aux remontrances qui lui étaient adressées, il envoyait à la cour des lettres dites *de jussion*, qui contenaient l'ordre formel d'avoir à enregistrer sur l'heure et sans modification [3]. Mais souvent ces lettres n'avaient aucun effet : la cour y répondait par de nouvelles remontrances, auxquelles le roi répliquait par de nouvelles lettres de jussion, et la chose pouvait durer longtemps sur ce ton [4]. Souvent cependant le parlement cédait, en mettant sur ses registres que l'ordonnance avait été *lecta et publicata de expresso mandato domini regis*, par voie de protestation [5]. Mais si le parlement persistait, il fallait

1. Lebret, *De la souveraineté*, l. I, ch. IX, p. 49 : « L'on demande si le roi peut faire et publier tous ces changemens de loix et d'ordonnances de sa seule autorité sans l'avis de son conseil ni de ses cours souveraines. A quoi l'on répond que cela ne reçoit point de doute... Toutefois il sera toujours bien séant à un grand roi de faire approuver ses loix et ses édits par ses parlemens. »

2. La Roche-Flavin, *op. cit.*, l. XIII, ch. XVIII, n° 14 : « Et depuis l'an 1562, jusqu'en l'an 1589, que les rois estoient moindres ou mal conseillez et que les troubles et guerres civiles ont eu cours, nous en avons veu un grand nombre et croy je plus de cent refusés. »

3. Voyez la formule des lettres de jussion, dans le *Nouveau style de la chancellerie*, l. I, p. 278,

4. Voyez ci-dessus, p. 502, note 1.

5. La Roche-Flavin, *op. cit.*, l. XIII, ch. XVIII, n° 14 : « Auquel cas pour faire apparoir que ce n'estoit de l'intention ni par délibération de la cour le registre estoit chargé du très exprès commandement du roy present et résidant avec son chancelier à ladite publication. » Il ajoute, n° 16, qu'en ce cas la cour

trouver un moyen pour le ramener à l'obéissance. En 1566, l'ordonnance de Moulins avait coupé court en prohibant les *itératives remontrances*, faisant une nécessité légale de l'enregistrement après que les premières remontrances avaient été inutilement présentées[1]. Mais cette loi ne fut point exactement observée, et le dernier remède était le *lit de justice*, c'est-à-dire le roi se rendant au parlement et faisant, sous ses yeux et sans délibération, transcrire l'ordonnance sur les registres. De bonne heure, dès le commencement du xvᵉ siècle, on vit ainsi un roi ou un régent forcer la main au parlement[2]. Mais, au xviᵉ siècle, la chose avait été ramenée à une théorie juridique dissimulant le coup de force et le ramenant aux formes du droit. Le *lit de justice*, c'était en réalité le roi venant tenir lui-même sa cour, comme l'avaient fait ses prédécesseurs de la branche capétienne pendant près de trois siècles. Par le fait, les membres du parlement perdaient leur autorité propre, ils n'étaient plus que de simples donneurs de conseil, et ce parlement résidait tout entier pour un moment dans la personne du roi. Par sa présence et son action propre, celui-ci faisait disparaître, tant qu'il siégeait, ceux qui n'étaient que ses délégués[3].

---

fait encore délibération « que chasque année seront continuées très humbles remontrances au roi de révoquer cet édit », et il en donne un exemple pour le parlement de Toulouse.

1. Art. 2 : « Après que sur icelles remontrances leur aurons fait entendre nostre volonté voulons et ordonnons estre passé outre à la publication, sans aucune remise à autres secondes. »

2. Pasquier, *Recherches*, l. II, ch. iv.

3. La Roche-Flavin, *op. cit.*, l. XIII, ch. xviii, nᵒ 26 : « Quand le roy est présent à la publication des édits, le chancelier ou président... dit en ceste sorte : Le roy vous dit que sur le reply des lettres sera mis qu'elles ont esté leues, publiées et enregistrées ouy sur ce son procureur, sans y mettre « le re-requérant ny consentant », car l'advis ny présence du procureur ne sert de rien, le maistre présent. Comme aussy le roy présent le parlement ny autre magistrat ne peut user d'aucun commandement ny exercice de justice de luy mesme : *Adveniente principe cessat magistratus.* » — Lhommeau, *Maximes générales du droit français*, l. I, 3 : « Quelque grande puissance qu'ayent les magistrats souverains, elle n'a aucune force quand le roy souverain parle et commande, voire mesme la seule présence du roy fait cesser toutes les puissances des magistrats. De sorte que où le roi est présent, tous les magistrats n'ont point de puissance, non plus qu'en la présence du soleil approchant de l'horizon, toutes les lumières célestes n'ont point de clarté, au contraire la perdent du tout. C'est pourquoy quand le roi entre dans ses palais de justice les juges se lèvent et cessent de rendre justice, tandis que le roi est présent ».

Le lit de justice, d'ailleurs, ne terminait pas toujours le conflit. Les magistrats, quand la voix leur était rendue, trouvaient de nouveaux moyens de résistance, dont la plupart avaient l'apparence d'actes révolutionnaires. Ils déclaraient qu'ils ignoreraient dans l'administration de la justice la loi enregistrée contre leur volonté; ou encore ils donnaient en masse leur démission, sûrs qu'elle ne serait pas acceptée dans ces conditions; ou enfin ils suspendaient l'administration de la justice, n'ouvrant pas les audiences jusqu'à ce qu'il leur fût donné satisfaction[1]. Le gouvernement, de son côté, avait à sa disposition des armes du même genre: il faisait emprisonner par lettre de cachet quelques-uns des meneurs, ou il exilait le parlement tout entier et en corps dans une petite ville du ressort, ou enfin il menaçait de suspendre la perception de la Paulette. Aussi, pour éviter ces difficultés et ces conflits, quand il s'agissait d'une loi purement politique ou administrative, qui ne pouvait donner lieu à des litiges portés devant les cours de justice, au lieu de lui donner la forme d'une ordonnance ou d'un édit, le roi procédait-il souvent par un simple arrêt de son conseil, qui, au fond, avait la même force et évitait de passer devant le parlement[2].

II

Les parlements et autres cours souveraines participaient aussi, dans un certain sens, à la législation par le droit de rendre des *arrêts de règlement*. Ces arrêts ne se rattachaient point à la justice contentieuse et n'étaient point rendus pour trancher un litige entre deux parties. C'étaient de véritables règlements, ayant force de loi dans le ressort du parlement qui les avait faits et seulement dans ce ressort; ils n'avaient de l'arrêt que la forme, le parlement n'en ayant point d'autre

---

1. Ces moyens furent surtout employés au XVIII° siècle; ils sont visés pour la plupart dans l'édit de 1770 (Isambert, *Anc. lois*, XXII, p. 503-504).

2. L'Hommeau, *Maximes*, I, 8 : « Aujourd'huy pour éviter aux longueurs des vérifications des édits du roy et difficultez qu'y apportent les cours souveraines, les affaires d'Estat se passent sans édits, par arrest du privé conseil du roy, en sorte qu'il ne se fait plus guères de vérifications d'édits ès cours souveraines : mais, pour dire vérité, les affaires ne s'en portent pas mieux. »

pour exprimer ses décisions. Ils statuaient pour l'avenir par disposition générale et à l'égard de tous, comme la loi elle-même. Comment les parlements avaient-ils acquis ce droit si remarquable ? Il s'expliquait historiquement et rationnellement. Sa cause première et générale se trouvait dans une confusion, propre à la coutume féodale, entre le droit de justice et le droit de réglementation. Ils paraissaient alors inséparables : qui possédait le droit de justice avait, dans la même mesure, le droit de réglementation ; celui-ci était la conséquence et l'appendice de celui-là[1]. Cette confusion disparut, il est vrai, dans le cours du temps. Il en résulta que les justices seigneuriales et inférieures perdirent le pouvoir réglementaire ; le parlement le conserva au contraire et cela pour deux raisons. En premier lieu, le parlement pendant longtemps, ce fut en droit le roi lui-même qui était censé faire siennes les décisions prises par ses conseillers : il était tout naturel, dans de semblables conditions, que le parlement statuât souvent par dispositions réglementaires, et, de fait, nous trouvons en grand nombre dans les *Olim* des règlements de cette espèce[2]. Ayant pris cette attribution, le parlement la conserva quand il eut acquis une autorité propre. D'autre part, elle fut confirmée, dès le xive siècle, par l'interprétation qu'on donna à certains textes des lois romaines. Il y était dit à propos du sénat : *Non ambigitur senatum jus facere posse*[3], et le droit romain reconnaissait aussi au préfet du prétoire un pouvoir *quasi-législatif*[4] : on appliqua cela au parlement, qui traditionnellement prenait le titre de *senatus* et qui représentait la plus haute autorité judiciaire dans la monarchie française, comme le préfet du prétoire la représentait dans l'empire romain[5].

Une fois le droit établi et devenu traditionnel, on le justifiait autrement, par une délégation du roi, qui, ne pouvant tout connaître, ni pourvoir par des lois à tous les besoins qui se révélaient, avait permis aux cours souveraines d'y suppléer

---

1. Ci-dessus, p. 466.
2. Voyez ci-dessus, p. 563.
3. L. 9, D. *De leg.*, 1, 3.
4. Ci-dessus, p. 6.
5. Johannes Faber, *Breviarium codicis*, sur la loi dernière au code *De legibus*. — Auffrerius, sur les *Decisiones capellæ Tolosanæ*, qu. 406 et 480, édit. Lyon, 1617, p. 351 et 422.

par des règlements obligatoires dans leur ressort[1]. Elles possédaient ainsi un pouvoir réglementaire pour tous les objets rentrant dans leur compétence, et leurs règlements constituaient une véritable législation; mais on disait que celle-ci était simplement *provisoire* et *supplétoire*. Elle était provisoire, parce qu'elle était faite en attendant une loi et pour en tenir lieu dans l'intervalle : de fait, certains articles très importants des anciennes ordonnances ont été inspirés par un arrêt de règlement de tel ou tel parlement, que le législateur s'est approprié en le généralisant. Cette législation était purement supplétoire en ce que les parlements pouvaient bien statuer ainsi dans le silence de la loi et de la coutume, pour combler une lacune qu'elles présentaient; mais ils ne pouvaient modifier les dispositions légales ou coutumières[2]. Les parlements faisaient ainsi des arrêts de règlement sur des points rentrant dans le droit privé ou le droit criminel. Ils en faisaient également, sur la police, qui étaient de véritables règlements administratifs : cela venait de ce que, dans l'ancien droit, la police ne fut jamais séparée de la justice. Mais ici, les parlements avaient des concurrents dans les autorités municipales et administratives, qui avaient un pouvoir de réglementation semblable. Les parlements (et les autres cours souveraines pour les objets de leur compétence) étaient les seules juridictions royales qui pussent statuer par arrêts de règlement : les tribunaux de bailliages ne le pouvaient pas[3].

1. Loyseau, *Des seigneuries*, ch. III, n° 12 : « Le roy ne pouvant tout sçavoir ni estre partout, et par conséquent ne lui estant pas possible de pourvoir à toutes les menues occurrences qui arrivent en tous les endroits de son royaume et qui requièrent estre réglées promptement, permet à ses principaux officiers, soit des cours souveraines, soit des villes de faire des règlemens, chacun au fait de leurs charges, qui ne sont pourtant que provisoires et faits sous le bon plaisir du roy, auquel seul appartient faire lois absolues et immuables. »

2. Lebret, *Traité de la souveraineté*, l. I, ch. IX, p. 20 : « L'on fait encore cette demande, savoir si les cours souveraines ont aussi le droit de faire des lois. A quoi l'on répond qu'elles peuvent bien faire des règlemens publics, selon les occasions qui se présentent aux formes de la justice et de la police et par provision seulement : mais qu'elles ne peuvent rien définir par une loi générale, mêmement contre les lois et les ordonnances qui sont déjà reçues; et c'est ainsi que l'on doit entendre et recevoir en France ce mot du jurisconsulte : *Non ambigitur senatum jus facere posse.* »

3. La Roche-Flavin, *op. cit.*, l. XIII, ch. XXIII, n° 7 : « Parce que ce seroit

III

Bien que l'activité politique des parlements ait été presque constante, à partir du xvi° siècle, on peut distinguer quatre périodes principales, pendant lesquelles elle a été surtout énergique et marquée par des faits importants.

La première se place en pleine guerre civile, à la mort du roi Henri III, lorsque la Ligue était maîtresse de Paris. Dès le 11 février 1589, Henri III avait transféré le parlement de Paris à Tours, donnant l'ordre aux officiers de se rendre dans cette ville[1]; mais il n'avait été obéi que par quelques-uns. De là, deux parlements rivaux : l'un, resté à Paris, plus nombreux et dévoué à la Ligue, l'autre siégeant en province, celui d'Henri III et plus tard d'Henri IV. Le parlement ligueur, après la mort d'Henri III, exerça véritablement l'autorité souveraine, conjointement avec le duc de Mayenne, le lieutenant général : il ordonnait par ses arrêts la levée des impôts[2] et homologuait de la même manière les décisions prises par l'Union. Mais, peu à peu, il se forma dans son sein un *tiers parti* favorable à la reconnaissance d'Henri IV, à de certaines conditions. Le parlement rendit alors deux arrêts politiques et célèbres. L'un, du 28 juin 1593, est dit arrêt de la loi salique : il visait les négociations engagées par la Ligue pour appeler au trône de France un prince étranger, ou une princesse étrangère, et, invoquant les lois fondamentales et surtout la loi salique, il déclarait par avance nul et de nul effet tout ce qui serait arrêté dans ce sens[3]. L'autre arrêt, du

---

un désordre et discordance en une province ou ressort d'un parlement si chasque siège de sénéchal ou bailliage avoit diverses observances, à très bonne raison les parlemens ne veulent pas que les baillifs, sénéchaux ou juges des lieux entreprennent de faire en leurs sièges des règlemens particuliers sur sur le faict de la justice... et partant on dit que les règlemens appartiennent aux parlemens en première instance. »

1. Isambert, *Anc. lois*, XIX, 633. Le parlement avait d'ailleurs engagé officiellement Henri III à rentrer dans Paris lorsqu'il avait quitté cette ville en 1588. La Roche-Flavin, *op. cit.*, l. XIII, ch. xiv, n° 1.

2. C'était d'ailleurs un droit que les théoriciens reconnaissaient au parlement en cas d'extrême nécessité. La Roche-Flavin, *op. cit.*, l. XIII, ch. LIII, n° 5.

3. Isambert, *Anc. lois*, XV, 71 : « Dès à présent ladite cour déclare tous

27 mars 1594, révoquait les pouvoirs de Mayenne, ordonnant aux ligueurs de reconnaître Henri IV pour roi ; il cassait et annulait tous les actes accomplis par les États généraux de la Ligue et prononçait leur dissolution définitive [1].

La seconde période se place au début du règne de Louis XIV, et ce fut l'initiative de la régente qui invita le parlement à entrer en scène. Peu avant sa mort, dans une déclaration du 20 avril 1643 [2], qu'il avait fait enregistrer au parlement, Louis XIII avait institué Anne d'Autriche régente, mais en lui adjoignant sept membres, qui en réalité avaient toute l'autorité. Anne d'Autriche s'adressa au parlement pour avoir la régence sans conditions. Celui-ci, malgré la déclaration du 20 avril qu'il avait enregistrée, se prêta à cette demande et accorda à la reine-mère « l'administration absolue, pleine et entière des affaires du royaume pendant la minorité. » Cela se fit dans la forme d'un lit de justice où comparut le roi enfant. C'était faire du parlement l'arbitre de l'État ; aussi n'hésita-t-il pas à user largement de ses pouvoirs ordinaires. Il refusa d'enregistrer successivement un certain nombre d'édits qui créaient des taxes nouvelles, si bien qu'en 1645, la régente fit tenir au petit roi un nouveau lit de justice où l'on enregistra en sa présence dix-neuf de ces édits. Mais le parlement préparait une plus vaste entreprise et une résistance énergique. En 1647, éclata toute une série de conflits avec le gouvernement, et le parlement s'unit pour la lutte avec les autres cours souveraines de la capitale, le grand conseil, la cour des comptes et la cour des aides. Cela se fit par une ligue proprement dite, en forme d'arrêt, que l'on appella *l'arrêt d'union* des cours souveraines [3]. Celles-ci, par une entente complète et sans faire aucun appel à la force, prétendirent amener le pouvoir royal à composition. Du 30 juin au 12 juillet 1648, elles rédigèrent toute une série d'articles qui constituaient comme une charte

traités faits et à faire pour l'établissement de prince ou princesse étrangers nuls et de nul effet et valeur comme faits au préjudice de la loi salique et autres lois fondamentales de l'État. »

1. Isambert, *Anc. lois*, XV, 85.
2. Isambert, *Anc. lois*, XVI, 550.
3. Isambert, *Anc. lois*, XVII, 2 et suiv.
4. Voyez cet arrêt du 13 mars 1648 dans l'*Histoire du temps*, p. 80.

constitutionnelle dont elles demandaient l'acceptation au roi [1]. Elles réussirent, et les articles d'abord acceptés en partie passèrent en bloc dans une déclaration royale du 31 juillet 1648 [2]. C'était une victoire remarquable, qui pouvait être d'autant plus féconde qu'elle avait été entièrement pacifique, mais elle ne tarda pas à être compromise. La guerre civile s'ouvrit, en effet: la première Fronde de 1648 à 1649, et la deuxième en 1650. Le parlement de Paris, qui avait pris parti pour la Fronde, se trouva parmi les vaincus, et, le 21 octobre 1652, il devait enregistrer une déclaration qui exceptait de l'amnistie accordée par le roi à raison des troubles un certain nombre de présidents ou conseillers et qui défendait expressément au parlement de s'assembler pour délibérer sur les affaires de l'État [3]. C'était lui enlever toute initiative en matière politique, mais ses droits d'enregistrement et de remontrances restaient intacts. Ils furent un peu plus tard gravement entamés. L'ordonnance de 1667 sur la procédure civile, qui enlevait aux parlements le titre de cours souveraines auquel ils tenaient tant, complétée, précisée, par une déclaration de 1673, statua sur ce point. Ces textes ne supprimèrent point la nécessité de l'enregistrement pour rendre la loi obligatoire, ni le droit de remontrances des parlements, mais ils rendirent l'un et l'autre inoffensifs [4]. Ils instituaient ce qu'on a appelé le système de l'*enregistrement préalable* ; c'est-à-dire que les parlements devaient enregistrer immédiatement, purement et simplement, sans réserves ni modifications, l'édit qui leur était adressé ; ils pouvaient néanmoins présenter à son sujet des remontrances au roi dans un délai très court, et, quelle que fut la réponse, il leur était défendu de les renouveler. C'était rendre illusoires les remontrances, puisqu'elles n'intervenaient qu'après l'enregistre-

---

1. Ces articles sont dans l'*Histoire du temps*, p. 168-175, et dans Isambert, *Anc. lois*, XVII, 72 et suiv.

2. Isambert, *Anc. lois*, XVII, p. 84-89.

3. Déclaration du 21 octobre 1652 (Isambert, *Anc. lois*, XVII, 200) : « Faisons très expresses inhibitions et défenses aux gens tenans notre dite cour de parlement de Paris de prendre ci-après aucune connaissance des affaires générales de notre État et de la direction de nos finances, ni de rien ordonner ni entreprendre pour raison de ce contre ceux à qui nous en avons confié l'administration à peine de désobéissance. »

4. Ordonnance de 1667, tit. I, art. 2-6. Déclaration du 24 février 1673 (Isambert, *Anc. lois*, XIX, 70).

ment accompli; les parlements avaient perdu non pas le droit
d'opérer, mais celui de refuser l'enregistrement. L'ordonnance
de Moulins avait, nous l'avons vu, établi un régime analogue,
quoique moins rigoureux, et n'avait point été respectée. Cette
fois, on vivait sous le gouvernement personnel de Louis XIV:
le roi fut obéi et les remontrances célèbres auxquelles donna
lieu l'enregistrement de la déclaration de 1673 furent les dernières dans lesquelles le parlement osa élever la voix sous ce
règne.

A la mort de Louis XIV, il devait reconquérir tous ses droits,
grâce à une occasion favorable; on se trouvait dans une situation analogue à celle qui s'était présentée en 1643. Le nouveau
roi était mineur et le roi défunt avait réglé la régence, comme
jadis l'avait fait Louis XIII. Cette fois, ce n'était pas dans une
déclaration préalablement enregistrée qu'était contenue cette
réglementation, mais dans le testament de Louis XIV. Ce
testament[1] instituait un conseil de régence dont il désignait
tous les membres, et déclarait que « toutes les affaires qui doivent
être décidées par l'autorité du roi, sans aucune exception ni
réserve, » seraient réglées par ce conseil « à la pluralité des
suffrages, et sans que le duc d'Orléans, chef du conseil, puisse,
seul et par son autorité particulière, rien déterminer, statuer
et ordonner. » Par là, le duc d'Orléans était expressément réduit au rôle de président du conseil de régence; il n'hésita pas
à saisir le parlement, soutenant que la régence lui appartenait
par droit de naissance, en vertu des lois fondamentales du
royaume, et que le roi défunt n'avait pas pu l'en priver, pas
plus qu'il ne lui aurait été possible de disposer de la couronne[2].
Le parlement, écartant le testament, accorda au duc d'Orléans
la régence sans autres conditions que celles qu'il avait lui-
même exposées à la cour[3]. Mais, en revanche, une déclaration

1. Isambert, Anc. lois, XX, 623.
2. Isambert, Anc. lois, XXI, 5 : « Je suis donc persuadé que suivant les lois
du royaume... la régence m'appartient; mais je ne serai pas satisfait, si à tant
de titres qui se réunissent en ma faveur, vous ne joignez vos suffrages. Je
vous demande donc... de délibérer... sur le droit que ma naissance m'a
donné et sur celui que le testament pourra y ajouter. »
3. Arrêt du 2 septembre 1715 (Isambert, Anc. lois, XXI, 24) : « Déclare M. le
duc d'Orléans, régent en France pour avoir en ladite qualité l'administration
des affaires du royaume pendant la minorité du roi... ordonne qu'il pourra

royale du 15 septembre 1715 rétablit le parlement dans ses droits anciens quant à l'enregistrement et aux remontrances[1]. Les parlements, surtout celui de Paris, ne tardèrent pas à faire un fréquent usage de leur liberté restaurée. Le règne de Louis XV, jusqu'en 1770, fut fertile en conflits entre eux et le pouvoir royal, conflits pleins d'incidents et où souvent les deux partis allaient jusqu'à l'extrême usage de leurs droits traditionnels[2]. Deux causes surtout les suscitèrent.

Ce fut d'abord une querelle religieuse, celle que fit naître la célèbre bulle *Unigenitus*. En 1671, un Oratorien, le Père Quesnel, avait publié un ouvrage intitulé *Réflexions morales sur le Nouveau Testament*. Ce livre fut dénoncé comme entaché de jansénisme à Louis XIV; le roi obtint, en 1713, du pape Clément XI une bulle (commençant par le mot *Unigenitus*) qui condamnait cent-une propositions contenues dans le livre du Père Quesnel. Cette bulle fut enregistrée au parlement, comme elle devait l'être pour avoir force en France[3]; mais elle souleva une vive réprobation dans bien des esprits. Deux partis se formèrent, les *acceptants* et les *opposants*. Mais, tant que vécut Louis XIV, il n'y eut point d'éclat public et le feu couva sous la cendre. Après 1715, il éclata: la question fut incessamment agitée dans les brochures, dans les mandements des évêques; souvent, des paroles on passait aux actes, le clergé refusant aux opposants l'administration des sacrements. Le parlement prenait parti et intervenait fréquemment: soit spontanément, soit sur des appels comme d'abus émanant des particuliers, il poursuivait et condamnait les brochures ou les mandements; ou bien encore il citait les ecclésiastiques eux-mêmes à raison des refus de sacrements. Le pouvoir royal intervenait aussi de

---

former le conseil de régence, même tels conseils inférieurs qu'il jugera à propos et y admettre les personnes qu'il en jugera les plus dignes. »

1. Isambert, *Anc. lois*, XXI, 40 : « Nous avons cru ne pouvoir rien faire de plus honorable pour elle (cette compagnie) que de lui permettre de nous représenter ce qu'elle jugera à propos avant que d'être obligée de procéder à l'enregistrement des édits et déclarations que nous lui adresserons, et nous sommes persuadé qu'elle usera avec... sagesse et... circonspection de l'ancienne liberté dans laquelle nous la rétablissons. »

2. On peut suivre année par année et presque jour par jour la suite et les incidents de ces conflits dans l'ouvrage remarquable de M. Rocquain : *L'esprit révolutionnaire avant la Révolution*.

3. Isambert, *Anc. lois*, XX, 616.

temps en temps, tantôt en faveur d'un parti, tantôt en faveur de l'autre ; et alors il évoquait d'ordinaire devant le conseil du roi les causes brûlantes dont le parlement était saisi ; ou intimait à celui-ci l'ordre de cesser les poursuites commencées ; ou bien encore c'était une déclaration, imposant à tous silence sur la question et que le parlement n'enregistrait pas sans remontrances. Cela donna lieu à une fermentation de l'opinion publique, qui serait mal comprise, si l'on ne savait que la bulle *Unigenitus* n'était, en réalité, qu'un prétexte. Les titres d'*acceptants* et d'*opposants* recouvraient deux tendances religieuses divisant les Français sur la question fondamentale des rapports entre l'Église et l'État. D'un côté, étaient les *Ultramontains*, représentés par les Jésuites et par une grande partie du haut clergé ; de l'autre bord, les *Gallicans*, qui comptaient dans leurs rangs la plupart des magistrats parlementaires et presque tout le clergé du second ordre. Cependant les querelles religieuses peuvent être considérées comme finies à partir de 1762, lorsque le parlement de Paris et, après lui, les autres parlements eurent prononcé l'expulsion des Jésuites. Mais il restait une autre source de conflits, les augmentations d'impôts nécessitées par la dilapidation des finances et par la guerre de Sept ans (1756-1763). Les parlements, en vérifiant les édits qui augmentaient les impositions ou en créaient de nouvelles, prétendirent en réalité contrôler les finances de l'État[1] ; ils y étaient comme naturellement invités, par ce fait que, les États généraux n'étant plus convoqués, les contribuables étaient à l'entière merci du pouvoir royal, si les cours souveraines ne se faisaient leurs interprètes et leurs défenseurs[2].

Pendant cette longue suite de conflits, les parlements furent amenés à exposer la théorie de leurs droits dans leurs remontrances multipliées. Ils acceptèrent la thèse historique alors

1. La Roche-Flavin, *op. cit.*, l. XIII, ch. XVIII, nᵒˢ 19 et suiv., montre que telle était déjà la pensée des parlements du XVIᵉ siècle : « Entre autres édits qui doivent le plus estre refusés par les parlements sont ceux qui introduisent de nouveaux et extraordinaires subsides... Il ne faut avoir esgard ni aux beaux prétextes ni aux spécieux noms des imposts pour les vérifier, car les princes trouvent des noms doux et agréables aux choses bien amères,... je ne veux en ces refus comprendre les imposts, aydes, tailles et subsides anciens sans lesquels un Estat ne se peut soustenir. »

2. Flammermont, *Remontrances du parlement de Paris au XVIIIᵉ siècle*, t. I, 1715-1753.

en faveur, et qui a été rapportée plus haut[1], et ils y ajoutèrent un corollaire important, ce qu'on appela le système des classes. Cela consistait à déclarer que tous les parlements de France ne faisaient qu'un seul corps. Ayant été tous successivement démembrés du parlement de Paris, ils devaient être considérés non comme des corps distincts, mais comme les diverses *classes* d'un parlement unique[2]. Il en résultait que tous devaient être solidaires pour la défense de leurs droits, l'attaque dirigée contre l'un d'entre eux s'adressant en même temps à tous les autres. Enfin, ils contestaient la légalité même des enregistrements obtenus par le moyen du lit de justice[3]. Néanmoins, jusqu'en 1770, tous les conflits eurent leur solution accoutumée. Mais, au mois de décembre de cette année, Louis XV tint au parlement un lit de justice pour l'enregistrement d'un édit, que j'ai eu bien souvent l'occasion de citer, et dans lequel il affirmait en sa personne le pouvoir absolu et de droit divin et condamnait les doctrines, sur lesquelles les parlements étayaient leurs privilèges[4]. Cet acte fut suivi de la démission en masse des membres du parlement: ce n'était point là un fait sans précédents; mais ce qui était nouveau, c'est que le roi cette fois, poussé par le chancelier Maupeou, était décidé à briser toute résistance. Dans la nuit du 19 au 20 janvier 1771, des agents du roi passèrent au domicile des magistrats et demandèrent s'ils maintenaient leur démission, exigeant une réponse par oui ou par non. Tous la maintinrent. La réplique ne se fit pas attendre : le 20 janvier, ils étaient exilés de Paris et un arrêt du conseil déclarait leurs charges confisquées[5]. Le vide immense que laissait la disparition de ce corps de magistrats fut comblé aussitôt. Dès le 23 janvier, les

---

1. Ci-dessus, p. 503.

2. Édit de décembre 1770 (Isambert, *Anc. lois*, XXII, 504) : « Elles se sont considérées comme ne composant qu'un seul corps et un seul parlement divisé en plusieurs classes, répandues dans les différentes parties de notre royaume. Cette nouveauté... se reproduit dans leurs arrêts sous les termes de *classes*, d'*unité*, d'*indivisibilité* ».

3. *Ibid.* : « On les voit qualifier les enregistrements de *transcriptions illégales* et contraires à ce qu'ils appellent les principes fondamentaux de la monarchie. »

4. Sur tout ce qui suit, voir Flammermont, *Les parlements et le chancelier Maupeou*.

5. Isambert, *Anc. lois*, XXII, 510.

officiers du conseil du roi (conseillers et maîtres des requêtes) étaient provisoirement délégués pour rendre la justice au parlement et les avocats au conseil du roi autorisés à y plaider[1]. Au mois d'avril, un édit supprimait le Grand Conseil, qui n'avait jamais été qu'une juridiction inutile, et appelait son personnel « à servir dans le parlement de Paris, » ainsi reconstitué[2]. Le parlement n'était pas d'ailleurs frappé seulement dans le présent ; des précautions étaient prises pour qu'il ne pût reconstituer sa puissance. Son immense ressort était démembré : on y créait à côté de lui, sous le nom de conseils supérieurs, six cours souveraines[3]. C'était amoindrir considérablement son importance, et par suite son personnel devait être diminué. Le parlement de Paris ne fut pas seul frappé : la cour des aides de Paris, qui avait fait cause commune avec lui, le fut également au mois d'avril[4] ; enfin les divers parlement de province, qui, fidèles au système des classes, avaient hautement protesté, furent frappés dans les derniers mois de 1771 ; ils furent transformés en conseils supérieurs du nouveau type ou virent leur personnel renouvelé. D'ailleurs, quant à l'enregistrement des lois par les cours souveraines, rien ne fut changé, si ce n'est qu'il fut prescrit de ne point rendre les remontrances publiques[5].

Ces transformations étaient combinées de manière à réaliser d'heureuses réformes, tout en frappant un coup politique. Les conseils supérieurs étaient établis sur un type modeste et économique ; et surtout pour les magistrats qui les composaient, la vénalité des charges était supprimée, et la gratuité de la justice était assurée par la suppression des épices[6]. Les

1. Lettres patentes du 23 janvier 1771 et déclaration du 22 février (Isambert, *Anc. lois*, XXII, 510-511).

2. Isambert, *Anc. lois*, XXII, 523.

3. Édit de février 1771 (Isambert, *Anc. lois*, XXII, 512), art. 1 : « Nous avons établi... dans les villes d'Arras, de Blois, de Châlons, de Clermont-Ferrand, de Lyon et de Poitiers un tribunal de justice sous la dénomination de conseil supérieur qui connoîtra au souverain et en dernier ressort de toutes les matières civiles et criminelles dans toute l'étendue des bailliages qui formeront son arrondissement. »

4. Édit d'avril 1771 (Isambert, XXII, 522).

5. Pour son ancien ressort, le parlement de Paris conservait seul le droit d'enregistrement.

6. Édit créant les conseils supérieurs (Isambert, *Anc. lois*, XXII, 513-514), art. 2 et 3 ; et préambule.

nouvelles charges créées au parlement de Paris n'étaient pas
non plus vénales [1], et les fonctions de procureur et d'avocat
étaient réunies [2]. C'étaient là des réformes utiles, intéres-
santes et bien motivées. De même, le texte officiel faisait
observer que par la création des conseils supérieurs dans le
ressort du parlement de Paris la justice était rapprochée des
justiciables et la suppression de la cour des aides de Paris, qui
rendait aux juges de droit commun la connaissance des questions d'impôt, était également présentée sous un jour favorable. Mais l'opinion publique ne vit que le dernier coup
porté aux libertés publiques; on appela cet acte le *coup d'État*
du président Maupeou. De fait, en brisant la résistance des
parlements, il avait fait tomber le dernier contrepoids du pouvoir royal. Mais le résultat fut tout autre qu'il le prévoyait.
L'indignation publique se manifesta par une immense littérature
de pamphlets et de brochures, dans lesquels, plus hardiment
que jamais, on discuta la constitution coutumière de l'ancienne France, et par là, le coup d'État de Maupeou fut une
préparation directe de la Révolution.

    L'œuvre proprement dite du chancelier fut éphémère. L'un
des premiers actes de Louis XVI fut de la jeter à bas pour rétablir l'état de choses antérieur. Dans un lit de justice, le
12 novembre 1774, le nouveau roi vint faire enregistrer toute
une série d'édits qui opéraient cette *restitutio in integrum* [3].
Les anciens officiers du parlement de Paris, cassés en 1771,
étaient rétablis dans leurs charges; la cour des aides de Paris
et le Grand Conseil étaient rétablis; les conseils supérieurs
étaient supprimés, ainsi que les avocats-procureurs créés à
Paris. Quelques modifications dans l'organisation du parlement
étaient seulement introduites; et, quant aux remontrances,
le système de l'ordonnance de Moulins était reproduit, défendant les itératives remontrances [4]. Les parlements de province
furent successivement rétablis dans le cours de l'année 1774 [5].

---

1. Isambert, *Anc. lois*, XXII, 522.

2. Édit de mai 1771 (Isambert, *Anc. lois*, XXII, 528).

3. Isambert, *Anc. lois*, XXIII, 43-86.

4. Ordonnance sur la discipline du parlement, 1774, art. 24-27 (Isambert,
Anc. lois, XXIII, 54).

5. Isambert, XXIII, p. 43, note 3.

Mais, chose notable, le parlement de Paris ne profita d'abord
de sa liberté reconquise que pour faire opposition à un certain
nombre de mesures libérales que l'opinion publique imposa
au gouvernement personnel de Louis XVI, comme nous le
constaterons lorsqu'elles passeront successivement sous nos
yeux. C'est seulement en 1787, qu'il reprit la direction du
mouvement politique, comme interprète de l'esprit public. Après
la première réunion des notables, en exécution de leurs délibérations, le gouvernement de Louis XVI rédigea un certain
nombre de projets de lois importants. Plusieurs étaient conformes au vœu général (liberté du commerce des grains, établissement des assemblées provinciales, conversion en argent
de la corvée royale); mais il y avait aussi des édits fiscaux.
L'un, d'ailleurs assez bien combiné, établissait une imposition territoriale[1]; un autre créait un impôt nouveau du timbre[2].
Le parlement refusa de les accepter. Le roi les fit enregistrer
dans un lit de justice; mais le parlement protesta dans des
remontrances rendues publiques, faisant appel aux États généraux dont il fut ainsi le premier à demander la réunion[3]. La
royauté se crut assez forte encore pour user de ses anciens
procédés, et le parlement fut exilé à Troyes. Mais la Cour des
aides et la Cour des comptes le soutinrent en refusant également d'enregistrer les édits; il finit cependant par céder et obtint son rappel en acceptant, à la place des impôts proposés,
une autre combinaison financière. Ce n'était là qu'une trève.
Le 19 novembre, Louis XVI vint faire enregistrer, dans une
séance royale, tout un système d'emprunts[4]; et il renouvela
l'expression du pouvoir absolu presque dans les mêmes termes que Louis XV en 1770[5]. C'est qu'il préparait un acte analogue à celui du chancelier Maupeou: il tint, en effet, un lit
de justice, le 8 mai 1788, pour faire enregistrer six édits ou
déclarations. Les unes étaient des mesures libérales: réformes humaines dans la procédure criminelle[6], suppression

1. Isambert, *Anc. lois*, XXVIII, 394.
2. Isambert, *Anc. lois*, XXVIII, 400.
3. Isambert, *Anc. lois*, XXVIII, 424, 429.
4. Sur cette séance royale, et en quoi elle différait d'un lit de justice proprement dit, voyez *Mémoires de Talleyrand*, t. I, p. 185.
5. Isambert, *Anc. lois*, XXVIII, p. 526 et suiv.
6. Esmein, *Histoire de la procédure criminelle*, p. 399.

de certaines juridictions d'exception en matière fiscale et domaniale (élections, greniers à sel, bureaux des traites, etc.) ; les autres étaient dirigées contre les parlements. C'était d'abord la transformation d'un grand nombre de bailliages et de sénéchaussées en *grands bailliages* jugeant en dernier ressort les procès civils jusqu'à concurrence de 20.000 livres ; en même temps, un certain nombre de bailliages simples étaient transformés en présidiaux. Comme une conséquence naturelle, en apparence, le nombre des offices était réduit au parlement de Paris. Enfin, l'enregistrement des ordonnances était établi sur de nouveaux principes. Il était enlevé aux parlements et cours souveraines pour être transféré à un corps nouveau, appelé cour plénière[1]. Celui-ci était composé de la grand'-chambre du parlement de Paris grossie des pairs de France, princes du sang et conseillers d'honneur, d'un certain nombre de grands officiers de la couronne ou plutôt de la maison du roi[2], et de délégués pris dans les principaux corps ou classes de fonctionnaires : archevêques, évêques, maréchaux de France, gouverneurs des provinces, conseil d'État, parlements de province, chambre des comptes et cour des aides. Ces délégués, généralement au nombre de deux, étaient choisis par le roi et nommés à vie. Par cette création, le gouvernement prétendait rétablir dans leur pureté les traditions anciennes, en rendant l'enregistrement à un corps unique comme avait été le parlement de Paris à l'origine[3]. Le parlement n'accepta point son abaissement. Dès le lendemain, il prenait un arrêté dans lequel il déclarait « tenir pour maxime constitutionnelle qu'il ne peut être levé d'impôts que de l'octroi et du consentement de la nation représentée par des députés librement élus et légalement convoqués » ; et, prévoyant une destitution en masse de ses membres, comme en 1771, il déclarait « traîtres à la patrie ceux qui prendroient leurs places ou partie de leurs fonctions[4]. » Une immense agitation s'ensuivit à Paris

---

1. Isambert, *Anc. lois*, XXVIII, 560
2. Chose curieuse, les officiers choisis étaient : le grand aumônier, le grand maître, le grand chambellan et le grand écuyer.
3. Isambert, *Anc. lois*, XXVIII, 562 : « Une cour unique étoit originairement dépositaire des lois et la rétablir ce n'est pas altérer, c'est faire revivre la constitution de la monarchie. »
4. Isambert, *Anc. lois*, XXVIII, 568.

et dans les provinces ; le pouvoir royal n'était plus de force à persister dans ses résolutions. Le 8 août, parut un arrêt du conseil qui suspendait l'établissement de la cour plénière et fixait au 1er mai suivant la tenue des États généraux. Mais, en même temps, la carrière politique des parlements était épuisée.

CHAPITRE IV

Les Impôts

Dans la société féodale, le droit de lever l'impôt était devenu un droit seigneurial ; il était, en principe, l'attribut de la haute justice [1]. Il en résultait cette conséquence : non seulement le roi ne pouvait pas établir et lever des impôts à son profit dans les grands fiefs, qui constituaient véritablement des principautés souveraines ; mais, même dans son domaine, il ne le pouvait pas partout où il trouvait devant lui un seigneur haut justicier ; il ne pouvait imposer à son profit que là où il avait conservé la haute justice sur les habitants [2]. Pour rétablir le droit public sur ses véritables bases, une double transformation devait s'accomplir : il fallait donner au roi, représentant l'État, le droit de lever l'impôt sur tous les habitants, dans toute l'étendue du royaume ; il fallait enlever au seigneur le droit de percevoir aucun impôt. Voyons dans quelle mesure ce double travail s'accomplit.

1. Ci-dessus, p. 258.
2. Flammermont, *De concessu legis et auxilii*, p. 52-53, 57, 72, 93-95, 105, 109, et les textes qu'il cite. — Le principe est encore rappelé très nettement par Boulainvilliers, *État de la France*, Londres, 1717, t. III, p. 490 ; il parle des impositions dans les Flandres : « La raison pour laquelle les hauts justiciers dirigent ces impositions et entendent les comptes des mises, est qu'ils jouissent encore du droit autrefois commun à tous les seigneurs de haubert d'imposer eux-mêmes leurs vassaux des taxes proportionnées à ce qu'ils accordaient volontairement aux souverains, le roi n'ayant point anciennement le droit d'exiger aucune somme des vassaux, des seigneurs, si eux-mêmes n'y avaient consenti et n'en avaient fait l'imposition. Ainsi les comtes de Flandres et ducs de Bourgogne se sont toujours adressez aux quatre justices de cette province, qui alors étaient les seules, afin qu'ils voulussent laisser lever sur les habitants de leurs terres les sommes convenues et dont ils avaient besoin. »

1er. — ÉTABLISSEMENT ET DÉVELOPPEMENT DES IMPÔTS ROYAUX

Pendant près de trois siècles, la monarchie capétienne n'eut d'autres ressources que les produits du domaine royal. Cela comprenait, d'ailleurs, des revenus de nature diverse : 1° le produit des terres dont le roi avait conservé la pleine propriété ; 2° les redevances et produits casuels des terres que le roi avait inféodées ; 3° les profits de justice perçus dans les justices royales ; 4° le produit des droits régaliens, autres que celui de lever l'impôt, qui restaient l'attribut de la couronne ou que le roi exerçait dans son domaine comme un baron dans son grand fief ; 5° les impositions que le roi pouvait établir en qualité de haut justicier. Alors même que l'impôt royal fut né et développé, l'idée se conserva encore pendant longtemps que les revenus du domaine formaient la dotation normale et suffisante de la couronne, et qu'elle devait s'en contenter en principe, ne demandant à l'impôt qu'un secours momentané et exceptionnel. Elle fut très nettement exprimée par les États généraux de 1484 [1] ; et le langage, qui conserve pendant des siècles la trace des conceptions abandonnées, en maintint longtemps l'expression. Dans l'ancienne France, on appelait *finances ordinaires* le produit du domaine, et *finances extraordinaires* le produit des impôts, alors que l'impôt était devenu la ressource principale et normale de la royauté [2].

Le pouvoir royal dut, en effet, recourir de bonne heure aux impôts plus ou moins généraux dans certains cas exceptionnels. Les premières occasions furent fournies par les croisades, et le premier cas d'application certain fut sous Philippe-Auguste la dîme saladine, levée pour subvenir aux frais d'expédition que le roi de France allait conduire contre le sultan

1. *Journal de Masselin*, p. 414 : « Dicebant domanium eo regi traditum ut inde suæ domus statum ducat et solita portet onera, quod etiam aliquando tam amplum fuit ut potuerit quibusdam reipublicæ necessitatibus sine aliis tributis sufficere. »

2. *Le vestige des finances*, dans Jacqueton, *Documents relatifs à l'administration financière*, p. 205 : « Il y a deux manières de finances, assavoir finances ordinaires et finances extraordinaires. — Quelles sont les finances ordinaires ? C'est le domaine du roy. — P. 225 : En quoi consistent les finances extraordinaires ? C'est le revenu des greniers, aides et tailles du royaume. »

Saladin [1] ; cet exemple fut suivi par Louis VIII et saint Louis[2],
et des levées de ce genre seront opérées au xiv° siècle en vue
de toutes les guerres soutenues par la royauté. Mais, pour cela,
il fallait que le roi obtînt le consentement des seigneurs justiciers. Il put l'obtenir en invoquant le principe de l'aide féodale, élargi par le sentiment d'un patriotisme naissant : n'était-
il pas équitable que le vassal du roi aidât pécuniairement son
seigneur dans des affaires intéressant le royaume entier et
que n'avait pu prévoir la vieille constitution féodale? D'autre
part, quelle aide légère pour le vassal que celle qui consistait
à laisser lever un impôt sur ses sujets ! Ces impôts du xiv° siècle
conservés par les seigneurs prirent en effet le nom d'*auxilia*,
aides. Les rois, pour les obtenir, usèrent de trois procédés distincts [3].

Le plus ancien, mais qui souvent fut suivi encore après que
les autres eurent été introduits, consistait à négocier individuellement avec les seigneurs laïques et ecclésiastiques de la
région où l'on avait l'intention de lever un impôt. Le roi, à
cet effet, nommait des commissaires qui se rendaient sur les
lieux et entamaient des négociations : souvent, il abandonnait
aux seigneurs une partie de la taxe, afin d'avoir leur adhésion[4].
De pareils pourparlers avaient lieu avec les villes émancipées, celles qui, d'après leurs chartes, avaient le droit de consentir leurs impositions [5].

Le second procédé consista à réunir les seigneurs laïques et
ecclésiastiques et les officiers municipaux des villes privilégiées dans chaque région du domaine royal ayant une indivi-

1. Rigord, ad an. 1188. D'ailleurs, cette dîme ne formait pas un impôt profitant au roi seul; au contraire, le principe féodal était respecté : « Qui alicujus
terræ magnam justitiam habet, idem terræ decimam habebit. » Mais c'était un
impôt levé sur tous en vue d'une expédition nationale.
2. Flammermont, *op. cit.*, p. 74-77 ; de même, Alphonse de Poitiers, p. 78-89.
— Pour le règne de Louis VII, p. 69, 70.
3. Sur ce qui suit, voyez Vuitry, *Études sur le régime financier de la France
avant la Révolution* : le régime financier de la monarchie féodale aux xi°, xii°
et xiii° siècles, 1 vol., 1878 ; *Nouvelle série*, Philippe le Bel et ses trois fils ; les
trois premiers Valois, 2 vol., 1883.
4. Flammermont, *op. cit.*, p. 106 (acte de 1295), 108. — Moreau de Beaumont,
Mémoires concernant les impositions et droits, édit. 1769, t. II, p. 2, 3. — Instructions de Philippe le Bel de 1302 (*Ord.*, I, 370).
5. Flammermont, *op. cit.*, p. 43, 44.

dualité distincte, soit dans chaque bailliage, soit dans un
ensemble de plusieurs bailliages et sénéchaussées constituant
ce qu'on appellera plus tard une province. Il y avait alors une
délibération commune et l'adhésion à l'impôt royal était donnée pour toute la circonscription [1]. C'est de cette pratique que
sortirent, comme on le verra plus loin, un certain nombre
d'États provinciaux.

Enfin, le procédé le plus simple et le plus satisfaisant en même
temps consista à demander l'aide aux États généraux, comme
on l'a vu précédemment [2]. Mais ce procédé ne fut employé
qu'en dernier lieu, après les deux autres, et ceux-ci, après qu'il
eût été introduit, n'en furent pas moins souvent usités [3]. Il faut
ajouter que les aides votées par les États généraux, au cours
du xiv° siècle, ne furent pas simplement une application du
principe que j'ai indiqué ; les seigneurs ecclésiastiques et
laïques ne se contentaient pas ordinairement de laisser le roi
lever un impôt sur leurs sujets imposables, c'est-à-dire serfs
ou roturiers ; le plus souvent, à cette époque, l'aide votée par
les États généraux porta sur tous les sujets du royaume, c'est-
à-dire même sur les nobles et les ecclésiastiques.

En même temps que les rois obtenaient ainsi des impôts
extraordinaires, plus ou moins généraux, ils essayaient, dans
certains cas, d'en établir *d'autorité*, sans vote ni adhésion préalable ; et même cette pratique précéda celles que je viens de
décrire. Lorsque le roi, considéré comme seigneur, se trouva
dans un des cas précis où, d'après la coutume, le seigneur pouvait exiger de ses vassaux l'aide féodale [4], il prétendit, au cours
du xiii° siècle, lever une imposition sur les sujets de ses vassaux, au lieu de faire contribuer les vassaux eux-mêmes. Au
fond, cela revenait à peu près au même, car le seigneur vassal
qui payait l'aide à son seigneur avait coutume de la récupérer
en levant, à cette occasion, sur ses sujets une taille au moins

---

1. Voyez des exemples : en 1319, les nobles réunis en Auvergne ; en 1350,
les États de Vermandois et les États de Normandie ; en 1351, le bailliage
d'Amiens (*Ord.*, I, 692 ; III, 391 ; II, 402, 439). — Thomas, *Les États provinciaux
de la France centrale sous Charles VII*.

2. La première aide fut demandée aux États généraux en 1314. Flammermont, *op. cit.*, p. 118.

3. Sauf ce qui a été dit des levées faites en vue des croisades.

4. Ci-dessus, p. 190.

égale[1], on évitait même un circuit inutile. Mais, en droit, c'était une atteinte aux principes féodaux : c'était le roi passant par-dessus la tête des seigneurs pour commander à leurs sujets. Néanmoins, malgré les résistances, saint Louis, Philippe le Hardi et Philippe le Bel levèrent dans ces conditions l'aide féodale sur les sujets des seigneurs épars dans leur domaine, mais non point semble-t-il sur les sujets des grands vassaux[2]. Ils la levèrent également sur les villes privilégiées, et même, quoique avec difficulté, sur celles qui n'étaient pas enclavées dans le domaine royal[3]. Dans la seconde moitié du xiv° siècle, il fut fait de ce principe une application bien plus importante par les conséquences qu'elle entraîna : c'est en l'invoquant que furent établies, en 1560, sans vote ni octroi, les impositions destinées à payer la rançon du roi Jean[4].

Le pouvoir royal se rattacha enfin à un autre principe pour imposer d'autorité : ce fut la conversion du service militaire en argent. Le service était dû au roi, d'après les règles féo-dales, par ses hommes de fief et aussi par les villes et même par les roturiers des campagnes, là où il exerçait la haute jus-tice[5]. Au lieu d'exiger d'eux le service militaire, le roi se crut autorisé, en cas de guerre, à exiger d'eux de l'argent : c'est ce que fit à plusieurs reprises Philippe le Bel[6]. En même temps, l'idée se dégageait (sans avoir jamais complètement disparu) qu'en cas de péril national le roi pouvait appeler à prendre les armes tous les habitants du royaume ; c'est ce qu'on appela l'arrière-ban[7], et ce fut un prétexte pour édicter, au lieu d'une

---

1. *Grand coutumier de Normandie*, ci-dessus, p. 334, c. 44. — Cf. Lettres de Louis VII à l'abbé de Tournus, a. 1171 (*Ord.*, XI, 205), art. 3 : « Si abbas ad nos venerit pro expeditione aut pro regali nostro recipiendo... secundum qualitatem et quantitatem negocii quæret auxilium et capiet ab hominibus suis. »

2. Flammermont, *op. cit.*, 41-54 ; 48.

3. Flammermont, *op. cit.*, 43, 48-52, 55. *Olim*, I, 848 : « Cum illud quod ab eis petitur non sit tolta tallia... sed quoddam jus domino regi debitum de regni consuetudine generali. »

4. Vuitry, *Étude*, nouvelle série, t. II, p. 108. Voyez le préambule de l'or-donnance du 25 décembre 1360, qui les établit (*Ord.*, III, p. 433).

5. Ci-dessus, p. 244.

6. Flammermont, *op. cit.*, p. 97-100 ; Boutaric, *Institutions militaires de la France avant les armées permanentes*, p. 228 et suiv.

7. Pierre Dubois, *De recuperatione Terræ sanctæ*, édit. Langlois, p. 115 :

pareille levée en masse, un impôt général[1]. Philippe le Bel imposa directement des subsides de ce genre à raison de la guerre et sans prendre le détour de la conversion du service militaire[2].

Jusqu'ici, l'impôt n'apparaît que comme une ressource extraordinaire et momentanée : il ne peut être créé ou maintenu par la volonté royale ; il faut qu'il soit consenti ou que les principes féodaux permettent de le lever pour une occasion déterminée. Nous savons pourtant que certains impôts devinrent permanents et que le roi, par une loi ordinaire, put à volonté en établir de nouveaux. Mais nous n'avons pas montré complètement comment le droit public changea, ainsi ; nous avons vu comment les États généraux perdirent leur droit ; il faut dire maintenant comment le roi acquit le sien. Deux influences principales conduisirent au droit royal d'imposer, aux impôts permanents.

Ce fut, en premier lieu, l'influence du droit romain. Le droit d'établir des impôts, qui appartenait sans partage à l'empereur romain, apparaissait aux légistes comme un des attributs naturels et nécessaires de la royauté qu'ils restauraient[3]. Dès le règne de Charles VI, ce droit était proclamé au profit du roi de France ; et l'on accusait de lèse-majesté ceux qui le contestaient[4]. Aux États généraux de 1484, les délégués royaux, qui

« Si vero dominus rex judicat omnium debentium armorum servicium auxilium sibi non sufficere, potest vocare retrobannium, videlicet primo auxilium franca feoda tenentium... si non sufficiat vocare debet... auxilium populi, id est omnium franca feoda non tenentium. » — Boutaric, op. cit., l. IV, ch. III, p. 223 et suiv.

1. Boutaric, op. cit., p. 230 et suiv.

2. Flammermont, op. cit., p. 104 et suiv.

3. Degrassalius, Regalium Franciæ, lib. I, p. 106 : « Hinc est etiam, quod sicut imperator imponit nova vectigalia et subsidia...-ita et rex christianissimus et non alius quacunque dignitate regali, ducali aut comitali vel alia fungatur. Ita in specie de rege Franciæ dicit Salicetus in L. 1, C. Nova vect. imponi non posse, et Petrus Jacobi in sua Practica. »

4. Johannes Gallus, questio LX (édit. Du Moulin) : « Item nota quod rex Franciæ modo quocumque sibi licet imponere super subditis suis immediate vel mediate in toto regno suo subsidia absque consensu permissione vel tolerantia suorum subditorum quorumcumque... Et hoc teneas nec unquam contrarium dicas ne crimine sacrilegii accuseris et reus majestatis fias. » L'auteur, il est vrai, lorsque le roi concède à quelqu'un le droit de lever un impôt, maintient les anciens principes : « Licet concedat alteri quod imponat, hoc semper sibi conceditur, et habetur in usu, dum tamen altus justiciarius

disputèrent sur ce point avec les députés, affirmèrent hautement que le roi avait le droit de prendre les biens de ses sujets pour les nécessités de l'État, alors même que le peuple aveuglé lui refuserait son adhésion[1]. L'autre influence, non moins pénétrante, fut celle de la coutume fondant le droit sur une longue possession. Par un concours de circonstances, il arriva qu'en fait, dans la seconde moitié du xive siècle, un certain nombre d'impôts royaux devinrent permanents, levés d'année en année, et cela avec la tolérance des États généraux convoqués de temps à autre. Les aides destinées à payer la rançon du roi Jean furent ainsi levées pendant vingt ans[2]. Il est vrai que presque tous les impôts permanents furent supprimés à la fin du règne de Charles VI, dans les pays soumis à la domination anglaise, et ils le furent également, pendant une première période du règne de Charles VII, dans les pays qui lui étaient restés fidèles. Mais les populations n'y avaient pas moins été accoutumées pendant longtemps, et lorsque les principaux furent rétablis, dans la seconde moitié du règne de Charles VII, cela parut chose toute naturelle; c'était le retour à un état de fait déjà accepté. Sous ce règne et le suivant, la coutume continua à les enraciner, à les transformer en taxes perpétuelles, et les États généraux de 1484, qui voulurent réagir contre le système, constatèrent bien l'effet de la coutume[3].

Cependant, un certain nombre de provinces échappèrent à cette extension du pouvoir royal, et conservèrent, d'une façon plus ou moins complète, le droit de consentir périodiquement, pour un court laps de temps, les impositions qu'elles payaient

illorum super quibus concedit consentiat, et subditi super quibus conceditur vel major pars illorum. » *Le Songe du verger*, l. I, ch. cxxxv, contient aussi une théorie intéressante sur le droit royal d'imposer, où les principes romains et canoniques sont combinés avec les principes féodaux.

1. *Journal de Masselin*, p. 420 : « Quod si etiam contra rationem dissentiret (populus), certe non ambigimus regem posse subditorum bona capere, quatenus reipublicæ periculis et necessitatibus provideat. Alias rex frustra videretur institutus, si non posset ad rationem cogere renitentes et invitos. »

2. Vuitry, *Études*, nouvelle série, II, p. 118-139.

3. *Journal de Masselin*, p. 414 : « Pro hostibus demum arcendis et, ut aiunt, guerræ facto quædam fuere concessa auxilia et nominatim salis gabellæ, quartagia potuum et impositiones, quæ post exactam causam cessare debuerunt, *sed longa consuetudine, imo gravi corruptela, jam velut domanium, æterna perseverant.* »

530 LE DÉVELOPPEMENT DU POUVOIR ROYAL

au trésor royal. Ce sont les pays qui conservèrent leurs États provinciaux ; leur droit, devenu exceptionnel, représentait ainsi l'ancien droit commun de la France. Voilà comment s'établirent l'impôt royal permanent et le droit royal d'imposer ; voyons maintenant le système d'impôts qui en fut la conséquence. Ces impôts de l'ancien régime se divisent historiquement en deux séries, représentant des formations successives. Les uns, nés sous la monarchie tempérée, furent plutôt le produit d'une sélection naturelle, que le résultat d'une législation rationnelle. Pendant la période d'un siècle et demi environ où l'impôt royal resta une mesure extraordinaire et transitoire, un grand nombre de formes d'impôts furent successivement usitées et essayées. Les types les plus commodes, ou ceux dont les circonstances favorisèrent l'implantation, se dégagèrent et restèrent à l'état permanent. En même temps, se produisait ce phénomène, autre conséquence d'une formation coutumière: aucun de ces impôts, restés à l'état définitif, n'était vraiment général et commun à tout le royaume. Certaines provinces avaient échappé à chacun d'eux, bien que sous autre une forme, elles en payassent d'ordinaire l'équivalent. L'autre série d'impôts avait été établie sous la monarchie absolue; ils étaient un produit proprement dit de la législation, et c'étaient généralement des créations plus rationnelles que les premiers. Mais comme ils se superposèrent à ceux-ci, sans les faire disparaître, ils amenèrent en somme, avec une plus grande complication du système, une charge nouvelle du contribuable, c'est-à-dire du roturier, car les ordres privilégiés, bien que, cette fois, on eût voulu les atteindre, y échappèrent en grande partie. Le système d'impôts de l'ancien régime présentait ainsi deux traits saillants, inégalité et diversité: inégalité entre les classes, diversité entre les provinces. J'étudierai les principales de ces impositions, en suivant la division, déjà employée, en impôts directs et impôts indirects.

1. Ci-dessus, p. 16.

§ 2. — LES IMPÔTS ROYAUX DANS L'ANCIEN RÉGIME[1]

A. — *Impôts directs*

Les principaux impôts directs étaient la *taille*, établie sous la monarchie tempérée ; la *capitation* et les *vingtièmes*, établis sous la monarchie absolue.

I

La *taille* est une forme d'impôt qui nous est déjà connue par la taille servile[2] et la taille roturière[3] : c'est de celles-ci que dérive la taille royale qui se superposa ou se substitua à elles. Dès le xiiie siècle, l'idée s'était fait recevoir que les vassaux du roi, ceux du domaine tout au moins, devaient lui permettre de tailler leurs sujets lorsqu'il était engagé dans une guerre et afin de lui fournir les ressources nécessaires. Parfois, c'était un droit ferme, reconnu par la coutume[4] ; parfois, c'était seulement un principe, reconnu comme équitable et moralement obligatoire ; le roi, pour lever cette taille, avait besoin du consentement des seigneurs mais ceux-ci, en équité, étaient tenus de l'accorder[5] ; il arrivait même que de grands vassaux en autorisassent la levée sur leurs terres[6]. Dans le cours du xive siècle, la taille ainsi conçue fut un des subsides qu'accordèrent fréquemment les États généraux ou provinciaux au pouvoir royal ; à cette époque et au xve siècle, il arriva aussi fréquemment que le roi en levât sans cet octroi, en invo-

---

1. Voyez sur ce sujet : Moreau de Beaumont, *Mémoires concernant les impositions et droits en Europe*, 1768 et suiv. ; Necker, *De l'administration des finances de la France*, Lausanne, 1785.

2. Ci-dessus, p. 227.

3. Ci-dessus, p. 239.

4. Voyez, par exemple, les lettres patentes délivrées à l'évêque de Paris au nom de saint Louis, Philippe le Hardi et Philippe le Bel ; Dupuy, *Traité de la majorité des rois*, 1, p. 182-183 : « Quod reges Franciæ... habeant taliam super homines terræ dilecti et fidelis episcopi Parisiensis... in certis casibus. . et insuper exercitum et equitationem *vel taliam propter hoc factam.* »

5. Flammermont, *op. cit.*, p. 185 et suiv. ; Moreau de Beaumont, *op. cit.*, t. II, p. 20.

6. Flammermont, *op. cit.*, p. 106.

quant le principe ancien et les nécessités de la guerre. Mais,
jusque-là, la taille royale n'avait été qu'un impôt extraordinaire et transitoire; elle devint permanente sous le règne de
Charles VII, comme l'atteste l'ordonnance de 1439. Cette transformation fut, d'ailleurs, naturelle et logique. Il y avait traditionnellement une relation entre la taille royale et la guerre
nationale; celle-ci entraînait et légitimait celle-là[1]. Tant qu'il
n'y eut point d'armée permanente, légalement instituée, les
dépenses de la guerre furent comme celle-ci, transitoires, et
la taille royale dut avoir le même caractère. Mais, lorsque
Charles VII, par l'institution des compagnies d'ordonnance,
eut définitivement établi un noyau d'armée permanente, complété par la réserve des francs archers, les dépenses faites par
la royauté en vue de la guerre devinrent annuelles et régulières, et la taille, qui était destinée à les couvrir, dut devenir aussi permanente. L'ordonnance de 1439, elle-même,
fait le rapprochement : elle rattache la taille, qu'elle suppose,
aux tailles temporaires et extraordinaires que le roi levait,
en cas de guerre, sur les terres des seigneurs[2]. Mais, en même
temps, et très logiquement, elle abolissait la taille seigneuriale : le roi levant dorénavant tous les ans la taille sur tous
les roturiers du royaume, ceux-ci eussent été accablés si leur
seigneur particulier avait pu les tailler de son côté; la taille
seigneuriale eût fait une concurrence désastreuse à la taille
royale[3]. La taille servile se conserva cependant au profit
des seigneurs[4]; c'était un trait naturel presque essentiel

---

1. C'est encore le raisonnement que font les députés aux États de 1484,
Journal de Masselin, p. 414 : « In hoc tailliarum vectigali, quod primum guerræ
causa institutum, etiam, causa cessante, supprimendum videretur... adeo ut
jam in immensum et intolerabiliter creverit, non autem apparente nulla belli
materia nisi parvi admodum momenti. »

2. Art. 41, 42, 43 (Isambert, *Anc. lois*, IX, 09).

3. Art. 44 (Isambert, *Anc. lois*, IX, 70) : « Pour ce que plusieurs mettent
tailles sus en leurs terres sans l'autorité et congé du roi, dont le peuple est
moult opprimé, le roy prohibe et defend... que nul de quelque estat qualité
ou condition qu'il soit ne mette ou impose taille, aide ou tribut sur ses sujets
ou autres, pour quelque cause ou couleur que ce soit sinon que ce soit de
l'autorité et congé du roi et par ses lettres patentes. » Cf. ci-dessus, p. 528,
note 4. — La taille seigneuriale se conserva cependant dans un assez grand
nombre de coutumes, mais seulement comme taille aux quatre cas pouvant
être levée dans les cas de l'ancienne aide féodale.

4. Cependant Chassanæus explique par l'existence de la taille servile en

du servage, et, dès la fin du xiv° siècle, le nombre des serfs avait tellement diminué que la taille servile était presque une quantité négligeable. Dès lors, la taille royale avait reçu sa consécration définitive, sa croissance était finie. Il faut voir sur quoi portait au juste cet impôt et comment il était administré [1].

La taille se présentait sous deux formes distinctes, la *personnelle* et la *réelle*. La *taille personnelle*, qui était le droit commun, était un impôt sur le revenu considéré dans son ensemble : chaque contribuable était taxé d'après ses facultés, c'est-à-dire d'après son revenu, quelle qu'en fût la source, qu'il provînt de la propriété foncière ou mobilière, du commerce, de l'industrie ou du travail manuel [2] ; les journaliers même étaient imposés [3]. Mais tous les sujets du royaume n'étaient point taillables : seuls, les roturiers et les serfs payaient cet impôt. Les ecclésiastiques et les nobles en étaient exemptés, et cette exemption, au point de vue historique, s'expliquait aussi facilement qu'elle se justifiait mal au point de vue de la raison. La taille royale n'avait été que la copie, le surmoulage pour ainsi dire, de la taille seigneuriale, et celle-ci n'avait jamais atteint que les roturiers et les serfs [4]. D'ailleurs, beaucoup de roturiers étaient également exempts à raison des fonctions royales qu'ils exerçaient, et la plupart des villes avaient obtenu l'exemption de la taille, en déchargeant ainsi leurs habitants. Cet impôt pesait de tout son poids [5] sur les habitants

---

Bourgogne, ce fait que la taille ordinaire du roi ne se lève pas dans cette province, *In consuet. Burg.*, rub. 9, art. 18, n° 10 : « Quæ possit esse causa quare principes et duces Burgundiæ et nunc reges Franciæ, qui sunt duces, nullas exigant tallias in Burgundia ? Nam, ut videmus, hæc patria est talliabilis subditis et feudatariis, cum omnes habeant subditos suos talliabiles, et si iterum talliarentur duplici onere gravarentur. » Il est vrai que le roi levait en Bourgogne les *fouages* ou *præstantiæ* votés tous les trois ans par les États ; mais cela n'embarrasse pas Chasseanæus : « Cum præstantiæ non debeantur dominis nec possint fieri per dominos ideo duces Burgundiæ possunt illas facere. »

1. *Traité sur les tailles et les tribunaux qui connoissent de cet impôt*, par Auger, 3 vol., Paris, 1788.

2. Guy Coquille, *Histoire de Nivernois*, I, p. 498 ; Moreau de Beaumont, *op. cit.*, II, p. 18 et suiv., 100 et suiv. ; — Vauban, *La dîme royale*, préface et première partie, *passim*.

3. Moreau de Beaumont, *op. cit.*, II, p. 109.

4. Ci-dessus, p. 289.

5. Lebret, *De la souveraineté*, l. III, ch. viii, p. 113 : « Nous ne voulons dans

des campagnes, les fermiers et les cultivateurs. La *taille réelle* était l'exception [1]. C'était un impôt foncier, portant sur le revenu seul des immeubles. C'était aussi un impôt inégal, mais d'une inégalité moins choquante que la taille personnelle. Tous les immeubles, en effet, ne la payaient pas : en étaient exemptés les biens d'Église et les biens nobles, c'est-à-dire les fiefs ; y étaient par conséquent seuls soumis les tenures roturières ou serviles et les alleux non-nobles [2]. Mais, pour savoir si le possesseur était exempt ou non, il fallait considé-

tout le plat païs que rigueur extrême et (j'oserois dire) que toute inhumanité. Car après que ces pauvres gens ont été pillés et saccagés par les gens de guerre, il faut encore qu'ils paient seuls toutes les crues qui se lèvent durant les tems misérables, d'autant que c'est alors que tous les exempts font valoir leur privilège avec le plus de puissance... Puisque (les tailles) sont à présent augmentées de trente fois plus qu'elles n'étoient du commencement, seroit-il pas raisonnable de diminuer le nombre des privilégiés au lieu de l'augmenter, comme on fait tous les jours? » — Moreau de Beaumont, II, p. 23 : « Quoique les tailles doivent être assises, portées et payées par toutes manières de gens contribuables... néanmoins les plus riches sont ceux qui payent le moins et qui cherchent à s'exempter, les uns sous prétexte qu'ils sont nobles quoiqu'ils n'en justifient point, les autres en qualité de fermiers et métayers des gens d'Église, nobles ou autrement, ce qui est toujours à la foule du pauvre peuple. » — *L'homme en société ou nouvelles vues politiques et économiques pour porter la population au plus haut degré en France,* Amsterdam, 1763, I, p. 84 (l'auteur propose de chasser de Paris et des villes quantité de gens du peuple qui y sont inutiles) : « La consommation des denrées n'étant pas tout à fait si forte à Paris qu'elle l'est à présent... le roi y perdroit peut-être, mais... *ce seroit compensé avec usure par les tailles et autres impositions que les gens payeroient dans les campagnes.* » P. 181 : « Il y a une infinité de maux qui semblent n'être attachés qu'aux malheureux habitants des campagnes. Tout le poids et les charges de l'État ne tombent pour ainsi dire que sur eux. » Beaucoup de villes, il faut le dire, avaient acheté leur exemption et payaient à la place de la taille un abonnement pris sur le produit de leurs octrois, Necker, *op. cit.,* I, p. 5. Voyez la liste précise des exempts dans l'*Instruction générale des finances* par L'Escuyer, 1622 (à la suite du *Nouveau stile de la chancellerie*), p. 20.

1. Moreau de Beaumont, II, p. 18. Pour les pays d'élection, la taille était réelle seulement dans les généralités de Grenoble, Montauban et Auch, et dans deux élections de la généralité de Bordeaux, celles d'Agen et de Condom.

2. L'affranchissement des biens ecclésiastiques dérivait de l'immunité générale des biens d'Église. Quant aux fiefs, ils paraissent avoir été exemptés à raison du service militaire qui y était attaché. Chassanæus, *In consuet. Burg.,* rub. 9, n° 15 : « Quando nobiles possident allodialia, credo quod pro illis possunt collectari, secus autem si possident feudalia, vel de pertinentiis feudalium, ex quo in illis jam ex pluribus gravantur erga principem. Ne ergo duplici ratione graventur, non tenentur ad aliquod onus ratione bonorum feudalium. »

rer ici, non sa qualité personnelle, mais celle de sa terre : le
fief était toujours exempt, même entre les mains d'un roturier; le bien roturier était toujours imposé, même entre les
mains d'un noble. A raison de ce caractère, la *taille réelle*
était bien moins impopulaire que la taille personnelle, et aussi
parce qu'elle ne présentait pas cet arbitraire inévitable, qu'entraîne tout impôt sur l'ensemble du revenu et qui accompagnait
spécialement la taille personnelle dans l'ancien régime [1].

La taille personnelle ou réelle était un impôt non de quotité,
mais de répartition : le pouvoir royal ne déterminait pas directement ce que devait payer le contribuable et n'arrêtait pas
sa contribution à tant pour cent du revenu ; il fixait seulement
chaque année la somme totale que devait fournir la taille, et
c'était par une série de répartitions, qui sera bientôt décrite,
que l'on arrivait en dernière analyse à trouver la cote de chaque contribuable. C'était, par conséquent, un impôt très souple,
dont le roi pouvait augmenter à volonté le produit sans
aucune retouche au système [2]. Aussi suivit-il une marche rapidement ascendante. Au principal, se joignirent aussi plusieurs contributions accessoires, réparties au marc le franc de
la taille, et qui, comme celle-ci avaient pour origine les dépenses de la guerre. Les principales étaient la *grande crue*, qui
fut établie sous François Ier pour faire les frais d'une milice
éphémère appelée les *légions*[3], et le *taillon*, établi sous Henri II
pour augmenter la solde et payer le logement des gens de
guerre [4].

1. *Journal de Masselin*, p. 462 : « Cum enim, inquit (unus plebeius legatus),
ejus patriæ mos sit ut hæreditates ad talliam pedatim imponantur et magis
sit realis quam personalis collecta. Et forsan si hæc utique per regnum consuetudo servaretur, magis posset ad æquum partitio fieri nec valerent in his
personarum favores vel odia... Si semel fuerit hæreditas talliis imposita... nunquam posthac ab hujusmodi subjectione eximatur, etiamsi in nobilissimi
manus qualicumque modo deveniat. » — Vauban, préface « la *taille réelle*
fondée sur les arpentages et les revenus des héritages est bien moins sujette
à corruption, il faut l'avouer. » — Boulainvilliers, *État de la France*, II, 169;
III, 538 et suiv.; IV, 24, 67, 71, 232, 423; V, 284, 341; VI, 19, 20.

2. *Journal de Masselin*, p. 416 : « Adinventum est et additum talliæ tributum,
quod non, ut cætera, certa summa limitatur sed imponitur ac moderatur pro
qualitate rei, imo verius arbitrio principis, adeo ut jam in immensum et intolerabiliter creverit. »

3. Édit du 24 juillet 1524 (Isambert, *Anc. lois*, XII, 390).

4. Moreau de Beaumont, *op. cit.*, II, p. 13.

La taille royale ne se levait pas dans tout le royaume, mais seulement dans les *pays d'élection*, qui tiraient leur nom du principal organe administratif établi pour l'administration de cet impôt; elle n'était pas perçue dans les pays d'État. Ceux-ci votaient, répartissaient et levaient eux-mêmes les équivalents qu'ils payaient au trésor royal. Ceci nous amène à étudier l'administration, la répartition et le contentieux de la taille; ils avaient d'autant plus d'importance que l'organisme, établi à cette fin, servait aussi, en partie, pour l'administration et le contentieux des autres impôts. Son origine se trouve dans les mesures que prirent les États généraux, sous le règne du roi Jean, lorsqu'ils acquirent, dans les années 1355 et suivantes, le droit d'administrer et de percevoir l'impôt. Ils établirent, sous le nom de *députés* ou d'*élus*, des délégués qu'ils choisirent eux-mêmes en les prenant parmi leurs membres et qu'ils chargèrent d'aller dans les provinces faire la répartition des aides consenties; ils devaient aussi en faire opérer la levée; ils avaient autorité sur tous les contribuables et pouvaient les contraindre « par toutes voyes et manières que bon leur sembleroit ». Ils étaient élus à raison de trois par diocèse, un de chaque ordre, devaient se réunir pour décider toutes les affaires graves et convoquer, pour la répartition, les officiers municipaux ou, à leur défaut, de notables habitants. Au-dessus d'eux, les États élirent un certain nombre de personnes, qui, sous le nom de *superintendants* ou *généraux des finances,* devaient avoir l'administration supérieure des aides et en même temps juger souverainement et en dernier ressort tous les litiges auxquels elles donneraient lieu; ces généraux furent d'abord (en 1355) au nombre de neuf, trois de chaque ordre; puis réduits à six, deux étant pris dans chacun des trois ordres[1]. Cette

---

1. Le point de départ est l'ordonnance du 28 décembre 1355 (*Ord.*, III, 19), art. 2 et 3 : « Des trois estats dessuzdiz seront ordonnez et deputez certaines personnes... qui par les pays ordonneront les choses dessuz dites, qui auront receveurs et ministres selon l'ordonnance et instruction qui sera faite sur ce; et oultre... seront ordonnez et establiz par les trois estatz, neuf personnes bonnes et honnestes, c'est à scavoir de chascun estat trois, qui seront généraulx et superintendans sur tous les autres et qui auront deux receveurs généraux... et vaudra tout ce qui sera fait et ordoné par lesdits généraux deputez, comme arrest de parlement sanz ce que l'on en puisse appeler. » — Les textes qui retouchèrent et complétèrent le système sont : Ordonnance du 3 mars 1356, art. 2 et 3; Lettres du 3 mars 1356; Instructions du 4 mars 1356;

organisation simple et forte survécut au règne éphémère des États : le pouvoir royal, sorti de leur tutelle, se l'appropria bientôt, mais en lui faisant subir deux modifications très importantes. Tous ces députés aux finances, les supérieurs comme les inférieurs, furent nommés par lui et non plus choisis par les représentants de la nation. A l'étage supérieur, on sépara le contentieux de l'administration : une partie des *généraux des finances* fut préposée exclusivement à l'administration de celles-ci, en garda leur ancien titre; les autres furent chargés uniquement du contentieux et formèrent un tribunal qui, sous le nom de cour des aides, prit place parmi les cours souveraines. A l'étage inférieur, au contraire, les élus, devenus fonctionnaires royaux, permanents et sédentaires, continuèrent à garder entre leurs mains à la fois l'administration et le contentieux. Mais il ne faudrait pas croire que l'organisation établie par les États généraux du roi Jean et la copie améliorée qu'en fit la royauté se soient succédé sans interruption. Il ressort, au contraire, d'un acte de Charles VI, de 1388[1], que le roi, jusqu'à cette date, avait confié à quatre de ses conseillers le gouvernement de ses aides et finances : mais il institua alors six « généraux conseillers pour le faict des dites aydes gouverner et maintenir. » Il leur donna pouvoir de nommer des *élus* et leur confia à la fois le contentieux et l'administration supérieure. C'est seulement en 1390, que trois généraux furent préposés à l'administration et trois autres à la justice des aides[2]. Les généraux des finances se partagèrent les provinces pour l'administration et la circonscription à laquelle chacun d'eux était préposé prit le nom de généralité. Ainsi se formèrent trois, puis quatre généralités; en 1484, il y en avait six[3]. On a vu, précédemment[4], comment, sous François Ier et Henri II, les généralités furent successivement portées à seize, puis à dix-sept, et comment les charges des généraux des finances furent unies à celles

---

Ordonnance du 14 mai 1358, art. 17 et 27 (*Ord.* III, 124; IV, 181, 183; III, 221).

1. *Ord.*, VII, 228.

2. *Ord.*, VII, 404. — Pasquier, *Recherches*, l. II, ch. vii.

3. *Journal de Masselin*, p. 304 (le gouvernement parlant aux députés) : «Concedit ut, cum in sex partes vos ipsi diviseritis, ita *sex adhuc eligatis viros* vestri consortii, *singulos ex singulis generalitatibus.* »

4. Ci-dessus, p. 443.

des trésoriers de France. Sous Louis XIII, il y avait vingt et une généralités[1]; il y en avait trente-cinq en 1789. On a vu également comment le nombre des cours des aides se multiplia. Dans les pays où se levait la taille royale, les généralités étaient divisées en un certain nombre d'*élections* ayant chacune son bureau d'élus; au contraire, il n'y avait pas d'élections dans les *pays d'États*. La généralité devint peu à peu la circonscription administrative la plus importante de l'ancienne France. Mais revenons à l'administration de la taille pour voir comment s'en faisait la répartition et la perception.

Chaque année, pour l'année suivante, le brevet de la taille était préparé par le conseil du roi, contenant la somme totale qu'on demandait à cet impôt; il contenait aussi une répartition de cette somme entre les diverses généralités des pays d'élection, et répartissait également le contingent de chaque généralité entre les diverses élections qui la composaient[2]. Ce projet était envoyé aux *bureaux des finances* qui le renvoyaient avec leurs observations et il était arrêté définitivement et transmis aux élus. Ceux-ci répartissaient à leur tour le contingent de l'élection entre les diverses paroisses qui la composaient, et il était procédé dans chaque paroisse à la répartition dernière entre tous les habitants taillables. Cette opération se faisait d'après des principes assez libéraux : elle était faite par des répartiteurs ou *asséeurs* qu'élisaient les contribuables eux-mêmes. C'était là une tradition ancienne pour la taille servile et seigneuriale[3]. Elle fut suivie également pour la taille royale, et un règlement de saint Louis la confirmait expressément pour la levée des tailles dans les villes du roi[4]. Cette élection des asséeurs était faite par l'assemblée générale des habitants taillables, sous la présidence de l'élu; c'étaient eux qui estimaient le revenu de chaque contribuable et fixaient sa cote[5]. Ils avaient ainsi un pouvoir considérable et tout à fait arbitraire : ils en usaient en fait sans ménagements, de sorte qu'à tour de rôle les asséeurs

1. *Le guidon des secrétaires*, à la suite du nouveau *Stile de la chancellerie*, p. 30.
2. *Instruction générale des finances* par L'Escuyer, Paris, 1022, à la suite du *Nouveau stile de la chancellerie*, p. 50.
3. Ci-dessus, p. 227.
4. *Ord.*, I, 201.
5. Auger, *Traité sur les tailles*, I, p. cxlix et suiv.

élus épargnaient leurs amis dans la répartition et chargeaient
les autres[1]. D'ailleurs, leur propre sort était assez dur; ils
étaient en effet en même temps *collecteurs* de la taille, chargés
de la faire rentrer et d'en rendre compte. Ils étaient, à ce point
de vue, responsables de leur négligence et de leurs fautes[2], et
Jacques Godefroy les comparait aux malheureux curiales du
Bas-Empire, chargés de la perception de la *capitatio*. Les collecteurs portaient leurs recettes à la caisse d'un trésorier particulier, qui résidait au chef-lieu de l'élection; les receveurs
particuliers versaient à leur tour dans la caisse du receveur
général au chef-lieu de la généralité. La taille, surtout la taille
personnelle, était, on le voit, un impôt mal équilibré, écrasant
pour le peuple des campagnes, et maintes fois ses vices furent
signalés dans l'ancien régime; ce furent eux surtout qui inspi-
rèrent à Vauban la *Dîme royale*. Elle subsista néanmoins jusqu'au bout. On se contenta seulement d'en atténuer quelque
peu les inconvénients. Les intendants des provinces prirent
souvent la direction de sa répartition, comme on le verra plus
loin, nommèrent dans les paroisses des commissaires, pour
assister à la confection des rôles, et y introduisirent ainsi la
justice et l'impartialité[3]. D'autre part, au lieu d'estimer en
bloc le revenu du contribuable, on fit des revenus, d'après
leur source, plusieurs catégories, de manière à arriver, par
cette décomposition, à une appréciation plus exacte et plus équitable[4].

Les litiges auxquels la taille pouvait donner lieu étaient
jugés en première instance par les officiers des élections; en
appel et en dernier ressort, par la cour des aides.

1. Vauban, *Dîme royale*, Ire partie : « (Les tailles) sont assises sans proportion non seulement en gros de paroisse à paroisse, mais encore de particulier à particulier; en un mot, elles sont devenues arbitraires. De laboureur
à laboureur, ou de paysan à paysan, le plus fort accable le plus faible...
Toutes ces animosités et ces haines invétérées qui se perpétuent dans les
familles des paysans à cause des impositions non proportionnées de la taille,
dont ils se surchargent chacun à leur tour. »
2. Auger, *Traité des tailles*, I, p. ccLxxxiii; on en était venu à établir pour
la désignation des collecteurs un roulement entre les principaux habitants;
ibid, I, p. ccLx et suiv.
3. Auger, *op. cit.*, I, p. ccLxx, et iii, p. 1800.
4. Cela fut particulièrement réglé pour le ressort de la cour des aides de

II

D'autres impôts directs furent créés, aux XVII° et XVIII° siècles, sous la monarchie absolue. Inspirés en partie par les propositions des écrivains qui demandaient l'abolition de la taille ou des gabelles [1], ce furent des créations plus satisfaisantes que la taille. Ils furent établis sur le principe d'égalité, devant atteindre tous les sujets du royaume, les ecclésiastiques et les nobles aussi bien que les roturiers. Mais les privilèges invétérés avaient tant de force qu'ils rendirent vaine cette bonne intention du législateur. La réglementation établie par lui fut faussée dans la pratique au profit du clergé et de la noblesse ; en définitive, ces nouveaux impôts aboutirent principalement à une nouvelle surchage des taillables, qui furent frappés trois fois par l'impôt direct sur le revenu. Ces nouveaux impôts, la *capitation* et les *vingtièmes*, furent nécessités par les guerres qui marquèrent la fin du règne de Louis XIV, et sous Louis XV par la guerre de Sept ans.

La *capitation* [2] fut établie par une déclaration du 18 janvier 1695, pour la guerre contre la ligue d'Augsbourg. Ce n'était point une capitation proprement dite, c'est-à-dire un impôt levé sur les personnes, à raison de tant par tête ; c'était plutôt un impôt sur le revenu classifié ou divisé par classes comme on dit aujourd'hui en Allemagne (*Klassifizirte Einkommensteuer*). Les contribuables étaient divisés en un certain nombre de classes et tous ceux compris dans une même classe payaient la même cote, et, par là, l'impôt se rapprochait d'une capitation ; mais la somme imposée à toutes les personnes comprises dans la même classe était fixée d'après leur revenu présumé, et par là c'était un impôt sur le revenu. Je dis d'après le revenu présumé, car c'était en principe d'après leur qualité, état ou profession, que les sujets étaient placés dans telle ou telle classe. On dressa ainsi vingt-deux classes, dont la première, commençant par le dauphin, était taxée à 2.000 livres et

Paris par une déclaration du 11 août 1770. Auger, *op. cit.*, I, p. ccLxviii, et III, p. 1773.

1. Th. Ducrocq, *Le mémoire de Boulainvilliers sur l'amortissement des gabelles*, Poitiers, 1884, p. 25 et suiv.

2. Moreau de Beaumont, *op. cit.*, II, 407 et suiv.

la vingt-deuxième à 20 sous. Ceux qui ne rentraient pas directement et d'une façon adéquate dans l'une des vingt-deux classes devaient être taxés « sur le pied de celle à laquelle ils auraient le plus de rapport par leur profession, état et qualité. » C'était, en soi, un système assez défectueux, car il ne pouvait amener une exacte proportionnalité[1]; mais il était d'une application assez facile. La capitation devait, d'ailleurs, cesser avec la guerre, et de fait elle fut supprimée par un arrêt du conseil du 17 décembre 1797, avant même que la paix de Riswick eût été ratifiée. Mais ce ne devait être là qu'une interruption et non une abolition. La capitation fut en effet rétablie par une déclaration du 12 mars 1701, qui reprenait le système de 1695[2], et cette fois, malgré les promesses, elle devint perpétuelle et subsista jusqu'à la fin de l'ancien régime.

La capitation devait atteindre « tous les sujets, de quelque qualité et condition qu'ils fussent, les ecclésiastiques séculiers ou réguliers, les nobles, les militaires, à l'exception de ceux des taillables dont les cotes étaient au-dessous de quarante sous, des ordres mendians et des pauvres mendians, dont les curés des paroisses donneroient des rôles. » Mais, en définitive, le clergé y échappa complètement et la noblesse ne la subit point sincèrement et intégralement. De 1695 à 1698, le clergé, qui votait ses autres contributions dans des assemblées particulières, dont il sera parlé plus loin, consentit un don annuel de quatre millions pour être déchargé de la capitation. En 1701, il renouvela avec le pouvoir royal cet abonnement de quatre millions par an ; et bientôt, par un traité du 11 avril 1710, le roi déchargea définitivement le clergé de France de la capitation moyennant une somme de vingt-quatre milllions, payée une fois pour toutes à titre de rachat. La no-

---

1. Moreau de Beaumont, *op. cit.*, II, p. 410 : « L'identité des mêmes états, qualités et fonctions n'entraîne point celle des fortunes et des facultés et une opération qui est appuyée sur une pareille base s'écarte nécessairement des vues de justice et d'égalité. » Vauban, *Dîme royale*, 1re partie : « La capitation, qui, pour avoir été trop pressée et faite à la hâte, n'a pu éviter de tomber dans de très grands défauts, qui ont considérablement affaibli ce qu'on devait en espérer et produit une infinité d'injustices et de confusions. »

2. Certains corps (les corps judiciaires et les corps de métiers) furent seulement autorisés à répartir la capitation entre leurs membres; mais cela avait peu d'importance, car le tarif édicté faisait à lui seul la répartition.

blesse y resta soumise, les intendants dressant les rôles de concert avec un gentilhomme de chaque bailliage, désigné par le
roi ; mais, en fait, les nobles obtenaient souvent des décharges
ou des réductions ; et l'administration éprouvait les plus
grandes difficultés à faire rentrer leurs cotes ; on avait pris le
parti de les retenir sur les gages ou pensions qu'ils pouvaient
recevoir du roi. Dans le système ainsi faussé, la plus grosse
part de la capitation retombait sur les taillables et était devenue un véritable supplément de la taille [1].

A partir de 1710 et jusqu'à la Révolution, il fut perçu presque
sans interruption, outre la capitation et la taille, un autre impôt sur le revenu, tantôt du dixième, tantôt du cinquantième,
tantôt du vingtième [2]. A partir de 1750, ce fut la fixation au
vingtième qui l'emporta ; mais un second vingtième fut ajouté
au premier en 1756, et un troisième fut perçu de 1760 à 1763
et de 1783 à 1786. Les règles de cet impôt se complétèrent et
se modifièrent naturellement dans les établissements successifs qui en furent faits, mais les principes fondamentaux restèrent ceux qui avaient été posés pour le dixième établi en 1710.
C'était un impôt sur le revenu proprement dit : il portait sur
« tous les revenus et produits des habitants du royaume, sans
aucune exception. » Mais là, comme pour la taille, on était
arrivé à distinguer les diverses sources de revenus, pour en
faire des impositions distinctes. Ils se ramenaient à deux
groupes principaux ; d'un côté, le produit des biens fonds et
droits réels immobiliers et des biens mobiliers, c'est-à-dire
principalement des rentes [3] ; d'autre part, les *vingtièmes d'industrie*, c'est-à-dire les revenus provenant des offices, du commerce et de l'industrie [4]. Mais la partie la plus importante était

---

1. Moreau de Beaumont, *op. cit.*, II, 421 : « C'est ici le lieu d'observer que
dans la masse totale de cette imposition la capitation de la noblesse et des
privilégiés forme dans les provinces l'objet le moins considérable, la portion
la plus forte est celle qui est répartie entre les taillables et non privilégiés
au marc la livre de la taille ».

2. Moreau de Beaumont, *op. cit.*, II, p. 443 et suiv.

3. Moreau de Beaumont, II, 471 : « Les rentes sur la ville (c'étaient alors
les rentes sur l'État) y avoient été expressément assujetties par la déclaration
du 14 octobre 1710. »

4. Édit du 6 août 1787, préambule (Isambert, *Anc. lois*, XXVIII, 396) : « Par
des restrictions successives introduites dans la distribution, elle ne s'étendait
pas dans la réalité sur tous les revenus qu'elle annonçait devoir comprendre ;

la première; aussi tendait-on à considérer les vingtièmes surtout comme un impôt sur les propriétés acquises [1]. Ici, l'objet de l'impôt étant le revenu réel et non le revenu présumé, comme dans la capitation, la taxe avait pour base les déclarations faites par les contribuables.

Le vingtième avait été établi comme un impôt général pesant également sur tous les sujets; mais ici encore l'égalité inscrite dans la loi ne put se maintenir dans la pratique. Le clergé de France sut s'y soustraire presque complètement: il fit d'abord reconnaître que la contribution ne pouvait porter sur les bénéfices ecclésiastiques, constituant les biens de l'Église, mais seulement sur les biens propres des ecclésiastiques; puis, en votant périodiquement des dons gratuits, il échappa complètement aux vingtièmes [2]. Il est vrai que le *clergé de France* ne comprenait que le clergé des pays qui étaient déjà réunis à la couronne au milieu du xvi⁰ siècle. Le clergé des provinces annexées postérieurement, dit *clergé étranger* ou des pays conquis, ne participait pas aux privilèges du clergé de France, dans l'organisation politique duquel il n'était pas compris, comme il sera dit plus loin. Il devait donc supporter la capitation et les vingtièmes; mais, en fait, le clergé de la plupart de ces provinces avait obtenu des abonnements qui en tenaient lieu [3]. La noblesse restait, elle, soumise aux ving-

tandis qu'on y avoit assujetti l'industrie et les émolumens de différents offices et commissions, dont les produits, dépendant entièrement du degré d'activité et d'intelligence de ceux qui les exercent, ne présentent aucune base certaine, plusieurs portions de revenus territoriaux s'en trouvoient dispensées. »

1. Necker, *op. cit.*, II, p. 218 : « Les vingtièmes, déduction faite de la partie qui concerne les offices et droits, ainsi que l'industrie dans les villes. » — *Mémoire sur l'imposition territoriale* présenté aux notables en 1787, *Procès-verbal*, cité, p. 90 : « Le vingtième est de tous les impôts celui qui pouvoit fournir plus naturellement et les bases et les proportions de tous les autres. Il est réel par sa nature, puisqu'il consiste dans une quotité fixe du revenu de tous les fonds. » Édit du 6 août 1787, préambule : « Cette imposition (des vingtièmes) a dû fixer principalement notre attention parce que portant directement sur les revenus de la terre... elle offre l'idée de la moins arbitraire des impositions. »

2. Necker, *op. cit.*, p. 211 : « Le clergé de France... ne connoît ni le mot de vingtième ni celui de capitation; et les subventions qu'il fournit au gouvernement ont lieu sous la forme de dons gratuits. »

3. Necker, *op. cit.*, p. 211 : « Le clergé de Flandre, d'Artois, du Hainault et du Cambrésis contribue, comme la noblesse, aux impositions établies dans ces provinces; et les clergés d'Alsace, de Lorraine, des Trois-Évêchés, du Rous-

tièmes ; mais, dans l'estimation de ses revenus, se glissaient des
ménagements et des faveurs qui réintroduisaient en réalité le
privilège[1]. Enfin, pour la capitation et pour les vingtièmes, les
pays d'État avaient obtenu des abonnements[2]; et même un
certain nombre de villes s'étaient isolément abonnées pour
le vingtième ou s'en étaient rachetées. La monarchie expirante
essaya de corriger ces vices. Calonne proposa, en 1787, aux notables de remplacer les vingtièmes par un impôt territorial[3] :
celui-ci, en effet, fut établi par l'édit du 6 août 1787 que j'ai
déjà plusieurs fois cité ; mais ce fut justement l'un des édits
qui suscitèrent la crise finale entre le parlement de Paris et le
gouvernement de Louis XVI.

Les intendants des provinces avaient l'administration et le
contentieux de la capitation et des vingtièmes : de leurs arrêtés, on pouvait appeler au conseil du roi.

B. — *Impôts indirects*

Les principaux impôts indirects établis sous la monarchie
tempérée sont les *aides*, la *gabelle* et les *traites*.

III.

Le mot « aides » a eu successivement deux sens. Dans un
premier sens large, il désigna d'abord les subsides extraordinaires et temporaires que les rois obtenaient par le consentement
des seigneurs et des villes, ou levaient en vertu des principes
féodaux, quelle que fut d'ailleurs l'espèce d'impôt par laquelle

sillon, d'Orange et de la Franche-Comté payent chacun les vingtièmes et la
capitation d'après des abonnements séparés, convenus avec le trésor royal et
susceptibles de variation. »

1. *Mémoire sur l'imposition territoriale*, cité, p. 91 : « En 1772, il fut reconnu
qu'ils (les vingtièmes) n'étoient pas portés à leur valeur. De fausses déclarations, des baux simulés, des traitemens trop favorables accordés à presque
tous les riches propriétaires, avoient entraîné des inégalités et des erreurs
infinies. » — Édit du 6 août 1787, préambule : « A raison d'abonnements et
d'exceptions... une grande partie de nos sujets ne satisfaisoit pas à cette
imposition dans l'étendue que sa dénomination suppose. »

2. Moreau de Beaumont, II, 430 et suiv., 471, 485 et suiv.

3. Chose curieuse, le projet présenté par Calonne admettait que cet impôt
serait perçu en nature; *Procès-verbal*, p. 94. C'était reprendre la *Dîme royale*
de Vauban.

l'aide était réalisée. Dans un second sens plus étroit, il désigna un impôt indirect levé sur la vente de certains objets de consommation. Sous cette forme, les aides commencèrent à être levées d'une façon suivie, après 1360, pour le paiement de la rançon du roi Jean. Supprimées à la fin du règne de Charles VI, elles furent rétablies à titre définitif et permanent par l'ordonnance du 28 février 1435[1]. Ce qui varia beaucoup dans le cours du temps, c'est la liste des objets de consommation, soumis aux aides[2]. Le vin et les spiritueux restèrent cependant le principal, et la vente en était sujette à deux droits distincts : le droit de gros atteignant les ventes faites par le producteur ou les marchands en gros, le droit de détail visant le débit dans les auberges ou cabarets. Bien qu'il fût naturel que, comme impôt de consommation, les aides frappassent indifféremment tous les sujets, il n'en était pas absolument ainsi, et là même le privilège avait su se glisser. Dès 1435, les nobles furent déclarés exempts du droit de gros, quant à la vente du vin produit dans leurs propres crus[3], et ils conservèrent ce privilège. Les ecclésiastiques l'obtinrent aussi pour la vente de la récolte de leurs bénéfices, et un certain nombre d'officiers royaux jouissaient d'une exemption semblable à celles des simples nobles, ou plus étendue[4].

Les aides proprement dites ne se levaient pas dans toute la France, et seulement dans les ressorts des cours des aides de Paris et de Rouen. Mais, dans le reste du royaume, existaient d'ordinaire des impôts semblables, sous des noms différents et avec des combinaisons diverses.

Le contentieux des aides était jugé en première instance par les officiers des élections, en appel et en dernier ressort par les cours des aides.

1. Isambert, *Anc. lois*, VIII, 834.
2. Moreau de Beaumont, *op. cit.*, III, p. 277-472; Brunet de Grand'maison, employé dans les aides, *Dictionnaire des aides*, Paris, 1730.
3. Ord. de 1435, art. 34 : « Le roy ordonne que les nobles de son royaume, extraictz de noble lignée et vivant noblement sans marchander... soient frans, quites et exempts de payer imposicions de vins, grains et autres biens creuz en leurs héritages ; et que se lesdiz nobles vendent ou font vendre quelque part que ce soit, soit à taverne et détail lesdiz vins ou brevalges, ils en paieront le VIIIᵉ pour ce que ce n'est pas office de noble que d'estre tavernier. »
4. Brunet de Grand'maison, *op. cit.*, vᵒ *Exempts*, et aux mots auxquels il renvoie.

Comme le mot « aides », le mot «gabelle » a eu successivement deux sens. En premier lieu, il a désigné un impôt de consommation en général ; on disait ainsi la *gabelle du vin* ou la gabelle de l'huile. En définitive, il a désigné l'impôt royal sur la vente du sel monopolisée au profit de l'État. Ce n'est que peu à peu que cet impôt s'est introduit et on peut suivre ses progrès. Il n'existait pas en 1315, car nous avons une ordonnance de cette année, de Louis X, dans laquelle il s'élève contre l'accaparement du sel par les marchands, nommant des commissaires pour en faire la recherche et faire mettre en vente publique celui qu'ils auront trouvé[1]. D'autre part, il ne tarda pas à être établi et l'acte de 1315 servit peut-être même de prétexte pour cela, car, en 1318, une ordonnance de Philippe Le Long constate que « la gabelle du sel... estoit moult deplaisante au peuple » ; on craignait « qu'elle ne durast à perpétuité », et « fût mise dans le domaine royal ». Philippe déclare que telle n'est point son intention ; il désirait que « par bon conseil et advis bonne voye et convenable fust trouvée par laquelle l'on mist bonne provision pour le fait de la guerre et les dites gabelles fussent abatues à toujours[2]. » En attendant, il les maintenait. Cependant peut-être furent-elles momentanément supprimées, car, en 1342, Philippe VI déclare qu'il a ordonné « certains greniers ou gabelles de sel être faits par son royaume » et « avoir ordonné député et commis certains commissaires ès lieux où il appartient pour lesdits greniers publier, faire exécuter et mettre en ordre[3]. » Il établissait à cette date une commission de sept personnes pour constituer la juridiction supérieure de la gabelle ; mais peut-être alors la gabelle n'était-elle établie qu'en certains lieux. Elle devint générale par la volonté des États de 1355[4] ; et cette fois elle était définitivement établie dans les pays de Languedoc[5]. A la

---

1. Ordonnance du 25 septembre 1315 (*Ord.*, I, 606).
2. Ordonnance du 25 février 1318 (*Ord.*, I, 679).
3. Lettres du 20 mars 1342 (*Ord.*, II, 179).
4. Ordonnance du 28 décembre 1355 (*Ord.*, III, 19), art. 1er : « Pour faire ladite armée et payer les frais et despens d'icelle ont regardé et avisé que par tout ledit pays coustumier, une gabelle soit mise et imposée sur le sel. »
5. Ordonnance du 19 juillet 1367 (*Ord.*, V, 14), art. 9 ; Règlement sur la vente du sel de 1372 (*Ord*, V, 576).

fin du XVᵉ siècle, elle fut étendue au Languedoc [1]. Elle avait pris la forme d'une vente monopolisée dans les *greniers à sel royaux;* dans certaines régions, il y avait aussi des revendeurs et *regrattiers* autorisés.

L'impôt de la gabelle variait encore plus que les autres dans son application géographique. Certaines provinces en étaient exemptes ; et dans celles qui le supportaient étaient en vigueur des systèmes fort différents [2]. Les provinces affranchies de cet impôt n'avaient pas toutes obtenu leur exemption de la même manière. Les unes, ignorant la gabelle alors qu'elles n'étaient pas encore réunies au domaine de la couronne, avaient stipulé et obtenu lors de l'annexion le maintien de la franchise [3]. Les autres avaient été d'abord soumises à la gabelle ; mais elles avaient acheté leur affranchissement en payant, à un moment donné, une grosse somme au pouvoir royal [4]. Celui-ci s'était prêté à ce contrat, à raison de ses besoins urgents et aussi parce que la gabelle avait suscité dans ces régions de redoutables soulèvements : on les appelait les *pays rédimés.* Quant aux provinces soumises à la gabelle, elles présentaient de nombreuses variétés ; mais on y distinguait surtout deux zones bien tranchées.

Dans les *pays de grande gabelle* [5], non seulement le commerce du sel n'était pas libre, mais la consommation ne l'était pas non plus. Chaque chef de famille devait prendre au grenier royal une quantité de sel déterminée : c'était ce qu'on appelait le *devoir de gabelle ;* et ce *sel de devoir* ne pouvait être employé que pour l'alimentation de la famille, pour *le pot et la salière.*

---

1. Lettres du 14 octobre 1493 ; Ordonnance du 6 janvier 1496 ; Déclaration du 8 novembre 1498 (*Ord.*, XXI, p. 9 et suiv.; 131 et suiv.).

2. Moreau de Beaumont, *op. cit.*, III, p. 1-272 ; *Mémoire sur la gabelle* présenté aux notables de 1787 ; *Procès-verbal*, p. 165 et suiv.

3. *Mémoire*, p. 170 : « La Bretagne a conservé une franchise absolue ; l'Artois, la Flandre, le Hainault, le Calaisis, le Boulonnois, l'Alsace, le Béarn, la Basse-Navarre et autres pays nouvellement acquis à la couronne en jouissent aussi. »

4. *Mémoire*, p. 170 : « En 1549 et 1553, le Poitou, la Saintonge, l'Aunis, l'Angoumois, le Haut et Bas-Limousin, la Haute et Basse Marche, le Périgord et la Haute-Guyenne se redimèrent de la gabelle moyennant une somme de 1.743.500 livres. Plusieurs autres provinces ont obtenu des affranchissements partiels ou des modifications de l'impôt par de semblables rachats. »

5. Ils comprenaient les généralités de Paris, Orléans, Tours, Soissons, Moulins, Dijon, Châlons-sur-Marne, Amiens, Rouen, Caen et Alençon.

Pour tous autres usages, en particulier pour les salaisons de viande de porc, qui constituaient à peu près la seule viande que mangeassent les paysans, il fallait acheter d'autre sel, alors même que la quantité prise comme sel de devoir dépassait les besoins de l'alimentation[1]. Comment était-on arrivé à un régime si vexatoire et déraisonnable ? Ce n'était pas par esprit de tyrannie, mais en quelque sorte par nécessité. Le sel se vendant au grenier du roi bien au-dessus de sa valeur réelle (c'était la différence entre le prix marchand et le prix de vente au grenier qui constituait l'impôt), la gabelle suscitait une contrebande effrénée et le trafic des *faux sauniers* est resté célèbre. Malgré toutes les rigueurs, le gouvernement n'arrivait pas à l'empêcher, et il fut amené à la décourager en la rendant sans objet : le chef de famille, obligé de prendre au grenier plus de sel qu'il ne lui en fallait, n'avait plus que faire du contrebandier[2]. Mais un autre régime existait aussi dans les pays de grande gabelle. Au lieu de fixer directement la quantité de sel que chaque chef de famille devait prendre au grenier, on déterminait en bloc et par paroisse la quantité de sel qui devait être consommée par les habitants, puis on la répartissait entre les taillables, ce *sel d'impôt* bien entendu ne pouvant être employé que pour l'alimentation[3]. On faisait ainsi de la gabelle, au lieu d'un impôt de quotité, un impôt de répartition[4]. Dans les *pays*

1. *Mémoire*, p. 171 : « Chaque chef de famille est forcé de lever directement au grenier dans la proportion de 7 livres par tête et ce devoir de gabelle ne le dispense pas d'acheter le sel nécessaire pour ses salaisons, dont les billets de gabellement sont différents de ceux de devoir. A défaut de la représentation de ces billets, ils encourent l'amende et la confiscation. A l'exception de la classe la plus indigente (de la population) à qui il est permis de se pourvoir au regrat, avantage perfide que le bénéfice du regratier fait tourner en surcharge. »

2. Le devoir de gabelle est déjà inscrit dans le règlement de 1372, art. 8, comme moyen d'empêcher les fraudes.

3. *Mémoire*, p. 171 : « Le sel de devoir, c'est-à-dire la quantité qu'on est forcé de consommer y est imposée collectivement par paroisse et par les officiers des juridictions des gabelles ; des collecteurs nommés annuellement sont chargés de la répartition sur les contribuables. »

4. Chose singulière, le *Mémoire* considère la vente par impôt comme moins dure que le devoir de gabelle à raison de 7 livres par tête. P. 172 : « Cette forme, porte-t-il, est encore plus dure que celle des greniers d'impôt. » Mais comme il indique, d'autre part, que « la régie des greniers d'impôt a lieu dans la partie des grandes gabelles qui avoisine les pays de franchise, » on peut présumer le contraire.

de petite gabelle, le commerce du sel n'était pas libre non plus ; on ne pouvoit acheter que celui qui venait du grenier à sel, où il se vendait aussi au-dessus du prix marchand, quoique moins cher que dans la zone des grandes gabelles : mais, en droit, là consommation était libre[1] ; le chef de famille achetait seulement ce dont il avait besoin. Cependant, en fait, sa condition n'était pas beaucoup meilleure que celle du contribuable assujetti au *devoir de gabelle :* en effet, les agents faisaient périodiquement chez lui des visites domiciliaires ; il était tenu de montrer les *billets de gabellement* indiquant les quantités de sel qu'il avait prises au grenier ou au regrat, et, faute de les produire, il était condamné aux peines de faux saunage[2].

L'impôt de la gabelle était, en principe, égal pour tous ; les nobles et les ecclésiastiques y étaient soumis comme les roturiers[3] ; seuls, les établissements charitables et un certain nombre de fonctionnaires royaux avaient ce qu'on appelait le *franc salé*, c'est-à-dire qu'ils prenaient le sel aux greniers du roi, mais au prix marchand[4]. En réalité, tout le poids retombait sur les pauvres ; car le devoir de gabelle, qui était dans une maison riche une dépense insignifiante, était pour eux une lourde charge. C'était l'impôt le plus détesté de l'ancien régime[5], surtout à cause de l'inquisition et de la répression qui l'accompagnaient : visites domiciliaires, saisies et amendes. Le contentieux était jugé en première instance par des juridictions établies près des magasins royaux et qui portaient aussi le nom de *greniers à sel*; en appel et en dernière instance, par les cours des aides.

Voici comment la monarchie expirante jugeait la gabelle

---

1. Moreau de Beaumont, *op. cit.*, III, p. 179 : « La consommation du sel est absolument libre dans les pays de petites gabelles où l'on ne peut néanmoins faire usage que de celui qui est pris dans les greniers du roi. »

2. *Mémoire*, p. 172, 173.

3. Cependant, dans les pays où avait lieu la *vente par impôt*, « les nobles, ecclésiastiques et privilégiés ne sont pas compris dans les rôles d'impôt, mais ils sont individuellement tenus de prendre directement au grenier leur sel de devoir à raison de 7 livres par tête. »

4. Moreau de Beaumont, *op. cit.*, III, p. 84 et suiv.

5. Déjà les États généraux de 1484 en avaient demandé la suppression. *Journal de Masselin*, p. 83 : « Ut salis gabella auferantur et ejus loco, in ingressu regni aliquid imponeretur æquivalens, quia hoc videbatur onerosum esse et plenum abusibus. »

dans un mémoire présenté à l'assemblée des notables, en 1787 : « Un impôt si considérable dans sa quantité qu'il excède le produit des deux vingtièmes ; si disproportionné dans sa répartition qu'il fait payer dans une province vingt fois plus qu'on ne paye dans une autre ; si rigoureux dans sa perception que son nom seul inspire l'effroi ; un impôt qui, frappant une denrée de première nécessité, pèse sur le pauvre presque autant que sur le riche, et qui, par l'attrait violent qu'il présente à la contrebande, fait condamner tous les ans à la chaîne ou à la prison plus de cinq cents chefs de famille et occasionne plus de quatre mille saisies par année : tels sont les traits qui caractérisent la gabelle [1]. »

Les *traites* ou droits de douane jouaient dans l'ancien régime un rôle très important, à la fois économique et fiscal. Ces droits n'étaient pas perçus seulement à la frontière à raison du commerce avec l'étranger, ils l'étaient aussi dans l'intérieur du royaume, pour le commerce de province à province ou même de ville à ville. C'étaient là les *douanes intérieures*, l'un des fléaux du commerce dans l'ancienne France [2]. Ce système, il faut le dire, n'avait pas été une création voulue et réfléchie de l'autorité publique. La plupart des douanes intérieures résultaient de la formation historique et fragmentaire de l'ancienne France : elles avaient été créées, alors que les pays qu'elles séparaient, n'ayant pas encore été réunis à la couronne, étaient véritablement étrangers ; puis on les avait maintenues après l'annexion opérée, par cet esprit de conservation et souvent de particularisme qui caractérisait l'ancien régime. D'autres douanes intérieures se rattachaient, par leur origine, à l'histoire de l'impôt royal [3]; elles avaient fourni un

---

1. *Mémoire*, p. 165. Plus loin, on lit : « Cette étrange constitution divise tout le royaume, exige 1.200 lieues de barrière intérieure, entretient une guerre continuelle entre les préposés de la ferme et les contrebandiers et occasionne tous les ans plus de 4.000 saisies domiciliaires, plus de 3.400 emprisonnements et plus de 500 condamnations à des peines capitales ou afflictives. »

2. Vauban, *Dîme royale*, 1re partie : « Il faut parler à tant de bureaux pour transporter des denrées, non-seulement d'une province ou d'un pays à un autre, par exemple de Bretagne en Normandie, ce qui rend les Français étrangers aux Français... mais encore d'un lieu à un autre dans la même province. »

3. Sur les traites, voir Moreau de Beaumont, *op. cit.*, III, p. 478-585 ; Necker, *op. cit.*, II, p. 113 et suiv.

expédient au pouvoir royal, à l'égard des provinces qui ne voulaient pas accepter l'impôt.

Les premiers droits de douane proprement dits furent des droits à l'exportation, établis d'autorité par le roi. Au commencement du xive siècle, Philippe le Bel et Philippe le Long prohibèrent successivement l'exportation des objets d'alimentation, des matières d'or et d'argent, des laines et étoffes [1]. Cette prohibition était fondée sur la vieille et instinctive idée qu'un pays compromet sa prospérité en laissant passer à l'étranger les choses nécessaires à la vie qu'il a produites; mais au fond la mesure avait surtout un but fiscal. Le roi se réservait, en effet, le droit d'autoriser exceptionnellement l'exportation par mesure individuelle et moyennant finance [2]. Cette exportation ne pouvait se faire que par certains « ports et passages » où le roi établissait des gardiens; ainsi furent établis, dès le xive siècle, un certain nombre de bureaux de douanes, soit sur les côtes, soit sur les frontières terrestres, et les droits qui étaient levés prirent le nom de droits de *rêve* ou de *haut passage*. Il semble d'ailleurs, que ce moyen de se procurer de l'argent ait été considéré, moins comme l'établissement d'un impôt proprement dit, que comme l'exercice légitime du pouvoir réglementaire appartenant au roi sur le commerce. Ce qui le montre, c'est que les rois d'Angleterre en usèrent largement à une époque où ils n'avaient plus certainement le droit d'établir des impôts sans un vote du parlement [3].

Sous le règne de Jean le Bon, ces droits d'exportation furent étendus, sous le nom d'*imposition foraine*, au commerce avec certaines provinces qui refusèrent de payer les aides établies pour la rançon du roi Jean [4]. Ces provinces, au point de vue

1. Ordonnances de 1302 et 1303; Mandement de 1321 (*Ord.*, I, 351, 372, 750); cf. Ordonnance de septembre 1358 (*Ord.*, III, 254).

2. Voyez spécialement le mandement de 1321, adressé aux *portuum et passagiorum custodibus*; il prohibe l'exportation pour les objets « pro quibus nobis est financia facienda... *nisi super hoc primitus pro nobis finetur.* »

3. Le lieu par lequel le commerce avec l'extérieur était exceptionnellement autorisé moyennant finance s'appelait *staple*; voyez Dicey, *The Privy council*, p. 60 et suiv.

4. Ordonnances et instructions de juillet 1376 (Isambert, *Anc. lois*, V, 451) : « L'imposition foraine des denrées et marchandises prises par manière d'achat ou chargées ou royaume es païs ou parties où lesdites aides ordonnées pour la guerre ont cours pour porter hors du royaume ou en aucuns

douanier, furent désormais *considérées comme étrangères.* Sous
Henri II, les droits de douanes antérieurement établis, « rêve,
domaine forain ou haut passage et imposition foraine » furent
unifiés « pour estre cueillis tous ensemble et par un mesme
moyen [1] » ; et, sous Henri III, s'y ajouta un supplément sous le
titre de traite domaniale. Au XVIe siècle, apparurent aussi des
droits à l'importation, d'abord sur les épiceries, puis sur l'ensemble des marchandises, les droits étant fixés par un tarif
général de 1581 ; « le commerce avec les provinces réputées
étrangères y fut soumis comme le commerce avec l'étranger. »

Ainsi s'était formé de pièces et de morceaux un système
douanier ; mais, non seulement il était la création du hasard,
il était encore incomplet géographiquement, n'embrassant pas
toutes les provinces du royaume. « En 1624, un nouveau motif
engagea Louis XIII à multiplier les bureaux des traites ; ce
prince, ayant reconnu qu'il n'en existait aucun dans quelques
provinces frontières, ni du côté de l'étranger, ni du côté de
l'intérieur du royaume, il ordonna qu'il en serait établi de l'un
des deux côtés à leur choix [2]. » Ces provinces, qui étaient la
Bourgogne, le Dauphiné, la Saintonge, l'Aunis, la Guyenne,
la Bretagne, le Maine et la Provence, optèrent pour garder le
libre commerce, les unes avec le royaume, les autres avec l'é-
tranger, sauf la Provence qui laissa établir des bureaux de
tous les côtés. « Alors les bureaux qui existaient dans la Picardie, la Champagne, la Bourgogne, le Poitou, le Berry, le
Bourbonnais et l'Anjou, formèrent une chaîne continue, et
l'enceinte qu'ils renfermèrent fut appelée *l'étendue des cinq
grosses fermes.* Toutes les provinces extérieures furent réputées étrangères [3]. » Ce n'étaient là d'ailleurs que les lignes générales du réseau douanier, car, soit dans l'intérieur des cinq
grosses fermes, soit dans l'intérieur ou dans les rapports entre
elles des provinces réputées étrangères, il y avait aussi des
péages particuliers ou des douanes spéciales. Cet état de
choses fut à la fois simplifié et compliqué sous les règnes de

lieux ou parties du royaume où lesdites aides n'ont aucun cours, ne ne sont
point levées. »

1. Édit de septembre 1549 (Isambert, *Anc. lois*, XIII, p. 104).
2. Moreau de Beaumont, *op. cit.*, III, p. 495.
3. Moreau de Beaumont, III, 496.

Louis XIV et de Louis XV. En définitive, on distingua trois catégories de provinces.

1° Les cinq grosses fermes pour lesquelles Colbert avait réalisé une réforme importante : il avait supprimé, sauf quelques exceptions peu considérables, tous les droits levés précédemment dans l'étendue de leur enceinte, de sorte que « les marchandises qui circuloient dans l'étendue des cinq grosses fermes ne devoient aucuns droits, ni par mer, ni par terre ; l'intérieur de ces provinces étoit libre. » Les droits de douanes n'étaient levés que pour le commerce des cinq grosses fermes avec l'étranger et avec les provinces réputées étrangères[1].

2° *Les provinces réputées étrangères*[2]. — Elles n'avaient pas accepté le tarif établi par Colbert en 1664, et payaient les droits de douane d'après les tarifs et coutumes antérieurs ; elles avaient conservé entre elles et aussi chacune dans leur intérieur de nombreux péages locaux ; « les marchandises qui circuloient dans ces différentes provinces réputées étrangères, payoient les droits des provinces dont elles sortoient, de celles dont elles empruntoient le passage et de celles pour lesquelles elles étoient destinées[3]. » Elles payaient de plus les droits de douanes pour le commerce avec les cinq grosses fermes et avec l'étranger.

3° *Les provinces traitées comme pays étranger.* — C'étaient trois provinces réunies tardivement à la France, l'Alsace, les Trois-Évêchés et la Lorraine, qui avait conservé, au point de vue des douanes françaises, leur condition antérieure. Elles commerçaient librement avec l'étranger, c'est-à-dire que pour ce commerce, elles ne payaient pas les droits d'exportation fixés par les tarifs français ; mais, en revanche, dans leur commerce avec le reste du royaume, elles payaient les mêmes droits que ceux établis pour le commerce des autres provinces françaises avec l'étranger. Les ports francs de Dunkerque,

---

1. Le tarif appliqué était alors celui de 1664, et une grande ordonnance de 1687 réglait le commerce des cinq grosses fermes. Isambert, *Anc. lois*, XX, 24 et suiv.

2. Le Lyonnais, le Forez, le Dauphiné, la Provence (à l'exception de Marseille et de son territoire), le Languedoc et le comté de Foix, le Roussillon, la Guyenne, la Gascogne, la Saintonge, les îles de Ré et d'Oléron, la Flandre, le Hainault, l'Artois, le Cambrésis, la Bretagne et la Franche-Comté.

3. Moreau de Beaumont, III, 525.

Bayonne et Marseille, jouissaient d'une condition semblable[1].
Telle était, comme disait Necker, cette construction monstrueuse aux yeux de la raison.

Le contentieux des *traites* était jugé en première instance
par les *maîtres des ports* ou par les *bureaux des traites*, en
appel et en dernier ressort par les cours des aides.

IV

Les impôts indirects créés aux xvii° et xviii° siècles étaient,
comme les impôts directs, nés dans la même période, mieux
combinés que les anciens. Ce qui le montre bien, c'est que la
plupart d'entre eux ont été repris par notre droit moderne où
ils figurent encore. J'indiquerai seulement les principaux. Le
monopole de la vente du *tabac* fut établi par une déclaration
de 1674[2]. L'impôt du *timbre*, c'est-à-dire la nécessité d'employer pour les actes judiciaires ou extrajudiciaires du papier
ou parchemin timbré aux armes de l'État et vendu à son profit, fut établi par une série de lois ou déclarations dont la première est du mois de mars 1653, et celles qui peuvent être
considérées comme ayant organisé le système, sont du mois
d'août 1674 et du mois de juin 1680[3]. Le *contrôle* ou enregistrement des actes moyennant un droit perçu, afin de leur donner date certaine à l'égard des tiers, est aussi de la même période : il avait, il est vrai, été établi à la fin du xvie siècle,
mais avec une portée tout autre[4] et n'avait pas subsisté ; il

1. Moreau de Beaumont, III, p. 558 et suiv.
2. Isambert, *Anc. lois*, XIX, 145.
3. *Répertoire* de Guyot, v° *Formule*. On donnait ce nom au papier timbré
parce que, en 1671 et 1674, on avait décidé qu'il serait mis en vente des papiers
non seulement timbrés, mais portant la formule imprimée des divers actes
de procédure ou autres. Mais cela ne fut pas exécuté. Le système du timbre
dans l'ancien régime était gênant et rigoureux. D'un côté, un papier spécial
était timbré pour chaque généralité et ne pouvait pas être employé dans une
autre ; de plus, le produit du timbre étant affermé, on ne pouvait user du
papier émis par un fermier que pendant la durée de son bail. D'autre part,
les actes qui auraient dû être rédigés sur papier timbré et qui l'avaient été
sur papier libre « ne produisaient point d'hypothèque et n'étaient ni authentiques ni exécutoires, ils étaient même nuls. »
4. Édit de juin 1581 (Isambert, *Anc. lois*, XIV, 493. Mais l'enregistrement
qui était exigé par cet édit pour tous les actes translatifs ou constitutifs de
propriété ou de droits réels et pour les baux dépassant neuf années, avait

fut introduit par un édit du mois de janvier 1654[1]. Le droit de *centième denier*[2] est l'origine des droits de mutation qui existent dans nos lois, mais lui-même se rattachait à de très anciens précédents. Il se présenta, lorsque le roi l'établit, comme un impôt de superposition ; et il conserva ce caractère, comme dominant, jusqu'à la Révolution. Jusqu'au commencement du XVIII° siècle, il n'y eut pas d'impôt de mutation royal et général ; seuls, les seigneurs percevaient les profits casuels (relief et quint, lods et ventes) à l'occasion des mutations de tenures féodales relevant d'eux. En 1703, parut une déclaration qui semblait avoir pour but unique d'assurer le paiement de ces droits féodaux. Le préambule rappelait en effet (ce qui, d'ailleurs, était vrai) que les seigneurs et le roi lui-même, en cette qualité, étaient souvent privés de ces profits par le soin que prenaient les nouveaux acquéreurs de cacher leurs acquisitions. Pour remédier à ces fraudes, l'art. 24 ordonnait que « les contrats de vente, échange, décrets et autres titres translatifs de propriété *de biens immeubles tenus en fief ou en censive* du roi ou des particuliers » seraient insinués et enregistrés au greffe des bailliages ou sièges royaux de la situation des biens ; pour cet enregistrement, il devait être payé au greffier le centième denier du prix de ces biens ou de l'estimation qui en serait faite si le prix n'était pas exprimé. En réalité, c'était l'impôt royal se greffant sur le profit seigneurial ; et l'intérêt des seigneurs n'était qu'un prétexte. Ce qui le montre bien, c'est qu'en 1704, une nouvelle déclaration assujettit au centième denier « les actes translatifs de propriété de biens en franc-aleu, franc-bourgage, franche bourgeoisie, qui, d'après les coutumes et usages des pays, n'étoient sujets à aucuns droits aux mutations[3]. » Mais, de son rattachement originel

une importance toute spéciale. La propriété ou les droits dont il s'agit n'étaient transférés à l'égard des tiers que par l'enregistrement et à la date de celui-ci. C'était comme un premier essai de la *transcription* de notre droit actuel.

1. Isambert, *Anc. lois*, XVII, 312.

2. *Répertoire* de Guyot, v° *Droit de centième denier*.

3. La déclaration voulait pourtant rattacher encore cette disposition à l'intérêt seigneurial « d'autant, disait-elle, que les fermiers de nos domaines et les seigneurs particuliers dans leurs terres n'ont pas moins d'intérêt de connoître quels sont les héritages prétendus en franc aleu que ceux qui n'y sont pas »

et ordinaire aux profits féodaux, le droit royal de centième
denier prit et conserva deux traits importants. En premier
lieu, ce droit de mutation ne fut jamais perçu que pour les
translations de propriété immobilière; la propriété mobilière
y échappa, comme elle avait échappé (sauf pour la succession
servile) au profit féodal. Secondement, en cas de transmission
successorale, il ne fut jamais dû, dans la succession en ligne
directe, mais seulement en collatérale, car, en droit coutumier, le droit de relief ne s'était maintenu qu'en ligne collatérale. De l'établissement du centième denier résulta une gêne
nouvelle pour le commerce des tenures féodales, qui, en fait,
représentaient la forme commune de la propriété foncière : il
fut chargé d'un double droit de mutation. Il fallut, pour acquérir, payer le seigneur et le roi, sans compter le notaire ou
le greffier.

Le contentieux des nouveaux impôts indirects fut le plus
souvent attribué aux intendants, sauf appel devant le conseil
du roi; parfois, il fut renvoyé devant quelqu'une des juridictions anciennes.

V

Le recouvrement des impôts directs, nous l'avons vu,
avait été établi sur le principe de la *régie :* il se faisait au
profit de l'État par les agents de l'État, comptables et responsables. Pour le recouvrement des impôts indirects, au
contraire, ce fut le système de la *ferme* qui l'emporta et s'établit. Nous avons déjà vu une application ancienne de ce système, dans la gestion des prévôts[1]. Le nom même qui désignait
les droits de douanes rappelle le même mode d'exploitation;
il venait des *traitants* auquel le pouvoir royal cédait à forfait
le droit de les percevoir. La gabelle fut généralement exploi-
tée de la même manière[2], ainsi que les aides. Mais, pendant
longtemps, tous ces impôts furent donnés à bail par des *fermes*

---

1. Ci-dessus, p. 343.
2. Cependant, il y eut un autre mode souvent pratiqué. Les marchands
en gros, producteurs de sel, qui ne pouvaient cependant en vendre librement, étaient admis à l'apporter au grenier royal, où il se vendait pour leur
compte, sauf le profit que le roi s'attribuait.

locales. Il y avait, dans chaque région déterminée, une adjudication de l'impôt qui pouvait y être levé et autant de baux distincts qu'il y avait d'impôts différents donnés à ferme. C'étaient, dans les pays d'élection, les élus qui procédaient à ces adjudications[1]. Mais, au commencement du XVII siècle, s'introduisit l'usage de faire ces adjudications au conseil du roi et par arrêt de ce conseil[2]. Les lots tendaient aussi à devenir plus considérables, à comprendre une région plus étendue comme l'atteste pour les traites la dénomination des *cinq grosses fermes.* Les impôts indirects de création nouvelle, généralement soumis au même mode de recouvrement, paraissent avoir été affermés, par un seul bail chacun, pour toute l'étendue du royaume. Cela devait aboutir au système de la *ferme générale,* consistant à comprendre dans un seul bail tous les impôts et produits dont la royauté affermait le recouvrement. Non seulement cela simplifiait l'administration et les comptes, mais cela permettait au gouvernement d'obtenir un prix d'adjudication plus élevé, les frais généraux étant beaucoup moins considérables pour une seule compagnie fermière que pour des entreprises distinctes et multipliées. C'est dans le dernier tiers du XVII siècle, en 1680, que s'accomplit cette réforme[3].

1. *Instruction générale des finances* par L'Escuyer, à la suite du *Nouveau stile de la Chancellerie,* p. 24 : « Lesquels imposts et subsides s'appellent aides et se baillent à ferme au plus offrant et dernier enchérisseur par les esleus, controolleur et greffier de chacune eslection, pour trois ou quatre ans au moins ou plus selon qu'il est porté par les lettres de commission du roy... Après que le bail desdites fermes est expédié par les dits esleus ils... l'envoyent au conseil privé de Sa Majesté. »

2. Lebret, *De la souveraineté du roi,* l. II, ch. VI, p. 53 : « Le conseil des finances où l'on donne *les principales fermes* du royaume. » Préface sur le *Vestige des finances* à la suite du *Thrésor et stile et protocolle de la Chancellerie de France,* édit. 1613, p. 57 : « Quant aux fermes (qui est la seconde recepte de l'espargne) elles se délivrent les après-disnées au conseil au plus offrant et dernier enchérisseur et ce pour un nombre d'années. » — Ordonnance de 1629, art. 346 : « Tous les baux à ferme de nos domaines, aides, gabelles et autres subsides et impositions, quelles qu'elles soient, seront faits en notre conseil en la manière accoutumée. »

3. *Répertoire* de Guyot, v^{is} *Ferme générale du roi* : « C'est à Fauconnet que les baux ont commencé à comprendre dans une seule ferme tous les droits qui avoient été précédemment l'objet de divers traités particuliers. Il fut subrogé à Claude Boutel pour six années par arrêt du conseil du 29 juin 1680 » Voyez dans cet article et à la suite la liste complète des adjudicataires de la ferme générale de 1680 à 1780.

Le bail de la ferme générale fut dès lors fait au nom d'un seul adjudicataire pour un laps de temps variable, mais qui était ordinairement de six années. C'était lui qui, en droit, était seul fermier, « et tous les arrêts, jugements et sentences rendus sur le fait des fermes ne font jamais mention que de l'adjudicataire, soit pour le condamner ou l'absoudre, soit pour le charger de la régie de quelque nouvelle partie des revenus du roi. Les actes judiciaires de toute espèce sont passés en son nom et signifiés à son domicile qui est à l'hôtel des fermes à Paris, et dans les provinces aux différents bureaux de perception. » Mais cet adjudicataire n'était en réalité qu'un prête-nom, destiné à faire dans le système de la ferme l'unité juridique; c'était un peu comme le gérant d'un grand journal moderne. Les véritables intéressés et les véritables administrateurs étaient les cautions que devait fournir celui-là, et ce sont ces cautions qu'on appelait les *fermiers généraux*[1]. D'ailleurs, la plupart du temps, la ferme se divisait en fait, par la nomination de sous-fermiers, responsables envers les fermiers généraux comme ceux-ci l'étaient envers l'État.

La ferme générale comprenait, ai-je dit, l'ensemble des revenus ou impôts que le roi affermait. Cependant souvent les fermiers généraux recevaient en régie la perception de certains impôts indirects moyennant une remise proportionnelle[2].

Le système était onéreux pour l'État, les fermiers généraux réalisant d'énormes bénéfices; il était funeste aux contribuables, la ferme les poursuivant avec la dernière âpreté, avec le soin du commerçant qui ne veut subir que les moindres pertes. Il avait aussi un autre résultat. Les fermiers généraux avaient sous eux une armée d'agents hiérarchisés et disséminés dans tout le royaume, qui exerçaient les droits de l'État, et qui cependant dépendaient d'une entreprise particulière et financière.

---

1. *Répertoire* de Guyot, *vis cit.* : « On le nomme adjudicataire des fermes générales du roi et les fermiers généraux sont ses cautions pendant la durée du bail... Par le nom d'adjudicataire, on entend toujours ses cautions; il est collectif pour désigner le corps de la Ferme générale ou la Compagnie des fermiers généraux. »

2. Necker, *op. cit.*, I, p. 44, 48 et suiv. — Voyez *in extenso* dans l'article cité du *Répertoire* de Guyot le bail de la ferme générale de 1780.

Ce n'était pas la moins choquante des disparates que présentait l'ancien droit public.

§ 3. — DÉCADENCE DE L'IMPÔT SEIGNEURIAL

Si la logique des principes avait été souveraine, en même temps que l'impôt royal s'établissait et se généralisait, l'impôt seigneurial aurait dû disparaître. Mais la longue possession fut ici plus forte que la logique ; l'impôt seigneurial se maintint, entamé et transformé ; c'est une des manifestations principales, par lesquelles la féodalité survécut jusqu'à la Révolution. Nous avons précédemment[1] divisé les droits fiscaux des seigneurs en trois classes, profits de justice, impôts proprement dits, produit des droits régaliens autres que celui d'imposer ; voyons ce que devinrent lès uns et les autres sous la monarchie tempérée et absolue.

1° Les justices seigneuriales étant maintenues, les profits de justice, l'amende et la confiscation continuèrent à appartenir aux seigneurs. Même dans les coutumes où la confiscation des biens se conserva comme conséquence des peines capitales, les seigneurs hauts justiciers en profitèrent quant aux biens situés dans leur territoire, quoique le crime qui l'entraînait fût réservé comme cas royal à la connaissance des juridictions royales. Dans un petit nombre de cas seulement, le droit de confiscation fut attribué au roi[2].

2° Quant aux impôts seigneuriaux proprement dits, les uns disparurent : ce furent ceux qui répondaient au type de l'impôt direct, et nous avons eu l'occasion de montrer comment fut abolie la taille seigneuriale, sauf quelques vestiges[3]. Les impôts indirects, au contraire, péages et banalités, subsistèrent, mais transformés, reprenant le caractère d'une concession royale. A partir du xvi° siècle, en effet, le droit de les établir fut net-

1. Ci-dessus, p. 257.
2. Coquille, *Institution*, p. 41 : « Esdits païs, où par les coustumes la confiscation a lieu au profit des seigneurs hauts justiciers, sont exceptez seulement le crime de lèze majesté humaine, en autres de lèze majesté divine et humaine, et es autres est adjouté le crime de fabriquation de fausse monnoie : es quels crimes la confiscation appartient au roy au préjudice des hauts justiciers. »
3. Ci-dessus, p. 532.

tement considéré comme constituant non plus un attribut de la haute justice, mais un privilège de la souveraineté royale. De là, deux conséquences : 1° défense aux seigneurs, sous des peines très sévères, d'en établir de nouveaux ; 2° faculté pour le roi de supprimer ceux qui existaient et qui étaient incompatibles avec le bon ordre. Le pouvoir royal en laissa pourtant subsister un grand nombre, mais à condition qu'ils fussent établis sur des titres ou sur une possession immémoriale[1].

3° Reste le produit des droits régaliens autres que l'impôt proprement dit; ici le fisc des seigneurs fut largement entamé. Un certain nombre de ces droits (droit de battre monnaie, régale des évêchés) n'avaient appartenu en principe qu'aux seigneuries supérieures, et par la réunion de ces grands fiefs au domaine de la couronne ils firent naturellement retour à celle-ci. Pour ceux mêmes qui avaient été rattachés en général aux hautes justices, quelques-uns furent également ramenés dans le domaine royal. Ainsi, dès le xvi° siècle, le principe fut proclamé que le droit d'aubaine ne pouvait appartenir qu'au roi et n'être exercé que par lui[2]; on alla même si loin que l'on considéra comme nuls les textes officiels des coutumes qui l'attribuaient expressément aux seigneurs[3]; ils étaient contraires à un principe du nouveau droit public. On laissa, au contraire, aux seigneurs les droits de deshérence et d'épave, comme celui de confiscation.

---

1. Lefebvre de la Planche, *Traité du domaine*, l. 1, ch. v, t. 1, p. 38 et suiv. Laplace, *Introduction aux droits seigneuriaux*, v⁰ *Banalités* et *Péage*.

2. Bacquet, *Droit d'aubaine*, ch. iv et xxviii.

3. Lefebvre de la Planche, *Traité du domaine*, t. II, p. 9 et suiv.

CHAPITRE V

L'administration des provinces et les libertés locales

---

§ 1er. — GOUVERNEURS ET INTENDANTS

Nous avons vu naître et se développer la plupart des organes par lesquels le pouvoir royal administrait et justiciait la
France, prévôts, baillis et sénéchaux, parlements, chambres
des comptes, élus, généraux des finances, trésoriers généraux
et cours des aides. Mais ces organes multiples, divers par
leur origine et par leurs fonctions, avaient besoin d'une direction d'ensemble pour travailler de concert à l'œuvre commune.
Ce régulateur était, avant tout, le gouvernement central ; mais
il ne pouvait suffire à tout. Il fallait, en outre, qu'il y eût dans
chaque circonscription importante un représentant général et
politique du pouvoir royal, pouvant commander aux divers
fonctionnaires de son ressort. Ce représentant, sous la monarchie féodale, avait été le bailli ou sénéchal[1], et la circonscription par excellence était alors le bailliage ou la sénéchaussée ;
sous la monarchie tempérée, ce fut le *gouverneur*, et la division
politique était alors le gouvernement ; sous la monarchie absolue, ce fut l'*intendant*, et la circonscription qui prit alors la
plus grande importance fut la généralité, chaque intendant
étant d'ordinaire préposé à une généralité. D'ailleurs, ces trois
ordres de fonctionnaires, qui, en réalité, se succédèrent au
pouvoir, subsistèrent les uns à côté des autres, le fonctionnaire déchu restant auprès de l'officier triomphant. Dans le
dernier état, il y avait encore des sénéchaux et baillis d'épée,
des gouverneurs et des intendants.

---

1. Ci-dessus, p. 346.

I

Les gouverneurs furent seulement, au début, des commandants militaires et ils devaient garder ce caractère comme prépondérant. Ils apparurent dès le xiv° siècle ; mais il n'y en eut alors que dans les provinces frontières[1] ; dans les provinces de l'intérieur, les baillis et sénéchaux disposaient des forces armées et faisaient les fonctions de gouverneurs militaires[2]. Mais, à la fin du xv° siècle et au commencement du xvi°, on abandonna cette distinction et des gouverneurs furent institués dans la plupart des pays aussi bien à l'intérieur qu'aux frontières. En 1545, François Ier voulut réagir et revenir à l'ancien système ou tout au moins supprimer les gouverneurs inutiles. Il les révoqua tous, sauf ceux de quatorze provinces[3]. Mais ce ne fut qu'un temps d'arrêt ; le nombre des gouverneurs augmenta considérablement pendant les troubles du xvi° siècle[4]. En 1579, l'ordonnance de Blois chercha de nouveau à le réduire ; elle n'en maintint que douze, dans ce qu'on appelait les douze anciens gouvernements[5]. Comme la première, cette réaction fut inutile : la multiplication des gouverneurs reprit de plus belle. Au xviii° siècle, en 1776, à une époque où pourtant leurs charges ne représentaient plus guère que des sinécures, il y en avait quarante, y compris celui de la Corse[6] ;

---

1. Du Tillet, *Recueil des lois*, p. 304 : « N'y souloit avoir gouverneurs ou lieutenans-généraux qu'ès provinces limitrophes pour veiller sur les ennemis voisins et garder la frontière en bon estat et défense. »

2. Édit du 6 mai 1545 (Isambert, *Anc. lois*, XII, 893) : « Aux autres pays et provinces de notre royaume, qui ne sont en frontières, y ont esté dès longtemps institués baillis et sénéchaux, qui ont, entre autres choses, le regard et superintendance sur les nobles et sujets à nos ban et arrière-ban. » — D'Espinay, *La sénéchaussée d'Anjou*, p. 8 et suiv.

3. Édit de 1545, cité : « Fors seulement esdits pays et provinces de nostre royaume qui sont en frontière, qui sont Normandie, Bretagne, Guyenne, Languedoc, Provence, Dauphiné, Bresse, Savoye, Piedmont, Bourgogne, Champagne, Brie, Picardie et l'Isle de France. »

4. Du Tillet, *Recueil des rois*, p. 304 : « Depuis ont esté instituez autres gouverneurs ès provinces non limitrophes, et apparu par la division de religion survenue ou prétexte d'icelle qu'il estoit nécessaire puisqu'en temps de division toutes provinces sont limitrophes la guerre estant intestine... Quand Dieu sera appaisé à la France, et que sa paix et union y sera retournée, la dicte révocation sera la très bien venue. »

5. Art. 271 (Isambert, *Anc. lois*, XIV, 441).

6. Règlement du 18 mars 1776 (Isambert, *Anc. lois*, XXIII, 436).

souvent même, il y avait un ou plusieurs lieutenants de gouverneurs. Les gouverneurs (et cela répondait bien au génie de la monarchie tempérée qui les créa) furent toujours pris dans la haute noblesse : mais leur rôle fut bien différent, suivant les temps. Ils eurent successivement, comme on va le voir, leur ère de grandeur et leur période de décadence.

Les gouverneurs, conformément à leur origine, n'avaient en propre, comme pouvoirs, qu'un commandement militaire : le droit de commander aux troupes cantonnées dans leur gouvernement et de faire cesser par la force toute résistance aux lois, tous troubles et rébellions[1]. Ils n'avaient en principe aucune juridiction, et nos anciens auteurs voyaient dans cette règle comme le principe d'une utile séparation des pouvoirs[2]. Mais, d'autre part, ils étaient les représentants directs du pouvoir royal dans leur gouvernement, et, à ce titre, ils s'appelaient les lieutenants-généraux du roi[3]. Aussi étaient-ils chargés de transmettre les volontés du roi et avaient-ils le droit de réunir le parlement, les corps et collèges des villes pour délibérer,

1. Du Tillot, *Recueil des rois*, p. 305 : « (Leur est) commandé de ne s'entremettre du fait de la justice ordinaire, mais ayder ès exécutions d'icelle ès cas ou il ne pourroit sans leur aide autrement estre pourvu pour les rebellions s'ils en sont requis : contre les sujets rebelles n'obéissans et usans de voye de fait peuvent user des armes et force jusqu'à la mort. » Il ajoute : « Il y a deux sortes d'armes : les unes sont pour la guerre et défense du pays, sur lesquelles lesdits gouverneurs et lieutenans ont commandement. Il y en a d'autres pour les exécutions de justice et police ordinaire, comme sergens, archers, sergents du guet et de ville ayant serment aux séneschaux, baillifs prévôts des marchands et eschevins. Si lesdits lieutenants et gouverneurs avoient pouvoir de leur défendre de s'employer à servir à ce qu'ils sont destinez, les exécutions de justice et police ordinaire seroient empeschées par ceux qui les doibvent ayder au besoin. »

2. Du Tillot, *Recueil des rois*, p. 305 : « Aussi très prudemment à ceux qui ont les armes insolentes jusques à faire cesser les loix, l'administration de la justice a esté desniée ; et pour la bonne conduite des deux, l'administration de la justice a esté laissée aux juges, et à ceux auxquels est la force commise, commande la conformetain à la dite justice. » — Lebret, *De la souveraineté*, l. II, ch. v, p. 52 : « Le pouvoir des gouverneurs est grandement limité. Car à présent ils n'ont de juridiction sur les sujets du roi que pour s'assurer de la personne des délinquants... et pour empêcher que les soldats ne se débandent et ne fassent des désordres dans la campagne. » — Loyseau, *Des offices* l. IV, ch. iv, n° 80.

3. Du Tillot, *Recueil des rois*, p. 304 : « Il y a des gouverneurs de la Rochelle, Touraine, Péronne, Montdidier, Roye et autres qui n'ont auctorité que de baillifs et ne prennent le tiltre de lieutenans-généraulx comme font les autres gouverneurs. »

s'il y avait lieu, sur les affaires publiques [1]. Au xvi° siècle et au commencement du xvii°, leur autorité de fait s'étendait très loin. Ils levaient parfois de leur propre autorité des impositions dans leur province [2]; ils accordaient, contrairement aux lois, l'exportation des céréales [3]; ils s'arrogeaient le pouvoir de juger les personnes et de les condamner même à mort et sans appel, ou, en sens inverse, ils accordaient, comme aurait pu le faire le roi, des grâces et rémissions qui arrêtaient l'action des tribunaux répressifs [4]. Sans doute, les ordonnances prohibaient sévèrement ces abus [5]; mais elles n'étaient point exactement obéies. Sans doute aussi, pour assurer leur indépendance et même leur supériorité, les parlements avaient le droit de vérifier les commissions des gouverneurs [6]; mais leur résistance était le plus souvent brisée. Il est vrai que la fonction de gouverneur n'était pas un office proprement dit, mais une simple commission : le titulaire était donc toujours révocable par le roi; il ne pouvait disposer de sa fonction en la résignant, et elle n'était pas héréditaire [7]; mais c'était le droit plutôt que le fait. En fait, les gouverneurs étaient à vie, et leur charge, après leur mort, passait le plus souvent à quelqu'un de leurs fils [8]. Aussi Loyseau voyait-il en eux le germe d'une nouvelle féodalité politique [9]. En cela, il se trompait. Leur puissance, si

---

1. Du Tillet, *loc. cit.*, p. 304 : « En (leurs) pouvoirs y a un article louable d'assembler le parlement ou aucuns d'iceluy et les autres corps et collèges des villes pour adviser à ce qui est utile. Si ledit article ne les lie, il les advertit. »

2. Cela ressort bien nettement des ordonnances qui le prohibent et qui sont citées plus loin.

3. Du Tillet, *Recueil des rois*, p. 305.

4. Loyseau, *Des seigneuries*, ch. iv, n° 34; *Des offices*, l. IV, ch. iv, n°s 80 et suiv. — Quant aux jugements dont il est question, les gouverneurs recevaient parfois des commissions spéciales leur donnant ce pouvoir. La Roche-Flavin, *Treize livres*, l. XIII, ch. xxx, n° 3.

5. Ordonnance de mars 1388, art. 28 ; Ordonnance de Blois, 1579, art. 273-275 (Isambert, *Anc. lois*, VI, 661 ; XIV, 444).

6. La Roche-Flavin, *op. cit.*, l. XIII, ch. xxx, n°s 1-3.

7. Loyseau, *Des offices*, l. IV, ch. iv, n°s 37 et suiv.; Ordonnance de Blois de 1579, art. 272.

8. Loyseau, *Des offices*, l. IV, ch. iv, n°s 52, 59, 60 : « Ils n'ont accoustumé d'estre revoquez par les rois... Après leur mort, leurs enfants prennent à injure si le gouvernement est conféré à un autre ne se reputans pas gouverneurs, mesme aspireroient volontiers à se faire seigneurs absolus. »

9. Loyseau, *ibid.*, n° 71, 72 : « Et puis dire que faute d'avoir entretenu cette évocation, la seule puissance des gouverneurs... est suffisante pour nous

grande pendant les troubles de la Ligue, puis affaiblie sous
Henri IV, reprit une nouvelle force sous Louis XIII et Richelieu trouva en quelques-uns d'entre eux ses principaux adversaires. Mais, en définitive, ils devaient être mâtés ; ils furent
strictement réduits à leurs fonctions militaires ; même le plus
souvent, au XVIIIe siècle, ils furent privés de toute autorité effective, n'ayant pas même le droit de résider dans leur gouvernement [1]. Leur charge était devenue une véritable sinécure :
mais, très largement rétribuée [2], elle constituait l'une des faveurs les plus recherchées par la haute noblesse. S'ils étaient
ainsi déchus de leur ancienne grandeur, c'est que de nouveaux
représentants généraux du pouvoir royal s'étaient établis dans
les provinces, d'abord à côté d'eux, puis les supplantant : ceux-là,
c'étaient les *intendants des provinces*, l'un des instruments les
plus actifs de la monarchie absolue et administrative.

II

L'intendant fut en effet la cheville ouvrière de l'administration provinciale ; il y apporta l'unité et la centralisation.
Sa fonction essentielle fut d'être contrôleur de tous les services publics. Les autorités anciennes subsistent : gouverneurs, parlements et autres corps judiciaires, bureaux des
finances, officiers des élections ; mais elles fonctionnent sous
la surveillance de l'intendant, qui dirige leur action et souvent empiète sur leurs attributions. On cite, à ce sujet, un mot
frappant de Law, le financier : « Jamais, disait-il au marquis
d'Argenson, je n'aurais cru ce que j'ai vu quand j'étais con-

faire retomber aux mesmes hazards du passé. Comme on a veu pendant l'a-
narchie de ces derniers troubles la France presque en train d'estre cantonnée
en autant d'Estats souverains qu'il y avoit de gouverneurs, si pour nostre
éternel malheur la Ligue eust esté victorieuse. » Puis parlant, d'Henri IV,
dont il dit qu'il n'y eut « jamais en France roi plus absolu que lui », il ajoute :
« Ce mal ne manquera point de recommencer à la première guerre civile...
et Dieu veuille que ce ne soit point pendant la minorité de ses enfants. »

1. D'Argenson, *Considérations sur le gouvernement ancien et présent de la
France*, Amsterdam, 1774, ch. XXIX : « Les gouverneurs de provinces et de
places sont réduits à un titre utile mais sans fonction, s'ils n'ont des lettres
de commandement avec résidence, un même département ne peut avoir deux
maîtres (le gouverneur et l'intendant). »

2. Voyez le règlement du 18 mars 1776.

trôleur des finances. Sachez que le royaume de France est
gouverné par trente intendants. Vous n'avez ni parlements, ni
États, ni gouverneurs. Ce sont trente maîtres des requêtes
commis aux provinces de qui dépendent le malheur ou le
bonheur de ces provinces, leur abondance ou leur stérili-
tés[1]. » L'intendant ne concentrait pas seulement l'administration entière dans une seule main ; il la rattachait en même
temps par un lien étroit au gouvernement central. Les intendants étaient ordinairement des maîtres des requêtes, c'est-à-
dire, des membres détachés du conseil du roi ; dans tous les
cas, ils étaient en communication constante avec les secrétaires
d'État, le contrôleur général et le conseil des dépêches. Ils
demandaient et recevaient des instructions pour chaque affaire
délicate ; s'ils entraient en conflit avec les autorités locales ou
les particuliers, le litige était toujours évoqué devant le conseil du roi, qui statuait aussi comme juge d'appel sur les
arrêtés qu'ils rendaient : ainsi se préparait, dès l'ancien régime,
la séparation des autorités administrative et judiciaire, que
devaient proclamer les lois de la Révolution[1]. Tel fut le rôle
historique et politique des intendants[2] : il faut dire maintenant
quelle fut leur origine et quels étaient leurs pouvoirs.

On a souvent attribué à Richelieu la création des intendants[3]. En effet, un édit de 1635 institua des officiers de ce
nom[4] ; mais, en réalité, il n'y a de commun que le nom. Les
fonctionnaires établis en 1635 sont tout simplement des présidents des bureaux des finances, érigés en titre d'office. Les
intendants proprement dits sont plus anciens ; il en existe dès
la seconde moitié du xvi° siècle. Richelieu les a admirable-

---

1. De Tocqueville, *L'ancien régime et la Révolution*, l. II, ch. II, *OEuvres
complètes*, t. IV, p. 54.

2. Cf. Lebret, *De la souveraineté*, l. IV, ch. IV, p. 139 : « On doit tenir... pour
les autres droits du roi... que la connaissance en appartient à ses officiers
selon l'attribution qui leur en est faite par les édits et ordonnances, en quoi
l'on ne doit pas comprendre les choses qui concernent l'administration et le
gouvernement de l'État, dont la connaissance est réservée à la seule personne
du roi, sans qu'aucun autre s'en puisse entremettre que par son ordre et
commission. »

3. Sur ce point, consulter l'ouvrage cité de Tocqueville, *L'ancien régime et la
Révolution, passim*.

4. Sur l'origine des intendants, voir Hanotaux, *Origines de l'institution des
intendants des provinces*.

5. Isambert, *Anc. lois*, XVI, 442.

ment utilisés, mais ne les a point inventés, et cette institution, comme tant d'autres, se dégagea naturellement de certains précédents. Dès le règne de saint Louis, le pouvoir royal sentit le besoin d'exercer un contrôle sur les officiers locaux au moyen d'enquêteurs extraordinaires, qui venaient sur les lieux recevoir les plaintes et les observations des habitants. Ces enquêteurs fonctionnèrent activement dans la seconde moitié du XIIIe siècle[1]; on les retrouve aussi au XIVe siècle sous le nom de réformateurs[2]. Ensuite, l'institution paraît abandonnée; mais elle reparaît au XVIe siècle sous une forme nouvelle; ce sont des maîtres des requêtes qui sont chargés de faire ces inspections, ou, comme on disait alors, ces *chevauchées :* elles doivent avoir lieu tous les ans, et le royaume doit être divisé à cet effet en un certain nombre de départements[3]. Cela fut certainement un des précédents de l'institution des intendants. Par là s'explique le contrôle permanent qu'ils exercent sur tous les fonctionnaires royaux et la tradition constante qui les faisait prendre parmi les maîtres des requêtes : c'étaient les anciens chevaucheurs, devenus des inspecteurs permanents et résidents. Aussi les tournées d'inspection des maîtres des requêtes disparaissent-elles avec l'établissement des intendants. Cependant, les deux institutions coexistent d'abord parallèlement, au moins dans certaines régions[4]. Ce qui fut le véritable prototype des intendants, ce sont les commissaires extraordinaires que les rois envoyaient parfois dans une province avec de pleins pouvoirs pour y rétablir l'ordre ou y opérer des réformes difficiles. A la fin du XVIe siècle, le pays étant désorganisé par les guerres civiles, l'emploi de ces commissaires extraordinaires devint plus fréquent, parce qu'il était plus nécessaire; bientôt quelques-uns furent maintenus à poste fixe et devinrent les premiers intendants. Dans le titre officiel que portaient ceux-ci, figure une rubrique qui rappelle cette

---

1. Luchaire, *Manuel des institutions*, p. 553 et suiv.
2. Johannes Faber, *Ad instituta, De mandato*, p. 230 v° : « Quid de reformatoribus qui mittuntur de curia Franciæ ad provincias reformandum non video cur non duret eorum officium post mortem mittentis. »
3. Ord., 1523; Orléans, 1560, art. 33, 34; Moulins, 1566, art. 7; Ord. de 1629, art. 58. — Guyot, *Traité des droits, fonctions, etc.*, t. III, p. 120 et suiv.
4. Guyot, *Traité des droits, fonctions, etc.*, c. 82, t. III, p. 121, 122.

origine; ils étaient qualifiés *commissaires départis dans les généralités du royaume pour l'exécution des ordres du roi*[1].

En 1629, l'institution des intendants était déjà suffisamment généralisée pour que le Code Michau la réglementât[2]. Mais elle était extrêmement mal vue par les parlements qui sentaient venir des maîtres dans ces fonctionnaires d'apparence modeste; aussi l'un des articles qui furent imposés au roi par les cours souveraines de Paris, en 1648, contenait-il la révocation des intendants[3] : le roi, en effet, les révoqua en bloc, sauf quelques rares exceptions[4]. Mais, ce fut une éclipse momentanée ou, plutôt, la suppression ne fut pas même exécutée. Dans le cours du xviie siècle, il en fut établi partout, dans les pays d'États comme dans les pays d'élection. On ne créa point pour eux des circonscriptions nouvelles : on utilisa pour leur établissement la circonscription supérieure en matière d'impôts, la généralité; cependant, il n'y avait pas toujours une correspondance exacte entre l'intendance et la généralité. A la veille de la Révolution, il y avait trente-deux intendants.

La circonscription de l'intendance étant fort étendue[5], l'intendant ne pouvait par lui-même voir à tout : il dut nécessairement se faire remplacer. Il usa pour cela de ce droit de

---

1. Guyot, *op. cit.*, t. III, p. 119. — Déclaration du 18 juillet 1648 (*Histoire du temps*, p. 393) : «Nous revoquons toutes les *commissions extraordinaires* qui pourroient avoir esté expédiées pour quelque cause et occasion que ce soit, *mesmes les commissions des intendants de la justice* dans les généralités de notre royaume. »

2. Art. 81 : « Que nul ne puisse être employé ès charges d'Intendants de justice ou finances que nous députons en nos armées ou provinces, qui soit, domestique, conseil ou employé aux affaires, ou proche parent des généraux desdites armées ou des gouverneurs desdites provinces. »

3. Voyez aussi sur la résistance des parlements de province, Guyot, *op. cit.*, t. III, p. 121 et suiv.

4. *Histoire du temps*, p. 394 : « Excepté dans les provinces de Languedoc, Bourgogne, Provence, Lyonnois, Picardie et Champagnes, esquelles provinces les intendants par nous commis ne pourront se mesler de l'imposition et de la levée de nos deniers, ny faire aucune fonction de jurisdiction contentieuse; mais pourront seulement es dites provinces estre près des gouverneurs pour les assister en l'exécution de leurs pouvoirs. »

5. Dans le plan du marquis d'Argenson, *op. cit.*, p. 237, il est dit : « Le royaume sera divisé en départements moins étendus que ne le sont aujourd'hui les généralités... à la tête de chaque département, il y aura un intendant de police et finances. »

délégation, qui appartenait, en principe, aux magistrats royaux ; et celui qu'il choisissait pour le remplacer fut appelé *subdélégué*, parce que l'intendant était lui-même le délégué du prince[1]. Ces subdélégués n'étaient point des fonctionnaires ; ils étaient choisis et révoqués par l'intendant comme ses simples mandataires. Cependant, en 1704, un édit transforma leurs fonctions en office proprement dit, afin de pouvoir les vendre ; mais cela n'eut aucun succès[2] et ces offices de subdélégués furent supprimés partiellement en 1713 et totalement en 1715[3]. On revint au système de la simple délégation par l'intendant de ses pouvoirs. Le subdélégué n'étant donc pas un fonctionnaire, ne pouvait, en principe, rien décider par lui-même ; à moins d'un ordre général ou spécial de l'intendant, il ne pouvait que lui faire un rapport. Lorsqu'il statuait par délégation, en vertu des principes généraux, on pouvait appeler de ses ordonnances à l'intendant ; enfin, il n'avait pas d'appointements, mais seulement des indemnités de déplacement[4]. On appelait *département* la circonscription à laquelle était préposé un subdélégué ; mais celle-ci, naturellement, n'avait pas de fixité, n'ayant pas d'existence légale. L'intendant, comme il pouvait à volonté supprimer ses subdélégués, pouvait aussi modifier leurs départements[5].

Si maintenant on veut déterminer les pouvoirs des intendants, deux observations préalables sont d'abord nécessaires. En premier lieu, ces pouvoirs n'ont pas toujours été les mêmes. Les intendants de la seconde moitié du xvi⁰ siècle et de la première moitié du xvii⁰ siècle furent des fonctionnaires de combat ; ils rencontrèrent des résistances énergiques de la part des parlements et de celle des gouverneurs. Ils en triomphèrent, soutenus par le pouvoir royal ; mais, par la force des choses, ils eurent besoin de pouvoirs extraordinaires, plus étendus que ceux qui suffisaient aux intendants du xviii⁰ siècle.

---

1. Guyot, *op. cit.*, t. III, p. 441.

2. C'est pourtant ce que proposait de nouveau d'Argenson, *op. cit.*, p. 240 : « Les intendants auront sous eux plusieurs subdélégués distribués par départements qui seront appelés subdélégations ; *ils seront officiers royaux.* »

3. Guyot, *op. cit.*, t. III, p. 441-443.

4. *Ibidem*, p. 441, 444, 446.

5. Guyot, *op. cit.*, t. III, p. 446 et suiv., où l'on trouve plusieurs commissions de subdélégués.

Cependant, ces pouvoirs extraordinaires continuèrent pour la plupart à figurer dans les commissions délivrées aux intendants ; mais ils n'étaient là que pour la forme, c'étaient des armes inutiles dont on ne faisait plus usage. D'autre part, les premiers intendants, envoyés dans des pays occupés par des troupes, étaient à la fois *civils et militaires* [1]. Dans la suite, il y eut des *intendants militaires* spéciaux pour l'armée ; cependant, les intendants des provinces conservèrent certaines attributions qui rappelaient leur premier état, spécialement en ce qui concerne les subsistances et le logement des troupes. Ceci dit, leurs attributions définitives [2] se rangent sous un triple chef qu'indique leur titre officiel : ils étaient appelés en effet *intendants de justice, police et finances* [3].

Considérés comme intendants de justice, ils pouvaient entrer et prendre séance dans les cours et tribunaux judiciaires et même présider les juridictions autres que les parlements. Ils avaient un droit de surveillance sur tous les magistrats, pouvaient leur adresser des remontrances, et même les suspendre de l'exercice de leur charge, sauf à en référer au pouvoir royal. Enfin ils pouvaient juger eux-mêmes et en dernier ressort les crimes contre la sûreté de l'État, assemblées illicites, séditions, monopoles, entreprises et levées de troupes, en appelant au jugement un certain nombre de juges ou gradués en droit. Mais, bien que ce dernier pouvoir continuât à figurer dans les commissions [4], d'ordinaire, en pareil cas, l'intendant se faisait autoriser par une commission spéciale.

Leurs attributions en matière de *finances* étaient des plus importantes ; elles se référaient surtout à la répartition et à la levée des impôts [5]. Ils avaient, nous l'avons vu, compétence exclusive à cet égard, quant aux impôts directs établis aux XVII° et XVIII° siècles, la capitation et les vingtièmes, et quant

1. Voyez l'article 8 de l'ordonnance de 1620 ; ci-dessus, p. 508, note 2.
2. Sur ce qui suit, consulter le Traité de Guyot, ch. LXXXIII, en entier ; comme type d'une commission d'intendant, voir celle donnée à Turgot le 8 août 1761, dans *Nouvelle Revue historique de droit*, 1889, p. 775.
3. Guyot, *op. cit.*, t. III, p. 119.
4. Il figure dans celle de Turgot, art. 2, *loc. cit.*, p. 776.
5. Dès 1618, il en était ainsi, *Histoire du temps*, p. 304 : « L'année présente les deniers ont été imposez et en partie levez dans toutes les généralitez par les ordres des intendans. »

à la plupart des impôts indirects créés dans la même période[1]. Ils avaient aussi compétence exclusive quant aux impôts anciens et nouveaux dans un certain nombre de provinces annexées aux xvii° et xviii° siècles, qui n'avaient jamais eu ou qui n'avaient pas conservé d'États provinciaux et où il n'avait pas été établi d'élections : on appelait ces provinces *pays d'imposition*[2]. Quant aux impôts anciens dans le reste du pays, les autorités qui y administraient l'impôt avant l'établissement des intendants avaient été maintenues dans leurs attributions ; mais les intendants eurent le droit de contrôler leurs opérations et d'y prendre part. Souvent ils procédaient d'office à la répartition de la taille entre les paroisses, et, par leurs commissaires, entre les taillables de chaque paroissse. Dans la mesure où ils avaient opéré la répartition, ils connaissaient alors du contentieux.

La *police* était la source la plus abondante de leurs attributions, car, par ce mot, on entendait autrefois l'administration en général. En qualité d'intendants de police, ils pouvaient d'abord faire des règlements administratifs, concurremment avec les parlements et les autorités municipales : mais le plus souvent ils en adressaient la demande et le plan au conseil du roi et celui-ci faisait, par un arrêt, le règlement demandé. Quant aux objets sur lesquels portait leur action administrative, ils étaient aussi nombreux qu'importants. Voici quelques-un des principaux. Ils avaient la surveillance de tout ce qui concernait le commerce et l'agriculture. Ils exerçaient sur les municipalités et communautés d'habitants la tutelle administrative ; ni le mot ni la chose ne sont nouveaux : leur autorisation était nécessaire pour les principaux actes qu'elles avaient à accomplir[3]. Ils réglaient tout ce qui concernait la levée des milices. Celles-ci étaient obtenues par une conscription forcée, exercée sur les roturiers des campagnes par voie de tirage au sort ; elles servirent aux xvii° et xviii° siècles à compléter l'armée active recrutée par l'engagement volontaire ; et tantôt les

---

1. Ci-dessus, p. 656.
2. Boulainvilliers, *État de la France*, t. III, p. 384, 400, 283.
3. Guyot, *op. cit.*, t. III, p. 280 et suiv., p. 283 : « Les communautés d'habitants sont sous la protection spéciale du roi ; il n'est donc pas étonnant que les commissaires de Sa Majesté, en soient, comme on l'a déjà dit, *les tuteurs.* »

miliciens furent incorporés dans les régiments actifs pour en
combler les vides, tantôt ils formèrent des régiments à part,
constituant une sorte de réserve. Les intendants déterminaient
par leurs règlements les conditions du tirage au sort, que les
ordonnances fixaient d'une façon assez lâche, et ils y faisaient procéder par leurs subdélégués [1]. Enfin, ils réglaient
aussi en pleine liberté le service de la corvée royale. Celle-ci
était une prestation en nature, en journées de travail, imposée
aux taillables des campagnes pour la construction ou l'entretien des routes royales [2]. On pouvait appeler devant le conseil
du roi de toutes les ordonnances rendues par les intendants
sauf de celles qui se rapportaient à la répartition de la taille ;
pour ces dernières, l'appel était porté devant les cours des
aides [3]. Par la force des choses, leurs pouvoirs, tels que je
viens de les décrire, se trouvaient restreints dans les pays
d'États [4] ; mais, en réalité, ils dictaient le plus souvent aux
États la volonté du roi.

Voilà quels furent aux différentes époques les directeurs et
les régulateurs de l'administration provinciale : mais l'action
des agents royaux ne faisait pas tout dans cette administration.
Il existait, dans une certaine mesure, des libertés locales.
Celles-ci étaient représentées par deux séries d'institutions,
les États provinciaux et les franchises municipales.

§ 2. — ÉTATS PROVINCIAUX ET MUNICIPALITÉS

I

Les États provinciaux étaient pour une province ce que les
États généraux étaient pour le royaume entier. C'était l'assemblée représentative des trois ordres d'une province. Ils apparaissent au XIVᵉ siècle, comme les États généraux, quoique,
sur certains points, leur préparation remonte plus haut ; et

1. Guyot, *op. cit.*, III, 225 : « Les intendants ont une attribution pleine et
sans réserve de tout ce qui regarde la levée de la milice. »
2. Guyot, *op. cit.*, III, 217 : « Les corvées royales... étoient de la compétence exclusive et absolue des intendants. C'étoit à ces magistrats qu'apparte-
noit la connaissance et le règlement du service des corvéables. »
3. Guyot, *op. cit.*, III, 433.
4. Guyot, *op. cit.*, III, 301.

dans ce siècle, comme dans la première moitié du xvᵉ, ils apparaissent comme une institution générale existant dans toutes les provinces. Mais, dans la suite, la royauté tendit à les supprimer, et ceux qui subsistèrent constituèrent un privilège. D'autre part, ceux qui survécurent arrivèrent à un état plus stable et plus régulier que les États généraux ; ils eurent une périodicité fixe, et conservèrent, quant aux impôts, la plupart des droits que perdirent les États généraux. Il faut voir quelle fut leur origine, quelles étaient leur composition et leurs attributions, et dire en terminant quels sont ceux qui subsistèrent jusqu'au xviiᵉ siècle [1].

Dans certaines provinces, l'origine des États provinciaux est très claire : ce sont celles où ces États existaient déjà avant la réunion au domaine de la couronne, à l'époque où elles constituaient des souverainetés indépendantes. En effet, manifestement les mêmes causes en amenèrent la formation et l'intervention dans le gouvernement du duc et du comte, qui avaient amené en France les convocations d'États généraux. Puis, lors de l'annexion, la province conserva ses États comme ses autres privilèges : tel fut le cas de la Bourgogne, de la Bretagne, de la Provence, par exemple ; tel fut aussi le cas d'un certain nombre de pays réunis au xviiᵉ siècle [2]. Mais l'origine est moins facile à saisir dans les provinces qui appartenaient déjà, et quelques-unes depuis longtemps, au domaine de la couronne, lorsque les États provinciaux y firent leur apparition. Il paraît bien qu'ils y eurent pour germe les assises solennelles tenues par les baillis et sénéchaux. Là, se rendaient nécessairement tous les officiers royaux, les officiers municipaux, et aussi les nobles dans les régions où ils participaient aux jugements ; il y venait encore parfois des évêques,

---

1. Voir sur les États provinciaux : Laferrière, *Étude sur l'histoire et l'organisation comparée des États provinciaux aux diverses époques de la monarchie jusqu'en 1789*, dans les Séances et travaux de l'Académie des Sciences morales et politiques, t. LIII. — Thomas, *Les États provinciaux de la France centrale sous Charles VII.* — Léon Cadier, *Les États de Béarn.* On trouve de nombreux et utiles renseignements dans Boulainvilliers, *État de la France*, *passim.*

2. Cependant, un certain nombre de ces pays perdirent leurs États sous l'administration royale. Voyez, pour l'Alsace, les Flandres, la Franche-Comté : Boulainvilliers, *État de la France*, t. III, 381, 449, 268.

abbés ou prieurs [1]. Là se discutaient forcément les affaires
intéressant le baillage, et le principe est proclamé au xıvᵉ siècle
qu'avec l'avis de ces « sages et seigneurs » le bailli pouvait
faire en assise les règlements utiles pour le pays [2]. Il est vrai
que ces réunions avaient un personnel flottant et un caractère
mal déterminé ; mais tout se précisa lorsque le pouvoir royal
les utilisa pour demander le vote de subsides, ou dans un intérêt analogue. On fut alors amené à leur donner une composition semblables à celle des États généraux, déterminée par
les mêmes principes [3], à y citer les seigneurs laïques et ecclésiastiques et les représentants des villes. Enfin, lorsque le bailliage ne répondait pas à une division provinciale suffisamment
vaste et individualisée, il arriva que l'on convoqua les représentants de plusieurs bailliages, qui faisaient corps au point de
vue de l'histoire et des intérêts provinciaux ; on eut ainsi des
États provinciaux d'une grande importance. Nous avons un
exemple précis de cette formation ; il se rapporte aux plus
anciens et aux plus célèbres peut-être des États provinciaux,
à ceux du Languedoc [4]. Le point de départ est ici fourni par
une ordonnance de saint Louis, de 1254, rendue en faveur de
la sénéchaussée de Beaucaire. Les enquêteurs royaux envoyés
à Nîmes en 1247 avaient recueilli diverses plaintes, une entre
autres concernant les interdictions d'exporter les céréales et
objets de consommation prononcées par les sénéchaux et les
permissions exceptionnelles qu'ils accordaient par faveur [5].
Le roi, par des lettres du mois de juillet 1254, décida qu'à l'a-
venir le sénéchal de Beaucaire ne pourrait prononcer une
semblable interdiction qu'en prenant l'avis d'une assemblée
où figureraient les prélats, les nobles et les représentants des
bonnes villes [6]. Dans les années suivantes, des assemblées

1. Molinier, *Catalogue des actes de Simon et d'Amaury de Montfort*, dans
Bibliothèque de l'École des Chartes, 1873, p. 164, 177.
2. Bouteiller, *Somme rurale*, I, tit. III, p. 10 : « En assise, *appelez les sages et
les seigneurs du pays*, peuvent estre mises sus nouvelles constitutions et
ordonnances sur les pays et destruites autres qui seroient grevables et en
autre temps, non. »
3. Ci-dessus, p. 471.
4. Molinier, *Étude sur l'administration de saint Louis et d'Alphonse de Poitiers*, dans *Histoire du Languedoc*, édit. Privat, t. VII (1879), p. 508-511.
5. Ci-dessus, p. 55.
6. Isambert, *Anc. lois*, I, p. 263 : « Si tamen justa causa extiterit, propter

furent en effet tenues à cet effet dans les sénéchaussées de Beaucaire et de Carcassonne. L'institution fonctionna, dans ces conditions et sans les dépasser, pendant les règnes de Louis IX et Philippe Le Hardi [1]. Plus tard, la royauté utilisa ces assemblées pour l'octroi et la répartition des aides qu'elle demandait et leur conféra ainsi des attributions nouvelles. Enfin, pour plus de commodité « au lieu de convoquer une assemblée distincte pour chacune des trois sénéchaussées du Languedoc, on fixa un seul lieu de réunion pour toutes les trois ; les États du Languedoc étaient fondés [1]».

Les États provinciaux étaient la réduction des États généraux ; ils avaient donc, en plus petit, la même composition. Seulement, ils ne suivirent pas, sur ce point, la même évolution que leurs grands frères, ils se maintinrent d'après le type originel et leur composition resta celle des États généraux du xive siècle. En d'autres termes, la représentation des trois ordres n'y était élective que pour une faible part, et le tiers état n'était représenté que par les villes. Y siégeaient, pour le clergé, en vertu d'un droit personnel, les prélats, archevêques et évêques, les abbés et prieurs de la province, quelquefois aussi les principaux dignitaires des églises cathédrales ou collégiales ; souvent, en outre, les églises de cette espèce avaient le droit de s'y faire représenter par procureur. Pour la représentation de la noblesse, les usages étaient assez divers. Tantôt, c'étaient tous les gentilshommes ayant fief dans la province qui avaient droit de séance ; tantôt, c'étaient seulement un certain nombre de seigneurs qui avaient acquis par la coutume le droit personnel de convocation ; parfois enfin, le roi désignait, pour chaque session, à côté de ceux-là, un certain nombre de députés pris dans le corps de la noblesse. Enfin, pour les villes qui figuraient aux États, elles étaient le plus souvent représentées par un ou plusieurs de leurs officiers municipaux ; mais il y en avait aussi qui élisaient des

quam videatur interdictum hujusmodi faciendum congreget senescallus consilium non suspectum in quo sint aliqui de prælatis, baronibus, militibus et hominibus bonarum villarum, cum quorum consilio dictum faciat interdictum. »

1. Molinier, *loc. cit.*, p. 511.

2. Molinier, *loc. cit.*, p. 511. Dom Vaissette, *Histoire du Languedoc*, VIII c. 1393-1395, 1349, 1449-1450, 1664, 1730.

députés spécialement à cet effet[1]; quelquefois même, à côté d'un officier municipal, la ville envoyait un député.

Les États provinciaux qui se maintinrent au delà du xv° siècle acquirent une périodicité régulière; ils étaient, selon les cas convoqués soit annuellement, soit tous les deux ou trois ans. Mais le principe était qu'ils ne pouvaient se réunir sans une convocation du pouvoir royal[2]; elle se faisait par lettre de cachet et était transmise par le gouverneur[3]. Les États avaient un président de droit qui, tantôt était le gouverneur, tantôt un prélat; mais, aux xvii° et xviii° siècles, c'était, en réalité, l'intendant qui était le véritable organe des demandes et des volontés royales. Les usages suivis pour les délibérations étaient naturellement assez différents; mais la délibération par ordre était la règle pour toutes les questions importantes; cependant, dans beaucoup de ces États, le principe s'était établi que le vote concordant de deux ordres faisait majorité et obligeait le troisième, à moins qu'il ne s'agît de l'*octroi* volontaire des impôts, « de matières de pure grâce[4] ». Leurs pouvoirs étaient très grands en apparence et d'ordre politique, dépassant de beaucoup la simple autonomie administrative. En effet, ils avaient conservé, en principe, le droit de voter l'impôt, non seulement celui qui était destiné aux besoins propres de la province, mais celui qui était payé par elle au trésor royal, et ils le votaient seulement pour le temps qui s'écoulait entre deux sessions : le plus souvent, pour attester encore mieux leur droit, ils qualifiaient ces impôts de *dons gratuits*. Mais, si ce droit se maintint jusqu'au bout, respecté dans la forme, sous la monarchie absolue, il avait peu de réalité et n'était guère gênant pour le pouvoir royal. Celui-ci, en effet, était sûr d'imposer sa volonté et eût brisé les résistances des États[5];

---

1. Ou bien c'était le « magistrat » de la ville, c'est-à-dire le corps des officiers municipaux, qui choisissait le député.

2. Lebret, *De la souveraineté*, l. IV, ch. xii, p. 164 : « L'ordre que l'on tient en la convocation de ces États est le même que l'on observe aux États généraux, car il faut une permission particulière du roi auparavant que de pouvoir légitimement s'assembler. »

3. Voyez le modèle de ces lettres, dans le *Guidon des secrétaires*, à la suite du *stile de la chancellerie*, p. 20 v°.

4. Boulainvilliers, *État de la France*, II, 240 (Artois); III, 142 (Bourgogne); V, 366 (Bigorre); 395 (Basse-Navarre).

5. Boulainvilliers, *État de la France*, VI, 379 (Languedoc) : « L'ancienne

le consentement de l'impôt n'était volontaire que dans la forme. Cependant, ce droit était encore précieux pour les pays d'États. En effet, pour eux, l'équivalent des impôts ordinaires, payés directement par les pays d'élection, avait été arrêté à une somme déterminée; pour la capitation et les vingtièmes, de véritables contrats d'abonnement étaient même intervenus entre eux et la royauté. Toute élévation du chiffre accoutumé ou convenu eût été nécessairement discutée par les États, et le droit de discussion est précieux, même en face d'un maître[1]. D'autre part, les pays d'États avaient cet avantage que les impôts destinés à fournir les sommes versées au trésor royal étaient établis d'après les usages traditionnels de la province ; ils étaient répartis et levés non par les officiers royaux, mais par les délégués des États ou, sous leur direction, par les autorités municipales[2]. Aussi, pendant l'intervalle des sessions, la plupart des États provinciaux avaient-ils des commissions intermédiaires[3], dont le rôle ne se bornait pas là d'ailleurs, mais qui suivaient aussi l'exécution des travaux d'utilité provinciale décidés par les États. Ceux-ci, en effet, avaient le droit de lever des impositions pour les besoins particuliers de la province et d'en faire l'emploi. Cette prérogative, ils l'avaient

---

liberté que la province a prétendu se conserver, comme si elle payait volontairement la part des impositions que tout le monde supporte en général. » — *Traité de la politique de France,* par P(aul) H(ay), marquis de C(hastelet), Cologne, 1677, I, p. 191 : « Le roy pourroit se rendre maître des députations et autres commissions lucratives qui se donnent aux Estats, comme par exemple en Bretagne feu M. le maréchal de la Milleraye nommoit seul... jamois on n'a délibéré après ce qu'il avoit ordonné. »

1. *Répertoire* de Guyot, v° *Bretagne :* « Le droit de consentement dont jouit la nation lui procure souvent sans nuire au fisc des abonnements avantageux par eux-mêmes et par la modération avec laquelle se font les perceptions. Mais les franchises les plus précieuses dont les Bretons sont redevables à leur prérogative sont de ne payer ni aides, ni tailles, ni gabelles. »

2. Aussi la préface déjà citée du *Vestige des finances*, édit. de 1613, dit-elle (p. 56) : « Aux six généralités qui n'ont point d'eslections, sçavoir : Montpellier, Toulouze, Bourgogne, Grenoble, Aix, Bretagne, toutes levées sur le peuple s'y font [par receptes particulières, qui sont disposées par diocèses, bailliages ou sièges et portent leurs deniers à la recepte générale. »

3. Par exemple, les grands élus de Bourgogne, la commission intermédiaire de Bretagne, les *Assiettes* de Languedoc. Souvent même la commission statuait en première instance sur le contentieux de ces impositions, ou ce droit appartenait aux tribunaux ordinaires. En appel on allait devant la cour des aides ou le parlement.

même d'abord exercée en toute liberté et indépendance, puis, comme toutes les autres, sous le contrôle du pouvoir royal[1]. On peut ajouter que les travaux publics et en particulier les grandes routes étaient mieux exécutés ou entretenus dans les pays d'États que dans les autres[2]. Enfin, les États provinciaux décidaient une dernière catégorie de dépenses assez singulière : ils payaient l'entretien et le train de maison du gouverneur, et pour cela ils débattaient et traitaient avec lui.

Après avoir créé au XIVe siècle une bonne partie des États provinciaux, la royauté lorsqu'elle n'eut plus besoin d'eux, ayant acquis le pouvoir général d'imposer, s'efforça de les détruire : son but fut de transformer successivement les pays d'États en pays d'élection. Dès la seconde moitié du XVe siècle, elle avait réussi dans une assez large mesure : l'Auvergne, le Limousin, la Marche, l'Anjou et la Guyenne avaient perdu leurs États et reçu des élections; il en fut de même de tout le centre de la France, où d'ailleurs, en bien des parties, l'institution n'avait pas en réalité pris racine. Mais, au XVIe siècle, outre les provinces qui les conserveront jusqu'au bout, le Dauphiné, la Normandie, la Provence les avaient gardés; elles devaient les perdre ou les voir transformer au XVIIe. En 1628, des élections furent créées en Dauphiné; de vives réclamations furent élevées par les trois ordres du pays; mais des arrêts du conseil des années 1635, 1636, 1637 leur défendirent toute réunion, et les choses en restèrent là. Il y avait eu suppression des États en fait plutôt qu'en droit; aussi, à la veille de la Révolution, ils sortiront de ce long sommeil et spontanément rentreront en activité. En 1638, Richelieu suspendit les États de Normandie. Ils rentrèrent en activité en 1643, mais ce devait être pour peu de temps : des élections avaient été établies dans l'intervalle et ils furent définitivement supprimés en 1655.

---

1. Lebret, *De la souveraineté*, p. 166 : « On n'y doit rien proposer que pour le service de Sa Majesté et pour le bien et l'utilité de la province, suivant ce qui leur est prescrit par les les lettres patentes qu'on leur envoie à ce sujet. » — Le marquis de Mirabeau, *Mémoire sur les États provinciaux*, dans l'*Ami des hommes*, t. IV (1760), p. 110 et suiv., 113.

2. Marquis de Mirabeau, *op. cit.*, p. 102. — Boulainvilliers, *État de la France*, IV, 185 : « Les grands chemins généralement parlant sont plus beaux en cette province (Bretagne) qu'en aucune autre du royaume. Les États font la dépense de les entretenir. »

En 1630, Richelieu avait établi également des élections en Provence; mais le pays entama une lutte légale, énergique et sans violences, et, en 1639, intervint une transaction : à la place des anciens États, mais ayant les mêmes attributions, fut établie l'assemblée des *communautés du pays*. Le changement consista en ce que la nouvelle assemblée fut presque exclusivement composée des représentants des municipalités; deux évêques et deux gentilshommes seulement y siégeaient pour représenter le clergé et la noblesse. Le Languedoc eut aussi, de 1629 à 1632, une crise terrible à traverser; d'un côté, la royauté créant des élections; d'autre part, la province faisant cause commune avec un rebelle, le duc de Montmorency. Le conflit se termina par l'édit de Béziers, du mois d'octobre 1632, qui maintint les États de Languedoc, mais leurs privilèges étaient amoindris[1]. La Bretagne conserva ses États avec moins de difficultés, mais cependant ils perdirent l'annalité[2].

En définitive, voici quels étaient les États provinciaux qui subsistaient au xviii⁰ siècle. Ils étaient tous dans des provinces situées aux extrémités du royaume, ou du moins loin du centre, où l'élément gouvernable avait été plus complètement pétri par le pouvoir royal. Ils se divisent naturellement par groupes. Au nord-ouest étaient les États de Bretagne. Au nord les États de l'Artois, ceux du pays de Lille, du Tournaisis et du Hainault[3]. Au nord-est, pointant vers le centre, les grands États de Bourgogne, qui, d'ailleurs, avaient comme appendices les petits États particuliers du Charolais et du Mâconnais[4]. On trouvait aussi des États quelque peu rudimentaires dans la Bresse et le Bugey[5]. Venaient ensuite au sud-est les États ou communautés de Provence, au sud, les grands États de Languedoc. Enfin, au sud-ouest dans la région pyrénéenne et voisine de l'Espagne, il y avait toute une série d'États, dont quelques-uns étaient importants et avaient l'or-

1. Boulainvilliers, *État de la France*, VI, p. 369.
2. J'ai indiqué qu'un certain nombre de pays annexés au xviii⁰ siècle avaient aussi perdu leurs États.
3. Boulainvilliers, *État de la France*, II, 287 et suiv.; III, 488 et suiv.; 542 et suiv.
4. *Ibidem*, III, 204, 214.
5. *Ibidem*, III, 234-239, 250.

ganisation typique et traditionnelle, dont les autres étaient à peine organisés; c'étaient les États de Foix, du Nébousan, des Vallées, de Bigorre, du pays de Labour, de la Soulle, du Béarn et de la Basse-Navarre [1]. Mais quatre seulement avaient, parmi tous ces États, une réelle importance, c'étaient ceux de Bretagne, de Bourgogne, de Provence et de Languedoc [2].

La royauté, du xv° au xviii° siècle, avait fait une guerre suivie aux États provinciaux et était parvenue à en supprimer un grand nombre. Arrivée à ses derniers jours, elle sentit que son triomphe avait été trop complet; en supprimant l'autonomie provinciale, elle avait aussi ralenti la vie des provinces. Elle voulut *in extremis*, rendre des assemblées représentatives à toutes les provinces qui n'en avaient plus, c'est-à-dire aux pays d'élection. L'École des économistes français du xviii° siècle, s'était vivement préoccupée de cette question des libertés locales, qui primait peut-être à ses yeux la poursuite de la liberté politique : le marquis de Mirabeau, Letrosne, avaient dans des livres très lus, demandé qu'on fît des États provinciaux une institution générale [3]. Cette réforme fut une de celles qu'essayèrent de réaliser les ministres de Louis XVI. Le premier qui conçut un plan de réforme dans ce sens fut Turgot : il avait imaginé tout un système d'assemblées représentatives ou *municipalités* superposées et élémentaires les unes des autres. En bas étaient les municipalités des villes et les communautés d'habitants des campagnes; groupées par circonscriptions, elles auraient choisi des députés qui auraient formé des assemblées d'élection, de bailliage ou de viguerie; celles-ci, à leur tour, au moyen de leurs députés, auraient formé des municipalités ou assemblées de province, « lesquelles enfin auraient eu, pendant un certain temps, à la cour, des députés qui, réunis, puissent coopérer sous les ordres du roi à l'administration municipale de la totalité du royaume [4] ». En principe,

---

1. *Ibidem*, V, 256, 257, 365, 369, 370, 384, 394.
2. Aussi le marquis de Mirabeau consacre-t-il a leur organisation un chapitre particulier, *op. cit.*, p. 152 et suiv.
3. L'ouvrage du marquis de Mirabeau a été plusieurs fois cité ci-dessus; Letrosne, *De l'administration provinciale et de la réforme de l'impôt*, 1770.
4. *Mémoires sur la vie et les ouvrages de M. Turgot*, ministre d'État, 2° partie, Philadelphie, 1782, p. 49. L'auteur (Dupont de Nemours) ajoute, p. 50, note 20 : « Cet établissement ne devait d'abord être fait que pour les pro-

il est vrai tous ces corps ne devaient avoir que voix consultative
Mais Turgot, avant d'avoir trouvé l'occasion de faire discuter ce
projet par le conseil du roi, disparut du ministère. Necker reprit l'idée, en la ramenant à des proportions plus modestes ;
il en fit, dans son premier ministère, des applications isolées
et des essais partiels. En 1778, il créa, dans le Berry, une assemblée provinciale composée en partie de membres nommés
par le roi et en partie de membres choisis par les premiers,
pour « répartir les impositions, diriger la confection des grands
chemins et les ateliers de charité, ainsi que tous autres objets »,
qu'il plairait au roi de lui confier. Dans l'intervalle des sessions
elle devait être représentée par un bureau intermédiaire[1]. Des
arrêts du conseil de 1779 et de 1780 instituèrent des assemblées
semblables dans d'autres pays d'élection, le Dauphiné, la
généralité de Moulins, la Haute-Guyenne, la généralité de
Montauban[2]. On marchait vers une organisation générale
commune à tous les pays d'élection, et en effet un projet dans
ce sens fut soumis par Calonne aux notables de 1787[3]. Ce
projet était même assez libéral ; aux assemblées organisées par
Necker, qui étaient composées de membres perpétuels non
élus par les populations, il substituait des assemblées provinciales totalement électives et renouvelées par tiers tous les
trois ans. D'ailleurs, comme dans le plan de Turgot, il y avait
trois degrés d'assemblées : les assemblées paroissiales et municipales, les assemblées de district, les assemblés provinciales
et les membres de chaque assemblée supérieure étaient élus
par les assemblées inférieures. Le projet sortit des délibérations de l'assemblée, modifié, mais non amélioré : il fut
transformé en loi par un édit du 22 juin 1787, que complétè-

vinces qu'on appelle pays d'élection; mais il y avait lieu de croire que les
grands avantages qu'elles en retireraient engageraient plus tôt ou plus tard
les pays d'États eux-mêmes à demander au roi de changer la forme de leur
administration et de les rapprocher de la constitution générale. »

1. Arrêt du conseil du 12 juillet 1778 (Isambert, *Anc. lois*, XXV, 354.)
2. Toutes ces assemblées ne paraissent pas avoir été mises en activité. —
Necker ne s'occupa pas seulement des assemblées provinciales comme ministre mais aussi comme écrivain; il publia, en 1781, le mémoire qu'il avait
adressé au roi sur ce sujet, et le reprit dans son livre, *De l'administration
des finances de la France*, t. II, ch. v-viii.
3. Mémoire sur l'établissement des assemblées provinciales, *Procès-verbal*,
p. 84 et suiv.

rent des règlements adressés aux diverses provinces[1]. Les
assemblées municipales étaient bien principalement électives,
mais elles comprenaient deux membres de droit, le seigneur
(justicier) et le curé. Les assemblées provinciales étaient
composées de membres nommés par le roi, comme représentants des trois ordres, et de membres choisis par les premiers.
Les assemblées d'élection étaient aussi composées de membres
nommés par le roi et de membres choisis par les assemblées
provinciales ; ils devaient tous être pris parmi ceux qui
siégeaient dans les assemblées paroissiales. Ce n'était qu'au
fur et à mesure des renouvellements partiels que les unes
et les autres devaient devenir électives dans les conditions
indiquées plus haut. Les assemblées provinciales, les plus
importantes de toutes, étaient chargées « de la répartition
et assiette de toutes les impositions, tant de celles dont le
produit est versé dans le trésor royal que de celles affectées
aux dépenses locales. » Elles avaient le droit de présenter des
doléances, des vœux et des projets de réforme. Bien qu'elles
fussent organisées de manière à contenir la représentation des
trois ordres, on délibérait en commun et le vote se faisait par
têtes. Dans l'intervalle des sessions, elles étaient représentées
par un bureau intermédiaire, et elles nommaient des procureurs syndics pour agir en leur nom. Les intendants maintenus devenaient, en réalité, les exécuteurs de leurs volontés.

Les assemblées provinciales furent constituées et entrèrent
en activité : les procès-verbaux de leurs opérations ont été
publiés pour la plupart[2]. Il en résulta une vaste agitation, qui
peut compter parmi les précédents immédiats de la Révolution. Notons, en terminant, que cette organisation éphémère a
fourni sûrement certains éléments à l'organisation administrative qu'établit l'Assemblée constituante pour la commune, le
district et le département[3].

---

1. Isambert, *Anc. lois*, XXVIII, 364, 366.

2. Beaucoup ont été publiés de 1787 à 1789 (Camus et Dupin, *Bibliothèque
choisie de livres de droit*, nᵒ 582) ; d'autres l'ont été de nos jours.

3. Sur ce qui précède, consulter L. de Lavergne, *Les assemblées provinciales
sous Louis XVI*.

II

Les franchises municipales, dans la société féodale, présentaient, nous l'avons vu [1], deux caractères bien saillants : d'un côté, c'était la diversité et l'inégalité entre les villes, soit quant au fond, soit quant à la forme ; d'autre part, les franchises de certaines villes dépassaient de beaucoup la simple autonomie administrative, et constituaient un empiétement profond sur les droits de l'État. L'effort de la royauté fut de supprimer les droits exorbitants des villes, d'éliminer ces petits États particuliers du grand État reconstitué : elle y arriva par un travail constant, poursuivi du xive au xvie siècle. En même temps, la diversité plus haut rappelée s'atténua ; elle n'exista plus, en réalité, que dans la forme des institutions municipales, et même là une certaine unité s'était introduite.

Le pouvoir royal eut souvent sur les villes une prise facile et par leur propre faute. Dans ces petits centres de liberté souvent mal réglée, il se produisit des troubles, des violences et des émeutes. La royauté intervenait alors, à raison d'un droit de haute police qu'elle réclamait et se réservait [1]. Elle profitait de l'occasion pour rogner les privilèges de la ville coupable ; c'est ainsi que fut supprimée spécialement en nombre de lieux la forme de *commune*. Il arriva d'autre part que les villes, libres de s'imposer et d'employer leurs finances, eurent une gestion financière imprudente ou folle ; elles se trouvèrent finalement obérées, aux prises avec des difficultés qu'elles ne pouvaient surmonter. Elles firent alors appel à la royauté [3] ; celle-ci vint à leur secours et procéda à la liquidation de leurs dettes ; mais, en même temps, elle réforma leur organisation, et les mit en tutelle, pour prévenir de nouvelles et semblables dilapidations. En dehors de ces occasions particulièrement favorables qui lui permettaient de retirer les chartes ou de les réviser, elle arriva par d'autres moyens à

---

1. Ci-dessus, p. 289 et suiv.

2. Petrus Jacobi, *Practica*, rub. 24, n° 23 : « Si in villa fiat seditio, scilicet quod minores insurgant contra majores cum armis, rex Franciæ retinet sibi et bene jurisdictionem et punitionem in toto regno suo, licet illi sint sub jurisdictione alicujus comitis vel baronis. » Cf. Beaumanoir, 1, 5 et suiv.

3. Luchaire, *Les communes françaises*, p. 200, 284 et suiv.

supprimer ou à rendre inoffensifs tous les droits incompatibles avec la notion de l'État, qu'avaient possédés certaines villes. Le plus anormal peut-être, le droit de guerre, disparut avec les guerres privées : les milices communales, qui avaient joué parfois un rôle glorieux dans les guerres nationales du XIVᵉ et du XVᵉ siècle, furent non pas supprimées absolument pour la plupart, mais transformées en corps inoffensifs, compagnies d'arbalétriers ou gardes bourgeoises. Les justices municipales furent battues en brèche par les baillis et les procureurs du roi, comme les justices seigneuriales, et par les mêmes moyens. Elles furent même plus profondément atteintes que ces dernières. En effet, en 1566, l'ordonnance de Moulins enleva à toutes les villes le droit de justice en matière civile, le leur laissant au contraire en matière criminelle ou de police lorsqu'elles la possédaient[1]. Cet article, d'ailleurs souleva de vives résistances dans les villes, et un certain nombre d'entre elles, pour des causes diverses, conservèrent la juridiction en matière civile[2]. Enfin les villes conservèrent le droit de réglementation en ce qui concerne la police municipale ; quant au droit de consentir les impôts qu'elles payaient au trésor royal, toutes l'avaient perdu en principe, bien que souvent elles eussent, au point de vue des impositions, une condition favorisée[3].

Par ces conquêtes successives du pouvoir royal, les droits des villes privilégiées s'étaient rapprochés et égalisés ; au commencement du XVIIᵉ siècle, leur condition était à peu près la même ; ce qu'elles avaient toutes, les unes l'ayant gardé, les autres l'ayant acquis, c'était le droit d'administrer elles-mêmes par leurs officiers élus, leurs intérêts locaux et pécuniaires, sous le contrôle du pouvoir royal. On distinguait dans leur patrimoine deux sortes de deniers. Les uns étaient dits *patrimoniaux ;* c'étaient « les revenus des héritages et autres biens appartenants aux villes, pour quelque cause que ce soit, autre-

---

1. Art. 71 (Isambert, *Anc. lois*, XIV, 208). L'article suivant créait dans toutes les villes, qui n'avaient eu aucun droit de justice jusque-là, une juridiction municipale de simple police.

2. Loyseau, *Seigneuries*, ch. XVI, nᵒˢ 80, 89 ; Esmein, *Histoire de la procédure criminelle*, p. 217 et suiv.

3. Ci-dessus, pp. 533, 544.

ment que par concession du roi », et de ceux-là elle pouvait
librement disposer[1]. Les autres s'appelaient *deniers d'octroi;*
c'était le produit des impositions que la ville levait sur les
habitants pour ses propres besoins, mais dorénavant il fallait
toujours pour cela l'autorisation du roi, et l'acte d'autorisation
ou les lois générales déterminaient l'affectation des fonds ainsi
obtenus[2]. La diversité qui subsistait entre les villes consistait
donc surtout dans les formes de l'organisation municipale,
chacune d'elle vivant sur sa coutume ou sur sa charte ; le
nombre des officiers, leurs noms et leurs attributions particulières variaient beaucoup. Cependant, à peu près partout, on
trouvait deux choses: *l'assemblée générale* des habitants et le
corps de ville.

L'assemblée générale, qui tantôt comprenait la totalité des
bourgeois, tantôt seulement des notables, avait deux attributions. Elle élisait le corps de ville, c'est-à-dire les officiers
municipaux[3], et elle statuait directement sur certaines questions, qui, d'après la coutume ou la charte, devaient lui être
soumises. Toutes les fois qu'elle se réunissait, elle était présidée non par un officier municipal, mais par le juge royal des
lieux[4]. Le corps de ville comprenait d'ordinaire un collège de
magistrats, échevins ou autres, qui fonctionnaient réunis
comme conseil délibérant, et, agissant individuellement,
comme agents d'exécution. Tantôt ce corps avait un chef, un
maire, également élu par la population; mais la règle s'était
introduite que l'élection du maire, au moins pour les villes

---

1. Loyseau, *Des offices*, l. V, ch. vii, n° 33 : « Quant aux deniers patrimoniaux, ils peuvent être employés indistinctement en toutes les nécessitez des
villes par ordonnances des eschevins. »

2. Loyseau, *Des offices*, l. V, ch. vii, n° 33 : « Les deniers d'octroy sont ceux
qui procèdent de certaines levées, que le roy octroye et permet de faire chacun an dans les villes. »

3. Loyseau, *Des offices*, l. V, ch. vii, n° 42 : « En France, il n'y a point d'autre
cérémonie, sinon qu'en assemblée générale de la ville ou de certains deputez
de chacun quartier, selon les formes particulières de chacune ville, on eslit
les eschevins..., et après telle élection il n'est pas besoin d'autre confirmation... mais tout aussi tost que l'élection est faite le bailly ou son lieutenant
ou autre magistrat royal, qui préside en l'assemblée prend le serment des
officiers esleus. »

4. Loyseau, *Des offices*, l. V, ch. vii, n°s 22, 23 : « Ce qui s'observe partout
suivant l'ordonnance de l'an 1599, art. 6. » — Isambert, *Anc. lois*, XIII, 640.

importantes devait être confirmée par le pouvoir royal [1]. Tantôt le corps de ville n'avait pas de chef municipal, tous les officiers étant égaux, et alors on admettait, semble-t-il, qu'il devait être présidé par le juge royal [2].

L'organisation municipale dans la société féodale avait eu un caractère strictement urbain ; elle ne s'appliquait qu'aux villes et ne s'étendait pas aux campagnes [3]. Cela resta la règle jusqu'à la fin de l'ancien régime : les populations des campagnes n'avaient point d'officiers municipaux, ceux-ci ne se comprenant que comme *corps de ville*. Cependant, on reconnut aux *communautés d'habitants* certains droits communs et corporatifs, et par là les campagnes avaient reçu de la coutume une organisation municipale rudimentaire [4]. L'unité élémentaire fut ici la *paroisse* ; cela résulta de faits simples et généraux, qui, d'ailleurs, se sont reproduits dans l'Europe entière. La vie légale et corporative des paroisses sortit du règlement nécessaire de deux sortes d'intérêts, qui restèrent d'ailleurs son principal aliment.

Ce fut d'abord l'autorité ecclésiastique qui réunit les habitants de la paroisse pour les faire contribuer aux dépenses et à l'entretien de l'église et du cimetière. Cela aboutit à une *assemblée générale* des paroissiens, qui eut pour fonction principale d'élire les membres de la *fabrique paroissiale* et le sacristain. A ces objets de délibération s'en joignirent d'autres dans la suite, mais qui étaient également sous le contrôle et la direction de l'autorité ecclésiastique : ce furent l'assistance

---

1. Loyseau, *Des offices*, l. V, ch. vii, n° 23 : « Es villes où il y a un maire, ou autre tel chef du corps de ville, il est bien raisonnable qu'ayant été esleu par le peuple, il soit après confirmé et approuvé par le roy, notamment ès villes d'importance. » Cf. n° 42.

2. Loyseau, *Des offices*, l. V, ch. vii, n 24 : « Es villes où il n'y a que des pairs ou eschevins, sans maire, le premier juge ou principal magistrat de la ville a droit de présider et estre chef des eschevins, comme estant leur maire perpétuel, afin que le corps de ville ne soit sans chef... Et de vray il seroit très utile pour maintenir le peuple en la parfaite obéissance du roy que son premier officier... présidast partout au corps de ville ; et si cela eust eu lieu auparavant ces derniers troubles, il y a apparence qu'ils ne fussent pas arrivez. »

3. Ci-dessus, p. 289.

4. La Poix de Fréminville, *Traité général du gouvernement des biens et affaires des communautés d'habitants*, 1760. — J(ousse), *Traité du gouvernement spirituel et temporel des paroisses*, 1774.

obligatoire des indigents (chaque paroisse devant nourrir et entretenir ses pauvres [1]) et l'entretien de l'école [2].

D'autre part, les groupes d'habitants épars dans les campagnes avaient, de haute ancienneté, des biens communs, dont il n'est pas très facile de distinguer les origines, mais dont l'existence est certaine. Il fallait bien que le groupe des propriétaires, qui d'ordinaire était la paroisse, pût délibérer sur l'administration et l'emploi de ces biens; cela donnait encore lieu de réunir l'*assemblée* générale de la paroisse. Mais, en principe, elle ne pouvait se tenir qu'avec l'autorisation du seigneur justicier [3]. Quand elle se réunissait pour statuer sur ses intérêts matériels et pécuniaires et que la délibération, prise par elle, avait besoin de suite et d'exécution, elle nommait à cet effet un procureur ou syndic qui la représentait [4].

Cette organisation rudimentaire, établie par la coutume, fit que tout naturellement le pouvoir royal utilisa la paroisse et l'assemblée paroissiale pour l'accomplissement des prestations et services publics qu'il exigeait des campagnes. C'est cette assemblée générale qu'il chargea de nommer les asséeurs et collecteurs de la taille [5]; c'est elle qui servit au gouvernement de Charles VII pour la levée des francs-archers [6]; c'est elle qui servira plus tard pour la levée de la milice et la corvée royale [7]. Par là, cette organisation des campagnes entrait vraiment dans le droit public de l'ancien régime. Mais elle n'en resta pas moins très rudimentaire [8], sauf dans cer-

---

1. Le Poix de Fréminville, *op. cit.*, p. 544 et suiv.

2. La Poix de Fréminville, *op. cit.*, p. 492 et suiv. : Déclaration du 14 mai 1724, qui ordonne d'établir des maîtres et maîtresses d'école dans toutes les paroisses, et établit l'instruction primaire obligatoire (art. 6) ; il est vrai que le système qu'elle contient est surtout destiné à faire disparaître le protestantisme.

3. La Poix de Fréminville, *op. cit.*, p. 186 et suiv.

4. La Poix de Fréminville, *op. cit.*, p. 189 et suiv.

5. Ci-dessus, p. 538.

6. Lettres du 28 avril 1448 (Isambert, *Anc. lois*, IX, 169 et suiv.

7. La Poix de Fréminville, *op. cit.*, p. 187 : « Il y a des assemblées qui sont nécessaires pour les intérêts du prince, telles que pour nommer les asséeurs et collecteurs pour la levée des tailles et impositions publiques ou autres choses qui regardent le gouvernement. »

8. Mémoire sur les assemblées provinciales, présenté aux notables en 1787, *Procès-verbal*, p 86 : « L'usage d'assembler en certains cas les habitants des paroisses et de les autoriser à prendre des délibérations, a existé de tout temps et subsiste encore dans le royaume; mais ces assemblées n'ayant pas

taines régions du pays où les communautés d'habitants avaient en général leurs officiers municipaux[1]. Mais revenons aux villes dont nous n'avons suivi l'organisation municipale que jusqu'au commencement du xvii° siècle. On peut dire qu'elle avait alors atteint son niveau normal, contenant toute la somme de liberté nécessaire pour la gestion des intérêts locaux. Cette autonomie fut considérablement réduite par la monarchie absolue. En premier lieu, les intendants acquirent la pleine tutelle administrative sur les villes, comme sur les communautés d'habitants. Les villes ne purent plus plaider sans leur autorisation; pour emprunter, vendre ou acquérir, il leur fallut une autorisation du conseil du roi[2]. D'autre part, les officiers municipaux cessèrent, dans une large mesure, d'être librement élus par les villes. Des témoignages précis montrent que les intendants acquirent en bien des lieux le droit de contrôler et de confirmer les élections, ou même de nommer les officiers municipaux[3]. Mais, à la fin du xvii° siècle, un nouveau système fut introduit. De 1692 à 1724, une série d'édits et de déclarations établirent d'abord des maires, puis des échevins, jurats, capitouls, perpétuels et en titre d'office. Le prétexte donné, c'étaient les brigues et désordres que causaient les élections et l'intérêt même des villes. Mais, en réalité, il n'y avait là qu'un plan fiscal; on créait ces charges perpétuelles pour les vendre, comme les offices de finance et de judicature. Ce qui le montre bien, c'est qu'on créa bientôt des

---

d'objet habituel et régulier, ceux qui s'y trouvent admis ne peuvent être préparés sur rien, et le seul domicile dans la paroisse donnant le droit d'y assister, elles sont presque toujours composées d'un si grand nombre de membres, qu'elles deviennent tumultueuses. »

1. Le marquis de Mirabeau, *op. cit.*, p. 103 : « Dans les pays d'État, chaque paroisse ou chaque lieu fait communauté comme les grandes ville le font ailleurs. Il y a des consuls, un maire, un hôtel-de-ville, on assemble le conseil dans les affaires de la communauté. »

2. Guyot, *Traité des droits, fonctions,* etc., t. III, p. 283 et suiv.

3. Édit du 27 août 1692 (Isambert, *Anc. lois,* XX, 158) : « La cabale et les brigues ont eu le plus souvent beaucoup de part à l'élection de ces magistrats; ... les officiers ainsi élus pour ménager les particuliers auxquels ils étoient redevables de leur emploi,... ont surchargé les autres habitants des villes et surtout ceux qui leur avoient refusé leurs suffrages... Des maires en titre... n'étant point redevables de leurs charges au suffrage des particuliers... en exerceront les fonctions sans passion et avec toute la liberté qui leur est nécessaire... Étant perpétuels, ils seront en état d'acquérir une connaissance parfaite des affaires de leur communauté. »

officiers alternatifs, afin d'avoir à vendre, pour la même fonction, deux charges au lieu d'une. On permit aussi aux villes de
recouvrer leur ancienne liberté en rachetant les offices créés ;
un certain nombre le firent, parfois forcées par le gouvernement. En 1764 et 1765, des édits généraux supprimèrent toutes
ces charges et rétablirent la liberté des élections : seuls, les
maires devaient être nommés par le roi, sur une liste de trois
noms présentés par le corps de ville[1]. Mais, en 1771, les officiers perpétuels étaient rétablis, sauf dans les villes qui se
rachetèrent[2]. Tel était l'état des choses à la veille de la Révolution[3]. Seules, quelques grandes villes avaient échappé à l'application de ce système et conservé leur régime antérieur ;
mais les élections n'y étaient que pour la forme[4].

Cependant, l'organisation municipale avait fait quelques
progrès dans cette période, en ce sens que des lois générales
introduisirent pour la première fois une organisation municipale uniforme et minutieusement réglementée dans tout le
royaume. L'édit du mois d'août 1764 l'établissait pour toutes
les villes de 4.500 habitants et au-dessus, et celui du mois de
mai 1765 pour les villes et bourgs dont la population était
inférieure. Ces lois ne visaient cependant, conformément à
la tradition, que les localités qui avaient déjà un corps de
ville[5] ; les communautés des campagnes restaient en dehors
de cette réglementation. La seule chose qu'on eût faite pour
elles, c'est qu'en 1702, un édit avait établi un syndic perpétuel dans chaque paroisse[6].

1. Août 1764 et mai 1765 (Isambert, *Anc. lois*, XXII, 404 et suiv. ; 434 et suiv.).
2. Édit de novembre 1771 (Isambert, *Anc. lois*, XXII, 539).
3. Arrêt du conseil du 5 octobre 1788 (Isambert, *Anc. lois*, XXVII, 613)
« Les municipalités des villes (anciennement) furent principalement chargées
des élections du tiers État ; mais dans la plus grande partie du royaume les
membres des municipalités, choisis autrefois par la commune, doivent aujourd'hui l'exercice de leurs fonctions à la propriété d'un office acquis à prix
d'argent. »
4. Voici ce que disait au XVIIIᵉ siècle l'avocat Barbier des élections municipales de Paris, *Journal*, t. IV, p. 384 : « Cette élection n'est que pour la forme ;
on sait quatre ans à l'avance quels seront les eschevins nommés. » Cf. p. 462.
5. Édit de 1765, art. 1 : « Dans toutes les villes et bourgs, *qui ont des officiers municipaux.* »
6. Édit de mars 1702 (Isambert, *Anc. lois*, XX, 408.

CHAPITRE VI

Le pouvoir royal et les cultes

SECTION PREMIÈRE

L'ÉGLISE CATHOLIQUE

On a vu précédemment[1] quelle était la condition juridique de l'Église dans la société féodale : les principes essentiels sur lesquels elle reposait se maintinrent jusqu'à la Révolution, mais elle subit cependant de profondes altérations. Le pouvoir royal restauré, tout en conservant à l'Église ses privilèges traditionnels, réussit à supprimer ou à rendre inoffensifs ceux des droits acquis par elle, qui empiétaient sur les attributions essentielles de l'État; il parvint, d'autre part, a mettre sous son contrôle efficace l'ensemble du clergé français. Cela fut le résultat d'un travail non moins persévérant que celui dirigé contre la féodalité et ici encore ce furent la plupart du temps des théories de droit, habilement maniées par les jurisconsultes, qui assurèrent la victoire à la royauté. Le droit romain y servit beaucoup, car si les empereurs chrétiens avaient doté l'Église de ses premiers privilèges légaux, ils l'avaient en même temps surveillée et contenue. A partir du xvie siècle, lorsque les études historiques furent remises en honneur, les jurisconsultes français purent aussi invoquer les témoignages nombreux qui attestaient l'action du pouvoir royal sur l'Église dans la monarchie mérovingienne et sous les premiers Carolingiens. Enfin, aux xviie et xviiie siècles, la monarchie absolue, invoquant surtout la raison d'État et l'intérêt public édicta un certain nombre de lois qui consacraient définitivement la suprématie politique de l'État à l'égard de l'Église. Mais, jusqu'au bout, dans l'ancien régime, l'Église fut étroitement unie à l'État, sans se confondre en lui. Le clergé formait un ordre privilégié de la nation; il avait sa représentation distincte dans les États généraux et dans les États provinciaux, outre ses propres assemblées, dont il sera bientôt parlé; il conservait son immense patrimoine; il gardait ses propres juridictions, reconnues par l'État à côté des tribunaux publics. Les lois de l'Église étaient en même temps lois de l'État, et celui-ci assurait leur application, même par la force publique, dans la mesure où elles étaient reçues en France. C'est ainsi que les règles canoniques sur les bénéfices s'appliquaient devant les juridictions royales, comme devant les tribunaux ecclésiastiques; c'est ainsi que l'État s'employait au besoin pour assurer le respect des vœux ecclésiastiques, ramenant au couvent le moine profès qui voulait rentrer dans le monde. D'ailleurs, le droit séculier, acceptant certaines règles du droit canonique, en tirait des conséquences logiques aussi bien contre l'Église qu'en sa faveur : c'est ainsi qu'interprétant le vœu de pauvreté, prononcé par les religieux, il les frappait de mort civile, les déclarant dorénavant incapables d'acquérir ou de transmettre aucun droit civil, et ouvrant leur succession au moment où ils entraient en religion [1]. Dans cette matière immense, des rapports entre le pouvoir royal et l'Église catholique, je choisirai, pour les exposer, quatre points essentiels : le patrimoine de l'Église, la collation des bénéfices, les juridictions ecclésiastiques, la théorie des libertés de l'Église gallicane.

§ 1er. — LE PATRIMOINE ECCLÉSIASTIQUE

L'Église conserva son patrimoine ancien, la perception de la dîme et le droit d'acquérir de nouveaux biens; mais ce droit d'acquérir finit cependant par être limité, et les biens ecclé-

---

1. Il semble que la mort civile des religieux s'est introduite au XIIIe siècle dans le droit français; *Grand Coutumier de Normandie*, ch. XXVII, p. 89; Richer, *Traité de la mort civile*, Paris, 1755, p. 676 et suiv.

siastiques durent contribuer d'une façon permanente au paiement des charges publiques.

I

Jusqu'au xviii° siècle, les établissements ecclésiastiques
conservèrent le droit d'acquérir des biens, sans autres gênes
que celles qu'avaient introduites le droit féodal et dont il a été
parlé précédemment[1]. Le droit royal d'amortissement qui s'en
était dégagé[2] n'était pas un contrôle véritable de ces acquisitions, car, en fait, il se résolvait dans le paiement d'une taxe par
l'établissement acquéreur. Le pouvoir royal ne vérifiait jamais
l'utilité de l'acquisition et ne refusait jamais l'amortissement[3],
il l'avait seulement étendu aux acquisitions d'immeubles tenus en franc alleu. Sous un tel régime, le patrimoine ecclésiastique avait eu un développement toujours croissant ; les
églises et les couvents s'étaient enrichis bien au delà de leurs
besoins. L'abus était assez criant pour que divers esprits, des
jurisconsultes sérieux, aient proposé dans l'ancienne France la
sécularisation des biens ecclésiastiques, le *disestablishment* de
l'Église catholique[4]. Lebret, sous Louis XIII estimait le patrimoine ecclésiastique au tiers des biens immeubles situés en
France[5] ; on finit par sentir qu'il y avait un danger immense
à laisser les biens s'accumuler aux mains d'un propriétaire
qui, en principe, n'aliénait jamais ; à permettre surtout, au détriment des familles, les libéralités testamentaires librement faites
à l'Église[6]. Cependant, le pouvoir royal se contenta d'abord

1. Ci-dessus, p. 266.
2. Ci-dessus, p. 264.
3. Édit du mois d'août 1749 sur les établissements et acquisitions des gens
de main-morte, préambule : « Ce qui semblait devoir arrêter le progrès de
leurs acquisitions a servi au contraire à l'augmenter contre l'intention du
législateur, par l'usage qui s'est introduit de recevoir d'eux, sans aucun
examen, le droit d'amortissement. »
4. Pierre Dubois (xiv° siècle), *De recuperatione Terre sancte*, édit. Langlois,
p. 35 et suiv. — Boerius, *Decisiones* (XVI°), *Dec*. 69, n° 3.
5. *De la souveraineté*, l. I, ch. xiv, p. 29 : « Le tiers, ou peu s'en faut, de
tous les biens de France alans été donnés à ceux de cet ordre. »
6. Édit d'août 1749, préambule : « Les inconvénients de la multiplication
des établissements de main-morte et la facilité qu'ils trouvent à acquérir
des fonds naturellement destinés à la subsistance et à la conservation des,

d'une mesure insuffisante. Un édit de 1666 défendit de fonder
à l'avenir aucun établissement religieux sans une autorisation
du roi par lettres patentes dûment enregistrées aux parlements[1]. Mais, sous Louis XV, par les soins du chancelier
d'Aguesseau fut rendue une loi complète, prévoyante et sévère,
l'édit de 1749, *concernant les établissements et acquisitions
des gens de main-morte*[2]. Dorénavant, les établissements
ecclésiastiques, et, en général, les établissements ayant la
personnalité juridique, ne pouvaient acquérir des immeubles
ou des droits immobiliers que moyennant l'autorisation royale
par lettres patentes, vérifiées en parlement après enquête.
Encore cela ne s'appliquait-il qu'aux acquisitions par acte
entre vifs; les établissements de main-morte étaient déclarés absolument incapables d'acquérir par libéralité testamen-
taire des biens de cette nature; et il était interdit de faire
par testament une fondation nouvelle avec dotation immobilière, même sous la condition que des lettres patentes l'autorisant seraient obtenues après le décès du testateur. D'ailleurs,
les établissements de main-morte conservaient la pleine liberté
d'acquérir, par tous les modes et sans autorisation, des biens
mobiliers et spécialement des rentes sur l'État, sur la caisse
du clergé, sur les pays d'États. Cette liberté laissée s'expliquait
par le peu de considération dont jouissait à cette époque la
fortune mobilière.

II

Le patrimoine de l'Église apparaissait anciennement comme
soustrait au pouvoir de l'État, sauf les obligations féodales envers le suzerain, qui ne pesaient guère que sur les seigneuries
ecclésiastiques. Les biens de l'Église semblaient, comme l'Église

familles... une très grande partie des fonds de notre royaume se trouve
actuellement possédée par ceux dont les biens ne pouvant être diminués
par des aliénations s'augmentent au contraire continuellement par de nouvelles acquisitions. »
1. Isambert, *Anc. lois*, XVIII, 94.
2. Voyez le texte, avec commentaire, dans Sallé, *L'esprit des édits et déclarations de Louis XV*, édit. 1754, p. 409 et suiv. Il avait été précédé de deux
déclarations moins complètes, de 1738 et 1739.

elle-même, hors des atteintes de la puissance publique, et traditionnellement ils échappaient à tout impôt. La royauté s'efforça d'établir que ces biens, malgré leur affectation, n'étaient pas moins sujets à son pouvoir, comme tous les autres, et elle arriva à les soumettre efficacement à l'impôt, quoique sous une forme particulière.

La première théorie que la royauté paraît avoir produite dans ce sens, fut celle de la *garde royale universelle* sur les églises et couvents du royaume; elle est déjà dans Beaumamanoir[1]. Le droit de garde dont il s'agit était une institution féodale qui, à l'égard des églises, représentait à la fois une tutelle et une exploitation. C'était la force temporelle intervenant pour protéger les établissements pieux, et tirant généralement profit de son intervention. Le seigneur qui avait la garde d'une église ou d'un couvent, pouvait intervenir sur les possessions de cet établissement, toutes les fois qu'il s'agissait de les défendre contre les attaques du dehors ou de faire cesser des troubles intérieurs. Il devait pour cela employer au besoin la force et la justice, s'il avait compétence pour juger les perturbateurs; il pouvait spécialement prendre en sa main les biens de l'Église et y établir des gardiens[2]. La garde ainsi entendue, qui n'était pas autre chose au fond qu'un droit de haute police sur les possessions de l'Église, appartenait dans la société féodale, tantôt au roi, tantôt à un seigneur laïque ou ecclésiastique. Mais, dès le XIIIᵉ siècle, la royauté prétendit avoir sur toutes les églises et couvents un droit de garde général; il ne produisait aucun effet là où s'exerçait le droit de garde particulier des seigneurs; mais il entrait au contraire en activité, lorsque le seigneur renonçait à son droit ou lorsqu'il négligeait de l'exercer[3]. Peu à peu, il devait éliminer la garde seigneuriale; aussi figure-t-il en bon rang parmi les prétentions de Philippe le Bel à l'égard de l'Église[4], et c'est l'un des droits

---

1. Chap. XLV, 1 : « Il a grant différence entre garde et justice, car tix a justice en aucuns liex, qui n'en a pas le garde; et voirs est que li rois generalement a le garde des eglises du roiame, mais especialment çascuns barons l'a en se baronnie. »

2. Beaumanoir, ch. XLVI; Guilhiermoz, *Enquêtes et procès*, p. 311 et suiv.

3. Beaumanoir, XLVI, 2 et suiv.

4. *Scriptum contra Bonifacium*, art. 3, 4.

qu'enregistreront les maximes coutumières constatant le triomphe du pouvoir royal[1].

D'autre part, la royauté affirmait que les terres de l'Église étaient restées sous l'empire de la puissance publique et elle en tirait deux conséquences capitales. La première était que toute action réelle intentée à raison de ces biens, tout litige les concernant, rentraient dans la compétence des justices temporelles, spécialement de la justice royale, non dans celle de la juridiction ecclésiastique[2]. L'Église avait bien prétendu connaître des entreprises dirigées contre ses biens, mais, en France, elle n'avait pu faire admettre cette prétention. La seconde conséquence était que la royauté, ayant constitué en grande partie le patrimoine de l'Église, ou ayant permis qu'il se formât, avait le droit d'en surveiller l'usage et d'en contrôler l'emploi[3]. En définitive, le principe se dégagea que les possessions ecclésiastiques étaient soumises, comme les autres terres du royaume, à la puissance royale[4]. Cela devait conduire à les soumettre à l'impôt.

Cependant l'immunité des biens ecclésiastiques fut assez longtemps respectée dans la société féodale; cela venait de ce que l'impôt proprement dit y jouait un rôle relativement restreint et que le pouvoir royal avait peu de besoins, ayant peu de portée. Mais lorsque celui-ci eut reçu un certain développement, il chercha naturellement des ressources en faisant contribuer à ses dépenses l'Église, le plus grand propriétaire du royaume. Ces contributions demandées à l'Église précédèrent même les aides extraordinaires et générales dont il a été parlé plus haut[5]; on les constate dès le règne de Louis VII[6]. A partir du règne de saint Louis, elles prirent une forme par-

---

1. Ci-dessus, p. 335, note 4.
2. *Scriptum contra Bonifacium*, art. 5.
3. *Scriptum contra Bonifacium*, art. 3.
4. Lebret, *De la souveraineté*, l. I, ch. XIII, p. 27 : « Ce seroit trop diminuer les droits de la souveraineté royale, de mettre en doute que nos rois ont exempté de leur sujétion les terres et les possessions dont ils ont fait présent aux églises ou qu'ils ont permis leur être données par leurs sujets. Car il est véritable qu'il ont en leur roiaume un souverain empire sur tout ce qu'il contient et que toutes les terres, soit des ecclésiastiques, soit des laïques, relèvent médiatement ou immédiatement de leur couronne. »
5. Ci-dessus, p. 525.
6. Flammermont, *De concessu legis et auxilii*, p. 63-70.

ticulière. Ce furent les *décimes*, c'est-à-dire un impôt ordinairement fixé au dixième du revenu des bénéfices ecclésiastiques.
Le point de départ avait été la dîme saladine établie sous Philippe-Auguste, en vue de la croisade. Dans la seconde moitié
du XIII° siècle et dans le cours du XIV°, cela devint une contribution très fréquente du clergé[1]; d'ailleurs, c'était une contribution consentie. Le roi les demandait à des assemblées du
clergé et celui-ci les accordait sous le nom de don gratuit. Cela
ne paraît pas avoir souffert de difficulté de la part du clergé de
France ; mais cela souleva des résistances et des objections de la
part de la papauté. Celle-ci avait au début concédé elle-même
les premières décimes, levées en vue des croisades, et la théorie canonique était qu'elles ne pouvaient être imposées que
par l'autorité ou la concession papales[2]; ce point fut un de ceux
qui figurèrent dans le différend de Philippe le Bel et de Boniface VIII. Mais, somme toute, la résistance de la papauté ne fut
pas très énergique et ne gêna point l'action des rois de France[3]:
parfois l'autorisation papale était demandée et accordée; le
plus souvent, on s'en passait. Tant que ce système resta en
vigueur, les contributions du clergé étaient fréquentes et
ordinaires, mais non constantes: au XVI° siècle, elles devinrent régulières et permanentes.

En 1516, à l'occasion du Concordat, Léon X accorda pour
un an à François Ier une décime sur le clergé de France ; le
prétexte était une guerre projetée contre les Turcs « selon le
dessein du roi qu'il avoit appris ». On fit alors une taxe de
chaque bénéfice, bien inférieure au dixième du revenu, et qui
resta en vigueur dans la suite. La concession du pape fut successivement renouvelée, sous divers prétextes, pendant un
certain nombre d'années, sous le nom de don caritatif, équi-
pollent à décime[4]. Par cette possession prolongée d'année en
année, cela devint un impôt permanent, si bien que, sous
Henri II, des receveurs des décimes furent établis dans chaque
diocèse[5]. Cependant, la contribution du clergé ne devait pas

1. Vuitry, *Études sur le régime financier de la France*, 1re série, p. 404 et
suiv. ; 2e série, I, 170-178; II, 202-211.
2. Clément., 2, *De decimis*, III, 8, et la glose.
3. *Preuves des libertés de l'Église gallicane*, édit. 1731, tout le chapitre XXII.
4. Héricourt, *Lois ecclésiastiques*, II, 262.
5. Édit de juin 1557 (Isambert, *Anc. lois*, p. 494).

garder cette forme, mais en prendre une nouvelle plus avantageuse pour lui.

Aux États d'Orléans, de 1560, la noblesse et le tiers état avaient proposé, pour payer les dettes royales, d'aliéner une portion des biens du clergé « attendu que ce sont biens provenus du roy et de la noblesse dont la propriété appartient en corps au commun du royaume, et les gens d'Église n'en ont que l'usufruit seulement[1]. » Le gouvernement royal, sans aller jusqu'à cette extrémité, sentit que l'occasion était favorable pour obtenir du clergé un secours important. Il s'adressa à l'assemblée réunie à Poissy, en vue du débat avec les protestants, et là, en 1561, intervint entre les deux parties — le clergé de France et le roi — un contrat formel, dont voici les principales clauses[2]. Le clergé promettait pour six ans la somme annuelle de 1.600.000 livres, destinée à éteindre progressivement les rentes que le roi avait créées en leur affectant le produit des recettes générales, autres que celle de Paris; de plus, au bout de six ans, le clergé promettait de racheter en dix années les rentes que le roi avait créées sur l'hôtel de ville de Paris[3], s'élevant à la somme de 7.560.056 livres, et d'en payer les arrérages jusqu'à complet rachat. Le roi, de son côté, faisait remise au clergé, pendant ce temps, des décimes et autres droits levés sur lui. En 1567, le clergé avait rempli sa première obligation et se déclarait prêt à accomplir la seconde, en donnant au prévôt des marchands et aux échevins de Paris toutes les garanties désirables pour le rachat des rentes; mais le roi voulait la continuation du subside annuel de 1.600.000 livres, et il avait même déjà lancé une commission pour le faire rentrer cette année. Le clergé protesta, demandant le respect du contrat de Poissy, et il l'obtint : le roi renouvela l'exemption des décimes et autres taxes. Il accordait même pour la première fois au clergé le droit de percevoir par ses propres agents les taxes levées sur les bénéficiers pour l'exécution du

---

1. Picot, *Histoire des États généraux*, II², p. 386 et suiv.; 199, 208.

2. Sur ce qui suit, voir *Recueil des remontrances, édits, contracts et autres choses concernans le clergé de France*, Paris, 1615, 2ᵉ partie, *Contracts passez entre le roi et le clergé;* Piganiol de la Force, *op. cit.*, I, p. 280 et suiv.

3. Le roi avait utilisé le crédit de la ville de Paris, en lui engageant comme garantie le produit du domaine, de la gabelle et des aides.

contrat et le droit de juger souverainement par ses députés généraux tous les litiges qu'elles pourraient soulever[1]. Mais il arriva que, du consentement des agents généraux du clergé, nommés par l'assemblée, les sommes destinées au rachat des rentes de l'hôtel de ville de Paris furent employées à une autre destination, les arrérages seuls étant payés sur ce fond : il paraît même que ces agents généraux avaient pris l'engagement de payer, à l'avenir, les arrérages des rentes constituées sur les hôtels de ville de Paris et de Toulouse. Les dix ans, comptés à partir de la conclusion du contrat de Poissy, étant expirés, une nouvelle assemblée du clergé dut être réunie en 1579-1580, à Paris et à Melun. Là, le clergé réuni protesta énergiquement contre les actes par lesquels les stipulations avaient été dénaturées dans leur exécution. « Ce que Sa Majesté n'ayant pour le présent trouvé à propos, leur auroit fait entendre qu'elle désiroit estre secourue d'eux comme avoient esté cy devant ses prédécesseurs; ce que, comme très humbles subjects et serviteurs de Sa dite Majesté, ils auroient accordé et offert luy aider de ce qui leur pouvoit rester de moyens[2]. » Cela aboutit au vote pour six ans de la somme annuelle, réduite à 1.300.000 livres au lieu de 1.600.000, plus un fort supplément une fois payé. Le système de contribution se consolidait ainsi : le clergé obtenait de nouveau l'exemption des anciennes décimes et de tout autre impôt; le droit de répartir les taxes nécessaires entre ses membres et de juger souverainement le contentieux lui était confirmé; même il obtenait le droit de les percevoir et de les encaisser lui-même en rachetant les charges des receveurs des décimes[3]. En 1586, le contrat fut renouvelé pour dix années, et l'acte convoqua, par avance, pour 1596, l'assemblée du clergé, destinée à le renouveler encore à son expiration[4]. Les renouvellements successifs eurent lieu en 1596, 1606, 1615, et ainsi de suite. Le système était fondé; il était établi que la contribution du clergé

---

1. *Contracts*, p. 25 v°, 26.

2. *Contracts*, p. 33 v° (1580).

3. *Contracts*, p. 39 v°.

4. *Contracts*, p. 40 : « Sa Majesté permet dès à présent une assemblée générale dudit clergé au 25° du mois de juillet ensuyvant au dict an 1595 sans qu'il soit besoin d'autres lettres de permission ou signification. »

de France aux dépenses publiques résultait de contrats intervenus tous les dix ans entre ses représentants et le pouvoir
royal[1]. Dans la forme, les deux parties contractantes traitaient
d'égal à égal[2]. En réalité, c'était l'autorité royale qui imposait
cette contribution, et les auteurs ecclésiastiques ne le contestaient point[3]. Mais le clergé avait cependant conquis un privilège considérable ; comme les pays d'États, plus librement
et plus complètement que ceux-ci, il votait et consentait ses
impôts et les administrait lui-même.

Le clergé de France avait, en réalité, son propre parlement
dans les grandes assemblées, qui se réunissaient tous les dix
ans. Elles étaient électives, et, dans le dernier état, chaque
province ecclésiastique envoyait quatre députés « dont deux
du premier ordre, c'est-à-dire qui étaient évêques ou archevêques, et deux du second ordre qui étaient abbez, prieurs ou
qui possédaient dans la province quelque bénéfice sujet aux
décimes[4]. » Les élections étaient à plusieurs degrés ; « chaque
diocèse envoie ses députez à l'assemblée provinciale et ce sont
ces députez qui nomment ceux qui doivent se trouver à l'assemblée générale du clergé[5]. » L'assemblée ainsi nommée
renouvelait le contrat décennal et votait les contributions de
l'Église pour cette période, lesquelles comprenaient toujours
deux choses : 1° La somme annuelle portée au contrat de Melun,
traditionnellement affectée au paiement des rentes de l'hôtel
de ville et tenant lieu des anciennes décimes dont elle portait
encore le nom ; 2° Des *dons gratuits* plus ou moins élevés

---

1. Dans tous ces contrats, le clergé renouvelait la protestation contre la
violation originelle du contrat de Poissy ; le clergé stipulait aussi l'exemption
de tous impôts, même de ceux qu'il payait en réalité comme la gabelle, *Contracts*, p. 25, 36 v°, 49, 62, 92.

2. *Contracts* (1580), p. 41 : « Promettant Sadicte Majesté en foy et parole de
roy inviolablement garder, tenir et entretenir tout le contenu cy-dessus...
Et aussi lesdicts sieurs du clergé ont promis et promettent en foy et parole
de prélats et gens d'Église. »

3. Fleury, *Mémoire sur les affaires du clergé*, à la suite de son *Institution
au droit ecclésiastique*, édit. Boucher d'Argis, II, p. 238, note 1 : « C'est le roi
qui impose le clergé en général et en particulier ; les contrats que le clergé
fait avec le roi ne sont que des abonnements, semblables à ceux que le roi
fait avec les pays d'États. »

4. Piganiol de la Force, I, p. 282.

5. *Ibidem*, p. 283.

consentis au pouvoir royal[1]. Le clergé avait aussi la répartition et la perception de ses impôts : l'assemblée nommait des receveurs particuliers dans les diocèses, des receveurs généraux dans les provinces, et un receveur général du clergé[2]. De même, il réglait souverainement le contentieux de ces impositions ; et toute une organisation judiciaire s'était successivement constituée à cet effet. D'abord, en 1567, pouvoir avait été donné sur ce point aux syndics et députez généraux du clergé ; puis, en 1580, une décentralisation s'était opérée et un certain nombre de *chambres ecclésiastiques* souveraines avaient été établies dans les provinces ; enfin, en 1625, il fut décidé que les contestations seraient décidées en première instance par les évêques, syndics et députés des diocèses, sauf appel aux *bureaux* ou *chambres* des provinces[3]. L'assemblée décennale nommait aussi des syndics ou députés généraux qui furent remplacés, à la suite de l'assemblée de Melun, par « des agents et solliciteurs généraux, pour solliciter à la suite de la cour les affaires du clergé[4]. » Enfin, dans l'intervalle des grandes assemblées, il y avait une *petite assemblée*, beaucoup moins nombreuse, pour recevoir les comptes de tous les agents et comptables du clergé ; elle se tenait d'abord tous les trois ans, puis à partir de 1625, tous les cinq ans[5]. Cette organisation, qui n'avait trait qu'aux intérêts temporels[6], fonctionnait à souhait, sauf que les impôts du clergé présentaient le même vice capital que les autres impôts de l'ancien régime, c'est-à-

1. Fleury, *Mémoire*, p. 222 : « Depuis le contrat de Melun et les suivants, la décime étant établie comme une levée réglée et ordinaire, et le roi n'en profitant plus, puisqu'elle est employée au paiement des rentes de la ville, il a demandé au clergé d'autres secours : ce sont les subventions extraordinaires qui d'abord n'ont été accordées qu'en de grandes occasions, puis à toutes les assemblées. »

2. Fleury, *Mémoire*, 226, 227. Le roi avait d'ailleurs créé a plusieurs reprises des offices de receveurs, pour les faire racheter par le clergé. Mais ce droit de perception ne s'appliquait qu'aux décimes ordinaires. *Ibid.*, p. 229 : « Les sommes à une fois payer que le clergé accorde au roi par subvention extraordinaire, n'entrent point dans les comptes du clergé. Le roi traite du recouvrement avec qui il lui plaît ; et le clergé fournit au traitant les départements généraux et particuliers. »

3. *Contracts*, p. 26, 39, 96 ; Fleury, *Mémoire*, p. 231-233.

4. Fleury, *Mémoire*, p. 231 ; il ajoute : « Ils sont deux du second ordre, nommés tour à tour par les provinces. »

5. *Contracts*, p. 38, 51, 64, 78, 96 ; Fleury, *Mémoire*, p. 231.

6. Fleury, *Mémoire*, p. 230 : « Ces assemblées ne sont point des conciles[.]

dire l'inégalité [1]. Mais ses finances étaient bien administrées. Il jouissait, par suite, d'un grand crédit : on le voyait bien lorsqu'il émettait un emprunt, comme il le faisait le plus souvent lorsqu'il avait une grosse somme à payer d'un coup au trésor royal.

Outre les assemblées générales, tenues de dix ans en dix ans, le roi pouvait convoquer, quand il le croyait nécessaire, des assemblées extraordinaires du clergé de France. On sait aussi que le clergé des *pays conquis* n'entrait pas dans cette organisation[2].

§ 2. — LA COLLATION DES BÉNÉFICES

On a vu précédemment[3] quels étaient les principes anciens sur la collation des bénéfices ecclésiastiques : elle reposait sur l'autonomie des églises locales et des couvents. Mais deux puissances devaient chercher à mettre la main sur cet immense trésor de faveurs à distribuer : la royauté et la papauté. Elles s'en disputèrent, en effet, longtemps la disposition et finirent par transiger. La royauté, pendant longtemps, ne chercha à diriger la collation des bénéfices, qu'en usant de ses droits anciens et traditionnels. Quant aux bénéfices supérieurs, elle utilisait son droit d'autorisation et de confirmation des élections, et son droit d'investiture[3], pour imposer les candidats de son choix. Pour les bénéfices inférieurs, elle acquit le droit de disposer de tous ceux qui étaient vacants dans les évêchés pendant que ceux-ci étaient eux-mêmes vacants et en régale[4]. Enfin, rappelons que les rois, en qualité de fondateurs des églises ou des couvents, dispo-

étant convoquées principalement pour les affaires temporelles, et par députés seulement, comme les assemblées d'États. »

1. Lebret, *De la souveraineté*, l. I, ch. xiv, p. 30 : « Ce que l'on peut reprendre et blâmer en la levée de ces décimes, c'est l'inégalité de leur département; car, bien qu'il se doive faire à proportion du revenu des bénéfices, néanmoins cet ordre a été changé, partie par les brigues des plus puissants qui rejettent toujours la charge sur les plus faibles, et spécialement sur les pauvres curés. »

2. Ci-dessus, p. 543.

3. Ci-dessus, p. 267.

4. Ci-dessus, p. 270.

5. *Scriptum contra Bonifacium*, art. 12.

saient d'un grand nombre de bénéfices séculiers ou réguliers[1]. Mais la papauté, de bonne heure, chercha à augmenter ses droits, quant à la collation des bénéfices dans toute la chrétienté. Elle introduisit peu à peu de nouvelles règles à cet égard dans le droit canonique ; de là, des luttes dont il faut sommairement rapporter l'histoire.

I

C'est dans le cours du xiii⁰ et surtout du xiv⁰ siècle que ce développement s'accomplit et la papauté empiéta largement soit sur le droit des évêques collateurs ordinaires, soit sur celui des électeurs. Pour les bénéfices inférieurs, les moyens les plus ordinairement employés furent la *prévention* et les *grâces expectatives*. Par la première, on admit que le pape avait, en concurrence avec les collateurs ordinaires, le droit de conférer tous les bénéfices vacants ; celui des deux qui conférait le premier, prévenait l'autre et faisait un acte valable[2]. Par les *grâces expectatives*, le pape conférait par avance à une personne déterminée un bénéfice actuellement occupé, pour le moment où il deviendrait vacant. D'abord, ce fut une prière adressée aux collateurs ordinaires, puis un ordre, puis une disposition ferme annulant toute collation contraire[3]. Pour les bénéfices supérieurs, évêchés et abbayes, ce fut surtout au moyen des *réserves* que la papauté s'en attribua la disposition : le pape, se réservant le droit de les conférer, et soit après, soit avant la vacance faisait défense aux chapitres ou aux couvents de procéder à l'élection. Ces réserves, qui s'appliquaient également aux bénéfices inférieurs, étaient tantôt *spéciales*, visant un bénéfice déterminé, tantôt *générales*, en comprenant toute une catégorie. Les *réserves générales* établies sous divers prétextes,

---

1. *Scriptum contrà Bonifacium*, art. 9.
2. Le premier texte sur la prévention qui figure au *Corpus juris canonici* est de Boniface VIII, c. 31, VI⁰, *De præbend. et dign.*, III, 4. — Cela était tempéré par la règle *De verisimili notitia*; il fallait que depuis la vacance il se fût écoulé un temps suffisant pour que le pape fût présumé en avoir eu connaissance; il ne pouvait conférer auparavant en vertu du droit de prévention.
3. Thomassin, *Vetus et nova Ecclesiæ disciplina*, part. II, l. I, ch. xliii ; c. 27, 28, X, *De præb.*, III, 5 ; c. 4, 6, VI⁰, *De conces. præb.*, III, 7 ; Clément., 4, *De conc. præb.*, III, 3 ; c. 37, X, *De rescrip.*, I, 4.

devinrent de plus en plus compréhensives [1], et les *règles de la
chancellerie apostolique* vinrent compléter le système. Ces
règles, d'abord fixées par l'usage seul, se codifièrent peu à peu,
du pontificat de Jean XXII à celui de Nicolas V [2]. Dans leur dernier état, la première réserva au pape toutes les églises épisco-
pales et toutes les abbayes d'hommes dont le revenu dépassait
200 florins ; la seconde lui réservait les premières dignités des
églises cathédrales et collégiales, les prieurés et autres dignités conventuelles ; enfin d'après la huitième pour tous les
autres bénéfices pendant huit mois de l'année le pape seul en
disposait, l'évêque ne pouvant conférer que pendant les quatre
autres mois et encore le droit de prévention s'exerçait-il pendant ces quatre mois. On le voit, le droit des collateurs ordinaires était presque réduit à rien [3], et le droit des électeurs
n'existait plus. On prit l'habitude d'appeler les bénéfices supérieurs, *bénéfices consistoriaux*, parce que dorénavant le pape
les conférait dans le consistoire des cardinaux.

En même temps, les papes comme les rois avaient senti l'in-
suffisance des revenus de leur patrimoine ancien : ils avaient
été naturellement conduits à imposer les biens de l'Église
disséminés dans toute la chrétienté. Ces impôts avaient été
parfois des décimes ; mais là, la papauté s'était heurtée, surtout en France, à l'opposition du pouvoir royal [4]. Ils prirent la
forme commune et définitive des *annates*, c'est-à-dire d'un
droit payé au pape par le bénéficier nouvellement pourvu et
équivalent le plus souvent aux revenus du bénéfice pendant la
première année. D'ailleurs, les annates avaient une double
origine ; pour les bénéfices inférieurs, c'étaient les autorités
ecclésiastiques locales, évêques, chapitres, abbés, qui de bonne
heure avaient prélevé, à leur profit, les premiers fruits des bénéfices nouvellement conférés dans leur dépendance. La papauté ne fit que les imiter, en superposant, puis en substituant

1. Voyez comme résumant les précédentes la constitution de Benoît XII, de
1336, c. 13, *Extr. com., De præb. et dign.*, III, 2.
2. *Regulæ cancellariæ apostolicæ*, von Johannes XXII bis Nicolaus V, gesam-
melt und herausgegeben von Ottenthal, Innsbruck, 1888.
3. Cependant les droits des patrons laïques avaient été complètement res-
pectés. Thomassin, *op. cit.*, part. II, l. I, ch. xxxii, n° 5.
4. *Scriptum contra Bonifacium*, art. 3.

son droit au leur. C'est sous Jean XXII qu'elle se réserva ces annates, et elles devinrent, sous Boniface IX, une taxe générale et permanente, mais en même temps abaissée dans son taux. Pour les bénéfices supérieurs, la cour de Rome, de haute ancienneté, prenait un droit lorsqu'elle les conférait elle-même : c'étaient comme des frais de bureau et d'expédition. Lorsqu'elle les conféra tous, par suite des réserves, le droit fut maintenu et élevé; sous le nom de *communia et minuta servitia*, il allait partie au trésor papal et partie aux cardinaux[1]. Tous les évêchés et couvents étaient taxés à cet effet à la curie. Toutes ces impositions, différentes par leur origine et leur quotité, étaient désignées sous le nom générique d'*annates*.

II

Ces progrès du pouvoir pontifical ne s'étaient point produits sans soulever des résistances dans la chrétienté et particulièrement en France. Un acte, qui porte la date de 1268 et qui est célèbre sous le nom de *Pragmatique Sanction de saint Louis*, rétablit expressément le droit des collateurs ordinaires et la liberté des élections ecclésiastiques[2]; il réprouve et prohibe les exactions et les lourdes charges pécuniaires imposées par la papauté aux églises du royaume[3]. Mais c'est un texte dont l'authenticité n'est point certaine[4]. La mesure en elle-même n'a rien que de vraisemblable. Une bonne partie des théories, par lesquelles la papauté étendait sa puissance, remontent au XIIIᵉ siècle, et nous avons les preuves de tentatives particulières faites par elle, en 1225, pour s'attribuer le profit de deux prébendes dans toutes les églises cathédrales et collégiales[5]. Mais, outre que le style de la pièce présente des singularités qui peuvent faire croire qu'elle a été fabriquée après coup, un fait surtout la rend suspecte : elle ne fut pas invoquée dans la querelle entre Philippe le Bel et Boniface VIII, où ces ques-

---

1. Sur les annates, voyez Marca, *De concordia sacerdotii et imperii*, l. VI, ch. x et suiv.
2. Art. 1, 2 et 4 (*Ord.*, I, 97).
3. Art. 6.
4. Ad. Tardif, *Histoire des sources du droit canonique*, p. 276 et suiv.
5. Lea, *A history of the inquisition*, I, p. 196.

tions tenaient une place importante; on n'en fait usage qu'au
xvᵉ siècle. Sous Philippe le Bel, sûrement les empiétement de
la papauté s'exerçaient en France, car c'était là l'un des griefs
du roi, signalé dans la lettre que le clergé de France adressa
au pape, en 1302[1]; de même que l'un des griefs du pape contre
le roi étaient les décimes levées sur les ecclésiastiques[2].
Enfin, une réaction des plus vives se produisit à la fin du
xivᵉ siècle et dans la première moitié du xvᵉ. Elle émana de
l'Église elle-même, mais la monarchie française lui donna son
plus puissant appui. Elle fut surtout provoquée par le grand
schisme d'Occident, qui dura de 1378 à 1429 et qui mit en
présence deux, puis trois papes rivaux. Chacun d'eux, dans
cette lutte, usa jusqu'à l'extrême des privilèges conquis par la
papauté quant à la collation des bénéfices et aux annates, et
ces abus apparurent alors dans tout leur jour. Il en résulta
qu'en France, une série d'ordonnances rendues après la réunion d'assemblées du clergé, en 1385, 1398, 1406, rétablirent
jusqu'à nouvel ordre l'Église gallicane dans ses anciennes libertés[3]. D'autre part, dans la première moitié du xvᵉ siècle,
de grands conciles généraux s'assemblèrent; réunis principalement pour mettre fin au schisme, ils entreprirent la réforme
générale de l'Église, *in capite et in membris*. Deux surtout
sont remarquables : le concile de Constance qui siégea de 1414
à 1418, et le concile de Bâle qui s'ouvrit en 1431. Ce dernier
entreprit hardiment la réforme en ce qui concerne les bénéfices, mais il ne tarda pas à entrer en lutte violente avec le
pape Eugène IV, qui, finalement, prononça la dissolution du
concile de Bâle et sa translation à Ferrare, en 1437. Les
Pères réunis à Bâle n'acceptèrent point le coup qui leur était
porté; ils continuèrent à siéger; mais, ne sachant quel serait
le résultat dernier de la lutte, ils essayèrent, pour assurer les
réformes qu'ils avaient décrétées, de les faire adopter comme
lois nationales par les principales nations européennes. Ils
réussirent auprès de deux : la France et l'Allemagne. Sur la
demande des délégués du concile, Charles VII, qui d'ailleurs

1. Lettre des prélats (Isambert, *Anc. lois*, II, p. 750).
2. Bulle *Ausculta fili* (Isambert, *Anc. lois*, II, 732).
3. *Preuves des libertés de l'Église gallicane*, édit. 1731, t. II, p. 8 et suiv.; Bu-
læus, *Historia Universitatis Parisiensis*, IV, 847-851.

avait défendu aux évêques français de se rendre à Ferrare, réunit à Bourges, aux mois de mai et de juin 1438, une grande assemblée du clergé de France, où figuraient aussi les princes du sang et des membres du grand conseil. Là se rendirent et parlèrent les orateurs du concile et aussi les légats du pape[1], et, après mûre délibération, l'assemblée adopta, avec quelques modifications, vingt-trois décrets du concile de Bâle[2]. Ils furent rédigés sous le nom de *Pragmatique sanction* et furent enregistrés par le parlement au mois de juillet 1439[3]. Tout cela était fort naturel; le régime contenu dans la Pragmatique était à peu près celui que les ordonnances avaient établi en France depuis 1385.

La Pragmatique sanction[4] rétablissait la liberté des élections pour les bénéfices anciennement électifs, spécialement pour les archevêchés et évêchés, pour les abbayes et les prieurés conventuels, et pour les prélatures des églises collégiales: elle reprenait les règles anciennes sur les élections et y ajoutait quelques dispositions nouvelles. Elle abolissait, sauf quelques exceptions, *les réserves* générales ou spéciales et les *grâces expectatives*. Quant à la prévention, le concile de Bâle ne l'avait point abolie, et la Pragmatique la laissa subsister également tout en demandant que le concile la limitât. Elle prononçait l'abolition complète et détaillée des annates, c'est-à-dire de tous les droits perçus sous quelque nom que ce fût à l'occasion de la collation des bénéfices. Sur la plupart de ces points, d'ailleurs, quelques concessions avaient été faites par l'assemblée de Bourges en faveur du pape alors régnant. En dehors de ces réformes se rattachant à des questions alors

---

1. Préambule de la Pragmatique : « Ipsius præfati summi pontificis nec non et sanctæ synodi generalis prædictæ solemnes oratores ad nos destinatos... audivimus attenteque audiri fecimus. »

2. De ces décrets, deux seulement (tit. V, *De collationibus*, et tit. VI, *De causis*) sont postérieurs à la dissolution du concile prononcée par le Pape.

3. Les mêmes décrets furent adoptés pour l'Allemagne dans des conditions semblables à la diète de Mayence en 1439. Koch, *Sanctio pragmatica Germanorum illustrata*, 1789, p. 15 et suiv.

4. Comme tous les textes anciens d'une grande importance, la Pragmatique sanction de Charles VII a eu sa glose très estimée par Cosme Guymier. En voici une édition: *Pragmatica sanctio cum glosis egregii, eminentisque scientiæ viri domini Cosme Guimier in supremo Parisiensi senatu inquestarum præsidis.* Paris, 1546.

brûlantes, la Pragmatique sanction contenait, sur la discipline et la juridiction ecclésiastique, un grand nombre de disposi_ tions utiles, empruntées également aux décrets du concile de Bâle. C'est ainsi qu'elle réservait aux gradués des universités un certain nombre de bénéfices, à la fois pour favoriser l'enseignement et pour élever le niveau intellectuel dans le clergé; qu'elle réglait prudemment l'usage de l'excommunication; qu'elle réglementait sagement l'appel et la dévolution des causes au pape, établissant que celui-ci devait nommer, pour les décider des commissaires dans le royaume.

Cette loi fut très bien accueillie en France par la magistrature et le clergé inférieur. Mais le clergé supérieur lui était hostile, et la papauté, qui avait triomphé du concile de Bâle, ne reconnut jamais une constitution où l'œuvre de celui-ci était conservée en partie. La Pragmatique ne fut jamais régulièrement et très sérieusement appliquée. Son application était d'ailleurs bien difficile avec les résistances du haut clergé, et le pouvoir royal y tenait médiocrement : ce qu'il désirait, c'était mettre la main sur la collation des bénéfices supérieurs, et non pas rendre l'autonomie aux églises locales. Louis XI, pendant une partie de son règne s'employa même à l'abroger et négocia successivement avec les papes Pie II, Paul II et enfin Sixte IV. Plusieurs édits furent rendus dans le sens de l'abrogation [1]; même en 1472, le roi conclut un concordat avec le pape Sixte IV [2] mais toujours il échoua devant la résistance du parlement de Paris qui refusait d'enregistrer ces actes. Dans la seconde moitié du règne, parfois des velléités d'appliquer la Pragmatique sanction se manifestèrent comme sous le règne de Charles VIII. Mais la plupart du temps le roi et le pape s'entendaient quand il s'agissait de la nomination d'un évêque ou d'un abbé : le roi laissait faire l'institution par le pape, mais le pape nommait le candidat que le roi désignait. Ces marchés devaient fournir le modèle de la transaction définitive.

1. Lettres du 27 novembre 1461 (Isambert, *Anc. lois*, X, 393); Lettres du 24 juillet 1467 (*ibid.*, X, 540).

2. *Journal de Masselin*, p. 408 : « Multi nostrům licentiose loquentes dicebant omnes eos episcopos regia et seculari potestate factos, nec in eorum promotione fuisse pragmaticam servatam… et eos vulgo episcopos regis Ludovici vocabant. »

En 1510, le conflit, devenu chronique depuis longtemps, prit un caractère d'acuité. Les vicissitudes des guerres d'Italie avaient mis aux prises Lous XII et le pape Jules II; et l'on se battit non seulement sur le champ de bataille, mais aussi à coup de conciles pour ainsi dire. Louis XII, uni à l'empereur Maximilien, invoqua une disposition jusque-là inappliquée du concile de Constance, qui ordonnait la tenue d'un concile général tous les dix ans: il en convoqua un qui se tint successivement à Pise, à Milan, puis à Lyon, et qui suspendit le pape[1]. Celui-ci, de son côté, après avoir mis l'interdit sur le royaume de France, réunit, en 1512, le cinquième concile de Latran. Là il fit lire les lettres de Louis XI qui jadis avaient déclaré la Pragmatique abolie, et l'avocat du concile requit qu'il fût fait droit en conséquence, et que le roi, le clergé et les parlements de France fussent cités pour proposer leurs défenses. En 1513, Jules II mourut; mais son successeur Léon X continua la procédure commencée au concile de Latran, en prorogeant seulement les délais de comparution. De son côté, Louis XII mourait le 1ᵉʳ janvier 1515 (nouveau style). Les deux adversaires, entre lesquels la lutte avait acquis son plus haut degré d'intensité, ayant ainsi disparu de la scène, une entente devenait possible. François Iᵉʳ entama des négociations dans ce but, après la victoire de Marignan : il eut à Bologne une entrevue avec Léon X, dans laquelle les deux souverains posèrent les bases d'un concordat que rédigèrent ensuite le chancelier Duprat, et les délégués du pape. Il fut ratifié par une bulle du 16 août 1516, et enregistré au concile de Latran, qui prononça solennellement l'abrogation de la Pragmatique sanction.

Le concordat de 1516[2] paraisait conserver dans une large mesure le droit antérieurement en vigueur dans notre pays, et pourtant il consacrait une révolution profonde. C'était, en effet, la Pragmatique, dont il reproduisait la plupart des dispositions[3] sauf en deux points essentiels : la collation des bé-

---

1. Lettres du 16 juin 1512 (Isambert, *Anc. lois*, XI, 651). — Du Tillet, *Les libertés de l'Église gallicane*, édit. 1602, p. 81.

2. Le concordat, comme la Pragmatique, eut sa glose autorisée, celle de Rebuffe ; on la trouve dans la *Praxis beneficiorum* de cet auteur.

3. Beaucoup d'anciennes éditions donnent la concordance ; voyez par

E.

néfices supérieurs et les annates. Pour la collation des bénéfices supérieurs, les élections étaient supprimées, sauf dans un petit nombre de couvents qui conservaient ce privilège : la nomination appartenait au roi, la provision et institution étant faites par le pape. C'était, on le voit, le système qui, en fait, avait été pratiqué le plus souvent malgré la Pragmatique ; mais il était maintenant consacré en droit. La nomination faite par le roi liait le pape lorsqu'elle portait sur une personne ayant les qualités voulues par les canons pour obtenir le bénéfice : le pape était alors tenu de délivrer les bulles d'investiture ; il n'avait aucun choix à exercer [1]. Ainsi la disposition des bénéfices supérieurs [2] passait en France à la royauté ; c'était la part qui lui était faite dans cette transaction. Quant à la part faite à la papauté, c'était le rétablissement des annates. Cependant on n'osa pas l'insérer dans le concordat. Il y était fait seulement allusion dans un passage, où il était dit que les lettres de provision devaient exprimer le revenu annuel véritable du bénéfice [3]. Le sens réel de ce passage fut précisé par une bulle de Léon X du 1er octobre 1516, que l'on ajouta dans la suite aux éditions du concordat [4], comme titre XIXe et der-

exemple Doujat, *Specimen juris ecclesiastici apud Gallos usu recepti*, Paris, 1671, præfat., p. 34 et suiv.

1. Rebuffe, *Praxis benefic.*, édit. Lyon 1599, p. 554, 556, v° *Debeat* : « Papa debet providere nominato a rege, quando est qualitatis requisitæ per hunc textum, alioquin contractus non servaretur... et si alteri provideret nulla esset provisio ; et posset rex resistere illi provisioni factæ per papam. » On avait d'ailleurs cherché une sanction effective pour le droit royal : si le pape ne pourvoyait pas la personne nommée par le roi, celui-ci pouvait faire procéder à une élection. Rebuffe, *op. cit.*, p. 556.

2. Pour la collation des bénéfices inférieurs, les dispositions de la Pragmatique, qui protégeaient les collateurs ordinaires avaient été conservées et même améliorées par le concordat.

3. Tit. VI, § 4 : « In provisionibus quas... etiam promotis ad ecclesias cathedrales et metropolitanas ac monasteria, ut obtenta per eos beneficia retinere possint, fieri contigerit, illorum verus annuus per florenos aut ducatos auri de camera aut libras turonenses, aut alterius monetæ, valor, secundum communem expressionem exprimi debeat. »

4. Le parlement avait bien vu la portée de l'allusion contenue au concordat. Dans ses remontrances sur ce dernier (*Mémoires du clergé*, t. X, p. 162), il indiqua « que l'expression de la valeur des bénéfices tendait à rétablir la levée des annates et qu'il était facile d'en prévoir des suites très mauvaises. » Le chancelier Duprat répondit « que dans le concordat il n'est point parlé des annates, que la fin de ce traité n'est point de les rétablir. »

nier, mais sans qu'elle fût acceptée en son entier [1]. Les annates furent en effet rétablies, mais seulement pour les bénéfices consistoriaux et encore modérées; elles ne portèrent pas sur les bénéfices inférieurs [2].

Tel fut le compromis qui termina des luttes séculaires et qui devait rester en vigueur pendant deux cent soixante-treize ans. Il devait transformer en partie le haut clergé français. En effet, le roi, ayant désormais la pleine et libre disposition des bénéfices supérieurs, ne les accorda plus qu'aux fils des familles nobles, ayant des appuis à la cour. Sous le régime de l'élection, et même sous celui de la collation consistoriale, les hommes de grand talent entrés dans l'Église avaient pu s'élever aux plus hautes dignités, quelle que fût leur origine. Désormais il n'en fut plus ainsi; il fallait approcher du prince, avoir l'oreille du ministre qui tenait à sa disposition la *feuille des bénéfices*. Le haut clergé prit un double caractère qu'il n'avait pas eu dans le passé : il devint un corps aristocratique et en même temps docile au roi, de qui il tenait ses prélatures. Le roi tirait par là une influence immense de la disposition des bénéfices; même il en disposait, dans certains cas, plus librement encore. Au moyen de la *commende*, il attribuait la plupart des abbayes, quant à la jouissance du bénéfice, à des hauts dignitaires du clergé séculier [3]. Même on trouvait moyen de faire passer à des laïcs le revenu des bénéfices, soit au moyen d'une sorte de fidéicommis appelé *confidence* [4], soit en les grevant de pensions que le bénéficier devait payer [5].

1. Rebulfe, *op. cit.*, p. 789 : « Constitutio haec tanquam bursalis non est a regnicolis recepta... ideo cum non sit recepta constitutio, alia non scribo. » — Voyez la bulle dans Isambert, *Anc. lois*, XII, 98.

2. Cependant cela donna lieu à de grandes difficultés; *Preuves des libertés de l'Église gallicane*, édit. 1731, ch. xxii. On trouva un moyen simple pour exclure l'annate des bénéfices inférieurs. Ce fut de leur attribuer toujours dans les provisions une valeur annuelle inférieure à 24 ducats d'or, l'usage de la cour de Rome étant de ne percevoir l'annate qu'au-dessus de cette valeur. — Rebulfe, *op. cit.*, sur le titre VI, § 4, du concordat; *Mémoires du clergé*, X, p. 178.

3. Piganiol de la Force, *op. cit.*, I, p. 263, 264 : « Aujourd'huy la plupart de abbayes du royaume sont possédées par des abbez commandataires ou séculiers, quoique dans leur origine elles dussent être remplies par des abbez réguliers... On ne les donne ordinairement qu'à des personnes dont les parents ont bien servi l'État. » — *Répertoire* de Guyot, v° *Commende*.

4. *Répertoire* de Guyot, v° *Confidence*.

5. *Recueil des remontrances, édicts et contrats du clergé*, p. 6 (n. 1570) :

Le concordat fut très bien accueilli par le haut clergé; il suscita, au contraire, l'opposition la plus violente parmi les parlementaires et le clergé inférieur. Le parlement de Paris manifesta sa résistance par les moyens légaux dont il disposait. « L'avocat général Le Lièvre avait interjeté appel, au commencement du parlement de 1516, de l'abrogation de la Pragmatique, et, quand le roi fut au parlement, on refusa en sa présence de publier et ratifier le concordat. » Cependant, il fallut céder; on n'alla même pas jusqu'au lit de justice et l'enregistrement eut lieu avec la mention de l'exprès commandement du roi[1]. « Le parlement se vit obligé d'enregistrer malgré les oppositions de l'Université et du chapitre de Paris. Cette publication fut faite le 22 mars 1517 et, le 24 du même mois, les chambres assemblées, renouvelant leur appel et leurs protestations, déclarèrent qu'elles suivraient la pragmatique dans tous les procès qui se présenteraient à juger. Ce qui obligea le roi François Ier à donner une déclaration en 1527, par laquelle il attribua au Grand Conseil la connaissance des procès sur le titre des bénéfices consistoriaux[2]. »

Le concordat ne s'appliquait pas à toute la France, mais seulement aux provinces qu'avait régies la pragmatique : restaient en dehors non seulement les pays réunis aux XVII° et XVIII° siècle, mais encore la Bretagne et la Provence; des indults du pape y avaient établi un régime analogue, quant à la collation des bénéfices.

§ 3. — LA JURIDICTION ECCLÉSIASTIQUE

On a vu précédemment[3] quelle immense étendue avait acquise dans la société féodale la compétence des juridictions ecclésiastiques. Cela devait fatalement amener des résistances

---

« Quand nous pensons aux économes, confidences, constitutions de pensions pour les femmes et autres personnes laïques et à tant de symonies qui se commettent tous les jours ès premiers bénéfices... quel déplaisir et crève-cœur est ce à toute l'Église que d'ouïr en la bouche des laïcs, capitaines et femmes : mon évêché, mon abbaye, mes chanoines, mes moines. »

1. « Lecta publicata et registrata ex ordinatione et de præcepto domini nostri regis reiteratis vicibus facto. »

2. Héricourt, *Lois ecclésiastiques*, F, p. 453.

3. Ci-dessus, p. 272 et suiv.

et une réaction de la part des seigneurs, et, en effet, elle se produisit d'assez bonne heure. Une des premières ordonnances, rendue par Philippe-Auguste sur la demande des barons, et, d'accord avec eux, a justement pour objet de supprimer les excès les plus intolérables de la juridiction ecclésiastique[1]. Les réclamations des justiciers se reproduisirent, et le conflit continua particulièrement sous le règne de saint Louis[2] et sous Philippe le Hardi. Mais les seigneurs ne luttaient contre la juridiction ecclésiastique que dans la mesure où leurs intérêts féodaux et pécuniaires se trouvaient compromis par son action envahissante. C'est, en réalité, seulement à partir du xiv° siècle que la monarchie entreprendra la lutte pour son propre compte avec un esprit de suite qui ne se démentira pas. Ce sera l'État reconquérant peu à peu ses attributions essentielles, usurpées par l'Église. C'est avec le règne de Philippe le Bel que commence cette action décisive de la royauté; on trouve, sous ce régime, une enquête générale sur les juridictions ecclésiastiques en Languedoc[3] et de nombreuses ordonnances ou mandements, mais vagues ou timides encore, sur la juridiction de l'Église[4]. Sous le règne de Philippe de Valois, en 1329, cette grande question fut solennellement agitée en présence du roi, entre les représentants de l'Église et ceux de la royauté. C'est ce qu'on appelle la *dispute de Vincennes*, parce qu'une partie des séances fut tenue en ce lieu. Le célèbre Pierre de Cugnières[5] portait la parole au nom du roi, et nous avons les articles contenant les réclamations qu'il présenta; l'un de ses adversaires, Pierre Bertrand, évêque d'Autun, nous a laissé une sorte de procès-verbal du débat[6].

1. *Ord.*, I, 39.
2. Paul Fournier, *Les officialités au moyen âge*, p. 94 et suiv.
3. *Notices et extraits des manuscrits de la Bibliothèque nationale*, t. XX, 1re partie, p. 132 et suiv.
4. Ord. de 1290; mandements et lettres de 1299; ordonnances de 1302; ordonnances et lettres de 1303 (*Ord.*, I, 318, 331, 334, 340, 364, 402, 412); voyez encore sous le règne suivant: ordonnance de 1315, art. 11; lettres de 1316 (*Ord.*, I, 565, 638).
5. Guymier, *Glose de la Pragmatique, Proemium*, v° *Libertatis*, p. 9: « Tempore Philippi regis de Valesio, Petrus de Cugneriis putavit auferre jurisdictionem temporalem Ecclesiæ, super quo vide disputationem factam in nemore Vincennarum. » — Mornac, *Ad codicem*, sur la loi 8, *De episcop. aud.*, I, 4.
6. *Libellus domini Bertrandi adversus Petrum de Cuneriis*, dans les diverses éditions des *Preuves des libertés*.

Sous le règne de Charles V, nous trouvons une autre dispute, qui, pour être fictive, n'en constitue pas moins une pièce importante et quasi-officielle; c'est *le Songe du Verger*, compilation intéressante, dédiée au roi lui-même, où sont fondus un certain nombre d'ouvrages, et dans laquelle un clerc et un chevalier discutent les droits de l'Église et ceux du pouvoir séculier[1].

Dès le xiv° siècle, je l'ai dit, les officiers royaux battirent en brèche la juridiction ecclésiastique, et ils arrivèrent peu à peu à reconquérir sur elle toutes les causes qui se rapportaient aux intérêts temporels. Ce travail fut conduit avec une rare habileté. Sans contester les privilèges traditionnels de l'Église, et en témoignant pour eux le plus grand respect, nos juristes arrivèrent à les rendre illusoires par une série de théories ingénieuses et subtiles, qu'ils mirent au service de l'État. Ce travail était achevé au xvii° siècle, et il avait été presque tout entier l'œuvre de la doctrine et de la jurisprudence; la législation n'intervint qu'assez tard, avec une grande prudence, pour en consacrer les résultats. Voici les principaux traits de cette œuvre originale.

I

Les juridictions ecclésiastiques avaient, en premier lieu, acquis compétence sur les membres du clergé. Elles revendiquaient la connaissance exclusive de toutes les poursuites à fins pénales dirigées contre eux, et, au civil, de toutes les actions personnelles et mobilières où ils étaient défendeurs[2]. Le privilège de clergie, ainsi entendu, ne fut jamais abrogé[3] dans l'ancien droit français. Il était reconnu au xviii° siècle comme au xii°, bien que les jurisconsultes déclarassent qu'il exis-

---

1. *Le Songe du Verger* existe sous deux formes, un texte latin et un texte français; le premier est probablement de 1376 et le second de 1378; voyez Carl Müller : *Ueber das Somnium Viridarii*, dans la *Zeitschrift für Kirchenrecht* de Dove et Friedberg, t. XIV, p. 134 et suiv. — Le texte français se trouve dans les *Traités des libertés de l'Église gallicane*, édit. 1731.

2. Ci-dessus, p. 275.

3. La proposition en fut faite cependant dans le projet de l'ordonnance criminelle de 1670. Esmein, *Histoire de la procédure criminelle*, p. 215.

tait en vertu d'une simple tolérance du roi[1]. Mais, en réalité, il ne trouvait plus, au xvii° siècle, d'application utile; les tribunaux royaux connaissaient en fait de presques toutes les causes contre les clercs défendeurs. En matière criminelle, ce résultat avait été obtenu par la *théorie du cas privilégié*. On entendit par là un crime ou délit commis par un ecclésiastique, et présentant pour l'ordre public une telle gravité que le juge royal pouvait en connaître, malgré le privilège de clergie : le privilège était ici pour le juge non pour l'accusé. Cette théorie fait son apparition au xiv° siècle[2] et le nombre des cas privilégiés va toujours en augmentant, mais, en réalité, le système suivi fut pendant longtemps timide et insuffisant. En effet, ce dont connaissait le juge royal, ce n'était pas à proprement parler le délit commis par l'ecclésiastique, mais seulement le trouble que ce délit avait apporté à l'ordre public : quant au délit lui-même, à raison du privilège de clergie, il restait, sous le nom de *délit commun*, de la compétence du juge ecclésiastique. De là, dérivaient deux conséquences remarquables. En premier lieu, le juge royal ne pouvait point, à raison du *cas privilégié*, prononcer contre le clerc une peine afflictive, mais seulement une peine pécuniaire, une amende, qu'il fixait, il est vrai, arbitrairement[3] : il ne pouvait prononcer de peine corporelle, que si l'ecclésiastique, préalablement jugé et dégradé par le juge d'Église, à raison du délit commun, était ainsi livré au bras séculier. Secondement, le même fait, envisagé à deux points de vue différents, donnait lieu à deux instances distinctes et successives, l'une devant le juge royal pour le *cas privilégié*, l'autre devant le juge d'Église pour le *délit commun*. L'ordre de ces deux instances varia selon les temps : tantôt le juge royal dut agir le premier et

---

1. Lebret, *De la souveraineté*, l. I, ch. xii, p. 24 : « Entre les marques de leur subjection (des ecclésiastiques) aux puissances temporelles celle d'être leurs justiciables est l'une des principales. » — Voyez la discussion de l'ordonnance de 1670, Esmein, *op. cit.*, p. 216.

2. D'abord dans le *Stylus curiæ parlamenti*, ch. xxix, § 4 ; puis dans Bouteiller, *Somme rurale*, l. II, tit. VII, p. 720.

3. D'Argentré, *In patrias Britonum leges*, sur les art. 4, 7; Ayrault, *L'ordre, formalité et instruction judiciaire*, l. II, art. 2, n°s 6 et suiv.; Lizet, *Pratique criminelle*, p. 355, 359; Milletot, *Traité du délit commun et cas privilégié* dans les *Traités des libertés*, édit. 1731, t. I, p. 247 et suiv.

tantôt le juge d'Église. En 1580, l'édit de Melun donna une
solution qui devait rester définitive. Il établit une procédure
conjointe, ordonnant que l'instruction serait faite en commun
par le juge d'Église et par le juge royal « qui serait tenu d'aller
au siège de la juridiction ecclésiastique[1]. » Mais, si les deux
juges instruisaient conjointement, ils statuaient par des jugements séparés, chacun à son point de vue, et il pouvait se faire
que l'accusé fût condamné d'un côté et acquitté de l'autre. Au
commencement du xvii° siècle, la théorie fit un progrès décisif. On admit, par une fiction des plus heureuses, que, le cas
privilégié constituant un acte très grave, l'ecclésiastique qui
l'aurait commis serait considéré comme dégradé de plein droit,
et par conséquent pleinement justiciable du juge royal, qui
pouvait directement lui infliger une peine afflictive sans attendre du juge d'Église aucune condamnation ou dégradation[2].
Le droit canonique, pour certains crimes atroces, contenait
déjà des précédents en ce sens ; on ne fit que les généraliser.
Comme, d'autre part, la liste des cas privilégiés, qui n'avait
jamais été arrêtée législativement, arriva à comprendre tous
les crimes et délits importants[3], les juges royaux se trouvaient
avoir pleinement reconquis la juridiction répressive sur les
ecclésiastiques. Restait, il est vrai, la procédure conjointe qui
fut maintenue, quoique dorénavant sans effet : encore l'anomalie était-elle sensiblement atténuée en ce que, lorsque
l'affaire venait devant le parlement (et elle y venait nécessairement quand il s'agissait d'un crime grave[4]), l'usage voulait

---

1. Art. 22 (Isambert, *Anc. lois*, XIV, 471).

2. Lange, *Pratique*, p. 5. — Muyart de Vouglans, *Institutes au droit criminel*, 4° partie, p. 209 : « Nous croyons inutile de rappeler ici (les formalités de
la dégradation) parce qu'elles ne sont pas en usage parmi nous et que nous
regardons les ecclésiastiques condamnés pour crimes atroces, comme suffisamment dégradés par le crime même. » On tira même du droit reconnu au
juge royal d'infliger alors des peines afflictives, la justification des cas privilégiés. Lebret, *op. cit.*, p. 26 : « Que si les crimes dont les ecclésiastiques
sont accusés se trouvent si atroces qu'ils méritent des peines plus sévères
que la juridiction ecclésiastique n'en peut ordonner, c'est alors que les officiers du roi peuvent en prendre connaissance. »

3. Lebret, *De la souveraineté*, l. II, ch. xii, p. 26 : « Nous n'avons point de
constitution ni d'ordonnance, qui ait clairement distingué ces crimes. » —
Muyart de Vouglans, *Institutes au droit criminel*, 4° partie, p. 203.

4. Esmein, *Histoire de la procédure criminelle*, p. 245, 246.

que l'évêque choisît l'un des conseillers clercs pour représenter, dans ce procès, la juridiction ecclésiastique[1].

Le privilège de clergie ne fut pas mieux maintenu au civil. Ici ce furent deux principes très simples qui furent employés. On a vu précédemment qu'en France la justice séculière avait toujours été compétente à l'égard des clercs, quand il s'agissait de statuer sur une question de tenure féodale[2]. Très logiquement, on étendit cela à toutes les actions réelles, et, dès le xive siècle, c'était un principe que les juridictions ecclésiastiques ne pouvaient jamais en connaître, même quand le défendeur était un clerc[3]. Du même coup, il se trouva bientôt qu'elles ne pouvaient plus connaître la plupart du temps des actions personnelles naissant de contrats consentis par les clercs. En effet, dans l'ancien droit français, tout contrat constaté par un acte notarié emportait hypothèque générale sur les biens du débiteur[4], et l'hypothèque, en droit commun, était, chez nous, un droit réel immobilier[5]. Le second principe introduit fut plus simple et plus efficace encore. Le privilège de clergie avait été considéré par le droit canonique comme essentiellement d'ordre public ; d'où la conséquence que le clerc poursuivi ne pouvait pas y renoncer et que le juge séculier devait d'office se dessaisir. Mais, dans l'ancienne France, tout naturellement, on abandonna cet idée. Les ecclésiastiques étaient, en principe, les justiciables du roi, comme ses autres sujets ; si le clerc poursuivi en matière simplement personnelle, ne demandait pas son renvoi au juge d'Église, le juge royal restait saisi et statuait valablement. En fait, au xviie siècle,

---

1. Cela était même prescrit par l'édit sur la juridiction ecclésiastique de 1695.

2. Ci-dessus, p. 275.

3. *Scriptum contra Bonifacium*, art. 5.

4. Esmein, *Études sur les contrats*, p. 207.

5. *Libellus domini Bertrandi*, réponse à l'art. 21 de Pierre de Cugnières ; *Le Songe du Verger*, l. II, ch. cciii, cciv ; Fleury, *Institution au droit ecclésiastique*, édit. Boucher d'Argis, II, p. 49 (IIIe part., ch. v) : « Quant aux personnes ecclésiastiques, le juge d'Église doit connaître de leurs différents en matière pure personnelle, ou même entre un clerc et un laïque, si le clerc est défendeur. Mais pour peu qu'il y ait d'action réelle, ou mixte, c'est-à-dire hypothécaire, ils vont devant le juge laïque, même en défendant. De même, quand il s'agit de l'exécution d'un contrat passé par devant notaire, ou d'une reconnaissance de promesse. »

les membres du clergé préféraient les juridictions royales à la justice ecclésiastique[1].

On arriva même à attirer devant les juridictions royales, la plupart des *causes bénéficiales*, c'est-à-dire des procès s'agitant entre ecclésiastiques à raison de l'attribution des bénéfices. Ici, encore, le droit de l'Église ne fut point directement contesté; mais toute une classe de ces causes lui échappa naturellement. C'étaient les procès qui s'élevaient à raison des bénéfices conférés par le roi, soit par l'exercice de son droit de patronage, soit en vertu des concordats ou indults, soit par l'effet du droit de régale : c'était, en effet, une règle qu'en France, le roi ne plaidait que devant ses propres tribunaux. Puis, par un détour, ceux-ci acquirent aussi le plus souvent la connaissance des autres causes bénéficiales. De bonne heure, les rois de France réclamèrent la connaissance de ces causes, lorsque l'action les concernant était intentée au *possessoire* et non au pétitoire, lorsque le clerc qui agissait demandait simplement que sa possession fût respectée, ou qu'il fût remis en possession s'il l'avait perdue par violence. La raison de cette prétention était que le roi, en vertu de son droit de garde général, était ici fondé à intervenir, et que, d'ailleurs, il lui appartenait de faire cesser tous les troubles et violences se rapportant à la possession des biens situés dans le royaume. Dès le XIVᵉ siècle, le parlement suivait cette jurisprudence[2], et, au commencement du XVᵉ siècle elle fut expressément reconnue par les papes[3]. Or, en jugeant la possession et le fait, les juges royaux arrivèrent naturellement à décider le fond et le droit. En général, quand il s'agit d'une action possessoire, le juge n'examine pas et ne doit pas examiner le fond du droit, mais seulement le fait de la pos-

---

1. Fleury, *Institution*, II, p. 49 : « En matière pure personnelle un clerc poursuivant un clerc du même ressort, va d'ordinaire devant le juge laïque, parce que la justice y est plus prompte, et que les jugements ont exécution parée... le clerc défendeur peut ne pas demander son renvoi. »

2. *Olim*, édit. Beugnot, II, p. 521 (a. 1311) : « Ad cognitionem sœcularis curie nostre racione gardie et violencie vel alias pertinet. » III, p. 265 (a. 1307): voyez déjà un cas douteux en 1269 (*Olim*, I, p. 781). — Johannes Gallus, qu. 182.

3. Bulles de Martin V (1413 et 1428), d'Eugène IV (1432); Lettres de Léon X (1513); *Preuves des libertés*, édit. 1731, t. II, p. 153 et suiv.

session, et si elle a été, chez le demandeur suffisante et exempte de vices. Mais, en matière bénéficiale, il en était autrement, et cela d'après les principes mêmes du droit canonique. En effet, le bénéfice n'était pas un objet susceptible de possession à l'égard de tous; on ne pouvait, sans péché mortel, le posséder qu'à un certain titre. Il fallait que le juge examinât le titre du demandeur pour colorer sa possession, pour la rendre utile[1]. Le juge royal, qui connaissait de l'action possessoire concernant un bénéfice, examinait donc et appréciait le titre du demandeur[2]. Une fois le *possessoire* ainsi tranché, le *pétitoire*, la question de fond, l'était par là même, et la justice royale ne permettait pas qu'on remît en cause sa décision, en agissant ensuite devant le juge ecclésiastique; c'était un cas d'appel comme d'abus[3]. Il est vrai que les parties pouvaient conserver l'avantage de la juridiction ecclésiastique, en entamant, par l'action pétitoire, le procès sur le bénéfice[4]; mais cela ne se faisait point et l'on aimait mieux plaider devant le juge royal[5].

Enfin, quand il s'agissait des vœux des religieux, si, pour les faire observer, l'Église invoquait l'assistance et l'autorité du pouvoir temporel, le juge royal devenait forcément juge de leur validité.

II

Si la juridiction de l'Église sur les membres du clergé avait été ainsi réduite, à plus forte raison sa juridiction sur les laïcs avait-elle été entamée. Elle portait, nous l'avons vu[6], sur

---

1. Règle 1, *De reg. juris*, in VI°; c. 2, VI, *De rest. spoliat.*, II, 5.

2. Ordonnance de Villers-Cotterets de 1534, art. 46; Louet et Brodeau, *Recueil d'aucuns notables arrêts*, lettre R, n° 29.

3. Févret, *Traité de l'abus*, édit. Lausanne, 1788, t. I, p. 431, 432.

4. Il faut dire la même chose des dîmes que des bénéfices. Lorsqu'il s'agissait des dîmes non inféodées, les juridictions ecclésiastiques continuèrent à être compétentes pour connaître du pétitoire, et aussi de l'action personnelle dirigée par le décimateur contre le contribuable; mais le possessoire leur échappait.

5. Févret, *op. cit.*, I, p. 432 : « Les parties peuvent de gré à gré commencer par le pétitoire; mais cela se fait rarement, voire presque point du tout; *idque propter commodum possessionis*, qui se doit demander en cour laie. » — D'Olive, *Questions notables de droit*, édit. Toulouse 1655, p. 85; Lange, *Pratique*, t. II, p. 181.

6. Ci-dessus, p. 276.

trois objets principaux : le mariage et ses dépendances, les testaments et les contrats et enfin les délits concernant la foi. Au
xviii° siècle, il n'en subsistait plus qu'une ombre. Ici encore s'opéra un travail juridique analogue à celui qui a été décrit plus haut;
on refit en sens inverse le *processus* qu'avait suivi la jurisprudence ecclésiastique à sa période de croissance. Dès qu'une
question touchait de près ou de loin au spirituel, l'Église jadis
s'en était emparée; en montrant qu'il s'agissait avant tout des
intérêts temporels, la juridiction temporelle recouvra successivement les causes qu'elle avait perdues.

Pour le mariage, la jurisprudence ramena d'abord devant
les tribunaux séculiers (c'est-à-dire royaux), toutes les causes
portant sur un intérêt purement pécuniaire ou temporel;
que l'Église n'avait attirées à elle qu'accessoirement : questions
de dot et de douaire, séparations de biens, séparations de corps,
constatations de légitimité. On ramena ainsi sa compétence
aux questions de validité ou de nullité de mariage, les seules
qui touchassent au sacrement. Encore on écarta-t-on un grand
nombre dans lesquelles le sacrement n'était pas intéressé,
soit parce que le mariage était déjà dissous lorsque l'action en
nullité était intentée, soit parce que le mariage était tellement
nul qu'il n'avait pas pu avoir une apparence d'existence juridique. De même, on enleva aux justices ecclésiastiques les actions tendant à contester non la validité, mais la célébration du
mariage, parce qu'alors il s'agissait d'un simple fait, — et les
procès sur les fiançailles et les oppositions au mariage lorsque
l'une des parties était non pas l'un des prétendus fiancés, mais
un tiers, le père par exemple. La jurisprudence en était là au
xvi° siècle. Elle alla plus loin aux xvii° et xviii° siècles, ouvrant
une voie parallèle devant les juridictions royales même
pour les causes matrimoniales, concernant le *vinculum et fœdus matrimoniale*, par rapport auxquelles les officialités restaient compétentes. Cette voie concurrente, que les parties pouvaient prendre au lieu de s'adresser à la juridiction ecclésiastique, qu'elles devaient prendre parfois, était *l'appel comme
d'abus*. C'était une procédure dont il sera parlé plus loin, et
par laquelle on demandait au parlement d'annuler un acte de
l'autorité ecclésiastique contraire au droit et aux lois. On considéra la célébration *in facie Ecclesiæ* d'un mariage entaché de

quelque cause de nullité comme un acte de cette nature et l'on permit de l'attaquer et de le faire casser par l'appel comme d'abus. Ce fut cette dernière voie que prirent presque toujours les parties ; en fait, la juridiction ecclésiastique ne connaissait plus guère que de certaines oppositions au mariage et des contrats de fiançailles, lorsque le débat s'agitait entre fiancés et qu'il n'était pas demandé de dommages-intérêts[1].

La juridiction de l'Église, en matière de contrats, n'avait jamais été bien solidement établie en France, que lorsqu'elle reposait sur un serment ajouté aux conventions pour les renforcer ou les valider. Il est vrai qu'anciennement, tous les contrats portaient cet accessoire. Le droit séculier chercha parfois à défendre cette apposition du serment dans les actes ; mais cependant, on ne trouve pas cette prohibition à l'état général et permanent ; on procéda plus sûrement en rendant le serment inoffensif et inopérant. Lorsqu'il accompagnait un contrat valide, le moyen fut très simple : on dit qu'il n'était alors qu'un accessoire, et que le juge séculier, compétent pour connaître du principal, était aussi compétent quant à l'accessoire. Lorsqu'il assortissait un contrat, nul selon les principes du droit commun, la difficulté fut plus grande ; cependant, on en triompha. Le roi accorda, pour ces contrats, des lettres de rescision qui les annulaient « pourvu, portaient-elles, que le suppliant feut dûment dispensé par son prélat, ou autre ayant puissance, du serment par lui prêté » ; et cette dispense devint bientôt de droit, si bien qu'on finit par la laisser de côté. Enfin, la doctrine du xvi° siècle formula cette doctrine, contraire aux principes du droit canonique, mais souverainement conforme à la raison, que tout serment contraire aux lois et aux bonnes mœurs était nul et inopérant[2].

En matière de testaments, l'Église n'avait jamais eu en

1. Sur tous ces points, Esmein, *Le mariage en droit canonique*, t. I, p. 35-43, et les textes cités à l'appui. — Ce que l'Église conserva, ce fut la tenue des registres destinés à constater les mariages, comme les naissances et les décès : encore dût-elle subir sur ce point la réglementation et le contrôle du pouvoir royal, *Ibidem*, t. I, p, 43, 44; t. II, p. 203 et suiv.

2. Sur cette histoire du serment dans notre ancien droit, Esmein, *Le serment promissoire en droit canonique*, dans la *Nouvelle Revue historique de droit*, 1888, p. 332-352.

France qu'une compétence concurrente; elle la perdit, mais relativement assez tard. Elle n'était contestée que quant aux abus qu'elle entraînait, lors de dispute de Vincennes[1]. C'est au xv° siècle qu'elle est niée par le parlement de Paris[2]; elle disparut complètement au xvi° siècle, quoique, dans certaines provinces, comme en Bretagne, la juridiction ecclésiastique ait continué jusqu'à la fin de ce siècle à connaître de la forme extérieure des testaments, non de la validité quant au fond des libéralités testamentaires[3].

Les crimes et délits concernant la foi ou la religion, qui subsistèrent avec l'intolérance religieuse, furent naturellement ramenés devant les juridictions royales; on les classa au premier rang des cas royaux, comme crimes de lèse-majesté divine au premier ou au second chef[4]. Seule, l'hérésie (à moins de lois spéciales, comme celles qui intervinrent contre les protestants dans la première moitié du xvi° siècle) resta pendant longtemps dans la compétence ecclésiastique. Mais, au xviii° siècle, Muyart de Vouglans ne la distingue pas des autres cas de lèse-majesté divine au premier chef. Les délits pour lesquels l'Église avait eu compétence simplement concurrente, l'adultère, l'usure, la fornication des laïcs, lui furent enlevés plus complètement et plus promptement. Muyard de Vouglans considère qu'elle n'a plus juridiction, en matière criminelle, que pour les délits communs des clercs; et même, lorsqu'elle néglige de les réprimer, le juge séculier peut en connaître, bien qu'ils ne constituent pas des cas privilégiés[5]. Le droit d'asile des églises avait, chose curieuse, survécu pendant des siècles : il était encore admis par l'ordonnance de

1. Art. 65 et 66 de Pierre de Cugnières et la réponse des prélats.
2. Lucius, *Placitorum summæ apud Gallos curiæ libri XII*, l. II, tit. I, art. 3 ; Févret, *Traité de l'abus*, l. IV, ch. vii.
3. *Très ancienne coutume de Bretagne*, art. 337 ; coutume de 1539, art. 2, et commentaire de D'Argentré.
4. *Institutes au droit criminel*, p. 430 et suiv.
5. *Institutes*, p. 202. C'était déjà la doctrine d'Imbert au xvi° siècle, *Pratique*, l. III, ch. vii, n° 2 : « Il y a certains crimes desquels la cognoissance appartient indifféremment aux juges royaux et aux juges ecclésiastiques, sçavoir est hérésie, blasphèmes... sortilège ou sorcellerie. Mais cela se doit entendre que les juges ecclésiastiques cognoissent contre les prestres ou clercs accusez desdits crimes, et les juges royaux aussi en prennent cognoissance contre les laïcs chargez des crimes ci-dessus nombrez. Et ainsi a

1539 [1] mais il fut aboli par la jurisprudence des parlements [2].

Dans cette longue décroissance de la compétence ecclésiastique, la législation proprement dite n'avait joué qu'un rôle
secondaire. Deux textes pourtant doivent être signalés à raison de leur importance. C'est d'abord l'ordonnance de Villers-
Cotterets, de 1539, qui, dans son article premier, défend à tous
les sujets « de ne faire citer ne convenir les laiz par devant les
juges d'Église ès actions pures personnelles, sur peine de per-
dition de cause et d'amende arbitraire. » Loyseau, exagérant
peut-être un peu, constatait par un détail précis l'effet considérable de cette disposition : « Ce règlement a tellement diminué la justice ecclésiastique et augmenté la temporelle au prix
de ce qu'elles estoient l'une et l'autre, qu'estant à Sens en ma
jeunesse, j'ouy dire à deux anciens procureurs d'Église, qui
avoient veu le temps d'auparavant ceste ordonnance, qu'il y
avoit lors plus de trente procureurs en l'officialité de Sens, tous
bien employez et n'y en avoit que cinq ou six au bailliage, bien
que ce soit un des quatre grands bailliages de France : et maintenant, tout au contraire, il n'y a que cinq ou six procureurs
morfondus en l'officialité, et il y en a plus de trente au bailliage. » Le second texte est l'édit de 1695, portant règlement
pour la juridiction ecclésiastique [3] : il consacrait, en termes
clairs, les résultats définitifs obtenus par la jurisprudence [4].

§ 4. — LES LIBERTÉS DE L'ÉGLISE GALLICANE

I

On entendait, dans l'ancienne France, sous le nom de *libertés, droits et franchises de l'Église gallicane*, un ensemble de
règles qui déterminaient la condition de l'Église nationale
quant au temporel et à la discipline. Elles établissaient, en

esté dict par arrest de la cour du parlement de Paris l'unziesme jour de
may 1530. »

1. Art. 166.
2. *Des seigneuries*, ch. xv, n° 79.
3. Isambert, *Anc. lois*, XX, 243.
4. L'article 34 en particulier contient une formule des plus précises sur la
compétence respective des cours d'Église et des parlements.

réalité, que l'Église gallicane était, à cet égard, largement indépendante de la papauté, mais qu'en revanche elle dépendait, dans la même mesure, du pouvoir royal. C'était donc une partie très importante de notre ancien droit public. Les termes *libertés, droits et franchises de l'Église gallicane* apparaissent de bonne heure. Ils sont prononcés par les prélats dans la dispute de Vincennes[1]. Les ordonnances des xiv° et xv° siècles, rendues pendant le grand schisme[2], proclament et rétablissent ces libertés; la Pragmatique sanction en contient l'expression et en même temps une application éclatante. Mais c'est seulement dans la seconde moitié du xvi° siècle, et au commencement du xvii°, que ces principes arrivèrent à former un corps de doctrine. Cela se fit par l'action non de la législation, mais de la littérature. Quatre écrivains exercèrent, à cet égard une influence prépondérante. Le premier, Jean du Tillet, composa sous Henri II plusieurs substantiels mémoires et études sur les libertés de l'Église gallicane[3]. Puis Guy Coquille, sire de Romenay, écrivit avec sa vigueur ordinaire toute une série de mémoires et discours sur le même sujet[4], qui, il est vrai, ne furent publiés qu'après sa mort. En 1594, Pierre Pithou réduisit à la forme d'une sorte de code *les Libertés de l'Église gallicane*, en les ramenant à quatre-vingt-trois règles ou maximes[5]: le recueil était dédié à Henri IV[6], et il acquit immédiatement une immense autorité, si bien qu'au xviii° siècle on le citait comme une loi[7]. Enfin, en 1639, parut un ouvrage capital, dû au savant Pierre Dupuy, *Les preuves des libertés de l'Église gallicane:* c'est un recueil considérable de documents originaux et de faits historiques, destiné à prouver

1. *Libellus domini Bertrandi* (discours de l'élu de Sens), dans *Preuves des libertés*, édit Durand de Maillane, III, p. 478 : « Placeat Vestræ (regiæ) Celsitudini... matrem vestram Ecclesiam Gallicanam *in suis franchisiis, libertatibus et consuetudinibus* conservare. » Mais, dans ce passage, le prélat veut spécialement viser les privilèges dont jouissait l'Église quant à la juridiction.
2. Ci-dessus, p. 606.
3. Ils se trouvent dans l'édition citée de 1602, à la suite de la *Chronique abrégée des rois de France*, p. 73.
4. Dans l'édition de ses œuvres, Paris, 1666, ils occupent une grande partie du tome I, de la page 1 à la page 337.
5. Dans Dupin, *Libertés de l'Église gallicane*, Paris, 1826, p. 68.
6. Dupin, *op. cit.*, p. 25.
7. Dupin, *op. cit.*, p. 28.

et établir la doctrine contenue dans les articles de Pithou. Lors de son apparition, le livre fut supprimé par décision royale, sur les instances du haut clergé. Mais il fut réédité en 1651, avec approbation du roi : il était devenu classique dans l'ancienne France[1].

Les règles contenues dans le corps de doctrine ainsi formé, se ramènent à trois principes essentiels, dont elles ne sont que les conséquences[2]. 1° *La puissance temporelle était considérée en France comme complètement distincte et absolument indépendante de la puissance spirituelle.* Il en résultait que le pape ne pouvait pas délier les Français du serment de fidélité envers le roi, ni excommunier celui-ci ; les officiers royaux ne pouvaient pas non plus être excommuniés pour le fait de leur charge, c'est-à-dire à raison de l'accomplissement de leurs fonctions[3]. 2° *Pour la discipline et le temporel, le pape n'avait pas une autorité absolue sur le clergé de France.* Elle subissait, au contraire, deux restrictions importantes. En effet, l'Église de France, s'attachant au droit canonique ancien, n'avait pas admis, pour une bonne partie, les décisions contenues dans les recueils de décrétales des papes ; d'un autre côté, la règle s'était établie que le pape ne pouvait valablement légiférer sur la discipline et le temporel de l'Église gallicane, qu'avec l'autorisation et la confirmation du roi[4]. De là, des conséquences très importantes.

1. Les différentes éditions de ce livre présentent d'ailleurs des divergences sensibles. D'un côté, les documents donnés comme preuves, y sont diversement classés; d'autre part, les unes contiennent seulement les *preuves*, les autres contiennent aussi les *Traitez des libertés*, c'est-à-dire divers ouvrages anciens ou modernes sur ce sujet. La meilleure édition est celle de 1731, qui donne les *Preuves* et les *Traitez*. Une dernière édition a été publiée par Durand de Maillane (5 vol., Lyon, 1771) ; elle contient des pièces importantes postérieures à l'époque où écrivait Dupuy; mais elle ne donne que le catalogue des pièces publiées par ce dernier.

2. Du Tillet, *op. cit.*, p. 83, les ramenait à deux principes, un peu différents; mais l'ensemble de sa doctrine concorde avec celle de ses successeurs.

3. Pithou, art. 4, 15, 16.

4. Guy Coquille, *Institution*, p. 15 : « Le roy est protecteur et conservateur des églises de son royaume, non pas pour y faire loix en ce qui concerne le fait des consciences et la spiritualité, mais pour maintenir l'Église en ses droicts et anciennes libertez... ces libertez consistent en ce que l'Église de France en s'arrestant bien aux anciens décrets n'a pas admis et receu beaucoup de constitutions papales, faites depuis quatre cents ans, qui ne concernent l'entretenement des bonnes mœurs, et de la saincte et louable police de l'Église, mais tendent à enrichir la cour de Rome et les officiers d'icelle et à

Aucun décret des conciles se référant à la discipline ou au temporel, aucune décision papale, decrétale, bulle ou rescrit, statuant sur les mêmes matières, ne pouvaient être publiés et exécutés en France, qu'autant qu'ils avaient été autorisés et approuvés par l'autorité royale[1]. Le pape ne pouvait lever en France, sans la même autorisation, aucune imposition sur les personnes ou sur les biens ecclésiastiques ; il ne pouvait pas permettre que ces biens fussent possédés et tenus contrairement aux dispositions des lois nationales, il ne pouvait pas en autoriser la vente[2]. 3° *Le roi, quant à la discipline et au temporel, avait autorité légitime sur l'Église gallicane,* dont il était, à ce point de vue, le véritable chef, bien qu'on évitât de le dire expressément[3]. Voici quelques-unes des conséquences les plus importantes qui dérivaient de ce principe. Les conciles ne pouvaient se réunir en France qu'avec l'autorisation du roi, et lui-même pouvait en convoquer dans son royaume pour statuer sur les questions de discipline et de temporel. Les évêques ne pouvaient sortir du royaume sans la permission du roi[4]. On rattachait aussi à la même idée les droits de garde, de régale, d'approbation en matière d'élections et d'in-

exalter la puissance du pape sur les empereurs, rois et seigneurs temporels. »

1. Pithou, art. 44 ; c'est en exécution de cette règle que le concile de Trente ne fut pas admis en France en ce qui concerne la discipline et le temporel. Doujat, *Prænotionum canonicarum libri quinque*, l. II, ch. vii, § 72 : « Hæc (decreta) quoniam aliqua ex parte Galliæ Ecclesiæ ac regis apud nos juribus atque usui adversari videbantur, nondum in hoc regno palam et generatim, sed eorum non pauca regiis constitutionibus sancita sunt. » — Pothier, *Du contrat de mariage*, n° 319 : « Le concile de Trente ne put être reçu en France malgré les efforts que firent la cour de Rome et le clergé pour l'y faire recevoir. Tous les catholiques reconnaissent et ont toujours reconnu que les décisions de ce concile sur le dogme sont la loi de l'Église ; mais l'atteinte qu'il donne dans ses décrets de discipline aux droits de la puissance séculière et à nos maximes sur un très grand nombre de points fut et sera toujours un obstacle insurmontable à sa réception dans ce royaume. »

2. Pithou, art. 14, 27, 28.

3. La Roche-Flavin, *Treize livres*, l. XIII, ch. xliv, n° 18 : « En France, nos devanciers ont recogneu nos rois, non pour les chefs de leur Église, car véritablement il n'y a, ne peut ni doit avoir autre chef que le pape... mais comme faisans l'une des meilleures et plus saines parties d'icelle. » Arrêt du conseil du 24 mai 1766 (Isambert, *Anc. lois*, XXII, p 452) : « Ce droit que donne au souverain la qualité d'évêque du dehors, et de vengeur des règles anciennes, droit que l'Église a souvent invoqué elle-même pour le maintien de l'ordre et de la discipline. »

4. Pithou, art. 10, 13.

vestiture, ainsi que la théorie des biens de main-morte. Enfin, le roi exerçait la haute surveillance sur les corporations et communautés religieuses. Aucune ne pouvait exister dans le royaume, si elle n'était autorisée par lui[1] ; il pouvait les réformer dans leur discipline. Il pouvait aussi les supprimer et les interdire lorsqu'elles paraissaient dangereuses ; l'expulsion de l'ordre des Jésuites, deux fois judiciairement prononcée, au XVI° et au XVIII° siècle, fut simplement une application de cette règle.

Cet ensemble de règles, bien que seulement fixé par la coutume et la doctrine, avait force de loi dans l'ancienne France, et nos jurisconsultes avaient su leur donner une sanction efficace : *l'appel comme d'abus*. C'était une voie de droit qui pouvait être intentée par les particuliers ou par les procureurs généraux et par laquelle on déférait au parlement un acte de l'autorité ecclésiastique, comme contraire aux lois et aux coutumes du royaume ou aux canons reçus en France. Le parlement saisi examinait la régularité de l'acte, et s'il le trouvait abusif, il le cassait, et, pour imposer à l'autorité ecclésiastique le respect de cette décision, il avait deux moyens à sa disposition. Il pouvait prononcer contre l'ecclésiastique, de qui l'acte émanait, une amende arbitraire, et il pouvait faire saisir son temporel, c'est-à-dire les bénéfices dont il était pourvu jusqu'à ce qu'il fût venu à obéissance. L'appel comme d'abus avait servi d'abord et principalement à réprimer les empiétements de la juridiction ecclésiastique et il était alors dirigé contre les procédures ou les jugements des cours d'Église ; mais il

---

1. Héricourt, *Lois ecclésiastiques*, II, p. 218 ; « On ne peut établir aucune communauté séculière ou régulière sans une permission expresse du roi qui ne l'accorde qu'après avoir fait examiner en son conseil l'approbation de l'évêque diocésain, les avis des maires et eschevins, des curés des paroisses et des supérieurs des anciennes maisons religieuses du lieu où l'on propose de faire le nouvel établissement. Les lettres patentes en doivent être enregistrées au parlement, à la justice royale et à l'hôtel commun des villes, après que les oppositions, s'il y en a quelqu'une, ont été levées. Les communautés qui se sont formées sans observer toutes ces formalités ne peuvent ester en justice ni acquérir des immeubles, et en cas qu'elles fassent quelque acquisition sans observer ces formalités, les fonds qu'elles ont acquis par achat ou par donation sont confisqués au profit des hôpitaux des lieux où la communauté s'étoit assemblée. Ce qui a lieu même pour les maisons particulières des ordres et des congrégations qui ont obtenu des permissions générales de s'établir dans le royaume. »

pouvait aussi être intenté à raison d'un acte quelconque de l'autorité ecclésiastique, pourvu qu'il fût contraire aux maximes françaises ou au droit canonique reçu en France[1]. Il était porté, ai-je dit, devant le parlement et Pithou faisait remarquer que ces juridictions, composées de conseillers clercs et de conseillers lais, étaient, par là même, très bien choisies pour trancher ces différends entre l'Église et l'État[2]. Mais rien n'empêchait que l'appel comme d'abus ne fût évoqué devant le conseil du roi, comme toute autre cause. Au xviiie siècle, dans les longues disputes que souleva la bulle *Unigenitus*, les appels comme d'abus furent très fréquemment évoqués au conseil, et ainsi, sans doute, se forma l'idée que le conseil d'État était leur juridiction naturelle, idée qui a triomphé dans le droit moderne. Quand cette voie de droit fut-elle introduite? La tradition de l'ancienne France la faisait remonter très haut et en attribuait l'invention à Pierre de Cugnières. Mais si celui-ci, dans la dispute de Vincennes, signala les nombreux abus de l'autorité ecclésiastique, il n'indiqua aucun moyen nouveau pour les réprimer. Il paraît certain que le système complexe, qui constitua l'appel comme d'abus, se forma progressivement au cours des xive et xve siècles. Au début du xive siècle, le pouvoir royal revendique très nettement, en cas d'empiétement de la juridiction ecclésiastique sur la juridiction temporelle[3], le droit de saisir le temporel des ecclésiastiques, même sans jugement, si l'attentat est notoire. Cette pratique n'était point nouvelle; on en trouve des exemples dès le règne de Philippe Ier; ce qui était nouveau, c'était la théorie curieuse par laquelle on la ramenait aux principes du droit romain et canonique[4]. Mais le propre de l'appel

---

1. Guy Coquille, *Institution*, p. 18 : « Quand il y a quelque entreprise contre ces libertez par les supérieurs ou juges ecclésiastiques, on a recours au roi en ses cours de parlement, par appellation comme d'abus, dont lesdits parlements connoissent. Et quand l'abus est contre l'impétration d'aucun rescrit du pape, par honneur on ne se dit pas appelant de l'octroy du rescrit, ains seulement de l'exécution, comme pour blasmer seulement l'impétrant sans toucher au concédant. » — Pithou, art. 79.

2. Pithou, art. 81, 82.

3. Par *jurisdictio*, dans la langue de cette époque, il faut entendre puissance.

4. *Scriptum contra Bonifacium*, art. 24; *Preuves des libertés*, édit. 1731, ch. vii, nos 22-27.

comme d'abus, c'est-à-dire le droit pour le parlement de casser un acte quelconque de la juridiction ecclésiastique, n'apparut que plus tard[1]. Probablement, cela résulta de la Pragmatique sanction; celle-ci étant loi de l'État, les parlements n'hésitèrent point à annuler tous les actes qui la violaient. Somme toute c'est seulement dans la seconde moitié du xv° siècle que l'appel comme d'abus est complètement développé et armé de toutes pièces[2].

II

Les libertés de l'Église gallicane furent, au xvii° siècle, non pas réglementées, mais consacrées législativement par la célèbre déclaration de 1682. L'occasion fut, on le sait, une difficulté entre Louis XIV et la papauté au sujet du droit de régale. Ce n'est pas qu'au xvii° siècle l'exercice même de ce droit fût contesté; il était établi et régulièrement appliqué depuis des siècles. La royauté n'en tirait plus de profits pécuniaires, ayant donné à des établissements charitables les fruits qu'elle percevait en régale ; mais elle conférait, pendant sa possession, les bénéfices inférieurs dépendant de l'évêché et qui se trouvaient alors vacants. Tout cela était admis; mais ce qui donna naissance au conflit, ce fut la théorie de la *régale universelle*. Un certain nombre d'évêchés avaient, en effet, échappé jusque-là à ce droit : ceux de la province ecclésiastique de Bordeaux étaient traditionnellement exempts depuis le xii° siècle ; et un certain nombre d'autres prétendaient aussi à la même exemption. La royauté combattit cette prétention. Elle soutint que le droit de régale était fondamental et qu'il

1. Fevret, *De l'abus*, p. 11, cite des arrêts du parlement de Paris du 7 juin 1404 et du 16 juin 1449, comme ayant accueilli des appels comme d'abus mais sans les rapporter. Un arrêt de Toulouse de 1460 ou 1461, est très net dans ce sens (dans le *stylus curiæ parlamenti*, édit. du Moulin, Pars sexta, n° 47). En 1486, Auffrerius (cité par Fevret, *De l'abus*, t. I, p. 12) s'exprimait ainsi : « Super hujusmodi litteris in casu appelli ab abusu notorio vulgariter nuncupati sæpe numero dubitavi ubi possint fundari in jure... nunquam vidi nisi semel quod super meritis hujusmodi appellationum fuerit pronunciatum. »

2. Sur ces origines, voyez Fleury, *Institution au droit ecclésiastique*, II, p. 190 et suiv.; Fevret, *De l'abus*, l. I, ch. ii; Marca, *De concordia sacerdotii et imperii*, l. IV, ch. xviii.

pesait sur tous les évêchés, à moins qu'on ne montrât une cause d'exemption légitime. Dès le règne de Louis XIII, Lebret raconte qu'il avait soutenu et fait accepter cette thèse par le parlement de Paris[1], et alors cela ne souleva aucun conflit. Louis XIV crut sans doute faire une chose toute simple lorsqu'en 1673 il consacra cette doctrine dans une déclaration qui soumettait tous les évêchés à la régale, « à l'exception de ceux exemptés à titre onéreux[2]. » Quelques évêques cette fois résistèrent; ils furent soutenus par la cour de Rome; des censures ecclésiastiques furent lancées contre les bénéficiers que le roi avait pourvus en régale dans ces évêchés, et enfin le pape Innocent XI adressa à Louis XIV deux brefs menaçants[3]. Le roi suivit l'exemple donné jadis par Philippe le Bel en semblable occurrence : il convoqua, le 16 juin 1681, non les États généraux, alors tombés en désuétude, mais une assemblée du clergé de France. Cette assemblée, qui se réunit à Paris au début de l'année 1682[4], montra le plus grand dévouement à la cause royale. Elle adhéra d'abord à la régale universelle, et adressa au pape une lettre où elle exprimait cette adhésion[5]. Elle donna au roi des armes contre la papauté, en rédigeant une célèbre déclaration, que l'on confond trop souvent avec la doctrine proprement dite des libertés de l'Église gallicane[6]. Elle comprenait quatre articles. Le second et le quatrième, reprenant les décrets du concile de Constance, procla-

1. *De la souveraineté*, l. 1, ch. xvi, p. 33 : « La seconde maxime que l'on doit donc tenir en matière de régale, c'est qu'elle a lieu en toutes les églises cathédrales du roïaume, comme il a été jugé sur mes conclusions en la cause de la régale d'Angoulême. »

2. Déclaration du 10 février 1673 (Isambert, *Anc. lois*, XIX, 67).

3. Voyez sur les brefs les arrêts du parlement de Paris du 31 mars 1681 et 21 juin 1681 (Isambert, *Anc. lois*, XIX, 262, 272).

4. Cette assemblée était analogue mais non point identique à celles dont il a été parlé plus haut, p. 600. Piganiol de la Force, *op. cit.*, I, p. 282 : « Dans ces occasions, il n'y a point d'autres députés du second ordre que les deux agents généraux qui se trouvent en charge. L'assemblée de 1681 est une de ces assemblées extraordinaires. On y appela les députés des provinces de Cambray et de Besançon, parce qu'il s'agissoit des interests de toute l'Église de France... au lieu que dans les assemblées ordinaires, on n'appelle point les ecclésiastiques des pays conquis. »

5. Isambert, *Anc. lois*, 374.

6. Édit pour l'enregistrement de la déclaration du clergé, mars 1682 (Isambert, *Anc. lois*, XIX, 379).

maient la souveraineté des conciles généraux et leur supériorité sur le pape et affirmaient que, même sur les questions de foi, le jugement du pape n'était pas irréformable, si l'assentiment de l'Église ne s'y ajoutait pas. Le premier et le troisième ne faisaient que confirmer les libertés et franchises de l'Église gallicane; ils affirmaient la séparation des deux puissances et l'indépendance du pouvoir temporel, et, invoquant les canons anciens qui limitaient la puissance pontificale, promettaient le maintien inébranlable des coutumes suivies par l'Église de France[1]. Cette déclaration, dont Bossuet avait été le principal rédacteur, et dont il composa plus tard en latin une défense célèbre, fut publiée dans un édit, et celui-ci, dûment enregistré, devint loi de l'État; elle dut être enseignée dans toutes les universités, collèges et séminaires, et tout candidat à la licence ou au doctorat en théologie et en droit canon dut en soutenir la doctrine dans une de ses thèses. Le conflit entre le roi et le pape ne fut pas terminé; il traîna encore pendant quelques années; mais le coup décisif avait été porté. Il paraît bien d'ailleurs, que Louis XIV fit amende honorable envers la papauté[2]; mais la déclaration de 1682 ne perdit pas pour cela sa valeur juridique, comme on l'a prétendu[3]. Devenue loi de l'État, en passant dans un édit, elle resta telle et devait forcément rester telle, à moins d'être abrogée par un autre édit. Non seulement, cette abrogation n'eut pas lieu, mais un arrêt du conseil, du 24 mai 1766, confirma expressément la déclaration et en ordonna le respect[4].

---

1. « Valere etiam regulas, mores et instituta a regno et Ecclesia gallicana recepta, patrumque terminos manere inconcussos. »
2. Voyez la lettre rapportée par Isambert, *Anc. lois*, XIX, p. 380.
3. Ad. Tardif, *Histoire des sources du droit canonique*, p. 241.
4. Isambert, *Anc. lois*, XXII, 154 : « Veut Sa Majesté que les quatre propositions arrêtées en l'assemblée des évêques de son royaume convoqués extraordinairement à cet effet en ladite année 1682 et les maximes qui y ont été reconnues et consacrées soient inviolablement observées en tous ses États et soutenues dans toutes les universités et par tous les ordres, séminaires et corps enseignants, ainsi qu'il est prescrit par ledit édit de 1682. »

SECTION II

LES PROTESTANTS ET LES JUIFS

I

Lorsqu'apparut en France la religion réformée, on lui appliqua les règles traditionnelles en matière d'hérésie : de ce chef, les protestants furent soumis aux poursuites criminelles. Mais cependant, on ne se référa point simplement aux règles du droit canonique; ils furent l'objet de toute une législation particulière. De 1525 à 1559, parurent une série d'ordonnances, édits ou déclarations qui édictèrent ou modifièrent les peines applicables aux protestants et déterminèrent les juridictions compétentes, qui tantôt furent les juges ecclésiastiques et tantôt les juges royaux [1]. Parfois, le pouvoir royal donnait ordre de ralentir ou de cesser les poursuites et parfois il les activait. En 1561, parurent deux édits, dûs au chancelier de l'Hôpital et empreints d'un large esprit de tolérance, établissant un régime provisoire en attendant les décisions définitives du concile de Trente [2]. Mais, presque aussitôt, commencèrent les guerres de religion. Elles furent interrompues par divers édits de pacification, véritables traités entre belligérants, qui assuraient aux protestants non seulement la garantie contre toutes poursuites, mais encore la liberté du culte et une sorte de souveraineté dans certaines villes de France ; mais leur condition ne devait être réglée par une loi durable que dans l'édit donné à Nantes, par Henri IV, en 1598.

L'édit de Nantes porte encore le caractère bien prononcé d'un traité conclu entre deux puissances [3]. Cela vient d'abord

---

1. Voyez dans Isambert, *Anciennes lois*, à la table, v° *Culte protestant.*

2. Édit de juillet 1561 et déclaration du 17 janvier 1561 [anc. style] (Isambert, *Anc. lois*, XIV, 109 et 124.)

3. Pierre de Beloy, *Conférence des édicts de pacification des troubles emeus au royaume de France pour le faict de la religion, et traitez ou reglemens faicts par les rois Charles IX, Henri III, — et de la déclaration d'iceux du roi, Henri IV de France et de Navarre, publiée au parlement le 25 février 1599*, Paris, 1600.

de ce que nombre de ses dispositions ont été empruntées aux édits de pacification antérieurs. Cela tient aussi à ce qu'on ne comprenait point alors la liberté de conscience et de culte, telle que nous les concevons aujourd'hui. On ne donnait à la religion réformée qu'une demi-liberté et en même temps on accordait aux protestants certains droits qui pouvaient paraître des privilèges : en réalité, ce n'étaient que des moyens de défense, de sages précautions prises en faveur du parti le plus faible, à une époque où la guerre religieuse avait cessé, mais où les passions n'étaient point encore calmées.

Toute persécution religieuse était supprimée à l'égard des protestants; « ils pouvoient demeurer partout sans être enquis, vexez, molestez ni astreints à faire chose pour le fait de la religion contre leur conscience[1]. » Cependant, ils devaient encore chômer les fêtes catholiques et ils continuaient à payer la dîme (art. 20 et 25). Ils n'avaient point le libre exercice de leur culte. Ils l'avaient partout comme culte privé, c'est-à-dire « dans leurs maisons et pour leur famille seulement » (art. 8)[2]. Mais, quant au culte public, il n'était permis que dans certains lieux : 1° dans les villes où il avait été concédé par les édits de pacification antérieurs (art. 9 et 10); 2° dans tous les chefs-lieux de bailliage ou sénéchaussée ressortissant directement à un parlement : les protestants pouvaient y ouvrir un temple dans un faubourg ou, à défaut, dans un bourg ou village voisin; 3° dans les hautes justices dont le seigneur appartenait à la religion réformée, et tant qu'il était lui-même présent (art. 7). Il ne pouvait y avoir de temple protestant à Paris ni dans un rayon de cinq lieues autour de la capitale[3].

Les protestants acquéraient la pleine capacité civile. Ils étaient déclarés « capables de tenir et exercer tous estats, dignités, offices et charges publiques quelconques, royales, seigneuriales ou des villes (art. 27) ». Leurs enfants étaient admis dans les universités, collèges et écoles, et leurs malades dans les

1. Édit de Nantes, art. 6 (Isambert, *Anc. lois*, XV, 174).
2. Encore si la maison était comprise dans une ville, bourg ou village, soumis à la haute justice d'un seigneur catholique, et où celui-ci avait lui-même sa maison, fallait-il l'autorisation du seigneur.
3. Cf. art. 13, concernant le culte dans les armées.

hôpitaux (art. 22). Mais ils ne pouvaient avoir d'écoles et de collèges propres et particuliers que là où le culte public leur était permis. Pour leurs mariages, ils étaient valablement célébrés devant leurs pasteurs, et la juridiction, pour les causes matrimoniales, attribuée aux parlements[1]; leurs morts devaient être enterrés dans des cimetières particuliers (art. 28, 29).

En matière judiciaire, ils obtenaient certains privilèges apparents. Tous les procès dans lesquels un protestant était partie principale, soit comme demandeur, soit comme défendeur, et qui venaient devant un parlement, étaient jugés par une chambre spéciale, composée mi-partie de conseillers catholiques et de conseillers protestants. Cette chambre, que l'on appela *chambre de l'édit*, ne fut cependant pas érigée dans tous les parlements, mais seulement dans quelques-uns d'entre eux où l'on concentra toutes ces causes (art. 30-57). Dans les présidiaux, lorsqu'ils jugeaient en dernier ressort, les protestants, parties principales, avaient le droit de récuser sans motifs deux juges; ils pouvaient parfois en récuser trois devant le prévôt des maréchaux (art. 65). Enfin, au point de vue du serment, certaines dispositions particulières étaient édictées en leur faveur[2]. Telle est l'économie de cet édit célèbre qui devait assurer la tranquillité à la France pendant près d'un siècle. Il fut plusieurs fois confirmé sous Louis XIII; mais, en réalité, ce n'était qu'une trêve. L'Église catholique, intimement unie à l'État, n'avait jamais accepté la liberté accordée au culte protestant; elle tendait fatalement à l'éliminer et elle devait réussir. L'édit de Nantes fut révoqué, en effet, par Louis XIV, en 1685[3]. Mais ce n'était que le point culminant d'un mouvement commencé bien auparavant. Non seulement, dans la doctrine religieuse, une savante préparation avait peu à peu conduit à cette conclusion[4], mais encore toute une série de mesures gouvernementales,

---

1. Cela résultait des articles secrets de l'édit. Cependant ils étaient tenus d'observer les règles du droit canonique sur les mariages entre parents ou alliés, art. 23.

2. Art. 24, concernant à la fois le serment promissoire ajouté aux contrats et les formes du serment en justice.

3. Édit de Fontainebleau, octobre 1685 (Isambert, *Anc. lois*, XIX, 530).

4. Voyez un remarquable article de M. Sabatier, *La révocation de l'édit de Nantes et les jésuites*, dans le *Temps* du 8 mai 1886.

depuis vingt années, avaient entamé successivement la condition légale des protestants [1]. A partir de 1669, les chambres de
l'édit avaient été supprimées ; des arrêts du conseil avaient successivement interdit aux protestants les diverses fonctions et
emplois publics ; ils avaient localement prohibé le culte protestant. Le dernier coup, frappé par l'édit de Fontainebleau, fut
peut-être le résultat d'un marché tacite entre le roi et le clergé de
France ; ce fut peut-être le prix de la déclaration de 1682 [2]. Le
système de cet édit était des plus simples. Tous les temples
étaient démolis, toutes les écoles supprimées ; il était défendu
de se réunir pour l'exercice de la religion réformée, même dans
les maisons particulières. Quant au sort fait aux protestants, il
fallait distinguer les ministres ou pasteurs et les simples fidèles.
Les premiers, s'ils ne se convertissaient point à la religion catholique, devaient quitter le royaume dans la quinzaine de la
publication de l'édit, sous peine des galères ; aux seconds, au
contraire, il était fait défense « de sortir du royaume, eux, leurs
femmes et enfants, ni d'en emporter leurs biens, sous peine
pour les hommes des galères et de confiscation de corps et de
biens pour les femmes ». D'ailleurs, on promettait à ceux
qui resteraient en France de les laisser « continuer leur commerce et jouir de leurs biens sans pouvoir être troublés ni
empêchés, sous prétexte de ladite religion dite réformée »,
pourvu qu'ils ne fissent à ce sujet aucun exercice ni assemblée [3].
On sait que ces défenses n'empêchèrent point nombre de protestants de passer à l'étranger et d'y porter les industries
françaises ; on sait aussi que la tolérance bien réduite qui était
promise ne fut pas fidèlement observée. En fait, cependant,

1. *Recueil des édits, déclarations et arrests du conseil rendus au sujet de la
religion prétendue réformée depuis 1679 jusqu'à présent*, Paris, 1701.
2. En effet, dans l'adhésion donnée en 1682 par les évêques de France au
principe de la régale universelle (Isambert, *Anc. lois*, XIX, 377), on lit : « Par
une voie qui marque à tout le monde et à la postérité combien nous sommes
sensibles à la protection que le roi nous donne tous les jours et à nos églises,
particulièrement par ses édits contre les hérétiques. »
3. L'édit de Fontainebleau fut complété par une série de mesures de plus
en plus vexatoires : je citerai seulement deux édits de 1685 et 1686, l'un
défendant aux protestants d'avoir pour domestiques des personnes autres
que des catholiques, le second ordonnant que de cinq à dix ans leurs enfants
leur seraient enlevés pour être mis aux mains de personnes catholiques,
parentes ou autres ; Isambert, *Anc. lois*, XIX, 517 et 543.

au commencement du xviiⁱ siècle, il y avait encore en France, dans les diverses parties du pays, un assez grand nombre de protestants. Leur condition qui, en fait, était très dure, devint, même en droit, toute particulière à la fin du règne de Louis XIV et au commencement du règne de Louis XV. Il fut alors établi comme vérité légale, par une présomption de droit, que tous les protestants restés dans le pays avaient embrassé la religion catholique, de sorte qu'il n'y avait plus en France que des anciens catholiques et des nouveaux convertis[2]. Il en résultait deux conséquences des plus graves. Les protestants qui, en fait, manifestaient leur croyance pouvaient être poursuivis et punis comme relaps, c'est-à-dire comme des hérétiques qui revenaient à leur hérésie après l'avoir abjurée. En second lieu, étant invinciblement présumés catholiques, il leur était impossible de contracter un légitime mariage autrement que devant le curé catholique : en effet, les ordonnances, adoptant sur ce point le droit établi par le concile de Trente, avaient subordonné la validité du mariage des catholiques à sa célébration devant le propre curé de l'un des époux et un certain nombre de témoins[3]. Tout d'abord, le clergé catholique se prêta aux circonstances; il célébrait sans difficulté des mariages entre protestants avérés; mais, au milieu du xviiⁱ siècle, il éprouva des scrupules et s'assura de la catholicité des contractants, refusant autrement de se prêter à la célébration[4]. Dès lors, il fut impossible aux protestants de contracter valablement mariage et d'avoir des enfants légitimes : ils étaient privés d'état civil. Cependant, la jurisprudence des parlements, par d'ingénieuse théories, arrivait parfois à admettre la légitimité de leurs enfants[5]. Dans certaines régions de l'est, les

1. Boulainvilliers, *État de la France*, III, 161, 231, 243; IV, 8, 28, 48, 57, 60, 80, 106, 240, 250, 254, 257, 284, 286, 303, 313, 344, 377, 382, 386, 387, 421; VI, 7, 319, 341.
2. Déclarations du 8 mars 1715 et 14 mai 1724 (Isambert, *Anc. lois*, XX, 640, XXI, 261); préambule de l'édit de novembre 1787 (*ibid.*, XXVIII, p. 473) : « Les ordonnances ont même supposé qu'il n'y avait plus que des catholiques dans le royaume, et cette fiction, aujourd'hui inadmissible, a servi de motif au silence de la loi (sur l'état civil des protestants). »
3. Esmein, *Le mariage en droit canonique*, t. II, p. 201 et suiv.
4. *Ibidem*, t. II, p. 236; *Mémoires sur le mariage des protestants*, 1785, 1786.
5. Beauchet, *Étude sur les formes de la célébration du mariage dans l'ancien droit français*, dans la *Nouvelle Revue historique* (1882), p. 671 et suiv. les

protestants avaient conservé, en vertu des traités de réunion, la liberté et même l'ancienne dotation de leur culte ; en Alsace, leur condition était ainsi exceptionnelle et privilégiée [1].

Cet état de choses dura jusqu'en 1787. Sous la régence du duc d'Orléans, quelques velléités de revenir sur l'édit de Fontainebleau s'étaient manifestées, mais n'avaient pas abouti. L'opinion publique imposa une réforme au gouvernement de Louis XVI ; elle fut réalisée par un édit du mois de novembre 1787 [2]. Les protestants étaient rétablis dans une partie de leurs droits. Ils n'acquéraient point la liberté du culte public, celle-ci étant réservée à la religion catholique ; il leur était défendu de former aucun corps, aucune association. Mais ils obtenaient les droits civils et publics, étant capables d'acquérir toutes sortes de biens, d'exercer « tous commerces, arts, métiers et professions, sans que, sous prétexte de leur religion, ils pussent être inquiétés. » Cependant, leur étaient interdites « toutes les charges de judicature, les municipalités érigées en titre d'office et ayans fonctions de judicature et toutes les places qui donnent droit à l'enseignement public. » Quant à leur état civil, ils avaient droit de faire constater légalement les naissances et les décès et de contracter légitime mariage. Les déclarations à cet égard étaient reçues, à leur choix, ou par le curé catholique, qui ne faisait plus à leur égard que fonction d'officier de l'état civil, ou par le juge royal des lieux. C'était, dans l'ancienne France, sur un point limité, une première laïcisation de l'état civil [3]. L'édit de 1787 souleva la résistance du parlement de Paris ; il fallut, pour l'enregistrement, que l'autorité royale lui forçât la main.

II

Au moyen âge, *les juifs* avaient une condition spéciale, faite

1. Beauchet, *loc. cit.*, p. 670 ; Boulainvilliers, *État de la France*, III, p. 363.

2. Isambert, *Anc. lois*, XXVIII, 472.

3. L'édit porte le titre : *Édit concernant ceux qui ne font pas profession d la religion catholique.* On a voulu parfois en tirer cette conclusion qu'il s'r pliquait à tous les non-catholiques. Mais le long et curieux préambule e que l'économie des dispositions montrent clairement qu'il ne s'agit [...] des protestants.

de nombreuses infériorités et de quelques privilèges. En France, ils n'étaient point traités comme les hérétiques; ils n'avaient à craindre aucune poursuite criminelle à raison de leur foi; mais ils ne jouissaient pas de la pleine capacité civile. Ils étaient, disaient les canonistes et les théologiens, *in servitute quasi publica*[1]. Ils étaient soumis au plein arbitraire du prince ou du seigneur haut-justicier, qui les rançonnait à peu près comme il exploitait ses serfs. Les textes du xiii° et du xiv° siècle les rapprochent de ces derniers, mais pour les comparer, non pour confondre les deux conditions[2]. A certains égards, la condition du juif était meilleure que celle du serf; à certains autres, elle était pire. Les juifs n'étaient point soumis au formariage et à la main morte; là où ils étaient tolérés, ils vivaient sous la loi mosaïque; enfin la coutume leur permettait généralement le prêt à intérêt, qu'elle interdisait aux chrétiens, conformément au droit canonique[3]. Mais le seigneur, sous qui ils résidaient, les tenait à sa discrétion : il pouvait les retenir sur ses terres et les revendiquer comme les serfs de poursuite; il pouvait, au contraire, les expulser de force et arbitrairement, ce qu'il n'avait pas le droit de faire pour ses serfs.

En réalité, jusqu'à la fin du xii° siècle, ils paraissent avoir été constamment tolérés en France; ils étaient arrivés à la richesse par le commerce et le prêt à intérêt[4]. Mais, de la fin du xii° siècle à la fin du xiv°, ils furent l'objet de toute une série d'ordonnances odieuses et vexatoires, dont la première est de

1. C. 13, X, *De judæis*, V, 6; saint Thomas d'Aquin, *Summa*, 2ª 2ᵉ, qu. 10, art. 12 : « Judæi sunt servi principum servitute civili. »

2. Voyez le texte cité plus haut, p. 226, note 1. — *Registre criminel de Saint-Germain des Prés* (1272), dans Tanon, *Histoire des justices des anciennes églises*, p. 424 : « Pour ce que le juif se pooit marier senz le congé dou roi, et donner ses biens et à mort et à vie, qu'il n'estoit pas de condicion a serf, quar serf ne puet tel chose feire. »

3. Entre les canonistes, c'était une question controversée que de savoir si le prêt à intérêt était permis aux juifs.

4. Voici comment Rigord, ad ann. 1182, expose la situation : « Longam habentes conversationem in tantum ditati sunt quod fere medietatem totius vitatis (Parisius) sibi vindicabant... tradentes christianis sub usuris pecunias ... is in tantum gravaverunt cives et milites et rusticos de suburbis, oppidis et ..., quod plurimi ex eis compulsi sunt possessiones suas distrahere, alii ... gis in domibus judæorum sub juramento astricti quasi in carcere tene-droit captivi. »

Philippe-Auguste, et de 1182. Elles se succédaient avec une sorte de régularité et d'alternance. Une ordonnance prononçait l'expulsion des juifs et confisquait, au profit du roi ou des seigneurs, tout ou partie de leurs créances; puis, au bout d'un certain temps, on les laissait rentrer dans le royaume, commercer et s'enrichir de nouveau; alors, une nouvelle ordonnance prononçait encore l'expulsion et la confiscation, et ainsi de suite. Il y avait là, pour le pouvoir royal, une source inépuisable de profits et comme une coupe réglée. D'autres ordonnances, dans les périodes où les juifs étaient tolérés, déterminaient, quant aux taxes auxquelles ils pouvaient être soumis, le droit respectif du roi et des seigneurs, et réglementaient les conditions dans lesquelles ils pouvaient pratiquer le prêt à intérêt. A la fin du XIVᵉ siècle, des ordonnances de 1394 et 1395 paraissent avoir prononcé leur expulsion définitive du royaume[1]; mais c'est une fausse apparence, car, deux siècles plus tard, ils furent expulsés à nouveau par un édit de Louis XIII, du 23 avril 1615[2]. D'ailleurs, cette loi ne fut pas plus définitive que les précédentes, et ne paraît pas avoir été exécutée. Aux XVIIᵉ et XVIIIᵉ siècles, les juifs restèrent tolérés dans le pays moyennant le paiement de redevances diverses, dues les unes aux seigneurs et aux villes, les autres au roi. Dans certaines provinces de l'est, l'Alsace et la Lorraine, ils avaient acquis une condition stable et privilégiée : ils se mariaient légalement devant leurs rabbins et étaient jugés par ceux-ci, quand le litige était entre deux juifs[3]; ils subissaient pourtant certaines restrictions au droit commun, par exemple quant à l'acquisition des immeubles[4].

Telle fut leur condition jusqu'à la fin de l'ancien régime. Cependant, un édit de janvier 1784 supprima, dans toute l'étendue du royaume, en faveur des juifs, « les droits de péage corporels, travers, coutumes et tous autres de cette nature, pour leur personne seulement, soit que les dits droits dépen-

---

1. Isambert, *Anc. lois*, IV, 780, 788.
2. Isambert, *Anc. lois*, XVI, 70.
3. Beauchet, *op. cit.*, *Nouvelle Revue historique*, 1882, p. 682.
4. Lettres patentes concernant les juifs d'Alsace, du 10 juillet 1784 (Isambert, *Anc. lois*, XXVII, 438).

dissent du domaine de la couronne, soit qu'ils appartinssent à des villes et communautés, à des seigneurs ecclésiastiques ou laïcs[1]. »

1. Isambert, *Anc. lois*, XVII, p. 360.

CHAPITRE VII

L'état des personnes, la condition des terres, le régime des métiers et du commerce

---

Je réunis en un même chapitre ces trois séries d'institutions, parce que, juridiquement, elles ont un caractère commun; elles touchent à la fois, au droit public et au droit privé.

SECTION PREMIÈRE

L'ÉTAT DES PERSONNES

L'état des personnes reposa jusqu'à la fin de l'ancien droit sur les bases qu'avait établies la société féodale; jusqu'au bout, il y aura des nobles, des roturiers et des serfs. Cependant, peu à peu, une certaine égalisation s'était produite. Le nombre des serfs avait diminué considérablement, si bien que la condition servile était devenue un état tout à fait exceptionnel. D'autre part, l'état du roturier tendait de plus en plus à figurer le droit commun, le noble étant un privilégié et le serf un incapable. Il suffira ici, comme précédemment[1], de parler des nobles et des serfs.

§ 1er. — LES NOBLES

La noblesse féodale avait été vraiment active. Intimement unie à la possession des fiefs et à la chevalerie, elle avait été

---

[1]. Ci-dessus, p. 220.

la force militaire et le soutien de la société. Ses privilèges
s'expliquaient par les services publics qu'elle rendait; enfin,
ce n'était point une classe fermée et les roturiers pouvaient
largement y pénétrer[1]. Mais tout cela changea avec le temps.
La chevalerie disparut, le service militaire attaché aux fiefs
perdit son importance, et, en droit, toute connexité disparut
entre la noblesse et le système féodal. Non seulement, on était
noble sans posséder des fiefs, mais on pouvait en posséder sans
être noble[2]. La noblesse devint une qualité purement personnelle, et les privilèges qui y étaient attachés, et qui furent
de plus en plus sensibles, ne se justifiaient plus par un grand
service public indispensable et reconnu de tous. Cependant,
la noblesse ne devint pas un corps absolument fermé; elle
continua à se recruter par de nouveaux membres, mais ce
recrutement fut bien différent de celui qui l'avait alimentée
dans la société féodale. Tandis qu'anciennement le roturier
devenait noble par son mérite et son activité, en se faisant
recevoir chevalier ou en acquérant un fief, dans le nouvel
état, il fallut, pour l'anoblir, un acte de souveraineté. A partir
du xive siècle, ce fut un droit de la royauté de conférer la
noblesse par lettres[3]. Il se forma aussi, principalement sous
l'influence du droit romain, une noblesse de fonctionnaires
royaux : mais, au fond, elle tirait encore son origine de la
volonté royale, qui tacitement accordait la noblesse en conférant la fonction.

J'ai dit que toute attache entre la féodalité et la noblesse
avait été rompue; mais il ne faut pas oublier que les *seigneuries*
subsistaient, conférant encore à leur titulaire des attributs importants, spécialement le droit de justice et de fisc. Seulement,
ces attributs, passaient à tout propriétaire du fief, au roturier
comme au noble; car le roturier pouvait librement acquérir
ces immeubles, sauf le paiement du droit de francs-fiefs. On
pouvait être seigneur sans être noble, et noble sans être
seigneur. Pour les hautes seigneuries titrées cependant, baronies, marquisats et comtés, il était admis que les roturiers

---

1. Ci-dessus, p. 220 et suiv.
2. Ci-dessus, p. 224.
3. Sur le premier anoblissement attribué à Philippe le Hardi, en faveur de
Raoul L'Orfèvre, voyez Langlois, *Le règne de Philippe le Hardi*, p. 204 et suiv.

ne pouvaient les acquérir sans obtenir des lettres du roi le leur permettant[1]. Mais alors beaucoup admettaient que cette acquisition anoblissait de plein droit le roturier, et qu'il en était de même lorsque le roi recevait l'hommage d'un homme de cette condition, pour une de ces grandes seigneuries relevant du domaine de la couronne [2].

Telle fut la noblesse de la monarchie tempérée et absolue; disons rapidement quels étaient ses privilèges, d'où elle dérivait et comment elle se perdait[3].

I

Les privilèges des nobles, sous l'influence du pouvoir royal, s'étaient à la fois rétrécis et étendus. Les règles qui, dans la société féodale, au point de vue du droit privé, de la procédure et de l'organisation judiciaire, leur faisaient une condition à part, avaient successivement disparu ou s'était transformées. Les nobles, comme les roturiers, étaient pleinement les sujets du roi, En revanche, leurs privilèges touchant au nouveau droit public avaient reçu un accroissement sensible : beaucoup de charges tendaient à leur être réservées et leur exemption en matière d'impôts, quoique remontant aux principes féodaux, avait pris une importance nouvelle avec le développement de l'impôt royal; elle s'était tellement enracinée, que la législation des xviie et xviiie siècles n'avait pu en avoir entièrement raison[4]. Ces privilèges, d'ailleurs, comme le disait très bien Loyseau, n'étaient pas tous de la même nature. Les uns étaient des droits fermes que les nobles pouvaient au besoin revendiquer devant les tribunaux, les autres étaient simplement des faveurs traditionnelles du pouvoir royal; il fallait les implorer et les obtenir; mais elles étaient rarement

1. D'ailleurs, quand elles passaient d'une famille noble dans une autre famille noble, il fallait la même autorisation.
2. De la Roque, *Traité de la noblesse*, Paris, 1768, ch. xx, p. 62. — Loyseau, *Des ordres*, ch. VI, n° 65. En sens contraire, Lefebvre de la Planche, *Traité du domaine*, l. V, ch. x, n° 4.
3. Les principaux auteurs à consulter sont : De la Roque, *Traité de la noblesse*; Loyseau, *Des ordres*, ch. IV-VI.
4. Ci-dessus p. 541.

refusées. On peut ramener à trois chefs les privilèges des nobles.

1° Ceux qui concernaient l'ordre politique et administratif. A ce chef, se rattachaient l'exemption de certains impôts et l'admission à certaines charges et emplois publics. Traditionnellement, certaines fonctions étaient réservées aux nobles ; mais, fort rarement, il existait dans ce sens une règle légale et impérative. Cependant, sous Louis XVI, une prescription de ce genre fut introduite, pour tous les grades militaires, par un règlement du 22 mai 1781 ; il fallut désormais, pour y aspirer, établir une noblesse vieille de quatre générations [1].

2° Ceux qui concernaient le droit criminel ou la procédure. Certaines peines n'étaient jamais prononcées contre les nobles. C'étaient le fouet et la hart. Ils obtenaient facilement des lettres d'abolition et de pardon. Lorsque, poursuivis en matière criminelle, ils comparaissaient devant un parlement, ils étaient jugés par la grand'chambre et non par la Tournelle. Enfin, au civil comme au criminel, ils n'étaient pas justiciables des prévôts royaux et comparaissaient en première instance devant les baillis et sénéchaux.

3° Ceux qui se rapportaient au droit civil, et ils étaient peu nombreux. Dans certaines coutumes, les successions, spécialement au point de vue du droit d'aînesse, étaient réglées autrement entre nobles qu'entre roturiers, bien que, d'ordinaire, ce fût la qualité des biens et non celle des personnes qui était prise en considération. La *garde noble* donnant certains droits de jouissance sur les biens d'un mineur, n'était aussi, en général, reconnue par les coutumes qu'au profit des ascendants nobles, comme l'indique son nom.

II

On distinguait, quant à leur origine, trois sortes de noblesses : la noblesse de race, la noblesse de lettres et la noblesse de dignité.

La *noblesse de race* dérivait de la naissance. Elle appartenait à tout enfant légitime dont le père était noble. Cela excluait

1. Isambert, *Anc. lois*, XXVII, 29.

l'enfant légitime dont le père était roturier, bien que sa mère fût noble : la noblesse maternelle ne fut reconnue que par quelques coutumes tout à fait exceptionnelles, et avec des effets fort restreints[1]. Cela excluait aussi le fils bâtard d'un père noble : cependant, sur ce dernier point, le droit fut assez long à se former. Dans les temps anciens, au contraire, les enfants illégitimes, avoués par leurs pères nobles, jouissaient incontestablement de la noblesse. Mais, dit de La Roque, « on jugea à propos de déroger à cet ancien ordre, parce qu'il multiplioit trop cette sorte de noblesse ; et, maintenant, l'on ne tiendra pas pour noble le bâtard d'un ancien gentilhomme, s'il n'a lettres patentes (d'anoblissement) du roi, vérifiées avec toutes les circonstances requises[2]. » La preuve de la noblesse de race était assez difficile. En effet, dans la rigueur des principes, il aurait fallu, pour l'établir, remonter de génération en génération, jusqu'à ce qu'on trouvât, chez un ancêtre, un fait générateur de sa noblesse. Mais, cette recherche indéfinie eût été, encore plus justement que pour l'établissement de la propriété, une *probatio diabolica*. Aussi, on s'en désista, et la règle communément reçue en France, fut qu'il qu'il suffisait de prouver la possession de la noblesse pendant trois générations, y compris celui dont l'état était contesté ; mais, dans certaines provinces, on exigeait cette preuve pendant quatre générations[3]. La preuve devait être faite, en principe, par écrit et par actes authentiques ; mais, à défaut, la preuve testimoniale, par quatre témoins, était admise.[4]. Cela avait même fait naître une question, à savoir si la noblesse ne pouvait pas s'acquérir par prescription, par la possession prolongée. Certains l'admettaient, mais l'opinion dominante était en sens contraire. La

1. De la Roque, *op. cit.*, ch. XL.

2. *Op. cit.*, ch. XXXVIII, CXXX et suiv. Ce point de droit fut fixé par une ordonnance du mois de mars 1600, art. 26 (Isambert, *Anc. lois*, XV, 234) et par la grande ordonnance de 1629, art. 197.

3. De la Roque, *op. cit.*, ch. LXIV, p. 249 : « Pour la preuve de la noblesse à l'égard du temps, il y en a qui la réduisent à un siècle, se fondant sur ce que trois âges et trois générations se rapportent d'ordinaire à ce temps. Cette preuve de trois générations a lieu dans ce royaume où l'on admet la noblesse qui a trois degrés y compris l'inquiété, c'est-à-dire qui remonte jusqu'à l'ayeul. Il n'y a que la province de Normandie où les quatre degrés s'observent, ce qui est plus régulier. »

4. De la Roque, *op. cit.*, ch. LXIV.

possession, pendant trois générations, faisait présumer la noblesse et dispensait d'une preuve complète et adéquate ; mais elle ne la fondait pas. Si, en remontant plus haut, l'adversaire pouvait établir la roture dans la famille, la présomption devenait inefficace[1].

La *noblesse de lettres* était celle que conférait le roi par des lettres patentes. Elle était, d'ailleurs, en droit parfaitement équivalente à la noblesse de race et transmissible aux descendants de l'anobli. Ces lettres devaient être vérifiées, non pas nécessairement en parlement, mais à la chambre des aides et à la cour des comptes, et celle-ci déterminait en même temps une finance que devait payer l'anobli. La raison en était très simple. En transformant un roturier en noble, le roi perdait un contribuable, puisque les nobles échappaient à certains impôts ; il était naturel qu'il en fût indemnisé[2]. Les cours qui enregistraient les lettres de noblesse avaient d'ailleurs un pouvoir très large et pouvaient les écarter, si les conditions auxquelles elles étaient subordonnées n'étaient pas vérifiées[3].

Il faut ajouter que l'ancienne manière d'anoblir par la collation de la chevalerie persistait au profit du roi ; elle équivalait à des lettres d'anoblissement. Mais cela se faisait dorénavant par la nomination à l'un des ordres de chevalerie successivement institués par les rois, ordres de l'Étoile, de Saint-Michel, du Saint-Esprit[4] et de Saint-Louis.

On appelait *noblesse de dignité* ou encore *noblesse civile*, celle qui résultait de certains emplois ou dignités. Elle fut principalement introduite sous l'influence du droit romain impérial qui n'en connaissait point d'autre[5] ; mais elle ne se fit

1. De la Roque, *op. cit.*, ch. LXIII. D'ailleurs, le roi pouvait, quand il le voulait, ordonner la vérification par mesure spéciale des titres de noblesse dans telle ou telle province et il en déterminait alors les conditions.

2. De la Roque, *op. cit.*, ch. LXX, p. 277 : « Le roi prend le droit d'indemnité sur les anoblis, comme celuy de l'amortissement des héritages. »

3. De la Roque, ch. LXIV, p. 256 : « On peut même dire que toutes les lettres d'anoblissement ne sont pas toujours des titres valables et exempts de révocation, si les services qui y sont exprimés ne sont vérifiés sans fraude ni déguisement, et que les trois indemnités ne soient acquittées, tant envers le roi qu'envers les communautés et paroisses des anoblis et encore envers les pauvres qui doivent recevoir des aumosnes des anoblis. »

4. Loyseau, *Des ordres*, ch. VI, nos 39 et suiv. ; De la Roque, *op. cit.*, ch. XXII.

5. Ci-dessus, p. 20.

recevoir que relativement assez tard. Un règlement d'Henri III pour les tailles, en 1582, ne reconnaît encore que deux sortes de nobles, « ceux qui sont de maison et de race noble, ceux aussi dont les ancestres ont obtenu lettres d'anoblissement. Depuis la maxime a esté introduite que les rois confèrent la noblesse non seulement par lettres, qui est le moyen ordinaire et exprès, mais encore par un moyen tacite, c'est-à-dire par les hauts offices de justice, et par les services que le père et l'ayeul ont continué de rendre au public[1]. » Cette noblesse fut d'abord strictement personnelle, limitée à la personne de l'officier qui avait tenu l'emploi. Puis pour certaines charges, les plus élevées, elle devint héréditaire, transmise de plein droit par l'officier à ses descendants, à condition, dans certains cas, qu'il eût occupé la fonction pendant un temps déterminé. Dans les autres charges anoblissantes, elle resta personnelle; cependant, le principe se fit admettre que si la même dignité avait été successivement exercée dans la même famille pendant plusieurs générations, au troisième ou au second degré la noblesse devenait héréditaire[2]. On désignait souvent cette noblesse comme étant *de robe;* mais elle comprenait bien d'autres officiers que les magistrats judiciaires. Le nombre de ceux qui en jouissaient était considérable; Necker l'évaluait au delà de quatre mille en 1785[3], et la conséquence pratique était que toutes ces personnes étaient exemptes de la taille et d'un certain nombre d'autres impôts.

La noblesse se perdait de deux façons : par suite d'une condamnation entraînant infamie, et par le fait de *déroger,* c'est-à-dire de mener un état de vie incompatible avec la qualité de noble. Les emplois qui entraînaient la dérogeance étaient fort nombreux; c'étaient principalement les métiers manuels et les arts mécaniques, sauf la profession de verrier, le commerce, sauf le commerce maritime, et certaines professions auxiliaires de la justice, comme celles de sergent et de procureur. C'était toutefois une question de savoir si alors la noblesse était perdue, ou si elle sommeillait seulement pendant la dé-

---

1. De la Roque, *op. cit*, ch. xxxi, p. 122.
2. De la Roque, *op. cit.*, ch. xxxi, xli,, et l.
3. *De l'administration des finances*, t. II, ch. xiv, p. 104. Il donne l'énumération de ces charges.

rogeance ; les usages n'étaient pas les mêmes dans toutes les provinces, et parfois la solution donnée n'était pas identique pour toutes les espèces de noblesse[1]. Même lorsque la noblesse avait été radicalement éteinte, le roi pouvait la restituer par des lettres de réhabilitation.

§ 2. — LES SERFS

Dans la société féodale, le nombre des serfs était très considérable : dans les campagnes, presque toute la population agricole, dans les villes, presque toute la classe ouvrière, était de condition servile[2]. Si, maintenant, nous nous plaçons au xvi° siècle et que nous consultions les textes des coutumes officiellement rédigées à cette époque, nous constatons aisément que le servage est devenu un état exceptionnel. En effet, une dizaine seulement de ces coutumes lui consacrent des dispotions ; les plus notables sont celles de Nivernais, du duché de Bourgogne, de la Franche-Comté, de l'Auvergne, du Bourbonnais, de la Marche, de Vitry et de Troyes[3]. Cette grande transformation résulta de plusieurs causes.

1° Beaucoup d'affranchissements avaient été accordés par des seigneurs laïques, soit par intérêt pécuniaire (lorsqu'ils les faisaient payer), soit pour le salut de leurs âmes, car l'Église considérait l'affranchissement comme une œuvre pie. Ce qui avait eu surtout une action efficace, c'étaient les affranchissements collectifs accordés à tous les habitants d'une ville, d'un bourg ou d'un village ; les chartes de ville, en particulier, avaient opéré cette œuvre de libération.

2° La coutume amena de plein droit, dans bien des pays, la disparition du servage, en abolissant par la désuétude les droits et incapacités qui caractérisaient la condition servile. Comme antérieurement, aux x° et xi° siècles, elle avait transformé l'esclave en serf, de même elle transforma, aux xv° et xvi° siècles, le serf en roturier. Cela fut d'autant plus facile que les seigneurs purent garder sur leurs anciens serfs une partie des droits qui avaient antérieurement pesé sur eux ; les corvées

1. De la Roque, *op. cit.*, ch. LXXXVIII, CXXXV-CXLV.
2. Ci-dessus, p. 225.
3. Guy Coquille, *Institution*, p. 183 et suiv.

pouvaient être dues par des roturiers ; les rentes seigneuriales dues par les héritages roturiers remplaçaient la taille abonnée assez avantageusement. Qu'on ne s'étonne pas de ce fait, que constataient, sans pouvoir l'expliquer, nos auteurs du xvii° siècle[1]. Chez certaines nations d'Europe, le servage disparut ainsi sans avoir été formellement aboli : c'est ce qui se passa pour l'Angleterre, où les derniers vestiges s'effacent au commencement du xvii° siècle[2].

3° Même dans les provinces où la coutume n'avait pas aboli le servage, la jurisprudence avait indirectement, mais sûrement, diminué le nombre des serfs. Elle se montra très difficile quant à la preuve du servage[3], très facile, au contraire, pour en admettre l'extinction. Elle accueillait contre lui la prescription toutes les fois que le texte de la coutume ne l'avait pas expressément exclue[4]. Elle considérait parfois comme francs les enfants nés d'un mariage contracté par le serf hors du lieu de servitude, avec une personne de bonne foi.

Là même où le servage avait été maintenu, la condition servile fut améliorée, *le serf de corps et de poursuite*, au sens ancien du mot[5], cessa d'exister. Le terme resta bien, mais il désigna dorénavant l'ancien serf de servitude personnelle, celui qui pouvait librement circuler et choisir son domicile, en traînant partout avec lui sa servitude[6]. Même cette dernière était

---

1. *Répertoire* de Guyot, v° *Main-morte* : « Le Grand sur la coutume de Troyes... convient qu'il y a eu un temps où il y avoit des taillables et des serfs de poursuite et par conséquent une main-morte personnelle, mais il dit : *Nous ne voyons plus à présent aucun serf de poursuite ; ils sont entièrement abolis dans cette coutume*. Mais pourquoi sont-ils abolis? La coutume n'a point changé, on ne l'a point abrogée par une nouvelle. »

2. Rudolf Gneist, *Englische Verfassungsgeschichte*, p. 626, note 3.

3. *Répertoire* de Guyot, v° *Main morte*, addition.

4. Guy Coquille, *Coutume de Nivernois*, sur l'art. 6 du titre *Des servitudes* : « Si le serf estant allé au loin s'estoit marié à femme franche d'honneste lieu et eust des enfans, je croy que par le temps de vingt ans ou au plus de trente ans que luy et ses enfans auroient demeuré en quasi-possession de la liberté ; la servitude seroit esteinte par prescription. »

5. Ci-dessus, p. 226.

6. Guy Coquille, *Coutume de Nivernois, loc. cit.*, sur l'art. 6, qui commence par ces termes, *Les hommes et femmes de condition servile sont de poursuite* : « Cet article montre que la servitude estant de naissance tient et adhère à la chair et aux os ; en sorte que le serf demeure serf en quelque part qu'il aille, ores qu'il quitte tous ses biens meubles et immeubles. » — Préambule de l'édit du 8 août 1779 (Isambert, *Anc. lois*, XXVI, 140) : « Nous voulons parler du droit

devenue anormale : la servitude se présentait naturellement, aux yeux des jurisconsultes, comme une charge purement réelle, que le serf pouvait librement dépouiller en déguerpissant la tenure servile. C'était celle-là qu'on devait présumer[1].

La royauté fit fort peu de chose pour l'abolition du servage ; elle la contraria plutôt par le droit royal d'affranchissement[2]. Cependant, les jurisconsultes du XVIe et du XVIIe siècle n'hésitaient pas à reconnaître que le roi pouvait, de son autorité, donner la pleine franchise aux serfs des seigneurs[3]; mais il n'usa point de cette prérogative. Le droit du seigneur sur le serf apparaissait comme une propriété légitime et respectable, dont on ne pouvait le dépouiller sans une juste indemnité. Le pouvoir royal n'intervint, par des actes généraux, qu'en faveur des serfs du domaine de la couronne, une fois au XIVe siècle, et une autre fois, au XVIIIe. La première mesure est contenue dans un édit célèbre de Louis le Hutin, de 1315, dont le préambule, inspiré par le droit romain, proclame que la liberté est de droit naturel; le roi offrait aux serfs de ses domaines l'affranchissement, mais moyennant finance[4]. C'était là une mesure purement fiscale ; ce qui le montre bien, c'est qu'un mandement de la même année ordonne de lever une aide sur les serfs qui ne voudraient pas acheter leur liberté[5].

de suite sur les serfs mainmortables, en vertu duquel les seigneurs de fiefs ont quelquefois poursuivi dans les terres franches de notre royaume et jusque dans notre capitale les biens et les acquêts de citoyens éloignés, depuis un grand nombre d'années, du lieu de leur glèbe et de leur servitude. »

1. Du Moulin, *Cout. de Paris*, *Des fiefs*, art. 8, glose 3, n° 5 : « Una quam personalem vocant, quæ sequitur servum quocunque locorum confugerit et bona acquisiverit adhuc viget in paucis locis Galliæ. » Préambule de l'édit de 1779 : « Ce droit (de suite) excessif que les tribunaux ont hésité d'accueillir. »

2. Ci-dessus, p. 237.

3. Lebret, *De la souveraineté*, l. IV, ch. XI, p. 263 : « Quant aux mainsmortes personnelles, c'est-à-dire de ceux qui sont de condition servile, il n'y a point de doute que le roi par le droit de la souveraineté n'ait la puissance de les affranchir contre le gré des seigneurs qui les possèdent... Le roi de sa puissance souveraine les peut relever de cette misère et les affranchir malgré leurs propres seigneurs, comme il fut jugé solennellement au parlement de Paris en l'an 1571; il est vrai que ce fut à la charge d'indemniser le seigneur sur le fond à eux appartenant, comme il étoit juste. »

4. *Ord.*, I, 583.

5. Isambert, *Anc. lois*, III, 104.

Sous Louis XVI, une mesure plus généreuse fut prise par l'édit du 8 août 1779[1]. Le préambule portait que le roi aurait voulu « abolir sans distinction ces vestiges d'une féodalité rigoureuse, » mais que, « l'état de ses finances ne lui permettait pas de racheter ce droit aux mains des seigneurs » ; il était retenu par « les égards qu'il aurait toujours dans tous les temps pour les lois de la propriété. » Il renonçait donc à abolir le servage d'autorité sur les terres des seigneurs, mais il l'abolissait complètement et sans indemnité sur les terres de la couronne, même sur les domaines engagés (art. 1-3) : les tenures serviles étaient transformées en censives, « chargées d'un sol de cens par arpent, le dit cens emportant lods et ventes (art. 4). » Le roi invitait les seigneurs à suivre son exemple à l'égard de leurs serfs, et, pour ces affranchissements, il renonçait à tout droit. D'autre part, pour tous les serfs, qui existeraient encore en France, la servitude personnelle était abolie par l'article 6 : « Le droit de suite sur les mainmortables demeurera éteint et supprimé dans tout notre royaume, dès que le serf ou mainmortable aura acquis un véritable domicile dans un lieu franc ; voulons qu'alors il devienne franc à l'égard de sa personne, de ses meubles, et même de ses immeubles, qui ne seraient pas mainmortables par leur situation ou par des titres particuliers. »

SECTION II

LA CONDITION DES TERRES

Le régime de la propriété foncière reposa jusqu'à la fin de l'ancien droit sur les bases qu'avait établies la société féodale[2]. A la veille de la Révolution, les tenures féodales en représentaient encore la forme ordinaire, toujours divisées en tenures nobles, roturières et serviles. L'alleu restait une exception.

1. Isambert, *Anc. lois*, XXVI, 139.
2. Ci-dessus, p. 185 et suiv.

Cependant, de profondes modifications s'étaient produites au cours du temps, quant aux tenures, et l'alleu avait eu aussi son histoire dans les temps modernes.

I

Parmi les tenures féodales, il en est qui se maintinrent à peu près telles que nous les avons décrites aux XIIIᵉ et XIVᵉ siècles; ce sont les tenures roturières et serviles. Les premières avaient acquis alors la pleine patrimonialité, les secondes ne devaient jamais l'acquérir. Mais le fief subit de nombreuses et importantes modifications.

Les premiers changements se rapportent aux services dûs par le vassal. Ceux-ci avaient été organisés en vue du groupe féodal; lorsque la féodalité politique disparut, ils devaient cesser également faute d'objet. Le service de justice disparut lorsque la justice cessa d'être rendue par les jugeurs féodaux[1]. Le service de conseil n'avait plus sa raison d'être lorsque, seuls, les rois eurent besoin de conseillers politiques: quelques grands seigneurs conservèrent bien un conseil particulier; mais il était composé d'avocats et non de vassaux. Seul, le service de guerre subsista; jusqu'au bout, le possesseur d'un fief put être requis de fournir le service militaire. Mais celui-ci, depuis la disparition et l'interdiction des guerres privées ne pouvait plus être dû au seigneur, qui, en rassemblant des hommes de guerre, eût été coupable de *port d'armes.* Il ne pouvait être réclamé que par le roi; aussi se transforma-t-il dans ce sens[2]. Il prit le nom *d'arrière-ban,* terme qui reçut

---

1. Ci-dessus, p. 407.

2. Carondas, sur Bouteiller, p. 488 : « L'autre condition de suivre son seigneur en l'ost et armée procède de l'ancien et premier droit des fiefs qui estoit militaire, d'où est aussi procédée l'institution du ban et arrière-ban... Le ban estoit la convocation que faisait faire le roy ou souverain prince et l'arrière-ban ou *heribannum,* la publication que le seigneur appelé au ban de son roy ou prince faisoit faire pour assembler ses vassaux... Mais à présent telles anciennes mœurs sont hors d'usage et depuis ont esté faictes des ordonnances qui prescrivent la forme du ban et arrière-ban. » — Il y a là une tentative curieuse pour rattacher aux anciens principes la forme définitive de l'arrière-ban; on suppose que même anciennement le seigneur n'aurait convoqué ses vassaux que pour le service du roi. Cf. Boutaric, *Traité des droits seigneuriaux,* Toulouse, 1751, p. 391 et suiv.

ainsi une acception nouvelle et désigna le service militaire
que durent dorénavant au roi tous les possesseurs de fiefs
dans la France entière. Ainsi entendu, l'arrière-ban, convoqué
par le bailli ou sénéchal, fonctionna jusqu'au xviiie siècle. On
peut voir, dans les *Lettres* de Mme de Sévigné, que parfois
il préoccupait encore les nobles au xviie siècle. Les *aides féodales*, qui tenaient essentiellement à la constitution du groupe
féodal disparurent également ; elles ne figurent plus parmi les
charges naturelles du fief dans les traités de la dernière époque[1]. Cela étant donné, il semble que tout ce qui dépendait
du lien personnel et de l'ancienne fidélité entre le seigneur
et le vassal, tout ce qui avait été la sanction des anciens services imposés au vassal par le seigneur, aurait dû disparaître
également. Le fief n'aurait plus dû produire que ses effets
restés réels, c'est-à-dire ceux qui représentaient la valeur
pécuniaire du domaine éminent, les profits en cas de mutation
(droits de relief, quint et rachat), le retrait féodal et le droit
de réversion. Il n'en fut rien cependant, et ces dernières
transformations ne s'accomplirent pas. Sauf les services dis-
parus, les anciennes règles du fief subsistèrent, quoique dénaturées et le plus souvent sans objet. Cette survivance, qui, en
apparence, ne s'explique point, avait peut-être une raison
d'être profonde : peut-être les anciens juristes sentaient-ils in-
consciemment que les droits féodaux tomberaient fatalement
le jour où l'on enlèverait au fief son ancienne physionomie
Ce n'est qu'à la veille de la Révolution que certains propose-
ront l'abolition des tenures féodales et l'affranchissement de
la propriété foncière. Jusqu'aux derniers jours de l'ancien régime, le fief resta une institution généralement acceptée, mais
on la sentait tellement vermoulue qu'elle s'effondrerait au
premier essai de réparation[2].

1. Par exemple, Pocquet de Livonnière, *Traité des fiefs*, Paris, 1756, p. 24, 25.
Laplace, *Introduction aux droits seigneuriaux*, p. 23 : « Aide chevel est un
droit que le seigneur *exigeoit autrefois* de ses vassaux en trois occasions. »
L'aide s'était conservée cependant à titre exceptionnel dans quelques coutumes. *Répertoire* de Guyot, vo *Aide*.

2. Boutaric, *Traité des droits seigneuriaux*, p. 391 : « Le vassal étant ainsi
dispensé par les lois du royaume et de l'obligation de servir son seigneur
envers et contre tous, et de l'obligation encore du service militaire... M. de
Boissieu (*De l'usage des fiefs*, ch. ii, p. 18) a quelque raison de dire que la

Bien que ce ne fût plus qu'une forme de la propriété foncière, on tint encore qu'en droit le fief reposait essentiellement sur l'obligation de fidélité entre le vassal et le seigneur. Il en résulta que la prestation de foi et d'hommage, qui en était l'expression et la source, se maintint également; elle devait toujours être renouvelée à tout changement de vassal et de seigneur. Cependant la vassalité n'était plus prise au sérieux par personne, si ce n'est peut-être par quelques seigneurs campagnards, dont la prétention semblait absolument ridicule au XVII° siècle[1]. Mais il avait bien fallu que l'hommage s'humanisât pour ainsi dire. Il ne pouvait plus être question d'amener le vassal tête nue et de le faire agenouiller devant le seigneur[2]. Déjà, Du Moulin réservait cette forme pour l'hommage-lige prêté au souverain lui-même, et déclarait que dans les autres cas il suffisait au vassal de promettre fidélité en levant la main[3]. Enfin, on admit que le vassal avait seulement à se présenter en personne devant le seigneur et que l'hommage était censé par là avoir été prêté[4]. Ce qui avait de l'importance, beaucoup plus que l'hommage, c'était *l'aveu et le dénombrement*, que le vassal, en entrant en possession, devait au seigneur. C'était un titre authentique portant reconnaissance du fief par le vassal et donnant le détail de ce qu'il tenait à ce titre du seigneur.

La commise, qui avait été la sanction des obligations essen-

---

prestation de foi et hommage n'est plus aujourd'hui qu'une cérémonie et que les fiefs ne sont plus qu'une ombre d'honneur, que des squelettes dépouillés des nerfs qui les soutenoient et les faisoient mouvoir autrefois. »

1. Voyez une lettre de Bussy Rabutin du 22 février 1678 (*Lettres de Mme de Sévigné*, édit. Monmerqué, lettre 682) : « L'ami commun lui représenta ma naissance, la supériorité que j'avais eue sur lui pendant quelques années et mes grands emplois ensuite. Il lui répondit qu'il en convenoit, mais que tout cela n'étoit pas si fort que le fief dominant qu'il avoit sur moi... Guitaut lui montra une lettre que vous aviez écrite de Bourbilly par laquelle vous le traitiez de *monseigneur* et vous lui mandiez que pour ne pas encourir le crime de félonie vous ne manqueriez pas de lui aller rendre au plus tôt vos devoirs. Je sais bien, ajouta-t-il, que Mme de Sévigné badinoit, mais en badinant elle disoit la vérité. »

2. Boutaric, *Traité des droits seigneuriaux*, p. 390.

3. *Coutume de Paris*, art. 3, glose 3, nos 15, 16; cf. Esmein, *Études sur les contrats*, p. 103.

4. Challine, *Méthode générale pour l'intelligence des coustumes de France*, p. 53 : « L'exhibition de la personne du vassal emporte la prestation du ser-

tielles du vassal, subsista comme l'hommage ; elle put encore être prononcée en cas de désaveu et en cas d'injure grave du vassal envers le seigneur. Mais le désaveu lui-même était considéré comme une injure grave, non comme un manquement à la fidélité proprement dite [1], et les juristes trouvèrent moyen de concilier la commise avec la nature nouvelle des fiefs. Ils admirent que tous les fiefs résultaient originairement d'une donation et que celle-ci était confirmée à chaque changement de seigneur : par suite ils assimilèrent la commise à la révocation des donations pour ingratitude du donateur [2]. Les obligations qui subsistaient à la charge du vassal, soit quant aux honneurs, soit quant aux profits de fief, n'avaient donc plus jamais la commise pour sanction, mais seulement la saisie féodale ; cette dernière, d'ailleurs, dans la plupart des cas, n'était qu'un simple séquestre et ne faisait pas acquérir les fruits au seigneur.

En réalité, malgré toutes ces survivances, le fief était devenu une simple forme de la propriété foncière. Les seigneurs ne songeaient qu'aux profits pécuniaires qu'ils pouvaient en retirer : ceux-ci, d'ailleurs, quoique casuels et non réguliers dans leur échéance, étaient assez importants et entraient comme élément notable dans beaucoup de patrimoines.

II

Les tenures féodales n'étaient pas les seules qui existassent dans notre ancien droit. Il en était une autre classe, très importante et très féconde en types variés, qui ne comptait pas,

---

ment *implicite...* suivant la doctrine des arrests de la cour. Il en est de même des formalitez de présenter la bouche, du baiser et de la jonction des mains, lesquels sont abrogez par le non-usage ».

1. Pocquet de Livonnière, *Traité des fiefs*, p. 124 : « Le désaveu est un délit féodal et une injure faite au seigneur; c'est pourquoi, si le seigneur, ayant connaissance du désaveu de son vassal, le laisse en paix et décède sans avoir formé la demande de la commise, il est présumé avoir remis l'injure qui lui avoit été faite; ses héritiers n'en peuvent poursuivre la vengeance. »

2. Pocquet de Livonnière, *Traité des fiefs*, p. 127 : « Les fiefs sont tous à présent présumés de concession et procéder de la libéralité du seigneur; en sorte que le vassal qui commet une ingratitude considérable envers son seigneur, mérite d'être puni par la révocation du bienfait qu'il aura reçu et par la perte de son fief. »

dans leur origine, parmi les éléments générateurs du système féodal et qui ne se rattachait par aucune relation nécessaire à la féodalité. Bien qu'elles imitassent parfois les tenures féodales, celles-là étaient purement foncières. C'étaient de simples amodiations de la terre et elles n'impliquaient aucune supériorité du concédant sur le concessionnaire : elles pouvaient exister ou subsister dans une société qui n'aurait jamais connu ou qui aurait éliminé le système féodal. Aussi la Révolution les traita-t-elle autrement que les tenures féodales : tandis qu'en définitive, par les lois de la Convention, elle abolit sans indemnité toutes les premières, elle laissa subsister, au contraire, les secondes, sauf faculté de rachat pour le tenancier.

Ces tenures ou charges simplement foncières, dans leurs nombreuses variétés, se ramenaient à deux types principaux. Les unes étaient des baux perpétuels ou à très long terme, dans lesquels le droit du preneur était très fort, non seulement par sa durée, mais encore par sa nature, étant réel et librement aliénable. Les autres avaient transféré au tenancier non pas seulement la jouissance, mais encore la pleine propriété de la terre ; seulement, le bailleur se réservait une rente annuelle ; et le droit de percevoir cette rente avait le caractère d'un droit réel qui pesait sur le fonds en quelques mains qu'il passât[1]. Il ne faudrait pas croire d'ailleurs que ces tenures foncières fussent toutes des formations juridiques, postérieures à l'établissement de la féodalité, plus jeunes historiquement que les tenures féodales : cela était vrai de beaucoup d'entre elles ; mais quelques-unes étaient aussi anciennes ou même plus anciennes que les tenures féodales. Ainsi, les deux plus remarquables et les plus répandues étaient le bail à rente foncière et l'emphytéose. Or, la rente foncière, à l'origine, se confondait peut-être complètement avec la censive[2], ou plutôt elle me paraît en être dérivée. Je crois qu'elle se dégagea comme contrat distinct, surtout pour éviter l'application de la règle : *cens sur cens n'a lieu*[3], et pour permettre au censitaire d'aliéner à son

---

1. Voyez, pour le détail, E. Chénon, *Les démembrements de la propriété foncière en France avant et après la Révolution*, Paris, 1881.

2. Viollet, *Histoire du droit civil français*, p. 674 et suiv.

3. Voyez, en particulier, dans Flammermont, *Histoire des institutions muni-*

profit le domaine utile moyennant une rente. Quant à l'emphytéose, c'est une institution du droit romain qui se maintint
sans interruption dans le midi de la France : il est vrai que là,
l'emphytéose, avec l'établissement de la féodalité, prit ordinairement le caractère d'une tenure féodale ; ce fut, dans les
pays de droit écrit, le type commun des tenures féodales roturières. Mais elle sut reprendre aussi le caractère de tenure
simplement foncière, principalement sous l'influence du droit
romain.

Les tenures simplement foncières se distinguaient juridiquement des tenures féodales par deux différences notables.
1° Elles pouvaient, en principe, être établies sur toute espèce
de fonds, aussi bien sur le domaine utile d'une tenure roturière que sur celui d'un fief : au contraire, les tenures féodales
ne pouvaient être établies que sur un fief ou un alleu[1]. Seule,
l'emphytéose ne pouvait porter que sur un alleu. 2° Les
charges foncières étaient prescriptibles : la propriété en était
affranchie lorsqu'elles n'avaient pas été acquittées pendant le
temps voulu pour la prescription. Au contraire, dans la plupart des coutumes, les charges résultant des tenures féodales
étaient imprescriptibles, même par la prescription centenaire.
« La chose est si triviale, disait Boutaric, qu'il n'est point de
paysan qui l'ignore, point de tenancier qui se croie dispensé
de payer par cette raison que le seigneur n'aura rien exigé
pendant des siècles entiers[2]. »

On voit, par ce qui vient d'être dit, que le plus souvent les
tenures foncières se superposaient aux tenures féodales, grevant, entre les mains du possesseur, la propriété d'une double
charge : celui, par exemple, qui acquérait une censive du
censitaire à charge de rente foncière, devait le cens au seigneur et la rente au crédi-rentier. Aussi, devinrent-elles
aussi gênantes que les tenures féodales elles-mêmes. Elles
avaient été bienfaisantes à l'origine, car elles avaient permis
à bien des cultivateurs d'acquérir la propriété de la terre, ou

cipales de Senlis, p. 178, un acte de 1239, d'où il paraît bien résulter que le
surcens admis n'est pas autre chose que le bail à rente foncière consenti par
le censitaire de la terre tenue en censive.

1. Ci-dessus, p. 214.

2. Traité des droits seigneuriaux, p. 44 et suiv.

E. 42

un droit équivalent, sans en fournir le capital, et moyennant le paiement d'une rente. Mais, de génération en génération, le souvenir du profit originaire s'effaçait, et le fardeau de la charge perpétuelle se faisait plus lourdement sentir. La propriété foncière, dans beaucoup de mains, se trouvait ainsi accablée de charges diverses, résultant du système des tenures, sans compter l'impôt royal et la dîme payée à l'Église[1].

III

L'alleu s'était maintenu en France, contre la féodalité, alors qu'elle était dans toute sa force ; il faillit disparaître par l'action du pouvoir royal. Dès le xvie siècle, les jurisconsultes soutenaient au profit du roi une thèse qui était dans la logique féodale et qui avait pleinement triomphé en Angleterre avec la conquête normande. Ils soutenaient que la maxime : *nulle terre sans seigneur* était d'une vérité générale et absolue, non pas à l'égard des seigneurs, mais à l'égard du roi. Toute terre, située dans le royaume, relevait féodalement du roi, médiatement ou immédiatement, et celle qui ne reconnaissait pas d'autre seigneur direct, devait reconnaître le roi en cette qualité[2]. C'est ce qu'on appela la *directe royale universelle*, et c'était la condamnation de tout franc-alleu, qui devait être transformé nécessairement en fief ou en censive tenus du roi. La royauté n'hésita pas à faire passer cette théorie dans la pratique. Elle procéda d'abord par des instructions données aux collecteurs des droits de francs-fiefs[3] ; puis elle inscrivit sa prétention dans des ordonnances et en fit une loi. Elle est

---

1. Voyez le tableau détaillé de ces charges, dans Boncerf, *Les inconvénients des droits féodaux*, Londres, 1776.

2. Bacquet, *Du droit des francs-fiefs*, ch. II, n° 21 : « Combien que les docteurs, tant légistes que canonistes, tiennent que tous héritages de leur première nature sont alodiaux, francs et libres et qu'on ne les peut prétendre féodaux ou censuels, si l'on ne fait apparoir de l'inventaire ou du bail à cens ou de la prise à rente : toutefois plusieurs sont d'advis que cette maxime en peut estre receue en France où l'on tient communément qu'on ne peut tenir terre sans seigneur ; de fait celui qui prétend son héritage estre tenu en franc alleu, doit faire apparoir de son tiltre exprès et spécial ; autrement, on pourra imposer cens sur son héritage, lequel *il payera au roy* eu esgard aux prochaines terres payans censive, comme il est contenu ès instructions dressées pour le fait des francs-fiefs et nouveaux acquests. »

3. Voyez la note précédente.

nettement formulée dans l'article 383 de l'ordonnance de 1629[1], mais cet article est un de ceux qui furent repoussés par les parlements, lors de l'enregistrement. Un édit de 1692[2] reprit et proclama le principe. Mais le pouvoir royal se heurta à une résistance énergique et pacifique des provinces allodiales, c'est-à-dire, de celles où il existait beaucoup d'alleux. En définitive, il admit une sorte de transaction. Il soumit tous les alleux nobles[3] à la directe de la couronne; et il obtint une finance des propriétaires des alleux roturiers, dans plusieurs provinces, rachat de la liberté de leurs terres, qui ainsi fut maintenue[4].

On le voit, la monarchie absolue ne songea aucunement à accomplir la réforme de la propriété foncière, la plus utile de toutes et la plus désirée au xviii° siècle par la masse de la population. Elle se porta plutôt en sens contraire. Cela ne doit point étonner, car il n'y a pas, dans l'ordre social, de transformation plus profonde. La forme féodale, qui existait depuis des siècles, n'a disparu en Europe que sous l'influence plus ou moins directe de la Révolution française. Dans un grand pays libre, l'Angleterre, qui est restée en dehors de cette influence, elle subsiste encore. Il est vrai que, depuis le xvii° siècle, tout ce qui représentait une prérogative utile ou un profit pécuniaire du seigneur féodal a disparu dans le droit anglais. Il n'est resté qu'une forme particulière de la propriété foncière, gênante à certains égards, mais nullement oppressive. Encore cette transformation incomplète, propre au droit anglais, ne s'est-elle pas uniquement accomplie par une action pacifique: la révolution qui abattit Charles Ier et établit momentanément la république y eut incontestablement sa part[5].

1. « Tous héritages relevant de nous en pays coustumiers ou de droit escrit sont tenus et sujets aux droits de lods, ventes, quints et autres droits ordinaires... et sont tous héritages ne relevans d'autre seigneur censez relever de nous. »

2. Isambert, *Anc. lois*, XX, 165, préambule: « Nous n'avons point de droit ni mieux établi ni plus inséparablement attaché à notre couronne que celui de la mouvance et directe universelle que nous avons sur toutes les terres de notre royaume. »

3. Ci-dessus, p. 219.

4. Sur cette histoire et cette lutte, voyez Chénon, *Histoire des alleux en France*, ch. iv, nos 44-49.

5. Frederic Harrison, *Oliver Cromwell*, London, 1800, p. 129.

SECTION III

LE RÉGIME DES MÉTIERS ET DU COMMERCE

L'organisation des métiers, de l'industrie et du commerce, telle qu'elle s'était développée dans l'ancienne France, avait pour base essentielle les communautés d'artisans et de marchands. La liberté de l'industrie et du commerce n'était point reconnue; elle était remplacée par une réglementation autoritaire, qui se ramenait à trois principes fondamentaux. 1° Tous les artisans et marchands étaient classés par corporations, auxquelles ils ne pouvaient se soustraire, et dont ils subissaient les statuts. 2° Toute personne n'était point autorisée à travailler ou à commercer pour son propre compte en ouvrant boutique ou atelier, et en entrant dans la corporation correspondante. Il fallait, pour cela, subir un stage et un examen professionnel, payer des droits à la corporation et au trésor royal. Le stage était parfois long, l'examen difficile et le nombre des apprentis que chaque patron pouvait prendre était limité légalement. 3° Chaque corporation avait ses règlements propres, qui déterminaient étroitement le genre de fabrication ou de commerce seul permis à ses membres ; ils fixaient aussi les conditions de la fabrication et la qualité des produits mis en vente.

Ce régime s'était constitué peu à peu; il n'avait pas été le résultat d'un plan préconçu. Mais, quand il fut arrivé à son complet développement on prétendit le justifier rationnellement. On soutenait qu'il servait à la fois les intérêts du producteur et ceux du consommateur. D'un côté, en effet, il empêchait l'abaissement exagéré des profits et des salaires, résultat inévitable de la trop grande concurrence, en arrêtant la multiplication inutile des patrons et des ouvriers; d'autre part, il assurait au consommateur un produit sincère et bien fabriqué[1].

---

1. Remontrances de l'avocat général Séguier sur l'édit de 1776, supprimant les jurandes et maîtrises, *Extrait du procès-verbal, du lit de justice tenu...* *le 12 mars* 1776, Paris, 1776 : « La loi a érigé des corps de communautés, a créé des jurandes, a établi des règlemens, parce que l'indépendance est un vice dans la constitution politique, parce que l'homme est toujours tenté d'abuser de la liberté. Elle a voulu prévenir les fraudes en tout genre et remé-

On ne s'apercevait pas qu'on sacrifiait la liberté du travail, la plus légitime de toutes; qu'on rendait impossible le progrès et le bon marché, résultat de l'émulation et de la concurrence.

I

Les corporations d'artisans et de marchands avaient, pour la plupart, une origine très ancienne. Quelques-uns, surtout les corps de marchands, remontaient vraisemblablement aux *collegia* du Bas-Empire[1]. Dans le droit impérial, cette organisation corporative était imposée par la loi, surveillée par l'autorité administrative; après la chute de l'Empire, elle s'était conservée sous la forme d'association libre. Les corps d'artisans, d'ouvriers, avaient souvent une autre origine; ils s'étaient formés pour la défense mutuelle des intérêts; parfois, ils résultaient naturellement de ce que les ouvriers qu'ils comprenaient étaient serfs d'une même abbaye[2]. Mais ce ne furent point des corps fermés, ni une enrégimentation par voie d'autorité. Tous ceux qui, en fait, exerçaient le métier pouvaient y entrer, en se soumettant aux statuts, et aucun ouvrier ou marchand ne songeait à rester en dehors de la corporation. A cette époque, l'homme isolé était sans force et sans droit : le métier ou le commerce absolument individuels étaient impossibles[3]. La liberté du travail avait été cependant restreinte dans la société féodale, en ce que, pour pouvoir exercer la plupart des métiers, il fallait obtenir l'autorisation, moyennant finance, de l'autorité qui exerçait la haute justice dans le lieu, seigneur, municipalité ou pouvoir royal[4]; mais cela suf-

dire à tous les abus. La loi veille également sur l'intérêt de celui qui vend et sur l'intérêt de celui qui achète; elle entretient une confiance réciproque entre l'un et l'autre... » P. 27 : « Tout ouvrier voudra travailler pour son compte... le défaut d'ouvrage et la disette qui en sera la suite, ameutera la foule de compagnons échappés des ateliers, où ils trouvaient leur subsistance. »

1. Ci-dessus, p. 21.
2. Flach, *Les origines de l'ancienne France*, II, p. 378 et suiv.; ci-dessus, p. 286.
3. Gross, *The gild merchant*, p. 43 et suiv.
4. Voyez, par exemple, *Registre de Sainte-Geneviève* (a. 1270), dans Tanon, *Histoire des justices*, p. 307 : « L'an de grâce MCCLXXIX, au mois de mars achetèrent le mestier des bazers à Saint-Maart, Beaudoin de Chalons, Guillaume de Laon, etc., chascun V sols à leur vie, ne plus n'en paieront.

fisait en droit pour ouvrir boutique ou atelier et le nombre des patrons ou des ouvriers n'était pas limité.

Dans le cours des XIII° et XIV° siècles, une transformation se produisit. Les statuts des corporations qui, jusque-là, avaient été le plus souvent purement coutumiers, qui, dans tous les cas, n'avaient que le caractère de règlements intérieurs, furent soumis à l'approbation de l'autorité seigneuriale, municipale ou royale (selon les cas) et devinrent ainsi des règlements publics et administratifs. Cette rédaction se fit, pour Paris, sous le règne de saint Louis, sous la direction d'Étienne Boileau, prévôt des marchands, et elle s'est conservée sous le nom de *Livre des métiers*[1]. Les corporations profitèrent de cette intervention pour limiter, à leur profit, la concurrence. Non seulement les conditions dans lesquelles le métier ou le commerce seraient exercés furent fixées ; mais encore le nombre des apprentis fut déterminé et il fut édicté que personne ne serait admis à la maîtrise qu'après un stage et des épreuves[2]. Dès lors, pour exercer le métier, il fallut, comme précédemment, payer un droit soit à un seigneur, soit au roi, et, de plus, passer par la filière établie et payer des droits à la corporation. Ce régime existe incontestablement pour certaines professions dans le *Livre des métiers*; mais il semble que bon nombre restent encore sous le régime de la liberté[3]. Cette réglementation répondait d'ailleurs à l'opinion commune ; une pareille

---

Et leurs hoirs de leur cors le doivent avoir pour V solz à leurs vies. Et quiconques le voudra avoir d'autres personnes, il l'achètera X solz de l'abbé et du couvent. Et einsint fut accordé au marché fere. »

1. Il a été édité dans la collection des documents inédits pour l'histoire de France, par M. Depping et depuis par M. Lespinasse, dans la collection de l'histoire de Paris. L'introduction donnée par les derniers éditeurs constitue un des travaux les plus important sur le sujet.

2. Parfois on saisit très bien cette initiative des corps de métiers, demandant eux-mêmes la réglementation autoritaire. Ainsi, pour la ville d'Amiens, voyez Augustin Thierry, *Documents sur l'histoire du tiers état*, n° 201 (a. 134), 1, p. 516; n° 202, p. 517; n° 203, p. 540; n° 297 (a. 1300), p. 785 : « Désirans ceux dudit mestier que les fraudes, cautelles, mallces, et le faulx mauvais ouvrage qui en icelle (ville) par aulcuns se commettent à présent cessent du tout, et que en la dicte ville se face meilleur et plus profitable ouvrage dudit mestier, au prouffit et plaisir des acateurs, à la requeste des gens dudit mestier, ordonnons... » C'est toujours l'intérêt public, « le commun profit », que les corporations mettent en avant.

3. Dans le *Livre des métiers*, on trouve souvent cette formule : « Pourra

discipline était considérée comme utile et raisonnable. Pourrait-on s'en étonner, quand on constate que, de nos jours, des idées semblables ne répugnent point à la conscience populaire?

Jusqu'à la fin du xvi° siècle, cette organisation ne fut établie que localement et fragmentairement par des règlements et des lettres patentes spéciales à chaque ville; et beaucoup d'abus s'étaient glissés dans un développement ainsi produit. Cela ne devint une règle générale que par l'ordonnance de décembre 1581, qui l'étendit à tous les arts et métiers[1]. Mais, dans les troubles de la Ligue, les désordres et les abus s'y étant glissés de nouveau, l'organisation fut reprise par un édit de 1597[2]. Cependant, malgré la généralité des termes de ces lois, elle ne s'étendit pas à tous les artisans du royaume. Elle n'existait que dans les villes qui avaient une organisation municipale : les ouvriers des villages et des bourgs demeurèrent sous le régime de la liberté[3].

II

Dans toutes les villes soumises au régime dont on vient de voir la formation, les métiers et commerces étaient répartis en *communautés*, dont chacune était affectée à un travail ou négoce distinct, et qui ne pouvaient empiéter sur leurs domaines respectifs. Le patron ou l'ouvrier ne pouvaient se livrer à un travail qui ne répondait pas à la délimitation légale de leur profession, quelque voisin qu'il en fût d'ailleurs. Ainsi les ébénistes et les tourneurs et menuisiers en meubles appartenaient à des communautés différentes; les cordonniers et bottiers ne

faire le métier quiconque l'aura acheté et saura le fere. » Je crois que cela doit s'entendre dans le sens de la liberté. Sur le régime des métiers aux xiii° et xiv° siècle, voyez G. Fagniez, *Études sur la classe industrielle à Paris au xiii° et au xiv° siècle.*

1. Isambert, *Anc. lois*, XIV, 509. Loyseau, *Des offices*, l. V, ch. vi, n° 77.
2. Isambert, *Anc. lois*, XV, 155. Cf. XIX, 91.
3. Cette liberté leur était enviée par quelques-uns au xviii° siècle. *L'homme en société ou nouvelles vues économiques*, 1763, I, p. 90 : « Il faudrait que cette création de maîtrises en charge regardât tout le royaume et qu'aucun endroit n'en fût exempté pas même les villages, où il faut nécessairement des artisans surtout dans les métiers qui servent à faire les ustensiles propres au labourage et à l'agriculture. »

pouvaient, en travaillant dans le vieux, faire concurrence aux savetiers. Cette démarcation, qui bien souvent n'était pas strictement respectée, donnait lieu à des litiges incessants entre les communautés [1]. Chaque communauté était organisée par *maîtrises* et par *jurandes*.

Les *maîtres* étaient ceux qui avaient seuls le droit de travailler pour leur propre compte, d'ouvrir boutique ou atelier, et de prendre des compagnons (ouvriers) et des apprentis [2]. Le nombre des maîtres n'était point directement limité par la loi; mais il était difficile et coûteux d'arriver à la maîtrise [3]. Il fallait commencer par être apprenti pendant un temps déterminé, puis compagnon (ouvrier) également pendant un certain nombre d'années. Enfin, il fallait subir un examen professionnel, consistant surtout dans le *chef-d'œuvre;* on entendait par là la confection d'un objet rentrant dans les données du métier, mais pour lequel les difficultés à vaincre étaient inutilement accumulées [4]. D'autre part, il y avait des droits à payer, les uns au trésor royal, qui continuait ainsi à vendre le métier, les autres à la communauté : droits d'entrée, de bienvenue et de banquet [5]. De plus, à chaque avènement d'un nouveau roi, les

1. Le préambule de l'édit de 1776 parle (Isambert, XXIII, 176) « des procès interminables qu'occasionnent entre toutes ces communautés leurs prétentions respectives sur l'étendue de leurs privilèges exclusifs. » — *L'homme en société*, I, p. 122: « Peut-être a-t-on eu dans les commencemens de bonnes raisons pour les morceler ainsi; mais il est arrivé que ces professions ainsi limitrophes les unes des autres ont perpétuellement des procès ensemble. »

2. Représentations de Séguier, *loc. cit.*, p. 27: « Donner à tous vos sujets indistinctement la faculté de tenir magasin et d'ouvrir boutique, c'est violer la propriété des maîtres qui composent les communautés. »

3. Préambule de l'édit de 1776 : « Leur esprit général (des statuts) est de restreindre le plus possible le nombre des maîtres, de rendre l'acquisition de la maîtrise d'une difficulté presque insurmontable pour tout autre que pour les enfants des maîtres actuels. »

4. *Ibidem :* « La multiplicité des frais et des formalités de réception, la difficulté du chef-d'œuvre, toujours jugé arbitrairement, surtout la cherté et la longueur inutile des apprentissages et la servitude prolongée du compagnonnage. »

5. Cependant l'auteur d'un livre curieux plusieurs fois cité se plaignait qu'il y eût encore trop de maîtres; *L'homme en société*, I, p. 90 : « On ne cherche qu'à recevoir de nouveaux maîtres parce qu'il y a de nouveaux droits à percevoir... Ces gens après avoir payé leur maîtrise et fait un établissement sont souvent un temps considérable sans rien gagner, faute de pratiques ou parce que le nombre des maîtres est trop grand. » Aussi proposait-il de transformer les maîtrises en charges vénales et héréditaires, comme les offices.

maîtres en exercice payaient une finance au trésor royal ; c'était le prix de la confirmation tacite de leurs privilèges[1]. En revanche, les statuts des corporations faisaient des avantages signalés aux fils des maîtres ; pour eux, le temps de l'apprentissage ou du compagnonnage était diminué, les droits pécuniaires abaissés, la réception rendue plus facile. Il résultait de ce système que la condition de l'apprenti était assez bonne et l'apprentissage sérieux, quoiqu'il fût payé cher. Mais celle des simples compagnons était défavorable en ce sens surtout qu'elle était sans issue ; ils n'avaient guère d'espoir d'arriver à la maîtrise et souvent les statuts des communautés leur interdisaient le mariage[2] : ils avaient seulement la ressource d'aller de ville en ville chercher du travail ; de là, l'habitude du *tour de France* et les sociétés de compagnonnage.

On pouvait, il est vrai, arriver à la maîtrise d'une autre façon ; mais elle présentait une application plus nette encore du privilège. Le roi, en vertu de sa souveraineté, pouvait directement créer par lettres patentes des maîtres dans telle ou telle communauté. Ces lettres de maîtrise étaient surtout émises à l'avènement d'un nouveau roi[3] ; elles étaient données ou délivrées moyennant finance. Le plus souvent, d'ailleurs, elles étaient rachetées par les communautés elles-mêmes, désireuses de ne point voir s'augmenter ainsi le nombre de leurs maîtres.

La *jurande* était la juridiction professionnelle de la communauté. Elle était composée d'un certain nombre de maîtres élus par les autres, et qui prêtaient serment en justice à cette qualité, de là le nom de *jurés*. Les jurés étaient chargés de veiller à l'observation des règlements sur l'apprentissage, la fabrication et la vente. Parfois, ils avaient le droit de prononcer des peines disciplinaires, mais, généralement, il ne pou-

---

1. Lefebvre de la Planche, *Traité du domaine*, t. IX, ch. i, n° 22.

2. *L'homme en société*, I, 93 (il parle des ouvriers qui arrivent à la maîtrise sans pouvoir en tirer profit) : « La misère où ces familles sont réduites les met hors d'état d'élever leurs enfants. *S'ils fussent demeurés garçons (ce qu'on appelle compagnons)* ils auroient toujours trouvé de l'occupation, soit dans une ville, soit dans une autre. »

3. Lefebvre de la Planche, *op. cit.*, t. IX, ch. i, n° 22 ; voyez un édit du mois de mai 1767, créant ainsi « des brevets ou privilèges qui tiendront lieu de maîtrise ». Isambert, *Anc. lois*, XXII, 469.

vaient que faire rapport et poursuivre les contrevenants devant les tribunaux[1]. C'étaient eux aussi qui, parfois, avec l'adjonction d'un certain nombre de maîtres ordinaires, étaient chargés de statuer sur la réception à la maîtrise et particulièrement sur le chef-d'œuvre[2].

Envisagées à un autre point de vue, les communautés étaient des personnes morales, capables de posséder, de contracter, d'emprunter, et souvent elles étaient frappées d'impositions spéciales par le pouvoir royal. Enfin, ordinairement, la communauté était doublée d'une *confrérie religieuse*, ayant son patron et observant certaines fêtes, certaines pratiques religieuses ou charitables. Ces confréries étaient, pour la plupart, très anciennes; elles avaient souvent été, au moyen âge, la forme naturelle et primitive de l'association, qui obtenait ainsi la protection de l'Église[3]; elles avaient subsisté par la force de la tradition. Mais, bien que les membres de la communauté et de la confrérie correspondante fussent les mêmes, elles étaient distinctes en droit. La communauté était une organisation officielle et administrative, la confrérie était une association libre. La première pouvait subsister, quoique la seconde disparût; c'est ce qui arriva lorsque l'ordonnance de Villers-Cotterets (art. 185 et suiv.) supprima et interdit momentanément toutes les confréries.

Les corps de métiers ne représentaient que la petite industrie, la seule qui fût connue au moyen âge. Lorsque naquit la grande industrie des fabriques, spécialement sous la protection de Sully et de Colbert, naturellement elle fut soumise à un autre régime, mais ce ne fut pas non plus celui de la liberté; tout au contraire, ce fut le monopole.

---

1. Loyseau, *Des seigneuries*, ch. ix, n° 49: « De la police du baron ou chastelain dépend d'avoir corps de mestiers en sa ville, d'y faire eslire chascun an des jurez, visiteurs et gardes de chascun mestier, qui soient tenus par certain temps de rapporter et affirmer devant le juge ordinaire les visitations qu'ils auront faites chez chacun maistre de leur mestier. »

2. Il semble d'ailleurs que cette juridiction disciplinaire fonctionnait assez mal. *L'homme en société*, I, 89: « S'il y a des règlements rigoureux et gênans à faire observer, ce n'est que contre les pauvre maîtres qu'on veille à leur exécution, ou contre ceux qui ne briguent pas l'honneur de passer par les charges. Car ce n'est que pour se tirer de la vexation qu'on se détermine à se mettre sur les rangs. »

3. Flach, *Les origines*, II, p. 373, 382.

Pour créer une fabrique, il fallut des lettres patentes du roi, autorisant la fondation, et, en même temps, elles attribuaient au concessionnaire un droit exclusif de fabrication, dans une région déterminée ; elles fixaient souvent aussi, les conditions de la fabrication ou même de la vente.

III

Ce régime fut vivement attaqué par les publicistes et économistes du xviiiᵉ siècle ; et il suffisait de ses exagérations dernières pour en sentir l'absurdité. Comment justifier que les bouquetières, les fruitières et les perruquiers, par exemple, dussent faire le stage professionnel et subir l'examen pour exercer leur métier ? Turgot, arrivé au ministère, résolut d'appliquer les doctrines de l'école à laquelle il appartenait, et il fit adopter par le roi, au mois de février 1776, un édit supprimant les jurandes et communautés de commerce, arts et métiers[1] : le préambule contient un intéressant exposé sur les origines et le système de cette organisation. Il établissait en principe la liberté du commerce et des arts manuels : il suffisait dorénavant, pour ouvrir boutique ou atelier, de faire une déclaration à la police. Les contestations sur les malfaçons seraient jugées à Paris par le lieutenant de police. Seules, la pharmacie, l'imprimerie, l'orfèvrerie étaient soumises au régime de l'autorisation préalable. Par suite, toutes les maîtrises existantes étaient supprimées ; elles l'étaient même sans indemnité ; car, disait le préambule, « les maîtres qui composent actuellement les communautés, en perdant le privilège exclusif qu'ils ont comme vendeurs, gagneront comme acheteurs à la suppression du privilège exclusif de toutes les autres communautés. » L'édit ne s'arrêtait pas là. Ayant brisé l'ancienne organisation autoritaire, et craignant qu'elle ne se reformât par le seul jeu des initiatives privées, il interdisait toute organisation libre par voie d'association entre les membres d'un même métier ou commerce. Les anciennes confréries étaient supprimées en même temps que les communautés ;

---

1. Isambert, *Anc. lois*, XXIII, 570.

défense était faite aux maîtres, compagnons et apprentis, de former aucune association ni assemblée sous quelque prétexte que ce fût.

L'édit ne s'appliquait immédiatement qu'à la ville de Paris; la suppression des communautés devait avoir lieu successivement dans les villes des provinces. Il ne concernait point la grande industrie des fabriques, mais, pour celle-là aussi, Turgot, par une série d'arrêts du conseil, avait corrigé sur divers points les excès du monopole et introduit, dans une certaine mesure, le régime de la liberté[1]. L'édit de 1776 fut assez mal accueilli par le public; il souleva la résistance du parlement, qui se fit l'interprète de l'opinion[2] et dut être enregistré dans un lit de justice. La réforme qu'il avait opérée fut d'ailleurs éphémère. Après la disparition de Turgot, au mois d'août 1776, parut un nouvel édit qui rétablissait l'organisation ancienne, purgée de ses vices les plus sensibles[3]. Il était créé, à Paris, six corps de marchands et quarante-quatre communautés d'artisans. Beaucoup d'anciennes communautés, autrefois distinctes, se trouvaient maintenant réunies. La plupart des formalités et des frais inutiles pour arriver à la maîtrise étaient abolis; le chef-d'œuvre était supprimé. Mais le côté fiscal était rétabli en ce qui concernait les droits du trésor royal. Cette restauration elle-même ne devait pas avoir une bien longue durée; les lois de l'assemblée constituante reprirent, dans ses traits essentiels, la réforme que Turgot avait un instant réalisée.

---

1. *Mémoires sur la vie et les ouvrages de M. Turgot*, Philadelphie, 1782, II, p. 116 et suiv.

2. J'ai cité plusieurs fois les remontrances présentées par l'avocat général Séguier.

3. Isambert, *Anc. lois*, XXIV, 74.

QUATRIÈME PARTIE

LA COUTUME ET LA LOI

DEPUIS LA FORMATION DU DROIT COUTUMIER

Le droit privé et criminel, dans la monarchie franque, était déterminé d'une façon très particulière. Il était *personnel* le plus souvent, variant selon la race à laquelle appartenaient les sujets du royaume. D'autre part, on vivait, en principe, sous l'empire de *la loi écrite*. Beaucoup des lois, dont on suivait les dispositions, étaient d'ailleurs, pour la plus grande partie, d'anciennes coutumes; mais elles avaient été arrêtées dans une rédaction officielle. Qu'il s'agît des *Leges barbarorum* ou des *Leges Romanorum*, le juge devait se reporter à un texte officiel ou autorisé. A côté des lois personnelles, s'appliquaient les lois communes à tous, les capitulaires des rois. Mais, dans le droit séculier de la monarchie franque, il n'y avait aucune place pour la coutume proprement dite, ou du moins celle-ci ne pouvait être invoquée tant que, sur le point litigieux, on trouvait un texte de loi. Parallèlement au droit séculier, s'appliquait le droit canonique, dont j'ai montré la portée et indiqué les sources anciennes.

Mais tout cela devait changer dans la décomposition de la monarchie. Les lois personnelles et les capitulaires tombèrent en désuétude, et, à leur place, se formèrent des coutumes territoriales. Le droit romain lui-même cessa d'être consulté comme loi écrite, et ses règles ne subsistèrent, dans certaines régions, qu'en passant dans la coutume : celle-ci, à un moment donné, détermina seule tout le droit séculier, public et privé. Cette

1. Capitul. de 802, c. xxvi (Boret., 1, 96) : « Ut judices secundum scriptam legem juste judicent, non secundum arbitrium suum. » — *Pippini cap. ital.* 790, c. x (p. 201) : « Ubi lex est praecellat consuetudinem et nulla consuetudo superponatur legi. » — Waitz, *Deutsche Verfassungsgeschichte*, III², p. 623 et suiv.

période chaotique, qui, suivant les lieux, comprend une partie
plus ou moins grande des x⁰ et xi⁰ siècles, finit partout dans le
cours du xii⁰. Une première législation, le droit romain, renaît
en effet et sort de l'oubli dans la seconde moitié du xi⁰ siècle. Dans
le cours des deux siècles suivants, il rentra en vigueur, tantôt
s'appliquant à côté de la coutume, tantôt la refoulant ou la
transformant; et, jusqu'à la fin de l'ancien régime, dans une
mesure variant suivant les lieux et les matières, il resta en
vigueur comme loi impérative. Dans le cours du xii⁰ siècle, la
législation royale ou princière rentra aussi en activité, et, à
partir du xiv⁰, elle forma, soit pour le droit public, soit pour
le droit privé, un ensemble de règles dont l'importance alla
toujours croissant : elle transforma même, au cours du xvi⁰ siècle,
la plupart des coutumes importantes en véritables lois. Pendant que cette évolution s'était accomplie, le droit canonique
avait eu son développement propre et ininterrompu; alors
que la législation séculière s'arrêtait complètement, la législa-
lation de l'Église continuait son action. Le droit canonique,
profondément pénétré par la renaissance du droit romain,
devenait un vaste système juridique, complet, et méthodique.
Il exerçait à son tour une influence profonde sur certaines
parties du droit séculier, et restait, dans une certaine mesure,
jusqu'à la fin de l'ancien régime, à l'état de loi impérative et
appliquée. De cette esquisse rapide, il résulte que l'ancien droit
français, privé et criminel, se composait, en définitive, de
quatre législations ou systèmes juridiques distincts, qui s'appliquaient parallèlement et distributivement : la coutume, le
droit romain, la législation des ordonnances et le droit canonique. Je vais les reprendre successivement, afin d'étudier
rapidement le développement propre et les sources principales
de chacun d'entre eux [1].

---

[1]. Cette quatrième partie est sensiblement moins développée que les trois
premières. Cela tient à la nature de l'enseignement; d'autre part on peut
trouver sur les sources du droit des renseignements précis et complets dans
d'excellents livres déjà publiés. Je renvoie, pour ce qui sera omis ici, à
l'*Histoire du droit français*, de M. Viollet, 2⁰ édit., 1893; à l'*Histoire des institutions et du droit de la France*, de M. Glasson; enfin à l'exposé qu'a donné
M. Brunner, dans l'*Encyclopädie der Rechtswissenschaft* de Holtzendorf, 1880,
p. 305 et suiv.

CHAPITRE PREMIER

La coutume et le droit romain

---

§ 1ᵉʳ. — FORMATION DES COUTUMES TERRITORIALES. PAYS DE DROIT
ÉCRIT

I

Le régime suivi dans la monarchie franque pour l'application
du droit privé et criminel était compliqué, fécond en difficultés
et par conséquent délicat et fragile. Il est même étonnant qu'il
ait pu se conserver aussi longtemps, car il ne disparut en France
que dans le cours du xᵉ, et, pour certaines régions, du xiᵉ siècle.
De même qu'il s'était naturellement établi et imposé [1], de
même il cessa naturellement et par la force des choses, lorsqu'il fut devenu absolument impraticable.

Le système de la personnalité des lois impliquait deux conditions nécessaires. En premier lieu, il fallait dans chaque
procès déterminer la race du défendeur pour lui appliquer sa
loi personnelle; or, à mesure que l'époque des établissements
barbares reculait dans le passé, cette détermination devenait
plus difficile, les races se croisant par les mariages, ce qui
devait amener en même temps le contact constant et le mélange des diverses lois. D'autre part, il fallait que les juges
fussent capables de connaître et de comprendre le texte des
leges multiples et celui des capitulaires; or l'ignorance et la
barbarie montaient constamment, comme un flux irrésistible, et
l'homme sachant lire devenait une rareté. Dans ces conditions,
un résultat était inévitable : on dut laisser de côté le texte des

1. Ci-dessus, p. 56.

E.   43

lois et répudier la personnalité du droit, et, dans chaque région ayant une individualité propre, il se forma une coutume, régissant uniformément, sans distinction de race, tous ceux qui y étaient domiciliés. Naturellement, ce furent, dans chaque pays, les *leges* des races dominantes qui fournirent les éléments constitutifs de la coutume. Mais les *leges* n'en tombèrent pas moins en désuétude : aux *lois personnelles* succédèrent des *coutumes territoriales*. C'est un résultat qui se produit suivant les pays, un peu plus tôt ou un peu plus tard, mais les dernières traces des lois personnelles disparaissent dans le cours du xi° siècle [1]. Encore, depuis longtemps, ce n'étaient plus des lois, mais simplement des coutumes. On peut affirmer que, dans le cours du x° siècle, si un plaideur revendique la loi salique, burgonde ou romaine comme sa loi personnelle, les juges ne consultent plus le texte de la loi, mais seulement les usages suivis par les hommes qui vivent sous la loi invoquée [2]. La *lex* est devenue coutume, tout en conservant le caractère de personnalité [3]. Mais la coutume territoriale, uniforme pour tous, s'imposait en quelque sorte à raison de sa commodité et de sa plus grande simplicité, comme système juridique. Aussi sa formation commence-t-elle de bonne heure [4] et son triomphe définitif est amené par le mélange des races et, par suite, des lois personnelles [5].

1. Voir Thévenin, *Textes relatifs aux institutions privées et publiques, aux époques mérovingienne et carolingienne*, en se reportant à la *Table méthodique* v^is *Personnalité* et *Territorialité des lois*.

2. Thévenin, *Textes*, p. 241, note 1 ; p. 202, note 2. — Schulte, *Lehrbuch der deutschen Reichs-und-Rechtsgeschichte*, 4° édit., p. 144, note 2. — Brunner, *Deutsche Rechtsgeschichte*, I, p. 340.

3. Cependant, en 864, l'édit de Pistes paraît bien renvoyer au texte même de la loi romaine; parlant du faux monnayeur, il dit, c. xvi : « In illa terra in qua judicia secundum legem Romanam terminantur secundum illam legem judicetur. Et in illa terra in qua judicia secundum legem Romanam non judicantur, monetarius... falsi denarii manum dexteram perdat sicut in quarto libro capitulorum continetur, capite trigesimo tertio. » Le renvoi au *capitularium* implique parallèlement le renvoi au Bréviaire. — Il ne faut pas croire d'ailleurs que ce passage suppose l'application du droit romain, *comme loi territoriale*, dans une partie du pays; il vise seulement les régions où la loi romaine était la loi personnelle de la population dominante.

4. Marculfe, en composant son recueil de formules, indique déjà qu'il les rédige, d'après la coutume traditionnelle des lieux, préface : « Haec quæ apud majores meos, *juxta consuetudinem loci quo degimus*, didici. »

5. Brunner, *op. cit.*, I, p. 255, 256.

En même temps que les *leges*, les capitulaires tombaient en
désuétude, et plus facilement encore. Cette législation touffue
et incessamment modifiée ou complétée n'avait pas pénétré
profondément dans la conscience populaire, comme les lois
personnelles, qui constituaient pour chaque race un patrimoine
national; on voit, par les objurgations qui y sont adressées
aux officiers royaux, que ceux-ci la faisaient mal appliquer le
plus souvent. Dans le cours du xe siècle les capitulaires tombent
dans l'oubli : quelques-unes de leurs prescriptions se maintien-
dront seulement en passant dans la coutume. Les capitulaires
ecclésiastiques se maintinrent mieux en ce que certains d'entre
eux furent conservés au nombre des textes qui faisaient
autorité dans l'Église et entrèrent ainsi dans le droit canonique écrit : l'Église avait même conservé la connaissance du
recueil des capitulaires de Benedictus Levita, comme elle avait
conservé en France celle du Bréviaire [1]. Mais, pour le droit
séculier, il fut une période, celle des xe et xie siècles, où la loi
n'existait plus, et où tout était réglé par la coutume : sans
doute celle-ci, selon les régions, était plus ou moins imprégnée
de droit germanique ou de droit romain; mais, du nord au
midi, c'était la coutume qui régnait sans partage. Ces premières
coutumes présentaient deux caractères principaux. — Elles
étaient strictement locales, ne s'appliquant qu'en un lieu étroitement limité : la raison en est très simple. Les coutumes territoriales ne furent point, comme on l'a dit parfois, une création
propre de la féodalité; mais leur formation coïncida dans le
temps avec l'établissement des institutions féodales. Or la
féodalité avait créé, dans le royaume, un nombre immense de
justices absolument souveraines; chacune d'elle eut au début
sa coutume particulière. — En second lieu, ces coutumes furent
longtemps flottantes et mal dégagées; on peut dire que, pendant une certaine période, la justice fut souvent rendue, non
seulement sans loi, mais encore sans règle fixe.

1. Yves de Chartres le cite à la fin du xie siècle, *Ep.* *CLXXI*; de même
qu'il cite le Code théodosien d'après le Bréviaire *Ep. CCXII.*

II

La renaissance des études de droit romain, qui se produisit dans la seconde moitié du xi° siècle, et qui a'teignit sa pleine floraison au xii°[1], introduisit un élément nouveau. Elle révolutionna le droit privé plus profondément encore que le droit public[2]. Partout le droit romain exerça son influence scientifique, servant de modèle aux jurisconsultes, et faisant pénétrer dans la jurisprudence des principes directeurs ; dans certaines régions, il se fit recevoir comme loi véritable, comme loi écrite et impérative. Dans le midi de la France, où la coutume avait été profondément imprégnée de droit romain, où les populations vivaient en réalité sous l'empire du droit romain, passé à l'état de coutume, les lois romaines, remises en lumière et en honneur, prirent sans difficulté force de loi vivante. Cela se fit naturellement, par le consentement des populations, par l'autorité de la coutume. Ce fut comme un pays qui, ayant perdu ses codes, aurait vécu pendant quelques siècles sur leur seul souvenir, et qui les retrouverait un beau jour. Plus tard, nos anciens jurisconsultes étaient assez embarrassés pour expliquer cette valeur acquise dans une portion de la France par le droit romain. Ils craignaient d'y voir un signe de cette suprématie prétendue par l'Empire, et contre laquelle ils protestaient : ils disaient généralement que c'était un effet de la bienveillance des rois de France, qui avaient permis aux populations de se servir des lois romaines[3]. Mais si quelques provinces du midi, lors de leur réunion à la couronne[4], avaient

---

1. Ci-dessous, § 4.

2. Ci-dessus, p. 330.

3. Ferrault, *De jur. liliorum*, priv. 1 : « Pro regno Franciæ, quod nunquam fuit subjectum Imperio nec est spes quod'obediat, et si legibus imperialibus utimur, ille usus permissus est, quatenus lex regni non disponit. » — Ferrière, *Histoire du droit romain*, Paris, 1718, p. 290 : « Ce n'est qu'en vertu d'un privilège spécial de nos rois que ces provinces se sont conservées dans l'usage où elles étoient de se conformer aux lois romaines. D'où il faut conclure que ce droit romain n'a pas force de loy dans ces provinces par l'autorité de ses législateurs, mais seulement par une concession que nos rois leur en ont bien voulu faire. » — Ci-dessus, p. 331.

4. Degrassalius, *Regalium Franciæ*, lib. 1, p. 121 : « In patria juris scripti, ut est lingua occitana, quæ ex contractu seu conventione iulta cum rege christianissimo, et in institutione curiæ parlamenti Tolosæ debet regi jure

en effet, obtenu la confirmation de ce privilège, c'était bien par un phénomène naturel que ces lois étaient tout d'abord rentrées en vigueur. Dans les régions du centre ou du nord, où la coutume avait été beaucoup moins imprégnée de droit romain, celui-ci ne se fit point recevoir en bloc et en qualité de loi écrite et positive. La coutume resta le droit commun, protégée par l'autorité royale[1], et le droit romain ne put s'imposer qu'en s'infiltrant dans la coutume, en modifiant ses règles par l'influence de la pratique, et en en comblant les lacunes. Cette infiltration fut d'ailleurs très considérable, et se fut étendue probablement plus loin encore, si elle n'avait été arrêtée par la rédaction officielle des coutumes, dont il sera parlé plus loin. Ainsi s'établit la division de l'ancienne France en *pays de coutumes* et *pays de droit écrit*. Elle est nettement établie dès le commencement du XIII° siècle, car elle figure dans une décrétale d'Honorius III, de 1219[2]; elle est reproduite dans l'ordonnance sur le parlement de janvier 1278[3]; enfin, elle est visée dans les lettres de Philippe le Bel, qui reconnaissent en 1312, l'Université d'Orléans[4]. Elle subsistera jusqu'à la Révolution, et même jusqu'à la promulgation du Code civil. Disons quelle était la détermination géographique des deux zones, et quel était au juste le régime suivi dans chacune d'elles pour le droit privé.

La ligne séparative des pays de coutume et des pays de droit écrit n'était point représentée par la Loire, comme on le dit

---

scripto, ut late per dominum Gulielmum Benedicti in repetitione *C. Raynutius*, in v° *Et uxorem* in II decis. »

1. Ordonnance de 1278, art. 9 : « Li advocat ne soient si hardi d'eus mesler d'alleguier droit escrit, la ou coustumes aient lieu, mais usent des coustumes. »

2. C. 28, X, *De privileg.*, V, 33 : Quia in Francia et nonnullis provinciis laici Romanorum legibus non utuntur. » C'est la bulle qui interdit l'enseignement du droit romain à l'Université de Paris et dans les lieux voisins. — *Francia* est pris là dans un sens particulariste, l'Ile de France.

3. Ci-dessus, note 1.

4. Marcel Fournier, *Statuts et privilèges des Universités françaises*, I, n° 37 : « Regnum nostrum consuetudine moribusque præcipue non jure scripto regitur, licet in partibus ipsius regni quibusdam subjecti ex permissione nostrorum progenitorum et nostra juribus scriptis utantur in pluribus, non ut juribus scriptis ligentur, sed consuetudine juxta scripti juris exemplar introducta. »

trop souvent. Elle coïncidait à peu près avec la ligne séparative des patois de Langue d'oc et des patois de Langue d'oïl, telle qu'on l'a relevée de nos jours. En partant de l'ouest, elle longeait la limite septentrionale de la Saintonge, du Périgord, du Limousin; puis, descendant quelque peu vers le sud, elle coupait l'Auvergne à la hauteur de Murat et de Saint-Flour; elle remontait alors et empiétait sur le duché de Bourgogne, englobant le Mâconnais; elle passait ensuite au nord de la Bresse et finissait à Gex[1]. Les provinces qui se trouvaient au nord de cette ligne étaient pays de coutumes, celles qui se trouvaient au sud, pays de droit écrit : cependant, il y avait des îlots de droit écrit dans la zone coutumière. Une province très importante, l'Alsace, était pays de droit écrit[2], mais, par suite d'un autre développement. Elle avait été comprise dans le mouvement qui amena, au XIVᵉ siècle, la réception du droit romain comme droit commun dans les pays allemands. Cinq parlements, ceux de Toulouse, Bordeaux, Grenoble, Aix et Pau, et le conseil souverain d'Alsace, ne comprenaient dans leur ressort que des pays de droit écrit; deux parlements, ceux de Paris[3] et de Dijon, comprenaient, en partie, des pays de droit écrit. Tout le reste était pays de coutumes.

Quant au régime qui était celui de chacune des deux zones, il ne faudrait pas croire que d'un côté le droit romain s'appliquât seul et que de l'autre la coutume régnât sans partage : de part et d'autre, le droit romain recevait son application et l'on trouvait des coutumes. Mais le régime n'en était pas moins profondément différent. Dans les pays de droit écrit, le droit romain formait le droit commun et général. C'était dans la compilation de Justinien que l'on en trouvait l'expression autorisée. Le Digeste, le Code de Justinien, les Institutes, les Novelles avaient la valeur de véritables codes, au sens moderne du mot; et, comme on avait reçu en bloc cette législation, telle qu'elle avait été promulguée au VIᵉ siècle par l'empereur, on faisait tout naturellement prédominer les parties les plus

---

1. Voyez la carte ⸱ se trouve dans l'*Histoire du droit français* de Warn-Rönig et Stein, t. II.

2. *Répertoire* de Guyot, vᵒ *Alsace*.

3. Les pays de droit écrit du parlement de Paris étaient le Forez, le Beaujolais et une partie de l'Auvergne.

récentes sur les parties plus anciennes. En cas de règles divergentes contenues dans cette vaste compilation, on donnait le pas au Code sur le Digeste et aux Novelles sur le Code. Mais, les lois romaines cédaient elles-mêmes le pas à la coutume ; lorsqu'il en existait une, c'était elle qui, sans conteste, devait être appliquée[1].

Il y eut anciennement de très nombreuses coutumes dans les pays de droit écrit, qui, pour la plupart, furent rédigées et publiées par l'autorité seigneuriale ou royale, du XII° au XV° siècle[2]. Presque toutes, il est vrai, étaient des coutumes locales, restreintes à une ville et à sa banlieue, au territoire d'un bourg. Très peu de coutumes générales s'y formèrent ; on peut en citer cependant, comme les statuts de Provence et la coutume de Bordeaux qui s'étendait à tout le diocèse de Bordeaux. Mais, presque toutes ces coutumes tombèrent en désuétude dans les trois derniers siècles de l'ancien régime, du XVI° au XVIII° siècle, et laissèrent le champ libre au droit romain. Cela se fit par l'action des jurisconsultes, qui considéraient les règles coutumières, divergentes du droit romain, comme ayant un caractère odieux, et par la jurisprudence des parlements, qui abondèrent dans le même sens[3]. Seules, se maintinrent en vigueur celles qui furent comprises dans la rédaction officielle des coutumes, accomplie à partir de la fin du XV° siècle par le pouvoir royal.

Il y eut une branche importante de l'ancien droit qui échappa toujours, dans les pays de droit écrit, à l'empire du droit romain, je veux dire les matières féodales, les règles déterminant les droits des seigneurs justiciers ou fonciers. Le droit romain, qui n'avait pas connu les fiefs, ne contenait rien qui les concernât. Comment ces questions étaient-elles jugées en pays de droit écrit, lorsqu'il n'existait pas de coutumes locales

---

1. Johannes de Casaveteri, *Consuetudines Tolosæ*, Toulouse, 1544, p. 2 v° : « Ex quibus infero quod consuetudines Tolosæ vincunt legem scriptam. »
2. Émile Jarriand, *Histoire de la Novelle 118 dans les pays de droit écrit;* thèse pour le doctorat, ch. XII, p. 254 et suiv. : *Géographie coutumière des pays de droit écrit;* du même : *La succession coutumière dans les pays de droit écrit,* suivie d'un tableau des coutumes des pays de droit écrit, dans la *Nouvelle Revue historique de droit,* 1890, p. 30 et suiv. ; 222 et suiv.
3. Voyez les ouvrages cités de M. Jarriand.

qui les eût tranchées ? On fut souvent tenté de leur appliquer
les règles du droit féodal lombard, contenues dans un recueil
célèbre, appelé *Libri* ou *Consuetudines feudorum*. Ce recueil
composite et successivement formé à partir de la seconde moitié du xi° siècle, avait reçu sa forme dernière au xiii[1]; c'était
à l'école de Bologne qu'il avait été arrêté dans son texte définitif; il y était expliqué et commenté, comme les textes de
la compilation de Justinien, et il avait reçu d'elle sa glose,
comme les autres parties du *Corpus juris civilis*. Il formait
donc, dans l'enseignement de l'école qui répandit sur l'Europe
l'enseignement du droit romain restauré, comme un appendice de la compilation de Justinien[2]; selon quelques-uns, il
devait même être considéré comme faisant partie intégrante
du *Corpus juris civilis*[3]. On conçoit, d'après cela, que, dans les
pays où le droit romain s'était fait recevoir comme loi impérative et commune, on fut tenté d'accueillir au même titre les
Libri feudorum; et, de fait, ils furent reçus par certains pays
de droit écrit, le Dauphiné par exemple[4], sauf certaines modifications établies par l'usage. Mais ce fut généralement la solution contraire qui l'emporta. On n'accorda aux *Libri* qu'une
valeur simplement doctrinale[5], et, dans chaque province de droit
écrit, il s'établit, pour le règlement des matières féodales, une
coutume générale non écrite, dont l'expression se trouvait dans
la jurisprudence des parlements. C'était, d'ailleurs, cette ju-

1. Karl Lehman, *Die Entstehung der Libri feudorum*, Rostock, 1891.
2. C'est par suite de cette tradition encore agissante que la plupart des
éditions du *Corpus juris civilis* contiennent encore les *Libri feudorum*.
3. Du Moulin, sur la coutume de Paris, tit. *Des fiefs*, rubrique, n° 26 :
« Ex prædictis consequitur falsum esse, quod vulgo quidam operantur, refert
et sequitur Jason post plures, librum feudorum esse de coïpore juris civilis ;
nam non magis est de corpore juris quam lex Longobarda vel consuetudo
Aurelianensis. »
4. Guy Pape, *Decisiones*, qu. 297 : « Constitutiones feudales clausæ in libris
feudorum faciunt jus commune apud omnes... Facit bene cap. I de feud. cog.
et ita etiam in hoc patria Delphinatus ; sicut jus scriptum servatur, exceptis
aliquibus in quibus consuetudo contraria in hac patria reperitur. »
5. Du Moulin, sur la *Coutume de Paris*, tit. I, rubrique, n° 112 : « Ita tenet
Petrus Jacobi, quod consuetudines scriptæ in libro feudorum a principio
usque ad finem pro nihilo haberi debent quantum ad nos in toto regno
Franciæ : non tamen nego quin decore allegari possint in causis in quantum
sunt conformes contractui vel nostræ consuetudini, ad notitiam vel conformi-
tatem antiquitatis, sed non ad decisionem. » Du Moulin étend expressément

risprudence qui, seule, fournissait le sens exact des lois romaines, telles qu'elles étaient appliquées dans ces pays[1]. En effet, en s'appropriant une législation, faite tant de siècles auparavant et pour une civilisation aussi différente, ils avaient dû nécessairement en changer le sens et la portée véritables. La pratique et la doctrine s'étaient ingéniées à la mettre en harmonie avec les besoins et les idées des temps nouveaux. Il s'était fait tout un travail d'adaptation et d'interprétation, analogue à celui qui a produit dans les pays allemands le *droit romain moderne (Heutiges römisches Recht)*, celui qui forme encore la base et le fonds commun de leur droit privé[2].

Dans les pays de coutumes, le droit coutumier représentait le droit commun, et nos anciens jurisconsultes avaient grand soin de distinguer la coutume française des statuts municipaux qu'on trouvait en Italie, et dont parlaient fréquemment les docteurs italiens. Le droit commun en Italie, comme dans nos pays de droit écrit, était le droit romain ; les statuts des villes représentaient, par conséquent, un droit exceptionnel, qu'on devait restreindre le plus possible. Au contraire, les coutumes des pays coutumiers tenaient, comme droit civil, la place du droit romain ; ils étaient le fondement de la législation propre des Français[3]. Là, d'ailleurs, par diverses causes, et

sa doctrine à la Provence et même au Dauphiné, malgré le témoignage de Guy Pape, *ibid.*, nos 105, 113 et suiv.

1. Pour chaque parlement, il a été publié un ou plusieurs recueils d'arrêts qu'il faut tout d'abord consulter pour connaître le droit de chaque province. En outre, il y a des ouvrages généraux sur le droit romain tel qu'il était suivi dans les pays de droit écrit : Boutaric, *Les Institutes de l'empereur Justinien conférées avec le droit françois*, Toulouse, 1740; Claude de Serres, *Les institutions du droit françois suivant l'ordre de celles de Justinien, accommodées à la jurisprudence moderne et aux nouvelles ordonnances*, Paris, 1753.

2. Par suite de la réception du droit romain en Allemagne, au XIVe siècle, il forme encore le droit commun, dans la mesure où il n'est pas intervenu de lois ou codes nationaux ou impériaux.

3. Du Moulin, *Cout. de Paris*, tit. I, rubr., no 108 : « Omne jus municipale in contrarium praesupponit aliud jus commune. Atqui in hoc regno non recognoscimus hoc jus commune; itaque apud nos consuetudines nostrae non sunt jura municipalia sed jura communia cujusque loci... Verum est quod quaedam generaliores aliis, quaedam χυρίαι, ad quas cum vicinis recurrendum. » — Guy Coquille, *Questions sur les coutumes*, I : « Donques nos coustumes sont nostre vray droict civil, et sur icelles faut raisonner et interpréter *ex bono et aequo*, ainsi que faisoient les jurisconsultes romains sur les lois et édicts. »

surtout par l'influence des tribunaux d'appel, il s'était formé
d'assez bonne heure des coutumes générales, qui s'étendaient
à tout un bailliage ou, parfois, à toute une province, et dont
les coutumes locales n'étaient guère que des variantes insigni-
fiantes. Mais cependant, dans les pays coutumiers, le droit
romain recevait encore deux applications distinctes.

1° la renaissance des études de droit romain avait exercé
une influence si profonde, qu'à partir du xiv° siècle, d'un bout
de la France à l'autre, sans distinction de zones, certaines
branches du droit privé furent régies exclusivement par les
principes des lois romaines. Il en était ainsi en particulier des
contrats et obligations [1]. Sur ces matières, le droit coutumier
avait eu auparavant un système propre et très original [2]; mais
dans le cours du xiii° siècle, le droit romain l'élimina peu à
peu en se substituant à lui, si bien, que lorsque les coutumes
générales furent rédigées officiellement, elles ne continrent
que très peu de dispositions sur les contrats.

2° Pour les matières qu'avait réglementées la coutume, il
arriva souvent qu'elle était incomplète : cela fut surtout saisis-
sable, lorsqu'elle eut été enfermée dans une rédaction officielle. Comment fallait-il combler cette lacune : deux opinions
se formèrent sur ce point [3], dont aucune d'ailleurs ne paraît
avoir remporté une victoire incontestée, le conseil du roi ne
cassant point les arrêts rendus dans ces conditions et qui ne
pouvaient être considérés comme ayant violé les lois ou les
coutumes. Selon les uns, dans le silence de la coutume, il
fallait se reporter au droit romain, dont l'application s'imposait alors : c'est ce que soutenaient entre autres Mornac, Lizet,
Loyseau [4]. D'après cette opinion, le droit romain aurait été

1. Ferrière, *Histoire du droit romain*, p. 298 : « Le droit romain enseigne ce
qui concerne les contrats, les tutelles, les restitutions en entier, les obligations,
les actions et une infinité d'autres matières, sur lesquelles ni les ordonnances
ni les coustumes n'ont rien établi ou du moins dont elles n'ont parlé que
légèrement. »

2. Esmein, *Études sur les contrats dans le très ancien droit français.*

3. Arthurus Duck, *De l'usage et de l'autorité du droit civil dans les États des
princes chrétiens* (trad. française), Paris, 1689, l. II, ch. v, n° 31 et suiv. —
Bretonnier, *Questions de droit*, édit. Boucher d'Argis, t. I, préface ; Challine,
Méthode générale pour l'intelligence des coutumes de France, ch. xiii.

4. Loyseau, *Du déguerpissement*, l. II, ch. vi, n° 6 : « Devant que d'estendre
aux autres coustumes la décision de celle de Paris, il faut premièrement sou-

pour les pays coutumiers un droit supplétoire, mais impératif :
la différence avec les pays de droit écrit aurait consisté seulement dans l'importance plus grande et la généralité des
coutumes. Selon les autres, le droit romain n'avait jamais
force de loi en pays coutumier. Lorsqu'une coutume était
muette sur un point, il fallait recourir soit aux coutumes voi-
sines, soit à la coutume de Paris, oracle des pays coutumiers ;
ce n'est qu'en dernier lieu qu'il fallait consulter le droit romain
et encore en tant que *ratio scripta* et non comme *jus scriptum ;*
telle était l'opinion de Du Moulin, de Thou et Guy Coquille[1].
D'ailleurs, le texte d'un certain nombre de coutumes écartait
la difficulté ; après avoir réglementé sur certains points une
institution, il décidait que pour le surplus, il en serait *ainsi
que de droit*, ce qui renvoyait au droit romain[2]. J'ai montré
ainsi quelle part respective s'étaient faite dans l'ancienne
France, la coutume et le droit romain ; il faut maintenant reprendre chacun de ces deux systèmes juridiques pour les uivre
dans son développement.

§ 2. — LE DÉVELOPPEMENT DU DROIT COUTUMIER

Les coutumes de l'ancienne France ont, pour la plupart,
passé par deux états successifs : elles ont été d'abord un pur
droit coutumier fixé par le seul usage, et pouvant incessam-

der le droit romain ; et s'il contient certaine et résolue décision du point con-
troversé, non répugnante à l'usage général de France, alors posé que la
coustume de Paris soit contraire, il faut plustost que de la suivre s'arrester
à la disposition du droict commun. »

1. Du Moulin, *loc. cit.*, n° 107 : « Deficiente vero vel dubia consuetudine
locali præfecturæ, tum in materia consuetudinum nostrarum non est recurrendum ad jus Romanum, sed ad vicinas et generales et promiscuas consuetudines Galliæ, ultimo jus commune Romanum sub Justiniano magno reda-
ctum, quatenus rationi congruit nec moribus receptis repugnat, debet attendi » ;
Guy Coquille, *Coutume de Nivernois*, préface : « Les loix faictes par les Romains
nous doyvent semondre à nous en aider, quand les constitutions et ordonnances de nos rois, ou le droict général français non escrit, ou nos coustumes nous défaillent. Nous en ayder, dis-je, par bienséance et pour la raison
et non par nécessité. »

2. Cela avait lieu même dans les coutumes du midi. Jarriand, *La succession
coutumière*, p. 82 et suiv. En revanche, chose curieuse, l'ancienne coutume
de Bordeaux (art. 228), quoique située en pays de droit écrit, contenait expressément le système contraire.

ment se transformer; puis elles ont. eu, plus tôt ou plus tard, leurs dispositions arrêtées, dans une rédaction officielle approuvée et promulguée par l'autorité publique. Telles sont les deux formes que nous allons successivement étudier.

I

La coutume non écrite, qui, par sa souplesse et sa conformité constante avec le vœu des populations, présentait certains avantages, offrait aussi, dans la pratique, d'immenses inconvénients. Elle était, par sa nature même, difficile à connaître et difficile à appliquer. Sans doute, si le juge et son conseil avaient personnellement pleine et entière connaissance de la coutume invoquée, qui était notoire et remplissait toutes les conditions voulues pour obliger, cela suffisait[1]. L'ancienne organisation judiciaire était même naturellement constituée pour que cette connaissance des coutumes fût familière au tribunal; c'étaient, en effet, des hommes du pays qui siégaient comme jugeurs, ou, à défaut de jugeurs, c'étaient les anciens praticiens du siège qui composaient le conseil du juge. Néanmoins, il arrivait souvent, lorsque la question était neuve, que la coutume prétendue n'était pas connue des juges ou n'était pas certaine pour eux. Il fallait, en effet, pour être appliquée, qu'elle reposât sur des précédents assez anciens et qu'elle fût régulièrement établie, qu'elle fût. *præscripta* et *approbata*[2]. Il était nécessaire alors d'en faire la preuve, et c'était une preuve assez difficile, et très particulière, puisqu'il s'agissait d'établir non le fait, mais le droit. Dans certaines régions, et spécialement dans les pays de droit écrit, on appliqua, sauf quelques déviations, les règles de la preuve testimoniale ordinaire, et même deux témoins suffisaient, pourvu qu'ils déposassent de faits véritablement concluants[3]. Mais, dans les pays

---

1. Fagniez, *Fragments d'un répertoire de jurisp. parisienne*, nº 40: « Aprez lecture faite en plein auditoire des dits articles, les coustumes et usages posées en yceulx niées par lesdits procureurs, les avons reputé et reputons par l'opinion des assistans pour toutes notoires, et par sequele seront tenues pour confessées (1402). » Cf. nº 71 (1348).

2. Johannes Faber, *Ad instituta*, I, 2, 3, vº *Ex non scripto*, p. 15 et suiv.

3. Johannes Faber, *loc. cit.*, nº 14; Panormitanus, sur. c. 47, X, *De testibus*, II, 20.

coutumiers, s'était introduit un mode de preuves spécial, *l'enquête par turbe* (*inquisitio per turbam*). C'était une application particulière d'une forme d'enquête très ancienne, qui remontait à la monarchie carolingienne et qui avait jadis constitué un privilège du pouvoir royal dans les causes où ses droits étaient intéressés[1]. Il ne s'agissait pas du tout de la preuve testimoniale ordinaire. Les témoins produits pour prouver la coutume, choisis en nombre suffisant parmi les hommes sages et expérimentés de la région, étaient rassemblés, et le cas leur était soumis. Ils délibéraient alors entre eux, puis venaient déclarer qu'ils tenaient pour existante ou pour inexistante la coutume invoquée[2]. Au fond, c'était là un jury rendant son verdict collectif, et non point des témoins déposant individuellement, et cela concorde bien avec l'opinion qui voit dans la vieille *inquisitio* carolingienne l'origine du jury anglais[3]. Comme ce dernier, d'ailleurs, *la turbe* devait prendre sa délibération à l'unanimité des voix[4]. On peut ajouter que ce mode de preuve n'était pas seul employé dans les pays coutumiers. Au XIII° siècle, nous en voyons un autre usité à Paris et qui consistait à demander l'avis du *Parloir aux bourgeois*, qui, représentant la municipalité et la population parisiennes, paraissait être l'interprète naturel des usages locaux[5]. Il semble, d'ailleurs, que le sens exact de cette procédure n'ait pas été bien conservé aux XIV° et XV° siècles[6], car, à cette époque, les

1. Brunner, *Die Entstehung der Schwurgerichte*, p. 84, 127.

2. Sur le fonctionnement des enquêtes par turbes, voyez Imbert, *Pratique*, l. 1, ch. XLIII, n°ˢ 8 et suiv. — Challine, *Méthode générale pour l'intelligence des coustumes de France*, Paris, 1676, p. 473 et suiv. — Bornier, *Conférence des ordonnances*, I, p. 87. — Brunner, *op. cit.*, p. 385 et suiv.

3. Brunner, *Entstehung der Schwurgerichte*, p. 428 et suiv.

4. Imbert, *loc. cit.*, p. 302 : « Un desdits témoins que l'on appelle le Rapporteur de la tourbe, pour luy et tous les autres présens, à part et séparément des parties, dit et rapporte la délibération et résolution de tous lesdits témoins, *lesquels il faut estre concordans en un mesme dire.* »

5. Le Roux de Lincy, *Histoire de l'hôtel de ville*, p. 121 (a. 1293), à la requête du prévôt de Paris; p. 122 (a. 1293) également; p. 124 (a. 1293) à la requête de l'official de Paris.

6. Ainsi nous voyons à Paris la preuve par turbe, confondue en partie avec l'enquête ordinaire ; Fagniez, *op. cit.*, n° 60 (a. 1402) : « Ledit Tire-avant pourra faire si bon luy semble jurer, oïr et examiner en tourbes tant de tesmoins qu'il voudra sur les usages et coustumes posez aux escriptures dudit Tire-avant... sauf et réservé oudit Gueroult de bailler contrediz contre les tesmoins

ordonnances, rapprochant l'enquête par turbe et l'enquête ordinaire, établissent que, comme dans cette dernière il faut avoir deux témoins concordants, il faudra aussi, dans l'autre, deux turbes concordantes de dix témoins chacune[1].

II

Nous savons maintenant comment les contemporains de ce pur droit coutumier pouvaient établir et prouver la coutume non écrite; mais comment pouvons-nous maintenant connaître ce vieux droit, qui, dans certaines régions, à duré très longtemps sous cette forme? Les *sources* que nous possédons, c'est-à-dire les documents écrits qui nous en ont conservé l'expression, se ramènent à plusieurs catégories distinctes.

A. La première et la plus importante comprend les *Coutumiers et livres de pratique* des xiii°, xiv° et xv° siècles. On entend, pour cette époque, par coutumier, un ouvrage privé dans lequel un particulier a réuni les dispositions d'une ou de plusieurs coutumes. Le plus souvent, le rédacteur est un officier de justice, qui a vécu et exercé ses fonctions dans le pays, mais son livre n'en est pas moins sans valeur officielle. Les *pratiques* sont des ouvrages du même genre, mais spécialement destinés à exposer la procédure et la jurisprudence d'un ou de plusieurs tribunaux déterminés; le mot *style* (*stylus*) est également employé dans le même sens[2]. D'ailleurs, cette distinction est souvent difficile à établir, car

---

qui ainsi seront examinez en tourbe... qui ainsi seront produiz de la partie dudit Tire-avant c'est à scavoir ceux demourans en Normandie seront examinez par le commissaire du païs et ceux de la prévosté de Paris par maistre Aubert Delaporte, commissaire. » Ici, on le voit, la turbe a perdu son unité.

1. Brunner, *op. cit.*, Challine, *op. cit.*, p. 179.: « Deux tourbes estans de mesme advis font preuve entière et concluante et chaque tourbe doit estre composée de dix turbiers chascune, *bina debet esse turba, seu decuria ex decem testibus,* en la loy *Prætor,* § *Turbam, ff vi bonor. rapt.* » Ce dernier passage montre comment on était arrivé au chiffre de dix témoins. La loi romaine invoquée, (l. 4, § 3, D. XLVII, 8), définissant le mot *turba* dans une tout autre acception, portait: « Enimvero si plures fuerunt, *decem* aut quindecim homines, turba dicetur. » On transporta cela à la *tourbe* de l'enquête.

2. Johannes Faber, *loc. cit.*, n° 3: « Consuetudo differt a stylo, quia stylus proprie dicetur circa illa quæ tangunt modum ordiandi acta et sententias et alia quæ scribuntur, a stylo cum quo scribitur. »

beaucoup d'ouvrages sont à la fois des coutumiers et des pratiques. Le nombre de ces ouvrages n'est pas très grand, quoique leur utilité fût extrême à une époque où l'on n'avait pas de lois écrites. Cependant, je ne puis parler de tous ; j'indiquerai quelques-uns, parmi les principaux.

Les plus anciens qu'on trouve en France sont du xiiie siècle[1] et c'est dans ce siècle qu'il en a été composé le plus grand nombre. Pour le nord et le centre du pays, quatre sont à signaler spécialement. Ils présentent certains caractères communs : ils sont écrits en langue française et non en latin, et, tout en fournissant sur la coutume des détails plus ou moins abondants, ils sont fortement imprégnés de droit romain et canonique.

1° *Le conseil à un ami* de Pierre de Fontaines[2]. Le titre de l'ouvrage vient de ce que, comme l'auteur l'indique dans le premier chapitre, il a été composé sur la demande d'un puissant seigneur (saint Louis sans doute), pour l'éducation de son fils, qui doit régner après lui. Pierre de Fontaines, qui fut du conseil de saint Louis[3], bailli de Vermandois, et souvent porté sur les listes du parlement, prétend, (à tort, il est vrai), avoir le premier entrepris une œuvre semblable[4]. Ce qu'il se propose en apparence, c'est de décrire les coutumes de Vermandois et la pratique des cours séculières[5]. Mais, en réalité, ce qu'il donne à cet égard ne représente qu'une faible partie de son livre. La plus grande portion est simplement une paraphrase, souvent une traduction littérale des textes romains et particulièrement du Code de Justinien. L'ordre même suivi par l'auteur est celui du Code, dans son livre II jusqu'au titre XXXI. Sans doute, l'auteur sentait que dorénavant, c'était là le

---

1. Sauf la très ancienne coutume de Normandie, dont une partie, comme on le verra plus loin, remonte aux dernières années du xiie siècle. Dans les assises de Jérusalem, *Le livre des assises de la cour des bourgeois* remonte aussi à la seconde moitié du xiie siècle. Mais je laisse ici de côté, malgré son intérêt, *le droit latin en Orient*; voyez sur ce point Viollet, *Histoire du droit français*, p. 169 et suiv.

2. Édition Marnier, 1846.

3. Ci-dessus, p. 372, note 1, p. 363, note 3.

4. Ch. i, n° 3, p. 5 : « Nus n'entreprit onques devant moi ceste chose, dont j'aie exemplaire. »

5. Page 3 : « Requérez que je li face un escrit selonc les us et coustumes de Vermendois et d'autres corz laies. »

bagage le plus utile pour les hommes de loi[1]. Le *Conseil à un ami* a été composé postérieurement à l'administration de Pierre de Fontaines, comme bailli de Vermandois ; M. Marnier le place entre 1254 et 1259[2].

2° Le *livre de Jostice et de Plet*[3], a été composé dans la seconde moitié du XIIIᵉ siècle, sûrement après 1259, car il contient l'indication d'un jugement rendu à l'hôtel du roi en cette année[4]. C'est probablement un produit de l'école de droit d'Orléans, en pleine activité à cette époque. Il contient deux éléments juxtaposés : le droit coutumier de l'Orléanais, et des textes de droit romain et canonique souvent littéralement traduits. Par là il se rapproche du *Conseil à un ami*, mais il en diffère à deux points de vue. En premier lieu la portion coutumière est ici beaucoup plus importante ; elle a été empruntée en partie très vraisemblablement à un *Usage d'Orlénois*, antérieurement rédigé et dont s'est servi également le compilateur des établissements de Saint-Louis[5], mais l'auteur a dû puiser aussi à d'autres sources. Toujours est-il que le droit coutumier qu'il donne est très original et présente un caractère archaïque très prononcé : cela se voit principalement dans le système qu'il fournit sur les contrats et la théorie des preuves[6], et dans les formules de demande et de réponse pour les diverses actions qui forment la plus grande partie du livre XX. — D'autre part l'auteur, comme Pierre de Fontaines a suivi l'ordre d'un recueil de lois romaines, mais ici c'est le Digeste et non le Code qui a été choisi. Lorsqu'il arrive à la matière du mariage, il prend les décrétales de Grégoire IX et

---

1. Lui-même constatait, avec une certaine mélancolie, l'altération des anciens usages, p. 4 : « Les anciennes coutumes que li preudome ça en arrière souloient tenir et user, sont molt anéanties et presque totes faillies, partie par bailliz et par prévoz, qui plus entendent à lor volonté fère qu'à user des costumes ; partie par la volonté de sens, qui plus s'aert à son avis que as fez des anciens. »

2. Page 3, note *a*.

3. Édition Rapetti.

4. XIX, 26, § 13 : « Li sires d'Ambeze apela le conte de Blois de défaut, sur la demande d'un bois, en l'ôtel le roi, *en l'an mil deux cent cinquante neuf*, à la Pantecoste. »

5. Viollet, *Les établissements de saint Louis*, t. I, p. 59-77.

6. Esmein, *Études sur les contrats dans le très ancien droit français*, p. 47 et suiv.

on traduit le plus souvent le texte ou la glose ordinaire [1]. Notons en terminant une supercherie naïve. L'auteur démarque souvent les textes qu'il traduit en les mettant sous le nom de ses contemporains. Ainsi il met dans la bouche du roi Louis tel rescrit de l'empereur Adrien; au lieu de Paul ou d'Ulpien, il fait parler Jehan de Beaumont ou tel autre de ses contemporains.

3° *Les établissements de saint Louis* [2] sont un recueil important divisé en deux livres, dont le caractère véritable a longtemps été une énigme. Anciennement on y voyait une œuvre législative de saint Louis, un Code des lois de ce prince, promulgué par lui-même [3]. Dans ce sens on invoquait d'abord le nom lui-même. Puis l'ouvrage contient une ordonnance authentique de saint Louis, celle qui supprime le duel judiciaire, et un règlement sur la procédure des juridictions royales; enfin, dans beaucoup de manuscrits, figure une préface, dans laquelle parle saint Louis, ordonnant ces établissements. Mais depuis longtemps on avait reconnu que c'était l'œuvre d'un particulier; la démonstration définitive a été faite de nos jours par M. Paul Viollet, qui a su dégager tous les éléments constitutifs de cette compilation [4]. L'auteur inconnu était sans doute un officier royal qui écrivait un peu avant l'année 1272. Son œuvre, comme les précédentes, est surtout un *coutumier*, renforcé de droit romain et canonique; mais le procédé de composition est particulier. Il a pris pour base de son travail des recueils antérieurs, purement coutumiers, ou des règlements royaux, et il les étaie ou parfois les retouche par des références au droit romain et au droit canonique [5]. Les neuf premiers chapitres du premier livre sont copiés sur un règlement fait pour la prévôté de Paris

1. Tout le livre X, sauf le dernier chapitre. Il serait intéressant de comparer minutieusement la traduction ou adaptation avec les textes originaux.

2. Édition Paul Viollet.

3. On est étonné de voir figurer encore cette opinion dans certains ouvrages, d'ailleurs excellents; Charles Lea, *A history of the inquisition*, t. I, p. 221 : « It is not until Louis issued his *Etablissements*, in 1270, that we find the heretic formally condemned to be burned alive, thus rendering it recognized law of the land. »

4. Viollet, *Établissements de saint Louis*, t. I, p. 1-85; 443-455; 482-495.

5. Ces références ou modifications sont imprimées dans l'édition de M. Viollet en lettres italiques.

et reproduisent aussi l'ordonnance sur les duels : les chapitres x à cLxxv sont pris à une ancienne coutume d'Anjou et du Maine, dont nous avons le texte par ailleurs. Le livre deuxième est copié en grande partie sur une ancienne coutume d'Orléans (*L'usage d'Orlenois*) aujourd'hui perdue et qui a été également utilisée par le *Livre de Jostice et de Plet*.

4° Les *Coutumes de Beauvoisis* ont une date et un auteur certains. Elles ont été terminées en 1283[1]. Leur auteur est Philippe de Beaumanoir, personnage important du xIIIᵉ siècle[2]. Il fut successivement bailli seigneurial de Clermont en Beauvoisis, bailli royal de Senlis, de Vermandois, de Touraine, sénéchal de Saintonge et de Poitou. C'est un esprit supérieur et un écrivain de race qui, outre son grand ouvrage juridique, a laissé des œuvres poétiques[3]. Comme jurisconsulte, il dépasse de beaucoup ses contemporains, et les *Coutumes de Beauvoisis* sont bien différentes des coutumiers précédents. Ce qui distingue surtout Beaumanoir de Pierre de Fontaines et des auteurs du *Livre de Jostice* et des *Établissements*, c'est qu'il ne compile pas comme eux, amalgamant plus ou moins grossièrement des sources coutumières, romaines et canoniques : il a composé un livre absolument personnel et original. Ce n'est pas qu'en son écrit l'influence du droit romain et canonique ne se fasse sentir : on s'est même demandé s'il n'avait pas pris pour modèle et suivi dans ses divisions tel ou tel ouvrage de pratique canonique[4]; et, souvent, dans telle théorie qu'il expose, un œil exercé peut reconnaître, bien qu'il ne soit pas invoqué, un principe emprunté au droit romain. Mais c'est lui qui crée et dirige son exposition, et l'on peut même ajouter qu'en somme il reproduit fidèlement la coutume et la pratique de son pays et de son temps. Ce qui fait surtout sa supério-

1. *Coutumes de Beauvoisis*, édit. Beugnot, II, p. 506 : « Ici define Philippe de Beaumanoir son livre, lequel il fist des costumes de Biauvoisins, en l'an de l'Incarnacion mil deus cens quatre-vins et trois. »

2. Voyez sur sa vie H. Bordier, *Philippe de Remi, sire de Beaumanoir* ; Viollet, *Histoire*, p. 186 et suiv.

3. Suchier, *OEuvres poétiques de Philippe de Rémi, sire de Beaumanoir;* dans les publications de la Société de l'histoire de France.

4. Daniels, *System und Geschichte des französischen Civilprocess*, p. 38-47; Gross, *Incerti auctoris ordo judiciarius*, p. 75 et suiv.; Zucker, *Aprise und loial enquête*, p. 79 et suiv. — Cf. Viollet, *Histoire*, p. 186-187.

rité, c'est que c'est un théoricien et le premier en date, sauf peut-être l'auteur du *Grand Coutumier de Normandie*, dont il sera parlé plus loin. Il ne se contente pas de rapporter la coutume, mais il en cherche la raison et veut dégager le principe directeur des institutions. Nous avons eu l'occasion de relever sa théorie du pouvoir législatif [1] et de la garde générale du roi sur les églises [2]. Il a également une théorie sur les rapports entre les puissances spirituelle et temporelle ; il a formulé une vue d'ensemble du servage [3] : et combien d'autres exemples on pourrait encore présenter. Enfin, il est pitoyable aux petits et croit peu aux sorciers [4]; ce serait assez pour assurer à tout jamais la gloire d'un homme du XIIIe siècle [5].

A côté de ces ouvrages capitaux, je citerai encore le *Livre des constitutions démenées et chatelet de Paris* [6], le *Coutumier d'Artois* [7], qui est en grande partie un remaniement du *Conseil* de Pierre de Fontaines, et le *Coutumier de Picardie* [8]; il est vrai que ces deux derniers empiètent quelque peu sur le XIVe siècle [9].

Les *coutumiers normands* tiennent une place à part parmi ceux du XIIIe siècle, à raison de leur importance et de leur originalité. La féodalité normande avait une organisation très forte et très disciplinée à la fois; la procédure des cours de Normandie garda longtemps sa vieille physionomie et résista énergiquement à l'invasion du droit romain ; enfin ces livres, par suite des circonstances historiques, figurent à la fois parmi les sources de l'ancien droit français et de l'ancien droit anglais. Deux de ces coutumiers doivent être signalés. L'un,

1. Ci-dessus, p. 468.
2. Ci-dessus, p. 595.
3. *Coutumes de Beauvoisis*, XLVI, 11, 12.
4. Ci-dessus, p. 278.
5. Il a été publié deux éditions de Beaumanoir; l'une a été donnée par la Thaumassière en 1690, d'après un manuscrit en dialecte picard ; l'autre par M. Beugnot en 1842. Toutes les deux sont rares aujourd'hui, et l'on attend l'érudit qui, en rééditant notre vieux jurisconsulte, [rendra à la science un signalé service.
6. Édition Mortet, 1883.
7. Édition Ad. Tardif, 1883.
8. Édition Marnier, 1840.
9. Pour la date du coutumier d'Artois, voyez Tardif, *op. cit.*, p. xv; pour celle du coutumier de Picardie, Marnier, *op. cit.*, p. iv.

le *Très ancien Coutumier de Normandie*[1], est un traité anonyme, qui comprend deux parties distinctes. La première date de la fin du xii° siècle (a. 1199 ou 1200); la seconde se place dans le premier tiers du xiii° siècle (vers 1220). L'ouvrage est écrit en latin ; mais il en existe une traduction française du xiii° siècle publiée par M. Marnier. L'autre coutumier est généralement appelé *Grand Coutumier de Normandie.* C'est un ouvrage du xiii° siècle[2], extrêmement remarquable par la netteté et la méthode de son exposition : il révèle aussi chez son auteur un esprit élevé et une grande science, bien que le style soit toujours concis et presque impersonnel. L'auteur me paraît avoir été un clerc, mais très versé en même temps dans la jurisprudence des cours séculières de son pays[3]. On peut croire que le nom de cet homme éminent a été retrouvé. En effet, dans une enquête ouverte au commencement du xiv° siècle, les habitants des îles normandes déclarèrent qu'ils avaient adopté comme expression de leurs coutumes un recueil composé par un Normand du nom de Maucael, depuis que la Normandie n'appartenait plus aux rois d'Angleterre, et qu'ils appelaient la « Somme Maucael ». Or, manifestement, cette « Somme Maucael », n'est autre que le *Grand Coutumier de Normandie,* qui souvent, dans les manuscrits, est intitulé : *Summa de legibus consuetudinum Normanniæ*[4], et qui, aujourd'hui encore, forme le droit commun des îles anglo-normandes[5]. Le *Grand Coutumier* a été écrit en latin par son auteur, et l'on peut tenir pour postérieure la version française, qui cependant appartient aussi au xiii° siècle[6]. Ce n'était,

1. J. Tardif, *Coutumiers de Normandie,* textes critiques, première partie : *Le très ancien coutumier de Normandie,* Rouen, 1881. — Brunner, *Entstehung der Schwurg.*, p. 127 et suiv.

2. La rédaction se place entre 1270 et 1275, Brunner, *op. cit.*, p. 137.

3. Les passages abondent dans lesquels se trahit un homme d'Église toujours précis quand il s'agit de droit canonique; voyez ch. ix, p. 32; ch. xxvii, p. 87; ch. xxxii, p. 98; ch. xxxv, p. 111; ch. xliii, p. 122; ch. liii, p. 133; ch. lxii, p. 150; ch. lxxvi, p. 183; ch. lxxx et lxxxi, p. 186, ch. lxxxii, p. 188; ch. lxxxv, p. 193; ch. cxi, p. 257.

4. C'est sous ce titre qu'il a été publié par Ludewig : *Reliquiæ manuscriptorum omnis ævi,* t. VII.

5. Sur cette question, voyez J. Tardif: *Les auteurs présumés du Grand Coutumier de Normandie,* dans la *Nouvelle Revue historique de droit,* 1885, p. 155 et suiv.

6. Les deux textes, latin et français, ont été publiés dans une édition

comme les autres coutumiers, qu'une œuvre privée, mais le succès en fut immense, bien justifié d'ailleurs. Il acquit bientôt, par l'usage, la valeur d'une rédaction officielle de la la coutume de Normandie, et les tribunaux s'y référèrent comme à un texte officiel. Cela fut même cause que cette coutume ne fut officiellement rédigée qu'assez tard, de 1577 à 1583. C'était surtout la difficulté que l'on avait à comprendre l'ancien texte, qui fit demander par les États de Normandie la rédaction nouvelle[1].

Les *coutumiers* et *livres de pratiques* des XIVᵉ et XVᵉ siècles sont assez différents de ceux du XIIIᵉ : ils sont en un sens plus savants, en ce qu'ils ne contiennent point, comme beaucoup de ces derniers, une juxtaposition grossière du droit coutumier et du droit romain. La fusion de ces deux éléments s'est opérée et le droit qui en est résulté a plus d'unité et d'équilibre. Mais, parmi ces ouvrages, on n'en trouve aucun qui ait la valeur et l'originalité des *Coutumes de Beauvoisis* ou du *Grand Coutumier de Normandie*. Je vais ici encore indiquer les principaux.

1° Celui qui a eu le plus de succès et d'influence est la *Somme rurale* de Jean Bouteiller. L'auteur fut, dans la seconde moitié du XIVᵉ siècle, successivement lieutenant du bailli de Vermandois, bailli de Vermandois, lieutenant du bailli de Tournai, Tournaisis, Mortagne et Saint-Amand. Il mourut en 1394 et travaillait encore à son ouvrage après 1387[2]. Son livre n'est point spécialement consacré au droit d'une province déterminée, bien qu'il rapporte souvent les coutumes de

parallèle, par M. William-Laurence de Gruchy, à Jersey, en 1881, sous ce titre : *L'ancienne coutume de Normandie*. M. Joseph Tardif en prépare une édition critique.

1. Procès-verbal de la coutume de Normandie (Lettres d'Henri III, de 1577) : « Plusieurs fois nous eust été requis par les Estats dudit pays et qu'il fust très nécessaire; parce que les coustumes, usages et stil d'iceluy ne se trouvent escrites qu'en un livre fort ancien, composé de langages et mots peu intelligibles, estans la pluspart d'iceux hors d'usage et peu ou point entendus des habitants du pays; mesmes aussi qu'aucuns articles de coustume, employez audit livre ancien, concernans tant l'instruction que décision des procès, sont antiquez d'un commun et tacite consentement par non usage. »

2. Tous ces détails sont empruntés à M. de Meulenaere, *Jean Boutillier, esquisse biographique*, dans la *Nouvelle Revue historique de droit*, 1891, p. 18 et suiv.

l'Artois, de la Flandre et de la Picardie. Il a une portée générale, et l'auteur a voulu principalement exposer en langage
français, et intelligible de tous, les règles du droit romain,
dans la mesure où elles étaient reçues par la jurisprudence
des cours séculières, et indiquer, en même temps, les principales divergences des coutumes. Tel est du moins l'objet
du premier livre [1]; le second, beaucoup moins étendu, se rapporte au droit public et est consacré « aux droits royaux ». Le
titre, d'ailleurs, est parlant par lui-même. Les *Sommes* étaient
les ouvrages qui résumaient titre par titre une des parties
composant le *Corpus juris civilis* ou le *Corpus juris canonici*
(par exemple *Summa codicis, Summa decretalium*) et, par le mot
rural, Bouteiller entend sûrement le langage vulgaire, opposé
au latin, langue des clercs et des légistes [2]. Il se trouva que
cela répondait à un besoin général et profond : l'immense
succès du livre en est la preuve [3]. Il a été souvent imprimé;
mais il manque une bonne édition critique [4].

2° La *très ancienne coutume de Bretagne* est un coutumier
du premier tiers du XIV° siècle [5]. Le nom de l'auteur n'est point

1. L. II, tit. I, p. 646 : « Puisque dict et monstré ay des droicts et constitu-
cions impériaux, et comme les coutumes locaux s'y concordent, dire et monstrer veux des droicts royaux. »

2. M. de Meulenaere, *loc. cit.*, p. 32, donne une autre interprétation : « C'est
du droit coutumier que l'auteur veut s'occuper principalement. *Somme rurale* serait donc synonyme de *Somme coutumière*. Tel est bien le sens que
Boutillier lui-même attachait au mot rural; cela résulte de plusieurs passages de son livre. » Mais cela n'est point exact. D'un côté, le droit coutumier occupe une place relativement petite et secondaire dans la *Somme
rurale*; d'autre part, les passages que M. de Meulenaere cite en faveur de son
opinion me paraissent confirmer la mienne. Ainsi il est dit, l. I, tit. C, p. 570 :
« Dire veux comment j'ay veu émanciper, que les ruraux appellent mettre
son enfant hors de son pain et de son pot. » Là, Boutciller ne fait que tra-
duire en langage vulgaire le terme de droit « émanciper. » Il a été dirigé par
cette pensée qu'exprimait déjà Beaumanoir, VI, 4 : « Li clerc ont une manière
de parler mout bele, le latin; mais li lai qui ont a pledier contre aus en cort
laic n'entendent pas bien les mos meismes qu'il dient en françois. »

3. Voyez en tête de l'édition de Charondas ce distique de Godefroy, qui
résume en même temps l'objet du livre : *Quæ tibi dat codex, quæ dant
Digesta, quod usus, --- Ruralis paucis hæc tibi Summa dabit.*

4. L'édition la plus répandue, celle qui a été toujours citée ici, a été donnée
par Charondas le Caron, en 1603. Mais elle est pleine de fautes, et sûrement
des additions ou des gloses se sont glissées dans le texte.

5. Au XVII° siècle, Pierre Hévin, dans ses annotations sur les arrêts de Frain
(Rennes, 1684, t. II, ch. XCVIII) lui assigna la date approximative de 1330; et

connu, mais il résulte de ses propres explications que c'était un homme mêlé à la pratique judiciaire[1]. Son ouvrage, très méthodique, est divisé en neuf parties, disposées dans une même suite d'articles : mais ce ne sont point des articles de coutumes, brefs et impératifs, comme ceux qui seront arrêtés plus tard. C'est encore un exposé descriptif et raisonné. L'auteur subit et traduit, dans une large mesure, l'influence du droit romain et canonique ; mais il donne en même temps les règles propres du droit breton, si bien qu'au commencement de ce siècle, les celtisants le prenaient souvent, quoique bien à tort, comme interprète de la tradition celtique. Son exposition, d'ailleurs, est claire et bien conduite ; on trouve, en particulier dans la quatrième partie, un des meilleurs traités de la procédure criminelle au xiv° siècle. L'écrivain inconnu qui composa le coutumier était un esprit sage, un homme pieux et instruit ; son style naïf et convaincu ne manque pas de charme [2]. Son œuvre eut la même fortune que le *Grand Coutumier de Normandie :* elle devint, par l'usage, le texte officiel de la coutume de Bretagne. La première rédaction officielle, celle de 1539, fut une révision et une réduction du vieux texte [3] ; d'Argentré, son principal commentateur,

ce jugement n'a pas été contredit par la critique moderne. — On l'appelle *la très ancienne coutume de Bretagne,* parce qu'elle a été suivie de deux autres textes ; *l'ancienne coutume* (la première rédaction officielle) de 1539, et la *nouvelle coutume,* ou coutume réformée de 1580. Les trois textes se trouvent dans le *Nouveau coutumier général de Bourdot de Richebourg* (1724), t. IV, p. 198-462.

1. Bourdot de Richebourg, *loc. cit.,* p. 200 : «Nous avons devisé et commencé à escrire en cette matière, non pas par la science de nous seulement, mais pour ce que nous avons entendu et appris ô les sages qui approuvés estoient en la duché généralement... et qui appelez estoient de monseigneur le duc de Bretagne, des esvesques, des barons et des uns et des autres à gouverner la duché de leur temps. »

2. Malheureusement, les textes imprimés, et spécialement celui de Bourdot de Richebourg, fourmillent de fautes. Des variantes et des gloses s'y sont glissées à chaque instant. Notre collègue, M. Planiol, en prépare une édition critique, qui sera la bienvenue.

3. Procès-verbal de la coutume de 1539 (Bourdot de Richebourg, *op. cit.,* p. 336) : « Certains bons et notables personnages sçavans et expérimentez desdits pays et duché de Bretagne... s'estoient assemblez en la ville de Rennes pour veoir le livre coustumier ancien dudit pays et duché et d'iceluy extraire les articles desdites coustumes, et mettre par tiltres convenables et resequer ce qui estoit superflu. »

appelle constamment les commissaires de 1539 les *réformateurs*[1].

3° La *Practica forensis*, de Jean Masuer, appartient à la première moitié du xv° siècle[2]. L'auteur, qui était avocat à Riom et « le conseil de tous les grands seigneurs de sa province », a voulu avant tout réunir deux choses dans son ouvrage : le *style* suivi devant les tribunaux du pays et les principales règles de la coutume d'Auvergne. La *Practica forensis* est donc à la fois un coutumier et un livre de pratique, et elle est appelée parfois *Practica senescalie Alvernie*. D'ailleurs, dans un certain nombre de ses chapitres, Masuer expose les principales théories du droit privé, en prenant pour point de départ la méthode et les principes des docteurs légistes et canonistes. L'ouvrage eut un immense et durable succès ; il fut « pendant longtemps le coutumier ou plutôt la coutume de la province[3] ». Rédigé en latin, dans un style de légiste et de praticien[4], il eut, dans la suite, plusieurs traductions françaises.

Les deux ouvrages, par lesquels je termine cette revue partielle, sont des styles ou livres de pratique, principalement consacrés à la jurisprudence du Parlement et du Châtelet de Paris, ils appartiennent l'un et l'autre au xiv° siècle.

4° Le *Stylus curiæ parlamenti*[5] a pour auteur l'avocat Guillaume du Breuil ; il paraît avoir été composé en 1330[6]. C'est l'ouvrage d'un pur praticien ; il cite parfois les textes romains ou canoniques ; mais les seules autorités décisives sont pour lui les *ordinationes regiæ* et les *arresta curiæ*. Son style est absolument concis, net et précis, et son ouvrage a exercé dans l'ancienne France une action très sensible, tant à cause de sa valeur propre qu'à raison des compléments qui y furent ajoutés dans les éditions imprimées à partir du xvi° siècle.

---

1. Par exemple, *Commentarii in patrias Britonum leges*, Parisiis, 1628, p. 2, *in rub.* : « Ista *reformatores* perpetuo confundunt. »

2. Ad. Tardif, *La « practica forensis » de Jean Masuer*, dans la *Nouvelle Revue historique de droit*, 1883, p. 283 et suiv.

3. Ad. Tardif, *loc. cit.*, p. 288.

4. J'utilise l'édition suivante : *Masueri, jurisconsulti Galli longe celeberrimi practica forensis*, Lugduni, 1677.

5. Th. Schwalbach, *Der civilprocess des Pariser Parlaments nach dem Stilus du Brueils*, Freiburg, 1881.

6. Schwalbach, *op. cit.*, p. 1.

En effet, un Toulousain, Stephanus Auffrerius[1], y joignit à la fin du xv° siècle[2] des gloses sans grande valeur, conçues d'après la méthode scolastique, mais aussi un recueil important d'arrêts et un autre d'ordonnances royales. Le tout fut imprimé en 1513 par les soins de Descousu (*Dissutus*) et, un peu plus tard, on imprima à la suite, dans une nouvelle édition, les *Quæstiones Johannis Galli,* dont, plus loin, il sera dit un mot. L'édition la plus souvent citée (quoique peu critique) est celle qu'a donnée Du Moulin[3].

5° Le *Grand Coutumier de France*[4], ou coutumier de Charles VI, est un recueil tout à fait composite ; c'est surtout un livre de pratique et, en partie, un coutumier. Il contient, amalgamés, des ordonnances sur la juridiction royale, en particulier sur celle du Châtelet et sur les appellations au parlement de Paris ; un style du parlement et un autre style de procédure ; des règles de la coutume de Paris, spécialement quant aux tenures féodales[5]. Très probablement, le recueil s'est formé progressivement, par le travail de plusieurs auteurs et par des additions successives. Mais sa forme définitive en quatre livres lui fut donnée dans le dernier tiers du xiv° siècle, par Jacques Ableiges, personnage notable, et qui fut, en particulier, bailli de Saint-Denis et d'Évreux. M. Léopold Delisle, mis en éveil par certaines indications d'un manuscrit du xv° siècle, acheté en 1880 par la Bibliothèque nationale, a pu retrouver dans un autre manuscrit de la Bibliothèque, le texte même arrêté par Jacques d'Ableiges et précédé d'une intéressante préface de ce dernier[6]. Il a également établi que l'auteur avait terminé son travail entre les années 1387 et 1389[7].

---

1. Il était en 1483 professeur à l'Université de Toulouse et offici:l de l'archevêché, *Decisiones capellæ Tolosanæ,* édit. Lugduni, 1617, préface, p. 3.

2. M. Schwalbach, *op. cit.,* p. 4, donne sans justification la date de 1495 aux gloses d'Auffrerius. Benedicti, dans sa *Repetitio in C. Raynutius,* composée à la fin du xv° siècle, cite souvent un recueil d'arrêts et un recueil d'ordonnances qu'il attribue à Auffrerius et qui sont identiques à ceux imprimés à la suite du *Stylus.*

3. *Caroli Molinæi opera omnia,* Parisiis, 1681, t. II, p. 403 et suiv.

4. Édition Dareste et Laboulaye, Paris, 1868.

5. Voyez dans l'édition Dareste et Laboulaye, p. x et suiv., l'énumération et l'agencement de ces divers éléments.

6. L. Delisle, *L'auteur du grand coutumier de France,* dans les *Mémoires de la Société de l'histoire de Paris,* t. VIII, 1881, p. 140 et suiv.

7. *Loc. cit.,* p. 151. Peut-être l'illustre savant va-t-il un peu loin, lorsqu'il

B. *Recueils d'arrêts et de jugements*

Les sentences et arrêts sont la meilleure et la seule expression vraiment authentique d'une coutume non écrite ; mais, comme chacun d'eux contient une décision isolée sur un point particulier, il faut en avoir une collection relativement considérable pour être renseigné par eux sur le droit de l'époque et du pays auxquels ils se rapportent. Des collections de ce genre nous ont été transmises de deux façons distinctes.

1° Les unes sont des *collections d'arrêts notables*, compilées par des particuliers, par des jurisconsultes expérimentés. Les coutumiers anciens contiennent presque tous, épars parmi leurs pages, un certain nombre de ces jugements ; quelques-uns en sont presque intégralement composés, comme le coutumier de Picardie cité plus haut[1]. Mais, aux xiv° et xv° siècles, on trouve des recueils qui ne contiennent pas autre chose que des arrêts choisis, classés avec plus ou moins de méthode, et généralement annotés ou commentés ; d'ailleurs, ce n'est pas le texte même de la sentence, mais seulement sa substance et la règle qui s'en dégage, que rapporte le jurisconsulte. Les plus importants de ces recueils d'arrêts sont : 1° les décisions de *Jean Des Mares* ou *Des Marès*, avocat au parlement de Paris, mort en 1383[2] ; — 2° Les *Quæstiones Johannis Galli*. Jean Le Coq fut avocat et avocat général au parlement de Paris, et son recueil comprend des arrêts des années 1384 à 1444[3] ; — 3° Les *deci-*

écrit p. 148 : « Cette préface (celle de Jacques d'A.) dissipe toutes les obscurités qui enveloppaient les origines du grand coutumier. Ce célèbre recueil a été, dès le principe, composé de quatre livres ; il est l'œuvre de Jacques d'Ableiges. » Jacques d'A., reconnaît lui-même dans sa préface (*ibid.*, p. 146), qu'il a emprunté son œuvre à des traités antérieurs : « Je qui petitement suys fondé pour estudier en grans livres ne en grans ou haultes sciences, ay quis et serchie en plusieurs petits livres et petits traictiez, puis ça et puis la en grant peine et en grant cure. »

1. Ci-dessus, p. 691.

2. Elles ont été publiées à la suite du commentaire sur la *Coutume de Paris* de Julien Brodeau, Paris, 1658, 1669. Brodeau a également imprimé à la suite de son commentaire un recueil de *coutumes toutes notoires et jugées au Châtelet de Paris*; t. I, p. 529. C'est une série de dispositions coutumières établies dans des enquêtes par turbes.

3. Elles sont imprimées à la suite du *stylus* dans les éditions postérieures

siones Gratianopolitanæ Guidonis Papæ[1]. Ce sont des arrêts du parlement de Grenoble que recueillit Guy Pape, conseiller à ce parlement à partir de l'année 1440[2]. Ici, le commentaire dépasse la valeur des arrêts, vu la science profonde de l'auteur et son talent d'exposition.

2º Les secondes collections d'arrêts sont d'une autre nature : ce sont des registres officiels tenus par des greffiers. La procédure des cours féodales était d'abord purement orale; le jugement lui-même était prononcé oralement, sans qu'il fût consigné par écrit. Si, plus tard, il était contesté, il fallait en prouver l'existence et la teneur, soit par le témoignage de ceux qui l'avaient entendu prononcer, soit par une preuve spéciale appelée le *record de cour*, c'est-à-dire l'attestation du tribunal lui-même. Mais cela était plein d'inconvénients et, dès le XIIIᵉ siècle, les principales juridictions françaises avaient dans leurs greffes des pièces écrites et authentiques relatant les actes de la procédure et le jugement qui l'avait terminée. L'usage nouveau paraît avoir commencé par la Normandie, sous l'influence des pratiques anglaises. Dès la seconde moitié du XIIᵉ siècle, à l'*Échiquier de Normandie*, des clercs écrivaient tous les actes et jugements d'une même session, sur des peaux de parchemin, cousues bout à bout et conservées en forme de rouleau[3] : cela formait le rôle, *rotulus*, de la session. Mais cela constituait des documents matériellement difficiles à consulter. Aussi, au XIIIᵉ siècle, l'habitude s'introduisit-elle que les clercs tenaient en outre un registre, *registrum*, en forme de *cahier*, où ils reportaient non pas toutes les mentions des rouleaux, mais les plus notables, et la substance des

à 1513; dans l'édition de Du Moulin, elles forment la *quinta pars*, p. 551 et suiv.

1. Je cite d'après l'édition : *Decisiones Guidonis Papæ jurisconsulti clarissimi per eundem ex senatusconsultis Gratianopolitani parlamenti, cujus præsidem egit, singulari judicio et eruditione collectæ*, Lugduni, 1602.

2. *Præfatio Guidonis Papæ* : « Ego Guido Papa, legum doctor inter cæteros minimus, anno primo quo fui assumptus consiliarius in curia parlamenti Delphinalis, videlicet anno Domini 1440, præsens opus compilare inchoavi. »

3. On peut démontrer l'existence de ces *rotuli* au moins à partir de l'année 1180 et l'usage s'en maintient jusqu'à la fin du XIIIᵉ siècle; Léop. Delisle, *Mémoire sur les recueils de jugements rendus par l'Échiquier de Normandie sous les règnes de Philippe-Auguste, de Louis VIII et de saint Louis*, à la suite de son *Recueil des jugements de l'Échiquier*, Paris, 1864, p. 268, 257, 266.

arrêts : on peut démontrer l'existence de ce registre au moins depuis l'année 1225[1]. Le registre du xiii° siècle n'a pas été conservé ; mais quatre clercs restés inconnus firent des recueils d'arrêts en le prenant pour source, et, grâce aux fragments de ces compilations que nous possédons encore, M. Léopold Delisle a pu reconstituer un grand nombre de jugements de l'Échiquier qui vont de 1207 à 1270[2].

Le *parlement de Paris*[3] commença aussi, dans le cours du xiii° siècle, à inscrire sur des *rotuli* les actes et les arrêts de chaque session. Mais l'incommodité de cette sorte de documents se fit également sentir, et, en 1263, le greffier Jean de Montluçon, pour permettre à la cour de se reporter plus facilement à sa jurisprudence antérieure, commença à tenir un registre spécial, contenant les principaux arrêts *in extenso* ou en abrégé. Il voulut aussi remonter dans le passé et fit le même travail pour les années 1254 à 1257. Ses successeurs immédiats, Nicolas de Chartres et Pierre de Bourges, continuèrent la tenue des registres et, lorsque le dernier mourut, en 1319, il existait sept registres d'arrêts choisis, allant de 1254 à 1318. De ces registres, quatre ont été conservés ; ce sont ceux-ci qu'on appelle les *Olim* du parlement de Paris ; ils ont été publiés par M. Beugnot[4]. Les trois autres, spécialelement ceux de Nicolas de Chartres, sont perdus ; mais ils ont pu être reconstitués en partie par MM. Léopold Delisle et Langlois[5].

---

1. Léop. Delisle, *op. cit.*, p. 257, 258.

2. *Recueil des jugements de l'Échiquier de Normandie au* xiii° *siècle* (1207-1270), Paris, 1864.

3. Beugnot, préface des *Olim*; Boutaric, *Actes du parlement de Paris*; Langlois, *De monumentis ad priorem curiæ regis judiciariæ historiam pertinentibus*, Paris, 1887; Le même, *Textes relatifs à l'histoire du parlement de Paris*, introduction.

4. *Les Olim ou registres des arrêts rendus par la cour du roi sous les règnes de saint Louis, de Philippe le Hardi, de Philippe le Bel, de Louis le Hutin et de Philippe Le Long*, publiés par le comte Beugnot, Paris, 1839. — L'origine du terme *Registres Olim*, n'est point établie. On a remarqué que le second volume (t. II, p. 5) commence par les mots : « Olim homines de Baiona, » mais il est vraisemblable qu'on a voulu par ce nom indiquer seulement l'antiquité des registres.

5. Léop. Delisle, *Essai de restitution d'un volume perdu des Olim*, dans les *Actes du parlement de Paris*, I, p. 315-304; le même : *Notices et extraits des manuscrits de la Bibliothèque nationale*, t. XXIII; *Fragments inédits du re-*

Ces registres sont les plus importants qui aient été retrouvés et imprimés; mais ce ne sont pas les seuls. Il en existe de semblables, émanant des juridictions inférieures. Je citerai seulement, pour le Châtelet, le *Registre criminel du Châtelet de Paris*, du 6 septembre 1389 au 18 mai 1392[1], si riche en données importantes et pleines d'intérêt, et les fragments de sa jurisprudence en matière civile, publiés par M. Fagniez[2]; — pour les justices seigneuriales, les registres des justices des couvents et églises de Paris, se rapportant aux xiii° et xiv° siècles, publiés par M. Tanon[3]; — enfin, pour les juridictions ecclésiastiques, le *Registre de l'officialité de Cerisy*, qui comprend des actes de 1314 à 1457[4].

C. *Les proverbes, dictons et maximes juridiques*

C'est là encore une source précieuse de renseignements sur notre ancien droit coutumier. Toute jurisprudence purement coutumière a une tendance naturelle à se fixer en dictons pittoresques, souvent rimés par assonance, faciles à retenir et compris de tous. Le droit, populaire encore, se condense en proverbes, comme la langue populaire. Comme le disait si bien notre regretté collègue et ami Poisnel, à propos du vieux droit romain : « Dans un droit non écrit, les adages ont un prix que nous soupçonnons peu maintenant. Une coutume est d'abord flottante; puis elle se fixe, elle prend conscience d'elle-même; alors, des formules brèves et fortes la saisissent et la résument pour la rappeler sans cesse. Les codes du droit écrit n'ont plus le secret de la langue impérieuse que crée le génie d'un peuple pour commander à sa mémoire. Ces proverbes juridiques étaient si bien faits qu'ils ne s'oubliaient

gistre de Nicolas de Chartres; Langlois, *Nouveaux fragments du Liber Inquestarum de Nicolas de Chartres*, dans la *Bibliothèque de l'École des Chartes*, 1885, p. 440-477.

1. Publié par la Société des bibliophiles français, 2 vol. Paris, 1861.

2. *Fragments d'un répertoire de jurisprudence parisienne*, dans les *Mémoires de la Société de l'histoire de France*, t. XVII.

3. *Histoire des justices des anciennes églises et communautés monastiques de Paris*, 1883, p. 322-561; et *Nouvelle Revue historique de droit*, 1886, p. 52-182.

4. Édité par M. Gustave Dupont, Caen, 1880.

plus [1]. » Ces dictons abondaient dans l'ancienne France. Pendant longtemps, ils restèrent dans la tradition orale ; mais, à la fin du xvıe siècle et au commencement du xvııe, on se mit à les recueillir et à les publier. C'était le moyen de les conserver ; car ils étaient condamnés à tomber dans l'oubli, s'ils n'avaient été alors réunis dans des livres. N'ayant plus leur ancienne utilité, car alors, la plupart des coutumes générales avaient été officiellement rédigées, ils seraient sortis de la circulation, comme des pièces démonétisées. Trois des recueils sont à citer. Le plus ancien et le plus important a pour titre : *Les instit utes coutumières, ou manuel de plusieurs et diverses règles, sentences et proverbes, tant anciens que modernes, du droit coutumier et plus ordinaire de la France,* par Antoine Loïsel. Il fut publié en 1608 à la suite de l'*Institution au droit français,* de Guy Coquille. Il suit, en général, l'ordre des Institutes de Justinien, mais il est divisé en six livres, subdivisés en titres dont chacun contient un certain nombre de règles ou maximes [2]. En 1614, parurent les *Maximes générales du droit français,* divisées en trois livres, de Pierre de l'Hommeau, sire du Verger [3]. Enfin, dans la seconde moitié du xvııe siècle, un avocat de Bourges, Nicolas Catherinot, fit aussi un recueil du même genre, mais moins étendu et moins méthodique, que M. Laboulaye a publié de nos jours [4]. Pour l'usage de ces recueils, il faut observer qu'ils contiennent généralement des maximes d'âge très différent, confondues et juxtaposées : les unes appartiennent à un fonds très ancien, sans qu'on puisse, le plus souvent, déterminer leur âge ; d'autres, au contraire, sont relativement modernes. Il faut donc user, à leur égard, d'une critique attentive.

1. *Recherches sur les sociétés universelles chez les Romains,* dans la *Nouvelle Revue historique,* III, p. 442.
2. La meilleure édition est celle donnée par Dupin et Laboulaye, Paris, 1846 : elle contient les notes excellentes qu'y avait jointes Eusèbe de Laurière en 1710, plus une introduction historique et des annotations nouvelles.
3. La meilleure édition est celle de Paris, 1665, avec les notes et observations de Paul Challine, qui, la même année, publia aussi une édition annotée des Institutes de Loisel.
4. *Les axiomes du droit français par le sieur Catherinot,* dans la *Nouvelle Revue historique de droit,* 1883, p. 41 et suiv.

§ 3. — LA RÉDACTION DES COUTUMES

Les inconvénients de la coutume non écrite étaient trop sensibles pour qu'on ne songeât pas de bonne heure à la fixer par une rédaction authentique et officielle. Ces rédactions, faites par l'autorité publique, sont de deux sortes. Les unes, les plus anciennes, ont été faites sous l'autorité seigneuriale et sont contenues dans des chartes émanées des seigneurs ou du roi agissant en qualité de seigneur local; les autres ont été faites par l'initiative et sous l'autorité du pouvoir royal, à partir de la seconde moitié du XV° siècle.

1

De bonne heure, certaines villes ou bourgs obtinrent de leurs seigneurs des chartes, dans lesquelles les règles de leur coutume étaient établies, en même temps que le respect en était promis. Ces *chartes de coutumes* sont très nombreuses du XII° au XV° siècle, particulièrement dans le midi de la France. Souvent, pour une même coutume, il y a plusieurs chartes successives, se complétant ou se modifiant progressivement. Très souvent, la charte accordée par un seigneur est postérieurement confirmée par le pouvoir royal. Les *chartes de villes*, c'est-à-dire celles qui avaient pour but d'accorder à une agglomération d'habitants les franchises et l'organisation municipales, contiennent aussi fréquemment des articles ayant pour objet de fixer et de constater la coutume sur tel ou tel point déterminé. Cela était surtout naturel et parfois nécessaire dans les villes qui obtenaient le droit de justice. Les chartes municipales du midi sont particulièrement abondantes en dispositions de ce genre; quelques-unes contiennent comme un petit code complet, civil et criminel.

Ces rédactions plus ou moins complètes, faites par l'autorité seigneuriale, ne changeaient point la nature du droit coutumier et ne le transformaient pas en loi écrite. Mais elles offraient cet immense avantage que dorénavant il n'était plus besoin d'établir l'existence des conditions sans lesquelles la coutume n'avait point autorité[1] : il suffisait d'invoquer le texte officiel[2].

II

Mais cela ne répondait point au principal besoin des pays coutumiers. Ce que les chartes avaient publié et confirmé, c'étaient des *coutumes locales;* ce qu'il fallait à ces pays, c'était un texte arrêté et authentique des *coutumes générales* qui formaient leur droit commun. Parfois, ce besoin avait trouvé satisfaction d'une façon très simple ; quelques provinces, la Normandie et la Bretagne, avaient adopté pour texte officiel de leur coutume, un ancien coutumier et lui avaient donné par l'usage, en quelque sorte, force de loi[3]. Mais c'étaient là des cas isolés, exceptionnels, et, dans la plupart des juridictions, on n'avait pour guides que les pièces, généralement mises en recueil, qui contenaient le résultat des enquêtes par turbes sur la coutume ; encore celles-ci étaient-elles parfois contradictoires[4]. Le besoin d'avoir un texte certain était si pressant que, dans la première moitié du xv⁰ siècle, on voit des rédactions faites spontanément par les autorités judiciaires locales avec le secours des praticiens ; c'est ce que l'on constate pour l'Anjou et le Maine, le Poitou et le Berry[5]. Le gouvernement de Charles VII se fit l'interprète du vœu général et, en 1453 (ancien style), l'ordonnance de Montil-les-Tours prescrivit et organisa par mesure générale, la rédaction des coutumes « de tous les pays de France[6] ». L'opération devait compren-

---

1. Ci-dessus, p. 684.

2. Johannes de Casaveteri, sur la coutume de Toulouse, confirmée par Philippe le Bel, p. 2 v⁰ : « Ex isto verbo et præcedentibus apparet... quod causa cognita princeps hujus modi consuetudines 'confirmavit et auctorisavit. Ex quibus infertur quod cum agitur de viribus hujus modi consuetudinum, non est disputandum an habeant ea quæ requiruntur ad esse consuetudinis : videlicet an sint præscriptæ, an fuerit per eas judicatum, et sic de similibus. »

3. Ci-dessus, p. 693, 695.

4. Lettres de Charles VIII du 15 mars 1497 (*Ord.,* XXI, p. 18) : « Souvent en une mesme jurisdiction s'est trouvé coustumes contraires et différentes avoir esté prouvées. »

5. Viollet, *Histoire du droit,* p. 142.

6. Article 125 (Isambert, *Anc. lois,* IX, 252) : « Ordonnons et décernons, declairons et statuons que les coustumes, usages et stiles de tous les pays

dre deux parties[1]. Les officiers royaux des diverses juridictions ayant une coutume générale distincte devaient faire un projet de rédaction d'accord avec les praticiens du siège et les représentants de la population ; puis le projet devait être envoyé au roi, qui, après l'avoir fait examiner et réviser par des membres du grand conseil ou du parlement, le promulguerait et lui donnerait force de loi. Mais le travail marcha d'abord fort lentement : peu de coutumes furent rédigées sous le règne de Charles VII et sous celui de Louis XI.

C'est sous le règne de Charles VIII qu'une impulsion active fut donnée à l'œuvre, en même temps qu'intervint une modification heureuse dans la procédure. Il renouvela d'abord, en 1495, l'ordre aux officiers royaux des lieux d'avoir à rédiger les projets de coutumes[2] ; puis, il nomma une commission de huit membres, chargée de recevoir ces projets et de signaler les difficultés qu'ils rencontreraient. Leurs observations étaient soumises au premier président du parlement de Paris, Jean de la Vacquerie, lequel en conférait avec les premiers commissaires et d'autres conseillers du roi. Mais ce système entraînait beaucoup de complications et de lenteurs ; et nombre de coutumes toutes prêtes attendaient leur promulgation. A la mort du président la Vacquerie, le roi simplifia la procédure. Il décida que dorénavant, lorsqu'un projet aurait été examiné par les huit commissaires, il ne serait plus soumis ni au président du parlement, ni à d'autres conseillers ; mais deux des commissaires choisis par la commission se rendraient au chef-lieu du pays régi par la coutume, pour en faire la

de nostre royaume soyent rédigez et mis en escript, accordez par les coustumiers, praticiens et gens de chascun desdits pays de nostre royaume, lesquelz coustumes, usages et stiles ainsi accordez seront mis et escritz en livres, lesquelz seront apportés par devers nous, pour les faire veoir et visiter par les gens de nostre grant conseil, ou de nostre parlement et par nous les decréter et conformer. »

1. Sur ce qui suit, voyez principalement Klimrath, *Études sur les coutumes* dans ses *Travaux sur l'histoire du droit français.*

2. *Ord.*, XXI, p. 18 : « Eussions mandez à nos dits baillifs, seneschaux et autres juges de nostre dit royaume, qu'appelez avec eux nos officiers chascun en sa juridiction, les gens d'Église, nobles, praticiens et autre gens de bien en ce cognoissans, ils feissent rédiger et mettre par escrit lesdites coustumes et icelles, ensemble leur advis de ce qu'il leur sembleroit devoir estre corrigé, adjousté, diminué, et interprété, nous envoyassent pour y pourvoir ainsi que de raison. »

publication; et là, dans une assemblée où figureraient les représentants de la population, ils tâcheraient de résoudre les difficultés et de faire adopter le texte; on ne réserverait pour une décision ultérieure que les points sur lesquels on n'aurait pu s'entendre[1]. C'était une heureuse simplification et la procédure définitive était trouvée. Louis XII continua ce système, presque sans aucune retouche, complétant de temps à autre la commission centrale, lorsque des vides s'y produisaient[2]; il fonctionna également dans la suite, sauf que, quand le gros du travail eut été accompli, il n'y eut plus de commission centrale permanente et les commissaires chargés de publier chaque coutume furent directement choisis et désignés par des lettres-patentes du roi. Dans ce système, la rédaction d'une coutume comprenait quatre phases ou opérations distinctes qui, en fait, pouvaient être séparées par un intervalle plus ou moins long.

1° La rédaction du projet ou cahier préparatoire, qui était toujours confiée au principal juge royal du pays, dont il s'agissait de rédiger la coutume. Ce magistrat devait d'ailleurs en délibérer avec tous les juges royaux du ressort, les avocats et procureurs et les notables[3].

2° La nomination des commissaires (toujours deux d'après les lettres de 1497, plus tard trois ou quatre au plus) qui étaient chargés de se rendre sur les lieux pour publier et décréter la coutume.

3° La publication. Ce n'était pas une simple formalité matérielle, mais un débat contradictoire. A cet effet, les commissaires avaient fait convoquer, pour un jour donné, les représentants des trois ordres de la circonscription. Le clergé était représenté par les seigneurs ecclésiastiques; la noblesse, par les seigneurs laïques; le tiers état par les procureurs des municipalités et des communautés d'habitants les plus importantes, outre les hommes de loi qui assistaient toujours, et qui dans la plupart des cas, appartenaient au tiers état[4]. Les

---

1. Lettres du 15 mars 1497 (*Ord.*, XXI, p. 9).
2. Lettres du 4 mars 1505 et du 18 septembre 1509 (*Ord.*, XXI, p. 332 et 402).
3. Ci-dessus, p. 704, note 6.
4. Lettres de 1497 (*Ord.*, XXI, 19): « Pour faire ladite publication seront de rechef convoquez et appelez lesdits trois estats en chascun bailliage, séné-

articles du projet étaient lus et, s'il y avait lieu, discutés. Pour
qu'une disposition fût adoptée, il fallait qu'elle eût pour elle
la majorité de chacun des ordres[1]. Les articles qui avaient
été accordés étaient immédiatement décrétés, c'est-à-dire
promulgués au nom du roi par les commissaires; ceux sur
lesquels on n'avait pu s'entendre étaient seuls réservés, et, à
partir du règne de Louis XII, ce fut au parlement du ressort
que fut réservée la décision de ces difficultés[2].

4° Le texte de la coutume était enregistré par le parlement,
et c'était à cette occasion qu'il tranchait les questions contro-
versées et réservées. L'acte le plus important de cette procédure
était certainement la *publication;* on dressait soigneusement
un *procès-verbal* authentique de tout ce qui s'était passé
dans l'assemblée. C'était là une pièce capitale, qui contenait
les *travaux préparatoires* de la coutume officielle. Aussi, l'im-
primait-on toujours à la suite du texte même; et ce sont
surtout ces *procès-verbaux* qui nous renseignent sur la manière
dont s'est accomplie cette grande œuvre de la rédaction officielle des coutumes. On a pu voir que l'assemblée dans laquelle
se faisait la publication rappelait d'assez près la composition
des États provinciaux : n'était-il pas naturel que, dans les pays
qui possédaient des États provinciaux, et qui avaient d'autre
part une coutume générale pour toute la province, les États
fussent, par l'organe d'une commission, les rédacteurs de
cette coutume? De fait, c'est ainsi que fut rédigée la coutume
de Bourgogne en 1459[3]. Mais, pour la rédaction des coutumes

chaussée et jurisdiction, et en leur présence seront leues et ouvertes les difficultez trouvées en icelles par ceux desdits commissaires qui auront la charge
de faire ladite publication. »

1. *Ibidem*, p. 19 : « Voulons tous et chascun les articles qui seront accordez
par lesdits estats *ou la plus part et saine partie d'iceux* et nos dits commissaires estre publiés. » Cette formule, *major et senior pars*, est celle qu'avait
introduite pour les élections le droit canonique; il fallait réunir, pour avoir
la majorité, non seulement les plus nombreux, mais encore les plus sensés,
et cela donnait un grand pouvoir d'appréciation à l'autorité chargée de vérifier l'élection ou le vote. La même formule figure encore dans les lettres de
Louis XII, du 4 mars 1505 (*Ord.*, XXI, p. 333) ; mais dans celle de 1509 (*Ord.*,
XXI, p. 403) on lit : « A ce que les estats *ou la plus grande partie de l'un
d'iceux* avaient quelque discord ou différent qui ne pourroient pour lors
terminer soient rapportez par devant les gens de nostre dite court. »

2. Lettres de 1505 et de 1509.

3. Chasseneuz, *In consuet. Burg.*, p. 667 : « Tres status patriæ... approbave-

de Normandie et de Bretagne, la marche ordinaire fut suivie.

La plupart des coutumes des pays coutumiers furent rédigées sous Louis XII, surtout de 1506 à 1510; celle d'Orléans le fut en 1509 et celle de Paris en 1510. Beaucoup le furent encore sous François Iᵉʳ, par exemple, celle de Bretagne en 1539; quelques-unes, mais plus rares, dans la seconde moitié du xvrᵉ siècle, par exemple, celle de Normandie, de 1577 à 1583. Le travail se poursuivit même encore aux xviiᵉ et xviiiᵉ siècles, mais par des actes isolés et exceptionnels. Pour beaucoup de coutumes, d'ailleurs, la première rédaction ne fut pas définitive. Au bout d'un certain nombre d'années, la pratique et la doctrine en signalèrent les lacunes et les défauts; on sentit aussi le besoin de réformer quelques-unes des règles qui y étaient contenues. De là, dans la seconde moitié du xvrᵉ siècle, beaucoup de *réformations* se produisirent pour des coutumes qui avaient été rédigées dans la première moitié du siècle; elles se firent, d'ailleurs, dans les mêmes formes que la première rédaction. Ainsi furent réformées les coutumes de Sens en 1555, de Touraine et de Poitou en 1559, de Bretagne en 1580, de Paris en 1580, d'Orléans en 1583. On eut alors deux textes, l'*ancienne* et la *nouvelle coutume*, dont la comparaison est souvent intéressante pour l'historien.

Quelques provinces avaient eu leurs coutumes officiellement rédigées, sous l'autorité de leurs ducs ou comtes, avant leur annexion à la couronne[1]; elles conservèrent leur valeur après la réunion, sauf une réformation possible sous l'autorité du roi. Ainsi la coutume du duché de Bourgogne, rédigée sous Philippe le Bon, en 1459, fut réformée sous Charles IX et Henri III, de 1562 à 1575. Les coutumes des Flandres et des Pays-Bas, pour les provinces annexées à la France au xviiᵉ siècle, avaient été rédigées par l'autorité des archiducs : elles gardèrent leur valeur en France. Enfin, disons que la rédaction royale des coutumes ne toucha guère que les pays coutumiers. La principale raison fut que les pays de droit écrit n'avaient

runt consuetudines nostras factas et redactas per quosdam deputatos, qui quidem deputati fuerunt tam a viris ecclesiasticis quam aliis hominibus illius patriæ. »

1. Ci-dessus, p. 409.

guère que des coutumes locales. Cependant, quelques coutumes y furent rédigées de la même manière, par exemple celle de Bordeaux en 1520[1].

II

La rédaction des coutumes par l'autorité royale eut des conséquences considérables, mais sur lesquelles il ne faut pas se méprendre. Elle ne changea point sensiblement les dispositions du droit coutumier, car, le plus souvent, les rédacteurs se contentèrent d'enregistrer la coutume sans la modifier. Cependant, des retouches furent faites à cette occasion dans une certaine mesure[2] : le président Lizet était célèbre pour s'être efforcé de ramener au droit romain les coutumes dont il avait été le commissaire. On a dit souvent que la rédaction officielle uniformisa le droit coutumier. Cela est certainement inexact en un sens, car la diversité des coutumes générales fut, au contraire, définitivement consacrée et immobilisée lorsqu'elles furent enfermées dans un texte précis et impératif. Mais cela est vrai dans un autre sens, lorsqu'on se concentre dans le ressort d'une coutume générale : la rédaction eut pour effet d'éliminer, d'abroger une grande quantité de coutumes locales divergentes. Cela se fit très simplement. Toute localité, qui prétendait avoir une coutume propre et particulière, dut la faire apparaître et la revendiquer lors de la publication de la coutume générale, dans le ressort de laquelle elle était située ; sinon, elle était soumise de plein droit à la coutume générale. En fait, beaucoup de coutumes locales ne furent pas ainsi invoquées et elles perdirent leur force. Mais si la rédaction ne modifia pas profondément le contenu du droit coutumier, elle en transforma, au contraire, le caractère et la nature. Elle fit, des coutumes, de véritables *lois écrites*, qui dérivèrent

---

1. Le texte de toutes les coutumes officiellement rédigées se trouve dans le *Nouveau coutumier général*, de Bourdot de Richebourg.

2. Cela rentrait dans les intentions de la royauté ; voyez ci-dessus, p. 705, note 2. — Lebret, *De la souveraineté*, l. I, ch. IX, p. 19 : « Il n'y a point de doute que les rois peuvent user de leur puissance et changer les loix et ordonnances anciennes de leur estats ce qui ne s'entend pas seulement des loix générales, mais aussi des lois municipales et des coustumes particulières des provinces. »

dorénavant leur force obligatoire, non plus du consentement tacite des populations, mais de l'autorité royale qui les décrétait[1]. Cependant, nos anciens auteurs signalaient des différences notables entre ces lois spéciales et les lois ordinaires. Ils faisaient observer que la population avait un rôle important dans la rédaction des unes, tandis qu'elle ne participait pas à celle des autres[2]. En second lieu, les coutumes devaient bien être enregistrées par le parlement, mais elles n'étaient point vérifiées par lui quant aux articles accordés lors de la publication; d'où il résultait que ces articles avaient force obligatoire du jour où ils avaient été décrétés et avant qu'ils fussent enregistrés[3]. Malgré ces différences, la coutume était devenue loi écrite par la rédaction, et cela suffisait pour en changer la nature, ce qui se traduisait par un certain nombre d'effets précis.

1° Le texte, et par là même la disposition de la coutume, fut immobilisé en principe. Il ne put plus être modifié que par une rédaction nouvelle, intervenant dans les mêmes conditions que la première avec l'autorité du pouvoir royal. De là, les nombreuses *réformations* signalées plus haut.

2° Pour toutes les règles contenues dans le texte, il fut désormais interdit d'offrir la preuve que la coutume était autre au moment où elle avait été rédigée. Les enquêtes par turbes

1. Challine, *Méthode générale pour l'intelligence des coutumes de France*, p. 13 : « L'intention de la loy, c'est-à-dire de la coustume, qui est notre loy »; p. 26 : « Les coustumes sont des conventions publiques accordées du consentement des trois ordres du royaume... qui ont esté conservées par l'authorité souveraine du roi qui leur donne le sceau et la vigueur. » Lettres de 1509 (*Ord.*, XXI, 404) : « Icelles faites entretenir, garder et observer inviolablement comme loy perpétuelle. »

2. Guy Coquille, *Questions sur les coustumes*, n° 1 : « Les commissaires ordonnez par le roy pour présider en ces assemblées d'Estats les ont auctorisées (les coustumes) en y inspirant la puissance de loy... Mais, en effet, c'est le peuple qui fait la loy, qui est une marque de l'ancien establissement de cette république française, meslée de démocratie, aristocratie et monarchie. Car faire loy est droict de souveraineté. »

3. *Annæi Roberti rerum judicatarum libri IV*, édit. 1604, l. II, ch. i, p. 206 et suiv. — Louet et Brodeau, *Recueil d'anciens notables arrests*, lettre C, n° 20 : « D'autant que les coustumes ne s'homologuent et ne se vérifient en la cour, mais seulement s'apportent au greffe d'icelle pour y avoir recours. Autrement seroit si les trois estats avoient renvoyé la résolution de quelques articles à la cour; car en ce cas tels articles n'auroient lieu que du jour où la cour auroit prononcé par son arrest. »

devinrent inapplicables dans cette mesure ; c'était déjà la disposition de l'ordonnance de Montil-les-Tours et elle fut reprise par les ordonnances postérieures [1].

3 L'infiltration proprement dite du droit romain dans la coutume devint impossible désormais ; il ne put plus agir sur elle que par voie d'interprétation. C'est à ce fait principalement que la France dut de conserver à peu près intact son ancien droit coutumier tandis que d'autres pays, l'Allemagne par exemple, le perdirent pour la plus grande partie.

Cependant il ne faudrait pas exagérer l'immobilisation du droit coutumier ; malgré la rédaction officielle, il pouvait encore se modifier par l'usage, et cela de deux façons. D'abord, par la désuétude : celle-ci, conformément au droit romain, abrogeait même les lois, à plus forte raison les coutumes. On pouvait proposer que tel article était hors d'usage et par suite sans force [2]. En second lieu, on pouvait également proposer qu'à la place ou à côté de la disposition contenue dans le texte une nouvelle coutume s'était formée. Mais il fallait pour cela établir un usage certain et immémorial [3]. Dans cette mesure, pour établir l'abrogation ou le nouvel usage, la preuve des enquêtes par turbes resta en vigueur, restreinte cependant aux cours souveraines [4], jusqu'à ce que l'ordonnance de 1667 l'abolît et la remplaçât par des actes de notoriété [5].

1. Lettres de 1505 (*Ord.*, XXI, p. 333) : « Icelles voulons inviolablement estre gardées et observées, sans enfraindre, comme loy perpétuelle, sans qu'aucun dorénavant soit reçeu à poser ne prouver coustumes contraires ne desrogeant à icelles coustumes ainsi publiées. »

2. Anne Robert, *op. cit.*, p. 293 : « Consuetudinum vis et auctoritas apud nos tanta est ut non facile convelli queat. Aliquando tamen ex longa diuturni temporis mora et tacito illiteratoque consensu quædam statuta in desuetudinem abire et exolescere contingit. » — Challine, *Méthode générale*, cinquième règle (p. 48) : « Comme l'usage a introduit toutes les dispositions des coustumes, aussi est-il vrai que le non-usage les peut abolir. »

3. Challine, *Méthode générale*, p. 178 : « Mais l'on peut estre reçeu à prouver par tourbes que depuis la rédaction de la coustume l'usage a introduit quelque nouvelle disposition, ainsi qu'il a esté jugé par arrest prononcé en robes rouges du mois de février 1528, et depuis ce temps-là par une infinité d'autres arrests ; » (p. 50) : « D'ailleurs, comme la coustume ne se peut establir que par un temps immémorial, aussi est-il vray qu'elle ne peut estre abolie que par le même temps. »

4. Challine, *op. cit.*, p. 177 : « De là vient que les présidiaux n'ont pas l'authorité d'appointer par tourbes. »

5. Ord. de 1667, tit. XIII.

Si les coutumes étaient bien devenues des lois écrites, il ne faudrait pas croire que ce fussent de véritables codes, compréhensifs et complets. Elles contenaient fort peu de règles sur le droit criminel et sur la procédure, et quant au droit privé et féodal, il n'y a guère qu'un certain nombre d'institutions qui figurent presque dans toutes : l'état des personnes, les droits de justice, les tenures féodales ou foncières, les droits des gens mariés, les donations, successions et testaments et enfin les voies d'exécution sur les biens. Encore nombre de ces matières ne sont-elles le plus souvent réglementées qu'en certains points les plus importants.

III

La rédaction exerça sur le développement du droit coutumier une influence plus profonde encore par un effet simplement indirect dont il me reste à parler. Elle l'éleva au rang de science; elle en rendit possible l'étude méthodique; elle créa la littérature du droit coutumier, source principale de notre droit privé. Jusque-là, les ouvrages consacrés aux coutumes étaient presque uniquement descriptifs; destinés à recueillir la coutume plutôt qu'à l'interpréter. Toute l'interprétation juridique, enseignée aux écoles ou contenue dans les livres, était traditionnellement concentrée sur les textes précis du *Corpus juris civilis* et du *Corpus juris canonici*. Par la rédaction officielle, on obtint toute une série de textes du même genre pour le droit coutumier et l'on se mit à les commenter avec la même méthode et tout d'abord dans la même langue, c'est-à-dire en latin; si bien que le texte était français et le commentaire latin; les commentaires en langue française ne s'introduisirent que plus tard. Ce n'est pas dans les universités que se fit cette étude scientifique du droit coutumier : car traditionnellement on n'y enseignait que le droit romain et le droit canonique; parfois, comme à Paris, ce dernier seulement. C'est seulement en 1679 que l'enseignement du droit français reçut une place bien modeste dans les universités [1]. Ce sont

1. Édit d'avril 1679 (Isambert, *Anc. lois*, XIX, 199), art. 14 : « Nous voulons que le droit françois contenu dans nos ordonnances et dans nos coutumes

les avocats et les magistrats qui composèrent ces commentaires des coutumes ; mais ils avaient été formés à la méthode
des légistes et canonistes de profession; ils firent ce qu'auraient fait ceux-ci ; leurs ouvrages sont farcis de citations des
textes de l'un et de l'autre *Corpus juris* et de citations des docteurs. Malgré cela, leurs écrits furent plus vivants et pittoresques, sortant du palais et du barreau, que s'ils fussent sortis
de l'école. Il n'est point de coutume générale qui n'ait eu
plusieurs commentateurs ; et les principales en ont une légion.
Je ne puis songer à donner un aperçu de cette immense littérature; je voudrais seulement signaler quelques-uns de ses
plus illustres représentants et indiquer le principal résultat
qu'elle a produit pour l'avenir.

Des jurisconsultes coutumiers les plus éminents sont incontestablement les premiers, ceux du xvi° siècle, car ils ont été
des créateurs. Ce sont eux qui ont construit la théorie des
principales institutions coutumières, ou qui, du moins, en ont
dégagé les principes et dégrossi les matériaux. Ceux des xvii° et
xviii° siècles ont surtout repris les travaux de leurs prédécesseurs, pour y faire une sélection rationnelle et établir des
systèmes mieux pondérés. Ils ont mis la dernière main à
l'œuvre et c'est pour cela qu'ils sont aujourd'hui les plus
connus; mais ils n'ont pas la force et le génie inventif des ouvriers de la première heure. Parmi ceux-ci, il faut citer les
noms suivants. *Boerius* (Nicolas Boyer), fut avocat puis professeur à Bourges et enfin président au parlement de Bordeaux. Son commentaire latin sur les coutumes de Bourges
parut en 1508 et fut le premier de tous : ses *Decisiones supre-
mi senatus Burdigalensis* sont une mine féconde en renseignements de tout genre. — *Chassanæus* (Barthélemi de Chasseneuz), avocat, puis magistrat parlementaire, publia en 1523,
ses *Commentarii in consuetudines ducatus Burgundiæ.* C'était
un homme fort savant, qui avait étudié aux écoles d'Italie, et
son livre, quoique spécialement consacré à la coutume de
Bourgogne, est un traité du droit français en général. — Bernard d'Argentré (*Argentræus*) président au présidial de

soit publiquement enseigné; et, à cet effet, nous nommerons des professeurs
qui expliqueront les principes de la jurisprudence françoise et qui en feront
des lectures publiques. »

Rennes fit paraître de son vivant, de 1568 à 1584, une série
de commentaires sur les divers titres de la coutume de Bretagne de 1539 et des notes sur la coutume réformée de 1580. Il
avait l'intention de refondre et de compléter son commentaire;
mais la mort et la guerre civile l'en empêchèrent; et son fils,
Charles d'Argentré, en donna après sa mort, sur un manuscrit
de son père, une édition telle quelle, mais complète[1]. C'est
un des ouvrages fondamentaux sur l'ancien droit coutumier,
surtout par l'ampleur avec laquelle les principales théories
y sont exposées. — René Chopin (*Choppinus*) publia deux
commentaires latins très amples, l'un sur la coutume d'Anjou
en 1581, l'autre sur la coutume de Paris en 1596[2]. A ceux-
là, on pourrait en joindre bien d'autres, mais je voudrais terminer la nomenclature en dégageant la personnalité et l'œuvre
de deux hommes qui dépassent tous leurs voisins : Du Moulin
et Guy Coquille.

Charles Du Moulin (*Molinæus*), né en 1500, mort en 1566,
fut un grand jurisconsulte et un grand esprit. Il était avocat
au parlement de Paris, mais ne plaida guère, car il avait la
parole difficile: cependant, il professa, à diverses époques et en
divers lieux, avec un grand succès, des leçons publiques; mais
il les dictait sans doute, selon la mode de l'époque. C'est
avant tout un écrivain: son style est à vrai dire dénué de
charme, c'est un latin rocailleux et scolastique; mais la force
et la netteté de sa pensée sont extraordinaires. J'ai dit que
c'était un grand esprit et il le montra bien en combattant
pour des causes, condamnées de son temps, mais que
devait faire triompher l'avenir. L'un des premiers, dans
son *Tractatus contractuum usurarum et redituum*, publié en
1546[3], il s'éleva contre la prohibition du prêt à intérêt, que
notre ancien droit avait empruntée au droit canonique. Lors-

1. Préface de Charles d'Argentré adressée au parlement de Bretagne (édit.
Paris, 1628) : « Huic operi vix dum nascenti quantopere acclamarit universa
togatorum natio... Hos tamen tanti sudoris et tot annorum commentarios
nova multarum rerum accessione locupletare statuerat, nisi funesta belli
civilis facies, id meditantem interpellasset. » L'éditeur, Nicolas Buon, ajoute
qu'il reproduit ce commentaire « cum ejusdem ad (reformatam) notis. »

2. Le commentaire sur la coutume d'Anjou est précédé d'un *Tractatus de
summis Gallicarum consuetudinum regulis.*

3. Au t. II, p. 1 et suiv. de ses œuvres complètes, édit. 1681.

que l'ordonnance de 1539 eut définitivement banni de la procédure criminelle la liberté de la défense, il protesta énergiquement contre ce système monstrueux[1]. Gallican ardent, il composa un écrit[2] qui lui valut des poursuites, terminées en 1557 par des lettres d'abolition. Comme jurisconsulte, il fut universel, semblable en cela à beaucoup d'hommes du XVIᵉ siècle ; il fut à la fois romaniste, canoniste, jurisconsulte coutumier et toujours supérieur. L'interprétation qu'il donna de certaines lois romaines, acquit une autorité définitive et incontestée, si bien que les théories qu'il en tira ont passé de proche en proche jusque dans les pages de notre Code civil. La théorie des obligations divisibles et indivisibles (Code civil, art. 1217-1233) repose sur son *Extricatio labyrinthi dividui et individui*[3], et celle de la subrogation (Code civil, art. 1249-1252) a été fondée en grande partie par les leçons qu'il professa à Dôle[4]. Son œuvre coutumière a été plus originale encore et plus vaste ; elle comprend deux éléments principaux : 1º Un commentaire étendu sur les premiers titres de la coutume de Paris, et un commentaire analytique sur les articles suivants[5] ; 2º Des notes sur la plupart des coutumes de France rédigées de son temps[6]. Le commentaire sur la coutume de Paris a été le fondement du droit de l'ancienne France sur les matières féodales ; les notes sur les coutumes, barbares dans la forme, souvent moitié en latin et moitié en français, ont fixé le sens de la plupart des articles délicats. L'influence de Du Moulin, comme d'ailleurs celle de d'Argentré, se fit à tel point sentir de leur temps, qu'ils furent en quelque sorte législateurs. En effet, lorsqu'on réforma, en 1580, la coutume de Paris et celle de Bretagne, une grande partie des modifications introduites étaient fournies par les critiques de Du Moulin et de d'Argentré dans leurs commentaires .

Guy Coquille, sire de Romenay en Nivernois, est aussi un

1. Esmein, *Histoire de la procédure criminelle*, p. 161.
2. Son commentaire sur l'édit des petites dates de 1550 ; OEuvres, t. IV, p. 299 et suiv.
3. OEuvres, t. III, p. 89.
4. *Quinque solemnes lectiones Dolanæ*, OEuvres, t. III, p. 387.
5. OEuvres, t. I, p. 1 et 667.
6. Elles se trouvent classées par ordre de coutumes dans les OEuvres, t. II, p. 693 et suiv. ; elles ont été publiées, classées par matières, Paris, 1715.

grand jurisconsulte et un grand citoyen. Il avait fait de fortes études de droit, pour la théorie, à l'Université de Padoue, et, pour la pratique, chez un procureur. Il entra au barreau et fut successivement échevin de Nevers et procureur fiscal de Nivernois. Mais, ce qui lui fait le plus d'honneur, c'est qu'il fut trois fois élu comme député du tiers état aux États généraux, aux États d'Orléans, en 1560, et à ceux de Blois, en 1576 et 1588. Comme jurisconsulte, le champ de son étude est des plus étendus. Nous savons déjà qu'il étudia spécialement le droit public ecclésiastique et qu'il fut l'un des fondateurs de la théorie des libertés de l'Église gallicane[1]. Son œuvre coutumière comprend trois parties principales : 1° Un commentaire de la coutume de Nivernais ; 2° Des *questions, responses et méditations sur les articles des coutumes*, où sont traitées la plupart des difficultés qu'elles soulèvent ; 3° L'*institution au droit des François ou conférence des coutumes de France*[2], admirable petit livre, où est résumé, dans ses principaux titres, tout le droit coutumier de l'ancienne France.

IV

Le droit coutumier avait été arrêté dans des textes précis, et scientifiquement commenté ; mais il n'était point uniforme. Les coutumes générales des diverses régions différaient souvent entre elles. C'était, dans la pratique, un immense inconvénient ; il en résultait, pour le droit national, des difficultés analogues à celles qui se présentent aujourd'hui dans le droit international privé ; il y avait des conflits de coutumes comme il y a aujourd'hui des conflits de lois françaises et étrangères ; si bien que, pour résoudre ceux-ci, on utilise encore aujourd'hui les théories qu'avaient imaginées nos anciens auteurs pour résoudre ceux-là[3]. Cet inconvénient, tout le monde le sentait, mais le pouvoir royal n'osa jamais entreprendre, dans son ensemble, l'unification et la codification du droit privé de l'ancienne France. Du Moulin, cependant, dès le xvi° siècle,

---

1. Ci-dessus, p. 624.

2. Les trois ouvrages se trouvent au t. II de l'édition de ses œuvres, Paris, 1666.

3. Lainé, *Introduction au droit international privé*, spécialement t. II.

avait proposé de ramener à l'unité les coutumes, et il avait
même présenté, dans ce but, un plan assez simple[1]; mais on
ne pouvait guère y songer pratiquement au moment où les
diverses coutumes venaient d'être rédigées. Au xvii° siècle,
une tentative plus restreinte fut faite par Guillaume de Lamoignon, premier président du parlement de Paris : il voulut
uniformiser la jurisprudence de son parlement et fit agréer
son projet au roi Louis XIV. Pour cela, il réunit douze avocats fameux et fit préparer une série d'articles destinés à
composer une sorte de code, et qui devaient être discutés ensuite dans une assemblée où chaque chambre du parlement
serait représentée par deux de ses membres[2]. L'œuvre commencée n'aboutit pas ; on en sentit l'impossibilité pratique.
Le travail de rédaction des articles fut continué cependant,
comme œuvre privée, par les avocats Auzanet et Fourcroy,
et le résultat en fut publié plus tard sous le titre : *Arrêtés du
président de Lamoignon.*

En réalité, l'unification législative du droit coutumier ne
pouvait être réalisée que lorsqu'elle aurait été mûrement préparée par la doctrine et la science. Cette élaboration doctrinale
se fit en effet par une littérature qui dégagea le *droit commun
coutumier.* Il fut obtenu surtout par deux moyens. 1° On cons-
tata, ce qui était vrai, que les principales institutions coutumières reposaient au fond, dans toutes les coutumes, sur des
principes identiques, et que les divergences ne portaient guère
que sur des détails secondaires et accidentels ; les jurisconsultes, dans l'exposition doctrinale, insistèrent sur les uns et
glissèrent au contraire sur les autres, dégageant ainsi, dans
les grandes lignes, un ensemble d'institutions et de règles
communes à la France coutumière. 2° La doctrine prit pour
type normal du droit coutumier la coutume de Paris, à laquelle
on s'efforça de ramener toutes les autres, lorsque le texte ne
s'y opposait pas absolument[3]. Cet ascendant, la coutume de
Paris le conquit naturellement, non seulement par l'attrait et

1. *Oratio de concordia et unione consuetudinum Franciæ,* OEuvres, t. II,
p. 690.
2. *Recueil des arrêtés de M. le premier président de Lamoignon,* Paris, 1777,
avertissement, p. vi.
3. Challine, *Méthode générale,* ch. xiii.

l'influence propres à la capitale, mais surtout parce qu'elle
eut les plus nombreux et illustres commentateurs. L'élaboration du droit commun coutumier date du xvıᵉ siècle ; c'est l'objet même, on peut le dire, de l'*Institution au droit des François*,
de Guy Coquille. Au xvıᵉ siècle, furent surtout composées
des monographies conçues dans le même esprit, consacrées
aux principales institutions du droit coutumier, et embrassant
parfois les règles du droit écrit sur le même sujet. Les principales sont : les traités de Charles Loyseau sur la rente foncière et les hypothèques [1], de Lebrun et Renusson sur la communauté entre époux, les successions et les propres [2], de
Ricard sur les donations et les testaments [3]. Au xvıııᵉ siècle,
la méthode s'élargit ; un même auteur composa des ouvrages
d'ensemble ou des suites de traités où toutes les matières du
droit étaient exposées à ce point de vue. Le travail le plus considérable en ce genre se trouve dans les œuvres de Pothier
sur le droit français. L'auteur, né en 1699, mort en 1772, était
professeur à l'Université d'Orléans et conseiller au présidial
de la même ville. Il a exposé, dans ses divers traités, toutes
les matières du droit privé [4], et son influence a été immense
sur les rédacteurs du Code civil. Dans un grand nombre d'articles, et spécialement dans la matière des obligations, ils
ont pris Pothier pour guide, si bien que lorsqu'on a voulu fixer
le sens des dispositions qu'ils avaient écrites, on a dû, tout
d'abord, se référer aux œuvres de ce jurisconsulte. Considéré
en lui-même, en dehors de son influence codificatrice, il me
paraît sensiblement inférieur aux maîtres du xvıᵉ siècle ; il
n'a ni leur vigueur, ni leur indépendance ; mais il est admirablement clair, méthodique et pondéré. Beaucoup d'ouvrages
conçus dans le même esprit furent composés au xvıııᵉ siècle ;
je n'en citerai que deux qui, plus d'une fois, ont également inspiré les rédacteurs du Code civil : l'ouvrage de Bourjon, dont

---

1. *Traité de la garantie des rentes*, paru à la fin du xvıᵉ siècle ; *Traité du
déguerpissement et délaissement par hypothèque*, 1613.

2. Renusson a publié ses traités les uns à la fin du xvııᵉ siècle, les autres
dans le premier tiers du xvıııᵉ siècle ; Lebrun a écrit dans la première moitié du xvıııᵉ.

3. Ricard appartient à la seconde moitié du xvııᵉ siècle.

4. Œuvres de Pothier, édit. Bugnet, 11 vol.

le titre est significatif : *Le droit commun de la France et la coutume de Paris réduits en principes* (1747-1770) et les *Règles du droit français* de Pocquet de Livonnière (1768).

§ 4. — L'ÉTUDE ET L'INTERPRÉTATION DU DROIT ROMAIN

I

On a vu précédemment comment le droit romain était resté en vigueur en Gaule après les établissements des barbares[1], et comment plus tard il s'était maintenu à titre de coutume dans une portion du pays[2]. La connaissance même des textes persista, au moins en partie, soit en Italie, soit en France, pendant tout le cours du moyen âge, bien que ceux qui la possédaient fussent sans doute en nombre très restreint. Ces faits importants sont acquis à la science depuis que Savigny a publié sa magistrale *Histoire du droit romain au moyen âge*[3], et la critique contemporaine n'a fait que confirmer, en les précisant et en les complétant, les résultats qu'il avait obtenus[4]. Mais un autre problème s'est posé, aujourd'hui vivement débattu : l'enseignement du droit romain s'est-il perpétué sans interruption depuis la chute de l'Empire d'Occident, quoique bien amoindri aux IX° et X^o siècles, ou la renaissance dont nous allons parler, et qui se produisit au cours du XI°, fut-elle vraiment la résurrection d'une science morte, qui avait totalement cessé d'être enseignée[5] ? Ce n'est pas ici le lieu de discuter cette question : voici ce qui se dégage des recherches et des

1. Ci-dessus, p. 56.

2. Ci-dessus, pp. 674, 676.

3. *Geschichte des römischen Rechts im Mittelalter*, 2° édit., Heidelberg, 1850 ; traduite en français par Guénoux.

4. Voyez l'ouvrage de Max Conrat, *Geschichte der Quellen und Litteratur des römischen Rechts im früheren Mittelalter*, erster Band (seul paru), Leipzig, 1889-1891. Tous les renseignements y sont réunis et appréciés avec un soin et une critique qui ne laissent rien à désirer.

5. Dans le sens de la continuité, voyez surtout les travaux de M. Fitting, et spécialement, *Les commencements de l'École de droit de Bologne* (traduction Paul Leseur), Paris, 1888 ; et sur des études plus récentes, du même auteur, M. Georges Blondel, dans la *Nouvelle Revue historique de droit*, 1892, p. 238. — En sens contraire, M. Max Conrat, *op. cit.*, et M. Flach, *Études critiques sur l'histoire du droit romain au moyen âge*, Paris, 1890 ; j'ai donné un compte rendu de ce dernier ouvrage dans la *Nouvelle Revue historique*, 1890, p. 654.

polémiques. L'enseignement élémentaire du droit romain paraît avoir toujours persisté dans les écoles d'arts libéraux, spécialement dans celles établies près des églises ou des couvents. Il se rattachait comme complément à l'étude de la rhétorique et à l'*ars dictaminis*, c'est-à-dire à l'art de rédiger les actes en forme; il servait aussi de préparation à l'étude du droit canonique. Mais il est plus difficile de déterminer s'il exista avant le xi° siècle, soit en Italie, soit en France, de véritables écoles de droit spécialement consacrées à cet enseignement. Cependant, il y eut anciennement à Rome une école de ce genre, remontant aux temps de l'Empire, et qui paraît être restée en activité pendant des siècles, peut-être jusqu'au xi° siècle. Dans la première moitié du xi° siècle, Pavie possédait une école pleinement florissante où l'on enseignait principalement le droit lombard[1], mais aussi, semble-t-il, le droit romain. Au milieu de ce siècle, Ravenne en avait également une, dont les docteurs, consultés par les Florentins sur une question délicate, avaient une connaissance familière du droit romain[2]. Mais, jusque-là, ces études avaient un caractère accessoire, et l'on peut affirmer que l'enseignement se donnait d'après des résumés traditionnels, et non par l'interprétation directe des textes.

Dans la seconde moitié du xi° siècle, une renaissance marquée se produisit dans l'étude du droit romain. Elle eut deux phases distinctes. Dans la première, le mouvement paraît s'être développé parallèlement dans les écoles de France et d'Italie. Il est difficile de déterminer exactement l'individualité et l'activité particulière de ces écoles; mais nous avons deux ouvrages qui assurément procèdent de quelqu'une d'entre elles et qui ne sont pas sans valeur; l'un a reçu le titre de *Brachylogus juris civilis*[3]; l'autre s'appelle *Petri exceptiones legum Romanarum*, et il est composé lui-même par la fusion de deux recueils antérieurs[4]. Dans la seconde

1. Brunner, *Deutsche Rechtsgeschichte*, I, p. 389.
2. Damiani, *De parentelæ gradibus*, dans Migne, *Patrologie lat.*, t. CXLV, p. 191, 195, 203.
3. Il a été édité pour la première fois à Lyon en 1548; M. Böcking en a publié une édition à Berlin en 1829.
4. On le trouve dans le t. II de l'*Histoire du droit romain au moyen âge*, de *Savigny*. Sur la provenance française du *Brachylogus* et du *Petrus*, voyez

phase, le mouvement se concentra dans une seule école, celle qui fut fondée dans le dernier tiers du xi° siècle à Bologne en Italie. Bologne possédait à cette époque, et depuis long-temps, une de ces écoles d'*artes liberales*, dont il a été parlé plus haut, et par un phénomène naturel, l'enseignement du droit romain se constitua à côté d'elle. En 1076, un maître nommé Pepo y donnait cet enseignement, mais il ne put le fonder définitivement. Après une interruption, l'œuvre fut reprise par le célèbre Irnerius, le véritable fondateur de l'École de Bologne, qui commença à professer le droit vers 1088, et qui mourut en 1125 environ. Il avait commencé par enseigner les arts libéraux; puis il paraît avoir étudié sans maître les lois romaines et se mit à les expliquer. Il laissa après lui des élèves, qui eux-mêmes en formèrent d'autres, et l'École était fondée d'où le droit romain allait rayonner sur le monde, disciplinant les esprits et civilisant les peuples.

On voit l'inanité de la légende ancienne qui attribuait la renaissance du droit romain soit à une constitution de Lo-thaire II qui aurait remis les lois romaines en honneur [1], soit à la découverte d'un manuscrit des Pandectes que les Pisans, en 1135, auraient rapporté du pillage d'Amalfi. La constitution de Lothaire est supposée, et, en 1135, Irnerius avait fait son œuvre et était mort; à cette époque, la renaissance du droit romain avait commencé certainement depuis un siècle [2]. Mais cependant dans ces récits, comme dans toute légende, il y a une part de vérité. L'originalité d'Irnerius consista bien à remettre en lumière les lois romaines, restées jusque-là dans l'ombre, car, le premier, il les étudia directement, les lisant, exposant et commentant. D'autre part, quoique cela soit con-testé, il semble bien que les Pandectes, le vrai trésor du droit romain, aient cessé d'être connues du ix° au xi° siècle [3], et tous

Tardif, *Histoire des sources du droit français, origines romaines*, p. 209 et suiv., 216 et suiv.

1. Voyez, par exemple, Anne Robert, *Rerum judicatarum lib. II*, ch. i, p. 201 : « Ipsa quidem juris Romani scientia per aliquot sæcula in tenebris jacuit, quoad tandem Lotharius Cæsar ejus nominis secundus qui circa an-num 1127 imperare cœpit, collapsa juris illius studia rursus erexit, suadente Irnerio seu Wernero jurisconsulto. »

2. Fitting, *Les commencements de l'École de Bologne*, p. 3.

3. Conrat, *Geschichte der Quellen*, I, p. 65 et suiv.

E.

46

les textes du Digeste qui serviront à l'enseignement renouvelé
paraissent provenir directement ou indirectement du manuscrit
unique qui fut conservé successivement à Pise et à Florence
et qu'on appelle la Florentine [1].

Quoiqu'il en soit, l'École de Bologne éclipsa toutes les autres ;
c'est elle qui fournit pour l'enseignement du droit romain des
maîtres à l'Italie et aux autres pays d'Europe. Sa méthode et sa
doctrine s'imposèrent partout, et l'empreinte dont elle marqua
la science du droit est si profonde qu'on peut encore en retrouver aujourd'hui la trace sur bien des points. Ce fut justice
d'ailleurs ; à côté de l'immense travail qu'elle accomplit, les
efforts des *Prébolonais*, comme on appelle parfois les précurseurs d'Irnerius, en réalité étaient peu de chose. C'est l'École
de Bologne et les autres écoles qui se formèrent à côté d'elle
en Italie qui dictèrent en France l'interprétation du droit romain ; jusqu'au xvie siècle, notre pays fut tributaire, à cet
égard des docteurs italiens. Il faut donc dire un mot de leurs
principaux représentants.

II

On peut appeler proprement *École des glossateurs* ou École
de Bologne la série des maîtres qui se formèrent et ensei-
gnèrent dans cette ville, depuis la fondation par Irnerius, jusqu'à la rédaction de la glose d'Accurse, dans le premier tiers
du xiiie siècle. Le nom de glossateurs leur vint des *gloses*, ou
explications brèves qu'ils composaient, pour éclairer les parties délicates et importantes d'un texte, et que l'on recueillit
dans les manuscrits avec le texte même, d'abord entre les
lignes, puis en marge. Cela indique que leur enseignement
était essentiellement exégétique, c'est-à-dire qu'ils lisaient et
expliquaient l'une après l'autre toutes les lois d'un même
titre du Digeste ou du Code. En même temps, ils furent amenés à composer les *casus*, c'est-à-dire à reconstituer l'hypothèse prévue par chacun des textes qu'ils expliquaient. Enfin,
nous avons encore un autre produit de leur enseignement : ce
sont les *Summæ* ou *Sommes* dans lesquelles un maître résumait

---

1. Conrat, *op. cit.*, p. 74 et suiv., d'après les recherches de Mommsen, dont
les résultats sont exposés dans sa grande édition du Digeste, I, p. xiii et suiv.

titre par titre le contenu d'un des recueils qui composent la compilation de Justinien, donnant ainsi une Somme des Institutes, du Digeste ou du Code. Nous avons par là une idée de leur méthode; disons quelles étaient leurs qualités et leurs défauts.

Leur qualité maîtresse fut de procéder à l'étude directe, intégrale et minutieuse des textes qui figurent au *Corpus juris civilis*. Ils les examinèrent isolément et les comparèrent entre eux avec un soin et une critique vraiment admirables; si bien que, pour beaucoup d'entre eux, ils ont fixé le sens d'une façon définitive. Leur principale faiblesse, c'est que, pour interpréter les textes juridiques, ils n'avaient que ces textes eux-mêmes à leur disposition. Ils ne connaissaient ni l'histoire romaine [1], ni la littérature latine; et, par suite, ils ne pouvaient comprendre le sens et la portée de baucoup d'institutions, ne connaissant pas le milieu où elles s'étaient développées.

Leur influence profonde ne se fit pas seulement sentir par la doctrine et la méthode; elle imposa encore au recueil des lois romaines, tel qu'il passa dans l'usage, une forme et des divisions particulières. Ils adoptèrent une traduction latine des Novelles, différente de l'*Epitome Juliani* qui antérieurement s'était fait recevoir en Occident; ils lui donnèrent le nom d'*Authenticum*, et la divisèrent en neuf parties ou *collationes*. Acceptant la compilation de Justinien comme une législation encore en vigueur, ils furent amenés à faire prédominer les parties les plus anciennes sur les plus récentes et, par suite, ils sentirent le besoin d'indiquer dans le Code même de cet empereur les modifications qu'y avait apportées, sur certains points, le droit des Novelles. Ils le firent par des extraits de ces dernières qu'ils insérèrent dans le Code, à la suite des constitutions qu'elles modifiaient et ils appelèrent

[1]. On connaît la boutade de Rabelais, *Pantagruel*, l. II, ch. x : « Ineptes opinions de Accurse, Baldo, Bartole, de Castro, de Imola, Hippolytus, Panorme, Bertachius, Alexander, Curtius et ces autres vieux mastins qui jamais n'entendirent la moindre loy des Pandectes, et n'estoient que gros veaux de disme, ignorans de tout ce qui est nécessaire à l'intelligence des loix. Car, comme il est tout certain ils n'avoient cognoissance de langue ny grecque ny latine mais seulement de gothique et barbare... Au regard des lettres d'humanité et cognoissance des antiquités et histoires ils en estoient chargés comme un crapaud de plumes, dont toutesfois les droits sont tous pleins et sans ce ne peuvent estre entendus. »

cós additions, *Authentica*, les *Authentiques*. Les Authentiques, d'ailleurs, continrent parfois des constitutions, non des empereurs romains, mais des empereurs d'Allemagne; car les Bolonais considéraient ces dernières comme la continuation véritable du droit romain[1]. C'est pour une raison semblable qu'ils insérèrent au *volumen legum* les *Libri feudorum*[2]. Enfin ils adoptèrent une division tripartite du Digeste qui devait être longtemps suivie dans l'École. Elle comprenait le *Digestum vetus* (l. I-XXIV, 2), l'*Infortiatum* (l. XXIV, 2-XXXVIII) et le *Digestum novum* (XXXIX-L); elle rappelait probablement l'ordre historique dans lequel l'École, à ses débuts, avait successivement connu ou utilisé les livres des Pandectes.

Les glossateurs les plus célèbres furent : Bulgarus, Martinus Gosia, Jacobus et Hugo, surnommés les *quatre docteurs*, les successeurs immédiats d'Irnerius; Rogerius, Placentinus, Johannes Bassianus, Otto et Azo[3]. Placentin professa en France, à Montpellier, en 1182, et mourut dans cette ville en 1192[4]. Azo enseigna également en France, du moins en Provence[5].

Dans le premier tiers du XIIIᵉ siècle, se produisit un fait d'une importance capitale. Le professeur Accurse eut l'idée d'élever à l'École de Bologne un monument digne d'elle, en concentrant dans un livre tout ce qu'elle avait produit d'essentiel. Pour cela, il réunit, en les classant et en cherchant à les concilier lorsqu'elles étaient contraires, les principales gloses que les docteurs avaient accumulées depuis Irnerius par leur travail successif. Il composa ainsi une glose d'ensemble, ou *Grande Glose*, qui résuma le travail des générations précédentes[6]. La glose d'Accurse eut un immense succès; elle représenta l'interprétation définitive des lois romaines. Dans l'École et au palais, elle acquit une autorité presque législative; bientôt elle devint le complément obligé du texte à côté

1. Ci-dessus, p. 331.
2. Ci-dessus, p. 620.
3. Savigny, *Geschichte*, 2ᵉ édit., t. IV et V.
4. Savigny, *op. cit.*, IV, p. 245 et suiv.
5. Schulte, *Geschichte der Quellen und Litteratur des canonischen Rechts*, t. II, p. 130, note 1. — Pour les maîtres français dans cette période, voir Savigny, *op. cit.*, IV, p. 440 et suiv.
6. La glose des Novelles porte la date de 1220; *Auth. collatio, quinta*, tit. I, vᵒ *Indictionis* : « Si autem velis illam indictionem colligere accipe annos Domini qui sunt MCCXX. ».

duquel on la reproduisit constamment ; ce fut la *Glossa ordinaria* ou glose par excellence. Il arriva même que la glose masqua le texte, et cela eut un contre-coup fâcheux sur l'enseignement des écoles, qui perdit en partie son originalité première. Les professeurs, en effet, se donnèrent pour tâche d'expliquer non seulement le texte, mais encore la glose, et souvent, c'est sur elle qu'ils firent porter leur principal effort. Cependant, l'activité des docteurs italiens prit bientôt une autre direction.

Les glossateurs avaient poursuivi un double but. Ils avaient cherché sincèrement à retrouver le sens exact des textes romains, sans y rien ajouter de leur propre fonds ; ils avaient tenté de faire passer dans la pratique, intégralement et telle quelle, la législation ainsi restaurée. C'était là, d'ailleurs, pour la seconde partie du moins, un résultat impossible à atteindre, et, pour la première partie, la glose semblait avoir tout fait. Aussi, à partir du xive siècle, la science entra-t-elle décidément dans une autre voie. Elle s'efforça de dégager des lois romaines, par une interprétation plus ou moins sincère ou forcée, des principes et des théories, fécondes en résultats et répondant aux besoins de la pratique. Ce fut un travail de construction plus que d'interprétation véritable. En même temps, comme il s'agissait de poser des principes et d'en dégager les conséquences, les jurisconsultes s'approprièrent le mode de raisonnement, qui s'était développé pour la théologie et la philosophie, c'est-à-dire la dialectique scolastique [1]. Cette tendance nouvelle paraît s'être manifestée d'abord en France, et se rattacher à l'enseignement que Jacques de Révigny (Jacobus de Ravanis) donna dans le dernier tiers du xiiie siècle [2]. Mais elle eut son représentant le plus illustre dans la personne de l'Italien Bartole [3]. Celui-ci, dont la vie fut courte (1314-1357), exerça une influence immense et atteignit à la gloire la plus complète. C'est de lui que procède, on peut le dire, toute la littérature posté-

---

1. Caillemer, *L'enseignement du droit civil en France vers la fin du xiiie siècle*, dans la *Nouvelle Revue historique*, III, 1878, p. 604 ; Flach, *Cujas, Bartole et les Bartolistes*, même *Revue*, 1883, p. 218 et suiv. ; Rivier, *ibid.*, 1888, p. 301.

2. Voyez les travaux cités à la note précédente, Rivier, p. 604 ; Flach, p. 216. Sur les *Lecturæ* de Jacques de Revigny, V. M. d'Ablaing, même *Revue*, 1888, p. 360.

3. Savigny, *op. cit.*, t. VI, p. 137 et suiv.

rieure du droit romain jusqu'à l'École française du xvi° siècle.
Il avait été admirablement préparé à entrer dans la voie nouvelle, par les années qu'il consacra à la pratique judiciaire
avant de commencer son enseignement[1]. Il ne fut point un
inventeur; car son maître Cinus s'était inspiré de Jacques de
Revigny et de ses élèves, et lui-même puisa largement à la
même source[2]. Mais il appliqua leur méthode avec une puissance et un génie supérieurs et en tira d'immenses richesses
juridiques. L'œuvre qu'il a laissée abonde en théories ingénieuses et d'une grande portée, dont il est vraiment le créa-
teur et qui, très souvent, sont restées dans la science[3]. D'ailleurs,
du xiv° au xvi° siècle, l'Italie produisit encore nombre de
docteurs dont le renom fut universel, et qui, tous, sont en réalité des Bartolistes. Les principaux sont : Balde (Baldus),
Paulus de Imola, Paulus de Castro, Bartholomæus Cæpolla,
Philippus Decius et Jason Mainus ou de Maino[4].

III

La France, nous l'avons vu, à la fin du xiii° siècle et au commencement du xiv°, avait possédé une École originale de romanistes. Elle eut pour représentants Jacques de Revigny, Pierre
de Belleperche (*P. de Bellapertica*), Guillaume de Cunéo, Petrus
Jacobi et Johannes Faber[5]. Tous les quatre furent professeurs
aux universités de Toulouse, Montpellier ou Orléans; en outre,
Pierre de Belleperche devint chancelier de France, Guillaume
de Cunéo mourut évêque et Johannes Faber fut avocat et juge
seigneurial. Ce qui les distingue surtout, c'est le caractère
vivant et pratique de leurs écrits. Ils s'efforcèrent constamment de féconder par les principes du droit romain les institutions coutumières et politiques de leur époque[6], et d'en éta-

1. Savigny, *op. cit.*, t. VI, p. 157.
2. Flach, *loc. cit.*, p. 218, 219. .
3. J'en ai donné un exemple notable, dans la *Nouvelle Revue historique*,
1888, p. 328 et suiv.
4. Sur les cinq premiers Savigny, *op. cit.*, VI, p. 208, 277, 281, 320, 372;
sur le dernier, Panzirolus, *De claris legum interpretibus*, l. II, ch. cxxvii.
5. Savigny, *op. cit.*, VI, p. 27-46.
6. On peut s'en apercevoir aux nombreuses citations que j'ai empruntées à
la *Practica* de Jacobi et aux Institutes de Faber.

blir la théorie. Cela est vrai, surtout des deux ouvrages qu'a laissés Jean Fabre, son *Breviarium in Codicem* ou Somme du Code, et son *Commentarius ad Instituta;* aussi, dans l'ancienne France, reçut il le nom de *Pater practicæ.* Mais, cette brillante floraison s'arrêta là ; la France se noya dans le courant bartoliste dont elle avait été la source, et, jusqu'au xvi⁰ siècle, ce furent les écrits des docteurs italiens qui fournirent aux écoles et aux tribunaux l'interprétation du droit romain, de même que, précédemment, elle avait été fournie par la glose[1].

Mais, au xvi⁰ siècle, se produisit, dans notre pays, une nouvelle renaissance des études de droit romain, qui différa profondément de celle des xi⁰ et xii⁰ siècles. Elle fut une conséquence de la *Renaissance* proprement dite, et présenta deux caractères distinctifs. 1⁰ Elle eut pour but de rendre aux lois romaines leur véritable portée et leur sens originel, au moyen de l'histoire et de l'érudition. 2⁰ Elle tendit à faire la synthèse et le système du droit romain, ainsi reconstitué, pour dégager son esprit et sa philosophie[2]. En même temps, elle introduisit dans ces études, qui continuèrent à être exposées en langue latine, le latin poli et élégant des humanistes, au lieu de l'idiome barbare qu'avaient parlé les glossateurs et surtout les Bartolistes. Ce mouvement[3], comme toute rénovation, eut ses précurseurs qui furent un Italien, Alciat, et un Français, Budée ; elle eut son foyer principal dans la petite université de Bourges[4]. Ses représentants les plus illustres, que je choi-

---

1. Par certains passages d'auteurs littéraires, on peut constater quels étaient les romanistes les plus connus en France. Voyez le passage de Rabelais, plus haut cité, p. 723, note 1. On peut y joindre les passages suivants. Corneille, *Le Menteur*, acte I, scène vi : « Je sais le Code entier avec les *Authentiques*, — Le Digeste nouveau, le vieux, l'*Infortiat*, — Ce qu'en a dit Jason, Balde, Accurse, Alciat. » Molière, *M. de Pourceaugnac*, acte II, scène xiii : « Si vous consultez nos auteurs, — législateurs et glossateurs, — Justinian, Papinian, — Ulpian et Tribonian, — Fernand, Rebuffe, Jean Imole, — Paul Castre, Julian, Barthole, — Jason, Alciat et Cujas. »

2. Rabelais a dégagé nettement tous ces caractères ; *Pantagruel*, l. II, ch. x. Voyez le fragment cité plus haut, p. 723, note 1, et encore ce passage : « Davantage, veu que les loix sont extirpées du milieu de philosophie morale et naturelle, comment l'entendront ces folz, qui ont par Dieu moins estudié en philosophie que ma mulle. »

3. Sur ce qui suit, voyez Adolphe Tardif, *Histoire des sources du droit français, origines romaines*, ch. vi, p. 463 et suiv. ; Stintzing, *Geschichte der Deutschen Rechtswissenschaft*, 1880, t. I, ch. x, p. 367-385.

4. Voyez dans Rabelais, *Pantagruel*, l. II, ch. v, le passage où Pantagruel

sis au milieu d'une véritable pléïade, furent Cujas, Doneau et Jacques Godefroy.

Cujas (1522-1590) professa un peu partout dans les écoles de France, comme c'était alors l'usage pour les maîtres célèbres, mais surtout à Bourges. Il a laissé une œuvre d'une étendue et d'une richesse admirables. Il représente surtout, dans l'école du xvi° siècle, la méthode historique et l'érudition appliquées au droit romain, et jamais peut-être on n'en a tiré de plus féconds résultats. Ses principaux ouvrages sont : 1° Ses *Observationes et emendationes*, en dix-huit livres, où il éclaire et souvent rétablit d'innombrables passages des lois et des auteurs latins ; 2° Ses commentaires sur les fragments des principaux ouvrages des grands jurisconsultes épars dans le Digeste. En rapprochant livre par livre les débris d'un même ouvrage, Cujas a essayé de leur rendre, dans la mesure du possible, leur physionomie originale. C'est ainsi qu'il a reconstitué en partie Papinien, Paul, Julien et Modestin[1]. Cujas a suivi la méthode exégétique, tempérée par les reconstitutions dont il vient d'être parlé. — Doneau représente surtout la synthèse du droit romain[2]. Né en 1527, à Chalon-sur-Saône, il étudia d'abord à Toulouse, puis à Bourges où il professa. Protestant, il dut fuir la France après la Saint-Barthélemy et se réfugia en Hollande, puis en Allemagne, où il mourut en 1501. Son principal ouvrage est intitulé *Commentarii juris civilis*, en vingt-huit livres. Les seize premiers livres parurent seuls de son vivant ; les livres dix-sept à vingt-huit furent publiés après sa mort et sur ses notes par Scipio Gentilis. — Jacques Godefroy appartient à cette école, plutôt par la filiation scientifique que par le temps où il écrivit. Il est en effet

visite successivement les diverses universités de France ; en dernier lieu : « Ainsi vint à Bourges, où estudia bien longtemps et profita beaucoup en la Faculté des loix. »

1. La meilleure édition des œuvres de Cujas est celle de Naples en 11 volumes.

2. M. Ad. Tardif, *op. cit.*, p. 436, place Doneau parmi les Bartolistes comme « le plus éminent représentant de l'École dogmatique ou bartoliste. » C'est là une erreur manifeste. Doneau fut, il est vrai, l'adversaire de Cujas à Bourges, mais pour des raisons personnelles. Il est dogmatique, comme tous ceux qui synthétisent ; mais sa méthode est aussi éloignée que possible de celle des Bartolistes ; voyez un exemple de la différence des procédés dans la *Nouvelle Revue historique de droit*, 1888, p. 342 et 345.

un auteur du xvii° siècle (1582-1652). Il fut, pour le droit du Bas-Empire et surtout pour le droit public de cette époque, ce que Cujas avait été pour le droit privé. Son principal ouvrage, ses *Commentaires sur le Code théodosien*, garde aujourd'hui encore toute sa valeur[1]. Un autre Godefroy, Denys Godefroy, le père du précédent, doit être également cité, parce qu'il a donné au *Corpus juris civilis* une forme qui est restée classique dans les éditions françaises : il a ajouté aux documents qu'y avaient joints les Bolonais, la traduction latine d'un certain nombre de constitutions des empereurs byzantins postérieurs à Justinien, et spécialement des Novelles de Léon le Philosophe. Les notes dont il avait accompagné les textes du *Corpus juris civilis* sont restées longtemps renommées.

Cette grande École française du xvi° siècle exerça une immense influence scientifique sur le monde entier et spécialement sur l'Allemagne[2]; mais son influence sur la pratique, sur l'interprétation du droit romain, tel qu'il était appliqué par les tribunaux, fut beaucoup moins considérable. Ceux-ci restèrent en grande partie fidèles aux doctrines qu'ils tenaient de l'École bartoliste. Cujas exerça sur le développement des théories de droit romain suivies en France une action beaucoup moins puissante que Du Moulin[3], et la filiation du romaniste Du Moulin n'est pas niable; par la forme comme par le fond, c'est le dernier des grands Bartolistes[4].

Après cette brillante floraison, l'étude et l'enseignement du droit romain baissèrent sensiblement en France aux xvii° et xviii° siècles. On ne trouve plus que deux noms qui méritent d'être cités[5]. Le premier est Domat (1625-1695), avocat du roi au présidial de Clermont-Ferrand. Il a composé sur le droit privé un grand ouvrage qui parut en partie après sa mort (de 1689 à 1697): *Les lois civiles dans leur ordre naturel*. Ce qu'il a voulu faire c'est une œuvre de vulgarisation pratique. Com-

1. Ci-dessus, p. 6, note 1.
2. Voyez l'ouvrage de Stintzing plus haut cité.
3. Ci-dessus, 715.
4. M. Tardif, qui a placé Doneau parmi eux, n'y range cependant pas Du Moulin, dont il n'apprécie pas, à leur valeur, les travaux sur le droit romain, *op. cit.*, p. 458.
5. Sur les autres, voyez Ad. Tardif, *op. cit.*, p. 494-497.

me il le dit dans sa préface, il a fait deux remarques. La première, c'est que le droit romain avait en France une très
grande importance : « Comme (ces textes) contiennent le
droit naturel et la raison écrite, on les cite devant les tribunaux, on les enseigne publiquement, et c'est sur l'étude de
ces livres qu'on donne les degrés et qu'on examine ceux qui
veulent entrer dans les charges de judicature[1]. » Mais, d'autre
part, il a remarqué qu'en général on connaissait très mal ce
droit. Il a cherché la cause de cette contradiction et il l'a trouvée dans ce double fait, que le recueil des lois romaines,
étant écrit en latin, est difficile à comprendre, et que, de plus,
il est extrêmement étendu, sans que les lois y soient rangées
dans un ordre logique. Pour remédier à ces inconvénients, il
a entrepris d'exposer les lois romaines en langue française et
de les présenter dans leur ordre naturel. Partant de là, il a
combiné une exposition systématique du droit romain débarrassé des détails historiques et présenté comme la raison
écrite, applicable à tous les pays et à tous les temps : il a
voulu atteindre « l'ordre par le retranchement de l'inutile et
la clarté par le simple effet de l'arrangement ». Son exposition
est en effet froide, claire et bien ordonnée ; mais le livre a
peu de valeur scientifique. Il a cependant été quelquefois utilisé par les rédacteurs du Code civil. Pothier, que nous connaissons déjà par ses œuvres françaises[2], a produit sur le
droit romain une œuvre d'ensemble qui est aussi et avant
tout un arrangement : ses *Pandectæ Justinianeæ in novum
ordinem digestæ*, publiées en 1748. C'est un travail de haute
patience et en même temps d'érudition. Ici l'ordre des titres
est respecté et les lois ne sont point transportées hors de
celui auquel elles appartiennent. Mais, dans chaque titre, elles
sont classées méthodiquement de manière à présenter une
exposition suivie et complète de la matière, grâce à des tran-
sitions et à des notes explicatives, le tout en latin.

1. Édition, Paris 1713, *Préface*.
2. Ci-dessus, p. 718.

CHAPITRE II

Les ordonnances

La législation des ordonnances est extrêmement touffue, et présente une somme de documents considérable. Je comprends d'ailleurs, sous cette dénomination, toutes les lois émanées du pouvoir royal, ordonnances, édits, déclarations et lettres patentes [1]. Elles ont toutes la même nature et avaient toutes la même force. Le plus souvent on réservait le nom d'ordonnance à une loi étendue et embrassant des matières diverses ; l'édit était généralement destiné à réglementer une institution déterminée ; la déclaration se rapportait à une loi antérieure ou contenait une réglementation moins solennelle ; les lettres patentes, enfin, avaient le plus souvent un caractère marqué de particularité. Mais ces distinctions et cette terminologie n'étaient point exactement respectées, et elles n'avaient aucune importance juridique. Toutes ces lois ont été réunies dans des recueils, les uns anciens, les autres modernes. Deux de ces derniers doivent être cités. 1° L'un, dit *Collection des ordonnances du Louvre*, a été publié volume par volume depuis 1723, et successivement par les soins d'Eusèbe de Laurière, de Secousse, de Villevaut, de Bréquigny, de Camus, de Pastoret et de Pardessus. Sous l'ancien régime, cette publication se faisait par l'initiative et sous l'autorité des chanceliers. Après la création de l'Institut de France, elle reprit sous le patronage et la direction de l'Académie des Inscriptions et Belles-Lettres, qui l'a poussée jusqu'au vingt-unième volume, c'est-à-dire jusqu'à la fin du règne de Louis XII et à l'année 1514 [2]. L'Académie des Sciences morales et politiques a pris la conti-

1. Le terme « pragmatique sanction » est aussi quelquefois employé.
2. Les derniers documents insérés sont des lettres patentes du mois de novembre 1514.

nuation de l'œuvre; mais elle n'a encore donné que des travaux préliminaires[1]. Cette vaste collection, qui n'est pas sans défauts ni sans lacunes, est encore la meilleure que nous possédions pour les siècles qu'elle embrasse. — 2° Le *Recueil général des anciennes lois françaises*, publié de 1823 à 1827 par MM. Jourdan, Decrusy et Isambert[2], et connu sous le nom de ce dernier. Pour la période qu'il a en commun avec le *Recueil des ordonnances*, il est moins complet que ce dernier, qu'il reproduit en général, et auquel il renvoie, mais en se contentant de donner la date et le titre de certains documents sans en donner le texte. En revanche, il va jusqu'au 5 mai 1789.

Je ne puis songer à analyser ou à décrire cette immense législation, et je ne parlerai point des lois qui ont un objet particulier et qu'on peut appeler *spéciales;* mais il faut faire connaître les ordonnances qui ont une portée générale et compréhensive, qui constituent des réglementations portant sur un grand nombre de points ou des codes détaillés. Ces ordonnances générales se divisent en deux groupes bien distincts; d'un côté, celles qui ont été rendues du xive au xviie siècle; d'autre part, les grandes ordonnances de Louis XIV et de Louis XV.

I

Les ordonnances générales qui ont été rendues du xive au xviie siècle, et qui souvent sont très étendues et pleines de sages dispositions, présentent des caractères communs et distinctifs. Ce sont des ordonnances pour la réforme[3] de l'État, et, par suite, elles contiennent des dispositions sur les matières les plus variées, parcourant successivement les diverses branches de l'administration et du gouvernement, pour corriger les abus qui y avaient été signalés. Mais, en revanche, elles ne touchent qu'en certains points à chacune d'entre elles. Ce ne sont pas

---

1. *Catalogue des actes de François Ier*, en cours de publication. Voyez Viollet, *Histoire*, p. 155.

2. Il comprend 28 volumes et la table parue en 1833.

3. Elles sont souvent intitulées « ordonnances pour la réformation de la justice. »

des codifications, mais au contraire des retouches partielles. Le plus souvent, mais non toujours, elles ont été rendues après des convocations d'États généraux, sur les doléances et les cahiers de ceux-ci. Enfin, elles ont toujours eu pour principal rédacteur le chancelier qui alors était en fonctions.

La série de ces lois commence par une ordonnance de Philippe le Long, de 1318[1]. Viennent ensuite celles rendues, sous le règne du roi Jean, après les diverses sessions des États[2]; l'ordonnance cabochienne sous Charles VI[3]. Sous Charles VII, la plus inportante est celle de Montil-lez-Tours, qui contient 125 articles[4] : elle fut rendue à la suite d'une consultation solennelle dans laquelle, d'après la préambule, on doit reconnaître une assemblée de notables, et c'est en quelque sorte le programme de réformes que voulait réaliser la royauté, la guerre de Cent ans étant finie. A la fin du xv° siècle, nous trouvons deux grandes ordonnances rendues sur les cahiers des États généraux de 1484 : celle de juillet 1494 sur l'administration de la justice (111 articles)[5], et celle de Blois (162 articles), du mois de mars 1498[6]. Sous François Ier fut rendue la grande ordonnance de Villers-Cotterets, en 1539, sur le fait de la justice et pour l'abréviation des procès (192 articles)[7], une de celles dont l'influence a été le plus réelle et qui a eu de nombreux et sérieux commentateurs. Viennent ensuite les ordonnances qui se rattachent au nom du chancelier de L'Hôpital. Les trois principales ont été rendues d'après les cahiers des États généraux tenus à Orléans en 1560 : ce sont l'ordonnance d'Orléans[8] en 1560, de Roussillon en 1563[9] et de Moulins en 1566[10]. Les États de 1576 donnèrent aussi lieu à

1. Ci-dessus, p. 403, note 3.
2. Ci-dessus, p. 403, note 4.
3. Voyez l'édition qui en a été donnée par M. Coville, et ci-dessus, p. 404, note 1.
4. Isambert, *Anc. lois*, IX, p. 202 et suiv. Elle est intitulée « pour la réformation de la justice. »
5. Isambert, *Anc. lois*, XI, 214.
6. Isambert, *Anc. lois*, XI, 323 « sur la réformation de la justice et l'utilité générale du royaume. »
7. Isambert, *Anc. lois*, XII, 600.
8. Isambert, *Anc. lois*, XIV, 63.
9. Isambert, *Anc. lois*, XIV, 160.
10. Isambert, *Anc. lois*, XIV, 189.

une nouvelle ordonnance de Blois (363 articles), en 1579[1]. Enfin la série se termine, au xvii° siècle, par la grande ordonnance de 1629[2], qui fut rédigée par les soins du chancelier Michel de Marillac, d'après les cahiers des États généraux de 1614 et les avis des assemblées de notables qui les suivirent. C'était une œuvre considérable (461 articles), la plus étendue qu'eût encore produite la législation royale ; elle contenait nombre de réformes utiles et intelligentes. Mais précisément ce caractère réformateur souleva les résistances des parlements : ils l'enregistrèrent de mauvaise grâce et avec de nombreuses modifications ou même l'écartèrent[3]. On la ridiculisa en l'appelant le *Code Michau* (le code du petit Michel) et elle fut peu ou point observée.

Un certain nombre d'institutions importantes ont été réglementées par ces ordonnances et en ont porté la trace durable. La célébration du mariage fut fixée par l'ordonnance de Blois de 1579 (art. 40, 44, 45) et par celle de 1629 (art. 39)[4]. La tenue par les curés des paroisses de registres authentiques pour constater les décès, mariages et naissances, fut organisée par les ordonnances de 1539 (art. 50, 56), de 1579 (art. 40, 181) et de 1629 (art. 40). L'Église avait elle-même inauguré cette pratique, mais la législation royale la régularisa : elle assura la bonne tenue des registres, leur donna force authentique et défendit en principe tout autre mode de preuve pour établir les mariages, naissances et décès[5]. L'ordonnance de Moulins introduisit (art. 54) une limitation de la preuve testimoniale, qui a passé dans notre Code civil, et dont elle est une disposition importante[6]. Dans la tradition antérieure, la preuve par témoins était la preuve par excellence, toujours admise et pouvant même faire tomber la preuve écrite ; d'où l'ancien axiome : *témoins passent lettres*. Mais cela était plein de dangers, les témoins pouvant être facilement trompés ou trompeurs. L'ordonnance de Moulins défendit de prouver par témoins les contrats au-dessus de 100 livres et de recevoir

1. Isambert, *Anc. lois*, XIV, 380.
2. Isambert, *Anc. lois*, XVI, 223.
3. Pour le parlement de Paris, voyez Isambert, *Anc. lois*, XVI, 342.
4. Esmein, *Le mariage en droit canonique*, II, p. 201 et suiv.
5. Esmein, *Le mariage en droit canonique*, II, p. 203 et suiv.
6. Code civil, art. 1341.

la preuve testimoniale outre ou contre le contenu aux actes[1]. Les donations furent soumises par les ordonnances de Villers-Cotterets (art. 132, 133) et de Moulins (art. 58) à une publicité spéciale par un enregistrement ou *insinuation* de l'acte au greffe des juridictions royales, empruntée d'ailleurs au droit romain. Enfin, les substitutions fidéicommissaires furent restreintes et assujetties à la publicité par l'ordonnance d'Orléans (art. 58) et celle de Moulins (art. 57).

Mais, à côté de ces réformes partielles et durables, dont on pourrait multiplier les exemples, les grandes ordonnances des xv° et xvi° siècles, accomplirent une œuvre presque codificatrice pour une branche importante du droit : elles fixèrent les principes essentiels de la procédure civile et criminelle, qui s'était peu à peu développée depuis le xiii° siècle, sous l'influence du droit romain et du droit canonique. Pour la procédure criminelle en particulier, cette fixation législative eut un effet décisif et fut opérée principalement par les ordonnances de 1498 et de 1539. La procédure criminelle des cours féodales avait été accusatoire, orale et formaliste ; la liberté de la défense y était entière, et, si les moyens de preuve étaient grossiers (*judicia Dei* ou duel judiciaire le plus souvent), aucune contrainte n'était employée contre les accusés et tout se passait au grand jour. Dans le cours des xiii°, xiv° et xv° siècles, une procédure présentant les caractères absolument opposés se substitua peu à peu à celle-là. Cela provint d'un certain nombre de causes : l'influence du droit romain, et surtout du droit canonique, où s'était produite d'abord une évolution semblable et qui servit de modèle aux justices séculières, — la disparition des jugements de Dieu et du duel judiciaire, — le besoin d'une répression énergique dans la société grossière du moyen âge. Quoi qu'il en soit, une nouvelle procédure criminelle s'établit qui s'appela la *procédure extraordinaire* mais qui devint bientôt le droit commun, suivie pour toutes les infractions de quelque gravité. Elle était *inquisitoire*, l'ancienne accusation ayant complètement disparu ; la poursuite était toujours intentée en [droit au nom du juge lui-même,

---

1. Sur cette réforme, Esmein, *Études sur les contrats dans le très ancien droit français*, p. 62 et suiv.

quoiqu'elle pût être provoquée par la dénonciation ou la
plainte de la partie lésée ou par celle du ministère public. —
Toute l'instruction avait pour but principal d'arracher des
aveux à l'accusé, sur lequel pesait une présomption de culpabilité. Pour cela, les moyens les plus odieux étaient employés :
les interrogatoires captieux et répétés, le serment imposé à
l'accusé de dire toute la vérité sur lui-même, la torture enfin,
sous ses deux formes, question préparatoire contre les accusés
pour leur arracher l'aveu du crime, question préalable contre
les condamnés pour obtenir la révélation de leurs complices.
— Cette procédure était complètement *secrète*. Non seulement,
dès le xv° siècle, le public avait été chassé des auditoires criminels, mais encore la plupart des actes étaient faits en présence d'un seul magistrat et de son greffier, en dehors de
l'accusé, qui n'en avait pas connaissance et qui ne pouvait les
contredire. Ils étaient constatés dans des pièces écrites, qui
étaient communiquées au ministère public mais non à l'accusé.
C'était ainsi que les témoignages étaient recueillis, et l'accusé
ne pouvait les discuter que dans une confrontation avec le
témoin, aussitôt qu'on lui avait donné lecture de la déposition ;
encore fallait-il qu'il présentât ses reproches et causes de ré-
cusation contre le témoin avant de l'avoir entendue. Le procès
criminel avait pris la forme d'une instruction préparatoire
secrète et écrite, démesurément développée et conduite par un
seul juge : c'était presque uniquement sur les pièces écrites
de cette instruction que le tribunal assemblé rendait la sentence ; il ne voyait l'accusé qu'une fois, lors d'un dernier inter-
rogatoire que celui-ci subissait devant lui. *La liberté de la
défense* avait presque complètement disparu ; en principe,
l'accusé ne pouvait être assisté d'un avocat ou conseil, et il
ne pouvait point librement faire entendre des témoins à dé-
charge ; il pouvait seulement être admis à prouver à la fin de
l'instruction des *faits justificatifs* d'une espèce particulière,
comme un *alibi*. Toutes ces règles s'étaient peu à peu développées ; mais elles furent arrêtées, précisées et rendues plus
rigoureuses par les ordonnances de 1498 et de 1539 qui les
consacrèrent définitivement [1].

1. Sur toute cette procédure, son histoire et son système, Esmein, *Histoire
de la procédure criminelle*, Iᵉ partie, p. 43-174.

II

Les grandes ordonnances de Louis XIV et de Louis XV présentent un tout autre caractère que les ordonnances générales de la période précédente. Ce sont des *codifications;* elles contiennent la réglementation complète, systématique et détaillée d'une branche du droit plus ou moins importante et étendue. Elles ont été rédigées par des commissions composées d'un petit nombre d'hommes compétents ; et, de cette élaboration, il nous est souvent resté d'importants travaux préparatoires. Cette œuvre de codification est analogue, par la forme et les procédés, à celle qui s'accomplira plus tard sous le Consulat et le premier Empire et qui a produit nos Codes. Les ordonnances de ce type, dont il va être parlé, ont une importance toute particulière dans l'histoire du droit français. Elles ont, dès l'ancien régime, codifié certaines parties du système juridique, les soumettant à une loi précise et uniforme pour tout le pays ; elles ont eu de nombreux et illustres commentateurs qui en ont précisé les dispositions ; enfin, elles ont fourni la substance et la forme pour plusieurs de nos codes, soit dans l'ensemble, soit dans certaines parties. Cette codification fragmentaire par voie d'ordonnances se produisit à deux époques, sous Louis XIV et par l'influence de Colbert, sous Louis XV et sous la direction du chancelier d'Aguesseau.

Colbert sut inspirer à Louis XIV la pensée d'être un grand législateur, et il suggéra en même temps le plan de cette législation nouvelle [1]. Il voulait employer seulement deux catégories de personnes : des praticiens éminents et des membres du conseil du roi. Les premiers, réunis à quelques-uns des seconds dresseraient les projets ; on les discuterait ensuite dans un *conseil de justice* composé de conseillers d'État et de maîtres des requêtes soigneusement choisis. Le parlement et les corps judiciaires étaient tenus à l'écart. Ce plan fut suivi en effet, sauf qu'il reçut des modifications assez importantes pour la rédaction des deux premières ordonnances, celles de 1667 et de 1670.

1. Sur ce plan et sur la rédaction des ordonnances de 1667 et 1670 ; Esmein, *Histoire de la procédure criminelle*, p. 177 et suiv.

I. — La première ordonnance mise sur le chantier fut celle de la *Procédure civile*. Le projet en fut préparé par une commission composée d'avocats et de conseillers d'État, et présidée par Pussort, l'oncle de Colbert; l'avocat Auzanet, qui en faisait partie, nous a laissé le récit de ces travaux. Tout était prêt à être rapporté au conseil de justice, lorsque l'intervention de Guillaume de Lamoignon, premier président du parlement de Paris, donna une autre direction à l'entreprise. Il vint parler au roi des projets de réforme et de codification qu'il avait lui-même conçus[1]: Louis XIV lui répondit que Colbert s'occupait précisément d'un semblable objet et l'engagea à se concerter avec lui. Du coup, le parlement rentra en scène, et il fut entendu qu'avant d'être soumis au conseil de justice, le projet serait d'abord discuté dans une commission mixte, composée de magistrats du parlement, de conseillers d'État et de maîtres des requêtes. Ces *conférences* se tinrent en effet; le procès-verbal en a été conservé et publié[2]. Pussort et Lamoignon s'y firent surtout remarquer. Le texte ainsi arrêté fut ensuite révisé par le conseil de justice. Il devint l'*ordonnance civile touchant la réformation de la justice*, du mois d'avril 1667[3]. C'est un code de procédure civile, minutieux et complet, en trente-cinq titres. Le but poursuivi par les rédacteurs fut surtout de préciser les formes et de retrancher les formalités et écritures inutiles. Il fut complété par diverses ordonnances accessoires, dont la principale fut celle du mois d'août 1669, sur les évocations, *committimus* et règlements de juges[4]. Les commentateurs les plus célèbres de l'ordonnance de 1667 ont été, au XVIII° siècle, Jousse et Pothier. Elle a largement servi de modèle à notre Code de procédure civile de 1806. On peut même dire que le système contenu dans ce dernier, quoique plus simple et meilleur que celui de l'ordonnance, porte les traces trop profondes de cette parenté.

II. — L'*ordonnance criminelle* de 1670[5] fut préparée et ré-

1. Ci-dessus, p. 717.
2. *Procès-verbal des conférences*, tenues par ordre du roi pour l'examen des articles de l'ordonnance civile du mois d'avril 1667 et de l'ordonnance criminelle du mois d'août 1670, nouvelle édition, Paris, 1709.
3. Isambert, *Anc. lois*, XVIII, 103.
4. Isambert, *Anc. lois*, XVIII, 341.
5. Isambert, *Anc. lois*, XVIII, 371.

digée comme la précédente. Pour elle aussi, le travail des commissaires rédacteurs fut discuté dans une commission mixte, et nous avons encore le procès-verbal des conférences. C'est une loi considérable, où, pour la première fois, toutes les formalités de l'instruction criminelle étaient minutieusement réglées. Les rédacteurs s'efforcèrent surtout d'assurer la régularité et la sincérité de toutes les pièces écrites. C'était d'un intérêt capital, puisque le jugement était rendu presque uniquement sur ces pièces ; mais, c'était un résultat impossible à atteindre, surtout devant les juridictions inférieures. On chercha aussi à diminuer les frais et à supprimer les abus. Mais, en même temps, l'ordonnance poussa à l'extrême les rigueurs de la procédure criminelle. Le secret, qui la dominait, fut renforcé encore ; la défense de donner un conseil aux accusés devint une loi précise, ne comportant que de rares exceptions déterminées ; le serment prêté par les accusés fut impérativement imposé. Enfin, on enleva à l'accusé la faible ressource de faire tomber, lors de la confrontation, les témoignages produits contre lui. L'ordonnance décida que le témoin qui se rétracterait à la confrontation serait poursuivi pour faux témoignage et parjure ; car il avait déjà déposé deux fois devant le juge sous la foi du serment[1]. Dans les conférences, Pussort se montra le partisan inflexible de toutes ces rigueurs. Lamoignon, au contraire, protesta contre elles ; il combattit le serment des accusés, l'interdiction des conseils, le système de confrontation et même l'emploi de la torture. Celle-ci, d'ailleurs, ne fut pas précisée par la loi comme les autres actes de l'instruction. La façon de l'administrer resta livrée à la diversité des jurisprudences[2]. A la demande d'une réglementation précise, Pussort fit cette réponse étonnante « que la description qu'il faudroit faire serait indécente dans une ordonnance.» L'ordonnance criminelle de 1670 a eu de nombreux commentateurs ; les plus célèbres sont, au XVIIIᵉ siècle, Jousse et Muyart de Vouglans. Dépouillée de ses monstruosités, elle a servi de modèle à une partie de notre Code d'instruction criminelle, celle qui traite de l'instruction préparatoire. Cette instruction

<hr/>

1. Sur tous ces points, Esmein, *Histoire de la procédure criminelle*, p. 212-260.

2. *Ibidem*, p. 220 et suiv.; 241.

est restée secrète et la contradiction n'y est pas, en principe,
ouverte au prévenu : la procédure devant les juridictions de
jugement est inspirée, au contraire, des lois de la Révolution[1].

Les deux ordonnances codificatrices de 1667 et de 1670 sont
les seules pour lesquelles les membres du parlement de Paris
aient été admis aux travaux préparatoires. Pour celles dont il
reste à parler, le plan originaire de Colbert fut suivi sans aucune modification.

III. — L'*ordonnance du commerce*, du mois de mars 1673[2],
fut préparée de longue main par Colbert. Dès 1670, il demandait des mémoires sur ce sujet aux hommes compétents, et
spécialement à Savary, négociant célèbre retiré des affaires
et écrivain sur le droit commercial[3]. Il constitua ensuite un
conseil de réforme, présidé par Pussort, et où l'influence de
Savary fut dominante[4]; c'est de là que sortit l'ordonnance
C'était un *Code du commerce terrestre*. Il fut complété dans la
suite par un autre qui contient les règles du commerce maritime. C'est l'*ordonnance de la marine*, du mois d'août 1681[5];
celle-ci, il faut le remarquer, ne réglementait pas seulement
la marine marchande et le commerce maritime au point
de vue du droit privé, mais aussi au point de vue administratif. Ces ordonnances ont eu pour principaux commentateurs, au xviii° siècle, celle de 1673 : Jousse, Boutaric et
Pothier, — et celle de 1681 : Pothier et surtout Valin. L'une
et l'autre ont grandement servi à la rédaction du Code de commerce de 1807 : le livre II, qui traite *du commerce maritime*,
procède de l'ordonnance de 1681; les deux autres livres ont
pour modèle l'ordonnance de 1673. Il faut savoir enfin qu'à

1. *Ibidem*, p. 527-552.

2. Isambert, *Anc. lois*, XIX, 93.

3. Vie de Savary, en tête de son *Parfait négociant*, édit. Paris, 1777, p. xvii,
« En 1670, il fut convié de contribuer de ses lumières et de son expérience dans
les affaires du commerce, pour la réformation que l'on y vouloit faire, et
pour la composition du code marchand qu'on projettait alors. »

4. *Ibidem*, p. xxii : « Les mémoires n'ayant pas déplu il fut mis au conseil
de la réforme où il se distingua tellement par la solidité de ses avis... que
presque tous (les articles) ayant été dressés sur ses représentations, M. Pussort, qui étoit président de la commission, n'appeloit ordinairement cette
ordonnance que le *Code Savary*. »

5. Isambert, *Anc. lois*, XIX, 282.

côté de l'ordonnance de 1681, une autre grande ordonnance sur la marine fut promulguée au mois d'avril 1689 [1]; elle était très ample, divisée en vingt-trois livres, mais c'était la réglementation de la marine de guerre qu'elle contenait. Elle organisait, pour le recrutement de ses équipages, un système de classes (l. VIII), qui est l'origine première du système de l'inscription maritime encore aujourd'hui en vigueur.

IV. L'ordonnance de 1669 *portant règlement sur les eaux et forêts* [2], véritable *Code forestier*, fut rédigée sur des mémoires fournis par des « commissaires départis pour la réforme des eaux et forêts ».

V. On doit ajouter à ces lois le *Code noir*, touchant la police des îles de l'Amérique de 1685 [3]. C'est la réglementation de l'esclavage des nègres. On est frappé de la dureté avec laquelle elle est établie, tempérée seulement par les règles de la discipline catholique sur ce sujet, que le roi sanctionne non moins énergiquement [4].

VI. Enfin, il faut mentionner, quoique plus spécial et d'une durée éphémère, un édit du mois de mars 1673 « portant établissement des greffes pour l'enregistrement des opposition des créanciers hypothécaires [5] ». Ce que le législateur voulait établir par là, c'était la publicité des hypothèques, qui étaient occultes dans l'ancien droit, comme en droit romain, au grand détriment du crédit. Mais cette utile institution rencontra d'immenses résistances; beaucoup de nobles surtout avaient leurs biens grevés d'hypothèques et ne voulaient point faire apparaître cet état de choses au grand jour. Le roi fut obligé de céder et révoqua au mois d'avril 1674 l'édit de 1673 [6].

---

1. *Ordonnance de Louis XIV pour les armées navales et arcenaux de marine* : Paris, 1689. Elle n'est que mentionnée par Isambert, *Anc. lois*, XX, 73.

2. Isambert, *Anc. lois*, XVIII, 219.

3. Isambert, *Anc. lois*, XIX, 494.

4. Préambule : « Nous avons bien voulu faire examiner en notre présence les mémoires qui nous ont été envoyés par nos officiers de nos îles d'Amérique, par lesquels avons été informé du besoin qu'ils ont de notre autorité et de notre justice pour y maintenir la discipline de l'Église catholique, apostolique et romaine et pour y régler ce qui concerne l'État des esclaves. »

5. Isambert, *Anc. lois*, XIX, 73.

6. Isambert, *Anc. lois*, XIX, 133 : « Quoique nos sujets puissent recevoir de très grands avantages de son exécution, néanmoins, comme il arrive ordinai-

Sous Louis XV, une nouvelle série de codifications fut entreprise par l'initiative du chancelier d'Aguesseau : il avait même conçu l'idée de réformer l'ensemble des lois françaises et de les réduire en un seul corps[1]. Il demanda des mémoires aux hommes et aux corps compétents, consulta les parlements et institua une commission centrale qui fut comme son conseil privé. De là, sortirent un certain nombre de lois, fragments de l'œuvre colossale qu'il avait rêvée. 1° *L'ordonnance de 1731 sur les donations*[2] ; le législateur déclarait qu'il avait choisi cette matière pour la régler par une loi uniforme applicable à tout le royaume par ce que « soit par sa simplicité, soit par le peu d'opposition qui s'y trouve entre les principes du droit romain et ceux du droit français, elle a paru la plus propre à fournir le premier exemple de l'exécution du plan proposé. » 2° *L'ordonnance de 1735 sur les testaments*[3]. Ici, le législateur n'osa pas complètement établir l'unité qu'il se proposait, il laissa au contraire en substance, spécialement quant aux formes du testament, à l'institution d'héritier et la liberté de disposer, subsister les différences traditionnelles entre les pays de coutume et les pays de droit écrit, se contentant d'unifier la jurisprudence pour chacun des deux systèmes[4]. 3° *L'ordonnance de 1747 sur les substitutions fidéicommissaires*[5]. Ces trois lois ont eu une influence très notable sur le droit postérieur ; leurs dispositions ont passé, dans une large mesure, dans les parties correspondantes du Code civil[6].

---

rement que les règlemens les plus utiles ont leurs difficultés dans leurs premier établissement et qu'il s'en rencontre dans celui-ci qui ne peuvent être surmontées dans un temps où nous sommes obligés de donner une application principale aux affaires de la guerre. »

1. Francis Monnier, *Le chancelier d'Aguesseau*, 2° édit., p. 286 et suiv.

2. Isambert, *Anc. lois*, XXI, 343.

3. Isambert, *Anc. lois*, XXI, 386.

4. Sallé, *Esprit des ordonnances de Louis XV*, Paris, 1754, t. I, p. 234 : « Le législateur aurait pu sans doute ramener sur ce point à une seule et même loi tous les peuples soumis à son obéissance, et ce parti auroit semblé le plus capable de remplir le but d'unité et de simplicité qu'il s'est proposé. Mais voulant bien se prêter au préjugé naturel qu'a chaque peuple pour les usages dans lesquels il est né il a laissé à chaque province ses loix et ses coutumes particulières, et il s'est contenté de réformer ce qui étoit défectueux, d'y fixer ce qui étoit douteux et incertain. »

5. Isambert, *Anc. lois*, XXII, 193.

6. Les textes en sont rapportés, dans l'édition Tripier, sous les articles correspondants du Code.

4° *L'ordonnance de 1737 concernant le faux principal et le faux incident et la reconnaissance des écritures et signatures en matière criminelle*[1]. C'était une réglementation tellement parfaite de la matière, au point de vue technique, qu'elle a passé presque entière dans nos Codes de procédure civile et d'instruction criminelle.

Le chancelier d'Aguesseau avait eu spécialement l'intention de réviser l'ordonnance criminelle de 1670; mais il n'y toucha que par des lois de détail, qui perfectionnèrent la procédure sans en changer l'esprit. Ce sont, outre l'ordonnance sur le faux, un édit de 1730, sur des points de détail, et une déclaration de 1731 sur les cas prévôtaux et présidiaux[2]. Sous Louis XVI seulement, intervinrent deux réformes humaines : une déclaration du 24 août 1780 abolit la question préparatoire[3]; l'un des édits de 1788 supprimait la question préalable et introduisait quelques autres réformes libérales[4].

On le voit, l'ancienne France avait arrêté une portion notable de son droit dans des lois écrites, générales et uniformes. Elle avait un Code de procédure civile, un Code d'instruction criminelle, un Code de commerce : elle avait même codifié certaines parties du droit civil. Mais, chose digne de remarque, elle n'avait pas de Code pénal, ni rien qui en approchât. Le droit pénal, dont la détermination précise est à nos yeux la condition même de la liberté individuelle, n'avait que pour une faible part une expression sûre et législative. C'est un des vices principaux que signaleront les publicistes du xviii° siècle dans le système de notre ancien droit public. Au moyen âge et jusqu'au xiv° siècle, ce fut la coutume, généralement non écrite, qui détermina les règles du droit pénal. Elle fixait d'une façon précise la peine de chaque délit. Les peines, d'ailleurs, étaient alors peu nombreuses : peine de mort sous des formes variées et mutilations pour les crimes et délits graves ; amendes pour les infractions plus légères. Quand on prend, au contraire, les textes officiels des coutumes rédigées par le pouvoir royal, on constate qu'ils

---

1. Isambert, *Anc. lois*, XXII, 1.
2. Esmein, *Histoire de la procédure criminelle*, p. 395, 220.
3. Isambert, *Anc. lois*, XXVI, 373.
4. Isambert, *Anc. lois*, XXVIII, 526.

ne contiennent que fort peu d'articles consacrés au droit
pénal. Où se trouvait dorénavant la détermination des faits
punissables et des peines qu'ils entraînaient? Dans les ordonnances, on la trouvait en partie, pour tels ou tels délits ; mais
il n'y avait là qu'une législation fragmentaire, qui laissait de
côté la plus grande partie du droit pénal. Le véritable droit
commun, en matière pénale, n'était déterminé ni par la coutume, ni par la loi.

Dans la période qui s'étend du xii° au xv° siècle, un grand
changement s'était accompli, nous le savons, dans la composition des cours de justice. Le jugement des causes criminelles, comme celui des autres, avait passé des hommes jugeurs aux légistes de profession; et ceux-ci introduisirent,
plus profondément et plus largement encore en matière pénale
qu'en matière civile, les règles et les principes du droit romain. C'est dans ce droit qu'ils allèrent chercher la définition
des délits, et les règles sur la responsabilité, la culpabilité, la
tentative, la récidive et la complicité. Le système de peines
du droit romain servit aussi de modèle. De là, résulta *un droit
pénal commun*, qui contenait la plupart des règles et dont
l'expression se trouvait, d'un côté dans les ouvrages des cri-
minalistes des xvi° et xvii° siècles, qui avaient obtenu une autorité universelle et dont les plus célèbres étaient Julius Clarus
et Farinaccius [1], — et, d'autre part, dans la jurisprudence des
parlements. Un grand nombre de crimes et de délits étaient
punis par la seule application de cette doctrine, sans qu'ils
fussent prévus et punis par une loi proprement dite ou par
une coutume. D'ailleurs, ce droit pénal était dominé par une
règle, qui, comme la plupart des autres, avait été empruntée
au droit romain [2] : « Aujourd'hui, disait-on, toutes les peines
sont arbitraires en ce royaume [3]. » Cela voulait dire que le juge
pouvait, à volonté, combiner et doser les peines, les élevant

1. Esmein, *Histoire de la procédure criminelle*, p. 288, 347.
2. Ci-dessus, p. 35.
3. Muyart de Vouglans, *Institutes au droit criminel*, p, 391 : « La maxime
que les peines sont arbitraires en ce royaume, c'est-à-dire que le juge a le pouvoir de les augmenter ou diminuer suivant les circonstances. » P. 360 :
« Lorsque ces peines ne sont point portées expressément par aucunes loix, il
doit les augmenter ou diminuer suivant les circonstances, de manière que la
peine soit toujours proportionnée au délit.'»

ou les abaissant à son gré. La seule chose qu'il ne pouvait pas faire, c'était inventer une peine nouvelle ; il devait employer une de celles qui étaient en usage. Cependant, quelques-uns lui refusaient ce pouvoir lorsqu'une loi ou une coutume édictait une peine fixe[1] ; mais la plupart pensaient qu'il pouvait, même dans ce cas, la modifier en plus ou en moins, en invoquant une juste cause[2]. D'ailleurs, aucune loi ne donnait la liste des peines admises ; l'ordonnance de 1670 contenait une énumération de ce genre, mais, tous reconnaissaient qu'elle était incomplète[3].

---

1. Lebret, *De la souveraineté*, l. II, ch. III, p. 44 : « Bien que quelques graves auteurs aient mis en avant que les peines, quoique prescrites par les loix et les ordonnances du prince contre les crimes et les délits, soient arbitraires en ce royaume, toutesfois cela ne doit se pratiquer que lorsque le prince laisse la peine à l'arbitrage du juge, mais non pas quand la loi contient une peine certaine et précise. »

2. Andreas Tiraquellus, *De pœnis legum ac consuetudinum statutorumque temperandis*, prof. n° 16 : « Quæ dicta sunt sane intelligito ut videlicet non possit judex temere et sine causa augere aut minuere pœnas a jure statutas... ob causam verum utrumque impune facere. »

3. Esmein, *Histoire de la procédure criminelle*, p. 243, 244.

CHAPITRE III

Le droit canonique

I

Le droit canonique avait gardé dans l'ancienne France, jusqu'à un certain point, la valeur d'une loi vivante et impérative.

En premier lieu, c'était lui seul, en principe, qui était invoqué et appliqué devant les tribunaux ecclésiastiques ou officialités, dans la mesure où ils étaient compétents. Cependant, si, sur un point, le droit canonique n'avait pas été admis en France, conformément aux libertés de l'Église gallicane, ou s'il avait été modifié par une ordonnance royale, le juge d'Église devait respecter ces réserves ou modifications[1]. Même à partir de la fin du xvii° siècle, la procédure civile et criminelle devant les officialités fut conduite, non d'après les règles du droit canon, mais d'après les ordonnances de 1667 et de 1670[2] ; on verra un peu plus loin l'explication très simple de ce phénomène.

D'autre part, il recevait aussi application devant les tri-

---

1. Imbert, *Pratique*, l. II, ch. iii, n° 8 : « Ce qu'on garde encore en cour d'Église, comme tout le parsus du droict canon, fors ce qui est contre la liberté du royaume. »

2. Fleury, *Institution au droit ecclésiastique*, 3° partie, ch. vi, t. II, p. 52 : « Les ordonnances qui ont été faites en France depuis deux cents ans, pour l'abréviation des procès, n'ont pas été sitôt pratiquées dans les officialités et on y a plus longtemps gardé la langue latine et les anciennes procédures, mais on s'en est débarrassé insensiblement. La plupart des actes s'y font en français, comme ailleurs, et les ordonnances de Louis XIV y sont observées, surtout celle de 1667 pour la procédure civile et celle de 1670 pour la procédure criminelle. Il est vrai que la procédure n'est pas uniforme dans toutes les officialités. Chacune a quelques usages particuliers. »

bunaux séculiers, et cela provenait de trois causes distinctes.

1° De bonne heure, les principes du droit canonique se firent recevoir par les juridictions séculières en ce qui concerne certaines institutions que l'Église avait prises sous sa protection particulière, ou certains intérêts qui, disait-on, mettaient en jeu le salut des âmes. C'est ainsi que la prohibition du prêt à intérêt passa du droit canonique dans notre ancien droit français, où elle se maintint jusqu'à la Révolution, sauf quelques exceptions locales et quelques adoucissements. De même, les testaments, soit quant aux formes, soit quant à certaines dispositions, avaient été régis, anciennement, par le droit canonique, même devant les tribunaux séculiers, et c'était lui également qui avait fourni un certain nombre de règles à la théorie de la prescription. Sans doute, dans le cours du temps, la plupart de ces points avaient été réglés par les coutumes, les ordonnances et la jurisprudence des arrêts, mais conformément à la tradition établie. C'était toujours au droit canonique qu'il fallait remonter pour trouver le tréfonds; c'était à lui souvent qu'il fallait demander l'interprétation.

2° La procédure canonique, civile et criminelle, avait exercé une influence profonde sur le développement de la procédure des cours séculières. Lorsque la vieille procédure féodale s'altéra d'abord, puis disparut, ce fut le droit canon qui fournit principalement les éléments et les règles de celle qui la remplaça[1]. En cette matière, on citait concurremment, devant les tribunaux, les textes du droit romain et du droit canonique. Aussi, avons-nous vu que les grandes ordonnances de Louis XIV, sur la procédure civile et criminelle, se firent recevoir sans difficulté devant les officialités : ce qu'elles contenaient, en substance, c'était le droit canon révisé, précisé et perfectionné.

3° Enfin, on a vu précédemment comment avaient été successivement ramenées devant les juridictions royales un grand nombre de causes, pour lesquelles l'Église avait auparavant

---

1. Il ne faut pas exagérer cela cependant. Voyez Guilhiermoz, *De la persistance du caractère oral dans la procédure civile française*, dans la *Nouvelle Revue historique de droit*, 1889, p. 21 et suiv.

compétence exclusive, *ratione materiæ*[1]. Cela s'était fait sans
révolution législative, et par suite elles avaient passé *cum sua
causa*, c'est-à-dire avec la loi qui les régissait quant au fond,
devant les tribunaux séculiers. La juridiction avait changé,
mais le droit applicable était resté le même. Les juridictions
royales devenues compétentes appliquaient le droit canonique
à ces matières, comme l'y avaient appliqué les officialités dé-
possédées. Il en était ainsi, par exemple, pour le mariage,
pour les causes bénéficiales, pour les crimes contre la foi.

Le droit canonique devait ce large et persistant empire
non seulement à l'autorité dont jouissait l'Église, mais surtout
à l'influence de l'enseignement public. Dans toutes les universités, on enseignait le droit canonique à côté du droit romain.
A l'Univer...é de Paris, depuis 1220[2], on n'enseignait même,
officiellement du moins, que le droit canon; et c'est seulement
l'ordonnance de 1679 qui y rétablit au grand jour l'enseignement du droit romain[3]. Pour être un jurisconsulte complet, on
prenait ses grades *in utroque jure*, et il fallait connaître l'un
et l'autre pour posséder la science du droit[4].

II

Le droit canonique avait eu de bonne heure des recueils,
où les textes les plus utiles étaient réunis. Nous connaissons
les plus anciens[5]; mais dans le cours du temps, ils devinrent de
plus en plus complets et systématiques, de manière à permettre
l'étude entière et méthodique de cette branche du droit. Le
premier essai dans ce sens fut fait par Burchard, évêque de
Worms, qui composa entre 1012 et 1022[6], son *Liber decretorum* ou *Decretum*[7]. Il fut écrit, comme l'auteur l'indique, sur

1. Ci-dessus, p. 620 et suiv.
2. Ci-dessus, p. 330.
3. Art. 1 (Isambert, *Anc. lois*, XIX, 196): « Dorénavant les leçons publiques
du droit romain seront rétablies dans l'Université de Paris, conjointement avec
celles du droit canonique. »
4. C'était un proverbe du moyen âge: *Legista sine canonibus parum valet,
canonista sine legibus nihil.*
5. Ci-dessus, p. 168 et suiv.
6. Conrat, *Geschichte der quellen*, I, 261.
7. On le trouve dans la *Patrologie latine* de Migne, t. CXL, p. 536 et suiv.

la demande de Brunicho, prévôt de l'évêché, pour fournir aux ecclésiastiques du diocèse un guide dans l'administration des pénitences publiques et aux jeunes clercs un manuel d'études. Il est divisé en vingt livres dont chacun traite d'une matière spéciale, et est subdivisé en chapitres portant des rubriques appropriées. Burchard a extrait la substance des principaux écrits qui contenaient les règles du droit canonique; textes de l'écriture, écrits des Pères de l'Église, conciles, décrétales *libri pœnitentiales*[1]; on y trouve aussi du droit romain, mais de seconde main, et avec de fausses attributions[2]. Burchard avait le sentiment qu'il tentait une œuvre nouvelle et importante[3].

A la fin du xi° siècle ou au commencement du xii°, apparaissent des ouvrages du même genre, mais marquant un progrès réel. Ils se rattachent au nom d'Yves de Chartres, qui contribua grandement à construire le système du droit canonique. L'un de ces recueils lui appartient incontestablement et est intitulé *Panormia sive liber decretorum*[4]. L'auteur y a concentré par la disposition des textes un résumé du droit canonique entier[5]: l'ouvrage est divisé en huit livres, comprenant chacun une série de chapitres précédés de rubriques. Un autre recueil, intitulé *Decretum*[6], est proche parent de celui-là, mais plus ample et plus riche en documents; il est divisé en dix-sept livres, subdivisés en chapitres, également assortis

sous le titre : *Burchardi Wormaciensis Ecclesiæ episcopi decretorum libri viginti.* Il a été aussi appelé *Collectarium*, sans doute d'après ce passage de la préface, p. 540 : « Quamobrem hunc meum laborem nemo ut collecticium aspernetur. »

1. Voyez la liste des écrits utilisés, Migne, *loc. cit.*, p. 540.

2. Conrat, *op. cit.*, p. 259, 260.

3. Préface, p. 540 : « Synodalia præcepta, sanctaque instituta tam ex sanctorum Patrum sententiis, quam in canonicis scriptis, adjutore Deo, in unum fascem ex amplissimo orbe collegi. Eaque, ut potui, uno veluti corpore connexa, viginti libris distinxi, ita ut quisquis eos diligenter legerit, fructum non vulgarem sentiet se brevi consequi posse... quare etiam si nostræ provinciæ limites non exierit nihil omnino ægre feremus, modo nostrorum ministrorum manibus teratur. »

4. Édition Sébastien Brandt (expensis Michaelis Furter), 1499.

5. Prologue : « Exceptiones ecclesiasticarum regularum partim ex exemplis Romanorum pontificum, partim ex gestis conciliorum catholicorum episcoporum, partim ex tractatibus orthodoxorum Patrum, partim ex institutionibus catholicorum regum, nonnullo labore in uno corpore adunare curavi. »

6. *Ivonis Carnotensis opera*, Paris, 1647; Migne, *Patrologie*, t. CLXI.

de rubriques; il a été composé à la fin du xi° siècle[1]. On a douté
que le *Decretum* fût l'œuvre d'Yves de Chartres[2]; mais cependant l'attribution est très vraisemblable, car il est démontré
aujourd'hui que la Panormie procède du *Decretum*, dont elle
a été extraite[3]. Ces deux ouvrages sont très supérieurs à
celui de Burchard, surtout par l'usage intelligent et important qui y est fait du droit romain. Yves de Chartres contribua
d'ailleurs beaucoup à fixer la doctrine du droit canonique par
les consultations qu'il donnait aux autres évêques, lorsqu'il
était consulté par eux sur des points délicats, et qui nous ont
été conservées dans ses lettres.

Dans la première moitié du xii° siècle[4], parut un nouvel
ouvrage, qui devait faire oublier tous les autres, servir de
base véritable à la science du droit canon et former la première
partie du *Corpus juris canonici*. Il était intitulé *Concordia discordantium canonum*, et son auteur s'appelait Gratien (*Gratianus*). De cet écrivain, d'ailleurs, on sait peu de chose : il
était Italien, moine et maître ou docteur en théologie. Ce
n'était point un homme supérieur, il s'en faut de beaucoup;
il était très inférieur à Yves de Chartres pour l'intelligence et
l'esprit critique. Il a puisé comme lui à toutes les sources,
acceptant aussi bien les documents apocryphes que les authentiques ; et ses textes sont très souvent fautifs dans leurs contenu ou leur attribution. Cependant, son travail acquit une autorité que n'avaient jamais eue les recueils d'Yves de Chartres ;
il fit promptement oublier les ouvrages similaires et antérieurs, et bientôt on ne l'appela plus que le *Decretum Gratiani*,
ou simplement *Decretum*, le Décret par excellence. Cela tint
à deux causes.

En premier lieu, il contenait un élément vraiment nouveau. Ce n'était pas seulement un recueil de textes faisant

[1]. Conrat, *op. cit.*, I, p. 383.
[2]. Dans ce sens, A. Theiner : *Ueber Yvo's vermeintliches Dekret*, 1832; et la thèse de l'abbé Monut, *sur les recueils de droit canonique attribués à Yves de Chartres*. Ce dernier a montré que dans les éditions imprimées du *Decretum* se trouvent des décisions de conciles postérieures à la mort d'Yves de Chartres; mais ce sont peut-être des additions.
[3]. Conrat, *op. cit.*, p. 383.
[4]. Entre 1139 et 1142; voyez Schulte, *Geschichte der Quellen und Litteratur der canonischen Rechts*, I, § 13.

autorité et méthodiquement disposés, de manière à former un
corps de doctrine; il contenait une partie dogmatique toute
d'exposition et de discussion. Elle avait surtout pour but,
comme l'indiquait le titre original, de concilier les autorités
en apparence contraires (*discordantes canones*). Pour cela, l'auteur posait la question à laquelle se référaient les *auctoritates*
qu'il allait rapporter; puis il disposait celles-ci de façon à
présenter *le pour* et *le contre*, à la manière scolastique, et enfin
il indiquait la conciliation. On donne à cette partie, propre à
son auteur, le nom de *Dicta Gratiani*, et par là Gratien accomplissait pour le droit canonique ce que Pierre Lombard faisait
à la même époque pour la théologie[1]. — D'autre part, l'ou vra-
ge de Gratien tomba dans un milieu essentiellement juridique.
Composé sans doute à Bologne même, l'École de droit qui
fleurissait dans cette ville s'en empara, lui appliqua la même
méthode qu'aux textes de la compilation de Justinien, et cons-
truisit vraiment sur cette base le système du droit canonique.
Les *Sentences* de Pierre Lombard, plus spécialement consacrées au dogme et à la théologie furent, au contraire, adoptées
par la grande école de théologie parisienne; et ces deux ouvrages, soit par leur disposition propre, soit par le milieu dans
lequel ils furent d'abord étudiés, contribuèrent puissamment
à faire deux sciences distinctes de la théologie et du droit canonique, qui, jusque-là, avaient été mal séparés.

Le Décret de Gratien est divisé en trois parties. La première
se divise elle-même en *Distinctions*, subdivisées en chapitres ou
canons[2]. La seconde contient un certain nombre de *Causes*, subdivisées en questions, qui comprennent elles-mêmes un certain
nombre de canons[3]. La troisième se divise en distinctions et

1. Les *Sententiæ* de Pierre Lombard et le Décret de Gratien ont certaines
parties communes dans lesquelles sûrement l'un des livres procède de l'autre.
Je crois, mais cela est discuté, que Pierre Lombard représente l'original et
Gratien la copie; voyez mon *Mariage en droit canonique*, t. 1, p. 56 et suiv.;
p. 311, note 4.
2. On cite par exemple : C. 1, D.I.
3. Les noms viennent de ce que chaque *cause* repose sur une hypothèse
assez compliquée et comprenant plusieurs *questions* délicates, que l'auteur
veut discuter successivement. On cite par exemple : C. 1, G. I, qu. 1. La
cause XXXIII, qu. 3, forme un traité spécial *De pœnitentia*, subdivisé en sept
distinctions.

chapitres comme la première[1]. D'ailleurs, le décret n'atteignit cette forme dernière qu'entre les mains de *Paucapalea*, l'un des disciples de Gratien, qui introduisit la division par distinctions de la première partie, et qui ajouta, au cours de l'exposition, un certain nombre de textes, qui sont désignés sous le nom de *Palew*[2]. L'École de Bologne accumula les gloses sur le Décret de Gratien, comme elle l'avait fait pour la Compilation de Justinien, et cela aboutit à une glose ordinaire, qui fut composée par Johannes Teutonicus, au commencement du xiii° siècle, complétée et retouchée, au cours de ce siècle, par Bartholomæus Brixiensis[3].

Les textes du Décret étant, comme on l'a dit, criblés de fautes, furent corrigés, à la fin du xvi° siècle, par des commissaires que nomma la papauté, et l'édition ainsi révisée fut publiée en 1583[4].

Le Décret de Gratien contenait beaucoup de décrétales des papes ; mais, bientôt, il en fut promulgué de nouvelles et en grand nombre, car les papes du xii° et du xiii° siècles furent d'abondants législateurs. On prit l'habitude d'appeler ces décrétales nouvelles *Extravagantes (extra decretum vagantes)*, parce qu'on ne les trouvait point au Décret, qui formait cependant le corps du droit canonique. Le besoin d'avoir réunie cette législation importante, fit composer successivement, de 1187 à 1226, cinq recueils de décrétales, que l'on appelle les *Quinque compilationes antiquæ*[5] ; la première, celle qui donna le modèle à toutes les autres, avait eu pour auteur Bernard de Pavie (*Bernardus Papiensis*). Le pape Grégoire IX voulut, des décrétales ainsi successivement compilées, faire un code officiel et adapté aux besoins de la pratique. Il voulut qu'on retranchât des textes tout ce qui était inutile pour en dégager la portée juridique et tout ce qui était abrogé : il chargea de ce soin Raymond de Peñaforte. Le texte ainsi obtenu fut promulgué

---

1. Pour la distinguer de celle-ci, on ajoute la rubrique générale *De consecratione* ; on cite C. 1, D.I, *De consecrat.*

2. Schulte, *Geschichte der Quellen*, § 23. — Maassen, *Paucapalea*, Wien, 1859.

3. Schulte, *Geschichte der Quellen*, § 23-39.

4. Les éditions critiques modernes reproduisent à part les corrections et les observation des *correctores Romani*.

5. Édition Friedberg. Lipsiæ, 1882.

en 1234 par l'envoi qu'en fit le pape aux Universités de Bologne, de Paris et de Salamanque, comme en témoigne la lettre placée en tête du recueil. Il se divise en cinq livres, subdivisés en chapitres, conformément à la coupe adoptée par Bernard de Pavie[1]. Les *Décrétales de Grégoire IX* s'ajoutèrent ainsi au Décret et formèrent la seconde partie du *Corpus juris canonici.* L'École se mit à les gloser et à les résumer dans les *Sommes :* par là, à côté des *décrétistes* se placèrent les *décrétalistes.* Très vite, une glose ordinaire fut adoptée, celle de Bernard de Parme (*Bernardus Parmensis*), que son auteur retouchait encore en 1263.

Le pape Boniface VIII fit faire à son tour un nouveau recueil de décrétales, contenant les plus importantes de celles qui avaient été édictées depuis 1234 ; il le promulgua en 1298, en l'adressant aux Universités de Bologne et de Salamanque. Il l'appela le *Liber sextus*, voulant indiquer que c'était comme un sixième livre ajouté aux cinq de Grégoire IX[2], bien qu'il fût lui-même divisé en cinq livres, selon l'ordre traditionnel. Il forma la troisième partie du *Corpus juris canonici*, et eut sa glose ordinaire, composée par Johannes Andreæ, célèbre canoniste de la première moitié du xiv° siècle.

Après le concile général tenu à Vienne en 1314, le pape Clément V fit faire un recueil des décrets du concile et de ses propres constitutions, qu'il envoya, en 1313, aux Universités françaises de Paris et d'Orléans. Néanmoins, après sa mort, Jean XXII le publia à nouveau en 1317. On appelle ces décrétales les *Clémentines ;* leurs cinq livres ont été glosés par Johannes Andreæ et le cardinal Zabarella. Ils forment la quatrième partie du *Corpus,* qui resta longtemps en cet état. Mais, à la fin du xv° siècle, y furent ajoutées deux collections d'*Extravagantes.* L'une est dite *Extravagantes de Jean XXII,* et com-

1. Un vers mnémotechnique indique en gros les matières contenues dans chaque livre, en les désignant par un mot : *Judex, judicium, clerus, connubia, crimen.* Il faut ajouter cependant, que la matière des contrats est aussi contenue dans le III° livre (*clerus*). — On cite ainsi les décrétales de Grégoire IX : C. 1, X, *De summa trinit.,* I, 1. Le signe X veut dire *Extra :* cela rappelle le temps où les décrétales de Grégoire IX *extra corpus vagabantur.*

2. La lettre d'envoi s'exprime ainsi : « Quem librum quinque libris aliis dicti voluminis decretalium annectendum censuimus sextum nuncupari ut idem volumen senarium, qui numerus est perfectus. »

prend vingt décrétales de ce pape, divisées en quatorze titres. Le recueil avait été arrêté en 1325, peut-être par les ordres du pape lui-même. L'autre, les *Extravagantes communes*, comprend des constitutions de divers papes, depuis Urbain IV et l'année 1261 jusqu'à Sixte IV et à l'année 1483; il reçut sa forme dernière du licencié Chappuis, dans une édition publiée à Paris de 1499 à 1502 : c'est cette édition qui a donné sa consistance définitive au *Corpus juris canonici*.

Le code du droit canonique, ainsi constitué, servait en France comme dans les autres pays catholiques. Il était expliqué dans les écoles et cité devant les tribunaux; cependant, on n'était point d'accord quant à l'autorité juridique qu'il possédait en ce pays. Certains disaient que dans aucune partie il n'avait force de loi, mais seulement une autorité doctrinale, n'ayant point été approuvé par le pouvoir royal, comme devaient l'être les décrets des conciles et les bulles des papes pour obliger les Français[1]. D'autres admettaient que certaines parties, comme les décrétales de Grégoire IX, étaient vraiment, en France, des lois canoniques, à raison de la consécration tacite que leur avait donnée le pouvoir royal, et en tant qu'elles ne contenaient rien de contraire aux libertés de l'Église gallicane; c'était sur le *Liber sextus* qu'on avait le plus de doutes, à raison du différend entre Philippe le Bel et Boniface VIII[2].

Quant aux sources du droit canonique, postérieures à l'achèvement du *Corpus*, ou qui n'y sont pas entrées, il faut les chercher, pour les constitutions des papes, dans les recueils des bulles pontificales, et, pour les décrets des conciles, dans les publications spéciales ou d'ensemble qui leur sont consacrées[3]. Les documents les plus importants, sont les canons

---

1. Ed. Martin, professeur à la Faculté de droit de Paris, *Institutiones juris canonici*, 1788, t. II, p. 326 : « Si nunc inspiciamus quæ singularum partium quibus constat corpus juris canonici sit auctoritas in Gallia; quamvis et in scholis legantur et ad probationem invocentur in judiciis, nullam tamen apud nos vim juris habere constat; cum eorum nulla sit munita auctoritate publica. » Cf. ci-dessus, p. 625.

2. Doujat, *Prænotionum canonicarum libi quinque*, l. IV, ch. xxiv.

3. Tardif, *Histoire des sources du droit canonique*, p. 77 et suiv.; 83 et suiv.

et décrets du concile de Trente[1]; mais il faut se rappeler que le concile de Trente, quant à la discipline et au temporel, ne fut jamais admis dans l'ancienne France[2].

1. Édition Schulte et Richter, *Canones et decreta concilii Tridentini*.
2. Ci-dessus, p.626, note 1.

TABLE DES MATIÈRES

PREMIÈRE PARTIE

LES ORIGINES

DEUXIÈME PARTIE

LA SOCIÉTÉ FÉODALE

Pages.

TROISIÈME PARTIE

LE DÉVELOPPEMENT DU POUVOIR ROYAL ET L'ANCIEN RÉGIME

TITRE PREMIER

L'UNITÉ NATIONALE ET L'ÉTAT PROGRESSIVEMENT RECONSTITUÉS SOUS LES ROIS DE LA TROISIÈME RACE

TITRE II

HISTOIRE DES PRINCIPALES INSTITUTIONS PUBLIQUES (XIᵉ-XVIIIᵉ SIÈCLES)

ANGERS, IMP. BURDIN ET Cie, RUE GARNIER, 4.

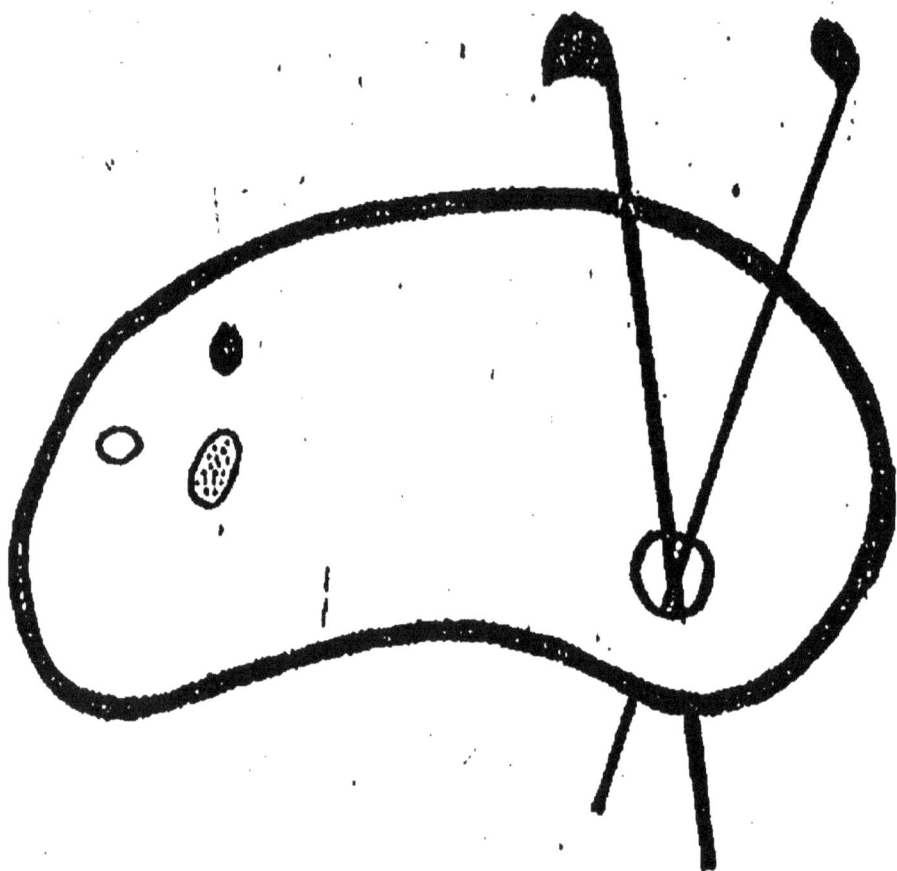

ORIGINAL EN COULEUR
Nº Z 43-120-8

www.ingramcontent.com/pod-product-compliance
Lightning Source LLC
Chambersburg PA
CBHW052059230326
41599CB00054B/3351